KB211386

밀교 대원만 선정 강의

# 大圓滿禪定休息簡說

## 밀교 대원만 선정 강의

2020년 11월 2일 초판 1쇄 인쇄
2020년 11월 18일 초판 1쇄 펴냄

지은이 남회근
옮긴이 설순남

펴낸곳 부키 (주)
펴낸이 박윤우
등록일 2012년 9월 27일
등록번호 제312-2012-000045호
주소 03785 서울 서대문구 신촌로 3길 15 산성빌딩 6층
전화 02. 325. 0846  팩스 02. 3141. 4066
홈페이지 www.bookie.co.kr
이메일 webmaster@bookie.co.kr
제작대행 올인피앤비 bobys1@nate.com
ISBN CODE  978-89-6051-819-3 04220  978-89-6051-039-5(세트)

책값은 뒤표지에 있습니다. 잘못된 책은 구입하신 서점에서 바꿔 드립니다.

밀고 대원만 선정 강의

남회근 지음 설순남 옮김

## 일러두기

1. 이 책은 대만 남회근문화사업유한공사에서 나온 『대원만선정휴식간설(大圓滿禪定休息簡說)』 (2016년 5월 초판 1쇄)의 2017년 1월 3판 1쇄를 번역 저본으로 하였다.

2. 원서 『대원만선정휴식간설』은 대만 자유출판사에서 나온 『대원만선정휴식청정거해(大圓滿禪定休息淸淨車解)』를 원본으로 하여 1979년에 이루어진 강의를 기초로 하였다.

3. 원서에는 이 게론을 지은 사람은 무구광존자(無垢光尊者), 해석한 사람은 롱첸 라잠파(龍淸善將巴)라고 밝혔다. 하지만 무구광존자는 롱첸 라잠파의 다른 이름이라고 알려져 있는데, 저자가 사세(辭世)한 후라 이 문제를 밝히지 못하고 넘어간다.

4. 원서에는 없었으나 18강을 1, 2, 3부로 나누었다. 이 책은 티베트 밀종 대원만 선정인 공락정, 공명정, 무념정 수행법이 핵심이다. 1부는 수행의 준비, 2부는 정(定)의 수행과 관정, 3부는 수행 과정의 편향과 조치를 주로 다루었다. 강의 원본이 없고, 강의 순서가 바뀐 부분이 있어 체계를 잡는 데 도움이 되고자 부를 나누었음을 밝힌다.

5. 본문의 각주는 대부분 옮긴이 주이고, 원서의 주는 원서 편집자 주로, 한국어판에 필요한 주는 편집자 주로 표기하였다.

6. 이 책에는 『대원만선정휴식청정거해』 법본의 원문과 주해 원문이 실려 있다. 법본의 원문은 상하 선을 두고 번역문과 원문을 실었고, 주해 원문은 처음 나올 때만 원문 한자를 앞에 두고 괄호 안에 번역문을 넣어 구별하였다.

7. 강의 중 청중과 질의응답을 하거나 시범을 보이는 부분이 있는데, 상황 설명이 불분명해 이해가 어려운 대목이 있다.

8. 원서의 '工夫'는 '수련'으로 번역하였다. 원서에서는 사가행의 '난'을 煖과 暖으로 혼용하였으나 '煖'으로 통일하였고, 사유의 '유'도 惟와 維로 혼용하였으나 '惟'로 통일하였다.

9. 타좌, 상사, 의념 등은 개념의 혼란을 피하기 위해 한자음 그대로 옮기고 각주를 달았다.

# 옮긴이 말

대학원 시절에 고전 번역의 필요성과 번역자의 자세에 관한 세미나에 참석한 적이 있습니다. 그때 발표자 교수님은 번역자의 자세에 대해 말씀하시면서 한 글자의 번역을 놓고 얼마나 고심해야 하는지를 힘주어 강조하셨습니다. 필요하다면 해외의 연구자와도 의견을 주고받으며 보다 정확한 번역을 위한 노력을 아끼지 말아야 한다고 하셨습니다. 번역자에게 요구되는 엄격한 자세는 그 후 가슴 한쪽에 자리 잡고 있었습니다.

남회근 선생의 저술이 워낙 방대하다 보니 불교에 문외한인 역자에게도 『대학강의』『노자타설』『맹자』시리즈 등 학술 사상과 관련된 저서를 번역할 기회가 닿았습니다. 남 선생이 유불도 모두에 일가견을 갖춘 일대 종사이다 보니, 유가 사상을 담은 『대학』과 『맹자』를 풀어 나가는 깊이가 남달랐고, 도가 사상을 대표하는 『노자』를 풀어 나가는 방식 역시 남 선생만의 특색을 띠고 있었습니다. 하지만 개인적으로는 한 권 두 권 번역이 쌓여 감에 따라 독자들의 밝은 식견이 두려워졌고 번역의 엄중함은 가슴을 눌렀습니다.

그런 마당에 밀종의 주요 법본 『대원만선정휴식청정거해』의 강의록 『대원만선정휴식간설』의 번역을 제의 받았으니, 고민이 되지 않을 수 없었습니다. 불교에 문외한이니 밀종에 대한 지식이 있을 리 만무한데, 번역본이 없는 것은 물론이고 참고자료도 없는 밀종 법본의 번역은 결코 만만치 않을 터였습니다. 자신이 없는 만큼 망설임의 시간은 길었고 번역의 엄중함을 생각하면 더욱 내디딜 수 없는 발걸음이었습니다.

그러다가 문득 험난한 산에 누군가 풀을 헤쳐서 길을 낸다면 그다음 사람은 조금 쉽게 산길을 갈 수 있지 않을까 하는 생각이 들었고, 자갈밭을 개간하는 것 같은 무모한 도전을 시작하게 됐습니다. 허공을 붙잡고 씨름하는 듯하고 안개가 자욱한 길을 걸어가는 듯했습니다. 현교 밀교를 융회관통하는 남 선생의 설명이 없었다면 뜻을 짐작할 수 없는 문장이 이어졌고, 때로는 선생의 설명이 없어 미로 속을 헤매다 더듬더듬 길을 찾았습니다.

1961년에 쓴 서문에서 "이 책(『대원만선정휴식청정거해』)의 법요가 선정을 수지하는 사람들에게 크게 이익이 있으리라" 남 선생은 말했지만, 어찌 스승의 지도 없이 홀로 어려운 공부를 할 수 있겠습니까? 1979년에 마련된 남 선생의 강의를 직접 들은 소수의 사람들은 자신에게 찾아온 좋은 기회에 기뻐했겠지만, 당시 녹음도 허락되지 않았던 강의인지라 강의에 참가한 사람들의 필기를 토대로 책으로 펴내기까지에는 오랜 시간에 걸친 많은 사람의 수고와 헌신이 있었습니다. 그 책(『대원만선정휴식간설』)을 우리 독자들에게도 선보이기 위해 부키 편집진은 열정을 가지고 역자에게 번역을 강권했고, 그 어느 때보다 세심하게 번역 원고를 검토하고 검토했으니 실로 주객이 전도된 양상이었습니다. 그럼에도 오역이 있는 것은 순전히 역자의 부족한 능력 탓입니다. 어렵사리 낸 길이니만치 많은 사람이 지나가며 잘 다져갈 수 있기를 바랄 뿐입니다.

# 출판 설명

1979년 6월 남 선생께서 한 강좌를 열어서 밀종의 법본(法本)을 강해하셨는데, 바로 『대원만선정휴식청정거해(大圓滿禪定休息淸淨車解)』입니다.

남 선생님은 꽁카(貢喝) 상사의 인가를 받아 밀법(密法)의 전수(傳授) 자격을 갖추었지만, 대만에 삼십여 년을 머무르는 동안 밀법 강의를 그다지 원하지 않았습니다. "나는 일반인이 밀종을 배우는 것에 반대한다. 선종을 수행하지 않고, 선종의 명심견성이라는 단계에 도달하지 않고서 밀종을 배우면 마도(魔道)로 빠지지 않는 사람이 없기 때문이다."

선생께서는 또 이렇게 말했습니다. "내가 기력만 있다면 밀종의 방법에서 잘못된 점을 다 말할 것이다. 그들은 어디에 집착하는가? 마찬가지로 수음(受陰) 경계이다." 사실 선생은 이 책에서 이미 적잖이 말씀하셨습니다.

그렇다면 이번에는 왜 밀법을 강의하게 되었을까요? '대승학사(大乘學舍)'의 출가 대중이 청을 했기 때문이고, 동시에 이 법본이 선정(禪定) 방면의 수지와 관련이 있기 때문입니다. 선정 수행은 각 종파의 공통된 법문입니다. 그러므로 이번에는 불법의 입장에서¹ 강의했습니다. 강의를 들으러 온 사람들은 출가 대중 외에 재가인이 오히려 더 많았는데, 편자(編者) 역시 청중의 한 사람이었습니다.

선생께서 이 강의를 하실 때에는 평상시와 딴판으로 대단히 엄격했는데, 아마도 출가 대중의 수행을 위주로 하기 때문이었을 겁니다. 그래서 강해하실 때마다 늘 경계의 말을 반복하셨습니다.

"불법을 배우고 도를 배우는 원칙은 바로 반성의 수련, 반성의 학문이니 자신의 가장 깊이 내재된 것을 살펴보는 행위의 과학이기도 합니다." "여러분이 불법을 배울 자격이 있기나 합니까! 평소에 이치를 말한답시고 그렇게 허풍을 치니 악도(惡道)의 업만 심습니다." "백골관(白骨觀)을 이야기할 때 이미 말했지만, 여러분은 아만공고(我慢貢高) 정도가 아닙니다. 이 네 글자는 여러분에게 너무 점잖은 표현입니다. 사실대로 말하면 오직 혼단(混蛋)² 두 글자입니다." "여기에 참석해 불법을 공부하는 많은 이들 가운데 어떤 사람이 조건에 맞을까요? 하나같이 지혜를 구하고 수명을 늘리고 복을 더하기를 구해서 장부(帳簿)에 올리고 싶어 합니다." "초가집에 사는 그 화상은 수십 년이 지났는데도 도리에 통하지 못했습니다! 계행도 훌륭하고 수지도 훌륭하지만 도리에 통하지 못하면 무슨 소용이 있습니까?"

견지(見地) 방면에 대해서도 선생께서는 대단히 중요한 말을 했습니다.

---

1 저자는 평소에 불교, 불학, 불법을 구별해 사용해 왔다. 불교는 "종교입니다. 종교의 형식이 있고 종교의 관습이 있으며 종교의 행위가 있습니다. 예컨대 출가, 절 짓기, 탁발, 불사 하기는 모두 불교 범위에 속합니다." 불학은 "일반인들이 불경을 연구하고, 내지는 태국 등 동남아의 소승불교 국가들, 그리고 대승을 중시하는 국가들, 예컨대 일본, 한국 내지는 중국의 많은 대학자들이 철학을 연구하고 불학을 연구하는 것은 모두 불학의 범위에 속하며 이론을 말하는 것입니다. (중략) 저는 중점을 두지 않습니다. 저는 그 방면으로 걸어가지 않습니다." 그에 비해 불법은 저자가 배우고자 하는 것이라고 말했다. "어떻게 성불하고, 어떻게 도를 얻고, 적어도 정좌를 좀 하여 어떻게 입정(入定)하는지를 배우고 익히고자 하는데, 이것은 단지 학술 이론의 문제인 것만은 아닙니다. 왜냐하면 불법은 마치 과학을 배우는 것과 같기 때문입니다." (『호흡법문 핵심강의』, 남회근 저, 송찬문 역, 마하연, 2017, 21-23쪽)

2 멍청이라는 뜻.

"일반인들은 경계(境界)를 도(道)로 여깁니다. 그러나 실상반야(實相般若)를 각오(覺悟)하는 '각(覺)'은 경계가 아닙니다."

또 말했습니다. "만약 돈오(頓悟)할 수 없다면 (이 법본은) 여러분에게 어떻게 점수(漸修)할 것인가를 말해 줄 것입니다."

이번 강의는 녹음을 허락하지 않았습니다. 함부로 전파하고 단장 취의(斷章取義) 했다가 도리어 악과(惡果)를 심득(心得)하는 것을 면하기 위해서였습니다. 다만 출가 대중들에게는 반드시 필기하여 기록하게 했고 아울러 선생께서 읽고 바로잡아 주셨습니다.

이 책은 여러 사람의 필기를 토대로 만들어졌습니다. 전체 열여덟 개의 강의 중 앞의 일곱 개 강의는 선생의 심사를 거쳐서 수정했지만, 뒤의 열한 개 강의는 확정하기가 어렵습니다. 그래서 정리 과정에서 굉인사(宏忍師)와 함께 여러 차례 반복해서 필기 원고를 검토했고, 다른 기록과 대조하여 참조했습니다. 그 가운데 선정니사(禪定尼師)의 필기가 비교적 상세하고 완정(完整)했습니다.

약 삼 년 전 선생께서 살아계실 때 굉인스님이 이미 기록 원고를 모아서 대조 교정했고, 구진진(邱珍珍) 여사와 오자친(烏慈親) 여사가 그것을 컴퓨터에 입력했습니다. 본서의 작은 제목은 편자가 덧붙였습니다. 이 책이 출판되기까지 도와준 사람들이 적잖은데 이 자리를 빌려 감사드립니다.

이 책이 출판될 때 간략하게 줄인 서명(書名)은 『대원만선정휴식간설』로 했습니다. 책 뒤에 남 선생께서 1945년에 밀교(密敎)의 삼단대계를 받았을 때의 계첩(戒牒) 부본(副本)을 붙였습니다.

2015년 4월 묘항(廟港)

유우홍(劉雨虹) 쓰다

# 『대원만선정휴식청정거해』 서문

불교 밀종(密宗)의 한 종파가 처음 티베트로 전해졌을 때 마침 이 땅은 초당(初唐)의 성세(盛世)였습니다. 티베트 밀종을 창시한 교주는 북인도 불법 밀교의 연화생대사(蓮花生大師)[3]인데, 그 본전(本傳)에 따르면 석가여래 원적(圓寂) 후 팔 년에 이 몸으로 변화하여 밀교의 교주가 되었다고 합니다. 처음에 전해진 불학의 개요는 졸저 『선해여측(禪海蠡測)』 중의 선종과 밀종 1장에 이미 나옵니다. 그 본토에서 연화생대사가 처음 전한 밀종의 수지 방법은 티베트 정교사(政敎史)에서는 닝마파라 부르는데, 세상 사람들은 그들이 붉은색 옷을 입었다고 하여 '홍교(紅敎)'라고 했습니다.

홍교의 수행법으로는 관정(灌頂) 가행(加行) 지주(持呪) 관상(觀想) 등을 제외하면 대원만(大圓滿)이 가장 성행했습니다. 그 후 오대(五代)에서 송초(宋初)까지 전해지면서 홍교의 법이 오래되자 폐단도 깊어져 그 번잡함

---

3 8세기 인도 고승으로 오장나국(烏仗那國, 현 파키스탄 북부) 사람이다. 범문 이름은 파드마삼바바(Padmasambhava)이고, 중국에서는 오금대사(烏金大士) 연화생대사(蓮華生大師) 연화생대사(蓮花生大士) 연화계대사(蓮花戒大師) 등으로도 불린다. 8세기 후반에 밀교가 티베트로 전파되었는데, 그 전후에 티베트에 들어와서 홍교의 개산조사(開山祖師)가 되었다.

을 싫어한 사람들이 카규파로 갈라졌습니다. 세상 사람들은 그들이 흰색 옷을 입어 '백교(白敎)'라 불렀지요. 원대(元代)에 이르러 또다시 샤카파로 나뉜 사람들이 있었는데, 세상 사람들은 그들이 알록달록한 색 옷을 입어 '화교(花敎)'라 불렀습니다. 다시 명대 초기에 서녕(西寧)에 고승이 출현했습니다. 이름이 총카파(宗喀巴)이며 티베트에 들어와 현교와 밀교의 불법을 두루 공부했는데, 구파(舊派)의 온갖 폐단이 속출하는 것에 한탄하여 노란색 옷을 입는 '황교(黃敎)'를 창시했습니다. 이 종파들이 바로 현대에까지 전해져서 달라이(達賴), 판첸(班禪), 장카(章嘉) 등 대사(大師)의 시조가 되었습니다.

대체로 구파는 실제적인 쌍수(雙修)를 중시하고, 신파 황교는 비구청정계율을 중시해서 청정독수(淸淨獨修)를 위주로 할 것을 적극 주장했습니다. 이것이 티베트 밀교 수지 방법의 분파에 관한 간략한 관점입니다. 이른바 쌍수는 그 신비로움을 말로는 할 수 없지만, 불법의 관점에서 본다면 그것은 욕망이 많은 중생이 출리(出離)⁴를 수지하는 일종의 방편도(方便道)입니다. 만약 큰 지혜와 예리한 근기를 지닌 사람이 칼을 내려놓고 그 자리에서 성불할 수 있다면, 구태여 그렇게 거추장스럽게 해야 합니까! 이치로 말하면 이른바 쌍수라는 것이 어찌 남녀의 형식만 가리키겠습니까! 쌍수는 우주의 법칙을 나타내며, 음과 양이 갈마드는 도(道)입니다. 후세에 욕망을 방종하는 구실로 흘러가 버려서 욕계, 색계, 무색계에서 벗어나기를 구하는 방편 법문이 오히려 삼계(三界)로 타락하는 과실(果實)이 되어 버렸습니다. 그 허물은 단지 배우는 사람 본인에게 있을 뿐, 뜻을 세워 어리석음을 깨우치려던 초심이 아니니 어찌 법을 탓하겠습니까!

민국 초기에는 중국과 티베트 문화의 소통에 더욱 힘썼습니다. 동쪽으

---

4 미혹한 세계에서 벗어남, 번뇌의 속박에서 벗어남을 말한다.

로 와서 내륙의 각 성(省)으로 홍교를 전파한 사람으로 놀라(諾那) 활불이 있고, 백교를 전파한 사람으로 꽁카(貢喝) 활불이 있으며, 화교를 전파한 사람으로 겐상(根桑) 활불이 있고, 황교를 전파한 사람으로 판첸, 장카 활불 등이 있었습니다. 각 성의 불학계에서 승려와 속인이 티베트에 들어간 무리가 실로 많아서 일일이 거명할 수가 없으니, 밀종의 기풍이 그리하여 크게 성행했습니다. 위에서 든 사람들은 두드러진 경우일 뿐입니다. 활불(活佛)이라는 것은 호도극도(呼圖克圖)[5]의 별호이며 진실한 수지를 지녔음을 의미하는데, 불법을 지녔음을 나타내는 존칭일 뿐 실제로는 특별히 신비한 명리(名理)가 존재하지는 않습니다. 대륙이 아직 변질되지 않았을 때 홍교도들은 서강(西康) 북부에 모여 사는 사람들이 많았고, 백교도들은 천강(川康) 변경에 모여 사는 사람들이 많았습니다. 화교도들은 서강 및 운남(雲南) 변경에 흩어져 사는 사람들이 많았습니다. 황교는 전장(前藏) 후장(後藏)에 웅거했는데, 티베트의 정교권(政敎權)을 장악하여 세상의 통치자인 인왕(人王)이면서 법왕(法王)을 겸했습니다. 특별한 구역 한 곳에 불국 세상을 형성했던 것입니다.

중국과 티베트 간의 불교 현밀(顯密) 학술 교류로 인해 밀종의 수행법 또한 끊임없이 대중에게 공개되었습니다. 그뿐 아니라 최근 육십 년 이래 구미에 더욱 널리 전파되었습니다. 대략 말하자면 홍교는 대원만(大圓滿) 희금강(喜金剛)을 가지고 법을 전하는 중심으로 삼고, 백교는 대수인(大手印) 육성취법(六成就法) 해모수법(亥母修法) 등을 가지고 법을 전하는 중심으로 삼습니다. 화교는 대원승혜(大圓勝慧) 연사십육성취법(蓮師十六成就法)으로 전법의 중심을 삼고, 황교는 대위덕(大威德) 시륜금강(時輪金剛) 중관정견(中觀正見) 지관수법(止觀修法)으로 전법의 중심을 삼습니다. 그

---

5 몽골어 후투그투의 음역어로, 청대에 라마교 활불에 대한 존칭이다.

신비한 방법을 보면 마치 바람이 불면 풀이 눕는 것 같은데, 불법을 배운다면서 밀종을 모르는 사람들을 학자이면서 외국 과학을 모르는 사람처럼 여기지만, 실로 이 또한 일시적인 기이한 유행입니다.

요약하면 밀종은 수지에 치중하여 어느 하나의 법이라도 색신(色身)의 기맥 수행에 기초하지 않은 것이 없습니다. 다만 많든 적든 성공연기(性空緣起) 사이에 뒤섞여 있을 뿐입니다. 대원만의 수행법 또한 예외가 될 수 없습니다. 이른바 대원만이라는 것은 그 안에 '심성휴식(心性休息)'법이 있는데, 곧 선종에서 말하는 명심견성하면 당장에 청정함을 얻는다는 것과 비슷합니다. 또 '선정휴식(禪定休息)'법이 있는데, 선정을 수지하여 해탈을 구한다는 것입니다. 또 '허환휴식(虛幻休息)'법이 있는데, 환관(幻觀)[6]을 수지하여 성취를 얻는다는 것입니다. 지금 자유출판사[7] 소천석(蕭天石) 선생이 먼저 선정휴식의 법을 취해서 유통시켰으니 그중 두 번째 법입니다. 그 수행법의 처음에는 반드시 먼저 도가(道家)에서 말한 "법(法) 재(財) 여(侶) 지(地)" 같은 적당한 조건을 구비해야 합니다. 특히 택지(擇地)에 치중했는데 일 년 사계절 각기 마땅한 장소가 있어서 모두 상세한 설명을 붙여 놓았습니다. 택지의 중요성은 마땅히 대장경(大藏經) 가운데 밀부(密部)인 『범천택지법(梵天擇地法)』을 참고하면 서로 증명이 될 것입니다. 정수(正修)의 방법에서는 수기(修氣) 수맥(修脈) 수명점(修明點) 수령능(修靈能)으로써 하니, 『육성취법(六成就法)』의 첫 번째 법과 같습니다. 그중에 광명을

---

6 보고 듣는 모든 것이 허깨비와 같은 환상이라는 것을 깨닫고 환몽에 집착하지 않고 실상을 보는 것.

7 저자의 강의 원본은 대만 자유출판사에서 나온 다음 책으로, 본문에 나오는 페이지는 이 책의 쪽수를 말하는 것으로 보인다. 이 책의 초판은 1962년이고 남회근 선생이 이 책의 서문을 쓴 해는 1961년 1월이다. 『大圓滿禪定休息淸淨車解』, 西藏無垢光尊者原著; 西藏龍菩善將巴釋解, 出版者 蕭天石; 自由出版社, 出版地 臺北市, 臺灣.(편집자 주)

주시(注視)하여 정(定)에 드는 것과 허공을 주시하여 정에 드는 법이 특히 많습니다. 도가의 어떤 일파에 허공의 앞[空前]을 똑바로 보는[平視] 법은 처음에 이것으로부터 온 것 같습니다. 끝으로 수행이 어려운 하품(下品)의 중생을 위해 욕락정(欲樂定)의 간략한 법을 덧붙였습니다. 이것이 『대원만 선정휴식청정거해』 책의 대강(大綱)입니다. 이 게론(偈論)을 지은 사람은 연화생대사의 친전 제자인 무구광존자(無垢光尊者)[8]입니다. 해석한 사람은 롱첸 라잠파(龍淸善將巴)[9]입니다. 티베트 문자를 중국 문자로 번역한 사람은 선배 불교 대덕(大德)으로, 이름을 숨기고 세상에 전하는 것으로 공덕을 삼았으니 그런 까닭에 이름을 알 수 없습니다.

이 책의 법요(法要)는 선정을 수지하는 사람들에게 크게 이익이 있으니 참고할 가치가 있습니다. 다만 안타까운 것은 티베트와 중국 문법의 간극이 커서 번역문이 올바르게 전달되지 못하는 것이 한탄스러울 뿐입니다. 오래된 지혜[宿慧]를 지닌 선비가 있어서 육성취, 대수인 등의 법을 참고해서 융회(融會)한다면 자연스러워서 막히는 바가 없을 것입니다. 밝은 스승이 입으로 직접 전수해 줄 수 있다면, "모든 법은 본래부터 늘 그대로이며 그대로 열반임[諸法從本來, 皆自寂滅相]"을 깨달아 알게 될 것입니다. 본성은 공이며 형상이 없지만[性空無相] 그래도 묘유지용(妙有之用)을 일으킨다면, 얻기 어려운 뛰어난 인연이 될 것입니다. 역자는 이 법본을 일컫기를 『대원만선정휴식청정거해』라 이름 붙였는데, 이것은 모두 직역(直譯)이라 학자들이 그 뜻을 통하는 데 어려움이 있습니다. 의역을 해서 중국어

---

8 무구광존자는 롱첸 라잠파의 의역(義譯)으로 동일 인물이라고 알려져 있다. 하지만 남 선생이 사세(辭世)한 뒤라 더 이상의 확인이 어렵다. 독자들은 참고하기 바란다.(편집자 주)

9 일반적으로 롱첸파(1308-1364)로 알려진 수행자로 14세기 티베트 불교 닝마파의 뛰어난 스승이다. 롱첸파는 닝마파의 중요한 논사이자 숨겨진 법을 발견한다는 복장사(伏藏師)이다.

의 의미를 살린다면 "대승도 청정적멸 선정 광명대원만 법요 석론(大乘道
淸淨寂滅禪定光明大圓滿法要釋論)"이라 할 수 있는데, 이러는 편이 더 정확
할 것입니다. 그 나머지 원역(原譯)의 내용에 앞뒤가 거꾸로 되어 있는 구
절은 대부분 이런 부류입니다. 이제 티베트본이 없어서 중역(重譯)을 근거
로 하였으니, 학자들은 마음으로 통하고 분명하게 구별해야 할 것입니다.
이것으로 서문을 삼습니다.

1961년 신축(辛丑) 음력 12월
대만에 나그네로 있는 남회근이 쓰다

# 차례

남 선생 『대원만선정휴식청정거해』 18강을 강의하다

민국68년(1979년) 4월 24일−8월 말

# 1부
# 수행의 준비

# 제1강

# 서론

　오늘부터『대원만선정휴식청정거해(大圓滿禪定休息淸淨車解)』강의를 시작합니다. 여기서 '거(車)' 자는 불법의 소승과 대승의 '승(乘)' 자이며, 범문의 원래 뜻은 수레입니다. '해(解)'는 해석이니 '거해(車解)'는 바로 대소승 법본이라는 의미이기도 합니다. 우리에게 익숙한 문법에 따라 번역한다면 바로 대원만선정휴식법요(大圓滿禪定休息法要)이며 대승도(大乘道)입니다. 이것은 티베트 밀종의 홍교(紅敎)에 속하는 부분인데 원시 밀종이기도 합니다.

　수십 년 이래 불교계의 행태가 낳은 좋지 못한 현상을 목도하였기 때문에, 저는 불법의 학술화와 과학화에 힘써 왔습니다. 종교의 모습을 벗어버리고 종교의 모든 관습을 벗어 버리고, 진정한 불법이 널리 그리고 영원히 전해질 수 있기를 바랍니다. 하지만 수십 년간 지속해 왔던 저 자신의 방식에서도 아주 큰 결함을 발견했습니다. 과거의 전통 방식이 지나치게 종교성에 치우치기는 했어도 사람들로 하여금 법을 중시하고 사승(師承)을 중시하게 만들었는데, 현재의 방식은 도리어 사람들에게 법을 가벼이 여기게 만들었습니다. 쉽게 얻기 때문에 사도(師道)의 존엄성이 도리어 무너지고 말았습니다.

저 같은 방식은 심지어 학생을 두 손으로 떠받들어 모시는 격이라고 할 수 있는데, 마치 학생에게 불법을 배우라고 무릎 꿇고 구하는 것 같습니다. 세상일은 본디 이로움이 있으면 반드시 폐단이 있기 마련인지라 어쩔 수 없습니다. 제가 원래 하던 방식대로 하는 수밖에 없는데, 그것이 옳은지 그른지는 여전히 잘 모르겠습니다.

이 말의 의미는 과거에 불법을 배웠던 사람들은 이 법을 익히는 것을 대단히 엄숙하고 중대한 일로 여겼다는 것입니다. 따라서 이 자리에 있는 우리는 출가이건 재가이건 막론하고 이 법을 배울 자격이 충분한 사람이 하나도 없다고 말할 수 있습니다. 과거의 관례 및 전통 정신에 비추어 보면 이 법을 배우려면 반드시 상당한 성취와 계행(戒行)을 갖춰야 하기 때문입니다. 계행은 불법을 배우는 이들의 정성과 스승을 공경하고 삼보(三寶)를 공경하는 정신을 포함하는데, 그것은 거의 정신이 나간 것 같은 미치광이요 어리석은 충성〔愚忠〕 어리석은 효〔愚孝〕 어리석은 믿음〔愚信〕의 태도에 가깝습니다.

더욱이 법을 전할 때마다 반드시 공양을 요구하고 돈을 요구했습니다! 목눌존자(木訥尊者)[1]의 사부는 이렇게 말했습니다. "만약 집안에 돈이 없고 재산이라고 하나 있는 것이 다리 저는 양 한 마리밖에 없다면 그거라도 가지고 와서 공양하여라." 요즘은 돈을 가져오는 것이 공양을 대표합니다.

---

1 티베트의 성자라고 불리는 밀라레파(Milarepa, 1052-1135)를 말한다. 그는 티베트 불교 카규파(일명 백교白敎)의 2대 조사인데, 중국에서는 목눌 혹은 밀륵일파(密勒日巴)라고 표기한다. 금강승 불교의 대가인 스승 마르파에게 금강승 최상의 수행법을 전수받았고, 주로 산속 동굴에서 수행 정진하여 깨달음을 성취하였다. 그는 깨달음의 경지를 노래한 수많은 게송을 남겼는데, 그것들이 『밀라레파의 십만송』이라는 이름으로 지금까지 전해 오고 있다.

만약 여러분이 거지이고 오늘 돈이 한 푼밖에 없다면 그 한 푼이라도 정성스럽게 가져와서 공양해야 비로소 참된 공양입니다. 공양의 참된 뜻은 지극한 정성에 있지 수량의 많고 적음에 있지 않습니다.

오늘 여러분 가운데 소수의 몇 분에게는 그런대로 이 법에 대해 말씀드릴 만합니다. 솔직히 말해서 이번 강의는 미래의 불교계를 위해 짐을 짊어질 스승을 양성하는 데 중점이 있습니다. 여기 계신 몇 분의 출가자들은 장차 자신을 이롭게 하고 남을 이롭게 할 수 있기를 바랍니다. 거사 여러분들은 이분들에게 신세를 졌습니다. 만약 정말로 거사 여러분들에게 이 법문을 가르친다고 하면 말입니다. 법은 구하는 것인데 아무도 구하는 사람이 없었고 오래도록 저 역시도 전하는 데 게을렀습니다. 그리하여 여러분은 무슨 문제만 있으면 자동적으로 저를 찾았습니다! 법을 구하는 정신은 조금도 없으면서 모두 제가 만나주기만을 기다리고 있지만 저는 그럴 틈이 없습니다! 생각해 보십시오! 보통 사람이 가게를 열어서 장사를 한다고 치면, 물건을 사려고 오는 사람이 있어야 팔 것이 아닙니까. 여러분은 사려고 하지도 않는데 제가 일일이 찾아가서 물건을 파는 식의 장사 방식을 저는 사양합니다!

불법은 본래 "직심이 곧 도량[直心是道場]"이라고 합니다. 저는 거짓말을 하지 않습니다. 이번에 법을 전하는 목적은 재가인 여러분을 위한 것이 결코 아니니, 여러분은 그저 덩달아 듣게 된 것일 뿐입니다. 출가인을 위한 강의인데 재가인 여러분은 이런 인연을 만난 김에 듣게 된 것이지요.

왜 이렇게 말할까요? 우리 모두는 자신이 불제자로서 법을 배울 조건을 구비했는지를 반성해야 합니다. 밀종의 전법(傳法) 규정에 따르면 전법은 본래 대단히 엄격하고 중요한 것으로, 전법할 때마다 먼저 관정(灌頂)을 하고 하다(哈達)를 바쳐야 합니다. 백교(白敎)에서는 흰색 비단을 바치고 황교(黃敎)에서는 노란색 비단을 바칩니다. 티베트의 예법에서 하다는 화환과 똑같습니다. 라마 활불이 전법할 때 법을 배우는 사람이 하다를 사지 못했을 경우에는 라마 곁의 시자(侍者)에게 가서 삽니다. 하다는 그렇게 사기도 합니다. 이런 것을 이야기하는 이유는 여러분이 규정을 알도록 하기 위해서이지만 이런 형식적인 부분도 아주 중요합니다.

오늘 이야기하는 이 법은 『대승요도밀집(大乘要道密集)』 및 『대수인(大手印)』과 한 계통에 속합니다. 그런데 여러분이 더욱 주의해야 할 것이 하나 있습니다. 바로 이것과 백골관(白骨觀)의 관계입니다. 백골관은 모든 지관(止觀) 수련의 기초입니다. 그 기초를 잘 다지지 않으면 이들 법을 수행하기가 어려울 것입니다. 이런 말은 제가 예전에도 여러 번 한 적이 있는데, 만약 아직도 몰라서 물으려고 한다면 문제입니다. 백골관을 기초로 해야 합니다. 그러지 않으면 여러분이 아무리 타좌(打坐)²를 하고 불법을 배운다고 해도 시간 낭비일 뿐입니다.

최근에 어떤 학생에게 화를 낸 일이 있는데, 그가 휴가를 내어 집에서 두 주 동안 타좌를 했다고 해서였습니다. 그것은 정말 시간 낭비요 청춘 낭비입니다! 무슨 쓸데없는 짓을 하는 겁니까! 불법의 이치가 그런 것입니까? 여러분은 이렇게 말할지도 모릅니다. "선생님! 선생님께서도 아미산(峨眉山)에서 삼 년이나 폐관(閉關)하지 않으셨습니까!" 맞습니다! 하지만 저는 낭비하지 않았습니다. 게다가 저는 무엇이 낭비인지 알기 때문에 낭비라고 말하는 겁니다! 보살행과 공덕도 일으키지 않고서 무슨 불법을 배웁니까? 제대로 사람 노릇 하고 일처리 하고 적극적으로 선을 행하고 적극적으로 공덕을 일으킨 후에 자신에게 물어보십시오. "나는 오늘 하루 내내 무슨 일을 하였는가? 자신만 이롭게 하는 것 외에 남을 위해 봉사하려

---

2 가부좌를 하고 앉아 입정(入定)에 드는 것으로 참선을 가리킨다. '타(打)'는 동작이나 행위를 나타내는데, 천태종이나 밀종에서 수행 시 취하는 좌법을 가리키기도 한다. 여기서는 정좌, 참선, 좌선 등으로 고치지 않고 중국어 그대로 둔다.

는 마음이 조금이라도 있었는가?" 없습니다! 저는 수십 년 동안 진심으로 다른 사람을 위해 일하려는 사람을 한 명도 본 적이 없습니다. 정말 봤다면 그 사람에게 절을 했을 것입니다. 있기는 있었습니다. 보살심행(菩薩心行)을 지닌 사람은 많았지만 안타깝게도 모두 부처님을 배우는 사람이 아니었습니다. 그 사람들의 동기 역시 무연지자(無緣之慈) 동체지비(同體之悲)[3]였다고는 말할 수 없습니다. 아! 참된 자비심은, '이렇게 하는 것이야말로 보살행이다' 하는 생각을 절대로 하지 않습니다. 그런데 부처님을 배우는 모든 사람이 오히려 이런 마음을 지니지 못했습니다.

이제 본문을 펼쳐 보면 이 책은 모두 대만에서 인쇄된 것이고 앞에 제 서문이 있습니다. 듣자하니 도둑 인쇄된 것이 많고 제 서문 역시 빼 버렸다고 하는데 어떻게 된 일인지 모르겠습니다. 규칙대로 하자면 밀종의 법본(法本)은 인쇄할 수 없습니다. 제가 대만에 와서 보니 이 문화가 거의 끊어지려고 하기에 마음속으로 큰일이다 싶었습니다. 그래서 이 법본을 가져다가 소천석 선생에게 인쇄하게 했습니다. 인쇄를 한 후 많은 사람에게 욕을 먹었는데, 그들은 저더러 이 비법(秘法)을 공개해서는 안 된다고 말했습니다. 한탄스럽게도 그 고도 근시의 사람들은 이 비법의 법본, 프랑스어 번역본이 이미 백여 년 간이나 전해지고 있었다는 사실을 모르고 있습니다. 영문 번역본도 외부에는 아주 많습니다. 그런데도 우리는 여전히 이 자리에서 우물 안 개구리가 하늘을 보듯 하고 있습니다. 거기에다 우리 이 책도 영문본을 번역한 것인데, 자신의 것은 다른 사람이 가져가서 보면 안 된다고 하는 것이 얼마나 우습습니까! 밀종의 규정에 따르면 관정을 받지 않은 사람이 법본을 보면 눈이 짓무르게 됩니다. 너무나도 엄중해서 보는 사람을 놀라게 하는데, 너무 놀란 나머지 멀쩡하던 눈이 다 짓무르게 되는 겁니다.

---

3 조건 없이 한 몸으로 여기는 자비심.

이제 제가 법본을 공개하는 것은 문화를 보존하기 위해서입니다. 그렇게 하지 않는다면 이 사람이 몰래 베끼고 저 사람이 몰래 베끼다가 결국에는 원래 모습을 잃어버리게 될 것인데, 그렇게 되면 법본이 없어진 것이나 마찬가지입니다. 이는 혜명(慧命)을 끊어 버림이 아니겠습니까? 대만에서 밀종을 전하는 수많은 사람은 저에게 감히 안 된다고 말하지 못할 것입니다. 그런 말을 했다가는 제가 눈을 부릅뜨고 그 사람의 나이와 지위를 상관하지 않고 즉시 반박해서 만신창이를 만들어 버릴 것입니다. 그렇기 때문에 제 면전에서는 아무 소리도 못할 것입니다. "아무개가 밀법을 공개한다 하니 큰일이다"라고 등 뒤에서나 말하겠지요.

무엇이 큰일입니까? 여러분의 동기가 자신을 위한 것이 아니라 미래 세계와 중생을 위한 것이라면 굳이 비밀이라고 할 것이 없습니다. 부처님께서 만약 비밀을 지키려는 마음이 있었다면 여전히 부처님이라고 부를 수 있겠습니까? 가끔은 비밀로 하는 것이 부득이할 때도 있기는 합니다. 그런 도리는 지금은 잠시 말씀드리지 않겠습니다.


## 역자의 해설

이제 첫 페이지에서 여러분은 먼저 본문 뒤쪽의 작은 글자[4]를 보게 됩니다. 이것이 티베트 롱첸 라잠파(龍淸善將巴) 대사의 해설입니다.

"三種休息法總義第二章(세 종류의 휴식법 총의 제2장)." 휴식법에는 심성

---

4 대만에서 나온 이 강의의 원본 『대원만선정휴식청정거해(大圓滿禪定休息淸淨車解)』(서문 13쪽 각주 참조)에는 경문과 주해의 구분을 글자 크기로 하였는데, 주해는 경문 다음에 작은 글자로 넣었다. 하지만 한국어판에서는 경문은 상하에 선을 넣어 구별하였고, 주해는 원문이 처음 나올 때는 한자를 앞에 두고 괄호 안에 해석을 넣었다.(편집자 주)

(心性)휴식, 선정(禪定)휴식, 허환(虛幻)휴식의 세 종류가 있습니다. 선정 휴식은 두 번째이며, 이 책은 총의(總義)의 제2장입니다.

"示諸法極頓成光明大圓滿禪定休息法幷解(부처님의 제법을 보여 광명대원 만선정휴식을 성취하게 하고 해석을 붙이다)." 제2장 안에서 말하는 것은 부처 님의 일체법이니, 사람들로 하여금 돈오(頓悟)하여 자성대광명을 성취할 수 있게 하고, 대원만의 선정을 즉시 증득하여 대휴식을 얻을 수 있게 한 다는 말입니다. 대휴식 법문에는 두 종류가 있는데, 첫 번째는 일반적인 소승의 염휴식(念休息)[5] 법문이고 두 번째는 대승의 휴식입니다. 바로 경 전에서 말하는 "미친 마음이 잠시 그치리니, 그치면 곧 보리인지라〔狂心頓 歇, 歇卽菩提〕"[6] 하는 것입니다. 이것이 바로 휴식입니다. '병해(幷解)'는 해 석을 덧붙인다는 말입니다.

"廣演分爲三種: 講說解釋之因, 廣說入境體義, 一切圓滿結義(넓게 세 종 류로 나누어지는데, 강설하고 해석하는 원인, 경계로 들어가는 본체와 의리를 넓게 말하고, 일체 원만이라는 결론이다)." 확장해서 말하면 세 부분으로 나눌 수 있습니다. 첫 번째는 왜 이 법문을 말하는가를 설명하고, 그다음은 대광명 경계의 도리와 대광명의 본체와 최고의 의리를 넓게 말하고, 결론은 일체 원만임을 말합니다. 바꾸어 말하면 제1장은 대원만 선정이라는 이 논저를 강해하는 원인이고, 제2장은 대원만 선정 광명 경계로 들어가는 도리를 설 명하고 있으며, 제3장은 결론입니다.

중국어로 옮기면 이렇게 간단한데 문자 번역을 제대로 못했기 때문에 밀종은 갈수록 '비밀스러워〔密〕'졌습니다. 최근에 제가 그것을 공개해서 외부에 알려지게 되었지만, 안타깝게도 정리할 시간이 없었기에 여러분이

---

5 십념법 중 하나로, 온갖 연(緣)을 놓아 버리는 것.
6 『능엄경』 원문은 "狂性自歇, 歇卽菩提"이다.

봐도 이해할 수가 없습니다. 여러분은 문자에 속아 넘어가면 안 됩니다. 이런 문자 번역은 모두 문학적 소양이 낮은 사람들이 한 것이라 불법을 갈수록 엉터리로 만들어 버렸습니다. 큰일입니다! 저는 그것을 전부 과학적 방법으로 정리해서 미신의 겉옷을 벗겨 버리고 요점을 분명히 보여 주기를 정말로 희망합니다. 그렇게 해야 진정한 비법이 전해질 수 있습니다.

"初又分三種: 名義·禮讚·立宗(처음에 또 세 종류로 나누어지는데, 명의·예찬·입종이다)." 또다시 세 종류로 나뉘는데 중국어 경전의 관습은 이를 연기(緣起)라고 부릅니다. 첫 번째는 명의(名義)인데, 이 법문을 왜 대원만선정휴식이라고 부르는지 풀이했습니다. 두 번째는 예찬(禮讚)인데, 불교의 규정은 먼저 창송(唱頌) 찬탄(讚嘆)을 한 번 합니다. 한편으로는 창(唱)을 하면서 한편으로는 우요삼잡(右繞三匝)[7]을 하는 이것이 인도 사람의 예법입니다. 세 번째는 입종(立宗)[8]인데, 바로 종지(宗旨)입니다. 이 모두가 수행법을 말하고 있습니다.

"第一又分三: 譯名·講說·於何安名(첫 번째가 또 셋으로 나누어지는데, 역명·강설·어하안명[9]이다)." 첫 번째 '명의(名義)'는 또다시 '역명(譯名)' '강설(講說)' '어하안명(於何安名)'의 세 항목으로 나뉩니다. 제1장이 세 종류로 나뉘고, 세 종류 안에서 첫 번째가 또다시 세 항목으로 나뉩니다. 이 세 항목 가운데서 먼저 제1장의 첫 번째의 첫 번째 항목인 명칭을 이야기합니다. 무슨 말인지 아시겠습니까? 불경은 대단히 과학적입니다. 각 항목 안에서도 또다시 아주 상세히 분류합니다.

---

7 부처님이나 탑 등에 경의를 표할 때, 자신의 오른쪽을 그 대상으로 향하게 하여 세 번 도는 예법을 말한다.

8 인명(因明)에서, 주장하는 명제나 판단을 내세우는 것.

9 어하안명(於何安名)이란 '어떻게 이름을 지어주는가'라는 뜻이다.

"初譯名者, 具四大種語之印土語云(처음의 역명이라는 것은, 사대종어의 인도어를 말한다)." 범문으로 된 말을 번역한 것을 가리켜, "麻哈生底等, 翻其語爲藏語(今譯爲漢語)〔마합생저 등 그 말을 티베트어로 번역하였다(지금은 중국어로 번역)〕"라 했습니다.

"麻哈者大也, 生底爲圓滿, 德拿, 禪定(마합이라는 것은 대이고, 생저는 원만이며, 덕나는 선정이다)." '대원만 선정'이라고 부릅니다. 남인도 범문 '덕나(德拿)'를 중국어로 번역하면 '선정(禪定)'이라고 합니다. 중국의 불경은 북인도의 발음에 의거해 '선나(禪那)'라고 합니다. 어떤 사람은 말하기를 우리가 부처님을 배우려고 하면 먼저 범문을 배워야 불법을 이해할 수 있다고 합니다. 여러분은 범문을 깨우쳐야 불법을 이해할 수 있다고 생각하십니까? 범문의 어음(語音)에는 남인도, 북인도, 중인도, 동인도, 서인도의 구분이 있는데 여러분이 어떻게 연구하겠습니까?

"畢辛達, 譯義爲休息, 亦有譯爲淸淨者(필신달은 뜻을 번역하면 휴식인데, 청정으로 번역하기도 한다)." '필신달'을 번역하면 '청정'인데, 청정은 의역(意譯)이지 직역이 아닙니다. 휴식을 청정으로 번역한 것입니다. 이 책에서는 휴식이라도 좋고 청정이라도 좋습니다. 어차피 번역된 명사입니다.


# 무엇을 휴식이라고 하는가

"譯休息者, 有實性·休息·法爾三義(휴식이라고 번역한 것은 실성·휴식·법이[10]의 세 가지 뜻을 지니고 있다)." 이른바 청정휴식은 반야실성(般若實性) 명

---

10 법이(法爾)는 있는 그대로의 상태, 모습, 이치. 제법의 이치가 인위적으로 이루어진 것이 아니라 스스로 본디부터 그러함을 이르는 말.

심견성(明心見性)을 포함하는데, 본체 즉 그 본성을 본다는 것입니다. 본성을 보고 크게 휴식하여 일체를 내려놓으면 도를 성취하게 됩니다. 소위 도의 성취[成道]니 공(空)이니 하는 것은, 법이자연(法爾自然)이 이와 같다는 말입니다. 하지만 사실은 법이가 바로 자연이고 자연이 바로 법이입니다.

인도에는 일종의 외도(外道)가 있는데, 우리는 그것을 '자연외도(自然外道)'라고 부릅니다. 그로 인해 중국에서도 어떤 사람들은 노자(老子)의 자연을 인도의 자연외도 속에 집어넣어 버리는데, 정말로 곤장 맞아 마땅한 짓입니다. 노자 이전에는 '자연'이라는 명칭이 없었습니다! 노자가 처음 '자연'이라고 썼고 뒷사람이 그 명사를 빌려 쓴 것입니다. 외부에서 전해진 과학을 번역하면서 '자연과학'이라고 칭했는데, 인도의 외도를 번역하면서도 자연이라는 명사를 기계적으로 적용해서 '자연외도'라고 불렀던 것입니다.

노자의 '자연'은 그 의미가 "자기 자신이 당연히 이와 같다"입니다. 그렇기 때문에 자연이라고 부릅니다. "도법자연(道法自然)"이니 도(道) 자신이 당연히 이와 같습니다. 도법(道法)이 스스로[自] 그러함[然]이니, 법이가 이와 같습니다. 그렇다면 불법을 번역하면서는 왜 노자의 자연을 사용하지 않을까요? 만약 자연이라는 명사를 사용했다면 사람들은 불법이 도가를 그대로 답습했다고 말했을 것입니다. 그도 아니면 인도의 자연외도와 뒤죽박죽되어 버렸을 것입니다. 그래서 다른 방법을 생각하다가 '법이(法爾)'라는 명사가 태어났습니다.

법이를 어떻게 해석해야 할까요? '법이'를 해석해 낼 수 있는 사람이 있다면 저는 그 사람을 큰 스승이라고 부를 것입니다. 스승이라고 부르는 것으로는 충분치 못합니다. 왜냐하면 법이는 해석할 수가 없기 때문입니다. 말 그대로 법이입니다. 우리가 이십 층의 계단을 걸어 올라간다고 가정해 봅시다. 겨우겨우 다 올라가면 그 자리에 털썩 주저앉아서 "아이고! 어머니!" 하면서 아무 생각도 나지 않을 것입니다. 그것이 어찌 법이가 아니겠습니까? 여러분 같으면 어떻게 해석하시겠습니까? 그냥 자연스럽게 그런 것이지, 어떤 명사를 갖다 붙여도 모두 적절하지 않습니다. 그래서 청정이라고 불러도 괜찮고 휴식이라고 불러도 괜찮고 원만이라고 불러도 괜찮은 것입니다. 여기에는 '실성' '휴식' '법이'의 세 가지 뜻이 들어 있습니다. 완전히 내려놓고 자연스럽게 내려놓습니다. 우리는 선정을 배운다고 하면서 내려놓으라고 하면 오히려 내려놓음을 필사적으로 구합니다. 그러니 거기에서 안 바쁠 수 있겠습니까?

여기까지 이야기하고 보니 그저께 밤에 읽었던 고시가 생각납니다. 매구절이 다 좋았지만 중간에 두 구절을 가져다가 우리가 방금 이야기한 '실성' '휴식' '법이'를 풀이해 볼 수도 있겠습니다. 제가 그 사람이 문인이라는 사실을 알지 못했더라면, 시만 봐서는 그가 크게 깨달은 도인이라고 생각할 뻔했습니다. 그래서 문자반야(文字般若)도 큰 공덕이라고 말하는 것입니다.

이야기의 내용은 이렇습니다. 수도하는 어떤 사람이 작은 배 한 척을 샀는데, 평생을 그 작은 배 위에서 이리저리 노를 저어 천하를 떠돌며 삼십 년이나 뭍에 오르지 않았습니다. 여러분도 생각해 보십시오. 그 사람은 배 위에서 어떻게 정(定)[11]을 수지했을까요? 타좌를 했을까요? 타좌를 했다면 틀림없이 흔들거렸을 터인데 어떻게 정(定)에 들 수 있었을까요! 그렇지만 그 사람은 어김없이 정(定)에 들었습니다. 여러분은 반드시 삼림 속에 숨어야만 도를 닦는다고 말할 수 있다고 생각하십니까? 여러분이 타좌

---

11 마음이 하나의 대상에 모였을 때 혼침에 떨어지지 않고 산란하지도 않으며, 가볍고 부드러우며, 자연스럽게 전일한 상태가 유지되는 것을 정(定)을 얻었다고 한다. 정은 계(戒)와 혜(慧)의 중심이자 불법을 몸으로 닦아 실제로 체험하는 기초가 된다. 정은 가부좌만이 아니라 행(行) 주(住) 와(臥)의 자세에서도 정에 들 수 있어야 한다. (『정좌수도 강의』 195-196쪽 참조)

를 하는데 평지에 앉으면 제대로 앉아 있을 수 있고 흔들리는 배 위에 앉으면 제대로 앉아 있지 못해 정(定)에 들지 못한다면, 어떻게 입정(入定)이라고 부를 수 있겠습니까. 그저 다리 틀기에 들어갔다고 말해야 하지 않을까요. 조심해야 합니다! 여러분은 매일같이 다리 틀기에 들어가고 있는 것입니다! 그게 어디 선정에 들어가는 것입니까! 선정에 들어가는 것은 장소가 어디냐가 문제가 되지 않습니다. 그 사람이 날마다 배 위에 있었기 때문에 보통 사람들은 매우 탄복했습니다. 어느 유명한 문인이 그를 위해 시를 지었는데, 중간에 두 구절이 절묘하기 짝이 없습니다. "텅 빈 껍데기 바깥으로 벗어날 수 있는 물질은 없어도, 태어나기 전을 깨달을 수 있는 사람은 있네〔無物可離虛殼外, 有人能悟未生前〕." 여러분의 사대(四大) 육신은 텅 빈 껍데기이니 안팎이라고 할 것이 없습니다. 그렇기 때문에 벗어날 수 있는 물질도 없습니다. 하지만 오히려 태어나기 전의 일체를 깨달을 수 있습니다. 멋있습니다! 멋진 대구(對句)입니다.

저의 보시(布施)는 여러분과 달라서 좋은 시를 보면 모든 사람에게 말해주지 못해서 안달을 합니다. 그뿐 아니라 이 좋은 구절을 모든 사람의 머릿속에 억지로 집어넣어 기억하게 하지 못할까 봐 안달합니다. 뭐 하나를 알면 다른 사람도 그것을 알게 될까 봐 두려워하고, 물어보면 "모릅니다"라고 말하는 여러분과 같겠습니까. 그런 것은 법의 보시를 아끼고 인색하게 구는 것이기 때문에 지혜가 크지 않을 것입니다. 제가 이렇게 말하는 것은 스스로를 광고하는 것이 아닙니다! 사람은 반드시 재물에 사사로움이 없고 지혜에 사사로움이 없어야 비로소 큰 보시입니다. 문인이 그 입에다가 그 머리까지 더했으니 참으로 대단합니다. 그러므로 반야 가운데 '문자반야'는 천기(天機)의 영감에서 나오는 것이지 망념(妄念)에서 생겨나는 것이 아닙니다. 그것은 완전히 자연스럽게 나오는 것으로, 법이가 이와 같습니다.

"實性與法爾, 乃具特別之休息也(실성과 법이는 특별한 휴식을 지니고 있다)." 이 말은 맞습니다. 경전에서 "미친 마음이 잠시 그치리니, 그치면 곧 보리인지라"라고 말했는데, 내가 잠을 자면 그 또한 미친 마음이 잠시 그치는 것이라고 말해서는 안 됩니다. 맞지요? 그가 말한 '특별한 휴식'은 진정한 휴식이니, 이 휴식을 강조한 것입니다. 비록 휴식이라는 말을 가지고 표현했지만 결코 잠을 자는 일반적인 휴식이 아닙니다. 반드시 진정으로 내려놓아야 합니다. 마치 선종에서 명심견성한 이후에야 진정으로 크게 그치고 크게 쉰다고 말하는 것과 같습니다.

"住於輪廻衆生, 修持其義, 則可休息而止憩故(윤회 중생에 살면서 그 뜻을 수지하면, 휴식하면서 쉼에 머무를 수 있기 때문이다)." 왜 휴식이라고 부를까요? 우리 사람은 모두 육도윤회(六道輪廻) 가운데서 태어나고 죽습니다. 만약 정말로 "미친 마음이 잠시 그치리니, 그치면 곧 보리"임을 깨닫고 참으로 내려놓는다면, 그 즉시 더는 육도윤회에 들어가지 않습니다. 이것을 대휴 대식(大休大息)이라고 부릅니다. 선(禪)을 배우는 사람에 대해 말하자면, 이러한 교리상의 설명은 잘 알고 있고 멋지게 해석합니다. 하지만 무엇이 진정한 내려놓음입니까? 여러분은 어깨에 짐이 없고 옷도 벗어던지면 그것이 내려놓은 것이라고 생각하십니까? 그것은 가짜입니다. 참으로 한순간에 내려놓으면 생사윤회를 멈추고 삼계를 벗어날 수 있습니다. 이것을 휴식이라고 부릅니다.


## 청정원만은 무엇인가


"哲底爲解釋, 必宿打爲淸淨, 薩耶饒塔, 爲木, 噶爲馬·拉馬, 爲名稱也(철저는 해석이고, 필숙타는 청정이며, 살야요탑은 목이고, 갈위마·랍마는 명칭이다)." 범문 '철저(哲底)'는 중국어로 번역하면 '해석'입니다. '필숙타(必宿打)'는 중국어로 번역하면 '청정'입니다. '살야요탑(薩耶饒塔)'은 중국어로 '목(木)'입니다. '갈위마·랍마'는 바로 '명칭'이라는 뜻입니다.

여기까지가 한 단락입니다. 고인들의 분류는 대단히 과학적이고 조리가 있지만, 종이를 낭비하게 될까 봐 단락을 현대처럼 분명하게 구분하지 않아서 일목요연하지는 않습니다.

"講說者, 圓滿一切法, 於何處圓滿, 自然大智慧, 於此圓滿, 卽輪廻涅槃(강설이라는 것은, 모든 법을 원만히 함이니, 어느 곳에서도 원만하면 자연 대지혜이며, 이것에 원만하면 윤회 열반이다)." 도를 깨닫는 그 반야는 자연 대지혜입니다. 무엇을 자연 대지혜라고 부릅니까? 바로 유가의 『중용(中庸)』에서 말한 "힘쓰지 않아도 맞아떨어지고 생각하지 않아도 얻는다〔不勉而中, 不思而得〕"라는 것입니다. 또 『중용』 마지막에 말한 "상천의 일은 소리도 없고 냄새도 없다〔上天之載, 無聲無臭〕"라는 것이기도 합니다. 또 공자가 『역경(易經)』 「계사전」에서 말한 "아무 생각이 없고 걱정이 없다〔無思無慮〕"라는 것이기도 합니다. 동양에도 성인이 있고 서양에도 성인이 있지만 그 마음은 똑같고 그 이치도 똑같습니다. 그러므로 진정으로 도를 깨닫는 지혜는 대자연이요 대지혜이니, "힘쓰지 않아도 맞아떨어지고 생각하지 않아도 얻습니다." 이것을 얻으면, 그러면 윤회가 곧 열반입니다.

"無始淸淨, 自性眞面, 非由他成, 於彼圓滿(아주 오랜 옛날부터 청정은 자성의 본모습이며, 다른 것으로부터 된 것이 아니니 그것이 원만하다)." 이른바 범부는 육도윤회 가운데서 태어나고 죽습니다. 그러나 부처님은 윤회를 벗어나서 결국 열반에 드셨습니다. 사실은 윤회가 바로 열반이고 열반이 바로 윤회이며, 아주 오랜 옛날부터 자성은 본래 청정합니다. 단지 우리 중생이 함부로 분별을 만들어 윤회와 열반을 억지로 떨어뜨려 놓았지요. 실제로 윤회는 마치 수레바퀴처럼 굴러가기 때문에 둥글어서 처음도 없고 끝도 없으며 멈추지도 않고 쉬지도 않습니다. 물론 도를 깨달아야 비로소 윤회가 바로 열반이고 열반이 바로 윤회라고 말할 수 있습니다. 그러지 않고 당신은 윤회로 가시오! 당신은 열반으로 가시오! 한다면 뚫고 들어가려고 기를 쓰겠지요.

자성의 본래 모습은 아미타불이 당신에게 준 것이 결코 아닙니다. 석가모니부처님이나 관세음보살이 당신에게 준 것도 아닙니다. 자성이 본래 부처님입니다. "그것이 원만하다[於彼圓滿]", 이렇게 이 경계에 도달하면 비로소 대원만(大圓滿)이니, 바로 선종에서 말하는 명심견성이요 자신의 본래 모습을 보게 되는 것입니다. 일찍이 도를 깨달은 어떤 선사가 말했습니다. "아! 콧구멍은 원래 아래로 향하는 것이로구나." 어느 콧구멍이 위로 향합니까? 콧구멍은 본래 아래로 향합니다. 또 다른 어떤 사람은 깨닫고서 말했습니다. "비구니는 원래 여인이 되는 것이구나." 화상은 당연히 남자가 되는 것인데, 그것이 뭐 신기할 게 있습니까? 본래 그렇지 않습니까! 이것을 본래 모습이라고 부르니 "다른 것으로부터 된 것이 아닙니다[非由他成]." 이러한 경계에 도달하면, 이것을 깨닫게 되면, 대철대오(大徹大悟)하여 "그것이 원만하니" 이것을 대원만이라고 부릅니다.

"一切法之根本, 由自性所分出故, 彼圓此圓, 皆是圓滿於唯一明點中也, 圓滿乃是自性, 故名爲大, 爲他法之廣源故(일체법의 근본이 자성에서 나뉘어 나오는 까닭에, 그것이 둥글고 이것이 둥글어서 모두 유일한 명점 가운데서 원만하다. 원만이 곧 자성이니, 그러므로 크다고 이름 붙이는데 다른 법의 넓은 근원이 되기 때문이다)." 대원만은 모든 법의 근본입니다. 자성은 본래 청정하고 원명(圓明)하기 때문에, 작용을 일으킬 때 이 청정이 분화(分化)를 일으키는 것과 똑같습니다. 분화한 이후에는 바깥으로 마구 쏟아져 나오는데 사실은 그 또한 자성입니다. 하지만 만약 길을 잃어버리면 되돌아오지 않습니다. "그것이 둥글고 이것이 둥글어서[彼圓此圓]"의 의미는, 회전하다가 본래의 스스로 원만한 경계로 되돌아가서 이제는 그것이 명점 속으로 도달한다는 말입니다.[12] 이 명점은 '명백(明白)'의 '명'이라고 말해도 되고, 법을 수행하기 시작해서 그것을 하나의 밝게 빛나는 점으로 만든다고 말해도 됩니다. 하지만 알아 두어야 합니다. 밝게 빛나는 점이 되었든 비할 데 없이 큰 광명이 되었든 그 모두 우리 자성이 일으키는 것이기에, 작용을 일으키려고 하면 작용을 일으키고 작용을 일으키지 않더라도 스스로 그러합니다. 자성은 본디 공(空)이므로 작용을 일으키려고 하면 갖추지 않은 것이 없고 모두 하나의 명점 속에서 원만합니다. 자성의 원만을 '크다'고 부르는 것은, "다른 법의 넓은 근원이 되는[爲他法之廣源]" 까닭에서입니다.

"遍行云: 廣大此心境, 無一不具者(『변행』에서 말하였다. 넓고 큰 이 마음의 경계는 하나라도 갖추지 않은 것이 없다)." 『변행(遍行)』은 밀교의 경전인데 이 구절은 감탄의 말입니다. 불경을 인용하여 우리의 이 마음은 비할 데 없이 넓고 커서 모든 법을 구족하고 있다고 설명했습니다. 그래서 육조(六祖)는 도를 깨달았을 때 이렇게 말했습니다. "자성이 본래 스스로 구족하였음을 어찌 알았으랴[何期自性本自具足]." 자신이 수련을 해야지만 비로소 마음의 경계를 넓고 크게 만들 수 있는 것이 결코 아닙니다. 자성은 본래 일체를 구족하기 때문입니다. 다만 처음 수행하는 사람은 그래도 마땅히 수련을 해야 합니다.

---

12 도가의 '단(丹)'을 포함하는 명점(明點) 현상은 유형의 현상을 넘어설 때도 있어서 이 단락은 번역에 어려움이 있었다. 이 단락의 모호함은 저자의 설명 때문이라기보다 원서의 편집 과정에서 온 것이 아닌가 짐작한다. 이 단락의 모호함을 밝히며 원문을 실으니 눈 높은 독자의 질정을 바란다. 大圓滿就是一切法之根本, 因爲自性本來淸淨圓明, 起作用時, 等于這個淸淨起了分化; 分化了以后, 向外亂蹦亂跳跳, 其實這也是自性的功能. 但是, 如果迷了途就回不來了. "彼圓此圓"是回轉到本自圓滿的境界, 現在把它圈到這個明点當中.

# 휴식과 선정

"禪定者, 於法性之境中, 無分別智定一而不散亂也. 如來一子本續云: 心靜禪定自然獲, 如是云也(선정이라는 것은, 법성의 경계 가운데 무분별지가 하나로 머물러 산란하지 않는 것이다. 『여래일자본속』에서 말하였다. 마음이 고요하면 선정을 자연스럽게 얻는다고, 이와 같이 말하였다)." 선정의 방법은 무엇일까요? 예를 들어 백골관을 수행하는 것, 안나반나(安那般那) 즉 출입식(出入息)[13]을 수행하는 것, 염불법문(念佛法門)을 수행하거나 참화두(參話頭) 등등 팔만사천법문이 모두 그렇습니다. 선정을 수행하는 방법은 아주 많습니다. 본 법문이 우리에게 말해 주는 선정은 어떤 선정일까요? 큰 선정이니 자성 가운데 머물러 내려놓든 내려놓지 않든 그 경계 속에 있습니다. 즉 이 법성의 경계 속에 있는 무분별지정(無分別智定)이니, 언제 어디서든 정(定)이 아님이 없습니다. 타좌를 시작해서 정(定)에 들면, 머리를 아래로 하고 두 다리를 하늘로 향하더라도 역시 정(定)입니다. 침대에 누워 우협와(右脇臥)[14]를 해도 역시 정(定)입니다. 그 어느 것도 정(定)이 아닌 것이 없어야 비로소 법성의 경계 가운데 무분별지정을 이해할 수 있으니 바로 여래대정(如來大定)입니다. 이제 여러분에게 대원만 선정(大圓滿禪定)이라는 이 정(定)이 어떤 경계인지 말씀드리겠습니다. 지혜가 분명해지는 법이여사(法爾如斯)의 경계, 경계가 없는 경계입니다. 여러분이 하나의 경계를 지니고 있다면 이미 대원만이 아닙니다. 이것은 이해하기가 쉽지 않습니다!

---

13 들숨과 날숨을 헤아리거나 호흡에 집중하는 수행법을 말한다.
14 오른 어깨를 자리에 붙이고 발은 포개어 있고, 머리는 오른손을 베고 왼손은 몸 위에 얹는 자세로 정좌법의 하나이다.

옛사람이 말하기를 "쉽게 얻지 마시오, 등한시하게 되니"라고 했습니다. 수십 년 동안 저에게는 고질병이 있었는데, 그것은 말하기를 좋아한다는 사실입니다. 그런 까닭에 여러분이 조금이라도 덕을 보긴 했지만 말입니다. 만약 저에게 발표욕이 없었다면 여러분에게 말해 주지 않았을 것입니다. 정말로 뭐 하나라도 있으면 다 말해 버리는 저 같은 미치광이를 만났기에 여러분은 큰 이득을 보는 겁니다. 그러니 잘 들으셔야 합니다.

선정의 도리에 관해 여러분이 알아야 할 것이 있습니다. 그가 말한 "하나로 머물러[定一]"에서 하나[一]라는 것은 없으며, 단지 잠시 그렇게 말한 것일 뿐입니다. 밀종에 『여래일자본속(如來一子本續)』이라는 경전이 있는데 '본속(本續)'은 바로 법본의 논저입니다. 부처님께서는 이 전법(傳法)의 경전에서 말씀하시기를, 사람의 마음이 고요할 수 있으면 자연히 선정을 얻게 된다고 했습니다. 여러분은 타좌를 한답시고 두 다리를 틀고 두 눈을 감기만 하면 이미 정(定)에 들었다고 여기지 않습니까! 그 자리에서 필사적으로 애를 쓴다고 해서 어떻게 정(定)을 얻을 수 있겠습니까? 마음이 고요한 것 외에 달리 또 무슨 선정을 구한다는 말입니까? 부처님은 이미 여러분에게 말씀하셨습니다. 마음이 고요하면 자연스럽게 선정을 얻게 된다고 말입니다. 그런데 사람들은 도리어 그 경계 위에서 필사적으로 선정을 구하려고 애를 씁니다. 그러니 선정에 드는 것이 아니라 그 자리에서 쓸데없이 바쁜 것이지요. 눈을 감고 마음속으로 필사적으로 수련하는 것을 쓸데없이 바쁘다고 말합니다. 그런 까닭에 "마음이 고요하면 선정을 자연스럽게 얻는다[心靜禪定自然獲]"라고 법본에서 말했습니다. 이것을 선정이라고 합니다.

"休息者, 心與法爾境相合時, 妄念客無聚散, 於本住大法性盡, 獲止息之義. 如旅客疲而求止憩, 鬆懈一切而住, 與休息相同(휴식이라는 것은, 마음이 법이의 경계와 서로 합치될 때이니, 망념이 모이고 흩어짐이 없으며 본래 존재하는 대법성이 다함으로 머물러 쉼의 뜻을 얻게 된다. 나그네가 피곤해서 머물러 쉼을 구하여, 모든 것을 느슨하게 풀고 머무르는 것이 휴식과 서로 같다)." 무엇을 휴식이라고 할까요? 우리의 마음이 자연법이(自然法爾)의 경계와 서로 합치되는 것입니다. "기를 오로지하여 부드러움에 이르면 어린아이가 될 수 있겠는가[專氣致柔, 能嬰兒乎]"라고 노자가 말한 것이 맞습니다. 여러분이 그렇게 할 수 있다면, 자신의 마음이 정말로 태어난 지 백일이 안 된 갓난아기와 같이 이 마음이 활발하고 망념이 없다면, 그것이 바로 휴식입니다. 갓난아기는 여러분이 어르기만 하면 웃습니다. 여러분은 "그 웃음에 의미가 있습니까?"라고 말합니다. 그렇게 말하는 여러분이야말로 이상합니다. 의미가 없을까요? 의미가 있습니다. 갓난아기는 웃기를 좋아하고, 웃고 나면 그뿐입니다. 또 울고 싶으면 울지만, 울어도 그뿐입니다. "마음이 법이의 경계와 서로 합치될 때[心與法爾境相合時]"는 객진번뇌(客塵煩惱)[15]의 망념이 모인다고 말할 수도 없고 흩어진다고 말할 수도 없습니다.

방금 말한 갓난아기는 여러분이 뺨을 한 대 때리면 앙 하고 웁니다. 하지만 다시 어르기만 하면 금방 웃습니다. 갓난아기의 망념은 모인다고 말할 수도 없고 흩어진다고 말할 수도 없어서 "법이여사(法爾如斯)"입니다. 우리 범부는 성장할수록 이해력이 떨어져서 웃고 난 다음 웃음을 멈추고 마음으로 생각합니다. '내가 방금 왜 그 사람을 보고 웃었지? 아뿔싸! 나더러 정신병자라고 말하지 않을까?' 한 무더기의 객진번뇌와 망념이 생기는 것은 사람이 성장했다는 뜻입니다. 어른은 한 푼의 가치도 없습니다. 게다가 어른이 노인이 되면 더 무섭습니다. 그러므로 사람은 영원히 동심을 유지하는 것이 바로 도입니다.

---

15 번뇌는 본래부터 마음에 있는 것이 아니라 외부에서 들어와 청정한 마음을 더럽히는 것이기에 '객진번뇌'라고 한다.

선종의 어떤 노화상(老和尙)이 제자를 하나 거두었습니다. 두세 살에 산으로 데려갔기 때문에 스물 몇 살이 되었는데도 아무것도 몰랐습니다. 어느 날 노화상이 일이 있어서 산을 내려갔습니다. 마찬가지로 도를 깨달은 노화상의 사제(師弟)가 있었는데, 때마침 산에 올라갔더니 노화상은 안 계시고 그 제자만 있었습니다. 출가한 지 몇 년이 되었지만 아무것도 모르는 그를 보자 화가 났습니다. 그래서 사람을 보면 예의 바르게 합장하면서 "아미타불"이라고 말하라고 가르쳤습니다. 제자의 "아미타불"이 익숙해진 후 그 사숙(師叔)은 노화상을 기다리다가 그냥 떠났습니다. 며칠 후 노화상이 돌아왔습니다. 이 제자는 멀리 문 바깥까지 나가서 사부를 맞이했는데, 사부를 향해 꿇어앉아서 말했습니다. "아미타불." 이 모습을 본 사부는 어리둥절했습니다. 제자가 말했지요. "사숙께서 오셨는데, 저에게 출가인의 위의(威儀)는 마땅히 이런 모습이어야 한다고 가르쳐 주셨습니다." 노화상은 사제를 불러 크게 혼냈습니다. "내가 이십 년이라는 시간을 들여서 옥 하나를 다듬었는데, 그에게는 영원히 구멍 하나도 뚫지 않고 완전함을 유지했었네. 그런데 자네가 온 지 며칠 되지도 않아 그것을 산산조각 냈으니 이제 다 끝났네."

다듬지 않은 옥이 지녔던 천진함을 깨트려 버렸으니 다 끝난 것입니다. 그러므로 우리 같은 보통 사람이 만약 도를 완성할 수 있다면, 그것은 실로 천리(天理)가 아닙니다! 왜냐하면 마음속에 도리가 너무 많기 때문입니다. 듣기 좀 거북하겠지만 더러운 생각이 너무 많습니다. 정말입니다! 다른 사람들을 욕하는 것이 아닙니다! 저는 솔직히 말한 것인데 제가 다른 사람들을 욕하고 있다고 여긴다면, 여러분이 미친 것이 아니라 제가 미친 것입니다. 그러므로 "마음이 법이의 경계와 서로 합치되는" 그때야말로 휴식입니다. 망념은 객진번뇌이니, 모이고 흩어진다고 말할 것도 없습니다.

"본래 존재하는 대법성이 다함으로[於本住大法性盡]"라고 했는데, 우리가 본래부터 지닌 본성이 바로 이런 모습이며 본래 존재[本住]합니다. 이 때가 무명이 다함[無明盡]이니, 그래서 『심경(心經)』은 여러분에게 말합니다. "무명이 없고 또한 무명이 다함도 없으며, 늙고 죽음이 없고 또한 늙고 죽음이 다함도 없다[無無明, 亦無無明盡, 乃至無老死, 亦無老死盡]"라고요. 십이인연(十二因緣)을 단숨에 다 말했습니다. 여러분은 무명이 끊어지면 성불할 수 있다고 여기십니까? 틀렸습니다! "무명이 다함도 없으니" 시작 도 없고 끝도 없습니다[無始無終]. 이렇게 이해하고 깨달을 수 있다면 진정 한 대휴식의 도리를 얻게 됩니다.

이때 "나그네가 피곤해서 머물러 쉼을 구하여, 모든 것을 느슨하게 풀고 머무르는 것이 휴식과 서로 같다[如旅客疲而求止憩, 鬆解一切而住, 與休息相 同]"고 했습니다. 그의 이러한 경계는 우리가 바깥세상을 수십 년 떠돌아 다니면서 벼슬하랴 장사하랴 바삐 서둘렀던 모습과 같습니다. 반나절만 해도 얼마나 무료한지요! 그러던 나그네가 수십 년의 세월이 지나고서 그 제야 "텅 빈 껍데기 바깥으로 벗어날 수 있는 물질은 없어도, 태어나기 전 을 깨달을 수 있는 사람은 있음[無物可離虛殼外, 有人能悟未生前]"을 깨달았 습니다. "나그네가 피곤해서 머물러 쉼을 구하는" 것과 똑같습니다. "됐 어. 돌아가서 늘어지게 잠이나 자자!" 그러고는 아무것도 상관하지 않고, 불법도 수행하지 않고 타좌도 하지 않고 모든 것을 느슨하게 놔 버리고 코 골며 자 버립니다. 여러분에게 그럴 능력이 있어서 살이 찔 정도로 잠을 잘 수 있다면, 능력이 크다고 인정해서 '살찐 부처님'이라는 불호(佛號)를 주겠습니다.

여러분은 지금 불법을 배운답시고 타좌를 하고 수도를 하면서 그 자리 에서 죽어라 긴장하고 있습니다. 부처님을 구하고 하나의 경계를 구하느 라 모든 것을 느슨하게 내려놓지 못합니다. 정말로 모든 것을 내려놓을 수 있다면 그 경계가 바로 휴식과 같습니다. 여러분도 생각해 보십시오. 사람이 만약 그렇게 휴식할 수 있다면, 설사 몸에 온갖 병이 있더라도 좋아질 것입니다! 정말로 그렇게 휴식한다면 나이가 많은 사람도 틀림없이 반로환동(返老還童)할 수 있을 겁니다.

여러분은 왜 오랜 수련을 했음에도 효과가 없을까요? 제 말은 여러분이 믿지 않으니, 고대의 조사(祖師) 어르신들의 말을 찾아서 들려주면 믿으시겠지요! 지금은 제가 살아 있으니 조사 어르신이라고 할 수 없지만, 제가 죽으면 저 역시 조사 어르신이 될 겁니다. 훗날 누군가가 제 책을 가지고 와서 여기에 앉아 사람들에게 이야기할 것입니다. 아, 결국에는 그런 날이 오겠지요! 어쩌면 제가 스스로 했던 말을 들려 드리면서 그들에게 이렇게 말할지도 모르겠습니다. "이 남 선생이라는 분은 이처럼 대단했습니다." 여러분도 주의하십시오! 그런 날이 있을 수도 있습니다. 윤회 중간에는 그처럼 이상한 일도 있습니다.

"解釋者, 於根本義明白指示, 廣大指示(해석이라는 것은, 근본적인 뜻에 대해 명백히 가리켜 보이고, 넓고 크게 가리켜 보임이다)." 무엇을 '해석'이라고 부를까요? 근본적인 명심견성의 도리를 명백히 가리켜서 여러분에게 들려주는 것입니다. 바로 이 책 같은 것을 해석이라고 부르는데, 사실 제가 더 말씀드릴 필요가 없습니다. 하지만 여러분이 잘 이해하지 못하기 때문에, 제가 이 해석을 또다시 해석해서 이른바 "명백히 가리켜 보여〔明白指示〕" 여러분에게 들려주고, "넓고 크게 가리켜 보여〔廣大指示〕" 여러분에게 들려주는 것입니다. "了解者, 說與前同(요해라는 것은, 말하는 것이 전과 같음이다)." 앞에서 말한 적이 있으면 요해(了解)라고 하고 더 이상 떠들 필요가 없습니다. 여기 괄호 안에 작은 글자로 "심성휴식에 보인다〔見心性休息〕"라고 주를 붙인 것은 다른 법본에서 말한 적이 있음을 나타냅니다.

# 큰 수레에 같이 타고 해탈성에 들어가다

"車者, 如同引客於所欲處之乘·輪·軸等, 引具殊勝時之異生於大解脫
城之乘者是也(거라는 것은, 손님을 거처하고 싶어 하는 곳에 이끌고 가는 수레·
바퀴·바퀴축 등과 같으니, 수승한 때의 중생을 대해탈의 성에 이끌어 들이는 수레
가 그것이다)." '거(車)'는 일반적으로 대승(大乘) 소승(小乘)으로 번역하는
'승(乘)' 자입니다. 무엇을 '인구(引具)'라고 부를까요? '인(引)'은 끌어당
기다, 이끌다, 인솔하다는 의미이고, '구(具)'는 구족(具足)한 중생이라는
뜻입니다. 구족이 무엇입니까? 복보(福報)를 잘 갖추고 지혜를 잘 갖추고
거기에다 가만지신(暇滿之身)을 지니고 있어야 합니다. '가(暇)'는 여유로
운 시간을 가진다는 의미이고, '만(滿)'은 사지오관(四肢五官)이 모두 원만
하고 건강하다는 의미이니 원만한 몸을 말합니다. 가만지신은 얻기 어려우
므로 이 자리에 계신 여러분들은 오늘 자신을 아껴야 합니다! 오관이 모두
온전하고 귀도 멀지 않고 눈도 멀지 않았으니 말입니다. 여러분이 장님이
라면 이런 말을 들려주지 않으면 여러분은 볼 수 없습니다. 귀가 먹었다면
듣지 못했을 것입니다. 이십 세기 말 수많은 사람이 제각기 죽어라 바쁜 이
시간에 여러분은 가부좌를 하고 앉아서 이처럼 허무하고 아득한 대원만을
듣고 있으니, 이 얼마나 큰 복보입니까! 가만지신은 얻기 어렵습니다! 자
신의 몸을 아껴야 합니다. 그러니 일분 일초도 나태해서는 안 됩니다.

어떤 사람들은 정(情)을 펼치지도 못하고 끊어 버리지도 못합니다. 그것
은 끊어 버리려고 하지 않는 것이지 끊어 버리지 못하는 것이 아닙니다. 무
엇을 끊어 버리지 못함이라고 부릅니까? 하려고 하느냐 하려고 하지 않느
냐의 문제일 뿐입니다. 하지 못하는 것이 아니라 하지 않는 것입니다. 맹자
가 말했습니다. "태산을 끼고 북해를 건너는 것은 하지 못하는 것이지 하지
않는 것이 아니다. 어른을 위해 가지를 꺾는 것은 하지 않는 것이지 하지

못하는 것이 아니다." 어찌 끊어 버리지 못함이 있겠습니까? 끊어 버리지 못하는 것은 자신의 마음과 생각입니다. 잘라내 버리지 못해서 여전히 어지러운 그것은 자신의 마음과 생각일 뿐입니다. 외부의 일은 끊어 버리고자 하면 끊어집니다. 이런 자리에 올라 강의할 때가 아닌 평상시에 여러분이 저에게 "정말로 끊어 낼 방법이 없습니다"라고 말하면 저는 이렇게 대답합니다. "맞습니다! 그렇습니다!" 하지만 그것은 여러분에게 거짓말을 한 것입니다. 그 순간에 여러분이 저더러 참말을 하라고 했다면, 저는 눈을 크게 부릅뜨고 이렇게 말했을 것입니다. "끊어 내지 못한다고요? 스스로를 속이지 마십시오. 끊어 내기를 아쉬워하는 것입니다. 하지 못하는 것이 아니라 하려고 하지 않는 것입니다." 끊어 내지 못한다고요? 이 사회가 여러분 아니면 안 된다고 합니까? 설마하니 여러분이 죽는다고 이 사회의 구성원들이 여러분을 따라 죽기라도 한답니까? 예전 그대로 살아갈 것입니다! 아니 어쩌면 여러분이 살아 있을 때보다 더 잘 살지도 모릅니다.

저는 늘 생각합니다. 제가 죽은 후에도 여러분은 예전 그대로 수행을 계속 하겠지요. 어쩌면 제가 살아 있을 때보다 훨씬 더 잘 수지할지도 모릅니다. 제가 여기 있기 때문에 오히려 여러분이 저에게 가려지는 것입니다.

우리 사람은 살아가는 동안 다른 많은 사람을 성가시게 합니다. 여러분은 자신이 출가인이라서 남을 성가시게 하지 않는다고 말하겠지요. 그러는 여러분이야말로 괴이합니다! 지금만 해도 제일로 저를 성가시게 하고 있지 않습니까. 저를 성가시게 하지 않으면 사찰을 성가시게 하고 그도 아니면 다른 사람을 성가시게 합니다. 여러분도 알다시피 과거부터 현재까지 얼마나 많은 사람이 이 사찰을 유지해 오고 있습니까! 이래도 다른 사람을 성가시게 하지 않습니까? 그것이 어떻게 가능하겠습니까? 이처럼 반성할 줄 모르고 그런 이치조차 이해하지 못하는데 어떻게 불법을 배웁니까!

특별히 좋은 때가 바로 '수승한 때(殊勝時)'입니다. 예를 들어 이십 세기 말은 아주 혼란스러워서 결코 좋은 시대가 아닙니다. 하지만 지금 이 강당에 있는 우리는 두 시간을 이 자리에 있으니, 제가 볼 때는 지금이 바로 '수승한 때'요 여기가 바로 수승한 곳〔殊勝地〕입니다. 생각해 보십시오. 바깥세상에 우리처럼 복을 누리는 사람이 있습니까? 물론 각자의 관점이 달라서, 밖에서 술 마시고 춤추는 사람들이 우리를 보면 미치광이라 생각하겠지요. '이생(異生)'은 바로 중생이니 각종 서로 다른 모든 중생입니다. 사람, 말, 소, 양 모두를 이생이라고 부릅니다. 생명의 기능은 똑같은데 단지 생명의 작용, 모습, 업보가 다를 뿐입니다.

그가 말합니다. 이 법문은 이런 중생을 인도하여 구족하고 원만하고 수승한 때에 그들로 하여금 대해탈을 성취한 부처님의 국토에 도달하게 합니다. 여기에서는 '성(城)'이라고 했습니다. 사실 여러분이 이 도리를 깨달으면 여러분이 변화하는 대로 여래국토라 불러도 좋고 광명이라 불러도 되고 상적광토(常寂光土)라 말해도 됩니다. 모든 중생으로 하여금 대해탈의 영역으로 들어가게 하기 때문에 '수레〔車〕'라고 한 것입니다.

"集經云: 誰乘於彼, 令一切有情, 皆入涅槃. 如是所云也(『집경』에서 말하였다. 누가 저기에 타는가. 일체 유정들로 하여금 모두 열반에 들어가게 한다. 이와 같이 말하였다)." 또다시 불경을 인용하여 말했습니다. "대승이라는 이 배 혹은 수레에는 어떤 사람이 타는가? 여러 불보살을 태우는 것이 아니라, 아직 도를 완성하지 못한 일체 중생 일체 유정들로 하여금 불보살이 되어서 모두 열반에 들어가게 한다." 주의하십시오! 이 수레는 만약 여러분이 도를 깨달았다면 타지 말고 마땅히 정류장에서 기다리고 있는 저 사람들이 타도록 자리를 양보해야 합니다.

"淸淨者, 無有罪垢及法爾菩提心中, 示一切法淸淨, 淸淨平等大圓滿道是至上, 故名爲淸淨也(청정이라는 것은, 죄와 허물이 없어서 법이 보리심 속에 미치니, 일체법이 청정함을 나타내는데, 청정 평등한 대원만의 도는 지고무상이므로 청정이라 이름 붙인 것이다)." 이 말에 유의하십시오! 무엇을 '청정'이라고 합니까? 조금의 죄와 허물도 없고 조금의 더러움도 없는, "어떠한 악도 짓지 않고 선을 받들어 행하여[諸惡莫作, 衆善奉行]" 선을 행하고 악을 제거한, 잘못이라고는 없는 순수한 선(善)의 경계입니다. 그것으로써 법이 보리심 속의 무연지자(無緣之慈) 동체지비(同體之悲)에 미칩니다. 법이의 대비심(大悲心)은 일체법이 본래 청정함을 나타냅니다. 여러분이 그것을 청정하게 할 수 있는 것이 아니라 본래 청정합니다. 그렇기 때문에 청정한 본성은 자성평등이요 청정평등이니, 이러한 대원만의 도는 '지상(至上)' 즉 더할 수 없이 높습니다. 그렇기 때문에 청정이라고 부릅니다.

"眞實名集云: 此乃淸淨微妙道, 如是所云也. 名稱者乃系屬字, 示連接前後意義之字也(『진실명집』에서 말하였다. 이것은 청정하고 미묘한 도라고, 이와 같이 말하였다. 명칭이라는 것은 걸리는 글자이니, 앞뒤의 뜻을 이어 주는 글자이다)." 청정이라는 경계는 원만청정하고 지극히 미묘하니 여러분이 수양으로 얻는 것이 아닙니다. 지극히 미묘한 청정이라는 말은 형용사이니 모두 이어 주는 빈사(賓辭)[16]이지 주사(主辭)가 아닙니다.

"又於何安名? 禪定休息者, 乃名意義之部分. 淸淨車者, 乃名喩義之聚合也(또 어떻게 이름을 지어 주는가? 선정휴식이라는 것은, 의미의 부분에 이름을 붙인 것이다. 청정한 수레라는 것은, 비유의 뜻을 취합하여 이름을 붙인 것이다)." 이것은 두 개의 논리적 관념인데, 선정을 휴식이라고 부르는 것은 명칭의 의미를 통한 것이며 또 청정거해(淸淨車解)라고도 부릅니다. 이런 명칭들은 비유하는 말이니, 청정한 선정의 경계를 청정한 큰 수레에 비유했습니다.

이런 곳을 보면 불경의 문자 구조와 문장의 작문이 대단히 과학적임을 알 수 있습니다. 수천 년 전에 이미 이러한 논리를 지니고 있었지만, 일반

---

16 명제에서 주사(主辭)에 결합되어 그것을 규정하는 개념을 말한다.

인들은 대부분 잘 모르고 있지요. 논문을 쓸 때 이런 방법에 의거하면 대단히 명확합니다. 실제로 지금 동서양을 막론하고 과학 논문 이외에 인문과학에서 불경처럼 조리가 분명하고 위아래가 명쾌하게 연결되는 논문은 하나도 없습니다. 세상에서 훌륭하다는 논문을 보면 언뜻 보기에는 위아래가 잘 연결되는 것 같아도 자세히 들여다보면 문제가 있습니다. 하지만 위대한 불경은 하나같이 그 권수가 얼마나 되든 상관없이 위아래에 표가 그려져 있고 정말로 조리 정연합니다. 여러분은 이 부분에 유의해야 합니다.


## 경례의 의미

"二·禮讚, 其略示前已示竟(見心性休息中) 又廣示, 初與體合解〔두 번째는 예찬인데, 그 대략은 앞에서 이미 다 보였고(심성휴식에 보인다) 또 넓게 보였나, 처음에는 본체와 합해서 풀이한다〕." 이제 법문의 제1편 두 번째 부분인 '예찬'입니다. 이것은 '심성휴식'에서 이미 설명했기 때문에 또다시 해석을 덧붙이지는 않겠습니다. '광시(廣示)'는 넓고 크게 열어 보인다〔開示〕는 말인데, 개시(開示)는 불학의 명칭입니다. 즉 열어서 보여 주고 언어로 표현하고 가리켜서 보여 주고 드러나게 해서 보여 주는 것을 개시라고 합니다.

"夫具德者, 乃自然之智慧也(무릇 구덕이라는 것은 자연스러운 지혜이다)." 복덕과 지혜를 원만 구족한 것을 구덕이라고 부릅니다. 명심견성하고 싶어 하면 깨닫지 못합니다. 여러분이 깨닫고 싶어 하기 때문에 깨닫지 못하는 것입니다. 깨달은 다음에야 본래 이와 같았구나 하고 알게 되는 것이지요! 그것은 자연스러운 지혜이지 결코 여러분이 수양해서 얻는 것이 아닙니다.

"普者, 三世皆無遷變(보라는 것은 삼세에 변함이 없음이다)." 과거생에도 변동이 없고 현재생에도 변동이 없으며 죽은 후 다시 태어나는 미래생에도 변동이 없이 본성은 여러분을 뒤쫓습니다. 그렇기 때문에 "생겨나지도 않고 없어지지도 않으며, 더럽지도 않고 깨끗하지도 않으며, 늘지도 않고 줄지도 않는다〔不生不滅, 不垢不淨, 不增不減〕"라고 했습니다. 여러분이 지옥에 내려가든 천당에 올라가든 그것은 여러분을 뒤쫓아 갑니다. 여러분이 그것을 알고 여러분 자신을 알기만 하면 곧바로 성불해서 육도를 벗어나게 됩니다. 알지 못하면 그것은 여러분을 모시고 지옥에도 내려가고, 여러분을 모시고 천당에도 올라갑니다. 여러분을 모시고 돼지로도 변하게 하고 말로도 변하게 하고 개로도 변하게 하고, 여자로도 변하게 하고 남자로도 변하게 합니다. 하지만 본성은 변하지 않습니다. 그래서 부동존(不動尊)이라고 부릅니다. 이것이 바로 "삼세에 변함이 없다〔三世皆無遷變〕"는 것입니다.

"身及智無離聚之密意, 由妙賢(妙善)而不動〔몸과 지혜는 흩어짐과 모여듦이 없다는 은밀한 뜻은, 묘현(묘선)으로 말미암아 변하지 않는다〕." 현재의 우리 육신은 생명의 중요한 일부분이며 우리는 이 육신이 죽는 것을 가장 두려워합니다. 사실 이 육체가 뭐 그리 대단합니까! 이것은 텅 빈 껍데기입니다. 다만 여러분은 일단 이 몸이라는 껍데기 속에 들어가면 나올 수가 없습니다. 이것은 마치 미륵의 누각과 같아서 문이 없습니다! 들어가면 나올 수 없습니다. 이것의 안은 본래 아무것도 없습니다. 자신을 해부하고 분석해도 안쪽 어디에 나라는 것이 있습니까! 나는 어디에 있을까요? 찾아보십시오!

"텅 빈 껍데기 바깥으로 벗어날 수 있는 물질은 없어도, 태어나기 전을 깨달을 수 있는 사람은 있네"라고 했는데, 안타깝게도 이 사람은 고인이 되었습니다. 그가 현대인이었다면 저는 틀림없이 그에게 술 한잔 샀을 겁니다. 적어도 그에게 족발 국수 한 그릇은 대접했을 겁니다. 대만 현지인들의 풍습은 손님 대접을 늘 족발 국수로 합니다. 이 두 구절의 시는 정말로 훌륭하니 그가 참으로 정확하게 말했습니다. 사람의 이 몸은 텅 빈 껍데기입니다! 지금 이 집에 들어와 살고 있는 것이 바로 당신이며, 이 몸은 물질의 일부분에 지나지 않습니다. 그리고 이 지혜는 또 다른 일부분입니다! 이 둘이 한데 어울려 있는 것이 바로 심신(心身)입니다. "몸과 지혜는 흩어짐과 모여듦이 없으니" 생겨나지도 없어지지도 않습니다. 몸과 지혜를 영원히 존재하게 하려는 그것이야말로 수련입니다! 바로 도가의 이른바 불로장생이니, 천지와 함께 쉬고 일월과 더불어 장수합니다.

밀법의 수행이 성공하면 법신(法身) 보신(報身) 화신(化身)의 삼신이 세상에 형체를 남기고 머무르는데, 영원히 존재할 수 있습니다. 그래서 『법화경(法華經)』의 다보여래(多寶如來)는 영원히 존재합니다. 어떻게 영원히 존재할까요? "몸과 지혜는 흩어짐과 모여듦이 없다는 은밀한 뜻〔身及智無離聚之密意〕"이라는 이 부분에 참된 밀법이 있습니다. 이것은 은밀함〔密〕중의 은밀함인데, 방법을 이용해서 몸과 지혜를 모아 흩어지지 않게 하면 영원히 존재합니다. 몸과 지혜를 모으고자 하면 모이고 흩어 버리고자 하면 흩어지는데, 도가에서 말하는 "흩어지면 기가 되고 모이면 형체가 되는〔散而爲炁, 聚而成形〕" 것과 같습니다. 일체가 내 마음대로 된다면 당신은 성공한 것입니다. "묘현으로 말미암아 변하지 않는다〔由妙賢(妙善)而不動〕"고 했는데, 묘현(妙賢)은 묘선(妙善)으로 번역되기도 합니다. 바로 문수대지(文殊大智)의 경계이니 변하지 않습니다.

어떤 사람은 제가 선종을 배웠다고 말합니다. 사실 저는 종파를 따지지 않습니다. 저는 단지 부처님을 배우는 사람이며 부처님을 배우려고 어떤 종파이건 가서 배웁니다. 하지만 저는 밀종도 아닙니다. 밀종은 그저 제가 참고로 삼았을 뿐입니다.

"敬禮者, 了悟此義之謂也(경례라는 것은 이 뜻을 깨달았음을 말한다)." 여러분이 아무리 무릎을 꿇고 머리를 조아려도 아무 소용없습니다. 부처님께 하는 여러분의 참 공양은 '법공양'입니다. 부처님은 일체 중생이 성취하기를 바라십니다. 여러분이 정말로 열심히 수행한다면, 그것이 바로 부처님께 대한 최대의 경례입니다.

"與道合解者: 具德, 乃自性菩提心全放(一切放下), 法身密意也(도와 합해서 풀이한다. 구덕은 자성 보리심을 전부 내려놓는 것이니, 법신의 은밀한 뜻이다)." 복덕원만과 지혜원만을 갖추고서 자성 대비심과 자성 보리심을 완전히 내려놓는 것, 내려놓을 것은 내려놓고 비울 것은 비우는 것 이것이 '법신의 은밀한 뜻〔法身密意也〕'입니다. 두 가지 측면을 공유하고 있는데, 첫 번째 측면은 몸과 지혜는 흩어짐과 모여듦이 없는 은밀함〔密〕이고, 두 번째 측면은 자성 보리심을 전부 내려놓는 이것이 법신의 은밀한 뜻이라는 것입니다.

"普者, 常時於此境中而不離也. 賢者, 未離法身境中, 顯現一切有情, 本自解脫, 大圓滿境界也(보라는 것은, 평상시에 이 경계 가운데 있어서 떠나지 않음이다. 현이라는 것은, 법신의 경계를 떠나지 못해 일체 유정에게 드러난 것이니, 본래 스스로 해탈하는 것이 대원만의 경계이다)." "보라는 것은〔普者〕", 이것을 증득하면 영원히 이 경계 가운데 있습니다. 보현(普賢)보살의 현(賢)은 무엇입니까? 이 현(賢)은 '현(現)'이라고도 부를 수 있는데, 현재(現在)의 현이고 드러나다〔呈現〕의 현입니다. 무엇이 드러납니까? 바로 현량경(現量境)[17]입니다. 우리 이 세상, 일체 만유는 모두 아뢰야식(阿賴耶識)이 자연스럽게 드러난 것입니다. 오늘 우리의 심신 역시 자기 아뢰야식의 현량입니다. 사실 우리가 지금 타락했습니까? 깊이 미혹되었습니까? 아닙니다! 법

---

17 현량은 분별 없이 대상을 그대로 지각하는 것을 말함이니, 여기서 현량경은 만유가 자연스럽게 드러난 것을 말한다.

신의 경계를 떠나지 못해서 자연스럽게 나타난 것입니다. 일체 유정은 본래 해탈하고 있는 중인데, 무엇 때문에 굳이 해탈을 구해야 합니까? 그런 까닭에 이조(二祖)는 삼조(三祖)에게 이렇게 말했습니다. "누가 너를 속박하였느냐?" 그는 곧바로 깨달았습니다. 본래 스스로 해탈하고 있었던 것입니다. 어떤 사람이 당신을 가두기 때문에 그래서 해탈을 구한다고요? 말해 보십시오. 내 업이 무거워서 거기에 묶여 해탈하지 못하는 것이지 누가 당신을 묶는다는 말입니까? 여러분 스스로 자신을 묶고 자신을 가두기 때문에 부처님을 구하지 못하고 보살을 구하지 못하는 것입니다. 자신의 해탈을 구하는 것이 진정한 대원만입니다.

"敬禮者, 精勤達到法爾中之修法之謂也(경례라는 것은, 부지런히 힘써서 법이에 도달하는 수행법을 말한다)." 여러분이 스승을 공경하고 스승에게 절하는 이런 외적 형식은 불필요합니다. 진정으로 수련하고 부지런히 수행해서 자연스러운 본유(本有)의 성(性)에 도달하여 명심견성하는 것이야말로 진정한 공경이고 절입니다.

"與果合解者: 具德, 是無始本覺也, 乃生死涅槃諸無上達到, 而於頓成寶秘密孔中(法身中), 內明身智無離聚而住者也〔과와 합해서 풀이한다. 구덕은 무시본각이니 생사열반은 여러 무상을 통해야 도달하는데, 갑자기 깨침을 얻어 성불하는 비밀스러운 구멍 가운데서(법신 가운데서), 내명의 몸과 지혜가 흩어짐과 모여듦이 없이 머무르는 것이다〕." 증득하여 과위(果位)에 이르면 복덕이 원만하고 지혜가 원만하니, 이것을 일러 본각(本覺)을 증득하였다고 합니다. 교리에 의거해 본래부터 깨달았다는 말이니, 깨달은 사람〔覺者〕 부처님입니다. 밀종의 대비밀은 무시본각을 말하고 있는데, 그렇다면 이 본각은 무슨 뜻일까요? 바로 생사열반입니다. 생사는 범부요 열반은 부처님입니다. 이것은 한 몸의 양면이며, 무상수지(無上修持) 무상지혜(無上智慧) 무상공덕(無上功德)으로 말미암아 도달할 수 있는 것입니다. 어디에 도달합니까?

갑자기 깨침을 얻어 있는 자리에서 곧바로 성불하는 비밀스러운 이 구멍 안에 도달할 수 있습니다. 이것을 법신의 경계라고 불러도 됩니다. 이것은 하나의 비밀스러운 비밀인데, 도가에서 말하는 수규(守竅)와 같습니다. 규(竅) 역시 구멍이라는 말입니다.

이 구멍을 유형의 구멍으로 해석해서는 안 됩니다. 이것은 무형의 구멍이니, 만사에 최고의 청정은 텅 빈 구멍의 경계에 있습니다. 만약 유형의 것으로 해석한다면, 여러분 색신(色身)의 체내에 그 비밀이 있습니다. 비밀이 열린 후에, 마음 구멍의 비밀이 열리면 여러분은 깨닫게 됩니다. 그가 말했습니다. 이것은 내명(內明)이며 몸과 지혜가 흩어지지도 않고 모여들지도 않으니, 그 경계에 이르러 편안히 머무르면 여러분은 성취하게 되고 성불하게 됩니다. 하지만 몸과 지혜의 두 가지 장엄한 비밀의 구멍이 열려야만 됩니다. 기맥도 열려야 하고 법신의 공성(空性)도 열려야 합니다.

"普者, 於彼境中示密嚴, 具五決定莊嚴者也(보라는 것은, 저 경계 가운데서 비밀스러운 장엄을 보이니, 다섯 가지 결정의 장엄을 갖추고 있는 것이다)." 비밀스러운 장엄은 다섯 가지 결정을 구비하고 있습니다. 첫째는 장소[處]이니, 무상의 비밀스러운 장엄의 장엄토(莊嚴土)입니다. 둘째는 본사(本師)이니, 원만한 수용신(受用身)[18]입니다. 셋째는 권속(眷屬)이니, 득지(得地) 삼보살(三菩薩)입니다. 넷째는 법이니, 대승(大乘)입니다. 다섯째는 때[時]이니, 늘 수레바퀴가 뒤를 잇습니다.

"賢者, 於彼境中以大悲心變化六能仁(六道中度衆佛), 調伏於六種衆生處〔현이라는 것은, 저 경계 속에서 대비심을 가지고 변화시키는 육능인이니(육도

---

18 부처의 세 몸 즉 법신 보신 화신을 삼신이라고 하는데, 이 중 부처의 지혜 공덕으로 이루어지는 몸인 보신이 바로 수용신이다. 수용신이라고 하는 이유는 선근 공덕의 과보를 수용하는 불신이기 때문이다.

가운데서 중생을 제도하는 부처님이니), 여섯 종류의 중생처에서 조복한다]." '육능인(六能仁)'은 육통(六通)이 아니라 육도 중생을 제도하는 부처님입니다. 때로는 부처가 되고서도 축생도로 다시 태어나기도 하는데, 일부러 축생도로 들어가서 축생을 제도하는 것입니다. 부처가 된 사람은 여러분보다 더 바쁩니다. 여러분은 그가 정말로 그곳에서 청정하리라고 생각하십니까? 성공한 사람이 범부보다 훨씬 바쁜 법입니다! 바쁘지 않은 사람이 범부이고 범부이기에 바쁘지 않습니다. 불보살은 아주 바쁩니다. 왜냐하면 저 경계 속에서 대비심(大悲心)을 가지고 육도 중생을 변화시키고 여섯 종류의 중생을 조복(調伏)[19]시키기 때문입니다. 그래서 '육능인'이라고 부릅니다.

"敬禮者, 恭敬獻呈也! 秘密心要云: 智界不別故, 以大悲連接 於六種衆生, 時處無盡現, 如是所云也(경례라는 것은 공경하며 바치는 것이다! 『비밀심요』에 말하였다. 지혜의 경계를 분별하지 않으므로, 대비심을 가지고 끊임없이 여섯 종류의 중생에게 때와 장소에 다함이 없이 나타난다고, 이와 같이 말하였다)." 진정으로 성취한 부처님은 그 지혜가 일체 법계의 육도 중생과 분별이 없습니다. "지혜의 경계를 분별하지 않으므로[智界不別故]" 성취한 사람은 지옥이든 지옥이 아니든 상관하지 않습니다. 그는 지옥에 내려가는 것을 극락세계에 도달하는 것과 마찬가지로 여깁니다. 그의 대비심은 한 사람 또 한 사람 이렇게 끊임없이 이어지는데, 육도 중생 가운데서 무궁무진한 시간을 들여 중생을 이롭게 하고 제도합니다. 시방세계 어느 한 곳이라도 이르지 않는 곳이 없습니다. 여러분이 부처님을 배우려고 하면 이런 정신을 배워야 합니다. 만약 세상을 피해서 성불하고자 한다면 귀신이 될 겁니다! 귀신이야말로 이 세상을 피하니까요! 이 경전과 『비밀심요(秘密心要)』

---

**19** 신구의(身口意) 삼업(三業)을 잘 조화하여 모든 악행을 제어하는 것을 말한다.

가 다 여러분에게 그렇게 말하고 있습니다.

"敬禮廣說者, 自性本寂等句連以天空現日, 乃讚佛及菩薩, 是具有色之莊嚴語也(경례를 넓게 설명하자면, 자성이 본래 고요함으로 인해 공중에 해가 나타나고 이에 부처와 보살을 찬미함이니, 이는 색상을 지닌 장엄한 말이다)." 상사(上師)[20]와 부처님께 대한 진정한 경례는, 여러분 자신이 성취하여 법신의 공성(空性)을 증득하고, 자기의 자성이 작용[用]을 일으켜서 구름 한 조각 없는 만 리 창천에 햇빛이 두루 비치어 삼천대천세계를 널리 비추는 것입니다. 그것이 바로 불보살 성취의 경계입니다. 그것은 형용사가 아닙니다. 색상(色相)[21]을 지니고 있어서 여러분에게 보여 줄 수 있으며 대단히 장엄합니다. 그렇기 때문에 색계천(色界天)에서 성취할 수 있는 것입니다.

제가 왜 항상 여러분의 안색에 신경을 쓰겠습니까? 우리의 몸에는 삼계가 있는데, 복부(腹部)는 욕계(欲界)이고 흉부(胸部)는 색계이며 두부(頭部)는 무색계입니다. 여러분의 이 작은 색계가 제대로 굴러가지 못해서 동쪽에 시커먼 것이 한 무더기, 서쪽에 누런 것이 한 무더기 있으면 육도윤회가 전부 안색에 드러나서, 여러분이 하루 종일 육도윤회 속에 구르고 있음을 알 수가 있습니다. 색신이 장엄하지 못합니다. 만약 맑은 하늘의 해나 달 같은 광명을 구족했다면, 그렇게 비출 것이고 그 색신은 장엄합니다. 그렇기 때문에 여러분의 색계가 바른지 바르지 않은지는 바라보기만 해도 안다고 말하는 것입니다. 이것은 작은 부분일 뿐이고 큰 부분은 더 이야기하지 않겠습니다.

---

20 상사(上師)는 구루(guru) 즉 스승이라는 의미로 쓰인다. 티베트 밀교에서는 스승의 직접적 가르침을 통해서만 법이 전수되고, 상응을 얻기 위해서는 스승의 도움이 절대적으로 필요하기 때문에 스승에 대한 공경이 대단히 중요하다. 이 책에서는 상사, 상사상응법(上師相應法) 등의 용어가 중요한 의미로 쓰여 우리말로 옮기지 않았다.
21 육안으로 볼 수 있는 물질의 형상을 말한다.

"三立宗者, 爲諸賢劫等句, 其所作者, 以其自性所說之嚴飾允許爲解說救論之義也(세 번째 입종은, 여러 현겁 가운데 그 지은 사람이, 자성이 말하는 바의 엄식과 윤허를 가지고 칙론의 뜻을 해설하였다)." 그가 말했습니다. 이 법본이 전해 내려 온 것은 이 현겁(賢劫)[22] 가운데서 일체의 훌륭한 법문에 주해를 붙여서 해설함으로써 성인이 되고자 수행하는 사람들을 도와주기 위해서입니다. 그러나 도를 깨닫지 못했다면 함부로 말해서는 안 됩니다. 도를 깨달은 사람만이 이런 주해를 붙일 수 있습니다.

"其入境體義, 及一切圓滿結義, 乃如其解釋及攝義者也(경계로 들어가는 본체와 의리 및 일체 원만이라는 결론은, 그 해석 및 섭의와 같다)." 이것은 결론이니 여러분으로 하여금 성취하도록 합니다. 이것은 이 법을 해석한 사람인 롱첸파 대사가 쓴 서론입니다. 다음번에는 법문 강의를 시작하겠습니다.

---

22 천지가 한 번 개벽한 후부터 다음 개벽할 때까지를 겁(劫)이라고 하는데, 과거 대겁을 장엄겁(莊嚴劫), 현재 대겁을 현겁(賢劫), 미래 대겁을 성숙겁(星宿劫)이라고 한다. 이 현겁에 구류손불, 구나함모니불, 가섭불, 석가모니불 등 많은 현인(賢人)이 나타나서 중생을 구제한다고 하여 이와 같이 일컫는다.

제2강

오늘은 『대원만선정휴식청정거해』의 정식 법본 연구를 시작하겠습니다. 이런 종류의 법본은 밀교 자체에서도 대단히 엄중하게 여깁니다. 바꾸어 말하면 이 법문을 수행하는 사람은 먼저 자신의 공덕이 충분한지 않은지 점검해야 합니다. 이른바 공덕이란, 부처님을 배우는 것은 무엇보다도 '행(行)'의 수행에 유의해야 하니 바로 '행문(行門)'의 공덕입니다. 자신의 공덕이 충분한가 않은가는 여러분이 무엇보다 먼저 점검해야 할 부분입니다.


## 두렵고 떨림으로 법왕을 마주하다


오래전에 양관북(楊管北) 선생의 집에서 이 법본을 강의한 적이 있었는데, 당시 청중들은 단순히 문자적 의미에만 귀를 기울일 뿐 확실히 실행하지는 않았습니다. 나중에는 또 『화엄경(華嚴經)』을 강의하기도 했지만, 솔직히 말해서 소귀에 경 읽기 식이어서 들을 때 그때뿐이고 조금도 쓸모가 없었습니다. 제가 늘 느끼는 부분이지만 일반적으로 부처님을 배우는 사람들은 자신의 공덕과 행원이 충분치 못하기 때문에 열심히 노력해도 진보가 없습니다. 이 점을 여러분들은 특별히 유의해야 합니다. 흔히 열심히 하는데도 제대로 되지 않는다고 하면서 오로지 수련에서만 구하려고 하는데, 그렇게 해서는 구하지 못합니다. '행'의 공덕을 실천하지 않으니, 다들 자신을 위하는 생각은 많고 다른 사람을 위하는 생각은 너무도 적습니다. 그렇게 해서 성불할 수 있다면 정말로 천리(天理)가 없는 것이니, 저 역시도 불법을 배우지 않을 겁니다. 수행의 첫 번째는 '행(行)'이며, 행문(行門)은 세상을 이롭게 하고 남을 이롭게 하려는 것이어야 합니다. 먼저 자신을 이롭게 하는 것이 아닙니다.

여러분 손에 제 시집이 있는데, 저는 시와 문장이 볼품은 없지만 그래도 평소 시 짓기를 좋아합니다. 예전에 양 선생 집에서 이런 것을 말씀드리고 『화엄경』도 강의하고 나서(1968년 10월 28일) 집으로 돌아가는 길에, 마음이 너무도 괴로워서 오언율시 한 수를 지었습니다. 지금 그 시를 언급하는 것은 여러분에게 행원의 도리를 소개하고자 해서이지 문학을 이야기하려는 것이 아닙니다.

| | |
|---|---|
| 불현듯 지나온 평생을 회상하노라니 | 驀憶平生事 |
| 가을바람이 서늘하게 얼굴을 스친다 | 秋風拂面涼 |
| 속세의 어지러움도 감당키 어려운데 | 不堪塵擾擾 |
| 하물며 세상의 망망함은 어떠하랴 | 何況世茫茫 |
| 근심스러운 마음에 자비의 서원을 담아 | 戚戚存悲願 |
| 두렵고 떨림으로 법왕을 마주한다 | 惶惶對法王 |
| 오늘도 변함없이 차갑고 맑은 달이 | 凄清終古月 |
| 고요하게 화로의 향을 비추는구나 | 寂默照爐香 |

그때가 마침 가을이었는데 갑자기 제가 수십 년 동안 해왔던 일을 돌아보게 되었습니다. 생각하면 모두 불법을 널리 펼치고 중생을 이롭게 하려는 일이었고, 사람들도 저에게 와서 불법을 배웠습니다. 하지만 결국에는 어떻게 배우든 제각기 속셈이 있었습니다. 당연하지만 시의 입장에서 말씀드린다면 많은 근심과 많은 번뇌와 많은 불만이 있습니다. 이 사십 자(字) 속에는 청중들에 대한 불만, 자신에 대한 불만, 불법 및 시대 문화의 쇠락에 대한 무한한 탄식이 담겨 있습니다.

이 시는 결코 훌륭한 시는 아닙니다. 중간 네 구의 대구(對句)는 모두 쌍성첩운(雙聲疊韻)[23]으로, 중국의 작시 규정에 비추어 보면 문제가 있습니다. 하지만 저라는 사람은 본래 규정을 잘 지키지 않습니다. 규정에 맞추어 지은 시는 지나치게 고쳐서 어딘가 거짓이 섞이게 됩니다. 당시 너무도 자연스럽게 지었기 때문에 오랜 세월이 흐른 지금도 밤이면 제가 지은 시를 외우곤 합니다. "맥억평생사(驀憶平生事) 추풍불면량(秋風拂面涼), 불감진요요(不堪塵擾擾) 하황세망망(何況世茫茫), 척척존비원(戚戚存悲願), 황황대법왕(惶惶對法王)." "처청종고월(淒淸終古月) 적묵조로향(寂默照爐香)"이라는 마지막 두 구에는 무한한 처량함과 무한한 적막감과 무한한 고독이 담겨 있습니다. 오랜 대도(大道)는 너무나도 처량해서, 진정으로 도덕이라는 길을 걸어갈 수 있는 사람은 거의 없고 걸어가기를 원하는 사람도 없습니다. 불당으로 돌아와 향에 불을 붙이는데 때마침 달이 향로를 비추었습니다. 사방을 돌아봐도 사람이라고는 없었습니다. 참으로 수행하는 사람은 찾아볼 수 없고, 부처님의 몽둥이를 받아들이려는 사람은 더더욱 없습니다.

오늘은 아침부터 내내 다른 사람에게 욕을 했습니다. 예전에 허운(虛雲)스님이 하던 것보다 훨씬 더 심한 것 같습니다. 허운스님은 산문 바깥에서

---

23 두 글자의 앞 자음이 서로 같은 경우를 쌍성이라 하고 모음이 서로 같은 경우를 첩운이라 한다.

부터 욕하기 시작해서 공양간까지 오는 동안 내내 욕을 했습니다. 그렇게 한 바퀴 돌면 또다시 공양간에서부터 산문까지 가는 길 내내 욕을 했습니다. 게다가 절이 아주 커서 온 산 곳곳에서 욕을 했는데, 누구라도 만나게 되면 만나는 족족 욕을 했습니다. 이제는 저에게도 그런 버릇이 생겼습니다. 물론 한탄스러운 곳이 너무 많아서이기도 합니다.

## 대행의 보현여래

---

대원만선정휴식청정거해. 인도어, 마합·생저·덕나·필신달·살야·철저·요탑·필숙타·갈·랍마. 티베트어(지금은 한문으로 번역) 명칭 대원만선정휴식청정거해. 구덕하신 보현여래께 경례하노라.

大圓滿禪定休息淸淨車解. 印度語, 麻哈·生底·德拿·畢辛達·薩耶·哲底·饒塔·必宿打·噶·拉馬. 西藏語(今譯漢文)名稱大圓滿禪定休息淸淨車解. 敬禮具德普賢如來.

---

이 법문은 보현여래(普賢如來) 계통에서 나온 것입니다. 밀종에서 보현여래는 금강살타(金剛薩埵)라고 부르는데 가장 큰〔最大〕 부처님입니다. 이 '대(大)'는 계급의 크고 작음이 아니니, 세상 법에서 말하는 지위의 높낮이와는 다릅니다. 원력(願力)이 가장 크고 마음의 경계가 가장 크다는 말입니다. 그래서 현교(顯敎) 『화엄경』에서는 마지막에 보현을 대원왕(大願王)이라 불렀는데, 그 요점은 여전히 행(行)에 있습니다. 밀종 수행법의 순서는 먼저 상사(上師)에게 귀의한 후 부처님〔佛〕께 귀의하고 법(法)에 귀의하고 승(僧)에 귀의합니다. 상사의 전법(傳法)을 존중하는 것입니다.

이 법본의 본사(本師)가 보현여래라는 점에 대해 일부 초학자들은 이렇게 질문할지도 모릅니다. "우리는 보현보살만 알고 있는데 어째서 보현도 여래라고 부릅니까?" 불교에는 사대보살이 있는데, 문수는 지혜를 대표하고 보현은 대행(大行)을 대표하며 관음은 대비(大悲)를 대표하고 지장은 대원(大願)을 대표합니다. 행(行)이 없으면 옳지 않습니다. 이 사대보살은 일찍이 석가모니부처님 이전에 이미 성취하셨지만, 석가모니부처님이 사바세계에 태어나서 성불하는데 사대보살이 자신들의 원력으로 도우려고 현신(現身)하여 부처님의 대승 수좌 제자가 되었기 때문에 보살이라 부르는 것입니다. 여기에서 보현여래라고 한 것은 과거에 이미 성취한 이름으로 부른 것입니다. 이 법본은 위로 거슬러 올라가서 석가모니부처님 이전의 여러 불보살이 모두 이것에 의거해 불도를 성취했음을 밝힙니다. 그뿐 아니라 '행'을 위주로 할 것을 강조합니다. 지금부터는 경문 뒤에 작은 글자로 붙여 놓은 해석을 보겠습니다.

"自性本寂離戲之空界, 頓成身智自性極妙嚴, 諸作千光照攝調伏界, 佛子智悲如日喜頂供(자성은 본디 고요하여 희론을 떠난 공의 경계이니, 몸과 지혜를 즉시 성취하여 자성이 지극히 미묘하고 장엄하며, 온갖 빛을 만들어 삼계를 비추어서 섭복시키고 조복시키니, 불자는 지혜와 대비심을 마치 태양처럼 비추어 기쁨이 정상에 도달하도록 받들어야 한다)." 먼저 자성은 본디 공[自性本空]임을 알아야 합니다. 여러분이 그것을 비우는[空] 것이 아니라 본래 적멸(寂滅)이므로 달리 열반을 구할 필요가 없습니다. 밀법에 의거해 말하자면, 깨달은 후에 수행하는 현교 선종의 도리와 마찬가지로 자성이 본래 공임을 깨닫는 것이 바로 이희(離戲)[24]의 경계입니다. '이희'나 '희론(戲論)'[25]은 모두 불

---

24 희론(戲論)을 떠난다는 뜻이다.

25 용수(龍樹)가 쓴 『중론(中論)』에 나타나는 개념으로, 대상을 분별해서 거기에 언어와 의미를 부여하는 지적 작용을 말한다.

학 용어입니다. 본성이 공(空)이라고 생각하는 순간 여러분은 한쪽 끝으로 떨어지고, 유(有)라고 생각하는 순간 또다시 한쪽 끝으로 떨어집니다. 즉 공즉유(卽空卽有)라고 생각하면 역시 한쪽 끝에 집착하게 되고, 비공비유(非空非有)라고 생각하면 그 역시 한쪽 끝입니다. 이 네 끝이 모두 어린애 장난 같은 말입니다. 실제로 자성은 공이라고 말해도 맞고 유라고 말해도 맞으며, 비공비유라고 말해도 맞고 즉공즉유라고 말해도 맞습니다. 바꾸어 말하면 공이라고 해도 틀리고 유라고 해도 틀리며, 비공비유라고 해도 틀리고 즉공즉유라고 해도 틀립니다. 그렇기 때문에 일체가 다 희론이며, 희론을 떠나는 것이 바로 도입니다. 본래 그러하니, 이 도리에 유의해야 합니다.

그렇기 때문에 여러분이 이 자리에 앉아서 필사적으로 망념을 끊고자 애쓰는 것은 여러분 스스로 놀이를 하고 있는 것입니다. 그렇다고 여러분이 "망념을 끊어 버리지 않아도 되나요?"라고 말한다면 그건 더더욱 놀이를 하는 것입니다. 그러므로 공, 유, 비공비유, 즉공즉유 이 모두는 어린애 놀이의 경계에 있습니다. 바꾸어 말하면 도를 완성하기 전에 염불하고, 주문(呪文)을 외고, 선정을 수행하는 등의 각종 법문은 모두 어린애 놀이의 경계에 있어서 스스로 자신을 괴롭힙니다. 정말로 도를 깨달은 사람은 편안히 머무르며 본래 그러합니다. 자성은 본디 고요하며 희론을 떠나면 자연스럽게 공(空)입니다. 공은 단지 형용사일 뿐인데, 공의 경계를 지녔다고 한다면 그 또한 희론이 됩니다.


## 몸과 지혜가 하나가 되어 작용을 일으킨다


자성본공(自性本空)을 말하자마자 즉시 깨닫는〔言下頓悟〕이치를 참으로 알고 도달한다면, 즉시 깨닫고 즉시 성취하여 당장에 삼신(三身)을 모두 성취할 것입니다. 무엇을 즉시 성취할까요? 몸과 지혜가 하나가 되는 신지합일(身智合一)입니다. 지난번에 말씀드렸지만 어떤 사람들은 이론상으로는 마치 도를 깨달은 것 같습니다. 천태종에서는 그것을 "도리가 곧 부처다〔理即佛〕"라고 말하는데, 여러분이 깨달은 도리는 부처님의 도리이지만 여러분이 직접 수증하지는 않았습니다! 그렇기 때문에 아무 쓸모가 없습니다. 부처님의 경계와 비슷하다고는 말할 수 있겠지요. 하지만 그저 지혜만 이르러서는 아무 쓸모가 없고, 몸과 지혜가 하나가 되어야 합니다. 몸은 사대가 한데 합쳐진 것입니다.

현교의 도리는 신체에 그다지 상관하지 않습니다. 도를 깨닫고 보니, 뜻밖에도 자성은 본디 스스로 만법을 구족하고 있으며 신체도 만법의 안에 있습니다. 하지만 착각해서는 안 됩니다. "자성이 본디 공이지" 여러분은 공(空)이 아닙니다! 여러분이 무엇을 비울〔空〕 수 있습니까? 자기가 자기를 속이고 있습니다. 이 모두가 희론입니다. 정말 공(空)이 되면 지혜만 공일 뿐 아니라 몸도 공입니다. 몸의 공을 증득한 후에는 몸과 지혜가 하나가 되어야 합니다! 거기에다 작용을 일으켜야 삼신을 성취합니다. 지(智)는 지혜이니 '법신(法身)'이며, 신(身)은 사대로 구성된 몸이니 '보신(報身)'입니다. 보신과 법신을 모두 성취하면 비로소 무궁무진한 화신(化身)의 작용이 일어납니다. 따라서 몸과 지혜가 하나가 됨을 즉시 성취해야 비로소 진정한 깨달음이며 증도(證道)입니다.

후세 선종에서는 걸핏하면 돈오(頓悟)를 이야기하는데 무엇을 깨달았다는 말입니까? 많은 친구들이 저더러 선종이라고 말하지만 저는 인정하지 않습니다. 저는 제가 선종이 아니라고 말합니다. 더욱이 저는 선종에 그다지 동의하지도 않습니다. 물론 저는 밀종도 아닙니다. 밀종에도 동의하지 않습니다. 저는 그저 부처님을 배우는 사람으로 어떤 종파도 상관하지 않습니다. 그것은 단지 하나의 방법일 뿐 구경(究竟)이 아닙니다. 구경 얘기가 나왔으니 말이지만, 불법을 배워서 삼신을 성취하고자 하는데 그것이 단지 의경(意境)에서의 청정일 뿐이라면 그게 무슨 소용이란 말입니까? 그렇다면 굳이 불법을 배울 필요가 있을까요? 책을 읽어서 도덕 수양이 높은 사람도 해낼 수 있습니다. 특히 제가 여러분에게 시사(詩詞)를 공부하라고 강조하는 것은, 문학이 그런 경계에 도달하면 심경이 자연스럽게 청정해지기 때문입니다. 지금 이 자리에 계신 초금당(焦金堂) 선생 같은 경우에는 매일 한 수씩 선종의 시를 외워서 이미 몇 백 수를 외웠습니다. 책을 내도 될 정도가 되었는데 일 년이면 삼백육십 몇 수가 됩니다. 그의 심경은 자연스럽게 청정에 도달했는데, 이렇게 시를 통해서도 청정의 경계로 들어갈 수 있습니다.

하지만 진정한 성불의 경계는 색신의 습기(習氣)를 변화시켜 몸과 지혜를 모두 성취해야 합니다. 몸과 지혜가 일체가 되는 것은 바로 심물일원(心物一元)이기도 합니다. 이러한 심물일원의 자성이 진공(眞空)으로부터 묘유(妙有)에 도달해서 미묘하고 장엄한 성취에 이르게 되면 그것이야말로 불법의 구경(究竟)입니다.

일체의 행동이 마치 무궁무진한 종류의 광명처럼 자연스럽게 지혜의 광명을 발하여 "온갖 빛을 만들어 삼계를 비추어서 섭복시키고 조복시키는데[諸作千光照攝調伏界]" 형상[相]이 있는 빛이라고 말할 수도 있고 형상이 없는 빛이라고 말할 수도 있습니다. 성취한 사람은 그 자신이 무궁무진한 빛을 발하여 삼계를 두루 비추고, 일체의 번뇌를 섭복(攝伏)[26]시키고 일체의 중생을 조복(調伏)시킵니다. "신지묘엄(身智妙嚴)"이라는 네 글자는 성과(成果)이니 주의하십시오! 성과에는 어떻게 도달합니까? 지(智)와 비(悲)를 쌍운(雙運)해야 합니다. 지혜를 성취해야 하고 또 대비심을 일으켜

---

26 붙잡아 굴복시킨다는 뜻.

야 합니다. 대비심은 단지 자신만을 위한 것이 아니라 세상을 위하고 다른 사람을 위한 것인데, 세상을 이롭게 하고 다른 사람을 위하는 대비심을 진정으로 일으켜야 합니다. 물론 걸핏하면 눈물 흘리는 것을 대비심이라고 하지는 않습니다. 지와 비는 마치 두 개의 자동차 바퀴처럼 반드시 쌍운해야 작용을 일으킬 수 있습니다.

그래서 "불자는 지혜와 대비심을 마치 태양처럼 비추어 기쁨이 정상에 도달하도록 받들어야 한다〔佛子智悲如日喜頂供〕"라고 말했습니다. 지와 비를 쌍운하는 것이 인(因)이니, 마치 태양처럼 널리 비추면 지극한 기쁨〔極喜〕의 경계에 도달하고 산꼭대기에 도달하게 됩니다. 이 법문은 우리가 받들어 준수할 가치가 있습니다.

"爲諸賢劫異生衆, 由於其道解脫城, 決定超出之法者(모든 현겁의 중생들을 위한 것으로, 해탈성으로 가는 길에서 삼계를 벗어나게 해 주는 법문이다)." 이 법문은 이 겁수(劫數) 중의 중생을 위한 것으로서, 그들이 불법을 수행하는 길에서 진정으로 해탈을 얻게 해 줍니다. 이것은 명확하게 삼계를 벗어날 수 있게 해 주는 법문입니다.

"明此自性大圓理, 清淨車輅之解釋(이 자성 대원의 이치를 깨달아 청정에 이르게 하는 수레이다)." 이 법문은 우리에게 진정으로 철저하게 명심견성에 도달해서 대원경지(大圓鏡智)[27]의 성불의 경계를 얻으라고 말해 줍니다. 이 것은 우리로 하여금 진정으로 해탈을 얻어서 열반 청정이라는 구경(究竟)의 과(果)에 도달하게 하는 큰 수레이기도 합니다.

"夫一切如來廣大聖言之頂尖者(일체 여래의 넓고 큰 성언 가운데 최고의 것이다)." 모든 법문은 다 자신이 높다고 찬양하는데, 이 법문도 마찬가지입

---

27 사지(四智)의 하나로, 번뇌에 물든 아뢰야식(阿賴耶識)을 질적으로 변혁하여 얻은 청정한 지혜이다. 이 지혜는 마치 모든 것을 있는 그대로 비추어 내는 크고 맑은 거울과 같은 것이기에 이처럼 말한다.

니다. 이것은 일체 여래의 가장 넓고 큰 성언(聖言)의 경계이며, 지고무상한 최고의 법문입니다.

"是自性大圓滿法門故, 其理眞實. 然於一凡夫實解, 如何受持次第, 使達到所謂大圓滿禪定休息究竟故, 所以用此解釋明白指示要門之理也. 今初敬禮(이는 자성 대원만의 법문인 까닭에 그 이치가 진실하다. 그러나 범부라도 어떻게 순서를 받아 지녀야, 이른바 대원만선정휴식의 구경에 도달하는지 이해할 수 있도록, 이 해석을 사용해서 중요한 도리를 명백히 알려 주도록 한다. 이제 처음 경례한다)." 이 단락은 이해하기 쉬워서 따로 해석하지 않겠습니다. 이런 종류의 법본은 『사서(四書)』 같은 고서와 똑같은데, 작은 글자는 시작하는 게(偈) "경례구덕보현여래(敬禮具德普賢如來)"를 해석했습니다.


## 변하지 않는 광명청정

본성은 공하고 청정한 경계이며, 뛰어난 법은 움직이지 않고 희론을 떠나네. 광명한 심성이 보리심이니 본체가 원만하고 변함없음에 경례하노라.

本性等空淸淨界, 勝法不動極離戲, 光明心性菩提心, 敬禮體圓無遷變.

이것은 게송입니다. 『화엄경』 『능엄경(楞嚴經)』 같은 경전을 보면 범어로 된 원본에는 모두 시가(詩歌)와 똑같은 게송이 먼저 나옵니다. 그리고 그 뒤의 긴 문장이 해석입니다. 훗날 중국에 전해지면서는 해석인 긴 문장이 위주가 되고 가창(歌唱)인 게송을 뒤에 놓고 결론으로 삼았는데, 원래의 방법과는 반대되었습니다. 지금 이 법본의 번역은 원래 방법을 따라 먼저 게송을 말하고 그다음에 해석을 덧붙였습니다. 이것이 인도 범문본의 방식입니다.

"蓋大圓滿之體者, 乃心性自然之智慧(대개 대원만의 본체는 심성의 자연스러운 지혜이다)." 이 구절은 그 자체로 완전합니다. 무엇이 대원만입니까? 명심견성해야 비로소 대원만을 얻을 수 있습니다. 자성의 본체를 참으로 보게 되었을 때에야 비로소 대원만이니, 심성의 자연스러운 지혜이기도 합니다.

"不動離一切戱論之邊(움직이지 않고 일체 희론의 가장자리를 떠난다)." 심성의 본체는 본래 움직이지 않습니다. 본래 부동존(不動尊)이라 어디에도 닿지 않고 일체의 희론을 떠납니다. 공(空)의 경계에 머무른다고 해도 옳지 않고 유(有)의 경계에 머무른다고 해도 옳지 않습니다. 공과 유 어디에도 머무르지 않고 자연스럽게 머무릅니다. 어느 것에도 닿지 않으면서 도달합니다. 다들 이 말에 유의해야 합니다! 여러분은 아무리 열심히 타좌를 해도 모두 어딘가에 닿고 있습니다! 불법은 무량무변(無量無邊)인데, 여러분이 앉아 있는 것은 유량(有量)이고 유변(有邊)입니다. 어찌 유변이기만 하겠습니까? 게다가 그 범위가 아주 작기까지 합니다.

"其本體爲絶一切分別遣除之性(그 본체는 일체의 분별과 견제를 끊어 버린다)." 자성의 본체는 어떠합니까? 당연히 일체의 분별을 끊어 버리고 일체의 '견제(遣除)'도 끊어 버립니다. 무엇을 '견제'라고 할까요? 여기에 앉아서 열심히 타좌를 하고 있으면 망상이 올라옵니다. 그러면 '이런 망할 것!' 하면서 망상을 밀어냅니다. 생각이 올라오면 생각도 밀어냅니다. 여러분은 마음속으로 이렇게 떨쳐 버리고〔遣〕 없애 버리고〔除〕 있습니다. 모두 견제의 수련을 하고 있는 것이지요. 틀렸습니다. 모두 헛수고를 하고 있습니다. 이것은 견지(見地)가 부족하고 견지에 대해 모르고 있기 때문입니다. 본체는 본래 "일체의 분별을 끊어 버리고〔絶一切分別〕" 일체의 견제도 끊어 버립니다. 바꾸어 말하면 본래부터 분별이 없으며 떨쳐 버리고 없애 버릴 필요가 없습니다. 만약 수련을 더하는 방식으로 도를 구한다면 일찌감치 도에서 너무 멀어져 버렸습니다. 도는 본래 일체의 분별에서 떠나고 일체의 형상[相]에서 떠난 것으로, 본디 공(空)입니다! 그렇다면 어느 정도까지 공일까요?

"空而如無方分之天(텅 비어서 방위의 구분이 없는 하늘과 같다)." 텅 비어서 〔空〕 동서남북이 없으니, 어떤 방위의 구분도 없습니다. 마치 우주 공간처럼 끝도 없이 무한히 커서 무량무변(無量無邊)합니다. 만약 여러분이 마음속으로 말하기를, '오늘 이미 그 본성을 증득하였는데 그 경계는 무량무변하다'고 했다면 여러분은 일찌감치 뺨을 맞아 마땅합니다. 그것은 이미 유량유변(有量有邊)이 되어 버렸기 때문입니다. 무량무변이 있다는 것은 이미 가장자리[邊]로 떨어져 버린 것입니다.

"明而如無遮障之日(밝아서 가로막힘이 없는 해와 같다)." 자성의 광명은 만리에 구름 한 점 없는 푸른 하늘과 같아서 가로막는 그늘이 조금도 없습니다. 그렇다면 자성 본체의 공덕은 어떠할까요?

"功德如圓成本具之寶(공덕은 원성실성이 본래 지니고 있는 보배이다)." 앞에서 수행이 성공하려면 공덕이 필요하다고 말했는데, 자성을 잘 이해했다면 공덕이 본래부터 있었음을 알 것입니다. 자성은 비할 수 없는 공덕을 구비하고 있으니, 별도로 수행해서 얻는 것이 아닙니다. 육조가 "자성이 본래 스스로 구족하였음을 어찌 알았으랴[何期自性本自具足]"라고 말했듯이, 본래 스스로 만법을 구족하고 있고 공덕도 구비하고 있습니다. 물론 도를 깨닫기 이전에는 여러분도 자신에게 공덕이 있는지 없는지 알지 못합니다. 그러므로 자신은 공덕이 없다고 함부로 단정 지어서는 안 되며, 자신은 본래 공덕을 지니고 있다고 함부로 단정 지어서도 안 됩니다. 이 법본은 우리에게 말하고 있습니다. 자성 본체의 기능은 공(空)하며, 광명(光明)이며, 또 만유를 구비하고 있다고 말입니다. "공덕여원성본구지보(功德如圓成本具之寶)"에서 '원성(圓成)'이라는 두 글자는 유식(唯識)에서 말하는 원성실성(圓成實性)[28]에서 나왔습니다. '본구(本具)'란 자성은 본래 스스로 그러한 보배를 지니고 있다는 말입니다.

"生死涅槃, 何方未成? 何方能現?(생사열반은 어느 곳에서 성취하지 못했는 가? 어느 곳에서 나타날 수 있는가?)" 만약 현교에서 번역했다면 "생사열반은 어느 곳에서 끝내지 않았는가[生死涅槃, 何方未了]"라고 했을 것입니다. 현 교에서는 공(空)의 측면을 강조하기 때문에 '아직 끝내지 않았다[未了]'고 번역하고, 밀교에서는 작용을 일으키는 유(有)의 측면을 강조하기 때문에 '아직 성취하지 못했다[未成]'고 번역합니다. 모두 맞습니다! 바꾸어 말하 면 여러분이 명심견성한 이후에는 생사 따위는 아랑곳하지 않게 됩니다. 생사도 아랑곳하지 않는데 열반을 구할 필요가 있겠습니까! 여러분은 본 래부터 열반 가운데 있지 않습니까. "어느 곳에서 나타날 수 있는가[何方能 現]", 또 그 기이하고 괴상한 효용을 굳이 요구할 필요가 있을까요? 여러 분은 본래부터 도의 씨앗[道種]입니다.

"其體住於法界, 若識自性眞面, 即以無遷變義而敬禮也(그 본체는 법계에 머무르니, 만약 자성의 진면목을 안다면, 변하지 않는 의에 대해 경례할 것이다)." 자성 본성에 대해 사람들은 '본체[體]'를 구하려고 합니다. 여러분이 '본 체'를 구한다면 이미 잘못된 것입니다. 그래서 『법화경』에서는 우리에게 이렇게 말했습니다. "이 법은 법위에 머무르니 세간에 항상 머무른다[是法 住法位, 世間相常住]." 자성의 본체를 어느 곳에서 볼 수 있을까요? 없는 곳 이 없으니 어디에선들 본성을 볼 수 없겠습니까? 여러분이 이 사실을 안 다면 도처에서 본성을 볼 수 있습니다. "그 본체는 법계에 머무르니[其體住 於法界]", 법위(法位)에 머무르기 때문에 본래부터 움직인 적이 없습니다.

---

28 문자 그대로의 의미는 '원만히 성취한 실재하는 성질'이니, 완전히 성취하다란 뜻으로 존재의 진 실한 상태를 말한다. 분별과 망상이 소멸된 상태에서 드러나는, 있는 그대로의 청정한 모습이다.

만약 자성의 진면목을 알게 되면 그제야 우리가 아주 오랜 옛날부터 지금까지 변한 적이 없음을 알게 될 것입니다.

　도를 깨닫지 못하는 것은 자신이 혼미하기 때문입니다. 무엇 때문에 혼미한 걸까요?『능엄경』에서는 이렇게 말했습니다. "사람이 방향을 잃어버리는 것은, 방향이 있기 때문에 잃어버리는 것이다〔如人迷方, 因方故迷〕." 어떤 사람이 길을 걸어가는데 그 방향을 잘못 잡았다면, 방향이라는 관념이 있기 때문에 동서남북을 찾지 못하는 것입니다. 만약 방향 관념이 없다면 자신이 방향을 잃어버렸다는 것을 근본적으로 느끼지 못할 것입니다. 이런 비유는 대단히 오묘하기 때문에 이 안에서 참구해야 합니다. 세상 사람들이 길을 걷다가 방향을 잃어버리는 것은, 방향 관념이 있기 때문에 방향을 잃어버리는 것입니다. 반대로 여러분에게 방향 관념이 없다면, 이 우주가 본래 둥근데 어떻게 방향을 잃어버리겠습니까? 이런 도리를 이해해야 합니다. 이것을 이해하면 그 즉시 본래부터 변함이 없었다는 것을 알게 됩니다. 이어서 그는『변행본속(遍行本續)』이라는 경전의 말을 인용합니다.

　"如遍行本續云: 吉! 汝導師敎遍行王, 三世佛性之法界, 生死不捨悲無方, 敬禮汝師遍行王(『변행본속』에서 말한 것과 같다. 길아! 너를 지도하는 스승 변행왕이 가르치기를, 삼세불의 불성은 법계에 있으며, 생사를 버리지 않아 대비심이 무방하다 하였으니, 너의 스승 변행왕에게 경례하라)." 여기에서 '길(吉)'은『심경』의 사리자(舍利子)와 마찬가지로 어느 조사(祖師) 보살의 이름입니다. 이런 말입니다. "길아! 너의 큰 지도 교사인 보현불께서 나에게 가르치셨다. 우리의 본성은 없는 곳이 없으니, 작용을 일으킬 때에 사람을 구하고 세상을 이롭게 하려는 대비심(大悲心)을 발하고, 사람을 이롭게 하고 세상을 이롭게 하려는 대행원(大行願)을 발하라. 과거불 현재불 미래불, 일체 부처님의 불성이 어디에 있느냐? 본래 법계 안에 있다." "생사를 버리지 않으니〔生死不捨〕", 일반인들은 불법을 배우면서 생사를 벗어나려고 합니다. 이 세상이 괴롭다고 여기기 때문에 다시는 몸을 받아 태어나지 않으려고 합니다. 이런 사람은 마땅히 어리석고 멍청한 학불자라고 불러야 합니다. 근본적으로 불법의 원칙을 위반하였기 때문입니다.

성불하면 어디에 이릅니까? 열반입니다! 열반이라는 것이 뭐 큰 쟁반 안으로 파고들어 가는 것이라도 됩니까? 생사를 버리지 않습니다! 생사를 버리지 않고 어디에 이릅니까? 영원히 법계 가운데 있습니다. 그래서 몇 번이고 다시 환생하더라도 생사를 버리지 않으며 중생을 버리지 않고 영원히 제도합니다. 제도가 끝나도 제도하지 않은 것처럼 여깁니다. 그러므로 이 자리에서 불법을 배우고 있는 부처 할머니, 부처 할아버지들은 주의하십시오! 아침부터 밤까지 온종일 오로지 수행만 하고 싶어 하는데, 여러분들은 오로지 수행만 해서 어디로 가려는 겁니까? 수행이 뭔지나 알고 있습니까? 모두들 제멋대로입니다. 저는 그들을 '부처 뺀질이'라고 욕합니다. 온몸에 부처의 냄새를 풍기고는 있지만 참된 불법은 오히려 알지 못합니다.

"생사를 버리지 않아 대비심이 무방하니〔生死不捨悲無方〕", 생사를 버리지 않아야 대비심(大悲心)입니다. 생사의 윤회 가운데서 중생을 제도하는 것이라고도 말할 수 있습니다. 만약 여러분이 고생할 게 겁나서 다시 태어나지 않겠다면, 저는 뭐 고생이 겁나지 않겠습니까? 제 고생은 여러분보다 훨씬 심합니다. 아침부터 밤까지 여러분을 노려봐야지, 게다가 같은 말을 몇 번이고 반복해야지, 스스로 번거로운 일을 자초하고 있지 않습니까? 저라고 해서 배불리 먹고 편하게 지낼 줄 모르겠습니까? 저의 이런 정신은 배우지 않고 이기심만 배우면서 어디로 가서 '부처님'을 찾아 배운다는 말입니까? 여러분은 저의 이 '범부'의 모습만 배울 수 있어도 다행일 터인데 부처님까지 배우고 싶어 합니까!

그러므로 "너의 스승 변행왕에게 경례하라〔敬禮汝師遍行王〕" 즉 여러분의 지도 교사인 보현 '행'(普賢行)께 경례해야 합니다. 이 '행'원(行願)이 가장 어렵습니다. 입으로 대비(大悲)니 육도(六度)니 떠드는 것은 찬불가를 부르는 것보다 그 무엇보다 듣기 좋습니다. 하지만 행(行)에 있어서 조금도 실천하지 못한다면 어떻게 불법을 배운다고 말할 수 있겠습니까? 그렇기 때문에 그는 여러분이 여러분의 지도 교사인 변행왕에게 경례해야 한다고 말했습니다.

## 자성에 정례하고 자성을 공경하라

"篤哈集云: 唯一心性諸種子, 彼現三有及涅槃, 所欲之果能與之, 敬禮如摩尼寶心(『독합집』에서 말하였다. 오직 심성의 모든 종자가, 저 현재의 삼유 및 열반에서 얻고자 하는 과를 줄 수 있으니, 마니보주 같은 마음에 경례하라)."『독합집(篤哈集)』이라는 경전에서는 여러분이 일체유심(一切唯心)을 알아야 한다고 말했습니다. 일체 심성의 종자가 폭발해야, 말하자면 선행의 종자가 폭발하고 대비(大悲)의 종자가 폭발해야 비로소 불법을 배운다고 말할 수 있습니다. 선인(善因)을 심어야 선과(善果)를 얻고 불인(佛因)을 심어야 불과(佛果)를 얻습니다.

우리는 평소 하루 온종일 엎어지고 넘어지고 하는 중에 있습니다. 그래서 저는 현재 이렇게 규정해 놓았습니다. 이곳에서는 한 달에 두 번, 음력 보름과 그믐 이틀은 '포살(布薩)'을 거행하는데, 바로 자신의 잘못을 엄격하게 점검하는 것입니다. 현재 규칙이 아주 엄격합니다! 정좌반에 참가하는 거사들은 『사서(四書)』를 계본(戒本)으로 삼고, 출가인은 진정한 계율을 계본으로 삼아 한 가닥 한 가닥의 줄로 날이 갈수록 단단하게 묶습니다. 견디지 못하는 사람은 서둘러 휴가를 신청합니다. 저는 뒤에서 더 단단하게 묶으려고 하는데 참으로 불법을 배우고자 하면 이런 정신을 지녀야 합니다. 왜냐하면 지금은 불법뿐 아니라 온 국가와 민족, 전통문화 전체가 너무나도 쇠퇴했기 때문입니다. 저는 단지 그런 역할을 연기해서 여러분을 조금이라도 일깨우고자 하는 것입니다. 어떤 이치일까요? 불법을 배운다는 것은 여러분 심성의 종자를 선(善)을 향해 배양하는 것입니다. 선인을 심어야 선과를 얻을 수 있는데, 선인의 핵심은 선행에 있습니다.

그래서 말했습니다. 현재의 물질세계와 정신세계 즉 욕계와 색계와 무색계의 삼유(三有)²⁹ 및 부처님께서 증득하신 열반의 경계는 모두 일심(一心)의 변상(變相)일 뿐입니다. 삼계(三界)의 바깥으로 벗어난다면 어디로 간다는 말입니까? 달아날 수 있는 제4의 세계가 있습니까? 만약 삼계의 바깥으로 벗어났다고 한다면 그것은 자신의 마음 바깥으로 달아난 것이 아니겠습니까? 사실은 모두 자신의 마음 가운데 여전히 있습니다. 하지만 경계의 변화에 영향을 받지 않는다면 요동하지 않고〔定〕 주인 노릇을 할 수 있습니다. 비록 "현재의 삼유〔現三有〕"의 영향을 받더라도 삼유에 머무르지 않는다면, 그것이 바로 벗어난 것입니다. 그것이 바로 열반이니 열반은 본래부터 여기에 있습니다. 그렇기 때문에 "저 현재의 삼유 및 열반〔彼現三有及涅槃〕"이라고 말한 것입니다. 여러분이 구하는 성불이라는 과(果)는, 여러분이 이것을 이해할 수 있어야 비로소 손에 넣을 수 있습니다. 그래서 말했습니다. "마니보주³⁰ 같은 마음에 경례하라〔敬禮如摩尼寶心〕." 우리가 진정으로 부처님께 절한다는 것은 어떤 부처님께 절하는 것입니까?

---

**29** 삼유란 중생의 세 가지 생존 상태를 말한다. 욕유(欲有)는 탐욕이 들끓는 욕계의 생존, 색유(色有)는 탐욕에서는 벗어났으나 아직 형상에 얽매여 있는 색계의 생존, 무색유(無色有)는 형상의 속박에서 완전히 벗어난 무색계의 생존이다.

**30** 마니, 마니보, 마니보주, 말니주 등으로 불린다. 이 보주는 뜻하는 대로 모든 소원을 이루어 준다는 구슬로 여의주 또는 여의보주라고도 한다.

자신의 마음에 절하고 자신의 본성에 절하는 것입니다. 하지만 형상이라는 것이 여러분의 마음에 우러르는 마음을 불러일으키기 때문에 불상이라는 것이 있습니다. 돌이켜보면 부처님께 절한 것이 아니라 여러분 자신에게 절한 것임을 알 것입니다. 여러분의 마음이 바로 가치를 매길 수 없는 보배입니다.

"寶鬘集云: 其如水置水, 酥入酥隨化, 我之自證智, 妙見如是禮. 如是云也. 又所作立宗者(『보만집』에서 말하였다. 물을 물에 따르고 우유를 우유에 넣으면, 따라서 변화하는 것과 같으니 내가 스스로 증득한 지혜라, 묘견이 이와 같으니 예를 갖추라. 이와 같이 말하였다. 또 입종을 지은 것이다)." 밀종이나 선종은 단지 노선의 문제일 뿐입니다. 여러분은 어디에서 참으로 명심견성하였습니까? 여러분은 타좌를 할 때 망념을 두려워하지요? 망념이 뭐가 두렵습니까? 물을 물속에 따르는 것과 똑같으니, 찾아낸들 망념이 어찌 여러분에게 장애가 되겠습니까? 어리석기 짝이 없습니다. 그렇기 때문에 여러분은 모두 쓸데없는 노력을 하고 있는 것입니다. 물을 물속에 따르는 것과 똑같고 우유를 우유 속에 따르는 것과 똑같은데, 어떻게 머물러 있겠습니까! 하루 온종일 자리에 앉아서 망념을 제거한답시고 세끼 배불리 먹고 쓸데없는 일로 업을 짓고 있으니 그게 무슨 수행이라는 말입니까! 그러므로 수행을 하려면 견지와 지혜가 있어야 합니다. 이제부터 직접적으로 여러분에게 말하겠습니다. 이것이 진짜 밀법입니다. 물을 물속에 따르고 우유를 우유 속에 따르면서 여러분은 무슨 망념을 제거합니까? 어디에 망념이 있습니까? 이것을 알 수 있는 것이야말로 자신이 "스스로 증득한 지혜[自證智]"입니다. 유식에서 말하는 자증지(自證智)를 만약 믿지 못하겠다면, 그렇다면 방법이 없습니다. 그냥 천생(千生)이고 만겁(萬劫)이고 수행하는 수밖에요!

그러므로 자성에 정례(頂禮)[31]하고 자성을 공경해야 합니다. 불법을 배우려면 무엇보다 먼저 이런 견지와 묘견(妙見)을 얻어야 하며 자신의 지혜에 정례해야 합니다. "묘견이 이와 같으니 예를 갖추라〔妙見如是禮〕"는 이 것이 바로 밀법 속의 밀법입니다. 그런 까닭에 티베트 밀종은 중국 선종이 대밀종이라고 치켜세우는데, 그것이 진정한 대밀종입니다. 직지인심(直指 人心) 견성성불(見性成佛)을 지금 여러분에게 가르쳐 드렸습니다. 여러분 이 망념을 제거하고 번뇌를 제거하려고 한다면 이미 번뇌에 속아 넘어간 것입니다. 그것을 상대하지 마십시오! 그 번뇌는 "물을 물에 따르는 것 같 습니다〔其如水置水〕." 본디 공이니까요! "우유를 우유에 넣는 것〔酥入酥〕" 같아서 상대하지 않으면 자연스럽게 변화합니다. 여러분이 그것을 변화시 키려〔化〕 하고 그것을 비우려〔空〕 하니 일찌감치 공이 아닙니다. 이것은 보 현여래의 경계가 '널리 나타남〔普現〕'이니, 어느 곳에서나 눈앞에 드러나 서 아주 쉽게 뚜렷이 볼 수 있습니다.

여러분은 이렇게 말하겠지요. 그런 도리는 저도 알고 있습니다! 다만 저 는 믿지 못합니다. 그렇다면 저에게 물어보지 마십시오. 여러분 스스로 믿 지 못하면서 저에게 물어본들 무슨 방법이 있습니까! 믿고 못 믿고는 여러 분에게 달렸습니다! 저는 여러분이 믿을 수 있게 도와줄 방법이 없습니다.

만약 여러분이 확실하게 믿지 못한다면 서둘러 부처님께 절하고 서둘러 머리를 조아리고 서둘러 좋은 일을 하십시오. 여러분의 지혜가 밝고 예리 해진 후에 다시 돌아오면 믿을 수 있을 것입니다. 믿을 수 있는 것은 지혜 에 달렸고 공덕에도 달렸습니다. 그러므로 신심(信心)이 일어나지 않는다 면 그것은 여러분의 지혜와 공덕이 충분하지 않은 것입니다!

---

**31** 두 무릎을 꿇고 두 팔꿈치를 땅에 댄 다음 손을 펴서 상대편의 발을 받아 그 발에 자신의 머리 를 대는 인도의 예법이다.

# 불법의 성취는 스스로 지혜를 증득하는 것

여래의 밀의는 지극히 희소하고 각기 스스로 증득한 지혜로 깨닫는 까닭에, 논집을 가져다가 요문[32]을 논하며 수지한 바를 펼치니 자세히 들어야 할지니라.

如來密意極希有, 爲各自證智悟故, 攝集續論要門心, 演所行持須諦聽.

제불(諸佛)의 밀의(密意)[33]가 무엇입니까? 일체 중생이 본래 부처라는 이것이 제불의 밀의입니다. 여러분은 자신의 마음, 자성이 본래 부처라는 사실을 믿어야 합니다. 여러분 스스로 그것을 깨달아야 합니다. 자신의 마음이 본래 부처임을 깨달으려면, 이는 대지혜가 와야 열려서 깨닫습니다[開悟]. 열려서 깨닫는다고 했는데 무엇이 열립니까? 바로 자신이 닫아걸었던, 미혹되었던 마음을 열어젖힌다는 말이니 이것은 지고무상의 비밀입니다. 여러분은 여러분에게 주문이나 외워 주고 머리 위에 물 몇 방울 적셔 주는 것을 관정(灌頂)이라고 생각하십니까? 관정이 무엇입니까? 매일 이발소에 가서 머리를 감으면 이발사가 날마다 여러분에게 관정을 해 줍니다. 그게 무슨 소용이 있습니까! 죽으면 썩을 몸입니다. 밀법은 여러분 자신에게 있습니다. 참으로 은밀한 뜻[密意]을 이해할 수 있어야 대밀법이거늘, 여러분은 한사코 형식만 따지고 있으니 정말 어리석습니다! 그런 까닭에 우리에게 '체청(諦聽)'하라고, 자세히 들으라고 했습니다.

"夫自證智者, 乃此要門之所言也, 我當以所修習者, 爲諸後來者演說其義. 蓋此義爲一切三世如來之母故(무릇 스스로 증득한 지혜라는 것이 이 요문이 말하는 바이다. 내가 수습한 바를 가지고 후세를 위해 그 의를 연설한다. 이 의가

---

32 중요한 가르침.
33 부처의 본뜻.

일체 삼세 여래의 어머니이기 때문이다)." 이 경전에 주해를 단 사람은 대자비심을 일으켜서 후세에 수학(修學)에 마음을 둔 사람들을 위해 자신의 수행경험과 도리를 말했습니다. 그 도리가 바로 일체 삼세 여래의 어머니입니다. 다시 말해 이 의(義)에 의거하여 수행하고 익혀야 여래가 될 수 있다는 말입니다. 삼세 여래는 모두 이 의리(義理)로부터 탄생했습니다.

"攝經云: 過去未來佛, 十方所住者, 共道波羅蜜, 其他卽非是(『섭경』에서 말하였다. 시방에 머무르는 과거불과 미래불이 피안에 도달하는 공통된 도이니, 그 나머지는 모두 아니다)." 『섭경(攝經)』에서 말하기를, 이것은 중생의 공통된 도가 아니라 시방삼세의 일체불이 성불한 공통된 도이며 바라밀다(波羅蜜多)[34] 즉 피안에 도달하는 법문이라 했습니다. 만약 자심(自心) 자성(自性)을 벗어나서 그 외에 또 법문이 있다고 한다면, 그것은 마도(魔道)요 사도(邪道)입니다. 자성 자심을 제외한 나머지 법문은 모두 옳지 않습니다.

"彼又讚佛母云: 不可言思智慧到彼岸, 不生不滅如虛空體性, 各各自證智慧之行境, 敬禮三世如來之佛母(저가 또 불모를 찬양하며 말하였다. 생각하고 말해서는 안 되며 지혜가 피안에 이르면 생겨나지도 않고 없어지지도 않아 허공과 같으니, 각자 스스로 증득한 지혜의 수행 경계, 삼세 여래의 불모에 경례하라)." 불모(佛母)[35]가 어디에 있습니까? 바로 여기에 있습니다. 불모라는 이 경계, 자심 자성은 본래부터 불가사의(不可思議)한 것입니다. 불법에서 불가사의라고 말하면, 이 불가사의는 방법입니다. 즉 여러분이 명심견성하고자 한다면 사의(思議)를 사용해서 추측해서도 안 되며 논리적 방법과 이론

---

34 바라밀다(波羅蜜多)는 바라밀(波羅蜜)이라고도 하며 산스크리트어 paramita의 음역이다. 피안에 도달하다, 깨달음의 언덕으로 건너간다는 뜻이다.

35 밀교에서는 지혜를 불모(佛母)라고 일컫는다. 불모는 일체 지혜를 낳는 어머니라는 뜻이기도 하고, 일체의 부처님이 모두 불모로부터 태어났다고도 한다.

을 사용해서 사변(思辨)을 해서도 안 된다는 말입니다. 그렇기 때문에 '불가사의'라고 부르는 것입니다. 사람들은 불학을 이야기하면 이 말을 잘못 이해합니다. 관념상 "사의해서는 안 된다[不可思議]"를 "사의할 수 없다[不能思議]"로 바꾸어 버리는 것입니다. 불경에서는 여러분에게 사의할 수 없다고 말하지 않았습니다! 사의해서는 안 된다고 말했을 뿐이니 저지하는 설법입니다. 이런 법문을 여러분이 아무렇게나 수행함으로써 그르쳐서는 안 됩니다.

그런데 여러분은 자리에만 앉으면 어느 종(宗)의 법문을 수행하든 상관없이 그 자리에서 사의(思議)합니다. 맞지요? 여러분에게 분명히 말하는데 사의해서는 안 됩니다. 이것이 불가사의이며 지혜가 피안에 이르는 법문이니, 자성은 본래부터 불생불멸임을 알아야 합니다. 그 자체가 본디 허공과 같아서 본래부터 허공에 머무릅니다. 만약 수지(修持)의 경계 위에 하나의 허공을 만들어 낸다면 이미 자성이 아닙니다. 그것은 여러분의 망심(妄心)이 만들어 낸 것이니 그 자리에서 사의(思議)해 낸 것입니다. 그러므로 각 사람은 자신의 심지(心地)에서 시작해서 제각기 스스로 지혜를 증득해야 합니다. 이러한 수행의 법문, 이 경계야말로 일체불의 불모(佛母)입니다. 일체불이 모두 이것으로부터 나왔습니다. 그렇기 때문에 우리 모두가 외우는 『심경(心經)』에서는 이렇게 말했습니다. "삼세제불은 반야바라밀다에 의지하였기 때문에 아누다라삼막삼보리[36]를 얻었다[三世諸佛, 依般若波羅蜜多故, 得阿耨多羅三藐三菩提]." 모두 이 지혜에 의지해서 성취했습니다.

"夫於此大圓滿, 若到彼岸, 尙有何行? 蓋智慧到彼岸, 卽是大圓滿也(무

---

36 아누다라는 무상(無上), 삼막삼보리는 정변지(正遍智) 또는 정등정각(正等正覺)의 뜻으로, 일체의 진리를 모두 깨달은 부처의 경지를 말한다.

롯 여기에서 대원만하니, 만약 피안에 도달했다면 달리 어떤 수행이 있겠는가? 지혜가 피안에 도달하면 곧 대원만이다).” 지혜가 피안에 도달하면 그것이 바로 자성이 참으로 대원만에 도달한 것이니 별도로 수행할 법문이 더는 없습니다. 그렇기 때문에 저는 늘 사람들에게 이렇게 말합니다. “불법의 성취는 지혜의 성취이지 수련[工夫]이 아니다!” 수련은 경계이며 지혜의 부속물입니다. 경계는 보신이요 색신입니다.

“然安立爲三世一切如來之眞面, 乃由彼所出生故(그러므로 안립이 삼세 일체 여래의 진면목이 됨은 저로부터 생겨나기 때문이다).” 그렇기 때문에 ‘안립(安立)’[37]이 과거 현재 미래 일체 여래의 진면목이 되는 것은 모두 반야 지혜로부터 생겨나기 때문입니다.

“如遍行云: 吉! 我卽無作如所有眞實, 離諸一切增益損減義(『변행』에서 말한 것과 같다. 길아! 나는 짓는 바가 없으니 있는 그대로의 진실이며, 일체 증익과 손감의 뜻에서 떠난다).” 이른바 나[我]는 일체의 무작(無作) 무주(無住) 무원(無願)이니 이것이 바로 대승의 법인(法印)입니다. 만약 머무르는[住] 바가 있고 짓는[作] 바가 있고 바라는[願] 바가 있는 경계라면 그것은 모두 옳지 않습니다. “나는 짓는 바가 없으니 있는 그대로의 진실이다[我卽無作如所有眞實]”라는 말이 무슨 뜻입니까? 여소유성(如所有性)[38]이니 일체 만법이 진여(眞如)이고 일체 세간이 바로 부처님의 경계입니다.

『능엄경』에서는 여러분에게 “일체의 형상을 떠나는 것이 곧 일체법이다[離一切相, 卽一切法]”라고 말했는데, “있는 그대로의 진실” 이것이 진실입니다. 주의하셔야 합니다! 일체의 세간법, 그 가운데서 일체의 증익(增益)

---

37 언어로 표현할 수 없는 것을 임시로 언어로써 분별하여 표현하는 것을 말한다. 즉 방편으로 세우는 것을 말한다.

38 여소유성(如所有性)의 문자 그대로의 뜻은 ‘영원한 성질’ 또는 ‘존재하는바 그대로의 성질’인데, 줄여서 여소유라고도 한다.

으로부터 떠나야 합니다. 즉 증가(增加)가 없습니다. 우리가 부처님을 배우는 모습을 보면 모두 증가 가운데 있습니다. 오늘 정좌 수련을 한 시간 더 했고 불경을 한 권 더 읽었고 절을 두 번 더 했으니, 공덕이 더 증가했을 것이라고 생각합니다. 그것은 망견(妄見)입니다! 탐심입니다! 불법은 더해지지도 줄지도 않습니다. 여러분이 더할 수도 없고 또 줄여 버릴 수도 없습니다! 여러분이 그것을 비워 버리고 싶어 해도 어디로 비운다는 말입니까? 만약 불법에 여러분이 비워 버릴 수 있는 것이 있다면 그것은 불법이라고 불러서는 안 되고 세간법이라고 불러야 할 것입니다. "일체 증익과 손감의 뜻에서 떠난다(離諸一切增益損減義)"는 이치야말로 진정한 진아(眞我)입니다. 현교에서는 여러분에게 '무아(無我)'하라고 합니다. 망령된 마음이 생겨나고 없어지는 그런 나에게 집착하지 말라고 합니다. 망령된 마음이 생겨나고 없어지는데 어떻게 공(空)이겠습니까? 물을 물속에 집어넣는 것과 똑같습니다.

"三世如來皆由我生故(삼세 여래가 모두 나로 말미암아 생겨났기 때문이다)." 그런 까닭에 석가모니부처님이 세상에 태어날 때 밀법을 전해 주었는데, 한 손으로는 하늘을 가리키고 한 손으로는 땅을 가리키며 "천상천하(天上天下), 유아독존(唯我獨尊)"이라고 했습니다. 이 한마디로 모든 것을 말했습니다. 삼세의 모든 부처님이 모두 나이며, 그런 나는 무아(無我)입니다. 무아가 곧 진아(眞我)입니다.

"決定指示爲如來佛母(여래불의 어머니가 됨을 결정하여 가리켜 보인다)." 이런 도리를 철저히 안다면, 이것이 모든 부처님의 인(因)이요 모든 부처님의 어머니입니다.

"以上入所作本法前段之因已示竟, 現說其本體分, 略示及廣示二種(이상으로 본 법의 앞 단락의 인은 이미 다 보여 주었고, 이제 그 본체를 설명하는데, 대략 보이고 넓게 보이는 두 종류로 나눈다)." 여래 심성의 본체의 형상에 대해서는

다음에 더 말씀드리겠습니다.[39]

"初要門體之集要而略示者(처음에는 요문을 모아놓은 것을 대략 보인다)."
처음에는 간단한 부분부터 이야기하는데, 윗부분이 대원칙이니 먼저 돈오
법문을 이해해야 합니다. 돈오(頓悟)를 이해하지 못하면 다시 여러분에게
점수(漸修)를 이야기하는데, 이것이 비밀입니다. 점수는 어떻게 수행할까
요? 아래는 바로 "第一金剛理示修等持之地方(첫 번째 금강리는 등지[40]를 수
행하는 장소를 보인다)"입니다.


# 환경과 계절

산꼭대기 숲 바닷가 등 사시가 적합하고 서로 맞는 곳에서, 마음이 움직이지 않
고 고요히 삼매에 들며 광명을 수습하여 희론을 떠난다. 처소와 사람 및 수행
법, 세 가지 바탕으로부터 성취한다.

山巔樹林海洲等, 四時處及相合處, 一心不動寂三昧, 修習光明離戲者. 處所
人及行持法, 由三種性而成就.


이것은 중국 도가에서 말하는 법(法) 재(財) 여(侶) 지(地)의 이치와 똑같
은데, 첫 번째 수지는 적합한 장소를 찾는 것입니다. 환경이 편안해야 하
니 산꼭대기 혹은 숲이나 바닷가이고 기후가 좋아야 합니다. 적합한 땅을
얻고 적합한 물을 얻으면 "마음이 움직이지 않고 고요히 삼매에 들며[一心
不動寂三昧]" 즉 삼매의 경계를 얻게 됩니다. 그런 후에 "광명을 수습하여

---

**39** 다음에 더 논의한다고 했으나 뒤에 관련 내용이 나오지 않는다.(편집자 주)
**40** 삼매나 정(定)과 동의어로 쓰인다. 의식을 일정하게 붙잡고 있으므로 등지(等持)라고 한다.

제2강◉87

희론을 떠난다[修習光明離戲者]"고 했습니다. 정(定)을 얻고자 하면 좋은 환경을 갖추어야 비로소 자성의 광명을 얻을 수 있습니다. "희론을 떠난다[離戲]"는 것은 '공(空)이니 유(有)니' 하는 뒤죽박죽된 도리를 떠나 참된 부처님을 증득함을 말합니다. "처소와 사람 및 수행법[處所人及行持法]", 수행하는 장소와 도반과 수행법은 바로 도가에서 법, 재, 여, 지를 모두 구족해야 한다고 말한 것입니다. "세 가지 바탕으로부터 성취한다[由三種性而成就]", 어떤 사람이 수도를 하겠다고 점수(漸修)를 시작하면 당연히 현교와 밀교의 교리부터 배워야 합니다. 그런 다음에 전수(專修)를 논해야 합니다. 어떤 사람이 아침부터 밤까지 초가집에 머무르고 폐관을 하고자 한다면, 무슨 자격으로 폐관합니까? 경전의 가르침에는 통하지도 않고 수행법도 알지 못하면서 초가집에만 머무른다고 어떻게 폐관이 가능하겠습니까? 문을 닫아걸고 그 안에서 복을 누리다가, 복을 다 누리고 나면 다음 생에 원숭이로 변하거나 소로 변하겠지요. 여러분은 제가 이렇게 말하는 게 욕하고 있는 거라고 생각하십니까? 큰 자비가 있어서 여러분에게 진실을 말해 주는 것입니다. 평소에 여러분을 속여도 다들 잘 응수해 주는데 굳이 욕을 할 필요가 있겠습니까! 욕하는 것도 고생스러운 일입니다. 아십니까?

"彼諸欲求解脫者, 於四時合意之處, 平等而住甚深三昧, 卽決定成就(해탈을 구하는 저 모든 사람은, 사계절 적합한 장소에서 고르고 한결같에 매우 깊은 삼매에 머무르면, 반드시 성취하게 된다)." 해탈을 구하는 사람에게 기후의 조절은 대단히 중요합니다. 예를 들어 오늘 날씨는 사람들이 그다지 편안해 하지 않습니다. 왜일까요? 습도가 높기 때문입니다. 제가 얼른 제습기를 켠다면 이 방은 곧 천당 같을 것입니다. 바깥에 비가 내려서 습도가 높아지면, 여러분의 수련이 아직 충분치 않다면 기맥에 장애가 생겨 문제가 나타날 겁니다. 그러므로 사계절 적합한 장소를 선택하는 것은 참으로 쉽지 않습니다. 사실은 스스로 조절할 줄 알아야 합니다. 그렇다면 수행법은요? "고르고 한결같게 매우 깊은 삼매에 머물러야[平等而住甚深三昧]" 합니다. 제법이 평등하지만 그것이 어디 말처럼 쉽습니까! 만약 그렇게 수행할 수 있다면 이번 생에는 반드시 성공할 수 있습니다.

"但何處爲修習處, 以何爲修習人, 及所修何法三者, 爲成就圓滿之軌法, 故建立金剛之理體也(다만 어떤 장소가 수습하는 장소인지, 누가 수습하는 사람 인지, 그리고 어떤 법을 수습할지의 세 가지가, 원만을 성취하는 궤범이 되므로 금강 의 도리와 본체를 건립해야 하는 것이다)." 사람의 조건, 장소의 조건, 수행하 는 법이 바로 법(法) 여(侶) 지(地) 세 가지입니다. 먼저 법을 얻어야 여러 분 자신의 조건이 충분한지 충분하지 않은지, 또 장소가 적합한지 적합하 지 않은지를 말할 수 있습니다. 그런 까닭에 점수(漸修)하는 가운데서 금 강의 도리[理], 금강의 본체[體], 움직이지 않는 도량을 세워야 합니다.

"現於是等次第廣爲演說, 於首方面, 何處爲修習處. 先指示四時處之次 第者(이제 순서대로 넓게 풀이하여 말하니, 처음은 어떤 장소가 수습의 장소가 되 는가이다. 먼저 사계절 장소의 순서를 가리켜 보인다)." 아래의 경문(經文)은 먼 저 수습의 장소를 말합니다.

---

처음에 장소가 조용하고 즐거워도, 사계절의 유가에 적합해야 한다. 여름에는 눈 덮인 산과 산꼭대기 등, 대나무와 등나무 줄기 초가집 등, 시원한 장소와 집 안에서 수행한다. 가을에는 숲 속 바위 성터, 따뜻함과 선선함이 적절한 집과 장소, 의복과 먹거리와 행동도 따라서 맞춘다. 겨울에는 숲 속 바위동굴 등, 흙 집 낮은 곳 따뜻한 땅, 의복과 먹거리와 침구도 따라서 맞춘다. 봄에는 산림 바 닷가 등, 따뜻함과 선선함이 적절한 집을 따르고, 의복과 먹거리와 행동은 지극 히 부지런히 맞춘다.

初處寂靜而喜愉, 合諸四時之瑜伽; 夏季雪山山頂等, 竹木藤條草舍等, 清涼處舍內修習. 秋季林中山巖堡, 溫涼均勻屋及處, 隨合衣食與行動. 冬則林內 巖洞等, 土屋低所溫地處, 隨合衣食與臥具. 春季山林海洲等, 隨順溫涼均勻 屋, 衣食行動極慙合.

---

밀종에서도 풍수를 보라고 가르칩니다. 춘하추동 사계절과 아침저녁의 변화가 모두 같지 않은데, 어떤 장소는 처음 막 머물렀을 때는 즐겁고 조용하고 편안합니다. 하지만 앉아 보고 머물러 보면서 정말 편안한지 아닌지 천천히 살펴야 합니다. 오래 머물러 봤을 때 대단히 번거롭고 마장(魔障)이 있다면 그런 장소는 안 됩니다. 어떤 장소는 처음에는 그다지 편안하게 느껴지지 않았는데 시간이 지날수록 편안하다면 틀림없이 성취를 얻을 수 있습니다.

밀법은 여러분에게 장소를 살펴보는 것이 대단히 간단하다고 말합니다. 초목이 풍부하고 온갖 꽃이 활짝 피어 있다면, 꽃과 나무가 특별히 무성하면서 맑고 그윽하다면 틀림없이 좋은 장소입니다. 그런 장소에서는 나침반을 꺼내 들고 풍수를 볼 필요도 없습니다. 이것은 마치 사람을 살펴보는 것과 똑같은데, 무리 속에서 갑자기 특별한 사람 하나가 두드러져서 여러분의 눈길을 끈다면 그 사람은 틀림없이 인재입니다.

"사계절의 유가에 적합해야 한다〔合諸四時之瑜伽〕", 여름에는 눈 덮인 산과 산꼭대기 같은 장소처럼 선선한 곳을 찾아야 합니다. 지금이야 에어컨을 사용해서 온도를 조절할 수 있으니, 과학의 발명이 수행하는 사람들을 크게 도와주고 있습니다. 예전에는 에어컨이 없었기 때문에 여름이면 눈 덮인 산에 가서 수행하는 수밖에 없었습니다. 여름에는 왜 대나무나 등나무 줄기를 사용해야 할까요? 그것들은 모두 시원한 물건이기 때문입니다. 요즘은 에어컨이 있어서 대단히 편리해졌으니 지금 수행하는 사람들은 복이 더 많습니다. 다만 조절할 줄 알아야 하며, 에어컨이 있는데도 사용하지 않겠다고 계속 고집을 부려서는 안 됩니다. 어떤 사람은 하루 종일 에어컨을 틀어놓아서 춥게 해 놓습니다. 춥지 않으면 에어컨이 아니라고 하는데, 그렇게 하면 당연히 냉기에 중독되고 말 것입니다. 에어컨은 기온을 조절하기 위한 것으로 약간만 시원하게 하면 됩니다.

"가을에는 숲 속 바위 성터, 따뜻함과 선선함이 적절한 집과 장소, 의복과 먹거리와 행동도 따라서 맞춘다. 겨울에는 숲 속 바위동굴 등, 흙집 낮은 곳 따뜻한 땅, 의복과 먹거리와 침구도 따라서 맞춘다. 봄에는 산림 바닷가 등, 따뜻함과 선선함이 적절한 집을 따르고, 의복과 먹거리와 행동은 지극히 부지런히 맞춘다〔秋季林中山巖堡, 溫涼均勻屋及處, 隨合衣食與行動. 冬則林內巖洞等, 土屋低所溫地處, 隨合衣食與臥具. 春季山林海洲等, 隨順溫涼均勻屋, 衣食行動極懃合〕." 따뜻함과 선선함이 적절해야 수련하기에 좋습니다. 너무 춥거나 너무 더우면 수련할 수가 없습니다. "의복과 먹거리와 행동도 따라서 맞추어야 합니다〔隨合衣食與行動〕." 그래서 제가 날마다 여러분에게 조절할 줄 모른다고 욕하는 겁니다. 수행하는 사람은 자신의 신체에 조금이라도 불편한 곳이 있으면 의약을 쓸 줄 알아야 합니다. 수행을 배우는 것이 어디 그렇게 쉽겠습니까? 여러분의 몸은 수시로 고통 가운데 있게 되는데 스스로 조절할 줄 모르고 병이 났는데도 상관하지 않는다면, 아무리 굳건하게 수련하고 싶어도 버텨 낼 수 있겠습니까? 아주 많은 명청이들이 그렇게 행동하면서도 스스로 총명하다고 여깁니다. 여러분이 도를 완성하기 전, 즉 삼계(三界)를 벗어나기 전 아직 오행(五行) 가운데 있을 때에 여러분의 그 육체가 물리적 변화를 견뎌 낼 수 있겠습니까? 최대한 버텨 내겠다니 정말 어리석습니다! 가끔 그렇게 어리석은 사람을 보면 마음속으로 쌤통이다, 싶습니다. 어리석음을 총명으로 우기니 어찌 쌤통이 아니겠습니까?

그렇기 때문에 여기에서 여러분에게 말하는 것입니다. 옷과 음식에 주의해야 하며 스스로 운동할 줄도 알아야 합니다. 경행(經行)[41]을 할 장소도 있어야 합니다. 겨울에는 따뜻한 장소가 필요한데 숲속이나 바위 동굴이 비교적 따뜻합니다. 지금은 과학의 발명 덕분에 온풍기가 있으니 자신을 잘 보양해야 합니다. 제가 늘 말하지만, 수도하는 사람은 세상에서 가장 잘 누리는 사람이고 가장 이기적인 사람이며 가장 까다로운 사람이고 또 깨끗한 것을 가장 사랑하는 사람입니다. 왜 청결을 사랑할까요? 세균이 들어와서 병을 일으키게 해서는 안 되기 때문입니다. 그러므로 여러분이 아직 수행에 성공하지 못했다면 자신을 총명하다고 여겨서는 안 됩니다. 반드시 춘하추동 사계절에 적절히 자신을 돌보고 잘 맞추어야 비로소 수행을 할 수 있습니다.

"如上乃大上師勝喜金剛所作之甚深四季瑜伽修法中所示也(위와 같이 대상사 승희금강이 지은바 깊고 절실한 사계절 유가 수행법 중에서 보여 주었다)." 이것은 대상사(大上師) 승희금강(勝喜金剛)이 후세 수행자들에게 전해 주었던 주의사항입니다. 이런 유의 사상 방법을 보면 진시황 이전 주(周) 왕조 때 이미 중국과 인도의 문화가 교류하고 있었음을 알 수 있습니다. 말하자면 중국의 오행 사상과 인도의 지수화풍 사대(四大)의 관념이 교류하고 있었던 것입니다.

"夏季乃火時, 內外四大皆燥, 故住所及行動應依淸凉者. 秋季乃風時, 內外四大皆成熟, 故應依淸淨分明之處所及受用(여름은 화의 때라 안팎의 사대가 모두 마르기 때문에, 머무르는 곳과 행동이 마땅히 시원함에 의지해야 한다. 가을은 풍의 때라 안팎의 사대가 모두 성숙하기 때문에, 마땅히 청정하고 분명한 처소와 용품에 의지해야 한다)." 여름은 화(火)에 속하고 가을은 풍(風)이 많으니

---

**41** 참선 수행자가 좌선하다가 조는 것을 방지하거나 병을 치료하기 위하여 가볍게 걸으면서 닦는 수행법.

다. 두 계절에는 어떻게 해야 하는지 어떤 밀법에서는 아직 설명하지 않았습니다.

"冬者乃水時, 內外四大皆寒, 故住處及行動皆應依溫暖者. 春者乃地時, 內外四大皆向上生長, 故應注意於寒溫均勻之處所及行動. 如是爲住內外緣起二輪故也(겨울은 수의 때라 안팎의 사대가 모두 차기 때문에, 머무르는 곳과 행동이 마땅히 따뜻함에 의지해야 한다. 봄은 지의 때라 안팎의 사대가 모두 위로 성장하기 때문에, 마땅히 차가움과 따뜻함이 적절한 처소와 행동에 주의해야 한다. 이와 같이 하는 것은 내연기와 외연기[42]라는 두 바퀴에 머무르기 때문이다)." 겨울은 수(水)에 속하고 사대(四大)가 모두 차갑기 때문에 따뜻함을 유지해야 합니다. 봄은 오행 가운데 목(木)에 속하므로 지수화풍 사대를 이용해서 잘 조화시켜야 합니다. 여기에서 지(地)는 토지의 지를 말하는 것이 결코 아닙니다. 지(地)도 목(木)과 마찬가지라는 말입니다. 지는 만물이 생장하는 곳이고 목은 끊임없이 생장하기[生生不已] 때문에 그 원칙이 똑같습니다.

언제 타좌를 해야 하는지 혹은 어떤 종류의 운동을 해야 하는지 모두 주의해야 합니다. "이와 같이 하는 것은 내연기와 외연기라는 두 바퀴에 머무르기 때문이다[如是爲住內外緣起二輪故也]", 내연기(內緣起) 즉 내적인 마음 수행을 해야 하지만 외적인 색신(色身) 또한 잘 돌봐야 합니다. 색신이 원만하고 인연이 수승하도록 해야 합니다.

"如時輪云: 外境如何, 內亦如是(『시륜』에서 말한 것과 같다. 외부의 경계가 어떠하면 내부 또한 그와 같다)." 『시륜금강(時輪金剛)』이라는 법본은 이러한 원리를 직접적으로 인정하고 있는데, 바로 환경이 심리에 영향을 준다는 것입니다. 그렇기 때문에 수행에 성공하지 못한 보통 사람은 수행 장소의

---

42 일반적으로 외계의 자연 현상에 관계되는 연기를 외연기(外緣起)라고 하고, 내계의 정신 현상에 관한 연기를 내연기(內緣起)라고 한다.

선택에 특별히 주의해야 합니다.

"復次, 指示何處爲吉祥處所之差別者(다음으로 어떤 장소가 길하고 상서로운 처소인지의 구별을 가리켜 보인다)." 아래에서는 어디가 길하고 상서로운 처소인지를 알려 줍니다.

## 수행의 처소

그러므로 안과 바깥이 하나의 연기로, 기쁨에 의거해 뜻대로 되는 고요한 곳, 산꼭대기는 마음이 맑고 넓게 트이니, 혼미함을 깨우는 처소에서 응함을 생기한다. 눈 덮인 산은 마음이 맑아 밝음을 생기하니, 관을 수행하는 장소로 장애가 적고, 숲 속은 마음이 머물러 심성을 일으키니, 지를 수행하는 장소로 가장 안락하다. 산 바위는 염리심[43]과 무상심이 심하니, 맑고 밝고 힘이 커서 지관을 수행한다. 물가 언덕은 마음의 향함이 짧아서, 염리심을 결단해 내고 새롭게 생겨나게 할 수 있다. 시림은 힘이 커서 성취가 빠르니, 생기차제나 원만차제를 막론하고 길하고 상서롭다.

是故內外一緣起, 依悅如意寂靜處, 山巓心淸而寬廣, 醒沈處所生起應. 雪山心淸生起明, 修觀之處礙難少, 林中·心住·心性生, 修止之處最安樂. 山巖厭離無常甚, 淸明力大止觀運, 河水岸畔心向短, 決出厭離能新生, 屍林力大速成就, 無論生圓勝吉祥.

외적 환경은 여러분의 내심 수행의 조건과 서로 잘 맞아떨어져야 합니

---

**43** 괴로움〔苦〕과 괴로움의 원인〔集〕을 싫어해서 이로부터 벗어나려는 마음이다. 출리심(出離心)과 같은 말이다.

다. 이는 인연이 한 곳에 모이는 것으로, 여러분이 기쁘고 즐거워야 모든 것이 뜻대로 됩니다. 물건을 사기에도 편리해야겠지만 절대적으로 청정한 "고요한 곳〔寂靜處〕" 산꼭대기 위에서 수행해야 합니다. 눈앞의 경계가 훌륭하고 시야가 넓게 트여 있는 곳, 특히 티베트의 눈 덮인 산꼭대기에 서서 하얀 세상을 바라보면 마치 유리세계 같아서 가슴속이 자연히 넓어집니다. "혼미함을 깨우는 처소에서 응함을 생기한다〔醒沈處所生起應〕", 크게 혼미한 사람은 산꼭대기로 올라가서 수행함으로써 혼미함을 줄이고 맑게 깨어 있음을 유지해야 합니다.

선종 조사에 관한 이야기가 하나 있는데, 명 왕조 말년에 밀운오대사(密雲悟大師)가 파산명(破山明)이라는 이름의 법제자를 얻었습니다. 법명은 해명선사(海明禪師)라고 하는데 사천 사람이었습니다. 그는 오랜 세월 참선을 했지만 깨달음을 얻지 못했습니다. 게다가 그의 좌선에는 큰 문제가 있었는데, 앉기만 하면 혼침(昏沈)[44]이 찾아오는 것이었습니다. 비록 화두는 마음에서 떠나지 않았지만 수련하려고만 하면 혼침이 찾아왔습니다. 나중에 밀운오선사가 영파(寧波) 천동사(天童寺)에서 설법한다는 말을 듣고는 사천을 떠나 몇 달을 걸어서 가르침을 얻으러 갔습니다. 당시 그는 두타행(頭陀行)[45]을 수행하고 있었습니다. 절에 머무르지 않은 채 머리에는 삿갓을 쓰고 등에는 부들방석을 지고서 아무 곳에서나 좌선을 했지요. 호북(湖北) 파두산(破頭山)에 이르러 좌선을 하고 수지를 하는데 또다시 혼침

---

**44** 혼침은 정신이 몽롱하고 흐리멍덩한 상태를 말한다. 특히 미세한 혼침은 무념의 상태와 비슷하지만 어느 하나에 마음을 집중하지 못하는 것이다. 별다른 망상이 일어나지 않는 듯하나 혼미하며, 심지어 몸과 마음조차 느끼지 못한다. 정(定)을 닦는 사람이 가장 흔히 빠져드는 상태이다.(『정좌수도 강의』 225-226쪽 참조)

**45** 두타란 산스크리트어 dhūta의 음역으로 '버린다, 떨어버린다, 씻는다, 닦는다' 등의 뜻을 내포하고 있다. 출가 수행자가 세속의 모든 욕심이나 속성을 떨쳐 버리고 몸과 마음을 깨끗이 닦으며, 참기 어려운 고행을 능히 참고 행하는 것을 두타라고 한다.

이 찾아왔습니다. 그는 생각해 보았습니다. '열 몇 살에 출가해서 한평생을 이렇게 수지했는데, 또다시 혼침이 찾아오면 어떻게 해야 하는가?' 마지막으로 그는 파두산의 낭떠러지로 가서 좌선을 시작했습니다. 아래는 만 장(丈)에 달하는 심연이라 마음속으로 생각했지요. '이렇게 하면 혼침이 찾아오지 않겠지.' 만약 또다시 혼침이 찾아온다면 낭떠러지에서 굴러떨어질 테니까요. 그런데 결국은 평소처럼 혼침이 찾아왔고, 시간이 흐르자 그만 낭떠러지에서 굴러 떨어지고 말았습니다. 그래서 다리가 부러져다리를 절게 되었습니다.

　파산명선사는 나중에 절강(浙江)에 이르러 밀운오선사를 만나고 나서깨달음을 얻었습니다. 얼마 후 청 왕조가 중원에 들어왔고, 밀운오선사는원적(圓寂)[46]하기 전에 그에게 의발을 넘겨주면서 유지시켜 나가라고 명했습니다. 그리하여 그는 서둘러 사천으로 피난을 왔습니다. 명 말의 여장군진양옥(秦良玉)이 그의 귀의 제자였는데, 파산명선사는 난세 중에 이 여제자를 따라다니며 유격전을 벌였습니다. 나중에 반란군 지도자 장헌충(張獻忠)이 중경(重慶)에 이르러 사람을 수도 없이 죽이자, 파산명은 장헌충에게 편지를 보내 살인을 멈추라고 청했습니다. 그러자 장헌충이 말했습니다. "그러지요! 그 대신 선사께서는 고기를 먹으시오!" 선사를 만나자마자장헌충은 고기 한 접시를 가져오라고 명령했습니다. 그는 바로 고기를 집어 들고 먹었습니다. 장헌충도 신용을 지켜서 더 이상 사람을 죽이지 않았지요. 파산명선사나 되니까 그런 용기를 지닌 것인데, 이 부분은 정사(正史)에는 기록되지 않았습니다. 하지만 사실상 이 모두가 진짜입니다.

　"눈 덮인 산은 마음이 맑아 밝음을 생기니, 관을 수행하는 장소로 장

---

**46** 원만 구족한 적멸, 곧 승려의 죽음을 말한다.

애가 적고, 숲속은 마음이 머물러 심성을 일으키니, 지를 수행하는 장소로 가장 안락하다〔雪山心淸生起明, 修觀之處礙難少, 林中·心住·心性生, 修止之處最安樂〕." 높은 산 위에서 수행하면 광명정(光明定)에 들어가기 쉬운데, 이는 환경과 관계가 있습니다. 그래서 중국 도가에서는 "신선은 누[47]에 거처하기를 좋아한다〔神仙好樓居〕"고 말합니다. 위층에 머무르기를 좋아한다는 말입니다. 물론 고대의 누(樓)는 현재의 누와는 다릅니다. 현대의 누(樓)[48] 같으면 신선이 머무르지 않았겠지요! 사면이 꽉 막혀서 공기가 통하지 않으니까요. 관상(觀想) 법문을 수행하려고 하면 높은 산의 정상 청명한 장소에다 장애물이 없어야 수행할 수 있습니다. 삼림 속에서는 마음이 쉽게 머무르게 되므로 심경이 청정한 경계를 얻기 쉽습니다. 그래서 지(止)를 수행해서 정(定)을 얻고자 한다면 삼림 속이나 산속이 가장 좋습니다. 제가 늘 말하지만 선당(禪堂)의 광선은 너무 밝으면 안 됩니다. 너무 밝으면 지를 수행해서 정을 얻기가 쉽지 않습니다. 만약 지를 수행하고자 한다면 광선이 약간 어두워야 합니다.

그러나 그가 말한 것은 단지 원칙일 뿐입니다. 속아 넘어가면 안 됩니다! 산속은 습도가 높아서 오래 앉아 있으면 풍습(風濕)[49]을 얻기 쉬우므로 조절할 줄 알아야 합니다. 그래서 도가에서는 '수은, 유황, 석회'의 사용을 중시합니다. 이것은 모두 습기를 흡수하는 물질입니다. 제가 아미산에서 폐관을 할 때에는 청강목(靑剛木)[50]을 태운 목탄을 사서 실내에 두어 습기를 흡수하게 했는데, 반년 후에 목탄으로 불을 피우자 목탄에서 많은 물이

---

47 사방이 탁 트이게 높이 지은 집.

48 현대의 누는 높게 올라간 빌딩을 가리킨다.

49 습기로 인해 뼈마디가 저리고 아픈 병.

50 참나무과의 낙엽교목으로 흔히 신갈나무라고 한다.

나왔습니다. 생석회와 목탄은 모두 수분을 흡수합니다. 이것은 제가 여러분에게 전해 드리는 밀법인데, 속임수에 당하고 나서야 알게 된 것입니다. 많은 고생 끝에 얻게 된 것이니 굳이 대가를 따진다면 아주 비싼 것입니다. 마치 약을 먹는 것처럼 많이 먹어 보고 나서야 비로소 알게 되었지요. 숲속에서 수행한다면 태양이 산속으로 떨어진 후에는 서둘러 창문을 닫아야 합니다. 새벽 네다섯 시에 태양이 떠오른 후에 열어야 합니다. 수목은 햇빛이 비추어야 이산화탄소를 흡수하고 산소를 내보낼 수 있기 때문입니다. 햇빛이 없을 때에는 수목도 우리 사람과 마찬가지로 산소를 마시고 이산화탄소를 배출합니다. 그래서 수목이 무성한 장소일수록 밤에는 공기가 더 나쁩니다.

제가 평소에 여러분에게 법을 전하면서 대수롭지 않게 말하니까 여러분도 별로 귀하게 여기지 않는데, 만약 여러분에게 절을 하라고 하고 돈을 가져오라고 한 후에 조금만 말해 준다면 여러분은 그것을 보배처럼 여길 겁니다. 사람이 그렇게 어리석습니다. 제가 법보시(法布施)를 하고 있고 여러분이 그것을 얻었으면 귀한 줄 알아야 하고 자신을 공경할 줄 알아야 합니다.

숲속에서는 왜 심신이 쉽게 안정[定]될까요? "숲속은 마음이 머무르기〔林中·心住〕" 때문입니다 제가 불법을 배운 것은 여러분과 좀 다릅니다. 저 역시 산속에 머문 적이 있지만, 저는 스스로 연구해 봤습니다. 산속은 습도가 높지만 마음은 오히려 쉽게 안정됩니다. 왜냐하면 음기가 성해서 생각이 쉽게 일어나지 않기 때문입니다. 하지만 그런 것이 결코 훌륭하지는 않습니다. 여전히 외부 환경의 영향을 받기 때문입니다. 이것은 제가 여러분에게 전해 드리는 비결인데 여러분은 한평생 손에 넣지 못할 겁니다. 왜 그럴까요? 여러분은 산에 머무르지도 않을 것이고 그렇게 노력을 쏟으려고도 하지 않을 것이기 때문입니다. 여러분이 부처님을 배우면서 요구하는 것은 무엇입니까? 제일 좋기는 세 시간 타좌하고 신통 광명이 생겨서 위로는 삼세제불을 볼 낯이 있고 아래로는 후손을 볼 낯이 있는 것입니다. 고생을 하려는 마음이 어디 조금이라도 있습니까! 세간법의 부귀 공명과 호사를 희생하려는 마음이 어디에 있습니까! 이 사실을 알아야 합니다. 어떤 인(因)을 심든지 심는 그대로의 과(果)를 얻습니다. 아주 간단합니다. 저는 오로지 이런 일만 하기 때문에 이 방면의 일을 당연히 잘 알고 있습니다. 여러분은 오로지 그런 일만 하기 때문에 그 방면의 일을 당연히 잘 알 것입니다. "숲속은 마음이 머물러 심성을 일으키니, 지를 수행하는 장소로 가장 안락하다(林中·心住·心性生, 修止之處最安樂)", 비록 그는 이렇게 칭송했지만 다 그렇지는 않습니다. 어쩌면 티베트 지역이라서 그럴 수도 있습니다. 제가 그 속의 장단점을 여러분에게 말씀드렸으니 전부 다 믿어서도 안 되고 안 믿어서도 안 됩니다.

"산 바위는 염리심과 무상심이 심하니, 맑고 밝고 힘이 커서 지관을 수행한다(山巖厭離無常甚, 清明力大止觀運)", 산 동굴에 머문다고 해서 아무 동굴이나 함부로 머무를 수 있는 것은 아닙니다. 각지의 지리적 조건이 다르기 때문에 아무렇게나 선택해서는 안 됩니다. 중국을 예로 들면 산서(山西)는 위도가 비교적 높아서 산 동굴이 겨울에는 따뜻하고 여름에는 시원해서 괜찮습니다. 이 법본은 인도 북부와 티베트에서 수행한 내용이라 당연히 괜찮습니다. 냉방기와 난방기가 필요하지 않고 자연적으로 조절됩니다. 하지만 남동 지역에서 동굴에 머무르겠다고 한다면 그것은 죽고 싶다는 말입니다. 삼 개월 머무르면 온몸에 황달병이 생깁니다. 습기가 너무 심하기 때문인데 속아 넘어가면 안 됩니다. 이 또한 저의 비결입니다. 얼마나 고생해서 얻었는지 결코 간단한 일이 아닙니다. 당연한 말이지만 산 위에서 머무르다 보면 인간 세상은 보면 볼수록 재미가 없습니다. 그렇기 때문에 지관쌍수(止觀雙修)를 할 수 있습니다.

"물가 언덕은 마음의 향함이 짧아서 염리심을 결단해 내고 새롭게 생겨나게 할 수 있다[河水岸畔心向短, 決出厭離能新生]", 물가 수풀이라고 하면 호남(湖南) 동정호(洞庭湖) 호숫가라 할지라도 습도가 너무 높으니 주의해야 합니다! 오호(五湖) 주위도 습도가 높습니다. 하지만 제가 여러 번 시험해 봤습니다만, 특히 젊은 시절에 서호(西湖) 호숫가에서 타좌를 했을 때였습니다. 호숫가나 물가에서 타좌를 하면, 물가에 앉아 있는데 달이 떠올라 맑은 호수에 달그림자가 비치면 심경이 자연스럽게 공(空)이 됩니다. 그러나 습기의 침입을 막아야 하며 반드시 보온에 주의해야 합니다. 특히 출가인이라면 머리를 밀었기 때문에 반드시 관음 두건을 써야 합니다. 물가에서 정(定)을 수행하면 마음속이 쉽게 청정해지는데, 물가 수풀에서는 속세를 벗어나려는 생각이 쉽게 일어나서 인간 세상에 대해 자연스럽게 염리심(厭離心)이 일어나기 때문입니다.

"시림은 힘이 커서 성취가 빠르니, 생기차제나 원만차제를 막론하고 길하고 상서롭다[屍林力大速成就, 無論生圓勝吉祥]", 가장 좋은 수행의 장소는 아무렇게나 장사 지낸 언덕입니다. 관이 부서져서 백골이 드러나는 그런 장소가 수행의 성공이 가장 빠릅니다. 특히 백골관 수행은, 경전의 기록에 따르면 성취한 사과나한(四果羅漢)은 거의 모두 시타림(尸陀林)[51]에서 수행했다고 합니다. 동시에 계율 속에서도 볼 수 있는데, 어떤 비구들은 시타림에 머무르면서도 평소와 다름없이 탐진치만(貪瞋癡慢)[52], 음욕, 부자가 되고 싶은 생각이 올라옵니다. 백골을 보아도 멋스럽게 느껴지고 오래 보면 다 똑같습니다. 하지만 처음 수행하는 사람은 시타림에 있는 것이 제일

---

**51** 시타(尸陀)는 산스크리트어 śita의 음역인데 한(寒) 냉(冷)이라 번역한다. 인도 마가다국의 왕사성 부근에 있던 숲으로 시체를 버리던 곳이다.

**52** 탐진치는 탐욕(貪欲)과 진에(瞋恚)와 우치(愚癡) 곧 탐내어 그칠 줄 모르는 욕심과 노여움과 어리석음을 말하는데, 이 세 가지 번뇌는 열반에 이르는 데 장애가 되므로 삼독(三毒)이라 한다. 만은 오만함을 말한다.

좋습니다. 그래서 현교나 밀교에서는 재삼 시타림을 칭송합니다. 시타림을 찾아내지 못하면 적어도 스님 홀로 있는 썰렁한 절이나 처량한 곳이 수도하기에 좋은 장소입니다. 처량한 것이 무섭고 슬픈 느낌이 든다면 여러분은 글렀습니다. 처량함을 편안하게 느낄 수 있어야 성취가 있습니다. 정말입니다. 그러니 여러분이 부처님을 배우는 것은 배우면서 노는 것입니다. 저는 여러분을 데리고 놀고 있고 여러분 역시 제 비위나 맞추며 놀고 있을 뿐입니다. 정말로 부처님을 배우는 사람이 어디 있습니까? 여러분을 시타림에 떨어뜨려 놓고 살펴볼까요. 시타림까지 갈 것도 없이 오늘밤에 여러분을 양명산(陽明山)[53] 공동묘지로 보내서 타좌를 하라고 했는데, 여러분이 거기에서 타좌할 능력이 있다면 제가 인정하겠습니다. 만약 그런 장소에서 해내지 못하고 견디지 못한다면 여러분은 말도 꺼내면 안 됩니다. 그러면서 무슨 생사(生死)를 끝내고 두려워하지 않는다고 말합니까. 그냥 방안에서 전등을 켜 놓고 소파에 앉아 있으면 얼마나 편안합니까! 묘지에서 수도하라는 말에도 벌벌 떨면서 수행하고 싶다고 말합니까? 어림도 없습니다.

그런 까닭에 그는 오직 시타림에서 수행하는 사람은 생기차제(生起次第)나 원만차제(圓滿次第)를 막론하고 쉽게 성취한다고 말했습니다. 현교나 밀교 모두 여러 번 칭송합니다. 만약 어떤 사람이 신통을 배우겠다고 말한다면 그 첫걸음은 먼저 죽은 사람의 관 위에서 잠자는 것을 배우라고 합니다. 그래야만 신통을 수행하는 방법을 말해 줄 수 있습니다. 생사를 두려워하는 마음을 없애 버리지 못하고 수행에 성공할 수 있다면 그것이야말로 이상합니다.

---

[53] 대북(臺北)에서 북쪽으로 16킬로미터 떨어진 곳에 있는 양명산은 경관이 좋은 데다 풍수지리적으로도 명당으로 이름을 떨치고 있어 고급 사설 묘지들이 즐비하기로 유명하다.

"此等住處, 初學或中學或圓滿具足之瑜伽學者, 按如所說(이 같은 머무르는 장소는, 초학 혹은 중학 혹은 원만 구족한 유가학자들은, 말한 바에 의거한다)." 중학은 절반까지 배운 것을 말합니다. 마땅히 주의해야 할 사항들은 앞에서 모두 말했습니다.

"知依地步而行, 則殊勝之見定能增長成就(장소에 의지해서 단계마다 적절히 수행할 줄 알면, 수승한 견정이 자라나서 성취할 수 있다)." 외계의 환경이 심리에 영향을 미칠 수 있음을 알아야 합니다. 장소[地]에 의지하지만 서로 다른 점이 있으므로 단계마다 적절한 수련이 있어야 합니다. 심경의 공령(空靈)함을 수행하고자 하면 높은 곳에 있어야 하고, 심경이 안정되어 움직이지 않게 하려면 낮은 곳에 있어야 합니다. 광선, 처소, 기온 모두를 조절할 줄 알아야 합니다. 우리 같은 범인은 외부 환경에 영향을 받을 수밖에 없습니다. 만약 이것에 의거해서 수행하고 걸음을 빨리하여 노력한다면 정혜(定慧)가 비로소 자라나고 비로소 도를 깨닫게 될 것입니다.

"蓋是等住處之功德, 能爲修道之伴助故(아마도 이 같은 머무르는 장소의 공덕이 수도에 도움이 될 수 있기 때문이다)." 위에서 말한 것은 머무르는 장소의 공덕입니다. 물질적 환경은 도의 본체[道體]가 아니라고 말하지만 초보적인 수행은 그것에 의지하는 수밖에 없습니다.

"又人各隨其功力, 依所知之處者(또 사람마다 제각기 그 공력을 따라서 아는 바 장소에 의지한다)." 다음에 말한 것은 여러분의 수련과 잘 조화시켜야 하고, 수도에 있어서 성취의 정도와 잘 조화시켜야 한다는 것입니다.

제3강

여기에서 『대원만선정휴식청정거해』는 장소(地點)의 문제를 이야기하는데, 실제로는 도가의 관념과 서로 같은 부분이 있습니다.

## 부적합한 수행의 처소

　도시·빈집·나무 한 그루 등은, 사람 및 사람 아닌 것·부다가 살기에, 초학자들은 산란해져서 장애가 있고 견고한 사람은 수승을 도울 수 있다. 사당과 절과 탑은 마왕이 살기에 마음이 어지럽고 망령된 생각과 성냄 등이 생겨난다. 도랑과 구멍 등은 여성 요괴가 머무르는 곳이니 혼침과 도거[54]가 너무 심하고 탐욕이 생겨난다. 나무 한 그루 등의 장소에는 여공행이 있고, 바위 및 산꼭대기나

---

**54** 생각이 거친 것이 산란(散亂)함이며 약간 산란한 것을 도거(掉擧)라고 한다. 정(定)을 닦는 사람이 마음이 그다지 산란하지는 않아 어느 한 곳에 묶인 것 같으면서도 망념이 조금은 일어나는 상태, 마치 미세한 먼지가 아지랑이처럼 어른거리는 정도에서 다른 어떤 것도 끼어들지 않는 경계를 말한다.(『정좌수도 강의』 223쪽 참조)

마귀가 있는 곳은 마음이 흐트러지고 인연의 장애가 많다. 나쁜 신·악룡·지신이 있는 곳, 호반·초지·나무·약재, 숲이나 마음에 드는 꽃과 나무가 장엄한 곳은 처음에는 흡족한 후 곧 장애와 어려움이 많다.

城市·空房·一樹等. 人·及非人·部多·行, 初學散亂而障礙, 堅者能助讚爲勝. 廟宇梵塔魔王處, 心亂妄念嗔等生. 溝穴諸等女妖處, 沈掉太甚貪欲生. 一樹等所女空行, 巖·及山頭·魔鬼·處, 謂心擾亂緣礙多. 穢神·惡龍·地神·處, 湖邊·草地·樹·藥·林, 適意花木莊嚴者, 初喜後卽礙難多.

---

초학자들은 도시에서 수행하기가 쉽지 않습니다. 오랫동안 사람이 살지 않은 빈집 혹은 오래된 집 혹은 정원에 나무가 한 그루밖에 없는 집은 모두 좋지 않습니다. 왜냐하면 이런 장소에 사는 것으로는 사람[人], 사람 아닌 것[非人], '부다(部多)'[55] 즉 변화귀(變化鬼)가 있기 때문입니다. 이런 장소에서 초학자들이 수행하면 산란해지기 쉬우며 겹겹의 장애 때문에 진보할 수가 없습니다. 출가한 두타(頭陀) 혹은 도사, 정력(定力)을 지녔거나 도력(道力)이 견고한 사람이라야 수승하고 성취할 수 있습니다.

"사당과 절과 탑은 마왕이 살기에 마음이 어지럽고 망령된 생각과 성냄 등이 생겨난다[廟宇梵塔魔王處, 心亂妄念嗔等生]", 어떤 신묘(神廟)나 불교 사찰, 오래된 범탑(梵塔) 등도 수도에 적합하다고는 할 수 없습니다. 왜냐하면 어떤 곳은 마왕이 사는 곳이기 때문입니다. 물론 마왕은 출가인이나 도인의 모습으로 변해서 나타나지, 직접 마귀의 모습으로 나타나서 여러분에게 드러내지는 않습니다. 만약 이런 장소에서 수행한다면 마찬가지로 흐트러지기 쉽습니다. 게다가 머무를수록 번뇌가 더 커지고 성깔이 더 사

---

55 아귀의 한 종류로 고약한 냄새를 풍기며 사람과 짐승을 해친다고 한다. 사천왕 부단나(富單那), 부다나(富多那)라고도 하며 취귀(臭鬼), 취아귀(臭餓鬼)라 번역한다.

나위지기 때문에 안 됩니다.

"도랑과 구멍 등은 여성 요괴가 머무르는 곳이니 혼침과 도거가 너무 심하고 탐욕이 생겨난다〔溝穴諸等女妖處, 沈掉太甚貪欲生〕", 어떤 집은 집 앞에 특이한 지하 도랑이 있거나 속이 텅 빈 구덩이가 있는데, 그런 곳에는 여성 요괴가 머무르기 쉽습니다. 그래서 수행을 하더라도 정(定)을 얻기가 쉽지 않으니 혼침 아니면 도거가 찾아옵니다. 그뿐 아니라 음욕의 탐심이 일어나기 쉽습니다. 바꾸어 말하면 습기가 너무 심한 장소도 수행에는 안 좋습니다.

"나무 한 그루 등의 장소에는 여공행이 있고, 바위 및 산꼭대기나 마귀가 있는 곳은 마음이 흐트러지고 인연의 장애가 많다〔一樹等所女空行, 巖·及山頭·魔鬼·處, 謂心擾亂緣礙多〕", 이른바 공행(空行)은 공중을 자유자재로 날 수 있고 변화무쌍한데, 그 중에는 좋은 존재도 있고 나쁜 존재도 있습니다. 몇몇 광야나 높은 산, 계곡, 수목이 많은 숲 등 좋은 장소에는 여성이 성취한 공행모(空行母)[56]가 살고 있습니다. 다만 어떤 때에는 사도(邪道)가 살기도 하는데, 예를 들면 야차(夜叉) 같은 것입니다. 중국에서 야차로 번역되는 존재는 귀신도 아니고 신도 아니고 비인(非人)입니다. 인류와는 서로 다른 생명 에너지이며 신통력이 인류보다 큽니다. 남야차는 정말 보기 흉하게 생겼고 야차라고 부릅니다. 여야차는 나찰녀(羅刹女)라고도 부르는데 아주 예쁘게 생겼습니다. 나차(羅叉) 역시 야차의 별명으로 음이 약간 변했습니다. 산의 바위나 산꼭대기가 꼭 좋은 장소라고 할 수 없는 것은 마귀가 사는 곳이기 때문입니다. 이런 장소는 여러분이 처음 막 들어갈 때에

---

**56** 허공을 걷는 사람이라는 뜻이다. 공행모는 일종의 여성 신으로, 공중에서 날아다닐 수 있다고 한다. 공행 모존(空行母尊)이라고도 하는데, 밀교 수련을 하여 성취를 이룬 여성을 가리킨다. 지혜와 자비를 대표하는 여신을 말하기도 한다.

는 아주 좋아서 수도할 수 있을 것 같지만 서서히 마음이 혼란스러워집니다. 장애가 되는 인연이 특별히 많아서 영원히 도를 성취하지 못합니다.

어떤 스님이 대륙에서 출가해서 수십 년을 초가집에서 살았습니다. 홍콩 대서산(大嶼山)에서도 이삼십 년 살았는데, 양관북 선생이 세상을 떠나기 전에 일부러 저를 청해서 그의 초가집에 가서 그를 위해 타칠(打七)[57]을 했습니다. 이미 십몇 년 전의 일이었는데 어제 그의 편지를 받았습니다. 저는 답장을 보내는 것도 내키지 않았습니다. 어리석은 사람이라면 수십 년을 초가집에서 산들 무슨 소용이 있습니까? 제가 말했습니다. 당신이 사는 초가집은 장소가 좋지 않아서 수지(修持) 역시 바르지 않다고요. 여러분은 수행이 간단한 것이라고 생각해서 아무렇게나 수행을 들먹이지만 주의하십시오! 심행(心行)이 변하지 않는다면 헛된 수행입니다! 아무렇게나 수행을 들먹이지만 성공하기란 쉬운 일이 아닙니다. 그렇기 때문에 장소를 찾는 것에도 주의해야 합니다. "바위 및 산꼭대기나 마귀" 등이 있는 장소는 마음이 흐트러지기 쉽고 장애가 되는 인연이 대단히 많습니다. 가령 그 초가집의 스님은 수십 년이 지났어도 도리에 통하지 못했으니 무슨 소용이 있습니까? 계행(戒行)이 훌륭하고 행지(行持)[58]가 훌륭해도 이치에 통하지 못한다면 무슨 소용이 있습니까?

"나쁜 신·악룡·지신이 있는 곳〔穢神·惡龍·地神·處〕", 이런 장소는 언뜻 보기에는 수지하기 좋은 장소 같으니, 높은 산의 정상과 나무 한 그루 있는 숲은 경치가 좋고 청정합니다. 하지만 마음이 흐트러지고 장애가 되는 인연이 특별히 많습니다. 더욱이 이런 장소는 좋은 정신(正神)이 사는 곳이라고 할 수 없고, 나쁜 신〔穢神〕과 악룡과 지신(地神)이 사는 곳입니

---

**57** 칠 일이라는 일정한 기간을 특별히 정해서 정진 수련 법회를 하는 것을 말한다.
**58** 부지런히 수행하고 불법의 계율을 지키는 것.

다. 지신을 포함해서 신의 종류는 아주 많은데, 마찬가지로 하나의 도(道)이며 모두 천도(天道)와 아수라도(阿修羅道) 가운데서 변한 것입니다.

"호반·초지·나무·약재, 숲이나 마음에 드는 꽃과 나무가 장엄한 곳은 처음에는 흡족한 후 곧 장애와 어려움이 많다〔湖邊·草地·樹·藥·林, 適意花木莊嚴者, 初喜後卽礙難多〕", 물가의 수풀 아래나 초목이 풍성한 곳, 훌륭한 나무 내지는 약재가 생산되는 장소는, 여러분이 땅바닥에 누워서 바라보면 지면에 그런 풀이 자라나는 모습이 특별히 기상이 넘칩니다. 이런 장소는 처음 볼 때에는 아주 마음에 들지만 오래 머무르다 보면 역시 좋지 않습니다. 이런 곳은 스스로 체득해야 합니다. 아래는 주해입니다.

"上爲世間天魔凶鬼者所住, 彼等處道力堅固之瑜伽者, 方可以之而住(위로는 세상의 천마와 흉한 귀신이 사는 곳, 그 같은 곳은 도력이 견고한 수행자라야 비로소 가서 머무를 수 있다)." 물론 여러분이 도를 지녔고 정력(定力)을 지녔다면 지옥 가운데서도 타좌를 하고 마귀 가운데서도 수행할 수 있습니다. 여기에서는 초학자들이 주의해야 할 점을 이야기하고 있기 때문에, 만약 여러분이 공력을 지니고 있다면 별도로 논의해야 합니다. 그러나 공력을 지니고 있는 사람이라 할지라도, 비록 자신은 외부의 영향을 받지 않는다고 말하겠지만 방해를 받는 것은 역시나 아주 성가신 일입니다. 나쁜 사람이 가득한 환경 속에서, 비록 여러분은 변하지 않고 마음이 흔들리지도 않고 동요하지 않겠지만, 나쁜 사람은 어차피 나쁜 사람입니다. 나쁜 장소는 어쨌든 성가신 부분이 있습니다. 여러분이 원력(願力)을 지니고 있어서 그 나쁜 천마(天魔)와 마귀 요괴들을 제도하려고 하는 것이 아니라면 말입니다. 여러분이 그런 원력(願力)과 정력(定力)을 지니고 있다면 그런 경우는 해도 좋습니다.

"以外初修學者, 若作常住處所, 則不可也, 故應當捨棄於是等處(이 외에 처음 수행을 배우는 사람이 만약 상주하는 처소로 삼는다면, 그것은 안 되기 때문에 마땅히 이 같은 장소는 버려야 한다)." 수행을 배우기 시작하는 사람은 위에서 말한 그런 장소에 머물러서는 안 됩니다. 일반적인 집과 마찬가지로 옳지 않은 것은 아무리 해도 옳지 않습니다. 그런데도 굳이 가서 머무르겠다면 가서 머무르십시오! 병이 많고 번뇌가 많고 일이 많이 생겨도 굳이 가서 하겠다고 하니 그것을 '업(業)'이라고 부릅니다. 물론 저 역시 항상 그렇게 합니다. 제가 수십 년 살았던 집도 지금껏 풍수가 좋지 않았습니다. 하지만 저는 개의치 않으며 장소를 찾는 것이 귀찮습니다. 마귀도 괜찮고 귀신도 괜찮습니다. 어차피 저라는 사람도 도(道)를 지니지 못했으니, 그가 귀신이라면 저 역시 죽으면 귀신이라 피장파장입니다. 하지만 여러분은 아무렇게나 하지 마십시오! 이 문제는 재미삼아 할 것이 아닙니다. 일반적인 집도 그렇습니다. 초학자들은 절대로 이런 문제 있는 장소에 머물러서는 안 됩니다.

　"若夫常住之處, 如嚴天藥龍及喜向善法之非人所住之地, 乃妙善也(만약 상주하는 곳이, 장엄한 천인이나 약차 천룡 및 선법을 기뻐하여 향하는 비인이 사는 곳이라면 묘선이다)." '엄천(嚴天)'은 장엄한 천인(天人)을 가리킵니다. 그들이 사는 곳에서부터 선한 마음을 지닌 약차(藥叉) 및 천룡이 사는 곳에 이르기까지는, 또 일부 귀신들이 사는 곳은 좋은 곳입니다. 귀신도 좋은 귀신이 있고 마귀도 좋은 마귀가 있습니다. "선법을 기뻐하여 향하는 비인"에서 '비인(非人)'은 인류가 아니지만 어떤 비인은 도를 수행하기를 좋아합니다. 그런 경우에는 그들과 함께 머물러도 괜찮습니다.

　저는 젊은 시절 아미산 위에서 머물렀는데, 스님인 한 친구가 저에게 자신이 아미산 최고봉인 빙설암에서 전수(專修)할 때 겪었던 이야기를 들려주었습니다. 산 위는 일 년 내내 온통 얼음과 눈으로 덮여 있지만, 그 장소가 아주 좋은 것은 사면에 물이 있다는 사실입니다. 산이 높고 물이 깊으며 많은 물이 흘러내렸는데, 산 위의 눈이 녹아서 흘러내리는 물입니다.

산 위에는 마치 작은 섬처럼 의발을 전해 주신〔傳鉢〕노스님이 지어 놓은 초가집이 있었습니다. 노스님은 허운 노스님과 이름을 나란히 했는데 두 분 모두 선종의 태두였습니다. 그런데 어떤 사람이 죽이겠다고 쫓아오는 바람에 그만 낭떠러지로 몸을 던져 버렸습니다. 노스님이 떠난 후에 산꼭대기에 어떤 호선(狐仙)[59]이 들어와 살았는데, 노스님을 위해 집과 불법(佛法)을 지켰습니다. 친구 법사는 그 집에 들어가자 먼저 그 호선에게 기도하고 허락을 얻었습니다. 어떻게 허락을 얻었냐고요? 법사는 호선에게 이렇게 말했습니다. "제가 향을 꽂아 놓을 것이니 만약 여기에 머물러서는 안 된다면 당신이 향을 옮겨 놓으십시오. 내일 와서 보겠습니다!" 그런데 향이 그대로 있었습니다. 초가집에 들어간 후 그는 아래층에서 예불을 드렸고 호선은 위층에서 예불을 드렸습니다. 나중에 그가 위층으로 옮겨 가서 예불을 드리자 호선이 얼른 아래층으로 내려갔습니다. 어쨌든 그를 피했고 방해하지도 않았습니다. 이 일은 비인(非人) 같은 부류 중에도 도를 수행하는 존재가 있으며 그들과 함께 머물 수도 있다는 것을 증명해 줍니다. 물론 불법과 인연이 있으면 가장 좋겠지요. 호법(護法)을 얻은 것과 같으니까요.

"因能成順緣, 幷能護不生違緣故. 又觀察住處者(불도에 드는 좋은 인연이 될 수 있고, 아울러 거스르는 인연이 생기지 않게 지켜 줄 수 있기 때문이다. 또 머무르는 곳을 관찰한다)." 이러한 장소는 순연(順緣)[60]이 될 수 있어서 여러분이 도를 수행하는 데 장애가 생기지 않습니다. 아래에서는 머무르는 곳을 어떻게 관찰하는지에 대해 더 설명했습니다.

---

**59** 중국 민간 신앙에서 선술(仙術)을 깨달아서 신통력을 터득한 여우를 일컬었다.

**60** 좋은 인연이 계기가 되어 불도(佛道)에 드는 것을 말한다. 이에 반해 나쁜 인연이 도리어 불도에 드는 계기가 되는 것은 역연(逆緣)이라 한다.

총괄해서 말하면 머무르는 집이 처음에는 마음에 맞아도 점차 익숙해지면서 흡족하지 않다면 모두 땅이 미약한 것이고, 처음에는 두렵고 흡족하지 않아도 점차 익숙해지면서 흡족하다면 힘이 커서 빨리 이루는 데 장애와 어려움이 없으니, 이것을 다른 일반적인 집과 비교해도 손익이 없다.

總言住屋初適意, 漸熟不喜悉地微, 初畏不喜漸熟喜, 力大速成無障難, 較此他平無損益.

요컨대 여러분이 사는 곳이 처음에는 대단히 마음에 들었어도 조금씩 시간이 흘러 환경이 익숙해질수록 마음에 들지 않는다면, 이것은 그 장소가 여러분에게 결코 이롭지 않음을 설명해 줍니다. 땅의 이로움이 아주 미약한 것입니다. 어떤 장소는 처음에 들어가 보면 텅 빈 듯해서 무섭고 마음에 들지 않지만 오래 머물수록 마음에 들어서 떠나고 싶지 않습니다. 그런 장소는 여러분과 인연이 있고 힘이 커서 여러분이 아주 빨리 성취할 수 있게 해 주고 장애나 재난이 없습니다. 이 두 가지를 제외하면 특별히 들어가서 머무르기에 좋다 혹은 좋지 않다 하는 것이 없습니다. 머물러도 됩니다. 일반적인 집과 마찬가지로 오래 살다 보면 좋다고 할 것도 없고 좋지 않다고 할 것도 없습니다. 모두 고만고만해서 좋고 나쁨을 거론할 수도 없이 그냥 사람이 살 수 있는 집에 불과합니다. '땅(地)'의 이로움에서도 무슨 별다른 도움이 없어서 손해 볼 것도 없고 이로울 것도 없습니다.

"此乃最爲緊要, 若觀察半月, 卽決定知之(이것이 가장 요긴하니, 만약 보름을 관찰하면 그것을 알아서 결정할 수 있다)." 사찰도 똑같은 이치입니다. 그 시절 대륙에 있던 대총림과 대사찰 등 조사(祖師)를 배출한 장소는 보기만 해도 그 기상이 남달랐습니다. 이것이 수도에 적합한 장소입니다.

그러므로 장소에 따라서 내부의 마음이 변하여 가행도에 증가와 감소 두 가지가 있으므로, 마땅히 부지런히 처소를 관찰해야 한다.

是故依處內心變, 加行增減有二種, 故說應勤觀處所.

---

모든 장소는 외부 환경이 여러분의 내적 심리 변화에 영향을 줍니다. 장소〔地點〕 역시 가행도(加行道)의 하나입니다. 장소가 바르면 여러분의 도력(道力)을 증가시키지만, 장소가 바르지 않으면 여러분의 도력을 감퇴시킵니다.

"又秘密道次第云, 處所之性相, 如是生出有加行增長與不增長二種(또 『비밀도차제』[61]에서 말하였다. 처소의 본성과 형상은 이와 같이 생출에 있어서 가행도를 증가시키거나 증가시키지 않는 두 가지가 있다)." 그렇기 때문에 도를 수행하는 처소는 먼저 자세히 관찰해서 유익한지 혹은 무익한지를 알아야 한다고 말했습니다. 이것은 단지 눈으로 볼 수 없는 측면을 이야기했을 뿐이고, 눈으로 볼 수 있는 측면으로는 도반(道伴)의 문제가 있습니다. 도반이 없어서도 안 되지만 좋지 않은 도반은 장애가 많기 때문에 반드시 신중하게 선택해야 합니다.

"今略示四壇處次第者(지금부터는 사단처의 순서를 대략 보인다)." 다음은 밀법의 네 가지 단장(壇場)에 관해 이야기했습니다.

---

61 티베트 황교(黃敎)의 교주인 총카파의 대표작으로 황교의 교의(敎義)와 교판(敎判), 공양법의 모든 내용을 담았다. 원제는 『승자보편주대금강지도차제(勝者普遍主大金剛持道次第)』이며, 유가(瑜伽)와 중관(中觀)을 집대성한 것으로 인도 밀교를 계승하였다.

# 네 가지 도량

다시 총괄하면 사단처는 넷으로 나뉘는데, 식처는 뜻이 머뭇거림 없이 머무르고, 증처는 뜻에 맞고 빛이 있으며, 회처는 뜻을 빼앗고 집착하게 하며, 주처는 마음이 요동해서 두려움이 생긴다. 분야를 나누면 무한하여 끝이 없으니, 이것이 삼매와 청정을 얻는 승처이며, 나머지 여러 번잡한 것은 널리 알리지 않는다.

復總四壇處分四: 息處於意頓然住, 增處意適有光輝, 懷處奪意得貪愛, 誅處心擾生怖畏. 分門無量而離邊, 此乃三昧靜勝處, 餘諸文繁不廣宣.

어떤 밀법이든지 네 가지가 있는데, 바로 식(息) 증(增) 회(懷) 주(誅)이니 식재법(息災法) 증익법(增益法) 회복법(懷服法) 항복법(降伏法)입니다. 어떤 밀법도 이 네 가지 법을 포함하는데 이것은 희로애락의 이치와 같습니다. 중국화의 백의관음(白衣觀音)[62]과 같은 것이 식재법이고, 증익법은 노랗고 회복법은 붉으며 항복법은 대부분 검습니다. 그렇기 때문에 사찰을 건축하려고 하면 선당(禪堂) 외에도 밀장(密場)이니 관방(關房)이니 하는 것이 있어야 합니다. 심지어 식, 증, 회, 주 네 가지 수지를 위해서도 각기 단장(壇場)이 있어야 합니다. 밀종의 단장이 바로 도량(道場)입니다.

식재법을 수행하는 도량으로 선택해야 할 처소는 "뜻이 머뭇거림 없이 머무르는[意頓然住]" 곳입니다. 바로 여러분이 그 환경에 들어갔을 때 의식이 자연스럽게 청정해지는 그런 장소가 식재법을 수행하기에 대단히 적합합니다. "증처는 뜻에 맞고 빛이 있으니[增處意適有光輝]", 증익법을 수

---

**62** 특히 밀종이 받들었던 관음보살이다. 백의관음은 청정보리심을 나타내기 때문에 흰 옷을 입고 흰 연꽃 위에 살고 있으며, 밀종에서 부르는 다른 이름은 이구(離垢)금강이라고 하여 일체 번뇌를 없애고 불길한 것을 상서로운 것으로 바꾸는 보살이다.

행하는 단장은 환경이 특별히 밝고 청정해서 사람의 마음과 뜻을 편하게 합니다. "회처는 뜻을 빼앗고 집착하게 하니〔懷處奪意得貪愛〕", 바로 회복법을 수행하기 적합한 장소입니다. 들어가기만 하면 여러분의 생각을 빼앗아 가버리고 빨아들일 뿐 아니라 그 장소에 대단히 연연해하게 만듭니다. 마치 젊은이의 연애와 같으니, 거북이가 녹두를 보고 한눈에 반해서 눈을 떼지 못합니다.[63] 옆에 있는 사람이 보기만 해도 이 두 녀석이 연애에 빠진 것을 알 수 있는데, 혼까지도 뽑혀 버린 것 같습니다. 회복법을 수행하는 장소가 여러분에게 연애를 하라고 시킨다는 말이 아니라 이것은 비유입니다. "주처는 마음이 요동해서 두려움이 생기니〔誅處心擾生怖畏〕", 즉 항복법을 수행하는 장소는 여러분이 그 환경에 들어가기만 하면 자연스럽게 마음에 두려움이 생깁니다. 이 자리에 있는 젊은이들은 만 권의 책을 읽고 '반(半)' 리 길도 못 가 봤는데[64] 어떻게 그런 장소를 볼 수 있었겠습니까! 대륙의 어떤 장소는 정말로 들어가기만 하면 그 분위기와 기세, 그 풍경과 자연이 생각을 온통 빼앗아 가버립니다. 또 어떤 장소는 정말로 두려워서 거기에 서기만 하면 전신의 털이 다 쭈뼛 섭니다.

제 고향에는 도사암(道士巖)이라고 불리는 장소가 있는데 끝없이 짙푸른 산입니다. 우리가 어렸을 때에는 아침에 일어나면 바로 그 산을 쳐다봤습니다. 얼마나 재미있었는지 모릅니다. 왜냐하면 산에 올라가 향을 피우는 사람이 많았기 때문입니다. 스님들은 새벽 독경을 끝내면 목을 쭉 빼고 산기슭 아래에 장사진을 친 사람들을 살펴보았습니다. 산에 올라와 향을 피울 손님들이 얼마나 되는지 세어 봐야 점심을 준비할 수 있었기 때문입니

**63** 눈에 콩깍지가 씌었다, 한눈에 반하다는 뜻의 중국 속담으로 우리는 흔히 제 눈에 안경이라고 한다.
**64** 중국에는 "만 권의 책을 읽고 만 리 길을 여행한다〔讀萬卷書, 行萬里路〕"는 말이 있다.

다. 산기슭 아래의 사람들이 구불구불한 산길을 걸어서 정상에 도착하면 그들의 점심이 딱 맞추어 준비되어 있었습니다. 산속에는 자연적으로 형성된 석룡(石龍)이 있어서 코에서 끊임없이 물이 흘러나왔는데, 그 물의 천연의 청량감은 너무나 달콤했습니다. 사람이 아무리 많아도 부족하지 않았습니다. 향을 피우는 손님들 가운데 감히 그 물을 떠받들지 않는 사람은 아무도 없었습니다. 누가 물에다 침이라도 뱉으면 흐르던 물이 당장 멈춰 버렸습니다. 스님이 서둘러 향을 피우고 절을 하고 법기(法器)를 두드리면 그제야 한 방울 한 방울 천천히 흘러나왔지요. 그렇게 괴이했지만 그 이치는 과학 연구자라 할지라도 알지 못했습니다. 그 용이 있는 장소는 우리가 들어서기만 해도 소름이 돋고 두려움이 일었는데, 그늘진 숲은 사람으로 하여금 숙연하게 만들었습니다. 그런 장소가 항복법을 수행하는 데 가장 좋습니다.

망념이 많은 사람이 수도를 한다면 이런 장소에서 타좌를 하는 것이 가장 좋습니다. 감히 쓸데없는 생각을 할 수가 없습니다. 생각이 어지러워지면 그 용을 바라보는데 마치 살아 있는 것처럼 눈동자가 여러분을 노려봅니다. 물론 오래 머무르다 보면 그 스님들처럼 아무렇지도 않게 됩니다.

"분야를 나누면 무한하여 끝이 없으니, 이것이 삼매와 청정을 얻는 승처이며, 나머지 여러 번잡한 것은 널리 알리지 않는다[分門無量而離邊, 此乃三昧靜勝處, 餘諸文繁不廣宣]." 요컨대 이것은 간단한 설법으로 여러분에게 상세하게 말하지 않고 대략만 이야기했습니다. 이것을 들었다고 해서 대원만을 배웠다고 여기고 함부로 떠들어 대면 안 됩니다. 저 역시 가장 중요한 한 수는 남겨두고 함부로 가르쳐 주지 않습니다. 정말입니다. 여러분에게 농담을 하는 것이 아니라 저는 여전히 여러분을 자세히 관찰하고 있습니다. 상세히 말하려고 하면 너무도 많습니다. 불법은 그리 쉬운 것이 아닙니다. 여러분이 그저 조금 들어서 깨달았다고 할 것 같으면 저의 수십 년은 그야말로 헛수고가 아니겠습니까? 그러므로 분야를 나누어 설명하려고 들면 끝이 없습니다. 이것은 도를 배우려는 사람이 초보적인 단계에서 정(定)을 수행하여 삼매와 청정을 얻고자 한다면 어떤 곳이 가장 좋은 장소이고 어떤 곳이 좋지 않은 장소인지를 설명한 것입니다. 그 외에도 아주 많지만 "번잡한 것은 널리 알리지 않습니다." 아래는 주해입니다.

"處境所顯之諸處所, 亦含有四壇法故(환경으로 드러나는 바의 여러 처소 역시 사단법을 지니고 있다)." 어떤 환경이든지 식(息) 증(增) 회(懷) 주(誅)를 수행할 때에는 각기 다른 방위를 지니며, 게다가 춘하추동 사시는 물론이고 하루의 오전 오후, 앞쪽 한나절 뒤쪽 한나절 등 시간과도 잘 맞춰야 합니다. 이것은 아주 엄격하고 중대한 문제입니다!

"息壇處者, 心自然住下, 頓然生起無念等持境(식단처는 마음이 자연스럽게 머무르게 되고, 문득 무념을 생기하여 그 경계를 고르게 유지한다)." 식재법(息災法)을 수행하기에 적합한 장소는, 여러분이 거기에 들어가면 내려놓지 않으려고 해도 자연스럽게 내려놓게 되고 자연스럽게 무념의 경계에 도달할 수 있습니다. 이것을 보더라도 물질 환경이 사람의 심리에 얼마나 큰 영향을 미치는지를 알 수 있지요. 그래서 이런 장소에 가면 문득 무념의 경계에 도달하게 됩니다. 그뿐 아니라 그 무념의 정경(定境)을 고르게 유지할 수 있습니다. 여러분처럼 수지를 오래한 사람은 어쩌다 일 초가량 무념에 도달하는 때가 있는데, 그런 후에는 삼 년이 지나도록 한 번도 그런 경계를 만나지 못합니다. 그런 것이 무슨 소용 있습니까? 그것이 바로 고르게 유지하지 못하는 것이니, "그 경계를 고르게 유지[等持境]"하려고 하는 것이 수련입니다. 그러지 않는다면 눈먼 고양이가 운 좋게 죽은 쥐를 만난 격입니다.

"增壇處者, 地方光輝大, 故心喜而爲所動(증단처는 장소에 빛이 많기 때문에, 마음이 기뻐서 움직이는 바를 행한다)." 증익법을 수행하는 장소는 빛이 비추어서 대단히 밝기 때문에 자연스럽게 기쁨이 생겨납니다. 이런 장소는 증익법을 수행하고 관상법을 수행하기에 대단히 좋습니다. 또 여러분의 몸을 서서히 건강하게 만듭니다. 그런 곳 가운데 일부는 지하에 모종의 광물이 있기 때문입니다.

"懷壇處者, 意能生起貪欲(회단처는 의념이 탐욕을 생기할 수 있다)." 회복법을 수행하는 장소는 여러분으로 하여금 탐욕의 의념(意念)[65]이 생기(生起)할 수 있게 합니다. 탐욕에는 남녀 간의 탐욕이나 음식에 대한 탐욕 등 여러 종류가 있는데, 자연스럽게 쟁취하려는 마음이 일어나게 합니다.

"誅壇處者, 畏而防慮也(주단처는 두려워서 생각을 막는다)." 항복법을 수행하는 장소는 그 환경에 들어가면 바로 자신이 공포를 느끼고, 마음을 일으키고 생각을 움직이는 것이 모두 조심스럽습니다. 참으로 삼가고 두려워하여 감히 마음대로 하지 못합니다.

"又其形爲圓者, 四方·半圓·三角. 其色白色·黃色·紅色·綠黑. 又彼息法等之息法, 若區分之則有十六, 又再分之則無量數(또 그 형태는 원·네모·반원·삼각이다. 그 색은 흰색·노란색·붉은색·흑록색이다. 또 저 식법 등의 식법은, 그것을 구분한다면 열여섯이 있고, 또다시 구분하면 무량수이다)." 실제로 법을 수행할 때에는 어떤 도량에서는 어떤 형태, 어떤 색을 써야 하는지의 구분이 있습니다. 예를 들어 '식(息) 증(增) 회(懷) 주(誅)'라는 네 가지 법문은 각각의 법문의 지형(地形) 방원(方圓) 대소(大小) 등이 있으며, 어떤 색을 사용하는지도 상세히 구분해야 합니다. 하나의 법문에서 다시 열여섯 개가 나옵니다. 실제로 중국의『역경』팔괘의 변화와 마찬가지로 이팔

---

**65** 기 수련에서 흔히 쓰는 용어로, 우리말로는 생각이라는 뜻이지만 오가는 생각이 아니라 머릿속에서 의식적으로 떠올리는 이미지 같은 것을 말한다. 여기서는 생각으로 옮기지 않고 의념 그대로 둔다.

십육……팔팔 육십사괘, 이런 식으로 계속 나갑니다. 더 상세히 나누면 무량 무수한 분법(分法)이 있습니다.

"如上所宣者, 則可已也(위에서 말한 바와 같으면 족하다)." 그는 평범한 일반인들의 수행법을 말했는데 대략만 알면 됩니다. 상세히 말할 필요 없습니다.

"此乃是示所依息壇處增長三昧之法也(이것은 식단처에 의거하여 삼매를 증장시키는 법을 보여 준다)." 선정을 수행하는 데 있어 가장 중요한 문제가 위에서 말씀드린 식념법(息念法) 가운데 있으니, 여러분이 생각을 멈추고[息念] 청정하도록 도와주어 정(定)을 얻게 합니다. '식(息)'법은 더 깊이 삼매에 들게 하는 법문입니다.

"又於彼處所, 其建築工作次第者(또 저 처소에서 건축 작업의 순서이다)." 꼬불꼬불한 길이 그윽한 곳으로 통하게 하고 선방은 꽃과 나무가 깊어야 하는 등 관방(關房)과 선방(禪房)은 모두 일련의 설계가 있어야 합니다. 아무렇게나 어느 한 집을 찾아서 타좌하고 폐관하려고 한다면 그것은 눈먼 생각이고 꿈꾸는 것입니다. 반드시 적합한 장소라고 할 수는 없습니다.


## 광선과 수행

---

저 식처의 선정실은 조용하여 뜻을 유지하기에 맞게 짓고, 절반만 광선이 통하는 것이 가장 길하고 상서롭다.

於彼息處禪定室, 寂靜持意建造合, 半方通光最吉祥.

---

선방(禪房)을 건축하는 데는 일정한 원칙이 있는데 격식을 변경할 수는 있지만 광선이 가장 중요합니다. 청정한 선실(禪室)을 건축하면 생각을 멈

추고 청정을 얻기가 쉬우므로 먼저 가장 적정(寂靜)한 환경을 찾아서 건축해야 합니다. 건축의 짜임새가 대단히 적합해야 "뜻을 유지하여[持意]" 일념으로 오로지 정진하는 경계와 서로 맞아 떨어질 수 있습니다. 풍수를 중요하게 생각해서 엄격하게 따진다면 매우 어렵습니다. 양지에 지은 집이건 응달에 지은 집이건 온 집안 식구에게 동시에 유리하기란 불가능합니다. 비록 풍수의 이치를 부인할 수는 없지만 가장 중요한 것은 여전히 덕을 수행함에 있습니다. 속담에도 말하기를 "복 있는 땅에는 복 있는 사람이 산다"고 했습니다. 지극히 이치에 맞습니다. 여러분의 도덕이 신통치 않다면 아무리 풍수가 좋은 귀한 땅이라도 해도 아무 소용이 없습니다. 옛말에도 첫째가 덕이요 둘째는 운수요 셋째는 풍수며 넷째는 음공(陰功)을 쌓음이요 다섯째는 독서라 했습니다. 여러분에게 알량한 돈이 있어서 좋은 풍수를 찾아냈다고 합시다. 그렇게 해서 벼락출세할 수 있다면 그런 것이 하늘의 이치에 맞겠습니까? 그러므로 덕을 수행하는 것이 가장 중요합니다. 덕행이 좋지 않은데 수도하고 싶어 한다면 그 역시 불가능한 일입니다. 특히 큰소리만 치는 그런 사람들은 죽도록 수행해도 아무 소용이 없습니다.

광선은 너무 밝지 않은 편이 가장 좋으니, 너무 밝으면 흐트러지기 쉽습니다. 또 너무 어두워서도 안 되는데, 너무 어두우면 혼침이 찾아오기 쉽습니다. "절반만 광선이 통하는[半方通光]" 즉 음과 양이 각기 반반으로 음양이 서로 잘 어우러져야 가장 적합하다고 하겠습니다.

"此禪定室, 於半方通光明朗, 三昧境中生起而礙難短少(이런 선정실은 절반만 광선이 통하며 밝고 환하니, 삼매의 경계를 생기하면서 장애와 어려움이 짧고 적다)." 이러한 선정실이 정(定)을 얻기 쉽고 삼매의 공덕을 생기(生起)하기 쉽습니다. 또 장애와 어려움도 줄어들고 질병의 고통도 줄어듭니다.

"又特於各異之晝夜加行, 指示其處者(또 특별히 각기 다른 낮과 밤의 가행에 대해 그 처소를 가리켜 보인다)." 아래에서는 낮 수행이 밤과 같지 않으므로 서로 다른 사항과 원칙에 주의해야 함을 특별히 가리켜 보입니다. 이런 원칙을 잘 알고 있다면 수행의 성취를 가속화시킬 수 있습니다.

---

야간에는 어둡고 등근 방에서 유가를 하며, 높은 곳의 등근 실내에서 상을 꿰뚫고, 북쪽으로 베개를 두어 열반의 잠을 잔다. 낮에는 밝게 드러난 곳에서 유가를 하며, 눈 덮인 산에 물이 흘러내리는 숲 같은 곳이나, 시야가 지극히 밝고 넓은 곳은, 마음이 맑고 분명하고 온도가 적절하다.

夜間瑜伽黑圜室, 高處圜室內中相, 北方置枕涅槃寢. 白晝處顯瑜伽者, 雪山流水林等地, 屋視極明天界廣, 心清分明寒溫勻.

---

유가(瑜伽)는 상응(相應)이라고도 부르는데, 수도와 타좌도 유가(瑜珈)요 염불도 유가(瑜珈)입니다. 심성(心性)이 상응해서 하나가 되는 것도, 심신(心身)이 상응해서 정(定)을 얻는 것도 모두 유가(瑜珈)입니다. 그렇기 때문에 '유가사(瑜伽士)'는 수도하는 사람을 가리킵니다. 요가(瑜珈)는 일반적인 수지 방법을 나타냅니다.[66] 밤에 수도하려면 캄캄한 곳이 가장 좋으며 원형의 방이어야 합니다. 안은 텅 비어 있고 오직 부들방석만 있어야 향을 사르며 빙빙 돌 때 벽에 부딪치지 않습니다. 여름에 실내에서 타좌를 할 때는 옷을 입지 않는 편이 번거로운 일을 줄일 수 있습니다. 만약 캄캄하게 폐관을 하면 낮이든 밤이든 아무것도 보이지 않아서 손을 뻗어도 다섯 손가락조차 보이지 않습니다. 그러나 며칠만 지나면 장자가 "방을 비우면

---

**66** 산스크리트어 요가(yoga)는 瑜伽, 瑜珈 등으로 음역하는데, 저자는 두 한자의 쓰임을 구별하였다. 선이나 삼매, 상응의 의미일 때는 '瑜伽'로, 일반적 수지 방법일 경우에는 '瑜珈'로 표기하였다. 그러나 이 단락에서는 뚜렷하게 구별해서 쓴 것으로 보이지 않는다. 여기서는 한자는 원서 그대로 두고 내용에 따라 유가, 요가로 옮겼다.

빛이 그 틈새로 들어와 환해진다[虛室生白]"라고 말한 것처럼 두 눈이 마치 전등과 같아져서 사물이 다 보이게 됩니다. 물론 수행을 잘 해야 그렇게 되는 것이고 여기에는 특별한 방법이 있습니다. 아무렇게나 했다가는 문제가 생기지요. 칠 일간 깜깜하게 폐관을 한 후에는 반드시 문을 열어야 합니다. 그렇게 칠 일간 수행을 해 나가면 벽이 유리와 같아져 더 이상 장애가 있지 않게 됩니다. 열반을 준비하는 수행자라면 잠을 잘 때 베개를 북쪽으로 놓습니다.

낮에 수도한다면 밝은 곳에서 하는데 이때는 밝을수록 좋습니다. 시야가 탁 트인 높은 산의 정상이나 혹은 눈 덮인 산에 물이 세차게 흘러내리는 곳, 이것이 관세음보살의 해조음(海潮音)입니다. 파도가 세찬 외로운 섬 위에 있으면 심경이 쉽사리 청명해집니다. 다만 수시로 의복을 조절해서 온도가 적절하도록 해야 합니다. 산꼭대기로 올라가서 천 길 낭떠러지에서 타좌를 한다면 가부좌를 해서는 안 됩니다. 그럴 때에는 사자좌(獅子座)[67]를 하는데 마치 개처럼 엎드리고 있습니다. 그렇게 엎드리고 있지 않으면 거꾸로 곤두박질칠지도 모르기 때문입니다. 목숨을 잃는 것은 말할 것도 없고 뼈도 찾지 못합니다.

"夜間圜室作法, 或有喜如日輪者, 然行住極不方便故. 今作法者則於中央以二層圜室圍繞, 其門由東南西而入, 中央之每方, 作一肘一箭長, 門造於西, 圜室之內層圍繞者, 門示向南, 外層門向東, 其四方對直各開四窓, 於他時間, 亦可顯明(야간에 둥근 방의 구조는 혹은 태양과 같은 기쁨이 있지만, 수행과 거주에 지극히 편리하지 못하기 때문에, 지금의 구조는 중앙에 이중의 둥근 방이 둘러싸고, 그 문은 동쪽 남쪽 서쪽으로부터 들어가며, 중앙의 각 면은 한 주[68] 한

**67** 『정좌수도 강의』(45쪽 참조)에 사자좌 그림이 나온다.

전[69] 길이로 만들고, 문은 서쪽에 만들며, 둥근 방의 안 접을 둘러싼 것의 문은 남쪽을 향하고, 바깥 접의 문은 동쪽을 향하며, 그 사방에는 곧장 네 창을 열어 다른 시간에도 밝게 드러날 수 있다)." 사람에게는 방향의 관습이 있는데, 야간에 둥근 방 안에서 수행을 하면 아주 깜깜하고 빛이 전혀 없습니다. 그래서 때로 정(定)에서 나오거나 잠에서 깬 후에 마구 돌진하다가 벽에 부딪히기도 합니다. 그래서 후세에 어떤 사람들이 구조를 바꾸었는데, 중앙에서 이중으로 둘러싸고 있습니다. 말하자면 문에서 들어올 때에 보이는 것은 사각형이며, 문은 동쪽 남쪽 서쪽으로부터 들어올 수 있습니다. 사면에 창이 있어서 일조(日照)와 풍향(風向)을 적절히 조절할 수 있습니다. 이것은 본 적이 없어서 그림으로도 잘 그릴 수가 없습니다.

"且如需繞行等, 亦極爲有用者也(게다가 빙빙 도는 것에도 또한 지극히 쓸모가 있다)." 둥글게 돌면서 향을 사르다가 바깥 둘레의 동그라미로 옮겨가서 돌아도 아주 재미있습니다.

"若內心端正而坐時, 則關閉之, 遂面向北方而修法(마음을 단정히 하고 타좌할 때는, 폐관하고 얼굴은 북쪽을 향하고 법을 수행한다)." 진정으로 정(定)에 들 때에는 사면의 창은 전부 닫아걸어서 바람이 없어야 합니다. 그때 얼굴은 북쪽을 향해서 열반의 경계라는 그 상황에 들어갈 수 있습니다. 여러분이 평소에 수행할 때 비록 진정으로 정(定)에 들지는 못하더라도 이 원칙은 반드시 잘 알고 있어야 합니다. 언제 창문을 닫아야 하는가의 문제도 여러분 스스로 체득해야 합니다. 타좌를 할 때는 언제나 바람을 조심해야 합니다. 방심했다가는 도리어 감기에 걸리기 쉽습니다. 이 방면은 여러분 모두 경험이 있을 것입니다.

---

**68** 주(肘)는 길이의 단위로, 손목에서 팔꿈치까지 혹은 중지에서 팔꿈치까지로 보인다.
**69** 전(箭)은 화살이 닿을 수 있는 거리를 말한다.

"白晝住處, 圜室之上蓋平·臺半屋向南方, 視線極明而修法, 即易顯殊勝三昧也(낮에 머무르는 곳은, 둥근 방위 옥상을 덮어 방의 절반이 남쪽을 향하게 하며, 시선을 지극히 밝게 하여 법을 수행하면, 수승한 삼매가 쉽게 나타난다)." 낮에 수행하는 방은 절반이 남쪽을 향하고 시선이 밝아야 하는데, 높은 건물 꼭대기에서 수행해도 괜찮습니다. 다만 도시에서는 안 됩니다. 눈을 뜬다니까 하는 말인데, 그것은 관공(觀空)하여 정(定)에 드는 수행입니다. 공(空)을 관할 때 안구의 형태로는 평시(平視) 좌우시(左右視) 응시(凝視)가 있습니다. 방법이 아주 많고 그렇게 간단한 것이 아니므로 그저 조금 들었다고 해서 불법을 배웠다고 생각해서는 안 됩니다. 그래서 자기는 아무개(저)에게 배운 적이 있다고 말하는 사람이 있으면 저는 절대로 그렇게 말하지 말라고 합니다. 나가서 오히려 제 망신이나 시킬 뿐입니다. 진정한 수행법은 가르쳐 준 적도 없습니다. 솔직히 말해서 원리는 말씀드릴 수 있지만, 진정한 수행법은, 각자의 단계에 적절한 수련과 조짐과 대치(對治) 법문이 있습니다. 관공(觀空)으로 정(定)에 드는 수행은 눈동자를 어떻게 하는가가 아주 어렵습니다. 상왕시(象王視)[70]의 방법을 예로 들자면, 특히 높은 산의 정상에서 타좌하여 정(定)에 들기만 하면 사람이 금방 공(空)이 되어서 허공과 편안하게 하나가 됩니다. "於彼妙止共處作法者(저 오묘한 지에 거하는 방법이다)."

---

**70** 코끼리는 코가 커서 오른쪽 눈은 오른쪽을 보고 왼쪽 눈은 왼쪽을 본다. 그래서 얼굴을 움직이지 않고 좌우를 보는 것을 상왕시라고 부른다. 161쪽을 참조하라.

# 지관을 수행하는 장소

지를 수행할 때에는 담장에 둘러싸인 고요한 집과, 심성이 자연스럽게 일어나는 곳이 상서롭고, 관을 수행할 때에는 시선이 힘이 있고 분명하여, 언제나 뜻이 즐겁고 때와 조화를 이루는 곳이어야 한다.

止時靜室牆圍繞, 心性自然生處祥, 觀時視線懃分明, 常常意樂與時合.

이것은 공통된 수행의 대원칙인데, 각자 근기가 다르고 나이가 다르고 업력이 다르고 수행법과 교수법이 완전히 다르기 때문에 함부로 선생이 되어서는 안 됩니다! 한 글자의 차이로 오백 년간 야호신(野狐身)에 떨어집니다. 맹자가 말했습니다. "사람의 근심은 다른 사람의 스승 되기를 좋아하는 것에 있다"고요. 절대로 주의해야 합니다. 지금 여러분에게 말씀드리는 공통된 방법은, 정(定)을 수행하기에 가장 좋은 장소는 담장으로 둘러싸여 외부와 격리된 고요한 집[靜室]이라는 것입니다. 불교에서는 폐관(閉關)을 말하는데, '폐관'이라는 두 글자는 중국『역경』에서 온 것으로 불가에서 창조한 것이 아닙니다. 복괘(復卦)에서 말하기를, "선대의 군왕들은 지일이 되면 폐관했다[先王以至日閉關]"고 했습니다. 상고 시대의 제왕들은 심각한 문제가 생기거나 국가에 큰 전례(典禮)가 있을 때면 목욕재계하고 폐관했습니다. 이른바 '지일(至日)'은 동지(冬至)와 하지(夏至)의 두 날로 해석합니다. 청 왕조에도 황제가 양심전(養心殿)에서 정좌(靜坐)하는 일이 있었는데, 그럴 때면 황후나 비, 궁녀들은 들어가지 못했습니다. 물론 황제들이 목욕재계하고 정좌한 것은 가부좌를 한 것이 아니라 용모를 단정히 하고 바르게 앉아서 신중하게 어떤 문제를 생각한 것입니다. 그렇기 때문에 정심전(正心殿)이니 양심전(養心殿)이니 각 왕조마다 부르는 명칭이 달랐지요. 도가에서는 폐관이라고 부르지 않고 입환판도전수(入圜辦道專修)라고 부릅니다. 저는 평소에 불법을 배우려면 전수(專修)해야 한다고 늘 말합니다. 무엇을 전수라고 부를까요? 사람은 말할 필요도 없고 심지어 귀신조차 볼 수 없어야 비로소 전수라고 부릅니다. 여러분은 만사를 상관하지 않고 온종일 타좌하는 것을 전수라고 한다고 생각하십니까? 우스갯소리지만 그렇게 수행해서 될 것 같으면 제 성이 남(南)이 아닙니다.

그런 까닭에 정(定)을 수행하는 장소는 안팎이 격리되어야 심성이 자연스럽게 일어나서 길하고 상서로우며 정을 얻게 됩니다. 이것이 바깥으로부터 안으로 들어가는 수지(修止) 수관(修觀)의 장소이니, 밝고 탁 트여야지 막혀서는 안 됩니다. 넓은 들이나 높은 산의 정상처럼 "관을 수행할 때에는 시선이 힘이 있고 분명한〔觀時視線勤分明〕"곳이어야 합니다. 그래서 달마조사의 화상(畵像)처럼 그렇게 크게 눈을 부릅뜨는 것입니다. 여러분은 그림을 잘못 그렸다고 생각합니까? 분명히 말하지만 거기에는 이치가 있습니다. 더욱이 정(定)의 수행이 일정 단계에 이르면 그런 사람의 눈은 자연히 크게 떠져서 감을 수가 없습니다. 크게 뜨지만 그렇다고 해서 사물을 보고 있는 것은 결코 아닙니다.

도가의 화상(畵像)은 "한쪽 눈이 온 세상을 비춥니다〔隻眼照乾坤〕." 어떤 신선은 조롱박을 놓고 그 입구를 한쪽 눈으로 들여다보는데 이 또한 수련의 방법입니다. 일정 단계에 이르면 반드시 한쪽 눈만을 사용해야 합니다. 그래서 총을 겨누듯이 한쪽 눈을 감는 식으로 양쪽 눈을 훈련합니다. 어떤 사람은 한쪽 눈밖에 못 감는데, 만약 오른쪽 눈을 감을 수 없다면 이는 오른쪽 기맥이 바르지 않은 것이고, 왼쪽 눈을 감을 수 없다면 이는 왼쪽 기맥이 바르지 않은 것입니다. 그렇기 때문에 관(觀)을 수행할 때에는 "시선이 힘이 있고 분명"해야 합니다. 그뿐 아니라 그런 환경은 여러분의 마음을 상쾌하고 원대하게 만듭니다. 왜냐하면 밝고 또 풍경이 훌륭하기 때문입니다. "언제나 뜻이 즐겁고 때와 조화를 이룬다〔常常意樂與時合〕", 이때 의경(意境)상으로 쾌락의 감각이 일어나지만 언제 어디서나 조화를 이루어야 합니다.

"彼靜室外邊之四方, 於任何一部, 有寬坦平地所來之旁, 以樹等牆籬, 僅及腰圍繞, 妙止自然而生也(저 고요한 집의 바깥 사방은, 어떠한 부분이든지 넓고 평평한 평지에 나무 등으로 울타리를 만들되, 겨우 허리에 닿을 높이로 둘러싸는데, 오묘한 지가 자연스럽게 생겨난다)." 이것은 대륙의 농촌에서 자연 환경을 꾸미는 방식인데, 나뭇가지나 수풀로 집의 울타리를 만들었습니다. 옛사람들이 편안함을 느꼈던 환경은 모두 대나무로 울타리를 만든 집이었습니다. 왜 대나무 울타리를 사용했을까요? 주택의 정원에는 소나무, 잣나무, 대나무를 심는 것이 가장 좋기 때문입니다. 다른 잡다한 나무를 심은 집은 오래 살다보면 길하지 않은 경우가 많습니다. 대나무 울타리는 여름에는 시원합니다. 다만 뱀이 많은데 그런 이유로 고대에는 집에 거위 기르기를 좋아했습니다. 뱀이 거위 똥을 싫어해서 오지 않기 때문입니다. 호랑이는 풀이 많은 곳에 살고 숲에는 살지 않습니다. 숲에 사는 새의 똥이 호랑이의 피부를 벗겨서 아주 고통스럽게 만들기 때문입니다. 하나의 사물이 하나의 사물을 극(克)하는 이치를 잘 알아야 하는데, 그런 책은 읽어 두어야 합니다. 손사막(孫思邈)의 『천금요방(千金要方)』은 수도자의 환경 배치에 관한 책으로, 어떤 약초를 심어야 하는지도 말해 줍니다. 그런 것이 제대로 조화를 이루어야 수도하기에 좋은 장소입니다.

"又彼方之高處, 作小臺可視遠處而坐, 是自然生起觀境也(또 그 방향의 높은 곳에 먼 곳을 볼 수 있는 작은 대를 지어서 앉아 있으면, 관의 경계가 자연스럽게 생기한다)." 높은 곳에 베란다[陽臺]를 만들어 멀리 바라보면 맑은 하늘이 만 리에 펼쳐집니다. 거기에서 타좌를 하면 그것이 관을 수행함[修觀]입니다. 도가에는 일월의 정화를 채집한다[采日精月華]는 것이 있는데 마찬가지로 관을 수행하는 방법입니다. 일월(日月)의 정화를 흡수하면 효과가 아주 큽니다. "又示生起止觀之地方者(또 지관을 생기하는 장소를 알려 준다)"라고 하여 아래에서 관(觀)을 수행하는 장소를 설명했습니다.

---

나무 등으로 낮게 덮인 곳은 오묘한 지의 처소이며, 눈 덮인 산 높은 곳은 관혜의 처소이니, 이와 같이 나누어짐을 극히 부지런히 알아야 한다.

樹等低遮妙止處, 雪山高處觀慧處, 如是分別極慇知.

---

대체로 움푹 들어간 저지대와 수림이 빽빽한 곳은 지(止)를 수행하기가 비교적 쉽고, 눈 덮인 산 높은 곳은 관(觀)을 수행하기에 적합합니다. 하지만 자기의 상황에 맞추어야 합니다. 평소에 생각이 충분치 못하고 지혜가 충분치 못하다면, 계속해서 지(止)를 수행하고 정(定)을 수행하기만 해서는 안 되고 관(觀)을 수행해야 됩니다. 두뇌가 명민하고 학문이 뛰어난 사람은 서둘러 적당한 장소를 찾아 정(定)을 수행해야 합니다. 단지 장소에 대해서만 알아서는 안 되고 자신을 알아야 합니다. 그것이 가장 어려운 일이지요. 자신을 세밀히 관찰해서 요 며칠 흥미가 특별히 높고 지혜가 특별히 우수할 때, 글을 쓰는 사람이라면 글의 구상이 막 떠오를 때 서둘러 정(定)을 수행해야 합니다. 요 며칠 기분이 특별히 가라앉고 답답하며 어딘가 편안하지 않다면 서둘러 관(觀)을 수행해야 합니다. "움직일 때에는 지를 수행하고 고요할 때에는 관을 수행한다〔動時修止, 靜修觀〕"는 말처럼, 적절히 잘 조절할 줄 알아야 전수(專修)라고 부릅니다.

"住於何方處所, 若樹林及巖山背等, 意能內住之諸方所者, 是爲妙止修而相應處(어떤 처소에 머무를 것인지, 만약 나무숲과 바위산의 뒤쪽처럼 뜻이 안에 머무를 수 있는 곳은, 오묘한 지를 수행하기에 알맞은 장소이다)." 어떤 장소가 여러분의 생리와 심리에 영향을 주어 안으로 거두어들이게 할 수 있다면 그곳은 정(定)을 수행할 장소입니다.

"若地方高, 而自性淸明廣大, 應知此爲觀慧之處所也. 今當以如是語使知住處之取捨, 攝其義者(만약 장소가 높아서 자성이 청명하고 광대해진다면, 그곳은 관혜를 수행할 처소임을 마땅히 알아야 한다. 이제 이와 같은 말로써 머무를 처소의 취사와 그 뜻을 굳게 지킬 것을 알게 한다)." 높은 장소에 있으면 스스로의 마음이 청명해지므로 이는 관혜를 수행하는 곳입니다. 대원칙이 이와 같고 상세한 것은 더 많습니다. 이러한 것을 귀납한 것이 바로 아래에서 말하는 내용입니다.

---

요약하자면 고요한 집은, 어느 곳이든 출리심을 결단함이 짧고, 삼매를 증장시켜 주는 가행의 장소요, 진실한 보리에 합하는 곳이다. 어떤 곳은 선을 뒤집고 번뇌를 자라게 하고, 미혹과 산란과 심란하고 시끄러움이 금생을 바꾸고, 악업과 마처가 선한 지식을 버리게 한다. 이것은 모두 연화생대사가 말한 것으로, 해탈을 구하고자 하면 마땅히 알아야 한다.

總之地方靜室者, 何處決出離心短, 三昧增長加行處, 依合眞實菩提處. 何處覆善·煩惱長, 惑亂·慣鬧·今生轉, 惡業·魔處·善知捨. 此皆自然蓮師云, 欲求解脫等應知.

---

요약해서 말하면 도를 배우는 사람에게 수행하는 처소는 아주 중요합니다. 어떤 장소가 됐든 여러분에게 출리심(出離心)을 일으켜서 이 세상을 벗어나기를 절실히 바라게 만들 수 있다면 그곳이 바로 좋은 장소입니다. 이 자리에서 부처님을 배우는 많은 분들 가운데 과연 어떤 사람이 조건에 부합할까요? 부처님을 배우는 데에는 조건이 하나 있습니다. 먼저 출리심을 일으켜야 하는데 여러분 가운데 어떤 사람이 출리심을 일으켰습니까? 하나같이 자기 수명을 약간 늘려 주고 복보를 조금 더해 주기만 원할 뿐입니다. 조금 고명하게 말한다면 구하는 바가 없고 그저 지혜만 구한다고 말합

니다. 말해 보십시오. 여러분은 구하지 않습니까? 탐내지 않습니까? 지혜는 복보보다 더 큰 것입니다. 돈으로 살 수 있는 것이 아니고 여러 생과 겁에 걸쳐서 수행으로 얻는 것입니다. 그런데 여러분이 지혜를 구하는 것은 완전히 수지맞으려는 심보이니 어떻게 출리심이라고 부르겠습니까! 그렇기 때문에 수행은 반드시 적합한 환경을 찾아 절실하게 출리심을 일으킬 수 있게 해야 합니다.

출가한 사람은 두타행(頭陀行)을 수행해야 하는데 출리심을 구하기 위해 밤중에 묘지에 가서 수련을 했습니다. 고대에는 무덤이 황폐해지고 관이 깨져서 죽은 사람의 뼈가 다 드러나기도 했는데, 그런 장소라야 비로소 출리심이 생겨날 수 있습니다. 요즘에 부처님을 배우는 사람들에게 어떻게 출리심이 생기겠습니까? 부처님도 되어야겠고 도도 닦아야겠고 돈도 벌어야겠고 명예도 얻어야겠고 어느 하나도 버리지 못합니다. 아무리 허풍을 크게 치고 거창한 이론을 늘어놓더라도 부처님을 배우는 데 성공하는 것은 불가능합니다. 그런 까닭에 좋은 장소는 여러분에게 영향을 미쳐 출리심을 일으키고, 어떤 곳은 여러분의 삼매를 증장시켜서 아주 빠르게 사가행(四加行) 즉 난(煖) 정(頂) 인(忍) 세제일법(世第一法)을 얻을 수 있게 합니다. "진실한 보리에 합하는 곳이니〔依合眞實菩提處〕", 그러므로 수행에 가장 적합한 곳이라야 비로소 참으로 도를 깨달을 수 있습니다.

"어떤 곳은 선을 뒤집고 번뇌를 자라게 하고, 미혹과 산란과 심란하고 시끄러움이 금생을 바꾸고, 악업과 마처가 선한 지식을 버리게 한다〔何處 覆善·煩惱長, 惑亂·憒鬧·今生轉, 惡業·魔處·善知捨〕." 어떤 장소는 "선을 뒤집을〔覆善〕" 수 있습니다. 선념(善念)을 뒤집어 버려서 오히려 여러분이 수행을 하면 할수록 선업(善業)에 장애가 됩니다. 제가 보기에는 아주 많은 사찰이 머물러서는 안 되는 곳입니다. 머무를수록 마음속이 더러워지고 오래 머물다 보면 서서히 번뇌가 증가합니다. 그런 것을 가리켜 "선을 뒤집는다"고 합니다.

또 어떤 장소는 머물면 "미혹과 산란[惑亂]"이 생기니, 미혹과 산란이 더욱 심해지고 지혜는 더욱 열리지 않습니다. "심란하고 시끄러운[憒鬧]" 즉 환경이 너무 시끄러운 장소도 안 됩니다. 일부 청정한 사찰들조차 심란하고 시끄러운 장소로 변해 버렸습니다. 어떤 사찰은 스님 세 명이 거주하고 있는데, 그 세 사람이 물도 안 마시고 하루 종일 자신의 의견을 내세웁니다. 그런 곳이 심란하고 시끄러운 장소이니 그런 곳에 머물러서는 안 됩니다. 금생에서 성공하지 못할 뿐 아니라 악업만 가중시키게 될 것입니다. 어떤 장소는 여러분이 오래 머무르면 "선한 지식을 버리게[善知捨]" 됩니다. 여러분의 그 지혜와 선한 측면들을 모두 잃어버리게 되어 날이 갈수록 더 부족해집니다. 사상이 잘못된 길로 들어섰기 때문입니다. 생각이 잘못되면 그 사람 자신도 모르는 사이에 날이 갈수록 잘못된 길로 파고 들어가기 마련입니다.

"이것은 모두 연화생대사가 말한 것으로, 해탈을 구하고자 하면 마땅히 알아야 한다[此皆自然蓮師云, 欲求解脫等應知]." 이것은 연화생대사가 전한 것입니다. 연화생대사는 석가모니부처님이 열반하시고 팔 년 후에 환생했는데, 어머니의 태로부터 나오지 않고 연꽃 봉오리에서 화생(化生)하여 영원히 육신이 존재했다고 합니다. 그가 바로 밀교의 교주인 연화생대사입니다. 대사가 자신의 입으로 직접 전한 것으로, 여러분이 불법을 배우고 해탈의 도를 배우고자 한다면 수도의 환경이 이처럼 중요하다는 것을 마땅히 알아야 합니다. 주해를 보겠습니다.

"於彼何方及住處, 若善法增長, 特別生起信心及決定超出者, 指示彼卽相似眞實菩提處故(그 어떤 방향 및 머무르는 처소에서, 만약 선한 법이 증장하고 특별히 신심을 생기하고 속세를 벗어나려고 결정한다면, 그곳이 바로 서로 비슷한 진실한 보리를 얻는 곳임을 가리켜 보여 주는 것이다)." 이것은 우리에게 말해 줍니다. 수도하는 사람이 좋은 장소를 얻으려면 복보도 지니고 있어야 하고 선연(善緣)도 지니고 있어야 합니다. 그런 까닭에 어떤 장소는 여러분으로 하여금 장소와 서로 비슷한 도업(道業)의 성취를 얻게 할 수 있습니다.

"於何處爭鬪及染汚增上, 令生之誑惑及憒鬧轉盛(어떤 곳에서는 싸움과 번뇌가 더해져, 생의 미혹됨과 심란하고 시끄러움이 오히려 더 성해지게 한다)." 일부 올바르지 않은 장소, 예를 들어 어떤 사찰들은 깨달음의 도량으로 수도하는 장소임에도 불구하고 그저 비슷하기만 할 뿐 참된 도량이 아닙니다. 오랫동안 머무르면 오히려 사람들끼리 심하게 싸우고 번뇌가 더 극심해지고 명리(名利)를 탐하는 등 온갖 모습이 나타납니다. 그뿐 아니라 스스로를 속이는 행위까지 일어나게 하여 그곳에서 평생을 잘못 머무르게 됩니다.

"應知捨離此惡業魔之住處也(이런 악업과 마가 머무르는 곳은 버리고 떠나야 함을 마땅히 알아야 한다)." 이와 같은 장소는 반드시 일찌감치 버리고 떠나야 합니다. 그런 까닭에 장소를 선택할 때에는 모름지기 이런 것들이 모두 마장(魔障)임을 알아야 합니다.

"大上師蓮花生所作要門之見道堡壘指示心要云(연화생대상사가 지은 요문 『견도보만』에서 심요를 가리켜 보여 말하였다)." 땅을 선택하는 요점은 밀교 경전에 있습니다. 바로 밀교의 교주인 연화생대사가 지은 『견도보만(見道堡壘)』입니다. 도를 닦고〔修道〕 도를 보는〔見道〕 것과 풍수의 관계에 대해 가리켜 보인 법요에서 이렇게 말했습니다. "修法於住處亦最緊要, 若欲成就上上善及至上三昧者, 較此殊勝者不可得也(수행법은 머무르는 처소가 또한 가장 요긴하니, 만약 상상선 및 가장 높은 삼매를 성취하고자 한다면, 이러한 수승에 견줄 것이 없다)." 어떤 수행법이든지 머무르는 장소는 대단히 중요합니다. 빨리 성취를 얻고자 한다면 처소를 선택함에 세밀하지 않으면 안 됩니다.

"故凡於何處, 若爭鬪及不善增長, 卽障礙解脫道, 應努力捨棄, 譬如如上所云也(그러므로 어떤 장소이든, 만약 싸우고 불선이 증장하면 해탈도에 장애가 되므로 마땅히 힘써 버려야 하니, 예를 들어 위에서 말한 것과 같다)." 머무르는 장소가 옳지 않으면 시비가 많고 번뇌가 많아 다른 사람과 심하게 싸우거나 불선업(不善業)이 늘어나게 됩니다. 그런 장소는 해탈 수행에 장애가 되므로 마땅히 과감하게 버려야 합니다.

"尾偈云(마지막에 게송에서 말하였다)." 말미에 게송에서 이렇게 말했습니다.

"自性極寂方所處, 淨水苦行德資養, 此生惑亂慣鬧離, 願修甚深法三昧(자성이 극히 고요한 처소는 맑은 물처럼 고행을 수행하여 공덕을 성취하게 하니, 이번 생에 미혹과 산란과 심란함과 시끄러움을 벗어나 깊은 법문의 삼매를 수행하게 한다)." 장소는 자성의 청정하고 고요한 경계에 합치되어야 하는데, 마치 깨끗한 물처럼 우리 내심의 더러움을 씻게 도와주며, 우리가 고행을 수행하여 얼른 공덕을 성취하게 해 줍니다. 좋은 장소는 우리를 도와 복덕이 증가하고 지혜가 증가하게 할 수 있기 때문에, 우리가 '즉생성취(卽生成就)'하도록 즉 이번 생에 미혹과 산란과 심란함과 시끄러움을 벗어나 깊은 법문을 수행하여 쉽게 성취하도록 도와줍니다.

"住處現各苦惱處, 輪廻城圍齊捨棄, 解脫淨聖菩提處, 涅槃行相獲安樂(머무르는 곳이 각종 고뇌를 일으키는 처소이면 윤회에 에워싸이니 버려야 하고, 해탈하여 깨달음을 얻는 처소이면 열반의 행상에서 안락함을 얻는다)." 머무르는 처소는 아주 중요합니다. 수도하는 처소가 옳지 않으면 각종 고뇌를 일으키게 됩니다. 본래 수도는 윤회를 벗어나고 속세를 초월하기 위해서 하는데, 그래야 해탈을 얻고 보리(菩提)를 얻어 안락함을 얻게 됩니다. 그렇기 때문에 바르지 않은 장소는 얼른 버려야 합니다.

"今似我衆無利益, 惡時繞及世界顯, 捨離此生惑慣鬧, 願開秘密四寶門(지금 우리 무리에게 이익이 없는 듯하고 나쁜 때가 세계를 휘감고 나타나니, 이번 생의 미혹과 심란함과 시끄러움을 버리고 떠나서 비밀스러운 네 가지 보물의 문을 열기를 원한다)." 네 가지 보물은 바로 법(法) 재(財) 여(侶) 지(地)를 말합니다. 상사(上師)에 귀의하고 부처님〔佛〕께 귀의하고 법(法)에 귀의하고 승(僧)에 귀의하는 네 가지 귀의(皈依)이기도 합니다.

"第一金剛理示修等持之地方終(첫 번째 금강리가 등지를 수행하는 장소를 보여 줌이 끝났다)." '금강리(金剛理)'는 영원히 뒤집지 못하고 바꿀 수 없는 지극한 이치입니다. 이것은 첫 번째 단락이며, 우리에게 수지의 장소 및 환경의 관계를 말해 줍니다.

"第二金剛理示修等持之人. 今當指示以何者爲修習之人, 說具閉關法器之世人者(두 번째 금강리는 등지를 수행하는 사람을 보여 준다. 지금부터는 어떤 사람을 수습하는 사람이라고 하는지, 폐관의 자격을 갖춘 법기라고 말하는지를 가리켜 보인다)." 두 번째는 수지하는 본인 및 도반(道伴)에 대한 것으로서, 어떤 사람이 도를 닦고 불법을 배울 자격이 있는지를 말합니다. 엄격히 말해 어떤 사람이 폐관 전수(專修)할 자격이 있는가, 즉 법기(法器)인가 하는 문제입니다.

# 누가 법기인가

두 번째로 수습하는 사람은, 바른 믿음을 갖추고 벗어날 결심을 하며 세상을 싫어해서 떠나는 데 부지런하고, 생사를 싫어해서 버리고 해탈을 구하며, 금생에 성취하겠다는 마음으로 보리를 구한다. 시끄러움과 어지러움을 멀리 떠나고 번뇌가 적어야 한다. 깨끗함이 나타나고 성실하게 믿으며 마음이 넓고, 저 일체 중생들을 견고히 공경하여 수승한 해탈을 성취한다.

第二修習之人者, 具信·決出·勤·厭離, 厭棄生死·求解脫, 置今生心·求菩提. 遠闊·散·亂·煩惱·少. 淨顯·誠信·心量廣, 具堅恭敬彼諸衆, 殊勝解脫令其成.

이런 모든 조건을 다 구비해야 비로소 법기(法器)의 자격이 있습니다. 상사는 법을 전수해 줄 도제(徒弟)를 선택할 때 이런 사람을 뽑아야 합니다. 전수(專修)할 때는 도반을 찾아야 하는데, 마찬가지로 이런 사람을 찾아야 합니다. 첫째는 "믿음을 갖춤(具信)"이니, 미신이 아닌 바른 믿음을 지녀야 합니다. 교리에 통달하고 수행법을 알아서 바른 믿음의 선근(善根)을 갖추어야 합니다. "벗어날 결심을 한(決出)" 사람이어야 합니다. 속세를 벗어나고 삼계를 벗어나려는 결심을 하고, 즉생성취(卽生成就)를 하려는 그런 결심을 한 사람입니다. "세상을 싫어해서 떠나는 데 부지런한(勤·厭離)" 즉 언제 어디서나 이 세상을 싫어해서 떠나고 이 삼계를 싫어해서 떠나는 데 부지런합니다. 여러분은 가끔 스스로 너무 실망해서 떠나고 싶어질 때가 있다고 말하지만 그런 것은 염리심(厭離心)이라고 부르지 않습니다. 그저 여러분 뜻대로 되지 않는 것일 뿐입니다. 뜻대로 된 후에는 떠나고 싶어 하지 않습니다! 여러분이 장사를 한다고 했을 때 주변 환경이나 명리를 좇는 과정이 만사 뜻대로 된다면, 과연 그럴 때에도 여러분은 떠나고 싶어 할까요? 염리심은 어느 날까지 기다려야 하고 어떤 때까지 기다려야 생겨날까요? 여러분은 "내일 되면 할 거야"라고 말하지만, 내일까지 기다려야 하는 그런 것을 염리심이라고 부를 수 있을까요?

그러므로 제 자신이 생각해 봐도 사람은 참으로 염리심을 지니기가 어렵습니다! 이것이 부처님을 배우는 첫 번째 조건입니다. 여러분은 말합니다. "저는 정말 그들이 싫습니다." 하지만 싫어하는 것은 염리가 아닙니다. 그것은 여러분이 마음속으로 대단히 미워하는 업(業)으로, 성내는 마음(瞋心) 어리석은 마음(癡心)의 일종입니다. 염리심은 참으로 꿰뚫어 보는 것입니다. 이 인생을 꿰뚫어 보고 거기에서 떠나려는 마음을 지니는 것입니다. 반드시 출가(出家)여야 하는 것도 아니고 입산(入山)이어야 하는 것도 아닙니다. 그러나 진정한 염리심이 일어나면, 그 안에는 많은 계율이 포함되어 있으며 보살계의 많은 조건이 포함되어 있습니다.

진정한 전수(專修)는 집에 머물러 있든 집을 떠나든 언제 어디서나 삼계 바깥으로 벗어나고자 하는 출리심(出離心)과 세간의 법을 싫어하는 염리심(厭離心)을 지녀야 합니다. 그러나 성내고 원망하는 마음〔瞋恨心〕은 아닙니다. 진한심(瞋恨心)과 염리심은 서로 다릅니다. 윤회에서 벗어나려고 하면 먼저 이 생사에 대해 잘 알고 그것을 간절하게 추구하다가 마침내 이 생사를 싫어해서 버려야 합니다. 그것이 염리심입니다. 여러분은 말합니다. "저는 죽음이 두렵습니다." 그것은 죽음을 두려워하는 것이지 생사를 싫어해서 떠나는 것이 아닙니다. 죽음이 두렵다고 하면서 왜 생사의 문제를 분명하게 처리하지 않습니까? 도대체 부모가 나를 낳아주기 이전에 나는 어떻게 생겨났을까요? 죽은 다음에는 어디로 가는 걸까요? 그렇게 근본을 캐묻는 것을 염리심이라고 합니다. 죽음을 두려워하는 것은 범부의 마음이고, 생사를 싫어해서 버리는 것은 절대적으로 해탈을 추구하는 마음입니다.

"금생에 성취하겠다는 마음으로 보리를 구한다〔置今生心·求菩提〕", 이번 생에는 반드시 성취하고야 말겠다는 결심을 해야 합니다. 이번 생에 성공하지 못하면 다음 생에 다시 하겠다고 말해서는 안 됩니다. 그래서 이번 생에 이른바 대위덕(大威德) 대용맹(大勇猛)을 즉생성취하려고 합니다. 이 것을 대용(大勇) 대맹(大猛)이라고 부르니 반드시 대철대오 대성취를 하고야 말겠다고 결심합니다!

"시끄러움과 어지러움을 멀리 떠나고 번뇌가 적어야 한다〔遠鬧·散·亂·煩惱·少〕", 시끄러운 환경을 멀리 떠나 지극히 적막하고 청정한 장소를 찾아서, 일체의 산란을 벗어나고 일체의 번뇌를 벗어나야 합니다. 그래야 법기가 될 수 있고 도반이 될 수 있습니다.

"깨끗함이 나타나고 성실하게 믿으며 마음이 넓고〔淨顯·誠信·心量廣〕", "깨끗함이 나타남〔淨顯〕"은 복덕자량이니 심지가 깨끗하고 안팎이 일치함입니다. "성실하게 믿음〔誠信〕"은 절대적으로 정성을 다해 삼보(三寶)를 믿고 사귀의(四皈依)를 믿는 것입니다. 어떤 사람은 "저는 상사를 절대적으로 믿습니다"라고 말하는데, 죄송하지만 저는 상사가 아닙니다. 또 참으로 저를 믿는 사람을 만나본 적도 없습니다. 한 사람을 참으로 맹목적으로 믿는 것은 정말 어렵습니다! 우리가 불상을 저기에 모셔 두었지만, 과연 우리 중 어떤 사람이 저 부처님이 바로 자신의 스승이라고 맹목적으로 믿으려 할까요? 부처님이 언제나 저 자리에서 자신을 돌봐주고 있다고 생각하십니까? 그런 성실한 믿음 없이 성불하려고 한다면 그것은 불가능한 일입니다. 그러므로 성실하게 믿음이 그 정도에 이르러야 됩니다. 그런데 성실하게 믿는 사람들은 '아시타비(我是他非)'로 변하는 경우가 많습니다. 자신이 옳고 다른 사람은 틀렸다고 생각하는 것입니다. 다른 사람이 여러분만큼 절하지 않는 것을 보면 싫어합니다. 이런 태도는 옳지 않습니다. "마음이 넓어서〔心量廣〕"만상을 포용해야 합니다. 이것이 조건입니다.

"저 일체 중생들을 견고히 공경하여 수승한 해탈을 성취한다〔具堅恭敬彼諸衆, 殊勝解脫令其成〕", 게다가 가장 견고한 공경심을 지니고 법을 대하고 부처님을 대하고 삼보를 대해야 합니다. 또 가장 견고한 공경심으로 일체 중생을 공경하고 일체 대중을 공경해야 합니다. 그런 사람이라야 가장 얻기 힘든 수승 해탈을 얻을 수 있습니다. 주해를 보겠습니다.

"若有具信勤決出離者, 如法之田土相似, 蓋無土則無法, 若具厭棄生死者, 是乃入法之門也(만약 믿음을 갖추고 속세를 떠날 결심을 지닌다면, 법의 전토와 서로 비슷한데 대개 땅이 없으면 법이 없다. 만약 생사를 싫어하여 버림을 갖춘다면, 이는 법으로 들어가는 문이다)." 출가한 사람이 이런 것들을 구비했다면 복전승(福田僧)이라고 부를 수 있습니다. 말하자면 중생에게 복전(福田)[71]을 경작해 줄 수 있다는 뜻입니다.

"應須追逼於解脫之道, 具求寂滅樂者, 如菩提之種子相似(모름지기 해탈

의 도를 간절히 추구해서 적멸의 즐거움을 구하는 것은, 보리의 종자와 비슷하다)." 수도를 함에 있어서 해탈을 구하는 마음은 참으로 절실해야 합니다. 적멸청정(寂滅淸淨)을 추구하고 그 적막한 쾌락을 누리려고 해야, 비로소 보리의 도를 수행할 종자(種子)를 갖추었다 하겠습니다.

"此生心置之捨離貪著者, 則決成拔出輪廻之方便, 欲求究竟菩提者, 如三種緣之水與糞料相似(이번 생에 탐내고 집착함을 버리고 떠날 것에 마음을 두면, 윤회를 벗어날 방편을 성취한다. 구경의 보리를 구하려고 하는 것은, 세 가지 인연의 물과 거름과 비슷하다)." 이번 생에 성취할 결심을 해야, 그런 사람이라야 보리를 구할 자격이 있습니다. 바꾸어 말하면 사람은 이 세 가지의 조건, 즉 논밭이 있고 종자가 있고 비료가 있어야 비로소 나서 자랄 수 있습니다. 부처님을 배우는 사람도 세 가지 인연을 지녀야 합니다. 생사를 싫어하여 버리고, 간절한 출리심을 지니고, 즉생성취를 추구해야 합니다.

"由染汚慣鬧而寂靜者, 卽可發生違緣自退之祕訣(더러움과 심란함과 시끄러움으로부터 적정에 이르면, 인연을 거슬러 스스로 물러나는 비결을 만들어 낼 수 있다)." 여러분이 세속의 법 가운데 있으면서도 언제 어디서나 그 마음이 적멸청정의 법문을 수행할 수 있다면, 그러면 인간 세상에서 물러나는 방법을 발견할 수 있습니다. 스스로 지혜를 지니게 됩니다.

"具誠信淨顯者, 於善業之收穫, 頓成增長之因緣(성실한 믿음과 올바름의 드러남을 갖춘 사람은, 선업을 거두어들임에 있어서, 인연의 늘어남을 단번에 성취한다)." 한 사람이 참으로 불법승 삼보에 대해 진정한 공경과 믿음을 일으키고 게다가 올바른 마음의 생각이 안팎으로 드러나면, 선(善)의 도업이 자연스럽게 날마다 늘어나고 자연스럽게 거두어들이게 되는데 스스로도

---

71 논밭이 곡물을 자라게 하고 곡식을 거두어들이게 하는 것과 마찬가지로, 부처와 보살 법사들을 공양하고 삼보를 승봉하면 복덕(福德)의 열매를 얻게 되므로 복전(福田)이라고 한다.

알게 됩니다. 자신의 선심이 증가하면 사업을 하든 수도를 하든 인연을 잘 알게 되므로 선심이 갈수록 늘어갑니다. 고작 며칠 했는데 번뇌가 찾아오고 고통이 찾아온다면 그것은 당신의 악업이 늘어가고 있는 것입니다. 그런데도 스스로 알지 못하고 있습니다! 거기에다 뉘우칠 줄도 모릅니다.

　"具堅固心與恭敬者, 能使解脫之果速成熟者也, 故應知此爲殊勝器(견고한 마음과 공경을 갖춘 사람은 해탈의 과가 빨리 성숙하게 할 수 있으니, 그러므로 그것이 수승한 근기임을 마땅히 알아야 한다)." 견고한 마음을 지니고서 물러서지 않거나 상사를 받들고 가르침을 받으면서 물러서지 않는다면, 목눌조사(木訥祖師) 같은 사람은 그 상사가 그렇게나 재촉하고 그렇게나 때리고 그렇게나 다그쳤어도 결코 달아나지 않았습니다. 이런 근기(根器)를 지닌 사람이 수도를 해야 비로소 성취를 거둘 수 있습니다. 이런 사람이야말로 부처님을 배우는 법기가 될 자격이 있습니다. 상사가 제자를 선택할 때는 이런 법기를 선택해야 합니다.

　"如遍行云: 信·三昧誓·極精勤, 悲心·隨喜·無厭退, 身及妻子眷屬等, 皆不貪愛信樂供, 彼等乃信誓印故, 具眞實義施與之(『변행』에서 말한 것과 같다. 믿음과 삼매의 맹세와 지극한 정진, 자비와 희사와 물러서지 않음, 자신과 처자 권속까지도 모두 탐내어 아끼지 않으며 믿음과 즐거움으로 공양하니, 저들은 믿음으로 맹세하였기 때문에 진실한 뜻을 갖추어 보시한다)." 원력(願力)이 견고해서 영원히 물러서지 않고 용맹하게 정진하고 거기에다 자비희사(慈悲喜捨)[72]까지 할 수 있어야 합니다. 보살도의 수행이 가장 어려우니 자신, 아들, 부인까지 무엇이든지 보시할 수 있습니다.

---

72 자(慈)는 남에게 즐거움을 주려는 마음, 비(悲)는 남의 괴로움을 덜어 주려는 마음, 희(喜)는 남이 괴로움을 떠나 즐거움을 얻으면 기뻐하는 마음, 사(捨)는 남을 평등하게 대하려는 마음을 말한다. 이것은 수행 방법으로 중생에게 일으키는 한량없는 마음이므로 사무량심(四無量心)이라 한다.

# 법기가 아닌 사람에게 법을 전하지 말라

아주 재미있는 친구가 하나 있습니다. 평소 저를 얼마나 좋아하는지 큰 소리치곤 했는데, 어느 날 제 화를 크게 돋우는 통에 제가 말했습니다. "자네는 정말로 나를 그렇게 공경하는가? 그렇다면 자네 아들을 나에게 공양하게!" 그가 말했습니다. "그건 못 하겠습니다!" 제가 말했지요. "그러니 자넨 허풍이나 친 거야." 물론 그것은 우스갯소리였습니다. 또 어떤 사람이 말했습니다. "선생님! 저는 몸과 입과 뜻으로 선생님을 공양하겠습니다." 제가 말했습니다. "아무렇게나 함부로 말하지 말게. 자네가 그렇게 말하면 자네의 몸은 이제 내 것이야. 내가 내일 자네를 판다고 해도 자네는 그대로 따라야 해. 자네가 몸을 나에게 공양했으니 자네 몸의 주권이 나에게 있거든." 그러므로 함부로 불법을 입에 올려서는 안 됩니다. 마음에도 없이 입으로만 말하면 계(戒)를 범한 것이 됩니다. 자신을 속이고 다른 사람을 속이고, 불법조차 구두선(口頭禪)으로 변해 버립니다.

"彼等乃信誓印故, 具眞實義施與之(저들은 믿음으로 맹세하였기 때문에 진실한 뜻을 갖추어 보시한다)." 참된 공경, 참된 보시, 참된 공양을 누가 할 수 있을까요?

"又附所應捨棄之器者, 彼本續云: 指示非器邪人者, 喜世間法及名聞, 我慢·不敬·心短退, 放蕩·貪物·無有信(또 마땅히 버려야 할 근기를 덧붙여서 저 본속이 말하였다. 비기와 사인을 가리켜 보인 것은, 세간의 법 및 명성을 좋아하고, 자기를 높이고 공경하지 않으며 생각이 짧아 물러나고, 방탕하고 물질을 탐하고 믿음이 없어서이다)." 이 경전에서는 반대되는 상황을 덧붙여서 설명하였는데, 근기(根器)가 아닌 사람은 마땅히 버려야 한다고 했습니다. 그런 사람을 비기(非器)라고 부릅니다. 세간의 법을 좋아하며 명성과 이익과 공경을 탐해서 추구하는 그런 사람들은 모두 법기가 아닙니다. 명리(名利)를 좋아하고 남이 추켜세우고 떠받들어 주는 것을 좋아하고 남이 자신에게 잘 대해 주는 것을 좋아합니다. 잘난 척하고 공경하지 않으며 멀리 보지 못하고 생각이 짧아 현실적이며 쉽사리 물러납니다. 그 외에도 방탕하고 제멋대로 살고 물질을 탐하고 물질적 향수를 추구하면서 신심(信心)이 없는 사람은 모두 버려야 합니다.

"自度行持欲强求, 聖教普宣不相合(스스로를 제도하여 실천 수행을 강하게 구하지만, 불경의 가르침을 널리 알리기에는 서로 맞지 않는다)." 이런 부류의 사람들은 자신이 대단히 위대하다고 생각합니다. 상사는 잘 관찰해서 이런 부류의 사람들은 교화할 수 없으니 강하게 구해서는 안 됩니다. 그런 까닭에 불경의 성전(聖典)에서는 말하기를, 이렇게 근기가 서로 맞지 않는 부류는 그저 그의 근기에 따라야 한다고 했습니다. 그에게 조금의 선근(善根)이라도 심어 주면 내세에 태어나서 다시 하겠지요!

"增損自他念壞心, 此卽不示極秘密(늘어나든 줄어들든 자신에게든 남에게든 나쁜 마음을 품으면, 이런 사람에게는 지극한 비밀을 보여 주지 않는다)." 이런 부류의 사람들에게는 함부로 법을 전수해 주어서는 안 됩니다. 실제로 이런 사람들에게 법을 전해 주면 그 상사는 계를 범한 것이 됩니다. 상사가 자비심에서 스스로 위반했다면 자신이 죄를 받아야 합니다. 대상이 법기가 아니기 때문입니다. 게다가 그 사람은 배운 다음에 나가서 입을 놀리고 다른 사람을 해롭게도 합니다. 특히 밀법의 수지는 절대로 전수해 주어서는 안 됩니다. 이것은 법기와 비(非)법기의 차이를 설명한 것입니다.

"又具器者, 指示所行之法如何(또 법기를 갖춘 사람이 수행하는 법이 어떠한가를 가리켜 보인다)." 다음에는 어떤 사람이 법기인지를 들은 후에는 스스로 서둘러 수지하여 자신이 법기가 될 수 있도록 해야 함을 설명합니다.

제4강

우리는 이미 이 책의 19페이지까지 설명했습니다. 어떤 근기라야 이 법문을 수지할 수 있는지, 어떤 종류의 근기라야 대원만 선정의 수행법을 수지할 수 있는지에 관한 것으로 수지하는 사람의 조건이었습니다.

　이 법문을 수지하는 사람은 무엇보다 먼저 계율이 청정해야 합니다. 계(戒)는 몇 종류나 있을까요? 출가한 사람에게는 사미(사미니)계와 비구(비구니)계가 있고 대승의 보살계도 있습니다. 이 세 종류 외에도 밀종의 십사근본대계(十四根本大戒)가 있습니다. 이 네 종류의 계를 합쳐서 가장 중요한 것은 보리심계(菩提心戒)입니다. 오늘은 본래 이것을 설명하려고 했는데, 특별한 인연으로 말미암아 21페이지의 "성문, 보살과 지명, 세 가지 율의를 어기거나 범하지 않는다[聲聞·菩薩·與持明, 三種律儀不違犯]"라는 이 대목은 잠시 두고[73] 먼저 57페이지의 무념법(無念法) 수지를 말씀드리겠습니다.

---

**73** 건너뛴 부분은 제5강에서 설명한다.(편집자 주)

# 무념에 대한 잘못된 이해

　우리는 본래 대원만 선정의 수행법을 이야기하고 있지만 예전에 이런 말을 한 적이 있습니다. 어떤 종파를 막론하고 불법을 배우는 데는 견지(見地) 수증(修證) 행원(行願)의 세 단계가 있다고요. 지금 본 법문은 오로지 어떻게 정(定)을 얻는가를 설명하는데, 본 법문의 득정(得定) 수행법이 바로 대원만 득정의 방법입니다. 이 법문은 비록 견지, 수증, 행원을 포함하고는 있지만 오로지 색신(色身)과 보신(報身) 즉 부모가 낳아 준 현재의 이 업보의 몸을 수행하여 여러 불보살의 색신을 성취하도록 수행합니다. 법신(法身)을 증득한 후에는 또 화신(化身)이 신통한 작용을 일으킵니다.

　앞에서 우리는 법문을 수지할 장소의 선택, 수지하는 사람의 조건, 수지하는 사람의 법기(法器)까지 이야기했습니다. 법기 수행 다음에는 기맥 수행에 대해 이야기하는데, 이 색신을 전화시켜서 대승정(大乘定)의 경계에 도달하는 것입니다. 대승정 경계의 네 가지 조건은 공(空) 낙(樂) 명(明) 무념(無念)이니 그중에 하나라도 없어서는 안 됩니다. 이 자리에 계신 분들은 모두 수련을 했습니다. 지관 수행을 하거나 혹은 도가 수행을 하거나 혹은 밀종을 수행하거나 혹은 어떤 방법을 사용하든, 설사 열흘이고 보름이고 앉아 있을 수 있다고 할지라도 고목처럼 메마르고 죽어 있는 고목선(枯木禪) 좌법(坐法)은 아무런 쓸모가 없습니다. 그렇게 수행해서는 한평생 성공하지 못하는 것은 말할 것도 없고, 열 평생이라 할지라도 성공할 수 없습니다. 반드시 공(空)과 낙(樂)을 쌍운(雙運)해야 합니다. 공(空)은 의식의 경계이지만 보신의 육체는 쾌락으로 전화되어야 합니다. 반나절만 앉아 있어도 다리가 뻣뻣해지는데 어떻게 즐거움[樂]이라고 할 수 있습니까? 그런 것은 괴로움[苦]이라고 합니다. 비우려고[空] 해도 비워지지 않아 그 자리에서 망상만 계속합니다. 즐기려고[樂] 해도 즐겁지가 않아서 그 자리에서 몸만 괴롭힙니다. 그러지 않으면 여기가 저리고 저기가 붓고 모두 벌을 받고 있습니다. 그 때문에 비우려고 하고 즐거워지려고 해야 됩니다. 우리 몸은 참으로 정(定)에 들면 즐거워져서 그 자리에서 내려오고 싶지 않습니다. 이런 공(空) 낙(樂) 광명(光明)은 세상의 어떤 즐거움보다, 남녀가 함께 할 때의 즐거움보다 열 배, 백 배, 천 배 즐겁습니다.

여러분은 지금 타좌를 하면서 지관을 수행하고 있습니다. 여러분이 천태종, 선종, 밀종 어느 종파이든 상관없습니다. 눈을 감으면 캄캄한데 무슨 소용이 있습니까? 광명 가운데 있지 않다면 그것은 음(陰)의 경계입니다. 정(定)은 반드시 공, 낙, 명, 무념해야 하니 거기에 망상은 없습니다. 많은 사람이 자리에 앉아서 정말로 훌륭하게 수련을 하면서, 아침부터 밤까지 그 자리에서 망상을 없애고 있습니다. 하지만 아무리 없애도 없어지지 않고 망상은 또다시 찾아옵니다. 본 법문은 먼저 여러분에게 공(空), 낙(樂), 대정(大定)을 수행하라고 말합니다. 그런 후에 광명정(光明定)에 들어가고 무념정(無念定)에 들어갑니다.

오늘은 특별한 인연으로 먼저 무념법의 수행을 말씀드리는데 바로 유위법(有爲法)[74]입니다. 이 말에 주의하십시오. 참된 무념은 그것을 얻을 방법이 없습니다. 방법이 있으면 이미 무념이라고 부르지 않습니다. 이미 무념인데 불법을 수행할 수 있습니까? 그런데 이른바 무념은 단견(斷見)[75]도 아닙니다. 무념이라는 것이 수행할 방법이 없고 아무것도 모른다고 말한다면, 그것은 견지(見地)상 단견이며 유물 사상이고 외도견(外道見)이자 사견

---

**74** 위(爲)는 조작을 뜻하며, 조작을 유위(有爲)라고 한다. 인연이 생겨서 생멸 변화하는 것을 모두 유위라고 하는 것이다. 만물이 생하는 것은 유위가 있어서 가능하며, 이 유위의 작용이 없이는 만물이 생할 수 없으므로 유위법이라고 한다.

**75** 만유는 허망하고 무상한 것이어서 결국엔 실존하지 않는 것과 같이, 인간도 죽으면 심신이 모두 없어져서 공무(空無)로 돌아간다고 하는 견해를 가리킨다. 단멸견(斷滅見)이라고도 한다. 그와 반대로 없어지지 않고 영원히 존재한다고 하는 견해는 상견(常見)이라고 한다.

(邪見)입니다. 수련을 하는데도 아무것도 모른다면 그것은 무념이 아니라 고선(枯禪)입니다. 심신의 경지가 흐릿해서 아무런 생각도 일어나지 않는다면, 그것 역시 무념이 아니라 혼침(昏沈)입니다. 그렇기 때문에 이미 무념이라서 수행할 수 없다고 말하더라도, 저의 이 말을 오해해서는 안 된다고 말하는 것입니다. 이미 무념이라서 수행할 수 없다고 생각하고, 내가 지금 바로 무념이라고 말한다면 그것은 광견(狂見)입니다! 여러분은 근본적으로 무념에 이르지 않았습니다. 이르렀다면 상징이 있습니다. 만약 정말로 무념에 도달하면 색신이 곧바로 변합니다. 병이 없어지고 수명이 연장되어〔祛病延年〕, 늙은이가 다시 아이로 돌아가는〔返老還童〕 것이 전혀 문제가 되지 않습니다. 여러분의 색신이 변하지 않았으니 무념에 도달하지 않았음을 알 수가 있습니다. 바꾸어 말하면 색신이 정말로 변했다면 틀림없이 무념입니다. 그렇기 때문에 밀법을 수지해서 기맥이 통하지 않았는데 자신은 이미 무념을 증득했다고 말한다면 그것은 대망어계(大妄語戒)[76]를 범한 것입니다. 대망어계를 범하면 지옥에 떨어지니 자신을 속이고 남을 속여서는 안 됩니다.

다음으로, 여러분은 모두 『육조단경(六祖壇經)』을 존중하여 받드는데, 육조는 '무념(無念)'을 종지로 삼았습니다. 하지만 일반인들은 무엇이 '무념'인지를 잘못 이해하고 있습니다. 육조는 스스로 이렇게 해석했습니다. "'무(無)'라는 것은 망상이 없음이고, '염(念)'이라는 것은 진여(眞如)[77]를 생각함이다." 이른바 진여는 정념(正念)이 여전히 존재한다는 의미이니,

---

76 보지 못한 것을 보았다고 하고 알지 못하는 것을 안다고 하여 무지한 중생을 현혹해서는 안 된다는 계율이다.

77 불교의 근본 대의는 시대에 따라 경전의 초점에 따라 여러 가지 다른 개념으로 표현되어 왔다. 보리, 반야, 중도, 열반, 불성 등이 그런 것이다. 진여 또한 그것으로 진여자성을 줄인 말이기도 하다. 이처럼 표현은 달라도 밝힌 뜻은 하나라고 할 수 있다. 672쪽을 참조하라.

이것이 바로 『육조단경』에서 육조가 해석해 놓은 무념의 정의입니다. 지금 일반인들은 『육조단경』의 "무념을 근본으로 삼는다〔無念爲宗〕"는 말을 보고 앉아서 아무것도 상관하지 않습니다. 그래서 오히려 크게 혼침한 상태가 되어 버리지요. 그렇게 혼침한 상태로 수십 년 수지하고 나서 다음 생의 과보는 돼지로 변하는 것입니다. 돼지나 소가 크게 혼침한 상태로 있는 것을 수행이라고 여겨서는 안 됩니다! 그래서 총카파(宗喀巴) 대사가 계(戒)를 세우기를, 만약 흐리멍덩하게 "무념을 근본으로 삼는다"면 그 사람이 내세에 태어나는 과보는 축생도에 들어가는 것이라고 했습니다. 여러분도 『보리도차제광론(菩提道次第廣論)』을 펼쳐 보십시오. 총카파의 이 말을 저는 볼 때마다 동그라미를 치고 또 칩니다. 정말 맞습니다! 당시 한 무리의 중국 승려들이 티베트에 가서 선종을 전했는데 육조의 무념을 잘못 해석했습니다. 그런 까닭에 티베트의 승려들이 깔보면서 중국 땅에는 불법이 없다고 말했던 것입니다. 그런데 진정한 선종 대사가 티베트로 간 적은 없었습니다. 도망간 사람들은 선종에 의해 쫓겨 간 사람들로, 갈 곳이 없자 변경으로 도망가서 스스로 '선종'을 칭하며 사람들을 그르쳤습니다. 그들이 결국에는 총카파 대사를 만나게 되었는데 당시 대사는 통봉(痛棒)[78]으로 그들을 때리면서 말했습니다. "이렇게 하면서 불법이라고 할 것 같으면 구태여 수지할 필요가 있겠는가!" 그것은 깨달음의 정견(正見)이 아닙니다. 그렇기 때문에 이 부분을 명확하게 해야 합니다.

제가 왜 이런 말을 할까요? 이제 다시 되돌아가겠습니다. 조금 전에 공, 낙, 명의 단계를 언급하고서 아직 거기에 대해 설명하지도 않았는데, 거꾸로 무념의 수행법을 먼저 이야기하고 있습니다. 그런데 특히 유의해야 할 점은 이것이 대원만 선정의 무념 수행법이라는 사실입니다. 선종의 무념

---

78 좌선할 때 스승이 마음의 안정을 잡지 못하는 사람을 징벌하는 데 쓰는 막대기를 말한다.

역시 이런 수행법이라고 생각해서는 안 됩니다. 그것은 큰 착각입니다. 선종의 무념은 단번에 깨닫는 것[當下頓悟]으로, 거기로 들어갈 수 있는 문이 별도로 없으며 법 없는 법[無法之法]입니다. 『능가경(楞伽經)』에서 말한 것처럼 무문(無門)의 법문입니다. 어쩌면 대원만 법문에 비해 한 수 더 높다고 할 수 있습니다.


## 무념 수행법의 세 단계 중 사법

그렇다 할지라도 평범한 사람이 수지하기에는, 제 생각에는 그래도 대원만의 무념 법문을 수지하는 편이 비교적 온당합니다. 이 부분은 특별히 강조해야 합니다. 이제 말머리를 돌려서 원문을 읽어 보겠습니다.[79]

---

세 번째로 무념법을 가리켜 보이는데, 전행은 앞과 같으며 바른 수행은, 사법과 지법과 수법의 세 단계이다. 사법을 수지하는 사람은 마음속에 심성이 밝아지는데, '아'라는 글자나 빛 무리가 한 치쯤 되면 세차게 '하'를 스물한 번 외친다. 정수리에 도달하고 멀리 떠나서 공으로 돌아가니, 점점 높아지고 점점 흩어져서 다시 보이지 않는다. 그 경계에서 느슨하게 풀고서 고르고 한결같게 머무르면, 찰나에 생각의 흐름이 끊어져 곧 언어와 사상을 떠난 경계에 머무르며, 힘도 또한 보이지 않고 마음이 경계를 떠난다.

第三指示無念法, 前行如前而正行, 射持修法三次第. 射者心中心性明, 阿或光團一寸許, 猛聲唸哈二十一. 達頂遠離歸於空, 漸高漸散復不見. 鬆懈其境

---

平等住, 刹那於彼斷念流, 卽住於離言思境, 力亦不見心離境.

세 번째 단계는 무념법을 어떻게 수지하여 얻을 것인가 하는 것입니다. 그 앞의 첫 번째 단계는 공(空)이고 두 번째 단계는 낙(樂)입니다. 어떻게 수련해서 공을 증득할까요? 어떻게 수지해서 낙을 얻고, 선정의 즐거움을 얻을까요? 지금은 먼저 세 번째 단계부터 말씀드리겠습니다.

'전행(前行)'은 앞에서 마땅히 준비해야 한다는 말입니다. 물론 전수(專修)를 할 때에는 법재려지(法財侶地)가 갖추어져야 합니다. 장소가 있어야 하고 법도 알아야 하고 돌봐주는 도반도 있어야 합니다. 동시에 공(空)의 경계를 증득한 적이 있고 선정 가운데에서 이미 즐거움도 일으켜야 합니다. 무념을 전수하기 위한 '전행'에는 이런 것들이 포함됩니다. 그러므로 "전행이 앞과 같음〔前行如前〕"은 앞에서 말씀드린 적이 있다는 말입니다. 지금부터는 어떻게 무념 경계의 '정행(正行)' 즉 바른 수행을 해낼 것인가를 말씀드리겠습니다. 대원만선정휴식의 방법은 무념 수행법에 관해서 세 단계인 사법(射法) 지법(持法) 수법(修法)으로 나누었습니다. 이러한 순서가 유위법(有爲法)으로부터 무위(無爲)에 도달하는 순서입니다.

무엇을 사법(射法)이라고 부를까요? 물론 지금 건너뛰어서 이야기하고는 있지만 앞에 전제 조건이 있습니다. 색신의 기맥을 잘 수지해서 몸이 이미 즐거움을 일으켰다면 정(定)을 얻을 수 있습니다. 며칠씩 앉아 있어도 그 자리에서 내려오고 싶지 않게 됩니다. 자리에서 내려오지 않는다는 것은 단지 가부좌를 해서 버틸 수 있다는 말이 아니라 온몸이 즐거움을 일으키고 쾌감이 있다는 말입니다. 특히 명치부터 배꼽까지 부위는 서양 의학에서 청춘선(靑春腺)이라고 부르는 것이 있는 곳입니다. 그때는 모든 모공이 쾌락 속에 있습니다. 여자아이는 열 몇 살이 되면 처음 월경이 찾아오는데 파신(破身)이라고 할 수 있습니다. 남자아이는 처음 유방이 부풀어

오르고 성(性)에 눈을 뜨면 파신이라고 할 수 있습니다. 결혼을 해야 파신이라고 하는 것이 아닙니다. 파신은 동진(童眞)을 잃어버리는 것으로, 중국인은 과거에 여성은 십사 세, 남성은 십육 세를 파신의 표준으로 삼았습니다. 그러나 인도인은 다릅니다. 인도 여성들은 십이삼 세면 월경이 시작돼서 결혼을 할 수 있습니다. 요즘 사람들은 더 빨라졌지요.

어제 '교육부'에서 자료를 보내 주었는데, 지금은 5학년 학생들이 성에 눈뜨기 시작한다고 합니다. 시대가 이렇게 되었으니 이 자리에 계신 저 같은 노인들은 주의해야 합니다! 우리의 사상은 이미 수십 년이나 뒤떨어졌습니다. 이것이 대만의 현실이고 외국은 더 심각합니다. 이 또한 부처님께서 말씀하셨습니다. 말법 시대가 오면 그처럼 일찍 성에 눈을 떠서 문제가 많아질 것이라고요. 성에 눈을 떠서 파신하게 되면 이 청춘선은 닫혀 버립니다. 여러분은 이런 경험이 있는지 모르겠지만 저는 생생하게 기억합니다. 제가 청춘 시절에는 새벽에 잠이 깨면 침상에 누워서 일어나지 못했습니다. 이 청춘선이 몸속에서 편안하고 즐거운 느낌을 일으켰기 때문입니다. 나중에 이런 경험이 있느냐고 여러 사람에게 물어봤는데, 있다고 대답한 사람은 소수였습니다. 그 후 의사에게 물어보고서야 그 선을 청춘선이라고 부른다는 것을 알았는데, 남녀가 똑같으며 파신하기 이전에는 즐거움을 일으킨다고 했습니다.

정말로 정(定)을 얻은 후에는 어찌 사지(四肢)만 그렇겠습니까? 전신의 팔만사천 모공이 전부 즐거움을 일으키고 청춘선이 회복됩니다. 사람은 쾌감이 있으면 움직이려고 하지 않는데, 그때는 세상의 모든 즐거움으로도 유혹할 수 없습니다. 중국 문학에서는 "몸을 남쪽으로 향하고 왕 노릇 한다 해도 유혹하지 못한다[南面王不足以誘]"고 말하는데, 황제도 되고 싶어 하지 않는다는 뜻입니다. 부귀공명도 다 싫고 남녀 사이의 일도 없어집니다. 바꾸어 말하면 여기에는 조건이 있으니, 바로 자신의 몸에 즐거움이 있어

야 한다는 것입니다. 맹자가 "자신에게 지니는 것을 신이라 한다[有諸己之
謂信]"고 말한 것처럼, 즐거움이 그 가운데 있습니다. 맹자의 이 말은 확실
히 일리가 있습니다. 그래서 저는 맹 선생님이 이미 이런 경계에 도달한
것은 아닐까 늘 의심했습니다. 그러지 않았다면 이렇게 말할 수가 없지요.

이런 경계에 도달하면 마음속에 이미 광명이 생겨나는데, 이때가 되어
야 비로소 '사(射)'법을 말할 수 있습니다. 마치 사격을 하는 것처럼 쏜다
는 말인데, 무엇을 사법(射法)이라고 할까요? 마음속의 심성(心性)이 이미
밝아졌다[明]는 말입니다. 즉 선종에서 말하는 '명심견성(明心見性)' 가운
데 '명심(明心)'의 경계입니다. 반드시 견성(見性)까지 한다는 말은 아닙니
다. 이때가 되면 초보적인 파참(破參)[80]에 이미 도달해서 의념(意念)으로 마
음속에 '아(阿)'자를 관상하게 됩니다. 범문(梵文)이든 티베트 문자이든
중국어의 '아(阿)'자든 모두 괜찮습니다. 다만 이것은 의도를 가지고 관상
하는 것이라 검은색 광명은 안 됩니다. 방금 언급했던 청춘선 위에(도가에
서는 중궁中宮이라고 부릅니다) 한 덩어리의 빛이 있는 것을 관상하는데, 대
략 그것을 한 치[一寸]의 둥근 빛으로 관상하게 됩니다. 하지만 이것은 가
짜입니다. 참으로 정(定)을 얻은 사람은 회광반조(回光返照)하기 때문에 자
연스럽게 여기에 광명이 있는데, 커서 바깥이 없고 작아서 안이 없습니다.
이것이 바로 명점(明點)이고 광명입니다. 제가 생각하기에 여러분은 아마
도 아직 정(定)을 얻지 못했습니다. 여러분이 배울 수 있는 방법이 하나 있
으니 다들 주의하십시오! 바로 무념법을 수지해야 합니다.

모두들 먼저 자리에 앉아서 마음을 청정하게 하고 호흡을 고른 다음, 심
념(心念)을 끌어올리고 기식(氣息)을 충만하게 합니다. 천태종의 노선을

---

80 선종에서 세운 삼관(三觀) 중에 초관이 파본참(破本參)이다. 곧 반야의 공성(空性)에 들어 반야
의 지혜를 얻는 것을 말한다.

걷든 밀종의 노선을 걷든 다 괜찮습니다. 그런 다음 모든 망념을 관상하여 똑바로 위로 올려서 정수리로부터 내보냅니다. 어떻게 내보낼까요? 숨을 한 모금 들이쉬고 큰 소리로 "휘이〔呸〕" 하고 외치면 온갖 소리가 조용해지는데, 이때 바로 망념이 없어집니다. 물론 망상이 다시 찾아올 때는 숨을 한 모금 끌어올려서 "휘이" 하고 눈을 크게 뜨면 바로 망상이 없어집니다. 이것은 밀종의 특수한 방법인데 세차게 "하〔哈〕"를 외쳐도 됩니다. 그도 아니면 이것은 미륵보살의 법문인데, 입을 크게 벌리고 "하하하……" 하고 웃습니다. 그렇게 숨〔氣〕을 내뱉어서 모든 업기(業氣)와 망상을 모조리 내보내면 찰나에 망념이 끊어집니다. 망념이 끊어진 그 상태를 지(止)라고 부르는데, 망념이 움직이지 않는 경계를 유지해야 합니다. 이것이 바로 유위법(有爲法)으로써 무위법(無爲法)에 도달하는 수행법입니다. 그렇기 때문에 "세차게 '하'를 스물한 번 외쳐도〔猛聲唸哈二十一〕" 괜찮다고 말한 것입니다.

다시 정광(頂光)[81]이 정수리를 통해 나오는 것을 관상하는데, "정수리에 도달하고 멀리 떠나서 공으로 돌아가는〔達頂遠離歸於空〕" 것입니다. 즉 허공으로 돌아가는데 위를 향할수록 좋습니다. 사대(四大) 육체가 모두 공(空)이 되면 "점점 높아지고 점점 흩어져서 다시 보이지 않는다〔漸高漸散復不見〕"고 하는데, 점점 높아지고 점점 흩어져서 결국에는 얻을 수 없게 됩니다. 심신이 "휘이" "하" 소리로 인해 점차 의도적인 생각을 지니게 되기 때문에, 망상은 허공을 따라 흩어지고 만연(萬緣)을 내려놓으니 무념하여 정(定)을 얻게 됩니다. "그 경계에서 느슨하게 풀고서 고르고 한결같게 머무르면〔鬆懈其境平等住〕", 이때가 되면 자연스럽게 머무르게 되는데, 일 초

---

81 부처나 보살의 머리 뒤에서 비치는 둥근 빛을 말한다.

를 유지할 수 있으면 일 초도 좋고 일 분이라면 일 분도 좋고 한 시간이면 더 좋습니다. 그러나 그 상태가 혼침은 아닙니다. "찰나에 생각의 흐름이 끊어진〔利那於彼斷念流〕" 것입니다. 이 방법을 사용해서 수지하면 찰나에 여러분의 망념이 마치 흐르는 물처럼 "휘이" 소리에 끊어져 버립니다. 우리의 망념은 멈추지 못하고 사상도 멈추지 못하는데, "휘이" 소리에 공〔空〕이 되어 버립니다.

젊은 시절 제가 티베트로 달려가서 밀종을 배웠던 것은 그 속에 뭐가 있는지 알고 싶었기 때문입니다. 그래서 각종 법문을 다 배웠는데 공양을 원하면 원하는 대로 내고 절을 하라고 하면 절을 했습니다. 갖은 고생을 다 한 후에 이 법을 배울 때 저 역시 따라서 수지는 했지만 속으로는 웃었습니다. "휘이" 하는 것쯤이야 당연히 할 줄 알았으니까요. 반나절을 "휘이" 했더니 동학이 저에게 물었습니다. "어때? 선종보다 훌륭한가?" 제가 말했습니다. "흥! 사람을 속이는 거야." 그가 말했습니다. "자네가 어떻게 알아?" 저는 어려서부터 이 방법을 알고 있었노라고 말했습니다. 우리는 어렸을 때 긴 두루마기를 입었는데 밤길을 걸어갈 때면 귀신이 무서웠습니다. 그러자 어른들이 저에게 말해 주기를 만약 앞쪽에서 귀신이 홀리려고 하면 긴 두루마기를 흔들며 "휘이" 하고서 지나가면, 앞에 아무것도 없어지고 귀신이 있더라도 달아나 버린다고 했습니다.

그러자 라마승들이 저에게 물었습니다. "선종보다 훌륭하다고 생각하지 않는가?" 저는 마음속으로 생각했습니다. '이런 방법은 중국에서는 촌뜨기라도 알고 있어.' 말은 그렇게 했지만 이 방법은 확실히 일리가 있습니다. 고대에 전쟁이 나서 결사적으로 교전을 벌일 때의 상황입니다. 상대방이 칼로 자신을 내려치는 것을 보는 순간, 숨쉬는 것을 완전히 잊어버리고 한 손으로 칼을 막으면서 "휘이" 하고 외칩니다. 그러면 칼날이 손에 닿는 순간 부러져 버립니다. 설마하니 사람의 육체가 정말로 칼날을 버텨 낼 수 있는 걸까요? 이것은 유심(唯心)이 만들어 낸 힘으로, 이 몸의 숙업(宿業)[82]에 더해진 것입니다. 권법 겨루기를 보더라도 때로는 반드시 입을 벌리고 숨을 토하면서 "휘이" 하는 소리를 외쳐야 합니다. 그것은 주먹의 힘이 아니라 정신의 힘이니, 바로 이런 원리입니다. 그러므로 이것은 대단히 오묘한 방법입니다. 순식간에 망상의 흐름을 끊어 버릴 수 있으니 말입니다. 하지만 동시에 대단히 평범한 방법이라고도 말할 수 있습니다. 그러므로 여러분이 잘 해야 됩니다. 물론 이것은 법문일 뿐 구경(究竟)이 아닙니다. 아까 말씀드렸듯이 궁극적으로는 무념인데 왜 굳이 이런 법에 기대야 합니까? 그것은 여러분이 무념을 해낼 수 없기 때문에 어쩔 수 없이 유위법으로 무위의 경계를 수지하는 것입니다.

망념의 흐름이 갑자기 끊어지면 "언어와 사상을 떠난 경계에 머무른다〔即住於離言思境〕"고 했습니다. 사상도 없고 언어와 망념도 전혀 일어나지 않으니, 고르고 한결같게 머무르며 그 경계에 안정됩니다. 이때가 되면 "힘도 또한 보이지 않고 마음이 경계를 떠난다〔力亦不見心離境〕", 즉 힘도 보이지 않고 마음도 보이지 않고 업도 보이지 않고 일체의 경계가 모두 없어집니다. 모두 공(空)이고 마음이 일체의 경계를 떠나서 진정한 무념에 도달합니다. 이제 주해를 보겠습니다.

"於彼中脈內空上部, 由如前所觀想之心中(저 중맥 안 상부가 비게 됨은, 앞서와 같이 심중을 관상하는 바로 말미암는다)." 어떤 동학들은 삼맥(三脈)이 좌맥(左脈) 중맥(中脈) 우맥(右脈)이고 사륜(四輪)은 제륜(臍輪) 심륜(心輪) 후륜(喉輪) 대락륜(大樂輪)임을 알고 있습니다. 심중을 관상함으로써 중맥 상부가 공하게 됩니다.

"希有之五光團, 到達頭頂, 即漸高漸高而去, 最後則不可見(희유한 다섯

---

82 전생에서 지은 선악의 업을 말한다.

빛 무리가 정수리 부위에 도달하고, 점점 높이 점점 높이 가버려서 마지막에는 보이지 않는다)." 본래 초보적으로 정(定)을 얻은 사람은 이미 내재적인 광명을 지니고 있습니다. 지금 이 자리에 계신 몇 분도 모두 광명 가운데 있습니다. 정월의 타칠(打七)부터 현재까지 그들의 보고를 통해 그들 모두가 광명 가운데 있음을 알게 되었습니다. 그런데 여러분이 주의할 것이 있습니다. "희유한 다섯 빛 무리〔五光團〕"가 정수리 부분에 도달하면 광명을 지키려고만 해서는 안 됩니다. 이 빛이 정수리에 도달한 후에는 "점점 높이 점점 높이 가버려서〔漸高漸高而去〕" 그것을 공(空)으로 놓아 버리게 되고, 마지막에는 공(空)조차 보이지 않게 됩니다. 그리하여 몸도 얻을 수 없고 신체의 감각도 공이 됩니다.

"厲聲唵哈二十一遍(세찬 소리로 '하'를 스물한 번 외친다)." 어떤 동학의 경우에는 현재의 경계에서 '하'를 외칠 필요가 없습니다. 망념은 본래 공(空)이기 때문에 외칠 필요가 없습니다. 여러분이 큰 소리로 외쳐서 다른 사람을 놀라게 하려는 것도 아니지 않습니까! 가족이 보면 틀림없이 정신병원으로 보낼 것입니다. 여러분이 미쳤다고 생각할 테니까요. 그러므로 수행을 하려면 전수(專修)하는 도량이 있어야 하고 전문가가 돌봐 주어야 합니다. 모르는 사람이 들으면 곧바로 와서 이렇게 물을 것입니다. "저 사람 아무래도 미친 것 같습니다. 무엇 때문에 하루 온종일 저 자리에 앉아 있습니까!"

"身心鬆懈, 刹那卽出生不可言思之光明(심신이 풀어지면 순식간에 말로 하거나 생각할 수 없는 광명이 생겨난다)." 심신이 풀어진 후에는 이 광명이 곧바로 달라집니다. 허공과 하나가 되고 심신과 하나가 되어 한 덩이 커다란 광명경(光明境) 가운데 있게 됩니다. 형상이 있다고 말한다면 마치 광명이 있는 것 같고, 형상이 없다고 말한다면 본래부터 본체〔體〕가 없습니다. 어쨌거나 자연스럽게 이릅니다.

"其功力亦覺受, 如空不可思惟者(그 공력을 또한 각수하는데 공과 같아서 사유할 수 없다)." 여러분의 수지가 여기에 이르면 이것이 진공(眞空)을 각수(覺受)[83]하는 경계임을, 이것이 불가사의(不可思議) 불가사유(不可思惟)의 경계임을 자연스럽게 느끼게 됩니다.

## 무념 수행법의 지법과 일월 정화의 채집

"第二方便於自性者(두 번째 방편은 자성에 있다)." 이것은 여러분에게 무념을 수행하는 방편 법문을 말해 줍니다. 무념을 배워서 공성(空性)을 증득하면, 이는 여여(如如)이며 공성과 같지만 연기성공(緣起性空)이나 본공(本空)의 공성은 아닙니다. 『대반야경(大般若經)』에는 십팔공(十八空)이 있습니다. 다시 한 번 말하지만 두 번째 방편 법문은 여여성(如如性)의 공성을 수지하는 것입니다. 요즘 말로 해석하면 진공자성(眞空自性)에 가까운 공성입니다. 하지만 철저하고 진정한 연기성공(緣起性空), 자성본공(自性本空)의 공성은 아닙니다. 아시겠습니까? 언어 문자로 표현할 수 없는 것을 억지로 언어 문자로 표현하려고 하니 너무 힘드네요! 물론 여러분은 무슨 말인지 알 수 없을 것입니다. 여러분이 알아들었다면 제가 이렇게 연극을 하겠습니까! 천천히 참구해 보십시오.

---

지법을 수지하는 사람은 해와 달을 등지는데, 눈을 맑은 허공에 두면 단번에 머무르게 된다. 기의 움직임을 느끼지 못하니 모두 느리게 행하고, 무념으로 희론을 떠나면 안으로부터 나타나는데, 본성이 하늘과 같은 공성이 생겨난다.

---

83 감각으로 느껴서 받아들이는 것을 말한다.

持者背向日月邊, 眼注淸空頓然住. 不覺氣動皆緩行, 無念離戱由內現, 出生
性如天空性.

---

"하[哈]" "휘이[呸]" 하는 소리는 활쏘기와 똑같아서 망념을 쏘아[射] 내
보냅니다. 지금 이야기하는 '지(持)'법은 그 수련의 경계를 유지하는 것으
로, 당연히 산 위에서 수지하는 것이 가장 좋습니다. 중국 도가에는 일월
의 정화(精華)를 채집하는 방법이 있는데 여러분에게 말씀드린 적이 있습
니다. 어쨌든 저는 마도(魔道)든 요도(妖道)든 외도(外道)든 무엇이든지 다
건드려 봤습니다. 그래서 어떤 사람이 무슨 도를 배운다고 하면 본인이 말
을 안 하더라도 저는 눈으로 보기만 해도 제 마음속에 벌써 계산이 섭니다.
그런 후에 일부러 여러분에게 응수해 줍니다. "자네들 안색을 보니 어떤 것
은 맞고 어떤 것은 틀렸어." 여러분이 오늘은 맞아도 내일은 틀릴 것조차
다 알고 있는데, 여러분의 말이 무슨 소용이 있겠습니까! 이 자리에 오르지
않으면 대충대충 여러분에게 세상법으로 응대해 주면 됩니다. 하지만 이
자리에 오르면 저는 눈을 부릅뜨고 누구라 해도 함부로 인정해 주지 않습
니다. 틀렸으면 틀렸다고 해 버립니다. "차라리 몸이 지옥에 내려갈지언정
불법을 인정(人情)으로 삼지는 않습니다." 법왕의 법이 이러합니다.

　그래서 지금부터는 외도(外道)의 법을 여러분에게 들려 드릴 테니 비교
해 보십시오. 일월의 정화를 채집한다는 그런 일이 도대체 있기나 한 걸까
요? 있습니다. 어떻게 하는 것을 '채집한다[採]'고 할까요? 이제 제가 그
들을 대신해서 해석해 드리겠습니다. 사람의 생명에는 세 가지 중요한 것
이 있는데 햇빛, 공기, 물입니다. 일월의 정화를 채집한다는 것은 태양의
에너지와 달의 태음 에너지를 흡수함을 말합니다. 다만 과학에서는 태음
의 에너지를 말하지 않기 때문에 잠시 거론하지 않겠습니다. 태양의 에너
지를 채집하려면 중국 대륙에서는 태산(泰山)의 정상으로 가야 합니다. 대

만에서는 아리산(阿里山)의 일출을 보는 그 장소로 가야 합니다. 언제 채집할 수 있습니까? 아주 어려운 일인데 매달 음력 초하루, 초이틀, 초사흘에 가능합니다. 때로 날씨가 좋지 않고 운무가 끼면 방법이 없습니다. 기다리면서 시간을 계산해서 태양이 막 바다 수평선에 떠오르는 축시(丑時) 인시(寅時) 그 시간에 그 자리에서 타좌를 합니다. 몸은 잊어버린 채 얼굴을 동쪽으로 향하고 도가의 호흡을 실시합니다. 일주일간 배를 비워야 하는데 적어도 사흘은 음식을 먹지 않아 위장을 비우고 물만 마십니다. 먼저 눈빛을 안정되게 한 후 태양이 수평선에 떠오르면 천지도 잊고 심신도 잊은 채 태양의 정신을, 기(氣)마저 신광(神光)마저도 빨아들여서 녹입니다. 그리고 침을 백팔 번 삼킵니다. 다 끝내고 나면 한 시진(두 시간)이 걸립니다. 묘시(卯時)가 되면 더는 수련하지 않는데 그 시간을 넘기면 안 됩니다.

달의 정화를 채집하는 것은 음력으로 매달 십사, 십오, 십육 사흘 동안 합니다. 십육 일은 이미 너무 오래되었고 십사일은 너무 연합니다. 또 곡기를 피해서 먹지 않아야 합니다. 한밤중 자시(子時)에 달이 정중앙에 있을 때, 정수리를 달의 한가운데로 향하고 달의 에너지를 머리를 통해 끌어내립니다. 효과가 커서 몸과 정신이 백 배는 향상되는데, 산꼭대기에 서 있으면 마치 날아오르는 것처럼 느껴집니다. 불법의 견지에서 보면 그것은 심물일원(心物一元)의 이치입니다. 이러한 물리 자연의 힘을 빌리고 심력(心力)의 힘을 빌리면 확실히 그런 경계를 만들어 낼 수 있습니다. 이것은 도가의 수행법입니다. 바라문교에는 바라문교의 수행법이 있는데, 밀종의 수행법은 이와 정반대입니다. 태양을 등지고 달을 등지고 앉아서 수지합니다. 이 또한 하나의 방법이며 더 훌륭합니다. 광선이 곧바로 쏘지 않게 하고서 공(空)을 수지하고 염정(念定)하면 대단히 좋습니다. 타좌를 할 때 눈을 감을 필요는 없습니다. 그냥 눈은 똑바로 앞을 보면서〔平視〕보살상(菩薩像)을 본받아 얼굴에 미소를 띠는데, 한 번 웃으면 번뇌가 곧바로 공(空)이 됩니다.

여러분이 타좌할 때는 완전히 빚 받으러 온 얼굴을 하고 있습니다. 마치 제가 여러분에게 많이 빌려 놓고 조금만 갚기라도 한 것처럼, 온갖 근육을 축 늘어뜨리고 얼굴에는 분노와 원한이 가득합니다. 보살은 자비희사(慈悲喜捨)하며 눈은 똑바로 앞을 보니 상왕시(象王視)가 아닙니다. 상왕시의 수행법이라는 것이 있는데, 코끼리는 코가 크고 높아서 두 눈이 각기 나뉘어 좌우로 양쪽을 봅니다. 제가 늘 이 자리에 앉아서 여러분이 뭘 하는지 다 보는 것도 시야가 넓기 때문입니다. 하지만 지금은 평시를 사용하고 상왕시를 사용하지 않습니다. 눈을 움직여서는 안 됩니다. 눈으로 보는 것이 아니라 단지 외형상 눈을 크게 뜨고 있을 뿐입니다. 사물을 볼 때 이렇게 한다면 눈이 망가질 수 있으니 조심해야 합니다. 눈은 달마조사처럼 하는데, 눈을 뜨고 있지만 보는 것이 아니라 그저 뜨고 있을 뿐입니다. 눈은 창문과 같으니 창문을 열어 놓고 그것을 의식해서는 안 됩니다. 그렇게 바라보면 자연스럽게 허공과 결합해서 심성이 공(空)이 됩니다.

그렇게 망념이 단번에 끊어지고 눈이 고요히 머물렀을 때 만약 미륵보살의 수행법을 더한다면, 웃기만 해도 망념이 자연스럽게 끊어집니다. 눈을 감으면 망념이 많아집니다. 그러면 여러분은 이렇게 말합니다. "선생님께서는 늘 우리에게 눈을 감으라고 가르치셨잖아요!" 저는 여러분에게 타좌를 할 때는 눈을 감아야 한다고 말했습니다. 왜냐하면 지금 이 시대는 사람들이 눈을 너무 심하게 사용하기 때문입니다. 지금은 여러분이 제대로 수련을 해서 기맥이 머리에서 움직이게 됐을 때를 말하는 겁니다. 그때가 되면 눈을 감고 싶어도 감을 수 없습니다. 자연스럽게 눈을 뜨게 되고 광명이 와서 안통(眼通)이 열리게 됩니다. 여러분은 안통을 지닌 사람은 눈을 감고서 본다고 생각하십니까? 저도 여러 명 본 적이 있습니다. 어떤 사람이 저에게 "아무개가 안통을 지녔습니다"라고 말하면 그 사람을 만났을 때 이렇게 물어봅니다. "눈을 뜨면 보입니까?" 그는 보이지 않게 되었다고 말합니다. 어림도 없습니다! 안통을 지닌 사람은 전혀 티를 내지 않습니다. 보통 사람과 똑같이 봅니다. 이 산하대지가 안통을 지닌 사람에게는 장애가 되지 않습니다. 삼천대천세계를 보는 것이 마치 손바닥 안의 암마라과(庵摩羅果)를 보는 것 같다고 부처님께서는 말씀하셨습니다. 암마라과는 감람(橄欖) 열매만 한 크기의 과일인데 전해지는 말로는 그 과일의 즙은 황금을 녹일 수 있다고 합니다. 안통을 지닌 사람은 여러분과 대화를 하면서 동시에 천지의 귀신을 또렷하게 볼 수 있습니다. 다만 말을 하지 않을 뿐이지요.

## 희론을 떠나야 공성이 생겨난다

지금 여러분에게 "눈을 맑은 허공에 두면 단번에 머무르게 된다〔眼注淸空頓然住〕"고 했는데, 이때는 "기의 움직임을 느끼지 못하니 모두 느리게 행하게〔不覺氣動皆緩行〕" 됩니다. 여러분은 자신의 기맥 호흡이 거친 데서부터 미세해짐을 느끼는데, 천천히 흐르다가 자연스럽게 무념의 경계에 도달합니다. "무념으로 희론을 떠나면 안으로부터 나타난다〔無念離戲由內現〕", 공(空) 유(有) 비공비유(非空非有) 즉공즉유(卽空卽有)라는 이 네 가지는 모두 희론(戲論)이고 우스갯소리이니, 희론을 떠나야 내심에 자연스럽게 망념이 없어집니다. 그러면 "본성이 하늘과 같은 공성이 생겨난다〔出生性如天空性〕", 즉 본성이 태허(太虛)와 같은 공성(空性)이 자연스럽게 나와서 몸을 모두 잊어버리게 됩니다. 이것이 하나의 방법입니다.

저는 지금 여러분에게 이렇게 쉽게 가르쳐 주지만, 밀종의 규범에 따르면 이렇게 한 번 가르쳐 주면 지폐를 한 보따리 공양해야 합니다. 제가 한

평생 그렇게 불법을 강의했다면 지금은 엄청난 부자가 됐을 겁니다. 그러나 저에게는 문제가 하나 있으니 그런 것을 따지지 않는다는 것입니다. 하지만 여러분은 불법을 쉽게 얻다 보니 오히려 등한시합니다. 저는 또다시 큰 잘못, 큰 계를 범하고 말았습니다! 여러분이 불법을 존중하지 않기 때문입니다. 제발 주의하십시오! 여러분은 자신이 죄를 짓고 있음을 알지 못합니다. 이것은 대단한 법입니다. 이것을 유위법이라고 생각해서는 안 됩니다. 비록 유위법이라 할지라도 여러분이 저를 만나기만 하면 무엇이든지 다 말씀드렸기 때문에 너무 쉽게 얻었습니다. 저는 하나의 법을 구할 때마다 천신만고 끝에 얻었습니다. 물론 구해서 알고 나면 그런 것은 제가 보기에는 찌꺼기들입니다. 그러나 여러분은 존중해야 합니다. 여러분이 아직 대철대오하기 이전에는 찌꺼기가 모두 보배이며 모두 대치(對治) 법문입니다. 아래는 해석입니다.

  "天極淸明時, 背日光, 眼不動注於天空中央, 氣緩徐後卽所住之刹那, 顯現空之光明也, 其功力亦淸醒(하늘이 지극히 맑고 밝을 때 햇빛을 등지고, 눈은 움직이지 않고 허공 가운데 두면, 기가 느려진 후에 머무르는 찰나에 공의 광명이 나타나게 되는데, 그 공력 또한 맑게 깨어 있다)." '주(注)' 자 아래에 '시(視)' 자가 없으니 여러분에게 보라고 한 것이 결코 아닙니다! 저는 이 말을 수도 없이 여러 번 했습니다. 여러분이 잘못해서 눈을 크게 뜨고 하늘을 봤다가 눈이 멀게 되더라도 저를 원망하지는 마십시오. 눈으로 '보기〔視〕'를 하지 않으면 이때 기(氣)가 느려지는데, 바로 이 찰나 사이에 공성(空性)의 광명경성(光明境性)이 나타나는 것을 체득하게 됩니다. 달리 광명을 추구하지 마십시오. 자연광 또한 광명의 하나입니다. 이때 내심은 대단히 맑게 깨어 있으며 혼침한 상태가 아닌데, 심지어 맑게 깨어서 잠을 자지 않게 됩니다.

  "無廣狹無方處而出現, 所謂外面如何, 內亦如之, 因爲一緣起之要故也(넓고 좁음도 없고 방향도 없이 나타나는데, 소위 바깥 면이 어떠하면 그 안도 그와 같으니, 왜냐하면 연기인 까닭이다)." 그때가 되면 이 경계는 무량무변하여, 이른바 길고 짧고 모나고 둥근 것도 없고 동서남북이란 방향도 없습니다. 불경에서는 바깥 세계가 어떻게 공(空)이면 내심 또한 그렇게 공(空)이라고 말했습니다. 마찬가지로 이 또한 연기성공(緣起性空)이요 자성본공(自性本空)입니다. 여러분이 공(空)하지 못하기 때문에 방법을 동원해서 여러분을 이끌어 내기는 했지만 본래 공이지 않습니까. 그러므로 이 방법이 바로 연기(緣起)이고, 인연소기(因緣所起)[84] 법이 바로 성공(性空)입니다.

"於此時卽顯現三層天空之密意(이때에 삼층 허공의 은밀한 뜻이 나타난다)." 삼층공(三層空)이란 외공(外空) 내공(內空) 밀공(密空)이니, 신내(身內) 신외(身外) 신밀(身密)의 경계가 모두 공(空)이고 공의 경계가 바로 밀(密)입니다. 여러분에게 분명하게 공(空)하라고 말했지만 여러분은 여전히 공하지 못합니다. 이것이 바로 큰 비밀입니다. 진정한 밀법은 비밀이 없으니 명백하게 드러내 보이는 것이 바로 밀(密)입니다. 여러분에게 자성은 공(空)이라고 말했는데도 여러분은 공을 보지 못하니 이것이 큰 비밀이 아닙니까? 이제 여러분이 이 경계에 이르렀다면 내(內) 외(外) 밀(密)이 모두 공입니다.

"依於空明外之天空, 現無念內天空時, 證悟赤裸淸明祕密天空(공명[85] 바깥의 허공에 의지하여 무념 안의 허공이 나타날 때, 적나라하고 청명한 비밀의 허공을 깨닫게 된다)." 이때 적나라하고 청명한 비밀장(祕密藏)을 깨달을 수 있습니다. 중생의 자연스러운 큰 비밀이요 대공(大空)의 경계입니다. 하지만 이 공성(空性)은 원래 있는 것으로, 지금 이 방법에 의지하여 눈을 크게 뜨

---

**84** 모든 것은 인(因)과 연(緣)이 합하여 생겨나고, 인과 연이 흩어지면 사라진다는 불교의 핵심 교리이다. 줄여서 연기(緣起)라고 한다.

**85** 공명(空明)은 하늘과 땅 사이의 공중을 말한다.

고 있는 것은 『항하대수인(恒河大手印)』에서 "마음은 눈에 두고 눈은 공에 둔다(心注於眼, 眼注於空)"라고 말한 것과 같습니다. 그해 저는 절을 몇 번 씩이나 하고 많은 돈을 내고서 대법(大法)을 구했고, 결국 이 법문을 얻었습니다. 당시 이 큰 라마 수행법은 줄곧 지극히 장엄해서 놀랍기 그지없었습니다. 활불(活佛)이 자리에 앉아서 반나절이 지나도 말 한마디 하지 않았는데, 선종과 마찬가지로 나중에야 "마음은 눈에 두고 눈은 공에 둔다"라는 말을 전해 주고는 자리에서 내려와 안으로 들어가 버렸습니다. 저는 속으로 생각했습니다. '내가 얼마나 많은 돈과 정신을 써서 공양했는데 겨우 이 두 마디를 얻었단 말인가! 게다가 그것은 원래 알고 있는 것인데 당신이 말할 필요가 뭐 있는가?' 저는 끝까지 다 배운 후 떠날 때 사부께 물었습니다. "무슨 밀법이 더 있습니까?" 사부는 더는 없다고 말했습니다. 그래서 제가 말했지요. "사부님이 전하는 무상(無上)의 대법, 대수인(大手印)의 밀법은 '마음은 눈에 두고 눈은 공에 둔다'로는 충분치 않습니다! 거기에다 한 구절을 덧붙여서 '마음은 눈에 두고 눈은 공에 두면, 공하여 머무르는 바가 없다(心注於眼, 眼注於空, 空無所住)'고 해야 합니다. 그러지 않으면 이런 법문은 폐단이 너무 많습니다." 그러자 사부가 말했습니다. "좋구나!"

사실 저는 수많은 밀법을 지니고 있습니다. 제가 수행한 수많은 방법은 그들이 죽을 때까지 배워도 다 배우지 못합니다. 왜냐하면 수많은 방법이 그들이 사는 티베트 땅에서는 이미 실전되었기 때문입니다. 그래서 저는 자주 사부와 교환을 하는데, '선(禪)'이니 '도(道)'니 하는 것을 그에게 말해 줍니다.

"然是乃以方便加持而修, 始獲見故也, 此爲大善巧蓮華戒之方便, 殊勝深奧者也(그러나 방편으로써 가지하여 수행해야 비로소 얻을 수 있으니, 이것은 연화계대사의 큰 선교[86] 방편으로서 수승하고 심오한 것이다)." 위에서 말한 이런 가지(加持)[87], 이런 방법을 통해야 비로소 자성이 공이라는 것을 보게됩니다. 이런 방법은 대선법(大善法)이니 연화계대사(蓮華戒大士)가 전한 방편 법문으로 수승하고 심오한 비밀법입니다. 이것이 무념법을 수지하는 두 번째 공성(空性) 법문입니다.

"第三方便赤露自性者(세 번째 방편은 자성을 적나라하게 드러낸다)." 뚜렷이 나타나고 표현될 세 번째 방법은 다음 단락에 있습니다.

## 무념 수행법의 수법, 어떻게 공을 수지하는가

수법을 수지하는 사람이 눈을 허공에 두어 흩어지지 않으면, 마음에 밝은 빛이 어지러이 흩어짐이 없는 경계 가운데 있으니, 지·석·산·암과 모든 정과 기를, 관상을 통해 모두 공으로 돌아가게 한다. 자신의 몸에는 거친 현행의 집착이 없으며, 마음과 공이 무이별에 머무르고, 안과 바깥과 가운데에 흩어짐이 없으니, 공의 경계 가운데 있으면 몸과 마음은, 염·사·작의[88]가 스스로 녹아 버리고, 마음에 모이고 흩어짐이 없어 본위에 머무른다. 그때 법이의 불가사의한 마음은, 분별이 없어서 허공과 같으며 밀의가 나타나는데, 이것이 곧 삼세불의 심요이다.

修者眼注空不散, 心明無散亂境中, 地石山巖諸情器, 觀想皆歸於一空. 自身亦無粗現執, 心空住於無二別, 內外中三無散法, 於空境中之身心, 念思作意

---

**86** 부처가 중생을 제도하는 방법이 아주 교묘하고 빼어남을 말한다.

**87** 이 책에서 가지(加持)는 문맥에 따라 첫 번째 닦고 지키다. 두 번째 불보살의 가피라는 뜻으로 쓰였다. 여기서는 닦고 지킨다는 의미이다.

**88** 산스크리트어 manaskara로서, 마음을 일깨워 대상으로 향하게 하는 마음 작용을 말한다. 염(念) 사(思) 작의(作意)의 구분은 제11강 '무엇이 진정한 무념인가' 참조.

自溶化. 心無聚散住本位. 彼時法爾難思心, 不別如空密意現, 此卽三世佛心要.

---

이 법을 수지하는 사람이 눈을 허공에 두면 마음에 분명하고 밝은 빛이, 반드시 형상을 지닌 빛은 아니더라도, 어지러이 흩어지지 않는 경계 가운데 있습니다. 땅〔地〕돌〔石〕산〔山〕바위〔巖〕에서부터 세상의 "모든 정과 기〔諸情器〕" 즉 일체의 유정 및 물질세계의 모든 사물에 이르기까지 그 모든 것을, 의념(意念)을 사용한 관상으로 공(空)의 경계로 돌아가게 해야 합니다. 지금 여러분에게 눈을 사용해서 책을 보라는 것이 아닙니다. 여러분은 지금 듣고 있으며 이 의념을 안으로 흡수해야 합니다. 이 방법은 현교의 경전, 부처님께서 설법한 선경(禪經)에서도 자주 언급했습니다. 다시 말해 눈을 허공에 둘 때, 눈을 크게 뜨고 타좌를 할 때 여러분에게는 어떤 장애가 있습니까? 남쪽을 향하는 것이 좋을까, 북쪽이 좋을까 하는 것은 방위의 관념을 비워 버리지 못한 것입니다. 여러분은 공(空)을 수지하지 않습니까? 어떤 방향이든지 다 괜찮습니다. 여러분은 눈을 감고 타좌를 하는 것도 제대로 못합니다. 첫째는 눈을 감고 있느라 몸을 비워 버리지 못합니다. 둘째는 하의식(下意識)에서 시간관념을 비워 버리지 못해서 마음속으로 생각합니다. '아마 벌써 삼십 분은 흘렀을 거야!' 여러분은 이렇게 시간에 묶여 있습니다. 때로는 앉아 있는 자리도 비워 버리지 못해서 바닥이 좋을지, 선(禪) 의자가 좋을지를 고민합니다.

그렇기 때문에 주의해야 합니다. 여러분은 땅, 돌, 산, 바위 같은 세상의 여러 유정(有情)의 사물, 모든 시간과 공간을 모조리 잊어버려야 하고 내버려야 합니다! 처음에는 잘 버려지지 않지만 의념을 사용한 관상(觀想)으로, 공(空)을 관해서 한 조각 공의 경계로 되돌아가야 합니다. 여러분의 마음이 정말로 견고하다면 뭘 가지고 다리가 저리다고 하는 거야 하겠지요.

비워 버리십시오! 여러분은 저런 것이 어떻게 찾아오는지 아십니까? 감각에서 옵니다. 감각은 어떻게 올까요? 의념에서 옵니다. 여러분은 아무런 생각을 하지 않는다고 말하는데, 그럼 어떻게 저런 것을 압니까? 어떤 동학은 늘 이렇게 말합니다. "때로는 앉아 있으면 모든 것이 없어지고 텅 비어 버립니다." 여러분이 텅 빈 것을 지니고 있으면서 어떻게 없다고 말합니까? 텅 빈 것 역시 하나의 경계입니다. 그 때문에 관상을 통해 모두 공(空)으로 돌려보내야 합니다.

'현집(現執)'은 바로 유식학(唯識學)에서 말하는 현행(現行)의 집착(執着)입니다. 현행의 집착은 몸이 이 자리에 앉아 있음을 느끼면 사대(四大)의 현행의 집착을 지니는 것입니다. 그렇기 때문에 거친데 이것을 비워 버려야 합니다. 무엇이 미세함일까요? 지수화풍(地水火風)에 대한 종자(種子)의 집착은 여러분의 하의식조차 모르고 있습니다. 그것이 바로 미세함입니다. 그러나 가끔은 여러분 몸에 감각이 없고 공(空)이 된 것같이 느껴질 때가 있는데, 그것은 거친 현행의 집착이 잠시 떠난 것입니다. 하지만 정말로 공(空)이 된 것이 아니라 어쩌다가 눈먼 고양이가 죽은 쥐를 잡은 격입니다. 설사 정말로 공(空)이 되었다고 해도 현행의 집착인 거친 공(空)을 비웠을 뿐입니다. 여러분 종자식(種子識)의 업력은 사대의 세미한 공(空)을 여전히 비워 버리지 못합니다. 하물며 여러분이 하는 수지는 세미한 집착에서 떠나지 못할 뿐 아니라 무엇이 거친 집착인지조차 명확히 알지 못하니, 비워 버리는 것은 말할 필요도 없습니다. 수많은 사람이 모두 자신을 믿습니다. 하지만 절대로 자신을 믿거나 과장해서는 안 됩니다. 자신을 자세히 돌이켜 보고 반성해야 합니다.

자신의 몸에는 또한 거친 현행의 집착이 없고 "마음과 공이 무이별에 머무른다〔心空住於無二別〕"고 했습니다. 마음과 공의 경계가 "무이별(無二別)에 머무른다"는 말은 바로 무이(無二), 무분별(無分別)을 말합니다. 무엇을 무이라고 합니까? 바로 하나이니, 무분별이 곧 무이입니다. 공(空)이니 불공(不空)이니 할 것 없이 자연스럽게 없애 버리는 것을 무이 무분별이라고 부릅니다. "안과 바깥과 가운데 세 곳에 흩어짐이 없다〔內外中三無散法〕", 안이 비고〔內空〕 바깥이 비고〔外空〕 가운데가 비어서〔中空〕 세 가지가 모두 비었지만 어떠한 망념도 없고 산란하지도 않습니다.

"공의 경계 가운데 있으면 몸과 마음은, 염·사·작의가 스스로 녹아 버리고〔於空境中之身心, 念思作意自溶化〕", 여러분이 수지하고 수련했던 몸과 심리는 이런 공(空)의 경계에 도달했을 때, 여러분의 망념과 사유와 작의적인 사상은 자연히 일어나지 못하게 되고 스스로 녹아 버립니다. 여러분은 타좌를 하다가 우연히 망념이 청정해지는 순간에 맞닥뜨리면 그것이 공(空)이라고 생각하는데 그렇지 않습니다. 그것이 여러분에게 부딪혀 온 것이기 때문에 참된 공이 아닙니다. 참된 공성(空性)을 증득함이란 자신의 "염·사·작의가 스스로 녹아 버리는" 것입니다.

"마음에 모이고 흩어짐이 없어 본위에 머무른다〔心無聚散住本位〕", 이때 자기 마음의 경계에는 모이는 것도 없고 흩어지는 것도 없습니다. 여러분의 타좌는 어떤 경계입니까? 여러분은 단지 흩어지는 것에만 그치지 않고 '모이기'까지 합니다. 처음 자리에 앉으면 천천히 몸의 감각이 안으로 모이는데, 오음(五陰)[89]이 모입니다. 맞지요? 그렇기 때문에 비우지 못합니다. 모이지 않으면? 곧바로 크게 흩어집니다. 그런데 여러분은 오직 흩어

---

[89] 불교에서 인간을 구성하는 물질 요소인 색온(色蘊)과 정신 요소인 사온(四蘊)을 합쳐 부르는 말로서 오온(五蘊) 혹은 오음(五陰)이라고 한다. 오온은 색(色) 수(受) 상(想) 행(行) 식(識) 다섯 가지이다. '색'은 육체를 가리키며, '수'는 감정이나 감각 같은 고통이나 쾌락의 감수(感受) 작용, '상'은 심상(心像)을 지니는 것으로 표상이나 개념 등의 작용을 의미한다. '행'은 수, 상, 식 이외의 모든 마음 작용을 일컫는데 특히 의지 작용을 말한다. '식'은 인식 작용 또는 인식 주관으로서의 마음을 가리킨다.

지는 면만 인식하고 '모이는' 면에는 주의하지 않습니다. 일반인들의 수지는 여러분이 밀종, 선종, 지관, 천태, 정토 어떤 종파의 수행법을 하든 상관없이 대부분의 장애는 모이는[聚] 것입니다. 자리에 앉기만 하면, 청정해지기만 하면, 마음의 생각이 천천히 모입니다. 사대(四大)의 장애, 오음(五陰)의 장애가 모두 모입니다. 그러므로 진정으로 공(空)에 도달함이란 "마음에 모이고 흩어짐이 없어서" '법이자연(法爾自然)' 자성본공(自性本空)의 본위에 머무르는 것입니다. 이런 경계에 도달하는 것입니다.

"그때 법이의 불가사의한 마음은, 분별이 없어서 허공과 같으며 밀의가 나타나는데, 이것이 곧 삼세불의 심요이다[彼時法爾難思心, 不別如空密意現, 此卽三世佛心要]." 이 경계에 도달한 후에 열심히 수지하면, 자연스럽게 '법이'자연의 상태에 있게 됩니다. 이때 불가사의한 마음의 경계가 출현하는데, 분별이 없어서 마치 허공과 똑같습니다. 이른바 밀종의 진정한 '밀(密)'이 바로 이 위에 있는데, 설마하니 '밀'이라고 부르는 어떤 것이 정말로 있다는 말일까요? 그런 것은 없으며, 결코 얻을 수 없습니다. 이것이 진짜 밀(密)입니다. 결코 얻을 수 없다고 여러분에게 말했고, 여러분도 증득할 수 없기 때문에 큰 비밀이라고 부르는 것입니다. 이때가 되면 분별이 생기지 않아 마치 허공과 마찬가지로 끝이 없는데, 이 밀의(密意)가 눈앞에 나타납니다.

이 대목에서 주의해야 합니다. 『법화경』에서는 "대통지승불이 십겁을 도량에 앉아 있었는데, 불법이 눈앞에 드러나지 않아 불도를 이루지 못하였다[大通智勝佛, 十劫坐道場, 佛法不現前, 不能成佛道]"라고 했습니다. 그렇기 때문에 불법이 드러나야 합니다. 중국 선종에서는 "아! 이것" 하면서 말하자마자 깨닫는데[言下頓悟], 그때 '펑' 하는 그것이 바로 불법이 눈앞에 드러나는 경계입니다. 기봉(機鋒)[90]을 듣거나 꽃 한 송이가 떨어지는 것을 보고 의경(意境)에 느끼는 바가 있어서 "아! 이것이 바로 선(禪)이로구나" 하는 것을 말하는 게 아닙니다. 턱도 없습니다! 그것은 지옥의 종자이고 안식(眼識)의 망망함입니다. 그래서 조각해 놓은 수많은 불상을 보면 눈앞에 드러난 것이 한 조각 공(空)입니다. 바로 여러분에게 공(空)이라는 이 이치를 보여 주고 있는 것입니다.

이것이 과거 현재 미래 삼세의 모든 부처님이 수지하는 방법의 심요(心要)입니다. 신통 수행의 심요이자 신통 수행의 기초입니다. 이 방면의 현교는 전해지지 않아서 모두 실전되었다고 말하는데 밀교에는 여전히 남아 있습니다. 하지만 제가 수십 년을 봐 왔지만 밀교를 배운 사람들 가운데 진정으로 수행해 낸 사람은 한 명도 없습니다. 물론 저는 더더욱 아닙니다. 저는 허풍이나 치고 강의나 하는 사람이니 절대로 저를 수도하는 사람으로 여기지 마십시오. 하지만 여러분은 수지해야 합니다. 주의하십시오! 이 또한 수도이며 육통구족(六通具足)까지 수행하려고 하는 기초입니다.

"自心注於天空, 成遍空時, 外顯法, 如地石山巖等一切器世有情, 皆通達而自平沈(스스로의 마음을 허공에 두어, 편공을 성취했을 때 겉으로 법이 드러나니, 지·석·산·암 등 일체 기세계와 유정세계가, 모두 통달하여 스스로 사라져 버린다)." 앞에서 말했던 것처럼 높은 산 정상에서 일월을 등지고 수지하여 여러분의 수행 경계가 천천히 편공(遍空)[91]을 성취했을 때, 기세계(器世界)와 유정세계(有情世界)가 모조리 사라지고 공(空)을 증득하게 됩니다. 이때 비로소 극락세계가 눈앞에 나타납니다. 동방 약사불의 유리세계가 눈앞에 나타나는 것이기도 합니다.

"其後, 思與此空中合時, 自身亦如空自散(그 후에 이 공과 합하려고 생각할 때, 스스로의 몸 또한 공과 같이 스스로 흩어진다)." 여러분이 그 공(空)을 초보

---

90 선승(禪僧)의 예리한 말이나 동작을 말한다.
91 허공이 편만(遍滿)하여 무변무제(無邊無際)한 상태를 말한다.

적으로 증득하게 되면 마치 유리세계, 극락세계 같은 것이 눈앞에 나타납니다. 하지만 아직은 아닙니다. 여러분의 색신이 아직 존재하기 때문입니다. 만약 한 걸음 더 나아가서 몸의 기맥이 변화를 일으킨다면 이 색신마저 흩어져 버립니다. 진실로 그런 경지까지 수행하면 죽은 후에 사리도 남지 않습니다. 열반에 들 때 두 손을 희사(喜捨)하기만 하면 삼매진화(三昧眞火)가 일어나 공(空)으로 변해 가버립니다. 기념하기 위해서 간혹 손톱이나 머리카락을 약간 남기기도 하는데, 고대 소설에서 삼매진화라고 부르는 것이 바로 이런 겁니다.

"一切皆成無雲淸空, 無內外中(모든 것이 구름도 없는 맑은 하늘이 되어, 안과 바깥과 가운데가 없다)." 모든 것이 만 리에 구름도 없는 맑은 하늘처럼 되는데, 이때는 안도 없고 바깥도 없고 가운데도 없습니다. 일반적으로 말하는 지관(止觀)은, 여기에서는 이미 작은 법이 되어서 이야기할 것도 없습니다.

"空洞廣垠之境中, 心無聚散而住(텅 비고 끝없는 경계 가운데, 마음은 모이고 흩어짐이 없이 머무른다)." 텅 비고 끝이 없는 경계 속에서 이 마음은 모이지도 않고 흩어지지도 않으면서 이 경계에 정주(定住)합니다. 정(定)보다 진일보한 것을 주(住)라고 부릅니다. 마치 집에 거주하는 것처럼 여기에 머무르면서 움직이지 않습니다. '정(定)'은 마치 어린아이가 가지고 노는 팽이처럼 한자리에서 뱅글뱅글 도는 것과 같으니 그런 것을 정이라고 부릅니다. 그렇다면 '주(住)'는요? 마치 팽이가 움직이지 않고 멈춘 것 같은, 그런 것을 '주'라고 부릅니다. 엄격하게 말하면 정과 주는 그런 차이가 있습니다. 주(住)는 대단히 깊고 평온한 정(定)입니다.

"如無邊天空之密意自然現出, 是名爲淸淨法盡之密意(가없는 허공 같은 밀의가 자연스럽게 드러나니, 이것을 청정법진의 밀의라고 부른다)." 이때가 되면 여러분은 이 마음이 무량무변(無量無邊)의 허공과 똑같다고 느낄 뿐 아니라, 이 몸의 사대까지도 무량무변의 허공과 똑같음을 느끼게 될 것입니다. 그런 까닭에 이때가 되면, 여러분의 수행이 여기에 이르면 생각의 움직임 하나에도 다른 세계가 즉시 나타납니다. 아시겠지요! 몸과 마음 양쪽 모두에 무량무변의 공덕이 있으니 이것이 바로 무변(無邊)의 밀의입니다. 아시겠습니까? 이론상으로 이해가 되십니까? 이것을 '청정법진(淸淨法盡)의 밀의'라고 부르는데, 이른바 '청정법진'은 구경(究竟)의 청정입니다.

　"如遍行云: 瑜伽者住空鳥道(『변행』에서 말한 것과 같다. 유가라는 것은 허공에 머무르는 새의 도이다)." 수도하여 성취한 사람은, 이때에 이르면 마치 새가 허공을 나는 것처럼 영원히 공(空) 가운데 있습니다. 공 가운데서 일체법을 성취할 수 있습니다. 불경에는 소공조(巢空鳥)라는 새가 있는데, 이 새는 교배도 공중에서 하고 알을 낳는 것도 공중에서 하며 새끼를 기르는 것도 허공에서 합니다. 물론 이런 새는 아주 적고 그런 행동도 아주 드뭅니다. 그래서 보살의 모든 수행을 형용하기를, 때로는 소공조와 똑같다고 합니다. 이것이 바로 "진공이 묘유를 낳는〔眞空生妙有〕" 작용〔用〕입니다.

　"又如集經亦云: 此爲何義? 觀察彼空. 又云: 以此方便其觀修之功力者(또 『집경』에서도 말한 것과 같다. 이것이 무슨 뜻인가? 저 공을 관찰한다. 또 말하였다. 이 방편을 가지고 그 수지한 공력을 관한다)." 또 『집경(集經)』에서는 "이것이 무슨 이치인가?"라고 말했습니다. 이런 공(空)의 경계를 어떻게 이해할 수 있을까요? 여러분이 직접 관찰하고 또 수지해야 비로소 이 공의 경계에 도달할 수 있습니다. 경전에서는 또 말하기를, 이러한 제육의식(第六意識)을 전화한 이후에 묘관찰지(妙觀察智)[92]를 사용해서 성취한 공(功)을 관상한다고 했습니다.

---

92 사지(四智)의 하나로, 번뇌에 오염된 제육식을 질적으로 바꾸어 얻은 청정한 지혜를 말한다. 이 지혜는 모든 현상을 잘 관찰하여 자유자재로 가르침을 설하고 중생의 의심을 끊어 주므로 이와 같이 말한다.

이 같은 관상과 수지의 힘에는 네 가지가 있다. 나타난 경계가 넓고 끝없어 거친 생각이 없어지고, 주야로 무념의 경계를 떠나지 않으며, 오독이 스스로 사라져 마음이 부드럽고 세밀해지고, 모든 법이 공과 같이 느껴진다.

如是觀修力有四: 所現廣垠無粗想, 畫夜不離無念境, 五毒自消心柔細, 生諸法如空覺受.

물론 관상의 성취가 없어서 진공(眞空)의 경계에 도달하지 못했을 때에는 여전히 수지하고 관상하는 힘[力量]에 기대야 하는데, 여러분은 이 '역(力)' 자에 주의해야 합니다. 오늘 저녁에만 해도 여러 번 '역(力)'을 거론했는데, 맞지요? 지난 금요일 여러분에게 『종경록(宗鏡錄)』을 강의할 때 일반적으로 대승보살은 육도(六度)라고 말씀드렸습니다. 하지만 실제로는 십도(十度) 즉 십바라밀(十波羅蜜)[93]에 주의해야 합니다. 아홉 번째가 바로 '역'바라밀(力波羅蜜)[94]입니다. 여러분이 염불을 해서도 힘을 얻지 못하고 주문을 외워서도 힘을 얻지 못하고 타좌를 해서도 힘을 얻지 못한다면, 왜 힘을 얻지 못하는 걸까요? 공덕이 충분하지 못하고 심력(心力)의 배양에 성공하지 못해서입니다. 마음은 하나의 '힘[力]'이고 업(業) 또한 일종의 힘입니다. 그래서 업력(業力)이라고 부르는 것입니다. 하지만 우리 같은 일반 중생은 모두 업력 업보에 색신이 지배를 받습니다. 만약 자신을 전화시켜서 자신의 심력으로 되돌아갈 수 있다면, 그것이 바로 여러 불보살의 지혜와 공덕의 신통한 묘용입니다. 그렇기 때문에 십도 가운데 '역바라밀'

---

**93** 보살이 이루어야 할 열 가지 완전한 성취를 말한다. 육바라밀에 방편, 원(願), 역(力), 지(智)의 네 가지 바라밀을 더한다.

**94** 바르게 판단하고 수행하는 완전한 힘을 성취하는 것.

이 있는 것이니, 출가한 동학들은 특별히 교리에 유의해야 합니다.

관상과 수지〔觀修〕의 '힘〔力〕'에는 네 가지가 있습니다. "나타난 경계가 넓고 끝없어 거친 생각이 없어지고〔所現廣垠無粗想〕", 이것은 수련의 경계가 겉으로 드러난 것인데, 무량무변한 데다 광범해서 거친 생각과 망상이 자연스럽게 끊어집니다. "주야로 무념의 경계를 떠나지 않으며〔晝夜不離無念境〕", 밤에 잠을 잘 때에도 광명 무념의 경계에 있습니다. 여러분 가운데 한두 분은 무념의 경계를 맞닥뜨린 적이 있을 것입니다. 몸은 비록 잠을 자고 있지만 여전히 깨어 있고 '무념'한 상태 말입니다. 맞지요? 한두 번은 경험이 있을 겁니다. 그러나 여러분의 경우는 수지에서 온 것이 아니라 얼떨결에 된 것입니다. 수지해서 된 것이라면 언제 어디서든 낮이고 밤이고 상관없이 몸을 눕히기만 하면 잠들고 거기다 코까지 골았겠지요! 그런데 그렇다고 해서 깨어 있는 것도 아닙니다. 이것이 무념의 상태입니다. 낮이고 밤이고 무념의 경계를 떠나지 않습니다. 이때가 되면 "오독이 스스로 사라져 마음이 부드럽고 세밀해지고〔五毒自消心柔細〕", 즉 욕심내고 화내고 어리석고 오만하고 의심하는〔貪瞋癡慢疑〕 다섯 가지 독의 근본이 자연스럽게 비어 버리고 변화됩니다. 여러분이 없애려고 할 필요 없이 자연스럽게 공(空)입니다. "모든 법이 공과 같이 느껴진다〔生諸法如空覺受〕", 이때가 되면 몸과 마음 양면이 모두 공인 느낌이 자연스럽게 옵니다. 이래야 비로소 대승보살이 오탁악세(五濁惡世)[95]로 들어와 중생을 구도한다고 말할 수 있습니다.

"修習射·持·修三種法, 中脈脈管及自性本體之力, 其所顯之顯現, 一切

---

**95** 다섯 가지 더러움이 가득 차 있는 세상. 다섯 가지 더러움이란 겁탁(劫濁: 시대의 더러움), 견탁 (見濁: 사상과 견해가 삿된 것), 번뇌탁(煩惱濁: 탐진치로 마음이 더러운 것), 중생탁(衆生濁: 함께 사는 이들의 몸과 마음이 더러운 것), 명탁(命濁: 인간의 수명이 짧아지는 것)이다.

皆知爲透明空洞廣垠爲一者(사법, 지법, 수법의 세 가지 법을 수습해서 중맥의 맥관 및 자성 본체의 힘이 겉으로 드러나면, 투명하고 텅 비고 넓은 것이 하나임을 알게 된다)." 해저(海底)⁹⁶에서부터 정수리까지 만약 중맥이 다 통한 사람이라면 눈을 뜨든 눈을 감든 언제나 정(定) 가운데 머무릅니다. 청남색의 경계에 있다는 말입니다. 무엇이 청남(青藍)입니까? 가을날 비 개인 후의 맑은 하늘입니다.

밀법을 배우고 도를 배우는 많은 사람이 저에게 와서 말하기를, 자신은 독맥(督脈)과 임맥(任脈)이 통했다고 말합니다. 그러면 저는 그냥 웃으면서 모두 아니라고 말합니다. 정말로 통했다면 구태여 다른 사람에게 물어볼 필요가 없으니까요. 사실은 정말로 통했다고 말하는 것 자체가 자신을 속이고 남을 속이는 것입니다. 정말로 통한 사람은 눈을 감든 눈을 뜨든 언제나 삼매〔定〕가운데 있고, 수시로 푸른 허공 가운데 있습니다. 마치 우리가 인쇄했던 준제보살상처럼 말입니다.

임맥과 독맥이 통했다는 경우에도 그런 느낌이 든 것일 뿐 여전히 가짜입니다. 정말로 통한 것이 아닙니다. 왜냐하면 신맥(身脈)의 관문은 한 단계 통하면 한 단계의 현상이 나타나기 때문입니다. 마지막으로 중맥이 통하면 마치 하늘에 가득한 별을 바라보는 것처럼 또렷하고 분명해집니다. 하지만 이것도 여전히 초보일 뿐입니다. 가장 큰 것은 부처님께서 "내가 삼천세계를 보니 손바닥 안의 암마라과를 보는 것 같다"고 말씀하신 것입니다. 이 말은 조금도 거짓이 아닙니다. 과장한 것도 아닙니다. 이론이 중요한 것이 아니라 실제로 수증해야 합니다. 여러분에게 당부하는데, 자신의 조그마한 경계에 자만해서 스스로 대단하다고 여겨서는 안 됩니다. 그

---

**96** 임맥에 속하는 회음혈(會陰穴)의 다른 이름으로, 항문과 외생식기 사이에 해당하는 회음 부위를 말한다.

랬다가는 끝입니다.

"則可無有粗想, 晝夜住於無念, 似無煩惱可生(거친 생각이 없어서 밤낮으로 무념에 머무르니, 마치 일어날 만한 번뇌가 없는 것 같다)." 이때가 되면 도가의 장자양(張紫陽) 진인이 도를 깨달았을 때 "번뇌가 일어나지 않아 마음쓸 것이 없다〔煩惱無由更上心〕"라고 말했던 것처럼, 일부러 번뇌를 찾아 마음을 쓰려 해도 번뇌가 일어나지 않습니다. 제가 늘 말하지만 그 경계에 이르면 조금의 재미도 없습니다. 사람에게 번뇌가 없으면 얼마나 무미건조하겠습니까! 번뇌가 있어야 재미도 있습니다. 먹고 싶어 하는 것이 바로 번뇌인데, 만약 맛있는 것을 만나게 되어 "야! 맛있구나!" 하면 이 얼마나 재미있습니까. 하지만 번뇌가 없을 때 그것이야말로 열반의 고요한 즐거움이요 큰 즐거움입니다.

"無論何緣, 皆無疑慮, 心自柔細調正(어떤 인연이든 상관없이 모두 의심과 근심이 없으니, 마음이 저절로 부드럽고 세밀하고 바르게 된다)." 그런 까닭에 수지가 이 경계에 도달하면 생겨날 만한 번뇌가 없습니다. 여러분이 번뇌를 구해도 얻을 수가 없고, 만나게 되는 것이 순연(順緣)이든 역연(逆緣)이든 상관없이 마음속이 탁 트여서 아무런 의심과 근심이 없습니다. 마음이 저절로 부드럽고 바르게 되어 무생법인(無生法忍)[97] 일체법본공(一切法本空)의 경계를 증득하게 됩니다. 이것은 학리(學理)를 이야기하는 것이 아니라 실증(實證)에서 온 것입니다. 불학에 대해 아무리 멋들어지게 이야기한들 무슨 소용이 있습니까? 만약 생로병사를 막아 내지 못한다면 어떻게 수증을 했다고 말하겠습니까? 불학의 이치에도 통하지 못했다면 무슨 수증을

---

[97] 무생법이란 생멸(生滅)을 멀리 떠난 진여실상의 이치다. 참된 지혜가 여기에 편안히 머물러서 동요하지 않음을 무생법인이라 일컫는데, 초지(初地) 혹은 칠팔구지(七八九地)에서 얻는 깨달음이다.(『능가경 강의』 172쪽 원주 참조)

논하겠습니까? 그렇기 때문에 이 법본은 수증의 법본이며, 모두가 예(例)이고 또 사실입니다. 여러분이 불학을 제대로 못해 놓고, "선생님께서는 수련을 강조하셨으며 말로만 불학을 이야기하는 것이 무슨 소용이 있느냐고 말씀하셨다"라고 생각하지 마십시오. 제 말은 입으로만 불학을 이야기하고 수련하지 않으면 아무 소용이 없다는 뜻입니다. 만약 제 말을 오해하면 지옥으로 떨어질 것입니다. 다시 한 번 말씀드리지만, 주의하십시오! 불학의 이치에도 통하지 못했으면서 무슨 수증을 논하겠습니까! 저를 따른 지 오래되었음에도 불학의 이치를 물어보면 도통 체계가 잡혀 있지 않기에 요 며칠 자주 여러분을 책망하는 것입니다. 자칫하면 그 오랜 세월을 헛수고한 것이 되고 맙니다.

"而證得一切法如空不生之眞諦, 遂可無修證之想(모든 법은 공과 같아서 생겨나지 않는다는 진리를 증득하면, 마침내 수증을 생각함이 없을 수 있다)." 공(空)과 같아서 생겨나지 않는다는 진리를 증득하고 나면, 이미 무공용도(無功用道)[98]에 도달했다고 큰소리쳐도 됩니다. 무공용행(無功用行)이라고 해도 되고 무수무증(無修無證)[99]이라고 해도 되는데, 이것은 힘쓸 필요가 없는 공(功)입니다.

"其功德者(그 공덕은 이러하다)." 수련하고 수행하는 방법을 이렇게 세 가지로 나누어서 설명했는데, 그렇다면 이렇게 해서 생겨난 공덕은 무엇일까요? 다음 구절에서 설명했습니다.

---

**98** 어떤 인위적인 노력 없이 힘쓰지 않아도 저절로 되는 것을 말한다.

**99** 백장선사(百丈禪師)가 "일체의 수증은 모두 방편으로, 닦을 것도 없고 증득할 것도 없다"라고 한 말을 가리킨다.

이와 같이 세 가지 무념법을 수지함으로써, 안통 및 신통 삼매를 성취하고, 정·혜·지관을 두루 융회할 수 있다. 잠시 및 구경의 원만한 이리[100]에 도달한다.

如是由修三無念, 眼及神通三昧成, 定·慧·止觀·能雙融. 暫及究竟滿二利.

---

세 가지 무념법을 수지함으로 말미암아 안통(眼通)을 일으키고 일체의 신통(神通)을 일으키고 일체의 삼매를 모두 성취합니다. 자신을 이롭게 하고 남을 이롭게 하며, 자신을 일깨우고 남을 일깨워 구경(究竟)의 원만한 부처님 경계에 도달합니다.

"修習第三方便成就三昧, 卽得眼及神通與昔無之等持, 雙融方便與智慧, 止觀雙運道等, 暫時及究竟道與功德皆能成就也(세 가지 방편을 수습해서 삼매를 성취하면, 안통 및 신통과 옛날에 없던 등지를 얻어, 방편과 지혜를 쌍융하고 지관을 쌍운하는 도 등, 일시적 및 구경의 도와 공덕을 모두 성취할 수 있다)." 이 법문을 수지하면 안통 및 일체의 신통을 일으킬 수 있습니다. 예전에는 경험한 적이 없지만 이제 그 경계를 경험하게 됩니다. 방편과 지혜를 원통(圓通)[101]하며, 정혜(定慧)를 쌍운(雙運)하고 지관(止觀)을 쌍운하는 도(道) 등등에 모두 이릅니다. 일시적 및 구경의 열반도(涅槃道)의 공덕, 그 모든 것을 성취하게 됩니다.

"以上正行如是修習之次第, 已指示竟(이상의 정행은 수습하는 차례이니, 이미 가리켜 보였다)." 위에서 말한 것은 정식으로 수습(修習)하는 차례인데, 무념의 경계를 수지하는 것 및 전해지는 대원만의 세 가지 법문 즉 사법(射法) 지법(持法) 수법(修法)에 관해서는 이미 다 말했습니다.

---

본서의 법문이 말하는 바는 여러분이 어떻게 선정을 수행할 것인가 하는 것입니다. 즉 공(空) 낙(樂) 명(明) 무념(無念)의 수행을 도와줍니다. 뒷부분에서는 어떻게 해야 수지의 공력에 도달할 것인가를 설명하는데 모두네 가지가 있습니다. 조도(助道)[102]의 진정한 방법을 어떻게 얻을 것인가를 포함해서 어떤 것이 도를 깨달아 명심견성한 경계인지, 어떻게 하는 것이 증과(證果)의 법문인지 등 지금부터는 이런 것들을 설명합니다.

계율은 반드시 청정해야 하며 계정혜(戒定慧)[103]의 자량을 구족해야만 불법을 전수(專修)할 자격이 된다고 말씀드렸습니다. 끝으로 부지런히 정진하고 전수할 것을 권하니 이것은 부처님의 분부이기도 합니다. 이제 거꾸로 되돌아가서 원서 33페이지를 보도록 하겠습니다.

## 사람의 몸은 얻기 어려우니 서둘러 수행하라

---

지금 시대는 악인이 횡행하므로, 조용한 곳에서 부지런히 힘써 수행하여 자신을 이롭게 해야 하니, 날개가 풍성하지 않으면 날지 못하는 것처럼, 신통을 구비하지 않으면 남을 이롭게 하는 것이 어렵다. 경건하게 수행하여 자신을 이롭게 하는 마음으로 남을 이롭게 하고, 산란하고 심란하고 시끄러운 가운데 마가 유혹하니, 자신의 마음에 의혹이 없도록 부지런히 법을 수행해서, 죽을 때에 슬퍼해서는 안 된다.

---

102 도의 수행을 도와주는 것.

103 깨달음에 도달하려는 자가 반드시 닦아야 할 세 가지 수행을 말한다. 계율을 지켜 실천하는 계(戒), 마음을 집중해 흩어지지 않게 하는 정(定), 미혹을 끊고 진리를 주시하는 혜(慧)의 세 가지이다.

現今時惡人橫野, 靜處精勤成自利, 如翼未豐不能翔, 不具神通難利他. 虔修
自利心利他, 散亂慣鬧魔誘惑, 自心無惑勤修法, 死時不可動悲哀.

---

지금 이 시대는 말법(末法) 시기로 나쁜 사람이 많습니다. 여러분에게는
남을 이롭게 할 능력도 없고 마음을 일으켜 보살도를 수행하지도 못하기
때문에, 먼저 자신을 이롭게 하는 수행을 하지 않으면 안 됩니다. 청정한
장소를 찾아서 잘 수행하고, 성공한 후에 남을 이롭게 해야 합니다. 마치
새와 똑같아서 날개가 없으면 날아오를 수 없습니다. 여러분은 수련도 하
지 않았고 견지도 없는데 어떻게 남을 구하겠습니까! 이 시대는 과거와 달
라서 신통을 구비하지 않으면 남을 이롭게 하는 것이 아주 어렵습니다! 신
통을 성취할 지혜도 없으면서 나가서 다른 사람을 교화한다는 것은 꿈도
못 꿀 일입니다.

그래서 저는 늘 말합니다. 지금 이 시대는 여러분이 포탈라 궁 앞에서
두 다리를 가부좌하고 앉아서 삼 개월만 일어나지 않으면, 사람들이 몰려
와서 여러분에게 절을 할 겁니다. 여러분에게 도가 있는지 없는지는 모르
면서 여러분에게 다리가 있는지 없는지는 곧바로 압니다. 여러분에게 신
통이 있다면 더 좋습니다. 궁 입구에 앉아서 위로는 하늘에 닿지 않고 아
래로는 땅에 닿지 않게 공중에서 변화하는 모습을 사람들에게 보여 준다
면 더 오묘할 것입니다. 부처님께서도 말씀하시기를 시대가 달라지면 방
법이 없다고 했습니다. 불법은 본래 신통을 엄히 경계합니다. 그런데 요즘
많은 사람이 자신이 신통을 지녔다고 말하는데 그건 허튼소리입니다. 땅
에서 삼 센티 떨어진 허공을 두 다리로 걸어갈 수 있습니까? 많이 걸으라
는 것도 아니고 열 걸음만 걸어도 됩니다. 이것이 최소한의 신통입니다.
그러지 못하면 허풍 떨지 마십시오. 모든 것이 무너지게 됩니다. 그런 까
닭에 어떤 사람이 자신은 안통(眼通)을 지니고 있어서 과거와 미래를 안다

고 말하면 대부분은 믿을 게 못됩니다. 어떤 동학은 이렇게 말합니다. "선생님은 신통을 지니고 계십니다. 이번에도 또 맞추셨어요." 그러면 저는 말합니다. "늙은 여우는 경험이 많으니 틀릴 게 있겠나." 무슨 신통이 있습니까? 허튼 소리를 아무렇게나 함부로 믿어서는 안 됩니다. 저는 신통이 없습니다. 부처님께서는 여러분에게 주의하라고 하셨습니다! 지금 이 시대에는 자신을 이롭게 해야 합니다!

"경건하게 수행하여 자신을 이롭게 하는 마음으로 남을 이롭게 하고〔虔修自利心利他〕", 수행은 먼저 자신을 이롭게 하기를 구하고, 다시 남을 이롭게 하는 대승의 원력(願力)을 일으켜야 합니다. 자신을 이롭게 하지 않으면 남을 이롭게 할 수 없습니다. 마치 새와 똑같으니, 날개가 없으면 스스로 날지 못하는데 어떻게 다른 사람을 태우겠습니까! 또 수영도 할 줄 모르면서 다른 사람이 바다에 빠졌다고 뛰어들어 구하겠다고 한다면, 사람만 하나 더 죽을 뿐입니다.

"산란하고 심란하고 시끄러운 가운데 마가 유혹하니〔散亂憤鬧魔誘惑〕", 여러분이 어지러이 흩어진 가운데서 수행하고, 심란하고 시끄러운 가운데서 수행하면 외부 경계의 유혹을 받지 않을 수 없습니다. 이 말법 시대는 곳곳에 마장(魔障)이 있습니다. 어떤 사람은 이렇게 말합니다. "먼저 장사를 해서 생활에 여유가 생기면 그때 와서 전수(專修)하겠습니다." 이런 것도 마장입니다. 생활에 여유가 생긴다는 게 어떤 겁니까? 그런 것이 있기나 합니까? 저는 여기에서 수십 년째 가난하게 살고 있습니다. 아직 집도 없고 먹을 것도 없습니다. 여러분은 제가 정말로 먹을 것이 있다고 생각하십니까? 수행을 하려면 그 어떤 것도 상관하지 않습니다. 제가 이 자리에 앉지 않았으면 여러분을 욕하지 않았을 겁니다. 여기에 앉으면 자연스럽게 안하무인이 되어 마구 비판을 늘어놓게 됩니다. 뱃속에 수십 년을 눌러놓았기 때문에 터져 나오는 것이지요!

"자신의 마음에 의혹이 없도록 부지런히 법을 수행해서〔自心無惑勤修法〕", 산란하고 심란하고 시끄러운 것은 이미 마(魔)[104]에 유혹된 것입니다. 그러므로 스스로의 마음에 의혹이 생기지 않도록 도리를 분명하게 하고 노력해야 합니다. 설령 수행에 성공하지 못하더라도 다음 생에 다시 하겠다고 발원하는 것이야말로 진정한 불법 수행입니다.

"죽을 때에 슬퍼해서는 안 된다〔死時不可動悲哀〕", 하지만 여러분이 앞으로 수행을 잘 할 수 있는지 아닌지 봐서, 만약 수행을 잘 한다면 여러분에게 법을 하나 전해 주겠습니다. 죽은 다음에 다시 환생하지 않고 곧바로 몸을 하나 찾아서 다시 올 수 있도록 말이지요. 그렇게 되면 다시 어머니 배 안에서 사는 번거로움을 면할 수 있으니, 십 개월의 여관 빚을 또다시 질 필요가 없습니다. 저는 지금까지도 그 여관 빚을 다 갚지 못해서 마음이 참 괴롭습니다. 여러분이 제대로 수행하지 못한다면 저도 대충 가르칠 겁니다!

---

이런 까닭에 지금 이 마음을 관하면, 지금 죽으면 무엇을 가지고 가며, 어디로 가며 무엇으로 변할까 하여 정을 얻지 못한다. 주야로 산란하며 어지러우니, 한가하고 원만한데도 의미 없이 낭비한다. 오로지 조용한 곳에서 참된 의미를 관하고, 이제 오묘하고 필요한 것은 마지막에 바라볼 곳인데, 죽은 후에 어디로 갈지 나는 정했는가. 그러므로 지금 마땅히 정성스럽고 부지런히 수행해야 한다.

是故現在觀此心, 試觀現死何携去, 何往何變不得定. 於此晝夜散亂擾, 暇·圓·無義而浪費. 唯一靜處觀眞義. 現今妙需終望處, 死後何行我定否, 是故卽今應精勤.

---

104 산스크리트어 māra의 음역인 마라(魔羅)의 준말로서, 몸과 마음을 소란하게 하여 도를 닦는데 방해되는 가지가지 형태의 장애를 가리킨다.

노력해서 수지하십시오! 여러분이 지금 이 마음을 관찰해 보면 죽을 때 무엇을 가지고 갈 수 있을까 합니다. 우리가 수지를 이야기하고는 있지만, 사실은 언제 어디서나 수시로 변하며 낮이고 밤이고 어지러이 흩어지는 번뇌 가운데 있습니다. 밀종은 우리에게 인생이 한가하고 원만한 몸을 얻기 어렵다고 말합니다. 그런데 한가하고 여유로운 시간은 더더욱 얻기 어렵습니다. 특히 오늘날의 상공업 사회는 사람들의 생활이 너무나 바쁩니다. 지금 한가한 시간이 있고 눈 멀지 않고 귀 먹지 않아서 수행할 수 있는 사람은 오히려 아무 의미 없는 일을 하느라 자신의 생명을 낭비합니다. 부처님은 말씀하십니다. 이번 생을 어렵사리 얻었고 한가하고 원만한 몸을 어렵사리 얻었으니, 서둘러 적당한 장소를 찾아서 전수(專修)하십시오! 오직 내려놓고 전수하는 것밖에 없으니, "오로지 조용한 곳에서 참된 의미를 관하라[唯一靜處觀眞義]"고 했습니다.

"이제 오묘하고 필요한 것은 마지막에 바라볼 곳인데, 죽은 후에 어디로 갈지 나는 정했는가. 그러므로 지금 마땅히 정성스럽고 부지런히 수행해야 한다[現今妙需終望處, 死後何行我定否, 是故卽今應精勲]." 이제 이렇게 아름답고 오묘한 법본을 얻었고, 필요한 법재려지(法財侶地)도 모두 생겼으며, 구비할 인연도 충족되었습니다. 만약 여전히 열반의 청정한 즐거움이라는 이 큰 목표를 향해 수행하지 않고, 의지할 수 없는 이 세상의 부귀공명과 재물을 더 중요하게 여긴다면, 여러분이 숨을 쉬지 못해서 죽을 때 아무것도 가지고 가지 못합니다. 언젠가 수업 때 말씀드린 적이 있지만, 어떤 사람에게 죽음이 임박하자 그의 두 부인이 그에게 시 한 수를 지으라고 했습니다. 두 부인은 수도하는 사람이었는데 그가 말했습니다. "언제일지 모르지만 죽은 후에는, 당신은 어떤 사람이며 나는 누구일까[不知他年死了時, 儞是何人我是誰]." 죽은 후에는 다시 만나게 될지 기약할 수도 없고, 만나게 되더라도 서로 알아보지 못합니다. 더군다나 어렵사리 사람 가운데 다시 오더라도 죽은 후에 무엇을 버리고 무엇을 좇아야 하는지 모르니 말입니다.

그러므로 사람 몸은 얻기 어렵고 불법은 듣기 어려운데 기왕 사람의 몸을 얻었으니 서둘러 부지런히 수지하십시오.

제5강

지금부터는 20페이지[105] 수행하는 사람의 조건 및 의사(依師)[106]의 중요성에 관해 말씀드리겠습니다.

## 불법 수행과 스승의 중요성

최상의 상사를 지극히 기쁘게 하여, 문·사·수로 자신의 마음을 조절하고, 특히 진실에 있어 귀로 전해 준 비결을, 부지런히 힘써 주야로 계속 수지하여, 찰나에도 범부와 속인을 좇지 않으며, 세간의 대장부는 진실한 의를 힘써 행해야 한다.

至上上師極令喜, 以聞·思·修調自心, 特於眞實耳傳訣, 勤而續修若晝夜, 刹那亦不隨凡俗, 世夫勵行眞實義.

---

**105** 수행의 처소와 수행하는 사람의 조건을 말하는 제3강에 이어지는 내용이다. 제3강에서는 강의 원본 19페이지까지 설명하였다.(편집자 주)

**106** 스승에게 의지한다, 스승을 따른다는 뜻.

이 문자는 이해하기 쉽습니다. 일반 현교에서는 삼귀의(三皈依)이지만, 밀종의 수행법은 사귀의(四皈依)라 해서 상사(上師)에게 귀의하는 것을 첫 번째로 칩니다. 밀종은 상사를 활불(活佛)처럼 생각합니다. 왜냐하면 수지에서 말하는 불법승(佛法僧) 삼보가 상사의 전수를 통해 이루어지기 때문입니다. 상사의 전수가 없다고 가정하면 불법을 알 수가 없으니 상사는 지도자이며 가장 중요합니다. 밀종에서 부처님께 공양하고 절하는 방식을 보면 상사는 부처님을 마주하지만 제자들은 상사를 마주하고 부처님을 등집니다. 상사의 지도에 의지하여 불법승을 알게 되고, 일반적인 수지에서도 그러하기 때문입니다. 그런 까닭에 밀종의 의사(依師)에는 스승을 섬기는 전문적인 의궤(儀軌)가 있어서 상사에 대한 규범이 대단히 엄격합니다. 심지어 상사의 말씀과 상사의 행위에 대해서는 매사 부처님으로 여겨서 틀린 것이 조금도 없다고 생각할 정도로 엄중합니다.

그 외에 의사(依師)에 관한 이론은 『대지도론(大智度論)』에도 나와 있는데, 상사의 마음을 기쁘게 할 수 있어야 가르침을 받을 수 있습니다. 이른바 스승과 제자의 도업(道業)이 서로 맞아야 합니다. 상사는 가르치기를 좋아해도 자신이 배우기를 좋아하지 않으면 인연이 맞지 않으니 방법이 없습니다. 자기는 배우고 싶고 수행하고 싶어도 상사가 가르쳐 주기를 원하지 않으면 인연이 맞지 않으니 방법이 없습니다. 그렇기 때문에 "상사를 지극히 기쁘게〔上師極令喜〕" 해서 상사의 지도하에 문(聞) 사(思) 수(修)를 통해 스스로 마음을 수행해야 한다고 말한 것입니다. 문(聞)은 불법을 듣는 것이고 사(思)는 도리를 연구하는 것이며 연구해서 명확해지면 수행〔修〕하는데, 이것은 정(定)을 지키는 도리입니다. 이렇게 해서 자신의 마음을 조절합니다. 특히 상사가 수지해서 성취한 경험에 대해 직접 얼굴을 맞대고 들려준 비결은 바로 상사가 몸소 가르쳐 준 것입니다. 경전 법본을 봐서 얻을 수 있는 그런 것이 아닙니다.

수도하는 사람은 반드시 상사가 직접 전해 준 것, 이른바 얼굴을 맞대고 들려준 것은 부지런히 수지해야 합니다. 낮이고 밤이고 게을리해서는 안 됩니다. 우리 같은 일반인은 해내지 못하지만, 이 자리에 계신 출가 동학들은 수지해야 하는 사람들이니 주의해야 합니다. "찰나에도 범부와 속인을 좇지 않으며(利那亦不隨凡俗)", 찰나의 행위와 생각도 범부와 같아서는 안 되며 속인을 좇아서는 안 됩니다. 자신을 용서해서는 안 되며, 찰나라 할지라도 범부의 마음을 좇아가서는 안 됩니다. "세간의 대장부는 진실한 의를 힘써 행해야 한다(世夫勵行眞實義)", 이것은 세간의 대장부의 행위이니 열심히 노력해서 행해야 합니다. 이것이 유가사(瑜伽師)가 걸어야 할 첫 번째 계(戒)인 의사(依師)입니다.

아래에서 말씀드릴 의사(依師)의 도리는 너무 많지만 이 문제는 평소 제가 그다지 이야기하고 싶어 하지 않는 부분입니다. 왜냐하면 적어도 오늘은 여러분이 여전히 저를 스승이라고 부르기 때문에, 이 문제를 말하면 마치 자신을 위해서 변명하는 것 같아서입니다. 그러니 여러분 스스로 불경을 찾아서 보십시오. 불경의 도리에 의하면, 지금 우리 같은 일반인이 스승에게 불법을 배우는 것은 근본적으로 법에 맞지 않습니다. 제가 불법을 조금 지니고 있다고 가정한다면, 이것은 가정이지만 제가 수지를 지니고 있다면 말입니다. 수십 년 동안 여러분과 놀았던 것은 저의 보시이며, 여러분이 건성으로 한 것이지 결코 불법을 건성으로 대한 것은 아닙니다. 이것은 모두 '법'에 맞지 않습니다. 특히 불법을 배울 만한 자질이 있는 법기(法器)로 말하자면, 정말로 없습니다. 대단히 적어서 아주 어렵습니다. 그러므로 이 부분은 여러분이 스스로 연구하십시오. 많은 부분이 사람의 수준과 관계가 있기 때문에 약간 보류해야겠습니다. 다 말씀드리지 않겠다는 것은 아니지만 다 말씀드리면 아주 번거롭습니다. 지금부터는 그 해석을 보도록 하겠습니다.

"蓋由上師使入解脫門故, 爲求悉地, 故使上師心喜, 與聞思修合. 行本屬眞義(대개 상사로 말미암아 해탈문에 들어가고 실지를 구하기 때문에, 상사의 마음을 기쁘게 해서 문사수와 합한다. 본속의 참된 뜻을 수행한다)." 이것은 모두 수행법의 전행(前行)이며 앞서 준비하는 작업입니다. 우리에게 상사에 대해 신념을 지니라고 한 것은, 물론 일반적으로 말하는 신임(信任)이 아니라 부처님을 믿는 것 같은 그런 믿음입니다. 상사로 말미암아 우리가 해탈 법문을 얻을 수 있기 때문입니다. '실지(悉地)'[107]는 번역어인데 성취를 구해 부처님의 경계로 들어감을 뜻합니다. 우리가 수행으로 성불의 경계에 도달하고자 한다면, 상사의 마음을 기쁘게 해서 법을 전해 주기를 좋아하고 우리에게 가르쳐 주기를 좋아하게 만들어야 합니다. 그래야 문(聞)을 통해 사(思)하고 사를 통해 수(修)하여 마침내 지혜를 얻고 성취할 수 있습니다. 이러한 수행이 이 법본의 진정한 의미입니다.

"勵力精勲, 不可散亂(정성스럽고 부지런히 수행에 힘쓰고 산란해서는 안 된다)." 이것은 부처님을 배우고 불법을 배우는 우리 같은 사람을 격려하는 말입니다. 특히 출가한 동학들은 주의해야 합니다. 저는 출가한 동학들에 대한 요구와 희망이 조금 크고 또 관리도 비교적 엄격합니다. 왜냐하면 출가하지 않고 재가하면서 진정으로 부처님을 배우는 사람은 아주 적고, 진정으로 수도하는 사람은 더더욱 얻기 어렵기 때문입니다. 그렇기 때문에 출가 동학들은 마땅히 재가 동학들에게 모범이 되어야 합니다. 우리의 모든 힘을 다해서 아침부터 밤까지 부지런히 수도하고, 자신을 산만함 가운데 있게 해서는 안 됩니다. 특히 출가한 동학들이 주의해야 하니 오늘은 '포살(布薩)'[108]로서 계(戒)를 말하는 시간입니다. 물론 재가인들이 들어서는 안 됩니다. 이번에는 삼천위의(三千威儀)로부터 시작해서 말씀드리며

---

107 산스크리트어 siddhi의 음역으로서 성취(成就) 또는 완성(完成)이라 번역한다.

외형적인 것에서 내재적인 것으로 들어가는데 엄격하고 부지런해야 합니다. 왜 계를 말할 때에는 재가인이 들으면 안 될까요? 저 역시 계를 말할 자격은 없습니다. 하지만 이 자리에 대화상이 없기 때문에 제가 법을 대표해서 잠시 대리하도록 하겠습니다.

"具德盡四大本續云: 欲求悉地具信者, 悉地由上師喜生(『구덕진사대본속』에 말하였다. 실지를 구하고 믿음을 갖추고 싶다면, 실지는 상사가 기뻐함으로 말미암아 생긴다)." 상사상응법(上師相應法)을 수지하는 것은 밀법 안에서 아주 중요합니다. 삼매를 빨리 성취하고자 한다면 반드시 상사상응법을 수지해야 합니다. 그래서 밀법의 수지 안에는 상사상응법이 있어서 본존(本尊)을 관상합니다. 어떤 이론에서는 이렇게 말합니다. 본존의 성취가 물론 크지만 우리와는 거리가 멀기 때문에, 만약 성취한 상사가 있어서 상사상응법을 수지하면 감응이 비교적 빠르고 자신의 성취도 비교적 빠르다고 합니다. 전기적 감응〔電感〕작용이라고 해석할 수도 있습니다. 실지(悉地)를 구해서 성취하고 믿음을 갖추고 싶다면 상사가 기뻐함으로 말미암아 생겨야 합니다. 마음이 기쁘면 마음의 감응이 일어납니다.

"是故凡諸所有者, 供上師卽眞實勤, 復次展鋪解脫之基者(그러므로 무릇 모든 소유자가 상사를 공양함은, 진실을 부지런히 힘씀이요 또 해탈의 기초를 닦는 것이다)." 그렇기 때문에 상사상응법을 수행하는 것은 바로 자신이 해탈 성취를 얻기 위해서 길을 닦는 것입니다.

다음 단락은 잠시 보류하겠습니다. 이유가 어디에 있을까요? 먼저 큰 글자[109]를 읽어 보겠습니다.

---

**108** 출가자들은 음력 매월 15일과 29일(또는 30일)에 한곳에 모여 계율의 조목을 독송하면서 그동안 자신이 저지른 잘못을 참회하고, 재가 신도는 육재일(六齋日) 곧 매달 음력 8, 14, 15, 23, 29, 30일에 하루 낮 하룻밤 동안 팔재계(八齋戒)를 지키는 일을 말한다.

**109** 큰 글자는 법본 원문을 말한다.(편집자 주)

# 계율과 위의

성문, 보살과 지명[110], 세 가지 율의를 어기거나 범하지 않고, 자신의 마음을 막고 금하여 남을 이롭게 하고, 여러 가지 모습으로 변화하여 나타나니 해탈도이다.

聲聞·菩薩·與持明, 三種律儀不違犯, 防禁自心成利他, 所現應變解脫道.

출가의 계율에는 사미 사미니계, 비구 비구니계 등이 있는데 모두 성문(聲聞)의 계율에 속합니다. 대승보살계는 불도의 대계(大戒)이며 출가와 재가를 나누지 않고 똑같습니다. 즉 이렇게 말할 수 있습니다. 수행하는 사람은 첫 번째로 먼저 수계(守戒)를 할 수 있어야 합니다. 만약 출가한다면 당연히 몸가짐[行儀]에 있어서 비구 비구니계의 수행에 치중해야 합니다. 다만 중국의 불교는 출가가 됐든 재가가 됐든 상관없이 보살계 즉 심행(心行)의 측면을 중시합니다. '지명계(持明戒)'는 특수한 것으로, 일반적으로 이 계를 받는 것은 쉽지 않습니다. '지명계'는 밀종의 대계이기도 합니다. 수행하여 성취를 얻고자 한다면 계행(戒行)은 대단히 중요합니다.

이 세 가지 율의(律儀)는 율 즉 계율(戒律)이고, 의 즉 위의(威儀)입니다. 이 자리에 계신 몇 분의 출가 동학은 지금부터 시작해서 삼천위의(三千威儀)를 엄격하게 집행해야 합니다. 물론 대단히 어려운 일이기는 하지만, 얼마를 해내든 그만큼이라도 괜찮습니다. 부처님을 배우고 수도하는 사람이 삼천위의를 구비한다는 이것은 여전히 외형이고, 팔만세행(八萬細行)은 내재적인 심리입니다. 부처님을 배우는 많은 사람이 이것은 안 되고 저것은 좋지 않다고 말합니다. 그렇게 안 된다, 좋지 않다 생각된다면 여러분

---

**110** 지명(持明)은 금강승을 성취한 자를 말한다. 또는 주문, 진언, 즉 부처님의 지혜의 말씀으로 암흑을 깨부수는 것을 의미하기도 한다.

스스로 하나의 불교를 창조하십시오. 불교가 불교라고 불리는 까닭은 수천 년 이래로 대조사(大祖師)들이 교육한 '가르침(敎)' 때문입니다. 단순히 종교의 교(敎)가 아닙니다. 그 나름의 이유가 있고 그 나름의 경험이 있는 것인데, 경험하지도 못했으면서 함부로 총명한 체해서는 안 됩니다.

예를 들어 제 개인의 경험 같은 것도 자주 동학들에게 말씀드렸습니다. 저는 스물 몇 살부터 시작해서 칠 년 간 소식(素食)을 했습니다. 당시 저는 아직 직장에서 일을 하고 있었지만, 나중에는 오후부터 아예 먹지 않았습니다. 처음 시작할 때에는 해내지 못했습니다. 당시 저는 저녁에 적어도 세 그릇씩은 먹었습니다. 그러나 점차 두 그릇에서 한 그릇 반, 한 그릇 반 그릇 두 입으로 줄였고, 나중에는 땅콩 일곱 개를 먹다가 세 개로 줄이고 마지막에는 먹고 싶지 않은 단계에까지 이르게 되었습니다. 마음속으로 먹고 싶지 않은 것까지는 안 돼서 입으로 침을 삼키며 감탄해도 괜찮습니다. 저는 습관의 어려움을 깊이 알게 되었습니다. 영양 상태가 안 좋거나 배가 고파서만은 아니고 그 맛입니다. 먹을 것을 보기만 하면 침을 삼켜야 했으니, 이런 것이 모두 제가 경험한 것입니다.

산 위에서 삼 년간 폐관할 때였습니다. 음력 구월 보름 이후 다음해 봄 이월까지는 큰 눈에 산길이 막혀서 산 위로 음식물을 보낼 방법이 전혀 없었습니다. 산 위에서 먹는 밥은 겨울이 오면 반쯤은 날 것으로, 익힌 음식을 먹은 적이 없었지요. 무말랭이와 말린 나물로 만든 만년채(萬年菜) 한 그릇은 짜기만 했습니다. 고춧가루와 소금만 치고 기름을 많이 넣어 볶아낸, 언제나 똑같은 이 한 그릇의 음식을 식탁에 놓았습니다. 하지만 먹어 보면 아주 맛있습니다. 그 외에는 먹을 게 없기 때문입니다. 만년 내내 똑같은 이 한 접시에다가 음식을 다 먹기도 전에 또다시 보충하기 때문에 만년채라고 부르지만, 입은 계속해서 먹고 싶어 합니다. 일이 없으면 차를 마시기도 합니다. 산꼭대기에서 마시는 맑은 차에는 눈 녹인 물을 넣는데,

반쯤 녹은 물을 끓여서 차를 타서 마십니다. 그러다 보니 위(胃)가 냉해집니다. 산 위의 화장실은 이층 높이로 높아서, 옛사람의 시에도 "구덩이가 깊어 똥이 한참 만에 떨어지네[坑深糞落遲]"라는 구절이 있습니다. 고개를 돌려 보면 대변이 모두 하얗습니다. 여러분은 영양 섭취를 중시하지만 어림도 없습니다! 영양분이 하나도 없습니다. 먹는 것이 하얀 밥이라 나오는 것 역시 하얗습니다. 그래서 저는 늘 감탄했습니다. 봄이 오면 스님들이 똥을 지고 나가서 채소를 심었는데, 그곳의 채소가 어떻게 잘 자랄 수 있을까! 하면서 말이지요. 그런 비료는 도무지 땅에 거름이 되지 못합니다. 이 같은 환경에서 저 역시 삼 년을 지냈습니다. 제가 말씀드리는 이런 도리는 모두 제 자신이 직접 경험한 것입니다.

율의에는 그 나름의 절대적인 도리가 있습니다. 우리 같은 일반인들은 자신을 쉽사리 용서하고, 아주 쉽게 자신의 심행(心行) 일체에 대해 많은 변명을 늘어놓습니다. 융통성 없고 고정적인 규칙을 받아들이기 원하지 않는데, 아무리 성실한 사람이라 할지라도 내키지 않습니다. 그것이 법이건 법이 아니건 어떤 사람이 하나의 규칙을 지키겠노라고 한다면, 제 개인의 경험에 비추어 보면, 설사 많은 형편이 법에 맞지 않더라도 어차피 다들 그러하니, 나 역시 규칙을 잘 지키며 따라가면 서서히 자신에게 이익이 됩니다. 그의 그런 방법이 옳다 혹은 옳지 않다가 아니라, 자기 스스로 규칙을 지키겠노라고 했기 때문에 내심으로 이익을 얻는 것입니다. 이런 경험이 여러분에게는 없습니다. 우리는 절반이 재가 학불자(學佛者)입니다. 그러니 어떻게 이런 일을 해봤겠습니까! 모두 '명사(名士)'이고 특히 이 자리에는 젊은 명사가 많습니다. "명사의 풍류는 크게 얽매이지 않는다[名士風流大不拘]"라 하였는데, 결국 윤회에도 얽매이지 않기에 어떤 도가 됐건 모두 떠나 버릴 수 있습니다. 그러므로 윤회에서 벗어나고자 한다면 윤회의 구속을 받지 않으면 안 됩니다. 총림(叢林)의 규칙을 세운다면 개인의 자유는 없습니다. 눈을 좌우로 굴리는 것도 함부로 해서는 안 됩니다. 이것은 부처님의 계율이지, 제가 여러분에게 그렇게 하라고 시키는 것이 아닙니다. 따라서 삼천위의 일체의 계행은, 단지 반나절만이라도 참으로 그 위의와 계행에 머물 수 있다면 당장 정(定)에 들 수 있습니다.

　저의 경험을 말씀드리자면, 스스로 그 이론을 실행했을 때 사람의 가련함을 깊이 느꼈습니다. 사람은 모두 망령되이 자신을 총명하다고 여깁니다. 사람이 망령되이 스스로를 총명하다고 여기지 않으면 바로 이익을 얻습니다. 저는 원래 대단히 제멋대로인 사람입니다. 하지만 제가 걸어가려고 하는 그 길에 대해서만큼은 절대적으로 숭배하고 존경합니다. 이 길은 마땅히 비뚤게 걸어가야 된다고 말하면 비뚤게 걸어갑니다. 기왕 시작했으니 규정을 따르고 그 가운데 있어야 비로소 그것의 좋고 나쁨을 체득할 수 있습니다. 보통 사람은 그렇게 영웅적이지 않습니다. 제대로 따라서 걸어가든 비뚤게 걸어가든, 걸어가면서 한편으로는 뱃속으로 반대하고 있다면 장부(丈夫)가 아닙니다. 비뚤게 걸어갔더니 비뚤게 나왔다면, 전부 비뚤어졌다면 여러분이 바로잡으면 됩니다. 특히 밀법을 배우려면 더더욱 이렇게 해야 합니다.

　지금 이 법문을 가르치기 전에 먼저 계(戒)를 이해해야 합니다. 세 가지 율의를 어기거나 범해서는 안 되는 주요한 도리는 이 한마디에 있습니다. "자신의 마음을 막고 금하여 남을 이롭게 한다[防禁自心成利他]." 자신의 마음과 생각을 막아서 예(禮)가 아니면 보지 않고 예가 아니면 듣지 않는 것도 똑같은 이치입니다. '막고[防]' 지키는[守] 것은 적극적인 것으로, 방지해서 범하지 못하게 합니다. 반면에 '금하는[禁]' 것은 소극적인 것으로, 이미 범했을 경우에 금지합니다. 자신의 마음과 생각이 이와 같다면, 이것은 자신을 이롭게 하는 것입니다. 자신을 이롭게 하는 것은 남을 이롭게 하기 위한 것이기도 하니, 세상 사람을 구제하고자 한다면 반드시 자신에게서부터 시작해야 합니다. 중생을 제도하고 남을 이롭게 하고 싶다고요? 허풍 좀 작작 떠십시오. 여러분이 무슨 자격이 있어서 남을 이롭게 합니까? 먼저 자신을 이롭게 하는 것부터 구하십시오!

그런 까닭에 율의의 요구는 "방금자심(防禁自心)"입니다. 이 네 글자를 해낼 수 있다면, 율의고 뭐고 더는 말할 필요가 없습니다. 율의의 작용은 자신의 마음을 막고 금하는 데 있습니다. 자신을 이롭게 하는 공덕이 원만해야 남을 이롭게 하는 일을 할 수 있고, 남을 이롭게 하려는 원망(願望)을 성취할 수 있기 때문입니다. "여러 가지 모습으로 변화하여 나타나니 해탈도이다[所現應變解脫道]", 성취한 이후에 여러분이 드러내는 것은 이른바 신통의 성취요 도력의 성취이니, 통하지 못하는 것이 없습니다. 마치 관음보살의 삼십이 응화신(應化身)처럼 온갖 모습으로 변화하여 나타나는데, 이것이 진정한 해탈의 도입니다.

이제 네 가지 계의 모순과 그 중요성을 말씀드려야 하는데, 여기부터 30페이지까지는 잠시 건너뛰도록 하겠습니다. 아직 여러분의 조건이 충분치 않기 때문입니다. 우리가 이 법문을 다 배운 후에, 제가 상황을 봐서 토론해야 하는지 아닌지 이야기하도록 하겠습니다. 이 속에는 너무나 큰 문제가 들어 있어서 자칫 잘못 다뤘다가는 더 큰 일이 벌어지기 때문입니다.

지금부터는 31페이지를 보겠습니다. 이 권(卷)은 온통 수행하는 사람의 조건에 대해 간절하고도 은근하게 말하고 있습니다. 앞 권에서 말한 것은 장소의 조건에 관해서였습니다.[111]

---

111 설명하지 않고 건너뛴 '네 가지 계의 모순과 그 중요성'은 뒤에서 설명하지 않았다. 법본 31페이지 수행하는 사람의 조건은 제4강 '사람의 몸은 얻기 어려우니 서둘러 수행하라' 앞에 오는 내용이다.(편집자 주)

# 굳건하게 믿고 성실하게 믿고 경건하게 행하라

초학자들은 자신을 이롭게 함을 먼저 수행하니, 조용한 장소에서 마음을 지켜 산란함과 시끄러움에서 떠나고, 대치하여 오염을 조절하고 악연을 제거하며, 견도와 수도를 어기지 않고 경건하게 불법을 수행하고, 오독은 자성이 생겨나게 한 것이니 찰나의 정념에 얻을 수 있으며, 산란하지 않고 대치에 의지하여, 삼업을 잘 알아서 게으르지 않고, 수치를 알아서 부끄러워하는 마음을 지니고 자신의 마음을 조절한다.

初學自利爲首修, 靜地守心離散鬧, 對治調染去惡緣, 見修不違虔修法, 五毒自性所生者, 刹那正念而能獲, 不散而依於對治, 能知三業不放逸, 知羞有慚調自心.

이것도 여전히 처음 수행하는 사람에게 말하는 것인데 물론 대원만의 수행법입니다. 초학자들은 남을 이롭게 하는 것에 치중하지 말고, 마땅히 자신을 수행하고 자신을 이롭게 하는 것에 치중해야 합니다. 전수(專修)하면서 오로지 자신이 성불하지 못할까 두려워해야지, 중생을 제도하지 못할까 두려워해서는 안 됩니다. 어떤 사람은 자신도 수행에 성공하지 못했으면서 다른 사람에게 열을 올려 이야기하느라 혈압이 올라가고 머리가 어지러워집니다. 그러고는 보살도라고 말합니다. 허풍 좀 그만 떠세요! 보살은 무슨 보살입니까? 먼저 자기 수행이나 잘 하고 하시지요. 그러므로 초학자들은 자신을 이롭게 하는 것을 먼저 해야 합니다. 만사를 제쳐 두고 청정한 장소에서 수시로 마음을 지키고, 자기 마음이 생각을 일으키는 것을 막고 금해야 합니다. 이것은 선종에서 말하는 관심(觀心)이요 수심(守心)이기도 한데, 일체의 산란함과 심란하고 시끄러움〔憒鬧〕에서 떠나야 합니다.

무엇보다 먼저 "대치하여 오염을 조절하고 악연을 제거〔對治調染去惡緣〕"하도록 수행합니다. 우리는 세상에서 오랫동안 굴렀습니다. 특히 나이가 들면 세상 경험이 많을수록 오염이 더 심하기 때문에 오염을 조절하기가 아주 어렵습니다. 우리가 수행했던 모든 방법, 염불이 됐든 배불(拜佛)이 됐든 기공이 됐든 호흡이 됐든 백골관이 됐든 그 모든 것은 대치(對治)의 법문이며 모두 약방(藥方)입니다. 약을 먹는 것은 병을 치료하기 위해서인데, 그것이 바로 오염을 조절함〔調染〕입니다. 모두가 다 오염을 조절하고 치료하기 위한 청결제(淸潔劑)이니, 우리 심신의 오염을 깨끗하게 씻어서 그 깨끗함을 회복시키고 일체의 악연은 끊어 버립니다. 선을 행하고 악은 제거합니다.

견도(見道)와 수도(修道)를 어기지 않고 경건한 정성과 성실을 다하니, "견도와 수도를 어기지 않고 경건하게 불법을 수행한다〔見修不違虔修法〕"는 것은 바로 유가에서 말하는 '성경(誠敬)'입니다. 불법을 공경하고 자신에 대해서 언제나 나태해서는 안 됩니다. 이것은 제가 타칠(打七)을 할 때마다 늘 강조하는 부분인데, 저는 매번 타칠만 생각하면 화가 납니다. 향판(香板)[112]을 한번 치면 어떤 사람은 몸을 돌려 흥미롭게 듣습니다. 마치 만담가가 들려주는 이야기라도 듣는 것처럼 말이지요. 하지만 저는 만담가가 아닙니다. 자주 말하지만 제가 불법을 배운 시기는 군관학교에 있을 때였습니다. 일하느라 매우 바빴지만 뒷문으로 몰래 빠져나온 것은 문수원(文殊院)이라는 큰 절이 있었기 때문입니다. 저는 아침저녁으로 문수원에 몰래 가서 진흙투성이 땅에서 절을 했습니다. 어떤 때는 이백 배 삼백 배를 했습니다. 여러분 같은 재가(在家) 동학들은 해낼 수도 없을 것입니다. 아이고, 그런 제 모습을 보고 사람들이 웃지 않았겠습니까? 그러지 않

---

112 중국 선원(禪院)에서 사용하는 경책 도구.

으면 미신이라고 하면서 웃었습니다. 하지만 저는 상관하지 않았습니다. 대장부가 이렇게 하겠다고 결심했으면 그대로 해야지, 일심으로 성실하고 간절하게 절을 했습니다. 지금 여기에는 카펫이라도 있지 않습니까! 그런데 저는 지금껏 한 사람도 여기에서 부처님께 절하는 것을 보지 못했습니다. 몇 분의 출가 동학을 포함해서 말입니다. 저는 매일 이곳에 와서 누가 부처님께 절을 했는지 살펴봅니다. 저는 눈이 아주 밝은데, 절을 하고 나면 자국이 남습니다. 자국이 없다는 것은 아무도 절을 한 사람이 없음을 설명해 줍니다. 어쩌면 부처님이 내려와서 여러분에게 절을 해야 비로소 여러분이 절을 할런지도 모르겠네요. 언젠가 부처님께서 내려와서 여러분에게 절을 하고 여러분을 구해 주실 겁니다. 그러므로 견도(見道)와 수도(修道)를 어기지 않고 경건한 정성으로 법을 수행해야 합니다. 일념으로 경건하고 정성스럽게 공경하면 어떤 법문이든지 도달하게 됩니다. 진정한 바른 믿음은 아주 어렵지만, 확실히 그런 일이 있습니다. 저는 일생 동안 아주 많은 경험을 했는데 굳건하게 믿고 성실하게 믿고 경건한 정성이 있으면 도달하게 됩니다.

생명과 더불어 존재하는 오독(五毒) 즉 탐진치만의(貪瞋癡慢疑)는 사실은 자성이 변한 것이기도 합니다. "오독은 자성이 생겨나게 한 것이니〔五毒自性所生者〕", 오독은 무명면(無明面)이니 음면(陰面)에 속하며 광명의 양면(陽面)이 아닙니다. 우리는 마음이 어지러이 흩어지면 타좌도 못하고 정(定)에 들지도 못한다고 말합니다. 여러분은 당연히 정에 들지 못합니다. 여러분의 마음 가운데 정념(正念)이 없기 때문입니다. 만약 정념이 있다면, 혹은 여러분이 일념으로 부처님을 믿고 부처님을 관(觀)한다면, 혹은 일념으로 "능단금강반야바라밀(能斷金剛般若波羅蜜)"[113] 한다면 곧바로 끊

---

113 세상의 모든 고통과 어리석음을 단번에 자를 수 있는 가장 단단하고 예리한 금강의 지혜라는 뜻.

어집니다. 그래서 『화엄경』은 우리에게 말합니다. "처음 발심할 때 곧바로 무상정등정각(無上正等正覺)을 얻는다." 오독 자성은 정말로 끊을 수 없을까요? 정말로 삼대아승기겁(三大阿僧祇劫)[114]에 걸쳐 수행을 해야 할까요? 우리가 정념(正念)하지 못하기 때문이니, "찰나의 정념에 얻을 수 있다〔刹那正念而能獲〕"고 했습니다. 찰나에 정념함으로써 즉시 보리를 증득하여 그 경계에 들어가게 됩니다. 무슨 어려움이 있습니까?

그러므로 불도를 수습(修習)하는 우리 같은 사람들은 수시로 경건하게 공경해야 합니다. "산란하지 않고 대치에 의지해야 한다〔不散而依於對治〕", 망념이 일어나면 정념을 일깨우기만 하면 곧바로 정념의 자리로 되돌아갑니다. 이것은 바로 맹자가 "자기 자신에게 지니는 것을 일러 신이라 한다〔有諸己之謂信〕"라고 말한 것이기도 합니다. 곧바로 되돌아와서 더는 산란해지지 않습니다. 정(定)은 산란하지도 않고 혼침하지도 않아서 일체의 법문을 대치합니다. 따라서 우리처럼 진정으로 수행하는 사람은 신(身) 구(口) 의(意) 삼업이 마음을 일으키고 생각을 움직이더라도 절대 수행을 게을리하면 안 됩니다. 수행을 게을리하지 않음이란 곧 자신을 절대 용서하지 않는 것입니다. 결코 대충대충 하지 않으며 결코 숨거나 회피하지 않습니다. 자신을 용서하는 것 역시 마장(魔障)입니다. 제 경험에 따르면 정념을 일깨워서 자신을 한번 헤아려 보면 바로 정신이 번쩍 듭니다. 정말로 계율을 이야기하려 해도 평소에 감히 말하지 못하는 까닭은 여러분이 믿지 않기 때문입니다. 수행을 게을리하는 죄과는 축생도에 떨어지는 것입니다. 축생이 얼마나 게으릅니까! 여러분도 알다시피 저 돼지 호랑이 사자는 배불리 먹기만 하면 한자리에 엎드려서 꼼짝도 하지 않습니다.

주의하십시오! 오늘은 불법을 이야기하면서, 여러분이 불법의 진정한

---

114 연, 월, 일이나 어떤 시간의 단위로도 계산할 수 없는 무한히 긴 시간을 말한다.

장엄성에 관해 이해할 수 있도록 말씀드리고자 합니다. 왜냐하면 오랫동안 이 부분은 그다지 말씀드리지 않았기 때문입니다. 솔직히 말해서 오랫동안 저는 '속이고' 있었습니다. 말하자면 여러분이 불법이라는 길을 걸어가도록 유도하고 있었는데, 그렇기 때문에 여러분이 어떤 상태이든 그런대로 참을 만했습니다. 저는 줄곧 이렇게 말했습니다. 불법을 제대로 이야기하면 이런 것이 아닙니다. 제대로 말했다가는 여러분은 들어오자마자 놀라서 혼이 나갔을 겁니다. 엄숙함이 이 정도는 되어야 단장(壇場)이나 도량이라고 부를 수 있고, 그래야 심행(心行)을 엄격하게 할 수 있습니다. 그러므로 몸과 입과 뜻으로 업을 짓는 삼업을 잘 알아서 게을러서는 안 되며 부지런히 힘써야 합니다. 게으름[放逸]이란 적당히 대충해도 자신을 용서하는 것이지만, 부지런히 힘씀[精勤]이란 적극적으로 노력하는 것입니다. 우리는 수지를 할 때 스스로 부끄러움을 잘 알아야 합니다. 유가에서는 "수치를 알면 용기에 가깝다[知恥近乎勇]"고 말합니다. 용기를 내서 부끄러워하는 마음으로 자기의 마음을 조절해야 합니다. 대장부가 부처님을 배우면 진실로 날마다 새로워져야 합니다. 오늘 진보가 없으면 스스로 자기 두 뺨을 때리고 "죽어도 싸! 왜 진보가 없는 거야!"라고 할 정도로 부지런히 힘써야 합니다. 그렇게 자신을 관리하고 단속해야 비로소 법기라 할 수 있고 불법을 배우는 사람이라 할 수 있습니다. 이 단락은 법기의 조건을 설명했습니다. 이제 다시 해석을 보겠습니다.

"初入解脫道等, 修眞實義爲首故, 間接或自心欲思利他, 而無有力(처음 해탈도에 들어가면 진실한 의를 수행하는 것을 으뜸으로 여기기 때문에, 간접적으로 혹은 자신의 마음으로 남을 이롭게 하고자 해도 능력이 없다)." 굳이 부처님을 배우는 것까지 말하지 않더라도 우리는 모두 다른 사람을 도와주고 싶어 합니다. 하지만 실제로 다른 사람을 도와줄 능력이 없습니다. 그 때문에 먼저 자신의 수행을 구하고 능력 얻기를 구해야 합니다. 지혜와 공덕을 능력으로 바꾸어야 비로소 남을 이롭게 할 수 있습니다.

"蓋自心爲煩惱性故, 去惡緣及依寂靜地, 對治煩惱, 見道與行道不違誤而行持, 當煩惱所生, 於彼卽以正念執持(대개 자신의 마음이 번뇌를 일으키기 때문에, 악연을 제거하고 고요한 곳에 의지하여 번뇌를 대치하며, 견도와 행도에 그르치지 않고 수지하고, 번뇌가 일어나면 곧바로 정념을 붙잡아 지닌다)." 왜 우리는 남을 이롭게 하지 못할까요? 자신의 마음이 청정하지 못해서 작용을 일으키지 못하기 때문입니다. 이 단락은 제가 앞에서 설명했던 이치와 똑같은데, 이미 모두 말했습니다.

"一二刹那而不令住於自心故, 於身口意三, 以正知·正念·不放逸三者不忘, 乃殊勝緊要也(한두 찰나라도 자신의 마음에 머무르게 하지 못하기 때문에, 몸과 입과 뜻으로 업을 짓는 삼업에 있어서, 정지·정념·불방일의 이 세 가지를 잊지 않는 것이 수승하고 요긴하다)." 언제 어디서나 자신의 몸과 입과 뜻으로 업을 짓는 삼업에 주의해야 합니다. 특히 출가한 동학들은 더더욱 주의해야 합니다.

"入行論云: 諸欲防心者, 正知及正念, 雖捨命猶守(『입행론』에서 말하였다. 마음을 막고자 하는 사람은 정지와 정념을 비록 목숨을 버리더라도 지켜야 한다)." 『입행론』이라는 경전에서는 이렇게 말했습니다. 모든 수행자는 자신의 심성이 악업을 일으키지 않고 욕망에 오염되지 않도록 잘 막아야 하는데, 차라리 생명을 버릴지언정 도업(道業)의 청정한 진수(進修)를 떠나지 않고 "정지와 정념〔正知及正念〕"을 떠나지 말아야 합니다. 이런 정신, 이 몇 마디의 말이 바로 부처님이고 바로 나의 스승입니다. 우리가 어떤 부처님께 절을 하겠습니까?

"我卽禮此語(나는 이 말에 경의를 표한다)." 수행하는 사람은 마땅히 이마가 땅에 닿도록 절하고 숭배하고 의지하여 머무르고 학습해야 합니다. "정지와 정념을 비록 목숨을 버리더라도 지켜야 한다"는 말이기도 합니다. 자신에게 정지(正知)가 없어서 정념(正念)의 경계를 잃어버린다면 스스로 뉘우쳐야 합니다.

"特於凡夫之心, 隨緣而轉故(특히 범부의 마음은 인연을 따라 변하기 때문이다)." 우리 같은 평범한 사람, 성취하지 못한 사람은 외부 경계가 여러분에게 영향을 미치면 팽이를 돌리는 것처럼 따라서 돌아갑니다. 외부 경계를 따라서 변하지 않는다면 그 자체로 이미 상당한 공력을 지녔다고 말할 수 있습니다. 이미 절반의 성인이라고 하겠습니다. 우리는 환경을 따라서 변하지 않을 방법이 없는데, 동참하는 도우(道友)가 이렇게 말하는 것을 자주 듣게 됩니다. "아! 내 환경은 정말 방법이 없어." 마땅히 볼기를 쳐야 합니다! 도업이 중요합니까, 아니면 환경이 중요합니까? 바꾸어 말하면 여러분이 환경에 대해 방법이 없다는 것은, 자신은 이미 환경을 따라서 변하고 있으면서 입으로는 환경을 따라서 변하지 않는다고 말하는 것이니, 그러고서 무슨 수도(修道)를 이야기하겠습니까? 수행할 필요가 없습니다. 범부의 마음이 인연 따라서 변하는 것은 자연적인 것입니다. 바꾸어 말하면 여러분은 여전히 전형적인 범부라는 뜻으로 더 이야기하지 않겠습니다.

"今教誡於緣顯及自顯之法者(이제 인연으로 인해 드러나는 것과 스스로 드러나는 방법을 가르쳐 훈계한다)." 이제 여러분에게 가르치고 훈계하고자 하는 것은 연현(緣顯)과 자현(自顯)이라는 방법입니다. '연현'은 수행법의 인연으로 인해 드러나는 것이고, '자현'은 스스로 어떻게 해서 명심견성하는 것입니다. 몇 분이 여기에서 수도하고는 있지만 우리의 이곳 환경은 그다지 이상적이지 않으며 도량도 아닙니다. 하지만 말이 나온 김에 이야기하자면, 저는 이 도시의 수많은 중생 가운데서 이곳은 이미 성지(聖地)라고 생각합니다. 여전히 의경을 변화시키지 못하겠다면, 그럼 서둘러 엘리베이터를 타고 내려가십시오. 이 도시에서 이런 작은 곳은 찾아봐도 결코 많지 않습니다. 제가 이 년 전에 폐관을 하려고 했을 때 얼마나 많은 장소를 둘러봤는지요! 양명산(陽明山)이니 도원(桃園)[115]이니, 거기에다 신죽(新竹)[116]의 어떤 사람이 땅을 준다고 해서 세 번이나 가 보고는 정말 제 뺨을 때렸습니다. 어디라고 해서 폐관을 못한다는 말이냐, 그냥 이곳에서 문 닫아걸면 될 것을 하면서요. 마음이 변하자 곧바로 의경이 변했습니다. 어느 장소가 도량이 아니겠습니까? 그냥 아무 곳이나 부들방석을 펼치기만 하면 됩니다.

제가 그해 사천에서 그 미치광이 사야(師爺)를 만났을 때, 그는 이미 수십 년을 변소에서 지내고 있었습니다. 오늘날 같은 변소가 아니라 "구덩이가 깊어 똥이 한참 만에 떨어지네" 하는 그런 변소 말입니다. 냄새가 지독한데도 그는 잠도 거기서 자고 타좌도 거기서 했습니다. 그곳은 도량이 아닙니까? 우리는 복보(福報)가 너무 좋은데도 스스로 복보를 다 누리지 않으려고 합니다. 생각해 보십시오. 우리는 중국인이고 중국의 재난이 얼마나 많았습니까! 그럼에도 불구하고 이 한 목숨 요행히 부지했고, 오늘 대만이라는 이 부강하고 안락하며 먹을 것 입을 것 풍족한 곳에서 온갖 물질적 풍요를 누리고 있습니다. 천인(天人) 비슷한 경계에 있으면서 거기에다 수도하기 좋은 환경과 시간까지 갖고 있습니다. 그런데도 만약 일이 아직 안 끝났고 환경이 좋지 못하다고 말한다면, 그것은 스스로 원해서 타락하는 것입니다. 이것은 수도하는 입장에서 말한 것으로, 그저 한마디 보충해서 여러분을 좀 바꿔 볼까 했습니다. 계속해서 수도의 조건을 이야기합니다.

---

115 대만 북서쪽에 위치한 도시로 대만 공항이 자리하였으며 최첨단 산업이 발달했다.
116 대북에서 차로 한 시간 정도 떨어진 도시로 대만의 실리콘밸리로 불린다.

# 팔풍이 불어도 흔들리지 않는 마음이어야

훼방과 칭찬이 명칭과 비웃음을 깨트리고 세우니, 꿈이나 환상과 같아서 실제가 없고, 골짜기를 울리는 명성에는 수행하여 인을 따르고, 내가 붙잡고 있는 마음의 근본을 끊어, 모든 행동이 불법을 어기지 않고, 자신의 마음을 막고 금해서 남을 번뇌케 하지 않으며, 찰나라도 번뇌를 따르지 않고, 주야로 선을 행하여 지극히 정성스럽고 부지런히 한다.

毁譽破立稱與譏, 等同夢幻而無實, 谷響之名修隨忍, 斷我執心之根本, 凡諸所作不違法, 防禁自心不惱他, 刹那不隨於染汚, 晝夜行善極精勤.

---

"훼방과 칭찬이 명칭과 비웃음을 깨트리고 세우니〔毁譽破立稱與譏〕", 이 것이 바로 소동파가 말한 "팔풍[117]이 불어도 흔들리지 않음〔八風吹不動〕"이니, 칭(稱) 기(譏) 훼(毁) 예(譽) 이(利) 쇠(衰) 고(苦) 낙(樂)의 여덟 글자입니다. '칭(稱)'은 명칭이고 지위이니, 노사(老師) 처장(處長) 현장(縣長) 위원(委員) 의원(議員) 대사(大師) 같은 그런 명칭이지요! 사람들은 좋은 명칭을 갖기를 좋아합니다. '기(譏)'는 비웃는 것이고, '훼(毁)'는 상대방을 훼방하는 것으로 아무런 이유 없이 여러분에게 이렇게 하면 틀렸다 저렇게 하면 틀렸다고 말하는 것입니다. '예(譽)'는 상대방을 치켜세우는 것이고, '이(利)'는 이익이니 돈을 벌어서 환경이 좋습니다. '쇠(衰)'는 나이가 들어 눈이 침침해지고 머리는 세고 거동이 불편하고 쇠약해지는 것입니다. 혹은 장사를 했는데 밑지거나 외상값을 떼였거나 혹은 쓸 돈이 부족한 것이 모두 쇠입니다. 또 '고(苦)'와 '낙(樂)'도 있습니다. 이 여덟 가지를 팔풍(八風)이라고 부릅니다. 수도하는 사람은 먼저 팔풍을 간파해야 하는데,

---

117 수행인의 마음을 흔들어 놓는 여덟 가지의 경계를 바람에 비유한 표현이다.

이 팔풍의 내용을 설명하자면 아주 많습니다. 이 여덟 글자가 가볍게 여러분을 향해 불기만 해도 여러분을 도망가게 만듭니다. 이것이 전적으로 외부 환경은 아닙니다. 어떤 바람은 속마음에서 일어나는 바람입니다. 여러분에게 "꼴 보기 싫어!"라고 한마디만 욕을 해도 여러분은 견디지 못합니다. 여러분에게 꼴 보기 싫다고 욕하는 것은 훼방〔毁〕도 아니고 비웃음〔譏〕입니다. 훼방은 더 심합니다. 그러니 먼저 자신의 수양이 팔풍이 불어도 흔들리지 않는 정도에 이르기가 얼마나 어렵겠습니까! 이 자리에는 청년들이 많습니다. 일이 뜻대로 잘 되면 당연히 수도하는 데 흥이 나겠지요. 하지만 조금만 뜻대로 안 되면 수도도 그만둘 겁니다. 그래서 제가 늘 욕하는 겁니다. 여러분이 수도하는 걸 보면 마치 저를 위해서 하는 것 같다고요! 제가 말했지요. 저는 여러분을 데리고 노는 게 아닙니다. 제가 배부르고 일이 없어서 여러분을 데리고 놉니까? 청년 동학들은 주의해야 합니다. 스스로 이런 것도 세우지 못한다면 어떻게 되겠습니까.

"꿈이나 환상과 같아서 실재가 없고〔等同夢幻而無實〕", 팔풍이 불어도 흔들리지 않아야 하는데, 이런 것은 꿈이나 환상과 같아서 찰나에 모두 지나가 버립니다. 그뿐 아니라 여러분이 진실로 수행하려고 하면 매일같이 팔풍에 맞닥뜨리게 됩니다. 만약 그 즉시로 정념(正念)과 정지(正知)를 일깨워서 이런 외경이 꿈과 같고 환상과 같은 것임을 알 수 있다면, 이미 거의 도달했다고 하겠습니다. 만약 그런 사람이 있다면 저는 당장이라도 그에게 귀의하고, 곧바로 그를 보살이라고 치켜세울 겁니다. 이곳에서 수도하는 것은 모두가 순연(順緣)이며 조금의 역연(逆緣)도 있을 수 없습니다. 그러므로 팔풍이 불어도 흔들리지 않는 것이 불가능한 사람은, '명칭' '비웃음' 이런 것들은 꿈이나 환상과 같아서 실재하지 않음을 알아야 합니다.

"골짜기를 울리는 명성에는 수행하여 인을 따르고〔谷響之名修隨忍〕", 모든 치켜세움, 명성, 지위는 텅 빈 골짜기를 되돌아오는 메아리임을 알아야 합니다. 그것은 모두 허구요 가짜이니, 헛된 명리(名利)로 가득한 세간의 법에 속아 넘어가면 안 됩니다. 그 내면이 바로 수행이고 바로 인(忍)입니다. 인(忍)은 끊어 버림〔切斷〕이며, 육도(六度)[118] 안의 인욕(忍辱)입니다. 인생에는 뜻대로 되는 일이 별로 없고, 매일 뜻대로 되지 않는 일은 너무나도 많습니다. 하지만 뜻대로 되지 않는 것이 결코 아님을 알 수 있다면 그것이 인욕바라밀입니다. 여기에서 말하는 '욕(辱)'은 여러분을 욕하거나 모욕하는 것이 아니라 뜻대로 되지 않는 모든 것이 바로 욕입니다. 소승의 사가행(四加行)[119] 즉 난(煖) 정(頂) 인(忍) 세제일법(世第一法)에서 인(忍)이 바로 끊어 버림입니다. 그런 까닭에 『금강경』에는 일곱 가지 번역본이 있는데, 현장법사가 번역한 것이 『능단금강반야바라밀경(能斷金剛般若波羅蜜經)』입니다. 일체의 치켜세움, 일체의 것을 모두 끊어 버려야 합니다.

"내가 붙잡고 있는 마음의 근본을 끊어, 모든 행동이 법을 어기지 않고〔斷我執心之根本, 凡諸所作不違法〕", 아집의 근본을 끊어 버려야 합니다. 우리에게 일어나는 모든 마음과 생각, 하는 행동이 불법에 위배되어서 안 됩니다.

"자신의 마음을 막고 금해서 남을 번뇌케 하지 않으며, 찰나라도 번뇌를

---

**118** 열반에 이르기 위하여 보살이 수행해야 할 여섯 가지 덕목, 즉 보시(布施) 지계(持戒) 인욕(忍辱) 정진(精進) 선정(禪定) 지혜(智慧)를 말하며 육바라밀(六波羅蜜)이라고도 한다.

**119** 견도(見道)에 이르기 위해 닦는 수행의 네 가지 단계를 말하는데 사선근(四善根)이라고도 한다. 저자는 가행(加行)을 가공(加工)에 비유하기도 했는데 사과나한이나 십지보살, 십지 공부의 모든 단계에 사가행이 있다고 했다. 사가행의 초보적 단계인 난법(煖法)에서는 아직 기맥이 통하는 데까지는 이르지 못하는데, 기맥 수련으로 생명 자성의 영능(靈能)이 발동해야 난법에 도달할 수 있다. 정법(頂法)은 허공과 일체가 되는 것으로 이 단계에 도달해야 초선(初禪)에 이른 것이다. 인법(忍法)은 일체를 모두 끊어 버린 것으로 망상이 끊어지고 세간을 벗어나서 초연히 홀로 서는 단계이다. 하지만 이때도 완전히 공에 이른 것은 아니고 아직은 세속의 최고 경계이다. 수행이 세제일법(世第一法)에 이르러도 아직 세속을 초월한 것은 아니다. 저자는 어떠한 수증 공부도, 정토든 지관이든 밀종이든 모두 사가행을 성취하고 선정에 이른 후에야 세속을 초월하는 법을 말할 수 있다고 한다.(『불교수행법 강의』 35-38쪽 참조)

따르지 않고, 주야로 선을 행하여 지극히 정성스럽고 부지런히 한다〔防禁自心不惱他, 刹那不隨於染汚, 晝夜行善極精勤〕." 자신의 마음을 막고 금해서 첫 번째는 자신으로 하여금 번뇌가 일어나지 않게 하고, 두 번째는 언행이나 태도 등이 다른 사람으로 하여금 번뇌가 일어나지 않게 합니다. 찰나라도 세간의 법에 오염되어서는 안 됩니다. 이것이 모두 법기(法器)를 구성하는 기본 조건이니, 우리는 자신이 불법을 수지할 만한 법기가 되었는지 스스로 헤아려 봐야 합니다. 아래는 주해입니다.

"毁譽與疑慮來時, 應知內外一切皆如夢幻(훼방 칭찬과 의심 근심이 올 때는, 안팎의 모든 것이 꿈과 환상 같음을 마땅히 알아야 한다)." 이것은 우리가 일을 처리할 때 외부 세계의 모든 순조로운 환경〔順境〕, 역경, 치켜세움, 훼방, 칭찬 등등에 대해 어떻게 대처해야 하는지를 가르쳐 줍니다. 우리가 부처님을 배우는 사람으로서 이론은 그렇게 잘 말하면서, 꿈같고 환상 같은 외부 환경에도 제대로 대처하지 못한다면, 내재적인 것은 더 말할 필요도 없습니다. 무엇을 내재적인 것이라고 합니까? 오늘 감기에 걸렸는데, 몸이 안 좋고 머리가 아프고 혈압이 오르고 슬개골까지 아프다면 그것이 바로 내재적인 것입니다. 여러분은 이 몸 이 병이 꿈같고 환상 같다는 것을 간파할 수 있습니까? 아이고 내 다리야! 아이고 어머니! 이것이야말로 중요합니다. 이 마음, 일체 유심, 이 업력은 자신이 바꿀 수 없습니다! 여러분은 마땅히 알아야 합니다. 부처님을 배우면 "안팎의 모든 것이 꿈과 환상 같음〔內外一切皆如夢幻〕"을 알고 대처해야 합니다.

"思無境如谷響, 內心之忿怒及不適等認知其自體(생각에 경계가 없음은 골짜기가 울리는 것 같으니, 내심의 분노와 부적당 등에 대해서는 그 본체를 알아야 한다)." 외부 세계의 모든 훼방이나 칭찬과 명칭이나 비웃음이 닥쳐오더라도, 광망(狂妄)한 사람은 인간 세상의 시비에 대해 아예 신경도 쓰지 않습니다. 마음속이 불쾌하고 걱정스럽고 화가 날 때에는, 지금 이 생각은 가짜이며 그 자성이 본래 공(空)이므로 그것에 속지 말아야 함을 마땅히 알아야 합니다. "其形像及顏色, 觀察一無所有(그 형상과 안색을 관찰하면 아무것도 없다)." 오늘날의 과학은 사람이 화가 나고 기분이 나쁘면 안색이 금방 검게 변하거나 보랏빛으로 변하고 형상도 변하는 것을 관찰할 수 있습니다. 과학이 이미 이런 정도에 이르렀으니, 가까운 미래에는 사람에게 생각이 일어나는 순간을 영상으로 찍어 낼 수 있을 겁니다. 물론 그 정도까지 정확하지 않더라도 적어도 분노하는 마음의 그 빛은 찍어 낼 수 있을 겁니다. 그런 까닭에 안통을 지닌 사람은 곧바로 알아차립니다. 사람이 사망하려고 할 때에는 정수리 위의 기(氣)가 바르지 않고 검은 기가 보인다고 합니다. 재수가 없을 때에도 검은 기(氣)가 있다고 하는데, 적어도 안색은 변합니다. 사람이 화를 내면 얼굴이 파랗게 변해서 형상과 안색도 다 변하는데, 이것이 심념(心念)의 힘입니다. 그러므로 깊이 있게 "관찰하면 아무것도 없습니다(觀察一無所有)." 모두 자신이 그 현상에 속은 것입니다.

"如入行論云: 本自不生境, 何喜亦何憂, 何得亦何失, 一切如天空, 同我悉應知(『입행론』에서 말한 것과 같다. 본래 스스로 경계가 생겨나지 않으니, 무엇을 기뻐하고 무엇을 걱정하든, 무엇을 얻고 무엇을 잃든, 일체가 허공과 같음을 나와 모두는 마땅히 알아야 한다)." 이 몇 마디 말은 중국 선종에도 아주 많아서 여러분 모두 잘 알고 있습니다. 다들 좋다고 생각은 하지만 해낼 수 없습니다. 해낼 수 없기 때문에 여러분은 수행하는 사람이 아닙니다. 그러나 수행하는 사람은 해내지 못해도 하려고 합니다! 여러분은 하지 않기 때문에 수행하는 사람이 아닌 것입니다. 아주 간단합니다. 특히 출가한 동학들은 주의해야 합니다. 기왕 출가했고 수행하는 사람임을 표방했기 때문입니다. 보통 사람은 해낼 수 없더라도 정상을 참작해 줄 수 있습니다. 그는 원래 범부이기 때문이지요. 하지만 이 옷을 걸쳤다는 것은 범부가 되기를 원하지 않는다는 뜻이니, 스스로를 용서해 줄 수 있는 여지가 하나도 없습니다. 저는 평소 사람들이 출가하는 것에 그다지 찬성하지 않습니다. 하지만 기왕 출가했다면 이런 정신을 지녀야 합니다. 이것이 바로 계(戒)의 도리입니다.

"總之晝夜常時凡有何作, 唯調伏自心, 於他不惱害(총괄하면 낮이고 밤이고 항상 무엇을 하든지, 오직 자신의 마음을 제어하고 남을 괴롭히고 해치지 않는다)." 대승도는 남을 방해하지 않고 남을 괴롭게 하지 않으며, 사람으로 하여금 번뇌를 일으키게 하지도 않습니다.

"煩惱自消, 善業自然增長, 如是方可成爲修學佛敎者(번뇌가 사라지면 선업이 자연스럽게 증가하니, 이와 같아야 불교를 수학하는 사람이 될 수 있다)." 번뇌 자체가 공(空)이며 번뇌가 사라지면 선업이 자연스럽게 증가합니다. 그런 것이야말로 진정으로 부처님을 배우고 있는 것이고, 비로소 부처님을 배우는 사람이라고 말할 수 있습니다. 날마다 절하고 염불하는 것이 아니니, 그런 형식주의는 보기만 해도 번거롭습니다. 내재적인 것이 참된 마음의 도량입니다.

"如龍樹云: 汝請調自心. 佛云心法本(용수가 말한 것과 같다. 너는 자신의 마음을 조절하라. 부처님께서도 말씀하시기를 마음이 법의 근본이라 하셨다)." 여러분은 스스로 자신의 심념(心念)을 관리해야 합니다. 마음이 법의 근본입니다.

"又如別解脫戒經云: 罪則不作, 善功圓滿, 自心悉調, 是爲佛敎(또『별해탈계경』에서 말한 것과 같다. 죄를 짓지 않고 선한 공력이 원만하고, 자신의 마음을 모두 조절하는 이것이 불교이다)." 별해탈계(別解脫戒)는 출가인의 계입니다. 왜 계를 받아야 할까요? 계율의 정신은 나 자신의 마음이 어떤 잘못도 범하지 않고 죄행을 짓지 않는 것이니, 바로 "모든 악은 지어서는 안 된다[諸惡莫作]"는 것입니다. 또 "선한 공력이 원만함[善功圓滿]"은 바로 "모든 선은 받들어 행하라[衆善奉行]"는 것입니다. 자기 마음의 번뇌와 망념을 완전히 제어할 수 있다면, 그것이 바로 "스스로 그 뜻을 깨끗이 함[自淨其意]"입니다. 이것이 바로 모든 부처님의 교육법이며, 그렇게 하는 사람이야말로 진정한 불제자입니다.

"現當明如上之因由, 爲最難於初修習利他者, 故誡示其不失自利法(이제 마땅히 위와 같은 원인을 알아야 하니, 처음 수습함에 있어서 가장 어려운 것이 남을 이롭게 함인 까닭에, 자신을 이롭게 하는 법을 잃지 말 것을 경계하여 보였다)." 우리는 이 도리를 이해하고 대승도(大乘道)를 수행해야 합니다. 수행하여 성공하기 전에는 능력이 없기 때문에 먼저 자신을 이롭게 하기를 구해야 합니다.

33페이지의 아래 단락은 이미 앞에서 뽑아내어 말씀드린 적이 있습니다.[120]


# 부지런히 수행하여 마음의 의혹을 없애다

지금 시대는 악인이 횡행하므로 조용한 곳에서 부지런히 힘써 수행하여 자신을 이롭게 해야 하니, 날개가 풍성하지 않으면 날지 못하는 것처럼 신통을 구비하지 않으면 남을 이롭게 하는 것이 어렵다. 경건하게 수행하여 자신을 이롭게 하는 마음으로 남을 이롭게 하고, 산란하고 심란하고 시끄러운 가운데 마가 유혹하니, 자신의 마음에 의혹이 없도록 부지런히 법을 수행해서 죽을 때에 슬퍼해서는 안 된다.

現今時惡人橫野, 靜處精懃成自利, 如翼未豊不能翔, 不具神通難利他. 虔修

---

120 제4강 '사람의 몸은 얻기 어려우니 서둘러 수행하라' 참조.(편집자 주)

自利心利他, 散亂憒鬧魔誘惑, 自心無惑勤修法, 死時不可動悲哀.

우리는 산란하고 심란하고 시끄러운 가운데 있었어도 지금껏 마(魔)를 본 적이 없다고 스스로 느끼는데, 그것은 우리 자신이 바로 마이기 때문입니다. 마(魔)는 물론 마를 무서워하지 않지만, 마라 할지라도 감히 여러분을 찾아오지 않습니다. 그래서 여러분이 마를 본 적이 없는 것입니다. 만약 자신이 마가 아니라면 수시로 마를 볼 수 있습니다. 마음이 산란하고 온갖 심념(心念)이 일어나는 것 모두가 심마(心魔)입니다. 마음이 산란하고 심란하고 시끄러운 그런 것은 모두 마의 경계이며, 마가 여러분을 유혹하고 있는 것입니다. 환경이 조금이라도 뜻대로 되지 않으면 금방 화가 나는데, 그것은 자신에게 본성이 있음을 나타냅니다. 하지만 자신이 마의 본성이라는 사실은 모르고 있으니, 그것이 바로 마장(魔障)입니다. 스스로 아프게 반성하지는 않고 자신이 옳다고만 생각하는 것입니다.

"자신의 마음에 의혹이 없도록 부지런히 법을 수행해서 죽을 때에 슬퍼해서는 안 된다[自心無惑勤修法, 死時不可動悲哀]", 만약 이번 생에서 수행에 성공하지 못하더라도 죽을 때에 두려워하거나 슬퍼해서는 안 됩니다. 정념(正念)을 일깨우고 죽으면, 그 즉시 사람의 몸을 얻고 다시 와서 수행을 계속하기 때문입니다. 여러분이 죽을 때 스스로 당황하고 두려워하고 슬퍼하고 산란해질 것이 걱정스러울 뿐입니다. 정념을 일깨우고 죽을 수 있으면 천상(天上)이든 인간 세상이든 임의로 거주합니다. 사람은 정념을 일깨우고 죽지 못하기 때문에 부처님께서 여러분에게 하나의 방법을 전해 주셨습니다. 바로 염불입니다. 자신을 믿지 못하니 부처님을 믿을 수밖에요. 만약 자신을 믿고 있으면서 정념을 일깨우고 죽는다면, 죽으면 어떻습니까, 다시 올 텐데요! 그래서 아래에서 이렇게 해석했습니다.

"今時雖佛降臨亦不能化度, 如同我雖略有利他心, 奈化度之時未至(바로

지금 부처님께서 강림한다 해도 또한 제도하지 못하니, 만약 내가 비록 남을 이롭게 하려는 마음을 지니고 있다 해도, 제도의 때가 이르지 않았으니 어쩌랴)." 이때에는 석가모니부처님이나 연화생대사가 몸소 오더라도 방법이 없습니다. 시절 인연이 아직 닿지 않아서 방법이 없기 때문입니다. 그러니 여러분 자신이 먼저 스스로 수행하고 스스로 제도하기를 구하십시오.

"若不具神通幻變, 以力不能造就(만약 신통의 변환을 지니지 못했다면, 정력을 성취하지 못했기 때문이다)." 신통은 어떻게 옵니까? 정(定)을 수행해서 옵니다. 주의하십시오! 모든 신통은 정(定)에서 생겨납니다. 정을 얻지 못하면 어떻게 신통을 구족할 수 있겠습니까? 정력(定力)이 없기 때문에 신통의 능력을 일으키지 못하고 그래서 중생을 이롭게 하지 못하는 것입니다.

"故可置利他之形相及不聽之教言等(그러므로 남을 이롭게 하는 형상 및 듣지 않는 가르침의 말씀 등은 내버려둔다)." 우리 같은 초보적인 수행자는 보살상(菩薩相)에 집착하지 말고 보살도(菩薩道)도 수행하지 말고, 먼저 자신을 이롭게 함을 구합니다. 부처님의 언교(言敎)를 잠시 한쪽에 밀어 두는데, 듣지 않는 것이 아니라 먼저 자신을 수행하고 자신을 이롭게 해야 합니다.

"於寂靜處所, 妙善修持, 制心一處, 而爲求辦(고요한 처소에서 묘선을 수지하며 마음을 한곳에 집중하고 이루기를 구한다)." 마음을 한곳에 집중하는 것〔制心一處〕이 바로 정(定)입니다. 여러분이 "저는 정에 들지 못합니다"라고 말하는데, 그것은 여러분이 마음을 한곳에 집중하지 못하기 때문이 아닙니까! 어떤 방법을 쓰면 좋습니까? 하고 묻는데, 어리석은 말입니다! 용기 있는 사람도 방법을 사용해서 마음을 한곳에 집중해야 합니까? 방법은 너무도 많습니다. 염불 역시 한곳이고, 백골관을 수지하는 것 역시 한곳이며, 들숨과 날숨〔出入息〕을 관(觀)하는 것 역시 한곳입니다. 여러분은 이것도 못 하고 저것도 못 한다고 말하는데, 그렇다면 윤회로 가서 거기에서 구르십시오! 여기에 무슨 방법이 있겠습니까? 용기를 내기만 하면 마음을 한곳에 집중하는 것은 곧바로 해낼 수 있습니다. 찰나라도 "마음을 한곳에 집중하면" 여러분은 이루지 못할 일이 없음을 체득하게 될 것입니다. 모든 것은 정(定)으로부터 옵니다.

"今生散亂魔之誘惑, 昔被其惑, 卽已可矣(금생에 산란하게 하는 마의 유혹에 옛날에는 유혹당했지만, 지금은 이미 알게 되었다)." 우리의 이 생명은 산란으로 인해 자기가 자신에게 마(魔)가 되고, 그래서 윤회 가운데서 생사의 바다 가운데서 구릅니다. 우리는 여러 생에서 자기에게 속았고 이 마에게 속았습니다. 하지만 이번 생에서는 이미 거의 다 알았습니다.

"現在心中思去彼唯一山林中, 死時悲傷決不能動. 精勤於自利事, 利他, 唯以心思惟可也(지금은 마음속으로 저 유일한 산림 가운데 자기를 생각하고, 죽을 때 슬픔을 결코 일으켜서는 안 된다. 자신을 이롭게 하는 일에 정성스럽고 부지런히 힘쓰고, 남을 이롭게 하는 것은 오로지 마음으로 생각하는 것이 가하다)." 죽을 때 절대 마음이 흔들려서는 안 되고 슬퍼해서는 안 됩니다. 정념(正念)을 지키면서 죽어야 합니다. 부득이하게 죽기는 하겠지만 정념을 일깨우고 있으면 곧 다시 태어납니다. 남을 이롭게 하려는 대승심(大乘心)의 원력(願力)을 포기해서는 안 되지만, 먼저 자신을 이롭게 하기를 구해야 합니다.

"寂天菩薩亦云: 衆生信解有多種, 如來亦不能令滿, 如我惡劣何堪言, 如是相同也(적천보살[121]이 또한 말하였다. 중생이 믿고 아는 것에는 여러 종류가 있어서 여래라 할지라도 역시 만족시키지 못하니, 나처럼 부족한 사람이 무엇을 말할 수 있으랴 하였는데, 이와 똑같다)." 일체 중생이 불도를 수행하지만, 믿고 행함[信行]과 알고 행함[解行]에는 여러 종류의 법문이 있습니다. 부처님

---

**121** 산티데바로 알려진 남인도 출신의 승려로 8세기 무렵 활동했다. 그가 지은 『입보리행론(入菩提行論)』(일명 『입행론入行論』)의 산스크리트어 원전은 시로 되어 있는데, 대승불교 문학의 걸작으로 꼽힌다. 티베트에는 『입보리행론』 주석서가 여러 종으로 널리 애송되고 있다.

께서 몸소 세상에 계신다 하더라도 각각의 개인을 만족시키지는 못할 것입니다. 이 보살은 세상에 머물렀던 수십 년 동안 고생을 많이 했습니다. 바로 교화의 고생이었지요. 그런 그가 말했습니다. "저 같은 경우는요! 공력이라고 할 만한 것이 없어서 여러분을 교화하지 못했습니다." 적천보살이 말한 것과 똑같은 이치로, 세상의 중생은 교화할 수 없으며 때로는 방법이 없습니다. 각자의 업력이 너무 무겁기 때문입니다.

"修行成就自利事, 但爲難得堅持故, 教誡需要再再努力者(자신을 이롭게 하는 일을 수행하여 성취하되, 굳건히 지니기가 어렵기 때문에, 거듭거듭 노력해야 함을 가르쳐 훈계하였다)." 우리는 이 정신을 본받아서 남을 이롭게 하려는 원력(願力)은 지니되 자신을 이롭게 하려는 수행을 먼저 구해야 합니다. 이번 생에 성취하지 못하더라도 두려워하지 마십시오. 일념으로 오로지 정진하면 다시 태어날 수 있습니다. 다시 태어나면 이번 생에 비해 지혜가 더 커지고 힘도 더 커질 겁니다. 왜냐하면 이번 생은 너무 많이 오염되었기 때문입니다. 나이를 많이 먹은 사람은 갖가지 업력이 휘감고 있어서, 괴롭습니다! 다시 태어나면 어린 나이에 도에 들어갈 수 있으니, 그러면 빠를 겁니다! 이 단락도 앞에서 설명했습니다.

---

이런 까닭에 지금 이 마음을 관하면, 지금 죽으면 무엇을 가지고 가며, 어디로 가며 무엇으로 변할까 하여 정을 얻지 못한다. 주야로 산란하며 어지러우니, 한가하고 원만한데도 의미 없이 낭비한다. 오로지 조용한 곳에서 참된 의미를 관하고, 이제 오묘하고 필요한 것은 마지막에 바라볼 곳인데, 죽은 후에 어디로 갈지 나는 정했는가. 그러므로 지금 마땅히 정성스럽고 부지런히 수행해야 한다.

是故現在觀此心, 試觀現死何携去, 何往何變不得定. 於此晝夜散亂, 暇·圓·無義而浪費. 唯一靜處觀眞義. 現今妙需終望處, 死後何行我定否, 是故卽今應精勤.

---

그러므로 우리는 모든 것이 일체유심(一切唯心)임을 알아야 합니다. 언제 어디서나 이 마음을 관찰하고 정념(正念)을 지켜야 합니다. 사람의 몸은 가지고 갈 수 없으니, 이 정념이 바로 나이고 나 또한 바로 일념(一念)입니다. 이것은 움직이지도 않고 변화하지도 않는데, 일념을 지켜서 흔들리지 않는 것이 바로 정(定)입니다. 일념이 뭘까요? 예를 들어 여러분이 이 강의를 들을 때 분명하게 잘 알아듣는다면, 그것이 바로 일념이니 다른 어떤 생각도 없습니다. 만약 일념이라는 것을 별도로 찾는다면 틀렸습니다. 제 목소리가 나면 곧바로 듣고 또 곧바로 깨닫고, 눈을 뜨면 곧바로 보고 또 곧바로 깨닫는 이것이 바로 일념이 아니겠습니까? 어디로 가며 무엇으로 변한다고요? 이것이 바로 정(定)이니, 정념으로 정에 듭니다.

## 생명을 낭비하지 말고 수시로 정념을 일깨우라

"於此晝夜散亂擾, 暇 · 圓 · 無義而浪費(주야로 산란하며 근심하니, 한가하고 원만한데도 의미 없이 낭비한다)." 우리는 수십 년 인생을 살면서 스스로 반성해 보아야 합니다. 낮이고 밤이고 재가든 출가든 똑같이 산란함 속에서 자신의 정신을 소모했습니다. 두 사람이 함께 잡담을 한다고 합시다. 잡담이라고 하지만 서서히 말다툼이 되고 그러다 보면 번뇌가 일어납니다. 그런 후에는 상대방의 눈에 내 코가 바르지 않고 내 눈에는 상대방의 눈썹이 삐뚤어졌습니다. 하루 온종일 산란함 가운데서 자신을 근심으로 어지럽힙니다. 안타깝습니다! 자신의 일생에 한가한 여유가 있으면 이 강의를 듣고 수도할 수도 있는데, 모처럼 얻은 가만지신(暇滿之身)[122]을 가지고 수많은 무의미한 일을 하느라 일생을 낭비했습니다. 스스로 원만보신(圓滿報身)[123]의 이 시간을 낭비했습니다.

"唯一靜處觀眞義, 現今妙需終望處, 死後何行我定否, 是故卽今應精勤(오로지 조용한 곳에서 참된 의미를 관하고, 이제 오묘하고 필요한 것은 마지막에 바라볼 곳인데, 죽은 후에 어디로 갈지 나는 정했는가, 그러므로 지금 마땅히 부지런히 수행해야 한다)." 수행에는 두 번째 길이 없고 오직 하나의 길만 있으니, 수시로 정념을 일깨우고 이 도리를 관찰해야 합니다. 이것은 가장 오묘한 것이며, 가야 할 길입니다. 지금 이 길을 걸어간다면 장래 임종할 때에는 결국 얻는 바가 있고 희망이 있습니다. 그렇기 때문에 수시로 죽음을 생각해야 하는데, 바로 십념(十念) 가운데 '염사(念死)'입니다. 특히 젊은 동학들은 자신이 젊다고 생각해서는 안 됩니다. 저 같은 경우는 수시로 내일 죽을 것을 준비합니다. 누구라도 죽음에 대해서는 자신할 수 없으므로 생각을 너무 멀리까지 하면 안 됩니다. 최근에 어떤 동학이 저에게 이렇게 물었습니다. "선생님, 이쪽 방은 어떻게 정리할까요?" 제가 말했습니다. "나는 그렇게까지 많이 생각하지 않는다네. 오전이 지나 오후까지 살아 있을지 없을지 모르지 않나! 그렇게 멀리 생각하면 정신을 낭비하게 돼! 오후가 되면 그때 가서 이야기하세." 세상일은 세상 사람들이 합니다. 사정이 생기면 정신을 집중해서 바로 계획하면 됩니다. 오늘을 계획하고 내일까지 계획하고 그러면 수행하는 사람이라고 할 수 없습니다.

세상의 일반인들은 모두 그렇게 주판알을 튕깁니다. 그러면 저는 속으로 웃습니다. 당신들은 주판알을 튕길 줄 몰라, 내가 가장 잘 튕긴다니까. 세상은 온통 이런 식입니다. 스스로 정신 생명을 낭비하고 있으니, 이 얼마나 심각합니까! 예전에 아이를 키울 때의 일입니다. 집에 먹을 쌀이 없

---

122 불법을 배우고 닦을 수 있는 여덟 가지 여유[八有暇]와 열 가지 원만[十圓滿]을 갖춘 몸을 말한다.
123 부족함 없는 원만한 수행을 쌓아 나타나신 부처님의 몸.

으면, 아내는 저에게 내일이면 쌀이 떨어진다고 말했습니다. 그러면 저는 이렇게 말했습니다. "오늘이잖소. 밤까지는 아직 스무 시간이나 남았는데, 그때 가서 얘기해도 될 것을 뭐 하러 신경 쓰시오! 먹을 게 없으면 북서풍을 먹고,[124] 그러고도 먹을 게 없으면 굶어 죽는 거지. 이런 일에 뭐 하러 시간을 낭비해!"

청년 시절의 많은 친구들이 이제는 늙었는데도 백골관을 수지하지 않습니다. 이미 백골이 되었거나 해골 같은 모습으로 변했는데도 여전히 그 자리에서 내일 모레 글피의 일을 계획합니다. 보아하니 여전히 앞길이 창창하고 뒷길도 무궁한 모양입니다. 사실은 앞길은 유한하고 후환은 무궁한데 말이지요. 주의하십시오! 여러분을 욕하는 것이 아닙니다. 제가 배불리 먹고 할 일이 없겠습니까? 물론 지금은 욕이라도 할 수 있지요. 내일이면 욕도 못할지도 모릅니다.

"若返觀於內, 如我卽今便死時, 則往快樂處去, 如是之預備有否(만약 돌이켜 마음을 살펴본다면, 나는 지금 죽게 된다면 쾌락의 장소로 가는지, 이 같은 예비가 되어 있는가)." 우리는 수행하면서 수시로 죽음을 준비합니다. 여러분은 지금 죽는다 해도 당황하지 않을 수 있습니까? 그뿐 아니라 다시 올 수 있는 능력을 자신합니까? 다른 것은 말할 필요도 없습니다. 이 단계도 배우지 않았으면서 여러분이 무슨 수행을 합니까? 어떤 사람은 말합니다. "저는 이 세상에 오지 않고 극락세계로 유학 가서 아미타불에게 배우고 싶은데, 그런 능력도 있습니까?" 그래서 제가 『약사유리광여래본원공덕경』을 제창하면서 여러분에게 동방의 약사여래세계에 왕생하라고 했던 것입니다. 동방의 약사여래세계는 중국과는 떨어질 수 없고 이 지구와도 떨어질 수 없습니다! 부처님께서도 그 세계는 서방극락세계와 똑같은 공덕이

---

124 북서풍을 먹는다는 말은 굶어서 매우 춥다는 뜻이다.

라고 말씀하셨는데, 여러분은 어째서 약사여래의 십이대원(十二大願)을 연구하지 않습니까? 중국 문화 속의 성현들의 대원(大願)이기도 합니다. 그러므로 여러분은 이것을 예비하였는지 먼저 자신을 잘 점검해야 합니다. 특히 중년을 넘은 친구들은 늘 사망을 준비해야 하므로, 지금 수행을 대충대충 해서는 안 됩니다. 석 달 후에 하겠다고 말했다가는 시간이 없을 겁니다.

"試思此晝夜惟有散亂擾動, 遂浪費此暇圓也, 故今惟需究竟依望處, 卽於此時此處(생각건대 밤낮으로 산란함과 어지러움으로 흔들리다가, 마침내 이 한가하고 원만한 몸을 낭비하였으니, 그러므로 지금은 오로지 구경에 의지하고 바라볼 곳이 필요한즉, 이때 이곳이니라)." 모처럼 얻은 가만지신(暇滿之身)을 낭비하지 말고 당장 수행해야 합니다. 어쩌자고 좋은 환경 좋은 도량만 찾고 있습니까? 자칫하면 기회를 놓쳐 버릴 수 있습니다. 생명은 정한 때가 없어서 어느 날 불쑥 여러분을 찾아올 것인데, 그때 가서 이렇게 말할 겁니까? "일 초만 더 있다가 조금만 더 늦게 죽을 테니, 일 초만 염불하게 해 주십시오!" 기다려 주지 않습니다. 제 오랜 친구였던 양관북 같은 사람은 제가 여러 번 권했습니다. "폐관을 하게나, 다른 건 상관하지 말고." 하지만 그는 내년, 내년, 내년이면 꼭 하겠다고 하더군요. 그렇게 내년을 세 번 말하고는 그만 가버렸습니다. 늦었습니다. 어디 내년까지 기다려 준답니까! 내려놓으려면 지금 당장 내려놓아야 합니다. 많은 친구들이 다 그렇습니다. 아이도 다 컸고 본인이 정년이 된 지도 여러 해 지났습니다. 손자 세대까지 더는 상관하지 말라고 제가 말하면, "상관 안 해! 상관 안한다니까!" 해 놓고는 막상 때가 되면 심하게 상관합니다. 그래서 수행에는 용기가 필요합니다. 큰 용기 말입니다. 바로 이때 이 장소에서 결심해야 합니다.

"心中精懃於法. 如入行論云: 我之行如是, 人身亦不得, 若不得人身, 唯惡無有善(마음 속에서 불법에 정성스럽고 부지런히 힘쓴다.『입행론』에서 말한 것과 같다. 나의 수행이 이와 같으면 사람의 몸 또한 얻지 못하니, 만약 사람의 몸을 얻지 못하면 오직 악하여 선이 없다)." 사람의 몸을 잃어버리게 돼도 어쩔 수는 없지만, 수행해서 가장 얻기 힘든 것은 여전히 사람의 몸입니다. 하늘에 태어나면 수행을 못합니다. 너무나 즐겁고 너무나 복보를 지녀서 수행을 할 수가 없습니다. 지옥에 내려가면 죄를 받느라 수행하지 못합니다. 축생은 너무 어리석으니 사람의 몸이 가장 좋습니다.

"如是所云也, 夫妄相難忍, 故教誡卽於今時便須精勤者(이와 같이 말하였으니, 무릇 허망한 형상은 견디기 어려우므로 지금 정성스럽고 부지런히 힘써야 함을 가르치고 경계하였다)." 허망한 형상이 바로 망상(妄相)입니다. 이 법을 수행하고자 한다면 먼저 법기가 되어야 함을 확실하게 가르치고 경계했습니다. 이것은 모두 조건입니다.


## 힘써 정진하고 서둘러 수행하라

윤회의 허망한 형상이 위험한 길과 같아, 이 해법을 마음에 기억하였으나, 지금의 어지러움과 구경의 어지러움으로 표류하니, 이런 까닭에 마음에 부지런히 기억해야 한다.

輪廻妄相如危途, 由此解法心記之, 今亂 · 終究亂 · 漂流, 是故生勤記於心.


우리는 어지러이 흩어짐 가운데서 윤회의 악한 바다 속을 표류하고 있습니다. 그런 까닭에 자신을 경계시켜야 함을 기억해야 합니다.

"上下輪廻之苦, 思而畏懼, 如有危險道途及大懸巖相似(위아래 윤회의 고통은 생각하면 두려우니, 위험한 길과 큰 낭떠러지가 있는 것과 비슷하다)." 위아래는 바로 선도(善道)와 악도(惡道)이니, 생각하면 언제나 두려움이 생겨납니다. 여러분은 이것을 잘 모르기 때문에 형용사처럼 느껴지겠지만, 형용사가 아니라 진실입니다. 우리가 죽을 때와 환생할 때가 바로 그러합니다. 최후의 숨이 끊어지면 정말 아래로 떨어지는데, 깊은 흑암 속으로 떨어져 내려가면 바로 그렇게 아주 무섭습니다. 그런 경계가 찾아오면 어떤 것이든지 다 여러분을 놀라게 하고 혼미하게 만듭니다. 정력(定力)이 없으면 단번에 윤회로 떨어져 내려가는데, 만 길 낭떠러지로부터 끝없이 깊은 굴로 떨어집니다. 환생해서 다시 사람의 몸에 들어가면, 마치 끝없이 깊은 굴에서 위로 올라가서 만 길 낭떠러지에 이르는 것 같아서 조금씩 광명이 보입니다. 혼미한 경험을 했던 사람이나 혹은 때때로 몸이 안 좋아서 갑자기 주저앉으면서 아래로 가라앉는 느낌이 들었던 사람이라면, 흑암의 경계가 이르면 바로 조심해야 합니다. 물론 이런 건 작은 것입니다. 혹은 가끔 잠자다가 꿈속에서 갑자기 아래로 떨어지는 것을 느꼈다면, 마치 높은 공중에서 비행기를 타고 아래로 떨어지는 것 같았다면, 조만간 감기에 걸리거나 작은 병에 걸릴 가능성이 있습니다. 좋지 않은 경계가 다가올 것이니 주의해야 합니다. 사전에 주의하면 만회할 수 있는데, 그때 "많이 먹으면 병을 일으킵니다〔多吃致疾〕." 그렇다면 가장 좋은 유일한 방법은 먹지 않고 물을 많이 마시는 것입니다. 굶기만 하면 그냥 지나갑니다.

만약 처음부터 올라가서 마치 허공 속을 향해 가버린 것 같다면, 이것은 허탈(虛脫)입니다. 그러나 업과(業果)는 상승할 수 있습니다. 그런데 주의해야 합니다. 그렇게 지나가고 경계가 만약 캄캄하다면 병상(病相)에 속합니다. 경계가 밝다면 이산(離散)의 상(相)입니다.

"今者若不解脫, 到終了日, 亦無解脫之時(지금 만약 해탈하지 않는다면, 끝마치는 날이 되어도 역시 해탈하는 때가 없다)." 방금 어떤 동학이 질문을 했습니다. 어떨 때 정수리 위로부터 빠져나가는데, 아주 강한 힘이 마치 허공 속으로 가는 것 같습니다. 그때 여러분은 곧바로 되돌아올 수 있음을 알 수 있습니다. 천천히 훈련해서 익숙해지면 육신을 해탈할 때에 약간 능숙해집니다. 그러나 이런 것을 성취라고 할 수는 없습니다. 체질이 약하고 사대가 조화롭지 못하면 그런 경계가 나타날 수 있습니다. 그렇기 때문에 "故應精勤也(그러므로 마땅히 부지런히 힘써야 한다)" 즉 부지런히 힘써 노력해야 합니다!

"寂天菩薩云: 雖平小危巖, 若謹愼而住, 千旬長遠者, 其墮何待言, 如是之謂也, 因難度三有海故, 誡示今應精勤者(적천보살이 말하였다. 비록 평상시 작고 위험한 낭떠러지라 할지라도 삼가고 조심해서 머무른다면, 오랜 시간 길고도 먼 길로 떨어지게 됨을 말할 필요가 있겠는가. 이와 같이 말한 것은 건너기 어려운 삼계의 바다 때문이니, 지금 마땅히 정성스럽고 부지런히 힘쓸 것을 경계하여 보였다)." 평상시 우리 사람은 물질세계에서 살아가면서 낭떠러지를 골라서 뛰어내리는데 다시 올라오려고 해도 쉽지가 않습니다. 그래서 인생은 중국 문화에서 "깊은 연못을 마주한 듯하고, 살얼음을 밟는 듯하다(如臨深淵, 如履薄氷)"고 말한 것과도 같습니다. 그렇기 때문에 수시로 조심해야 하고 먼 길을 가는 것처럼 조심해야 합니다. 조심하지 않았다가는, 지옥 윤회의 길은 아득히 멉니다! 영원히 굴러 떨어져서 갈수록 타락하고 맙니다! 보십시오. 물건을 떨어뜨리는 것은 아주 쉽지만 위로 던지는 것은 어렵습니다! 그래서 모든 불보살과 조사들은 거듭거듭 우리에게 도를 향해 부지런히 힘써 정진하고 서둘러 수행하라고 경계했습니다.


## 번뇌는 견고하고 복덕은 얻기 어려우니

번뇌와 아집은 건너기 어려운 바다인데 지금 한가하고 원만한 배를 타고 건너니, 만약 언제나 복덕의 힘으로 할 수 있다면 또한 해탈하여 보리의 도가 나타나고, 이때 마음으로 정성스럽게 이로움과 즐거움을 수행한다.

煩惱我執難渡海, 今以暇圓船而渡, 若常能以福德力, 亦現解脫菩提道, 是時心勤修利樂.

---

번뇌는 청정하기가 가장 어렵고 망념은 떨쳐 버리지 못하며 아집은 비우기가 어려우니, 이것이 바로 고해(苦海)의 근본입니다. 번뇌의 바다는 깊고 아집의 바다는 더 깊은데, 여러분은 자신이 '무아(無我)'라고 생각하지만 그것이 어디 말처럼 그리 쉽습니까! "지금 한가하고 원만한 배를 타고 건너니〔今以暇圓船而渡〕", 만약 언제나 복덕의 힘으로 선한 일을 많이 하고 많이 수행할 수 있다면, 선한 일이 바로 수행의 일종입니다. 복덕의 힘으로 "또한 해탈하여 보리의 도가 나타난다〔亦現解脫菩提道〕"고 했습니다. 바꾸어 말하면 여러분은 왜 정(定)을 얻지 못하고 도를 성취하지 못할까요? 여러분의 복덕이 충분하지 않기 때문입니다. 선한 마음과 복덕이 없으니, 마음과 생각이 일어날 때마다 수많은 나쁜 짓을 하고 이기적이었던 것 외에 무슨 선한 일을 하고 복덕을 수행했습니까? 어떤 부분이 진정으로 남을 이롭게 하는 것입니까? 대지혜가 바로 대복덕이고 대지혜가 바로 보리(菩提)입니다. 이것이야말로 진정한 대복덕입니다. 그래서 『금강경』은 여러분에게 복덕과 공(空)을 이야기합니다. 복덕을 실행하고 참으로 공을 증득했다면 스스로 수행이 도달한 이후에 "이때 마음으로 정성스럽게 이로움과 즐거움을 수행한다〔是時心勤修利樂〕"고 했습니다.

"煩惱如海之底相似故, 今之暇圓如船相似, 當令渡解(번뇌가 바다 밑과 비슷하고 지금의 한가하고 원만함이 배와 비슷하니, 마땅히 건넌다고 풀이하였다)." 한가한 시간〔暇〕이 있고 원만한 신체가 아직 망가지지 않았으니, 이것이 한 척의 배이며 이 고해를 건넙니다. 사대의 이 몸은 가짜이지만 그래도 여전히 한 척의 배입니다! 이 배가 없다면 고해를 건널 수 없습니다. 그런 까닭에 사대의 이 몸이 비록 가짜이기는 해도 중국의 훗날 도가에는 "가짜를 빌려서 진짜를 닦아야〔借假修眞〕" 한다는 말이 있습니다.

"入行論云: 此舟復難求, 愚者時勿眠(『입행론』에서 말하였다. 이 배는 다시 구하기 어려우니 어리석은 자는 잠들면 안 된다)." 사람의 몸은 얻기 어려워서 죽은 후에 다시 사람의 몸으로 변할지 아닐지는 감히 보증할 수 없습니다. "어리석은 자는 잠들면 안 되니〔愚者時勿眠〕", 스스로 지혜가 없다면 더 이상 혼미해서는 안 됩니다.

"然今者難得之暇圓已得, 知生死涅槃有過失及功德, 需要修法, 思念之心, 中等生起, 此乃佛之悲心入我心故(그러나 지금 얻기 어려운 한가하고 원만한 몸을 이미 얻었고, 생사 열반을 알고 과실과 공덕을 지녔으니, 모름지기 불법을 수행해야 한다. 사념의 마음이 가운데서 고르게 생기하는 것은, 부처님의 자비심이 내 마음에 들어온 까닭이다)." 수도하는 이 마음은 간절해야 합니다. 그래서 저는 평소 이렇게 말합니다. 여러분이 무슨 수도를 들먹입니까? 그저 들으면서 노는 것일 뿐입니다. 진정한 수도자는 수도를 생활의 첫 번째 위치에 놓고, 현재 하고 있는 일이나 생활은 두 번째 세 번째 위치에 놓습니다. 우리 일반인은 생활의 습관, 세상의 불필요한 습성을 첫 번째 위치에 놓고 짬이 나면 수도랍시고 타좌를 합니다. 그것은 여러분에게 피로 후에 휴식을 주는 것일 뿐인데 무슨 수도라고 하겠습니까? 수도는 네 번째 다섯 번째 위치에 두고 자신을 첫 번째 위치에 둡니다. 뭐가 뭔지도 모르는 바쁜 일을 두 번째 위치에 두고, 부인과 자녀를 세 번째 위치에 두고, 수면과 휴식을 네 번째 위치에 둡니다. 그런 다음이 다섯 번째 위치이니 시간이 조금 남으면 가부좌를 합니다. 마치 그렇게라도 해야 불법에 대해 면목이 서는 것처럼 말이지요. 그것을 수행이라고 부릅니까? 그것이야말로 이상하기 짝이 없습니다! 만약 그렇게 해서 성공한다면 저야말로 운수가 나쁜 겁니다. 여러분에게 진 셈이니까요. 저는 한평생 이것을 첫 번째 위치에 두었습니다. 단지 그러했을 뿐입니다. 그러므로 부지런히 힘써야 합니다. "사념의 마음이 가운데서 고르게 생기하는[思念之心, 中等生起]" 이것은 부처님의 자비심이 내 마음에 들어온 것입니다.

"如黑暗中之電相同(흑암 가운데 번개와 같다)." 여러분이 간절하게 이 마음을 일으킬 수 있으면 부처님의 자비심이 여러분에게 관정(灌頂)하여 속마음이 서서히 밝아지고 지혜가 열립니다. "福德之心願難生, 然今此心能生時, 當起始執持精勤注意也(복덕의 심원은 생겨나기 어렵지만, 지금 이 마음이 생겨날 수 있을 때, 마땅히 처음부터 붙잡아 지니고 정성스럽고 부지런히 힘쓰며 주의해야 한다)." 특별히 주의해야 합니다. "入行論云: 暇圓極難得, 士人已得成, 若於此無利, 後眞實何得(『입행론』에서 말하였다. 한가하고 원만한 몸은 지극히 얻기 어려운데, 사람이 이미 얻었거늘 만약 여기에서 이로움이 없다면, 나중에 진실을 어찌 얻으리)." 우리는 이미 한가하고 원만한 몸을 얻었으니, 자신이 지금 지니고 있는 생명을 귀중히 여기고 서둘러 수행해야 합니다. 내생을 기다리지만 우리에게 내생이 있을지는 알 수 없습니다.

"如夜黑雲中, 電閃忽現天, 如以佛力故, 嘗於世人心, 生福德智慧, 觀察善微弱, 又若違緣易生, 誠精勤於法者(밤에 참참한 구름 가운데 번개가 번쩍이면 홀연히 하늘에 나타나는 것같이, 부처님의 힘으로 세상 사람들의 마음에 복덕과 지혜를 생기게 하지만, 관찰해서 선이 미약하고 또 만약 인연을 거슬러 거꾸로 생겨난다면, 불법에 정성스럽고 부지런히 힘쓸 것을 경계하였다)." 여러분에게 경계하라고 말하고 있습니다.

---

생명 또한 무상하여 찰나에 변하고, 산란함과 묘한 미혹은 남에게 미루기를 잘하는데, 번뇌와 어지러움은 그 습성이 견고하여, 더러운 것이 모여들면 찰나에 생겨나고, 복덕과 선 등은 부지런히 힘써도 생겨나기 어려우니, 업풍[125]을 없애도록 정성스럽고 부지런히 힘써야 한다.

命亦無常刹那變, 散亂妙惑善推諉, 惱亂相續習堅固, 染汚聚等刹那生, 福德善等勤難生, 除業風力應精勤.

우리의 생명은 찰나에 변화하고 또 짧습니다. 그러나 우리는 산란해짐에 익숙하고 묘한 미혹에 익숙한데, 팔십팔결(八十八結)이 그 미혹들로 하여금 스스로를 변명하게 만듭니다. "아이고, 저는 날마다 생각하고 있습니다. 제가 생각하는 것이 바로 부처님을 배우는 것입니다! 하지만 이 일들은 정말로 방법이 없습니다. 빠져나올 수가 없다니까요! 제가 내키지 않는 것이 아닙니다!" 말하는 것이 대단히 일리가 있습니다. 스스로 미혹되어서 수많은 이유를 들어 자신에게 변명하고 게다가 열심히 하지도 않습니다! 왜냐하면 남에게 미루기를 잘 하기 때문입니다. "아이고, 본래 어제는 괜찮았습니다. 이게 다 그 사람이 저를 찾아와서 망쳐놓은 겁니다." 아무튼 틀린 것은 모두 다른 사람이고 다 이유가 있습니다. 이것이 인생입니다. 재가든 출가든 마찬가지이니 저는 아주 많이 봤습니다. 제 뱃속에는 언제나 장부가 있는데 그런 것을 볼 때마다 다 기록해 두었다가 어느 날 한꺼번에 계산해 버리고 싶습니다. 하지만 결국 저의 그 장부는 하루만 지나면 제가 없애 버립니다. 내일이면 죽을지도 모르는데 마음속으로 관리하기가 귀찮아서입니다. 또 욕하기도 귀찮습니다! 제가 사람들마다 남에게 미루는 행동과 말을 하나하나 기록한다면 얼마나 많겠습니까! 욕을 먹어야 할 겁니다.

"번뇌와 어지러움은 그 습성이 견고하여, 더러운 것이 모여들면 찰나에 생겨나고, 복덕과 선 등은 부지런히 힘써도 생겨나기 어려우니, 업풍을 없애도록 정성스럽고 부지런히 힘써야 한다(惱亂相續習堅固, 染汚聚等刹那生,

---

125 선악의 행위가 남기는 힘을 바람에 비유하였다.

福德善等勤難生, 除業風力應精勤〕." 번뇌와 산란은 아주 견고합니다. 그래서 망상하기를 좋아하고, 어지러이 흩어지기를 좋아하고, 번뇌를 일으키기 좋아하는 것과 같은 이런 것들에 대해 대단히 정력(定力)을 지니고 있습니다. 좋은 일을 하고 수행을 하다가 어렵사리 눈먼 고양이가 죽은 쥐를 잡았는데, 한번 그랬다고 자신의 공덕이 이미 무량해진 것처럼 생각합니다. "업풍을 없애도록 정성스럽고 부지런히 힘써야 합니다." 이것이 바로 업이고 업풍(業風), 업기(業氣)이니 여러분은 해탈에 힘써야 합니다.

"凡夫時, 時間刹那無常, 散亂時間之顯現, 惑亂正法, 愚稚士夫, 爲善推諉, 輪廻衆生, 長久相習於虛妄幻相, 三界衆生如降煩惱雨, 如來作業, 嘗作諸福德, 煩惱之海難越其波, 有時不向於法也(범부의 때에는 찰나의 시간이 무상하고, 산란의 시간이 겉으로 드러나서 정법을 미혹하고 어지럽히며, 어리석고 유치한 사람은 남에게 미루기를 잘 하고, 윤회 중생은 오랫동안 허망한 환상에 젖어 있고, 삼계의 중생은 번뇌의 비가 내리는 것 같으니, 여래가 업을 지으면서 일찍이 모든 복덕을 지었어도, 번뇌의 바다는 그 파도를 넘기 어려워서 때때로 불법을 향하지 않는다)." 번역은 그다지 좋지 않지만 이치는 모두 이야기했습니다. 범부는 어리석고 유치해서 자신을 용서합니다. 모든 악을 짓지 않아야〔諸惡莫作〕함에도 기어코 짓고, 모든 선을 받들어 행해야〔衆善奉行〕함에도 행할 줄 모릅니다. 우리 모두는 이런 경계 속에서 살고 있습니다.

"故應勤懇精進於法, 特爲說聚經云: 嗟諸行無常, 生而還復滅, 與生而還滅, 無如速寂樂, 如是心應知, 輪廻無有眞實, 故誡示應精勤於法者(그러므로 마땅히 은근하고 간절하게 불법에 정진해야 하는데, 특별히 『취경』에서 말하였다. 모든 수행이 무상하여 생겨나면 다시 사라짐으로 돌아가는데, 생겨나서 사라짐으로 돌아가는 것은 고요한 즐거움을 속히 이루는 것만 못하다. 이와 같음을 마음으로 마땅히 알아야 하며, 윤회에는 진실이 없으므로 불법의 수행에 마땅히 정성스럽고 부지런히 힘써야 함을 경계하여 보였다)."

나머지 두 장은 오늘 다 말씀드리지 못하는데, 돌아가셔서 38쪽과 39쪽은 여러분 스스로 한번 보시기 바랍니다. 앞에서는 수지의 장소를 선택하는 문제를 말씀드렸고 이번에는 수지하는 사람의 조건을 말씀드렸습니다. 바꾸어 말하면 자신이 어떠해야 진정으로 불법을 수지하는 그릇이 될 수 있을지, 즉 불법을 수지하는 법기가 될 수 있을지 수시로 자신을 채찍질해야 합니다. 다음에는 어떻게 수행하는가 하는 수행의 방법을 말씀드리겠습니다.

2부
정定의 수행과 관정

제6강

## 스스로 불법의 체계를 세우고 조절하라

오늘은 대원만의 두 번째 부분을 말씀드리겠습니다. 수행법에 관한 부분을 정식으로 읽게 되는데, 먼저 알아 두어야 할 것이 있습니다. 이 대원만 법문은 티베트 밀종에 속하면서 원시 홍교(紅敎)에서 전승하는 것이기도 합니다. 그런데 저는 많은 사람이 불법을 수지하는 법문에 대해 많이 들으면 들을수록 오히려 더 혼란스러워진다는 것을 발견했습니다. 아무리 오랜 시간 교리를 들었다 할지라도 시험을 본다면, 엄격히 말해 거의 모두가 체계를 제대로 잡지 못할 것입니다. 자신이 흡수한 것을 제대로 관통하지 못할 뿐 아니라 하나의 체계를 구성하지도 못하는데, 이것이 대단히 큰 결함입니다. 잡다하게 대충 말하는 것은 모두 이해하지만, 이론과 수행법을 잘 섞어서 체계적으로 현교와 밀교 혹은 각종 수행법을 관통하면 이해하지 못합니다. 그것은 바로 수지에서 힘을 얻지 못했기 때문입니다. 핵심이 여기에 있는데도 자신은 결코 깨닫지 못합니다.

올해를 예로 들면 정월에 타칠(打七)을 할 때 백골관을 이야기했고 나중에는 준제법(準提法)을 전했으며 지금은 또 대원만을 말씀드리고 있습니다. 하지만 결국에는 이야기하면 할수록 더욱 크게 혼란스러워지고 더욱 대원만이 아닌 것으로 변해 버립니다. 원인은 여러분이 관통하지 못했기 때문이니 기본적인 정신조차 붙잡지 못하고 있습니다. 그런 까닭에 수지하는 모든 사람이 마치 시간이 갈수록 퇴보하는 것 같고 진보하는 사람은 거의 보이지 않습니다. 청년 동학들도 시간이 갈수록 더 산만해지고 있습니다. 이것은 대단히 심각한 문제입니다.

지금 대원만을 이야기하고 있지만, 저는 여러분이 이것을 들은 후에 틀림없이 문제가 생길 거라고 확신합니다. 그러면 나는 백골관 준제법 약사법을 수행해야 하는 걸까, 아니면 대원만을 수행해야 하는 걸까 하고 말입니다. 결국 자기도 잘 알지 못합니다. 그렇다면 잘 알지 못하는 원인은 어디에 있는 걸까요? 이론상으로 제대로 융회 관통하지 못하고 수련 방법에서도 제대로 이해하지 못하기 때문입니다.

여러분은 모두 백골관에 관해 들은 적이 있습니다. 흥미도 있어서 다들 수지하고는 있지만 죽어라 발가락 끝에만 몰두합니다. 이 『선비요법(禪祕要法)』은 제가 여러분에게 말씀드린 적도 있고 보여 드린 적도 있습니다. 백골관을 수지하는 목적이 어디에 있는지도 말씀드린 적이 있습니다. 하지만 여러분 스스로 융회 관통하지 않았기 때문에 들어봤자 헛들은 것과 똑같이 힘을 얻지 못합니다. 『선비요법』이라는 법본은 모두 삼십여 개의 순서로 되어 있는데, 인공(人空) 아공(我空) 수음공(受陰空)을 증득하고 공성(空性)을 증득하고 사가행의 과위(果位)를 증득하는 데 가장 좋은 법문입니다. 하지만 중간의 순서가 고정된 것이 아니라는 말도 이미 여러분에게 했습니다.

다시 한 번 말씀드리지만 수시로 조절하고 바꾸는 '역관(易觀)'을 잘 아는 것이 대단히 중요합니다. 어떤 상황에서는 어떤 종류의 관법(觀法)을 쓸 것인지 스스로 활용할 줄 알아야 합니다. 하지만 여러분은 발가락 끝에 조차 몰두하지 못하고 있습니다. 그러면 머리에 집중하고 있으라고 했지만 그것도 관(觀)하지 못한 채 가엾게 그 자리에서 백골관…… 백골관…… 하다가 결국은 백골이 그 자리에서 우리를 관(觀)하여, 우리 자신도 곧 백골로 변하려고 합니다. 정말로 백골로 변해 버리면 그때는 이미 늦습니다. 그렇기 때문에 여러분이 아무리 듣고 있어도 솔직히 말해서 마음을 다한 적은 없다고 하는 것입니다.

지금 대원만을 말씀드리고는 있지만, 이런 문제를 발견했기 때문에 여러분들이 많이 들을수록 폐단이 더 커지고 제대로 출발도 하지 못할까 봐 걱정스럽습니다. 이것은 선종의 저 조사가 "내 눈은 본디 밝았는데 스승 때문에 눈이 멀었다"라고 말했던 것과 같습니다. 저는 다른 사람의 눈을 멀게 하고 싶지 않기 때문에 거듭 밝힙니다.

그뿐 아니라 여러분이 먼저 주의해야 할 것은, 우리는 선(禪)으로 시작하고 선을 중심으로 한다는 사실입니다. 선종의 입장에서 말씀드리면 이런 수행법들은 모두 불필요한 군더더기입니다. 그렇지만 여러분이 먼저 알아 두어야 할 하나의 도리가 있습니다. "부처님은 일체법을 말하고 일체심을 제도하였거늘, 나는 일체심이 없으니 일체법을 어디에 쓰랴〔佛說一切法, 爲度一切心, 我無一切心, 何用一切法〕"라고 하는 말입니다. 이 이치를 여러분은 먼저 분명히 알아야 합니다. 그러니까 여러분이 일체 마음을 지니고 있느냐고 말하는 것입니다. 일체 마음을 지니고 있고 거기에다 또 일체법으로 대치(對治)해야 합니다. 만약 나에게 일체 마음이 없다면 일체법이 무슨 소용 있습니까. 불법조차 쓸데가 없습니다. 물론 어떤 사람은 다소 격렬하게 "저는 본래 일체법이 필요 없습니다!"라고 말할지도 모릅니다. 하지만 그런 사람도 일체 마음을 지니고 있습니다. 일체 번뇌 망심(妄心)이 청정하지 않다면, 그러면 불법을 수행해야 합니다. 바꾸어 말하면 대원만이라는 이 법문은 우리가 볼 때 대원만이라는 호칭에 불과합니다. 진정한 대원만은 오로지, "불설일체법(佛說一切法), 위도일체심(爲度一切心), 아무일체심(我無一切心), 하용일체법(何用一切法)"이라는 이 네 구절일 뿐입니다. 이것이야말로 진정한 대원만입니다. 이러한 중점을 붙잡고 있어야 이 대원만을 수행할 수 있습니다. 이제 이어서 수지의 방법을 말씀드리겠습니다.

## 염리심과 대비심이 수행의 전제 조건

"第三金剛理示所修等持次第, 今當指示其所修法. 暫總示者(세 번째 금강리는 수지하는 등지의 순서를 보이니, 이제 마땅히 그 수지하는 방법을 가리켜 보인다. 잠시 총괄하여 보인다)." 금강(金剛)은 대반야의 성취를 나타내는데, 흔들리지 않는 금강이라는 이 지극히 높은 도리는 우리에게 수지하는 등지(等持)[126]의 순서를 말해 줍니다. 등지는 정혜(定慧)의 등지라고 말할 수도 있고 심신의 등지이기도 합니다. 이제 우리에게 이 수행법을 말해 주려고 하는데, "잠시 총괄하여 보인다(暫總示者)"는 말은 잠시 총괄해서 개론적으로 말한다는 뜻입니다.

---

세 번째로 수지법에는 세 가지가 있으니 전행·정행·후의 순서이다.

第三受持法有三: 前行·正行·後·次第.

---

"初中後次第三種, 每種廣別(초 중 후 순서 세 가지이니 각각의 종류를 널리

---

**126** 삼매를 뜻하기도 하는 등지(等持)는, 여기서는 정(定)과 혜(慧)를 골고루 닦는 것을 말한다.

구별하였다)." 초 중 후 순서 세 종류가 있는데 각각의 종류를 널리 설명했습니다.

---

처음은 전행법을 가리켜 보이는데, 무상과 염리의 전행은 이생의 집착의 근본을 없앨 수 있고, 차별 전행은 비심을 일으켜서 대승도의 제법을 수행하게 하니, 이런 까닭에 처음에 두 가지 전행을 수지한다.

初者指示前行法, 無常厭離外前行, 能遣此生貪着底, 差別前行發悲心, 令行大乘道諸法, 是故初修二前行.

---

대원만의 성취에 도달하고자 한다면 반드시 전행을 수지해야 합니다. 첫 번째 전행은 이 법문을 수행하기 전에 먼저 진정으로 염리심(厭離心)을 일으켜서 이 무상한 세계와 무상한 생명으로부터 벗어나고 달아나고 싶어 하는 것입니다. 우리는 모두 말로는 불법을 배운다고 하지만 이 세계에 대해 여전히 미련을 버리지 못하고 있습니다! 온갖 것이 다 사랑스럽고 어느 것 하나 사랑스럽지 않은 것이 없습니다. 단지 조금이라도 타격을 받게 되면 어쩌다 실망감을 느낄 뿐입니다. 실망하는 마음은 싫어서 떠나려는 염리(厭離)가 결코 아닙니다. 정말로 모든 것을 내버리고 전수(專修)하고자 해도 해낼 수 없는 것은, 바로 염리심을 근본적으로 일으키지 않기 때문입니다. 바꾸어 말하면 우리가 지금 부처님을 배우고 불법을 수행하는 것은 싫어서 떠나려는 염리심 때문이 아니라 탐내고 집착하는 탐착심(貪着心) 때문입니다. 세상의 모든 것을 다 가지려고 하고, 거기다 세상의 모든 것 이외에 성불(成佛)까지도 가지고 싶어 하는 것일 뿐입니다. 이것은 탐심이니 염리심과는 근본적으로 서로 상반됩니다.

이 문제는 우리 스스로 점검하고 반성해야 합니다. 만약 이 법을 수행하고자 하면서 염리심을 일으키지 않는다면 될까요? 엄격하게 말하면 절대로 안 됩니다. 하지만 방편(方便)의 견지에서 말한다면 일반 세속의 사람이나 초학자에게는 된다고 말합니다. 육조 역시 이렇게 말했습니다. "불법은 세상에 있으면서 세상의 깨달음을 떠나지 않는다. 세상을 떠나서 보리를 찾는다면 토끼의 뿔을 구하는 것과 꼭 같다." 하지만 이것은 교육의 차원에서 말하는 순순선유(循循善誘)로서 유도하는 방법일 뿐이며 진실은 아닙니다. 먼저 여러분을 잘 타일러서 입문하게 한 다음에 말하는 것입니다.

엄격하게 말하면 도를 배우고 불법을 배워 성취를 얻고자 하면서 염리심이 없다면 절대로 성취는 없습니다. 불가능합니다. 우리가 상리(常理)에 비추어 말하더라도, 한 사람이 이쪽을 붙잡으려 하면서 저쪽도 붙잡으려고 한다면 그렇게 큰 능력이 어디 있습니까! 그렇게 큰 복보도 없습니다! 불가능합니다. 황제였던 진시황이나 한무제 등도 나이를 먹었는데, 정말로 영웅도 늙으면 죽음을 두려워합니다. 하지만 그것은 염리심이 아니라 죽음을 두려워하고 무상(無常)을 두려워하는 것입니다. 여러분 가운데 많은 분들은 나이가 많아서 더는 일할 수 없게 되자 그제야 부처님을 배우고 도를 수행하는 길로 들어와서 위로를 찾으려고 하는데, 그것은 염리심이라고 부르지 않습니다! 염리심을 일으키는 사람이 없으니, 염리심은 이 세계를 벗어나려고 하는 것입니다.

출가한 사람은 모두 염리심을 지니고 있을까요? 꼭 그렇지만은 않습니다. 정말로 염리심을 지닌 사람은 단지 소수일 뿐이니, 어렵습니다! 대부분의 사람들의 출가는 일종의 감정적인 것인데, 종교에 대한 이성적 믿음이 아니라 출가 생활에 대한 관심 같은 것입니다. 염리는 자신의 이 몸에 대해서도 염리심을 느끼고 부정(不淨)하다고 느끼는 것입니다. 이것은 욕계의 일이라는 그런 마음을 일으켜야 비로소 수도를 이야기할 수 있습니다. 그렇기 때문에 염리심은 대단히 중요합니다. 이 자리에 있는 분들은, 재가든 출가든 자신이 이런 마음을 지니고 있는지 각자 스스로 통절하게 반성하십시오. 우리는 마땅히 부처님의 말씀을 믿고 선배 성인의 말을 믿어야 합니다. 그는 우리와 이해관계가 없으니 망령된 말을 내뱉을 필요가 없습니다. 그는 우리에게 첫 번째 전행을 수행하라고 신신당부했는데, 먼저 무상을 깨닫고 진정으로 염리심을 일으킨 후에야 비로소 "이생의 집착의 근본을 없앨 수 있다(能遣此生貪着底)"고 했습니다. 그래야 비로소 이생에서 세상에 연연해하고 일체에 연연해하는 이 집착의 근본을 없애 버릴 수 있습니다.

매일 이곳으로 달려와서 한 차례 타좌하는 것이 염리심을 일으키고 수도하는 것이라고 생각해서는 안 됩니다. 그런 일은 없습니다. 여기는 휴식을 찾고 그것을 누리는 장소일 뿐입니다. 집에서 타좌하는 것 역시 똑같은 심리이지만 그것도 염리심은 아닙니다. 그러므로 엄격히 말하면 우리는 불법을 배울 자격이 전혀 없습니다. 염리심을 일으키지 않았기 때문입니다.

두 번째 차별 전행은 비심(悲心)을 일으키는 것입니다. 염리심이 일어난 후에 우리는 보통 이렇게 말합니다. "그 사람 말이야, 그는 정말로 공(空)을 보았으니, 무슨 일이든지 대수롭게 여기지 않을 거야." 하지만 그런 것은 단지 소승의 발심일 뿐입니다. 참으로 자신의 수양을 다시 변화시킬 수 있다면 대비심(大悲心)을 일으키게 될 것입니다. 공(空)을 보았기 때문에 세계에 대해, 다른 사람에 대해, 일체 중생에 대해 대비심을 일으키게 됩니다.

대비심은 어떻게 일으킵니까? 근자에 많은 사람이 저에게 묻기를, 자신은 정말로 비심(悲心)을 일으킬 수가 없다고 말합니다. 예전에 제 친구 양관북 선생은 살아 있을 때 여러 번 저에게 말한 적이 있습니다. "정말 이상하지. 나는 부처님을 믿지 않는다고 말할 수도 없는데, 대비심을 일으킬 수가 없다네." 그의 말로는 정말로 비심을 일으키고 싶은데도 그렇게 되지 않는다는 것이었습니다. 왜 그럴까요? 염리심을 일으키지 않았기 때문입니다. 그러니 어떻게 비심을 일으킬 수 있겠습니까! 오리를 죽이거나 닭 모가지를 비트는 것을 보게 되었을 때 눈물 흘리는 것을 비심이라고 하지는 않습니다. 그것은 그냥 울고 싶은 것입니다. 이 세상의 모든 것을 싫어해서 떠나려고 해야 합니다. 정말로 꿰뚫어 볼 수 있어야 합니다. 세상 사람들이 이 탐진치만의(貪瞋癡慢疑) 속에서 마치 머리 없는 파리처럼 속세의 그물 안에서 구르는 것을 보게 되면 너무나도 가엾고 동정심이 생깁니다! 이래야 비로소 참으로 비심(悲心)을 일으킬 수 있고 비로소 대승의 종자가 시작됩니다.

이 법문을 말씀드리기 전에 아무쪼록 전행(前行)에 주의하십시오. 염리심을 일으키지도 않았고 대비심을 일으키지도 않았으면서 마음대로 이 법을 수지해서 효과를 얻고자 한다면, 제 경험에 의거하면 절대로 불가능합니다. 여러분이 이 두 가지 마음을 조금이라도 일으키면 그 효과가 나옵니다. 불법의 감응과 수지의 감응이 몸에 나타납니다. 염리심과 대비심을 건드리지도 않고서 수지에서 효과를 보려고 한다면 그건 헛된 일입니다. 그렇게 쉬운 일은 없습니다. 여러분이 위장을 가볍게 만들고 싶다면 음식을 좀 적게 먹는 수밖에 없습니다. 많이 먹고 잘 먹고 싶으면서 위장도 가볍게 하고 싶다고 한다면 그건 불가능한 일입니다. 말도 안 되는 소리이지요. 결국 우리 같은 일반인이 불법을 배운다는 것은 방금 전의 비유와 똑같습니다. 잘 먹고 많이 먹은 후에 위장도 가벼우려고 합니다. 탐심입니다! 그것은 불가능한 일입니다.

이 법본에서는 "대승도의 제법을 수행하게 한다〔令行大乘道諸法〕"고 말했는데, 바로 일반적인 현교에서 말하는 발심(發心)입니다. 그런데 지금은 발심이라는 두 글자가 화연(化緣)[127]의 속어로 변해 버렸습니다. 시주 장부를 들고 면전에 펼치면서, "거사님! 발심하시지요"라고 합니다. 바꾸어 말하면 돈을 내는 것을 발심이라고 부르는데, 그것은 발심의 아주 작은 부분일 뿐입니다. 그런 것이 아닙니다. 참된 발심은 염리심을 일으키고 대비심을 일으키는 것입니다. 이것이 중요합니다. "이런 까닭에 처음에 두 가지 전행을 수지한다〔是故初修二前行〕", 먼저 이 두 가지 전행의 발심을 해야 하기 때문에 우리는 특별히 '전행(前行)'이라는 이 관념에 주의해야 합니다. 바꾸어 말하면 여러분이 어떤 종류의 법문을 수지하든 앞서 이 두 가지 조건이 선행되어야 합니다. 마치 수레의 두 바퀴와도 같아서 바퀴가 없으면 수레를 밀어 움직이려고 해도 불가능합니다. 아래는 해석입니다.


## 지혜는 삼유에 머물지 않고
## 자비는 적멸에 머물지 않는다


"凡修大乘之道, 皆於其前, 念壽無常, 思輪廻苦, 於彼而修悲憫, 故爲彼我思成佛, 精修菩提心(무릇 대승의 도를 수행하려면, 모두가 그 전에 수명의 무상을 생각하고 윤회의 괴로움을 생각하며, 저들에 대해 가엾어 하는 마음을 수행하니, 그러므로 저들과 나를 위해 성불을 생각하고 보리심을 수행한다)." 그는 대승의 법문을 수행하는 것을 말하고 있습니다. 먼저 수시로 수명의 무상함을 생각해야 합니다. 오늘 죽을지 혹은 내일 죽을지 혹은 일 초 후에 죽게 될지 알 수 없습니다. 생명은 믿을 수 없으므로 늘 자신을 경계시키고 채찍질해야 합니다. 두 번째로, 죽으면 곧바로 해탈하게 될까요? 그렇게 쉬운 것은 없습니다! 생명은 자기가 마음대로 할 수 없습니다. 죽은 후를 마음대로 하지 못하는 것은 말할 것도 없고, 낮 동안의 일도 마음대로 하지 못

---

**127** 인가(人家)에 다니면서 염불이나 설법을 하고 시주하는 물건을 얻어 절의 양식을 대는 것을 말한다.

합니다. 외부 경계에 촉발되면 희로애락조차 마음대로 하지 못하는데, 이 것이 바로 윤회의 고통입니다. 일반적으로 부처님을 배우면 모두 입으로 는 육도윤회를 말하지만 육도윤회를 느껴 보지는 못했습니다. 이것은 부 처님을 배우고 있는 것이 아닙니다. 수명이 무상하고 세상일이 무상하고 중생은 윤회 가운데 있다는 것을 반드시 알아야 하며, 자신도 윤회 속에서 각종 번뇌와 고통을 받고 있음을 알아야 비로소 자연스럽게 가엾어 하는 마음을 일으키게 됩니다. 우리가 불법을 배워 성불하고자 하는 것은 단지 자신의 성취만을 위해서가 아니라 세상을 이롭게 하고 남을 이롭게 하고 자 해서입니다. 저 사람을 위하고 나를 위해서입니다. 그래서 불법을 수행 해서 성취하고자 한다면 이 대비심이 대단히 중요합니다. 서둘러 백골관 을 수지하십시오! 정말로 아주 쉽고 빠르게 성취가 있을 겁니다.

여러분이 백골관을 수지하는데도 성취가 없다면 또는 관(觀)할 수 없거 나 제대로 안 된다면 그것은 여러분이 정성스럽게 마음을 쓰지 않았기 때 문입니다. 저는 이미 다 말씀드렸습니다. 그것도 아주 분명하게 말씀드렸 습니다. 나중에 그들에게 어떻게 수행하고 있는지를 물어봤는데, 대답을 듣고서 화도 나고 웃음도 났습니다. 제가 말씀드렸던 것을 한마디도 제대 로 듣지 않고 이해하지도 못했기 때문입니다. 보통 사람은 모두 똑같은 잘 못을 저지르는데, 다른 사람의 말을 들으면 자기가 듣고 싶은 부분만 붙잡 고 그 나머지 수많은 말은 귀에 들려와도 듣지 않는다는 사실입니다. 음식 을 먹는 것과 똑같아서 모든 사람은 자기가 좋아하는 음식만 골라서 집어 들고 다른 것은 보이지도 않습니다. 다른 사람의 말을 듣는 것도 이와 같 기 때문에 힘을 얻지 못하는 것입니다. 법본에서는 "그러므로 저들과 나를 위해 성불을 생각[故爲彼我思成佛]"해야 한다고 말했습니다. 그렇기 때문 에 진실로 보리심을 일으켜야 합니다. 보리심은 대비심을 포함하며 지(智) 와 비(悲)를 쌍운(雙運)합니다. 대지도(大智度)[128]는 자신을 먼저 해결하고 남을 제도하지만, 대비심은 남을 제도하는 것과 자신을 해결하는 것을 동시에 끝마칩니다.

　"蓋知壽無常, 修行不現有暇, 知輪廻苦, 心能不貪此生. 修無方大悲, 卽不墮小乘(수명이 무상함을 알면 수행은 지금 여유가 있느냐가 아니며, 윤회가 고통임을 알면 마음이 이 생을 탐하지 않을 수 있다. 무방의 대비를 수행하면 소승에 떨어지지 않는다)." 이 부분의 문자는 아주 간단합니다. 그가 말하기를, 부처님을 배우는 우리는 수명이라는 것이 무상해서 믿을 수 없다는 사실을 알아야 한다고 했습니다. 오늘이 있다고 해서 내일도 있으리라 단정 지을 수 없습니다. 수행에 노력해야 하고, 여유가 생길 때 수행하겠다고 해서는 안 됩니다. 또 윤회가 고통인 것을 알아야 합니다. 그래서 이 몸에 집착해서는 안 되고 현재의 인생에 집착해서는 안 됩니다. '무방(無方)'의 대비(大悲)를 수행함이란 방향이 없고 목적이 없다는 말이니, 무연자비(無緣慈悲)입니다. 그랬을 때 소승의 경계에 떨어지지 않습니다. 여러분은 입을 열 때마다 대승을 수행하고 싶다고 하는데 특히 중국의 불교와 불법은 본래 대승을 표방합니다. 솔직히 말하면 부처님을 배우는 모든 사람은 대승의 그림자도 지니지 못했습니다. 그들의 그 심성은 절대적으로 소승이며, 소승 안에서도 작은 소승일 뿐입니다. 자기 외에는 아무에게도 비심(悲心)을 일으키지 않으며 남을 이롭게 하려는 마음도 일으키지 않습니다. 그뿐 아니라 오로지 이론만 떠들어 댈 뿐 남을 이롭게 하는 일은 하지도 못합니다. 이런 면에서 우리는 스스로를 점검하고 반성해야 합니다. 우리는 근본적으로 불법을 등지고 달려가고 있으니, 이렇게 수행해서 어떻게 성과가 있을 수 있겠습니까?

---

128 산스크리트어 마하반야바라밀을 번역한 말로서, 분별과 집착이 끊어진 뛰어난 지혜를 성취하는 것을 말한다.

"發菩提心, 有速成佛之利也(보리심을 일으키면 빨리 성불하는 이로움이 있다)." 비(悲)와 지(智)를 쌍운하는 마음을 일으키면 즉생성불(卽生成佛)의 이익이 빠르게 있습니다. 그래서 발심이 가장 중요합니다.

"於此尤以大悲方便及不住二邊智慧, 爲大乘殊勝之法. 集經云, 苦無方便離智慧, 卽墮小乘(이것에 대해서는 특히 대비 방편 및 두 끝에 머무르지 않는 지혜가 대승의 수승한 법이다. 『집경』에 말하기를, 괴로움에 방편이 없고 지혜를 떠난다면 곧 소승에 떨어진다고 하였다)." 두 끝은 바로 공(空)과 유(有)이니 주의해야 합니다! 공에도 머무르지 않고 유에도 머무르지 않습니다. 이것은 단지 타좌를 할 때만을 가리키는 것은 아닙니다. 모두가 특별히 주의하고 반성해야 합니다! 대비(大悲) 방편 및 두 끝에 머무르지 않는 지혜가 바로 대승의 수승한 법문입니다. 그렇기 때문에 『집경(集經)』에서도 말하기를, 방편과 지혜가 없으면 소승에 떨어질 것이라고 했습니다. 일체 중생은 너무나도 가련합니다! 방편도 알지 못하고 지혜도 없는데 참구(參究)하지도 않습니다. 그저 고지식하게 죽어라 앉아서 수련만 하니 이미 소승에 떨어졌는데도 스스로 알지 못합니다. 많이 듣는 것도 그렇습니다. 마치 소귀에 경 읽는 식으로 자리에 앉아서 듣기는 듣는데 참으로 마음속까지 들어가지 않는다면, 다 듣고 나서 곧바로 빠져나가 버리니 무슨 소용이 있겠습니까. 참 낭패입니다. 자신은 이미 소승의 경계로 떨어져 버렸습니다. 대승은 비심(悲心)을 일으켜야 하고 행위에 있어서도 대비(大悲)입니다. 벗어나는 방법은 지혜이고, 벗어나는 공력 또한 대지혜입니다. 지혜는 정사유(正思惟)에서 오는데, 이는 사유하지 않음이 아니고 아무렇게나 사유함도 아닙니다. 정(定)과 혜(慧)를 골고루 지니는〔等持〕 정사유입니다.

"又寶鬘論亦云: 空性大悲之眞實, 與修菩提共一處(또 『보만론』에서도 말하였다. 공성과 대비의 진실은 보리의 수행과 함께한다)." 이미 공(空)을 말해 놓고 왜 또다시 대비(大悲)를 일으켜야 한다고 할까요? 대비(大悲)는 공(空)

이 아닌가요? 대비심을 지니고 있으면 공이 아니지 않습니까? 논리적으로는 마땅히 그러합니다. 이 둘은 모순적입니다. 그렇기 때문에 불경은 우리에게 비(悲)와 지(智)를 쌍운할 것과 이 둘이 평등하다고 말한 것입니다. 공성(空性) 가운데의 대비심은 공(空)을 증득하고서 대비심을 일으킵니다. 이것이 진실한 대승법이고 이것이 바로 불심입니다. "다정이 부처님의 마음〔多情乃佛心〕"이듯 공성과 대비 이것이야말로 부처님의 마음입니다. 그렇기 때문에 비지쌍운(悲智雙運) 즉 대비심과 지혜를 쌍운하는 법은 진정으로 보리를 증득하는 것과 한 몸입니다.

"現觀莊嚴論亦云: 智不住三有, 悲不住寂滅, 方便非者遠, 方便遠非是(『현관장엄론』에서도 말하였다. 지혜는 삼유에 머무르지 않고 자비는 적멸에 머무르지 않으며, 방편을 부정하는 사람은 도에서 멀어지고 방편에 집착하는 사람도 도에서 멀어진다)." 이것은 『현관장엄론(現觀莊嚴論)』의 말인데, 이 부분의 번역은 의미 전달이 그다지 명확하지 못합니다. 어쨌든 대지도(大智度), 지비쌍운(智悲雙運)이 대승법입니다. 정사유의 지혜를 지니고 삼유(三有)에 머무르지 않는데, 삼유란 바로 욕계 색계 무색계입니다. "지혜는 삼유에 머무르지 않고〔智不住三有〕", 우리가 타좌를 하다가 가장 좋은 때에 도달하면 아주 편안하지 않습니까? 편안함이 바로 욕(欲)이니 그렇다면 이는 욕계에 머무르는 것입니다. 그렇지요? 그러므로 이때에 참으로 불법을 수지해야 합니다. 일단 이 경계에 도달하면 곧바로 "지혜는 삼유에 머무르지 않음"을 알아야 합니다. 날로 새롭게 함으로써〔日新又日新〕 곧바로 버려야 합니다. 혹은 어쩌다 한 덩이 광명 속으로 들어갈 때가 있는데 그럴 때면 좋지요? 당연히 좋아라 하면서 틀림없이 그 광명에 연연할 것입니다. 하지만 여러분은 그것이 색계임을 알아야 합니다. "지혜는 삼유에 머무르지 않으니" 거기에서 빠져나와야 됩니다. 여러분이 무념 속으로 들어가게 된다면 좋겠지요? 그 또한 마찬가지입니다. 여러분은 모두 수련을 합니다. 다만 스스로 정사유를 하지 않고 견지가 철저하지 못하기 때문에 멍청하게 앉아 있는 것과 다를 바 없습니다. 지금 말하는 이것이 바로 큰 법입니다.

예를 들어 지금 가장 편안하게 앉아 있을 때 어떤 사람이 찾아와서 급한 일이 있다고 하면, 수련하던 자리에서 내려오는 수밖에 없습니다. 마음속으로 '이런 제기랄' 하고 욕하면서 말이지요. 하지만 그럴 때 '이런 제기랄' 하는 한마디는 남을 욕하는 말이 아니라 가장 좋은 대비주(大悲呪)입니다. 이 편안함을 탐내지 말고 서둘러 다른 사람을 위해 일을 처리하십시오. 이것이 바로 "자비는 적멸에 머무르지 않음[悲不住寂滅]"입니다. 부처님께서도 적멸에 머무르지 않고 큰 자비로 중생을 제도하셨습니다! 남을 이롭게 하려면 자신을 돌아봐서는 안 됩니다. 내가 지금 편안하게 텅 비우고[空] 있는데 당신이 와서 나를 방해했으니 당신 잘못이라고 말한다면, 여러분의 그런 생각은 지옥에 내려갈 종자를 심은 것으로 스스로 이미 지옥에 내려갔습니다. 그러므로 "지혜는 삼유에 머무르지 않고, 자비는 적멸에 머무르지 않고" 지(智)와 비(悲)를 끝까지 쌍운해야 비로소 대승입니다.

"방편을 부정하는 사람은 도에서 멀어지고, 방편에 집착하는 사람도 도에서 멀어진다[方便非者遠, 方便遠非是]", 방편(方便)은 각종 방법입니다. 그렇다면 불경에서는 왜 방법이라고 번역하지 않고 방편이라고 번역했을까요? 저도 이 화두를 오랜 시간 참구하다가 나중에야 이 번역이 참으로 일리가 있음을 깨달았습니다. 이것이 옛사람들의 훌륭함입니다. 만약 방법이라고 번역했다면 그것은 죽은 것이고 고정적인 것이라 사람들로 하여금 더욱 집착하게 만들었을 것입니다. 방편은 비교적 집착하지 않는 것입니다. 방(方)이라는 것은 방법이요 편(便)이라는 것은 편리하다는 것이니, 여러분에게 유용하면서도 편리한 방법이라서 아주 빨리 이익을 얻을 수 있다는 말입니다. 예를 들어 목이 아주 마르다고 합시다. 물을 끓여서 먹자니 너무 늦고 다른 것도 없습니다. 그럴 때는 사이다 한 병만 있으면 아주 편리합니다. 병만 따면 마실 수 있으니 이것이 바로 방편입니다. 그러므로 우리는 수행하면서 방편을 많이 알아 두어야 합니다. 여러분이 만약 "나는 염불을 하니까 그런 선(禪)은 상관하지 않겠어. 그런 밀(密)은 상관하지 않겠어"라고 한다면, 그것은 방편을 알지 못하는 것이니 방편바라밀이 아닙니다. "방편을 부정하는 사람은 도에서 멀어지고[方便非者遠]", 방편을 잘못된 것이라 생각하고 방편을 부정하는 사람은 도(道)로부터 날이 갈수록 멀어질 것입니다. 상반되지만 "방편에 집착하는 사람도 도에서 멀어지니[方便遠非是]", 방편은 도가 아닙니다. 여러분이 방편의 법문에 집착한다면 마찬가지로 도로부터 날이 갈수록 멀어질 것입니다.

　"又篤哈云: 住空性離大悲者, 以此不得殊勝道, 若唯修持大悲者, 亦住三有不解脫, 如彼二者能相合, 不住三有與涅槃(또 『독합』에서 말하였다. 공성에 머무르고 대비를 떠나는 사람은 그 때문에 수승한 도를 얻지 못하고, 오로지 대비를 수지하는 사람 역시 삼유에 머물러 해탈하지 못하니, 이 같은 둘을 서로 합할 수 있다면 삼유와 열반에 머무르지 않는다)." 그러므로 『독합(篤哈)』이라는 이 법본에서는 한 걸음 더 나아가 이렇게 말했습니다. 아침부터 밤까지 오로지 생각을 비우는 것만 알아서 이 공(空)의 경계에 머무르면서 공(空)이라고 생각하고 대비심을 일으키지 못한다면, 이미 소승의 법문에 떨어졌고 최고의 성취를 얻지 못할 것입니다. 그러나 만약 대비심의 행원만 전문적으로 수행한다면 자신이 성불하고 못하고는 상관하지 않고 아침부터 밤까지 다른 사람을 위해 바쁘면서 그것이 대비심이라고 생각합니다. 그러면 그것 역시 삼유의 경계에 머무르는 것이니 해탈하지 못합니다. 대비심이 충분하고 복보가 크다면 그것은 여전히 삼계의 천인(天人) 속에 있는 것입니다. 왜냐하면 공성을 증득하지 못해 해탈하지 못했기 때문에 그저 복보를 수행하고 있을 뿐입니다. 대비(大悲)는 공덕입니다. 공덕이 커지면 복보가 커서 더욱 해탈하지 못합니다. 공지(空智)가 없기 때문입니다. 그러므로 반드시 비(悲)와 지(智)를 쌍운해서, 지혜는 삼유에 머무르지 않고 자비는 열반에 들지 않아서 둘이 서로 합할 수 있어야 비로소 중도(中道)입니다. 중국 문화의 지(智) 인(仁) 용(勇) 세 글자로 해석한다면, 대비(大悲)가 바로 인(仁)이고 공성(空性)이 바로 지(智)입니다. 그러나 단지 지(智)만 지니고 있으면 교활해지고 단지 인(仁)하기만 하면 무능해집니다. 중간에 반드시 대용(大勇)으로 적절히 조절해야 비로소 중도에 들어갈 수 있습니다. "復次指示殊勝前行者(다음으로 수승한 전행을 가리켜 보인다)." 아래에서는 전행의 수행법을 가리켜 보입니다.

## 어떻게 전행을 수행하는가

---

그 후의 수승한 전행으로는, 원만의 관정을 얻으니 두 가지가 생기고, 정과 기가 몸을 드러낸 본존이 자신이니, 범부의 염착[129]을 없애게 한다. 깊은 도를 수행한 유가사로 말미암아, 무량한 가지가 자비의 힘을 나타내어, 두 가지 실지를 아무런 장애 없이 성취하니, 그러므로 그 후에 두 가지 전행을 수행하는 것이다.

其後殊勝之前行, 獲圓灌卽生起二, 情‧器‧現尊自身尊, 令遣凡夫之染着. 由修深道師瑜伽, 無量加持現悲力, 二悉地成諸礙解, 故其後修二前行.

---

수승한 전행이라고 했으니 아직 여전히 전주(前奏)입니다. 하나의 법을 수행하기 전에 이 전주가 바로 관정(灌頂)인데, 밀종에서는 먼저 관정을 말합니다. "원만의 관정을 얻으니 두 가지가 생긴다[獲圓灌卽生起二]"는

---

**129** 오염된 것에 집착하는 것을 말하니 망상이나 집착을 뜻한다.

것은 생기차제(生起次第)의 두 가지 요령을 얻어야 한다는 말입니다. 무엇을 생기차제라고 부릅니까? 우리가 자신의 전생은 던져두고 언급하지 않은 채 이번 생에 불법 수행을 시작하는 것은 평지에다 높은 건물을 세우는 것입니다. 그러려면 반드시 평지에 뼈대를 세워야 하는데 그것을 생기차제라고 부릅니다. 그렇다면 어떤 두 가지가 생기(生起)할까요? 복덕자량과 지혜자량이라는 두 가지가 바로 불학의 생기차제입니다. 생기차제의 관정이 한 단계이고 그런 후에 원만차제(圓滿次第)의 관정에 들어가는 것이 두 번째 단계인데, 이 둘을 간단히 생원이관(生圓二灌)이라고 부릅니다. 밀종의 견지에서 본다면 우리 '대승학사(大乘學舍)'의 출가 동학들은 오늘 생기차제의 문을 막 들어섰을 뿐입니다. 여러분의 복덕자량과 지혜자량은 도대체 얼마나 생기(生起)했습니까? 그것은 아주 심각한 문제입니다. 그렇기 때문에 관정을 말씀드리는데, 이것이 바로 큰 문제입니다.

두 번째 구절은 "정과 기가 몸을 드러낸 본존이 자신이니〔情·器·現尊自身尊〕"입니다. 여러분이 밀법을 수행하려면 먼저 발심을 해야 하는데, 앞에서 대소승(大小乘) 발심의 도리는 모두 설명했습니다. 두 번째 단계의 준비는 관정(灌頂)을 얻어야 하는 것입니다. 관정에는 생기(生起)와 원만(圓滿) 두 종류의 관정이 있는데 진정한 관정을 얻은 후에 '정(情)'은 바로 유정(有情)세상입니다. 삼천대천세계의 일체 중생이 모두 유정입니다. 정(情)세상은 일체 중생의 감정과 지각을 포함합니다. '기(器)'는 물질 세상을 가리키는데, 우리의 이 몸 및 모든 물질세계를 포함합니다. 자신의 몸은 아뢰야식의 현량(現量)이니, 사실 기(器)세계와 정(情)세계가 모두 아뢰야식의 현량입니다. 그런데 정(情)과 기(器)가 몸을 드러낸 본존이 바로 우리 자신입니다. 가령 자신이 관음법문을 수지해서 성취한다면, 아주 오랜 옛날의 그 관음여래 본존이 정말로 자기 앞에 몸을 드러낼 것입니다. 하지만 자타불이(自他不二)이니, 그가 고불(古佛)이라면 나는 금불(今佛)이며 두 몸은 같습니다. 그러므로 관정을 얻은 후에는 "정과 기가 몸을 드러낸 본존이 자신이니" 심물일원(心物一元)을 증득하게 됩니다. 이 구절의 경문이 말하는 바는 이러합니다. 밀법을 수행하고자 해서 전행으로 진정한 생기와 원만의 두 관정을 얻은 후에는 정(情)세상, 기(器)세상, 현존(現尊)의 세상 즉 자성(自性)과 본존(本尊)이 합일하게 됩니다. 이 또한 자타불이입니다. 우리가 세상의 학문으로 말한다면 바로 "천지는 나와 더불어 한 뿌리이고 만물은 나와 더불어 한 몸이다[天地與我同根, 萬物與我一體]"라는 것입니다. 이것은 공허한 이론이 아니니 반드시 증득해야 합니다.

"깊은 도를 수행한 유가사로 말미암아, 무량한 가지가 자비의 힘을 나타내어, 두 가지 실지를 아무런 장애 없이 성취하니, 그러므로 그 후에 두 가지 전행을 수행하는 것이다[由修深道師瑜伽, 無量加持現悲力, 二悉地成諸礙解, 故其後修二前行]." 유가(瑜伽)는 바로 선(禪)이요 삼매[禪定]이며 서로 교감함인데, 서로 감응한다는 뜻이기도 합니다. 일부 불경에서는 유가(瑜伽)라는 말을 사용하는데 현재 말하는 요가(瑜珈)로, '요가'는 그 방법을 말하는 것입니다. '유가사(瑜伽師)'는 성취를 거둔 대사(大師)인데 중국인이 말하는 사(士)입니다. "범부의 염착을 없애게 한다[令遣凡夫之染着]", 그가 말하기를 이제 범부의 염착을 없애기 위해, 이미 수행에 성공한 유가사나 상사가 우리에게 관정을 해 주는데 그것이 바로 무량한 가지(加持)입니다. 이른바 가지관정(加持灌頂)은 그가 수지한 복덕자량과 지혜자량 및 그 자신의 공덕으로 우리를 도와주는 것입니다. 이것이 진정한 관정이고 진정으로 무량한 가지이며 상사의 대비심입니다. 그로 인해 안팎으로 공(共)과 불공(不共)[130]의 두 가지 실지(悉地) 즉 경계의 단장(壇場)을 아무런 장애 없이

---

130 공(共)은 공통으로 갖추고 있는 능력이나 성질, 불공(不共)은 공통으로 갖추고 있지 않은, 혼자 갖추고 있는 뛰어난 능력이나 특성을 말한다.

성취할 수 있습니다. 하지만 관정은 여전히 전행일 뿐입니다.

관정 이야기가 나와서 하는 말인데, 제가 여러분에게 백골관을 말씀드릴 때 관정에 대해 말씀드렸나요? 관정법이라는 이 방법은 참으로 효과가 좋은데, 여러분이 잘 수행하면 정말로 모든 불보살이 직접 여러분에게 관정을 해 줍니다. 하지만 안타깝게도 여러분이 수행을 하지 않았으니 무슨 방법이 있겠습니까! 참으로 관정을 하면 즉시 감응이 있고 여러분의 심신은 곧 달라집니다! 바로 맹자가 말한 "자신에게 지니는 것을 일컬어 신이라 한다〔有諸己之謂信〕"는 것입니다. 그런 힘이 정말로 몸에 찾아와서 참된 관정을 얻습니다. 이것은 현교와 밀법이 똑같지만 여러분이 수지하는 백골관은 이름을 백골간(白骨啃)[131]으로 바꾸어야 마땅합니다. 백골을 관하는 것이 아니라 다들 백골을 끌어안은 채 아무렇게나 매달리고 있습니다.

이제 이 관정의 중요성을 말씀드리자면, 사실 경전에서 말하는 보살도에는 모두 오십 개의 단계가 있으니, 십신(十信) 십주(十住) 십행(十行) 십회향(十回向) 십지(十地)입니다. 열 번째 주(住)가 '관정주(灌頂住)'이고, 아홉 번째 주가 '법왕자주(法王子住)'이니 황제의 태자와 같습니다. 이론상 그렇고 실제로도 그렇습니다. 바꾸어 말하면 수행이 관정주에 도달하면 형상〔相〕이 있을까요? 있습니다. 바로 진정한 개정(開頂)[132]이니, 현재 밀종에서 전해지는 머리에 풀을 꽂는 행위가 결코 아닙니다! 견고하게 꽂았으니 개정(開頂)이라 부른다고 생각하는데, 그것은 우스운 소리입니다. 제가 티베트에 있었던 해에 꽤 많은 사람이 머리에 풀을 꽂아서 개정(開頂)하는 것을 어려워했습니다. 저는 꽂기만 하면 틀림없이 제대로 꽂았습니다. 나중에는 제가 사부를 대신해서 사람들에게 꽂았는데, 개별 사람들에

---

131 간(啃)은 갉아먹는다는 의미이다.

132 정수리를 연다는 뜻으로, 정수리에 있는 천문(天門) 즉 백회(百會)를 연다는 말이다.

게 다 그것을 꽂았습니다. 티베트 사람들은 목욕을 하지 않아 두피가 두꺼워서 머리에 꽂기가 쉽지 않습니다. 중국인은 머리 감기를 좋아하고 두피가 얇아서 꽂기가 좋지요. 사람의 정수리에는 몇 개의 작은 구멍이 있습니다. 여러분이 혈도(穴道)를 안다면 침을 놓는 그 수법을 사용해서 엄지손가락으로 살짝 만져 본 후에 풀을 집어 들고 쿡 하고 꽂으면, 피가 조금 흐르다가 괜찮아집니다. 그러면 사람들은 말합니다. "당신은 공덕이 무량하군요! 당신의 가비력(加庇力)[133]입니다." 그러면 저는 말합니다. "당연합니다, 당연해요. 이것이 바로 그의 신앙이니까요." 그 사람이 "에잇!" 하면서 기를 끌어올리면 그의 얼굴은 온통 붉어집니다. 혈압이 올라가면 두피가 부드러워지거든요. 부드러워지면 '쿡' 꽂는 것이 아주 쉽습니다. 법회를 칠일 동안 하면서 사람들마다 이렇게 풀 한 포기씩 꽂았습니다. 먼 변방 지역에서는 성공하느냐 성공하지 못하느냐가 이 풀 한 포기에 달렸습니다. 이것을 방편 법문이라고 합니다.

진정한 관정을 말씀드리려면 먼저 여러분에게 이야기할 것이 있는데, 정(定)을 수행하다가 정수리가 청량해짐을 느끼면 그것을 관정이라고 할 수 있을까요? 총카파 대사는 『보리도차제광론(菩提道次第廣論)』에서 거듭 찬탄했지만, 여러분이 어떤 법문을 수지하든 타좌를 하다가 정수리가 청량해진다면 그것은 어떤 상황일까요? 제가 늘 말하지만, 군대에 있던 시절에는 출가인과 마찬가지로 여름이면 머리를 빡빡 밀어서 두피가 새파랗게 드러났습니다. 그런 다음에 따뜻한 물로 머리를 감고 시원한 바람을 쐬면 아!, 그 머리가 얼마나 상쾌하던지 정말 개운했습니다. 그 순간에는 황제도 부럽지 않고 정말로 상쾌합니다. 여러분의 수련이 경지에 이르면 정

---

**133** 가(加)는 더하는 의미이고, 비(庇)는 감싸다, 비호하다는 의미이다. 마치 집처럼 덮어 주고 보호해 준다는 뜻인데, 중국에서는 흔히 보살이 보호해 주고 감싸준다고 말한다.

수리에 청량함이 발생하는데, 그런 청량함은 아직 관정은 아니고 초보적인 경안(輕安)[134]입니다. 진정으로 경지에 이르면 정말로 우주와 하나가 되며, 그러면 모든 불보살의 힘으로 일체의 광명이 부어져서[灌] 여러분 몸이 갑자기 청량해집니다. 무량한 청량함이 무량하고 무량하게 눈앞에 나타납니다. 그렇게 되면 참으로 맹자가 "충실한 것을 아름다움이라고 한다[充實之爲美]"고 말했던 것을 체득할 수 있습니다. 그것은 말로 표현할 수 없는 아름다움이며, 심경에는 비할 수 없는 공경이 있습니다. 자신에 대한 존경, 불법과 도에 대한 공경이 있으니, 이런 것이야말로 숙연기경(肅然起敬)[135]이라 하겠습니다.

## 관정의 중요성

관정의 사상(事相)[136]은 아무렇게나 마음대로 하는 것이 아닙니다. 밀법을 말하는 사람들도 지금까지 그렇게 하지 않았습니다. 제가 말하는 것은 밀법이 아니며, 저는 단지 밀법을 연구해서 여러분에게 말씀드릴 뿐입니다. 솔직히 말해서 일반적으로 밀법을 배우면 여기에서 관정을 받고 저기에서 관정을 받습니다. 우리가 그해 관정을 받은 것은 귀의와 똑같아서,

---

134 경안 현상과 관련해서 중요한 것은 다음 두 가지이다. 첫 번째, 경안은 기맥이 통해서 얻게 되는 몸과 마음의 가볍고 편안함이다. 두 번째, 정수리에 청량함이 일어나서 내려오거나 발바닥 밖에 기운이 맺혀 발과 다리로 기운이 증장되는 것을 경안의 초보적 조짐으로 본다. 남선생은 아래에서 올라오는 것이 좌우맥과 임독맥의 타통으로 연결된다고 보고, 또 잘 사라지지 않고 안정적이라고 한다.(『정좌수도 강의』 226-227쪽 참조)

135 경건한 마음으로 옷깃을 여민다는 뜻으로 존경을 표시할 때 쓰는 말이다.

136 의식이나 수행법 등과 같은 실천적 방면을 말한다. 이에 반해 교리를 체계적으로 드러내는 이론적 방면은 교상(敎相)이라 한다.

두 다리는 아무렇게나 꿇고서 봉투를 달라고 하면 봉투를 주고 이 법이 관정을 요구하면 관정을 받았습니다. 오전에 한 차례 관정을 받고 오후에도 또 한 차례 관정을 받다 보면, 머리에서 방울져 떨어지는 것은 온통 물이고 결국 감기에 걸리고 맙니다. 그 차가운 병의 물이 이쪽으로 한 방울 저쪽으로 한 방울, 온통 얼굴로 흘러내리지만 저는 공경하는 마음으로 감히 닦지 않았습니다. 사실상 그것은 모두 형식에 불과합니다. 그렇기 때문에 백골관의 수행법에서 참된 관정을 얻는 것이 가장 중요합니다. 그러면 정수리가 열립니다. 그때 참으로 관정의 이 경계에서 수지한다면, 여러분이 임종에 이르렀을 때 지옥에 내려가려고 해도 내려갈 수 없습니다. 자연스럽게 위를 향해 걸어가고 자연스럽게 광명이 찾아와서 천상에 태어나고 싶지 않아도 그럴 수 없습니다. 『아미타경(阿彌陀經)』에서 말한 것처럼 서방의 아미타불이 빛을 발하면서 맞아들입니다. 그것도 아주 자연스럽게 말이지요. 바로 이런 것입니다.

바꾸어 말하면 우리 생명의 본능은 본래 이런 기능을 지니고 있습니다. 여러분이 수증하지 않았기 때문이니 그것은 여러분 탓입니다. 여러분은 처음 시작할 때 출리심과 염리심을 일으키지 않았습니다. 게다가 솔직히 말해서 일반인은 불법을 배울 때 그 규칙에 따라서 배우지 않고 모두 자기 마음대로 해석을 합니다. 절대로 기존의 규칙을 지키려고 하지 않습니다. 우리가 부처님을 배우던 당시에는, 이곳에서는 마땅히 이렇게 무릎을 꿇어야 하고 저곳에서는 마땅히 저렇게 해야 한다고 하면 규칙에 따라서 그대로 했습니다. 요즘 사람들은 하나같이 자기가 똑똑해서 불법이 그 사람에게 이르면 그 자전(字典)이 바뀌어 버립니다. 곧바로 자신의 주해(注解)를 달아 버리니 아무 소용이 없습니다. 주의하십시오! 중국 문화를 보면 맹자는, "규구를 사용하지 않고는 네모와 원을 그릴 수 없다〔不以規矩, 不能成方圓〕"고 했습니다. 여러분이 성공했다면, 그럼 여러분이 바로 규칙이니 그렇게 해도 괜찮습니다. 하지만 여러분이 성공하기 전이라면 규칙을 지켜야 합니다. 어떻게 해야 한다고 하면 그렇게 해야 합니다. 여러분이 어떤 법을 수행하든 반드시 관정을 받아야 합니다. 진정한 관정은 이런 도리입니다.

예를 들어 이 자리에 있는 우리는 타좌를 한 지도 오래되었는데 왜 제대로 못합니까? 두부(頭部)와 뇌부(腦部)의 기맥도 통하지 않았는데 관정을 거론할 수 있겠습니까? 여러분의 정수리〔頂〕는 물을 부어도〔灌〕 소용없고 거꾸로 뒤집어도 소용없습니다. 여러분이 정말로 경지에 이르게 된 그때가 자연스러운 관정이니, 어느 순간 한 줄기 광명 가운데 있게 됩니다. 이른바 정수리 뒤편에서 둥근 빛이 일어나는데 그것이 자연스러운 이치입니다. 이것은 모두 진짜 일〔事〕이며 모두 사상(事相)입니다. 그런데 이것은 여러분의 지혜를 시험합니다. 만약 이 경계에 이르렀는데 여러분이 그냥 이 경계에 머물러 있다면, 그러면 색계로 빠져들게 됩니다. 이것은 여전히 가장 초보적이고 거친 색계입니다. 그러니 광명이 무슨 대수입니까? 모든 불보살이 와서 여러분 앞에 서서 머리를 쓰다듬는다 해도 그게 무슨 대수입니까? 여러분의 머리는 그냥 여러분의 머리요 부처님의 손은 그냥 부처님의 손으로 아무런 상관이 없습니다! 그러니 "지혜는 삼유에 머무르지 않는다"는 말을 참구해야 합니다.

선종의 그 문희(文喜)화상이 깨닫기 전의 일입니다. 문희화상이 삼보일배(三步一拜)를 하면서 오대산(五台山)으로 가서 문수보살에게 절했습니다. 늙은이로 변한 문수보살이 그에게 남방의 불법은 어떠한지를 물었지요. 그는 이렇게 대답했습니다. "용과 뱀이 섞여 있고 범부와 성인이 함께 살고 있습니다. 어르신께서는 이 오대산에 살고 계신데 산 위의 불법은 어떠합니까?" 그러자 늙은이가 말했습니다. "별거 없네. 전삼삼(前三三) 후삼삼(後三三)이지." 문희화상은 도무지 알아들을 수 없었습니다. 노인 옆에는 그에게 인사하던 어린아이만이 있었는데, 그가 작별 인사를 하고 떠나려고 할 때 갑자기 그 아이가 공중으로 뛰어올라 사자로 변했습니다. 그 위에 올라탄 그 노인은 바로 문수보살이었습니다. 문희화상은 눈앞에서 문수보살을 못 알아본 일로 극도로 번뇌했지만 나중에 크게 깨달았습니다. 그는 대총림에서 밥을 해서 수백 명을 먹이리라 발심했는데, 그 큰 솥은 이 공양 탁자보다도 훨씬 컸습니다. 한번은 문수보살이 사자를 타고 밥솥 가장자리에 뛰어내리는 것을 보게 되었습니다. 문희화상은 밥주걱을 들고서 그를 때리면서 이렇게 말했습니다. "문수는 문수고, 문희는 문희다." 너는 너고 나는 나니, 여기에서 말썽을 부리지 말라는 말입니다. 전에는 삼보일배까지 해 가면서 문수보살을 구하더니, 막상 문수보살이 몸을 드러내자 오히려 그를 때리려고 했던 것입니다. 문수보살 역시 공중으로 얼른 뛰어오르면서 하하하 큰 소리로 웃었습니다. "여주〔苦瓜〕는 뿌리까지 쓰고 참외〔甛瓜〕는 꼭지까지 단 법이지. 삼대겁(三大劫)을 수행했건만 오히려 노승이 싫어하는구나." 내가 삼대아승기겁(三大阿僧祇劫)을 수행했는데 결국에는 이 화상에게 매를 맞는구나 하는 말입니다. 그것은 문희를 치켜세우는 말이었습니다. 그가 도를 깨달았다고 치켜세웠던 것이지요. 그러니 모두 사상(事相)이 있고, 사상은 정말로 진짜입니다. 여러분이 경지에 이르는 그때에는 모든 불보살이 여러분에게 관정을 주려고 해도 여러분이 마다할 것입니다.

우리가 지금 여기에서 타좌를 하고는 있지만, 마치 시커먼 나무통〔漆黑桶〕처럼 머리 부분이 전혀 통하지 않았습니다. 조금이라도 통하게 되면 먼저 머리에 곧바로 심한 통증이 오고, 그 통증은 머리 부분의 기맥이 잘 통할 때까지 계속됩니다. 저는 여러분에게 말합니다. "지혜는 삼유에 머무르지 않고 자비는 열반에 들어가지 않는" 사람이라야 감히 수행할 수 있습니다! 간이 작은 사람은 수행이 거기에 이르면 그 고통을 견디지 못합니다.

수행은 고통스러운 일이라고 하지 않습니까. 이런 고통을 거쳐야 고통을 떠나서 비로소 즐거움을 얻습니다. 그러므로 간단한 일이 아닙니다. 좋습니다! 말씀드린 이것을 모두 기억해 두고 앞으로 더는 묻지 마십시오. 여러분이 어떻게 묻더라도 천 년이고 만 년이고 모두 이 몇 마디입니다. 이렇게도 말해 보고 저렇게도 말해 보고 아무리 말해도 이해하지 못하니 어찌 낭패가 아니겠습니까. 지금부터는 아래의 해석을 보도록 하겠습니다. 이 대목은 좀 깁니다.


## 관정은 도의 근본이다

　"若善得灌頂後, 初入修生起圓滿者, 以資糧道微薄, 欲求解脫要道(관정을 잘 얻은 후 처음 들어가면서 생기와 원만을 수행하는 것은, 미약한 자량을 가지고 해탈의 중요한 도를 구하려고 해서이다)." 왜 우리는 관정을 수행하고자 하면 상사(上師)에게 관정을 해 주기를 청해야 합니까? 관정은 세례(洗禮)와도 같습니다. 밀종에서는 점수(漸修)를 강조하는데, 먼저 생기차제(生起次第)를 수행해야 합니다. 이는 우리의 지혜와 복덕이 충분치 못하기 때문인데, 지혜와 복덕을 생기하는 것은 마치 종자를 뿌려 싹이 트는 것과 같습니다. 생기차제를 수행한 후에는 원만차제를 수행합니다. 왜 반드시 점수(漸修)의 차제를 거쳐야 하는 걸까요? 우리의 복덕자량과 지혜자량이 충분치 못하기 때문이니, 우리는 약간의 자량조차 지니고 있지 않습니다. 그러니 원만은 더더욱 말할 필요도 없지요. 닭을 훔치려면 쌀 한 줌이 있어야 합니다. 우리가 지금 생기차제를 수행하는 것은 먼저 쌀 한 줌을 준비하는 것입니다. 그런 다음에 닭을 훔치러 가야지요! 상사는 우리에게 이렇게 가르칩니다. 불법을 배워서 "해탈의 중요한 도를 구하려고 하면〔欲求解脫要道〕"

먼저 근본을 알아야 한다고요.

"而道之根本, 卽是灌頂(그런데 도의 근본이 바로 관정이다)." 우리는 해탈의 중요한 도를 구해서 삼계 바깥으로 달아나 성불하고자 하지만, 여러분에게는 밑천도 없고 에너지도 없습니다. 여러분은 먼저 복덕과 지혜라는 두 가지 에너지를 찾아내기만 하면 됩니다. "도의 근본(道之根本)"이 바로 관정이기 때문에 먼저 관정을 구해야 합니다. 이 말은 대단히 중요하며 비밀 중의 비밀입니다. 밀종 수행자들은 그런 것을 몰라서 그저 사부가 가지고 있는 그 병 속의 술과 설탕물을 머리에 붓기만 하면 관정이라고 생각합니다. 마치 세례처럼 '풍덩' 하고 물에 뛰어들기만 하면 세례를 받았다고 여깁니다. 그것이 제대로 된 세례입니까? 그런 관정이라면 신기할 게 뭐 있습니까! 제가 브랜디를 몇 병씩이 마련했던 것도 다 여러분에게 관정을 해 준 겁니다. 진짜 관정이라야 여러분은 성공해서 관정주(灌頂住)에 이르게 되고 그러면 부처님과 동등해집니다. 바로 법왕자이니, 문수보살이 바로 법왕자이고 바로 부처님입니다.

밀법을 배우는 데에 관정은 첫 번째 단계이지만, 실제로는 최초이면서 최후입니다. 진정한 관정은 이런 형상(形相)이 필요치 않습니다. 『선비요법』에서 백골관 수행을 말씀드릴 때 진짜 관정이 있지 않았습니까? 그런데 백골관을 제대로 관(觀)하기는커녕 발가락에도 몰두하지 못하면서 여러분 정수리에 관정을 해 주기 바라는데, 그것은 불가능한 일입니다. 수련이 그 단계에 도달하기만 하면 자연스럽게 여러분에게 관정을 해 줄 겁니다! 심지어 여러분이 원하지 않더라도 부처님이 오셔서 여러분에게 관정을 해 주려고 할 것입니다. 부처님도 권세와 이익을 중시하시니까요! 여러분이 도를 지니고 있으면 곧바로 오실 겁니다. 우리가 권세와 이익을 중시하는 것과 똑같습니다! 부처님이 도를 지니고 있기 때문에 우리도 부처님을 배우러 왔지 않습니까! 관정은 도의 근본입니다! 만약 관정이 그저 형식만 중시한다면, 밀종을 배웠고 상사가 나에게 관정을 해 줬으니 이제 나도 스승이 될 수 있다고 생각할 겁니다. 하늘이 알고 있습니다. 지금 바깥 사회에는 그런 사람이 많습니다. 대만에서는 단번에 상사가 되기도 합니다. 이상하지요. 도대체 어느 보살이 그에게 관정을 해 줬는지는 들어보지 못했습니다.

"若得之, 卽得名爲密乘共道一座換修生起圓滿者(만약 관정을 얻었다면 밀승의 공도를 얻은 것으로 자리에 앉으면 생기차제와 원만차제를 완성하게 된다)." 만약 정말로 관정을 얻어서 이로운 수행법으로 수련을 한다면, 모든 불보살의 비밀스러운 심요(心要)를 알게 됩니다. 관정은 밀승(密乘)의 공도(共道)입니다. 어떤 일파의 밀종이 되었든 어떤 밀법을 수행하든 공동으로 반드시 얻어야 하는 것입니다. 여러분이 관정의 공도(共道)를 얻었다면, 자리에 오르기만 하면 이미 성불하게 됩니다. 생기차제와 원만차제를 즉시 원만하게 성취하는데, 그것을 완성했다면 돈수(頓修)를 성취한 것입니다. 바로 이런 도리입니다. 이 해설은 번역이 그다지 좋지 못한데, 제가 이렇게 해석하면 여러분도 곧바로 이해가 될 겁니다.

"今以大圓滿之建立, 觀本尊, 上師瑜伽及氣脈明點微細瑜伽等, 攝集一切微小圓滿次第所緣等而示道之前行(지금 대원만을 세우기 위해 본존을 관하는데, 상사의 유가 및 기·맥·명점의 미세한 유가 등이, 일체의 정미한 것과 원만차제의 소연 등을 끌어 모아서 도의 전행을 보여 준다)." 이제 그가 말합니다. 우리가 수행하는 이 대원만 선정 법문의 기초는 본존을 관상하는 것에 있습니다. 혹은 연화생대사를 관상하거나 석가모니부처님을 관상해도 됩니다. 이제는 관상이 편리하게 느껴지고 그리 어렵지 않습니다. 여러분이 본존을 관상하면 상사가 수행해서 성공한 공력(功力)과 요가(瑜珈)가 눈앞에 나타나서 여러분 몸의 기, 맥, 광명, 명점에 더해지기 때문입니다. 이것은 바로 도가에서 말하는 단(丹)이기도 하며 정기신(精氣神)의 집합이기도 한데, 대단히 미세합니다. 선정을 훈습(熏習)[137]한 공력과 요가 등이 일체의 정미한 것과 원만차제의 소연(所緣)[138]을 한곳으로 모아서 도의 전행(前行)을 표현해 냅니다.

"又稍分演說彼等之建立, 此分爲二, 令成熟灌頂, 及令解脫生起圓滿(또 저것을 세우는 것에 대해 조금 나누어 말하면 두 가지로 나누어지는데, 성숙관정하게 하는 것과 해탈과 생기와 원만을 얻게 하는 것이다)." 경계에 도달한 사람이 우리에게 말하기를, 수도의 전행의 비밀스러운 조건은 두 가지로 나누어진다고 했습니다. 그 하나는 '성숙관정(成熟灌頂)'이니 곧 성취하게 되는 것입니다. 사실 선종의 수행에도 이런 것이 있는지 여러분이 말해 보십시오. 똑같이 있습니다. 다만 선종에서는 치중하지 않을 뿐입니다. 여러분은 주의해서 봐야 합니다! 제가 옛사람이 아닌 동시대인인 허운(虛雲) 노화상의 일화를 말씀드리겠습니다. 허운화상은 자신이 사십여 세에 깨달은 공안(公案)을 스스로 보고했습니다. 어느 날 선당에서 차를 따르다가 찻잔을 깨트리고 말았는데, 그 순간 눈을 크게 뜨고 바라보니 담과 벽을 넘어 산하대지가 마치 약사불의 유리세계처럼 훤히 보였습니다. 이는 모든 불보살의 관정과 똑같은데, 이것이 바로 진짜 관정입니다. 하지만 선(禪)을 수행하는 사람에게 이것은 여전히 하나의 과정입니다. 관정은 본래 하나의 과정입니다. 불법에는 오로지 일승도(一乘道)가 있으니 어느 종파가 되었든 표현 방법이 다를 뿐입니다. 그러므로 여러분이 불법을 배운다면, 참선을 해도 좋고 지관을 수행해도 좋고 밀법을 수행해도 좋지만, 이 경계에 도달하지 못한다면 아무 소용이 없습니다. 다들 노력하십시오! 바꾸어 말

---

137 마치 향냄새가 옷에 스며들 듯, 몸과 말과 뜻으로 일으킨 행위의 기운과 생각이 아뢰야식에 잠재력으로 이식되는 현상을 말한다.

138 여기서 소연은 원만차제를 이끌어 내는 모든 인연을 뜻한다.

하면, 이 경계를 경험하지 못했다면 아무 소용이 없고 생사(生死)를 막을 수가 없습니다. 저 성숙관정이라는 것은 바로 이런 것입니다.

제가 제기하는 성숙관정은 바로 장자의 관념으로, 천지가 나와 함께 생겨나고 만물이 나와 한 몸입니다. 이 자리에 계신 여러분 가운데 몇 분은 노장(老莊)을 배우셨지요. 장자 역시 "방을 비우면 빛이 그 틈새로 들어와 환하다(虛室生白)"라고 했습니다. 정말로 캄캄한 방안에서 사물을 보면 아주 또렷합니다. 어찌 캄캄한 방에 그치겠습니까? 산하대지가 담과 벽을 꿰뚫고 한눈에 바라다 보이니, 이것이 바로 관정이며 이것이 바로 성취한 경계입니다. 관정의 두 번째 종류는 초학자들로 하여금 해탈도를 얻고, 생기와 원만의 공덕을 얻게 하려고 실시하는 유형의 관정입니다. 아래에서 그는 경전을 인용하여 증명했습니다.

"如現顯明金剛本屬云: 由大金剛持, 所說義甚廣, 然總歸爲二, 成熟及解脫(『현현명금강본속』에서 말한 것과 같다. 대금강지로 말미암아 말한바 의리는 매우 넓지만, 총괄해서 귀납하면 두 가지이니 성숙과 해탈이다)." 바로 『현현명금강본속(現顯明金剛本屬)』이라는 법본에서 '대금강지'(보현여래의 화신)를 언급한 것입니다. 대승이 말한바 의리(義理)는 대단히 많지만 귀납해 보면 "성숙과 해탈(成熟及解脫)" 두 가지이니, 모두 여러분으로 하여금 선과(善果)를 성숙시켜서 성불하고 돈오하게 하려는 것입니다. 돈오(頓悟)가 바로 성숙이고 해탈이 바로 점수(漸修)입니다. 바꾸어 말하면, 성숙한 해탈이 바로 돈오이므로 이렇게 두 방면으로 나누어 말할 수 있습니다. 선종에서 말하는 돈오는 점수에서 옵니다. 점수를 해서 경계에 이르면 돈오하게 되니, 마치 오이가 익으면 꼭지가 떨어지는 것처럼 성과(成果)가 떨어집니다. 그러니 점수하지 않고서 어떻게 돈오가 있겠습니까? 하지만 돈오하지 않으면 어떻게 점수의 원만을 볼 수 있겠습니까! 이 두 가지 일은 둘이지만 둘이 하나입니다.

"於灌頂有三: 決定灌頂數, 決定義理, 解說其字意等(관정에 대해서는 세 가지가 있으니, 관정의 수를 결정하고 의리를 결정하고 그 글자의 뜻을 해설하는 것 등이다)." 그는 먼저 이 원리를 인용한 후에 세 부분으로 나누어 관정을 설명했습니다. 순서대로 숫자의 의미와 도리를 결정하고, 관정에서 사용하는 주문(呪文)의 자의(字義)를 해설했습니다.

"初者若精勤於所淨四煩惱, 能成四手印·四歡喜, 及果·身等, 故名爲四灌頂(처음에는 네 가지 번뇌를 청정하게 함에 부지런히 힘써서 사수인, 사환희 및 과·신 등을 성취할 수 있으므로 사관정이라고 이름하였다)." 일반적으로 밀종의 관정에는 네 단계가 있어서 사관정(四灌頂)이라고 하는데, 어떤 사람들은 육관정과 칠관정까지 말하기도 합니다. 왜 사관정을 사용해야 할까요? 부지런히 힘써서 네 가지 번뇌 즉 탐진치만(貪嗔癡慢)을 없애고, 네 가지 수인 즉 생기수인(生起手印) 졸화수인(拙火手印) 공락무분별수인(空樂無分別手印) 법성대수인(法性大手印)과, 네 가지 환희 즉 희(喜) 상희(上喜) 승희(勝喜) 구생희(俱生喜)를 성취하기 위해서입니다. 관정은 바른 과위[正果位]입니다. 주의하십시오! 과위라는 말을 듣자마자 사과나한(四果羅漢)을 생각해서는 안 됩니다. 그것은 지혜가 없는 것입니다! 보살십지(菩薩十地)가 모두 과(果)임을 알아야 합니다! '과(果)'라는 것은 과를 성취했다[成果]는 말인데, 소승의 과를 말하는 것이 아닙니다. '신(身)'은 바로 사신(四身)이니 법신(法身) 보신(報身) 화신(化身) 법성신(法性身)입니다. 실제로는 법보화(法報化)의 삼신(三身)이 삼위일체가 되면 충분하지만, 밀종에서는 신(身)에다 체(體) 하나를 더해서 사신성취(四身成就)라고 합니다. 주의하십시오! 이것이 바로 밀종과 현교의 다른 점입니다. 현교는 단지 과(果)를 성취하고 도를 증득하면 되지만 밀종은 신(身)을 성취해야 합니다. 이 육체를 신(身)으로 전화시켜서 보신을 얻고 과(果)를 성취해야 합니다. 그러지 않으면 인정하지 않습니다. 이 때문에 과(果)를 성취하고 신(身)을 성취하는 것입니다. 사신(四身) 혹은 삼신(三身)을 성취합니다.

밀교를 배우는 사람들은 선종을 포함해 현교에서는 기껏해야 법신과 화신만 성취하고 보신은 성취하지 못한다고 생각합니다. 당시 저는 그들과 논쟁할 때 몇 가지 예를 들면서 그렇지 않다고 말했습니다. 선종의 조사인 보화선사(普化禪師)나 등은봉선사(鄧隱峰禪師) 등 삼신과 사신을 모두 성취한 사람이 아주 많지 않습니까! 또 송대의 보암선사(普庵禪師) 같은 경우, 출가한 사람이라면 아침저녁으로 보암주(普庵呪)를 외우는데 그 주문 역시 다른 사람이 그에게 전해 준 것이 아니었습니다. 팔지보살(八地菩薩) 이상을 증득한 사람이라면 스스로 주문을 말할 수 있습니다.

보화선사는 일찍이 임제(臨濟)를 도와 임제종의 포교에 힘썼는데, 수행을 완성한 이후에 제자에게 분부하기를 자신이 내일 남문으로 나가서 열반할 것이라고 했습니다. 다음날 관을 메고 남문에 나갔더니 구경하는 사람이 너무 많았습니다. 그러자 그가 말했습니다. "오늘은 날이 좋지 않으니 내일 동문으로 나가겠다." 다음날 과연 구경하는 사람이 절반으로 줄었습니다. 그러자 그가 또 말했습니다. "이 방향도 바르지 않으니 서문으로 가야겠다." "사람들을 세 번이나 속였고 이제 마지막으로 북문으로 나갈 것이니, 내가 관 속으로 들어가거든 너희들이 관 뚜껑을 덮어라." 그런데 관을 들었더니 너무 가벼운 것이었습니다. 뜻밖에도 그는 공중에 서서 "안녕!"이라고 말했습니다. 이것이 바로 사신(四身)의 성취가 아니겠습니까.

등은봉선사 같은 경우도 있습니다. 어느 날 그가 자신의 제자들에게 물었습니다. "옛사람은 좌탈입망(坐脫立亡)[139]했는데, 물구나무를 선 채로 간 사람은 있느냐?" "없습니다." "그렇다면 나는 물구나무를 서서 머리를 아래에 두고 다리를 위로 쭉 펴고 죽겠다." 장포(長袍)가 다리에 붙어서 움직

---

139 앉거나 선 자세로 열반하는 것을 일컫는다.

이지 않은 채 그렇게 거꾸로 서 있었습니다. 이것이 사신 성취가 아니겠습니까? 그의 여동생도 출가해서 도를 닦고 있었는데, 그 소식을 듣자 곧바로 달려와서 그의 몸을 어루만지며 말했습니다. "스님도 참! 살아 있을 적에도 말썽만 부리더니 죽어서도 말썽을 부리는군요." 그러자 별안간 그가 똑바로 서더니 말했습니다. "나더러 말썽을 부린다고 하니 그러면 내가 다시 죽으마." 쾌당 하고 땅에 넘어져서 세상을 떠났습니다. 이것이 선(禪)이고 과(果)의 성취입니다! 그렇기 때문에 과를 성취함이 있어야 된다고 말하는 것입니다. 과를 증득하지 못하고서 어떻게 선사(禪師)를 자처하며 또 함부로 전합니까? 그래서 저는 가볍게 선(禪)을 이야기하는 것에 가장 반대합니다.

사관정(四灌頂)은 번뇌를 끊어 없애기 위한, 그 네 개의 수인을 완성하기 위한 네 개의 큰 경계라고 말할 수 있고 환희를 얻습니다. 바로 심신(心身)의 환희입니다. 여러분은 자세히 반성해 보십시오. 이 자리에 계신 많은 분이 정좌(靜坐)를 배우고 있는데, 요 며칠 제가 공덕을 지었습니다. 사람을 시켜 큰 거울을 만들어서 여러분에게 드리고 자신을 비춰 보라고 한 것입니다. 정좌를 할 때 자신이 짓고 있는 죽을상〔死相〕을 한번 비춰 보십시오. 제가 여러 번 고치려고 했지만 고치지 못했는데, 여러분 스스로 보십시오. 앉아 있는 모습〔坐相〕조차 제대로 못 한다면 어떻게 과를 증득할 수 있겠습니까? 그러니 '환희(歡喜)'가 얼마나 어렵겠습니까! 여러분은 정좌를 시작하면 얼굴에 기쁜 모습이 조금도 없습니다. 얼굴이 딱딱하게 굳은 채 온통 업기(業氣)로 가득한 죽을상이니 탐진치만의 흉한 성질이 모두 얼굴에 드러나 있습니다. 정말입니다! 제가 여러분을 조롱하고 욕한다고 생각하지 마십시오. 이것은 대자대비한 말입니다. 스스로 보지 못하기 때문에 거울을 가져다가 비춰 보라는 것입니다. 여러분이 바르게 고치도록 돕고 싶은 것입니다.

진정으로 몸과 마음 두 방면의 희락을 얻어야 합니다. 만약 이런 효과조차 없다면 그런 것을 어떻게 도(道)라고 부르겠습니까? 그런 불법은 사람을 속이는 것입니다! 그렇게나 많은 기쁨을 이야기하면서 자신은 기쁘지 않다니요! 보십시오. 우리가 부처님을 배우면서 배울수록 슬퍼지기만 하고 조금의 기쁨[喜]도 없다면, 모든 사람이 다 그러하다면, 그래서 '희(喜)'자를 민남어(閩南語)[140] '사(死)' 자로 읽도록 배운다면 그것은 낭패입니다. 그러니 주의해야 합니다! 사관정은 바로 번뇌를 제거하고 그 경계에 들어가서 큰 환희를 얻고 과위를 증득하여 삼신(三身) 사신(四身)을 성취하는 것, 바로 이 목적을 위한 것입니다.

## 비밀관정, 희론을 떠나 공도 유도 아님을 깨닫다

"次又有二. 於決定義理與見宗相合(다음으로 또 두 가지가 있으니, 의리가 견종과 서로 합치되게 결정한다)." 이른바 진짜 관정[眞灌頂]이 바로 진정한 밀종입니다. 그러므로 밀종도 숭배할 만한 것이지만 겉모습이 비슷하다고 진정한 밀종은 아닙니다. 제가 티베트에 있을 때 그들에게 따지며 형식만 중시한다고, 형식만 있다면 무슨 소용이냐고 했습니다. 형식이 무슨 소용 있습니까? 그 의리(義理)에 들어가서 중요한 이론[要理]의 경계가 견종(見宗)과 서로 합치되도록 결정해야 맞습니다. 하지만 견지(見地) 방면에서 밀종의 방법은 여전히 그런 형식에 치중합니다. 왜 형식에 치중할까요? 이 자리에 계신 많은 고명한 분들은 환경이 여러분의 마음에 영향을 미친다는 사실을 알아야 합니다. 단장(壇場)을 장엄하게 꾸며 놓음으로써 여러

---

140 중국어의 방언으로, 주로 중국 대륙 복건(福建)성 남부와 대만에서 쓰인다.

분이 들어갔을 때 그 숙연함에 절로 공경심이 일어나게 한다면, 이미 절반의 공덕이 생겨난 것입니다. 그렇기 때문에 형식은 여전히 중요합니다. 형식은 어리석은 남자〔愚夫〕 어리석은 여자〔愚婦〕에게 더더욱 중요합니다. 다만 시대가 달라지면 형식을 고치지 않으면 안 되지만 그렇더라도 진실입니다.

솔직히 말하면 일부 어리석은 남녀는 절에 들어와서 보살을 보기만 해도 곧바로 정(定)을 얻습니다. 할머니들이 우리보다 훨씬 낫습니다. 그들은 보살을 보기만 하면 "보살님!" 한마디 하고서 곧바로 구원을 얻습니다. 정말입니다! 하지만 우리는 어렵습니다! 지식이 많을수록 수행이 더 어렵습니다. 우리는 이런 보살을 보면 곧바로 예술적이지 않게 새겼다고 생각합니다. 솔직하게 말씀드리면 형식도 그 나름의 좋은 점이 있습니다. 다만 지금은 내밀(內密) 즉 상상층(上上層)의 밀(密)을 벗어나 버렸고 또 다른 형식이 되어 버렸습니다. 티베트의 큰 라마승 활불을 만난 적이 있었는데, 그는 중국어를 한 마디밖에 할 줄 몰랐고 그래서 다른 사람의 상사가 되려고 하지 않았습니다. 사실 이 큰 라마승은 우리가 그를 보고 곧바로 무릎 꿇고 절을 하면 자신도 얼른 무릎을 꿇었습니다. 그런 다음 공양탁자를 흔들면서 자신이 아는 유일한 중국어를 한마디 했습니다. "아하! 보살이 당신의 절을 받고 움직이셨소! 보살이 당신의 절을 받고 움직이셨소!" 그러면서 스스로 그 보살을 흔들었습니다. 우리 모두는, 우리를 보고 웃으면서 "이봐요! 보살이 당신의 절을 받고 움직이셨소! 보살이 당신의 절을 받고 움직이셨소!"라고 했던 그 한마디 말을 근거로 그가 정말로 성취했고 정말로 견지를 지녔음을 알았습니다. 그가 여러분을 지명하면 보살이 바로 여러분에게 있으니 정말 고명하지요. 나중에 사람들이 방법을 찾아내서 그를 사천으로 초청했습니다. 그는 사천으로 와서 놀기도 하고 또 경희(京戲)[141]와 사천희(四川戲)[142]도 구경했습니다. 큰 북과 큰 징을 두들기면서 노래하자 그도 따라서 불렀습니다. "공(空)이로구나" 하는 사천말도 몇 마디 배웠습니다. 공입니까, 유입니까? 그가 말하는 것은 "공이로구나"였지만 유입니다. 재미있지요? 이런 것이 견지(見地)입니다. 어떤 사람이 견지에 도달한 사람입니까? 참으로 견지에 도달하면 그 사람은 형식에 치중하지 않습니다. 그렇기 때문에 진짜 관정이라는 것입니다! 마지막의 의리(義理)가 견종(見宗)과 서로 합치되면 견지가 바로 지혜입니다.

"及能依與所依同淨趣相合(능의와 소의를 함께 깨끗이 하여 취합한다)." 능의(能依)는 자성 본체이고 소의(所依)는 이 법을 말합니다. 예를 들면 우리가 불경을 외우고 주문을 외우는 것이 바로 소의의 법이고, 백골관을 수지하는 것도 하나의 법입니다. 마음을 하나의 대상에 묶어 두는〔繫心一緣〕 경계는 '소(所)'이지 '능(能)'이 아닙니다! 능의와 소의를 함께 증득하고 취합하여 하나로 돌아갑니다. 능과 소가 다 없어져야 비로소 진짜 관정입니다. 그런 까닭에 밀종의 형상은 이러합니다.

"初以瓶灌頂, 住色心如幻之身密, 悟唯識見(처음에 병관정을 하는데, 색심여환의 신밀에 머물러 유식견을 깨닫는다)." 처음에는 보병(寶瓶)[143]으로 관정을 하는데, 주문을 외우고 병에 든 물을 여러분의 정수리에 붓는 것을 말합니다. 이것은 세례(洗禮)와 같습니다. 주의하십시오! 이것이 바로 밀법입니다. 그가 말하기를 보병 속의 물을 여러분 머리에 뿌려서 관정한다고 했는데, 이 동작은 무엇을 나타낼까요? 참된 정신적 견지와 잘 조화시키고 형식을 따지지 않는다면, 이것은 여러분으로 하여금 약간 청량한 경계 아래에서 즉시 "색심여환(色心如幻)"을 깨닫게 합니다. 색(色)은 우리 신체

---

**141** 노래와 춤과 연극이 혼합되어 있는 중국의 전통극.

**142** 사천 지방의 전통극.

**143** 밀종에서 관정할 물을 담는 그릇을 지칭한다.

의 사대 지수화풍을 포함하니, 우리의 심장이 색신(色身)입니다. 그리고 우리의 사상은 심(心)입니다. 심과 색 두 가지는 상호 영향을 미치지요. 이 관정을 통해 우리는 심리(心理)와 생리(生理)가 모두 환영 같고 꿈같음을 알게 됩니다. 이것이 바로 신밀(身密)입니다. 우리는 지금 이 몸에 큰 비밀을 지니고 있습니다.

작년에 '불광별원(佛光別院)'에서 여러분에게 운문선사(雲門禪師)의 "나는 보물을 하나 지니고 있는데 그 비밀은 형산에 있다[我有一寶, 秘在形山]"는 말을 소개한 적이 있습니다. 비밀은 우리의 형체(신체) 안에 있는데 여러분이 찾지 못하는 것입니다. 임제선사(臨濟禪師)도 말했습니다. "사람마다 무위(無位)의 진인(眞人)이 하나씩 있어서 날마다 얼굴을 통해 출입한다"고요. 우리는 모두 보배를 하나 가지고 있고 진인을 하나 지니고 있어서 우리의 육근(六根)을 통해 들어오고 나가고 하는데도 붙잡지 못합니다. 이것이 본래의 신밀(身密)입니다. 밀종에서도 이렇게 말합니다. 당신이 바로 "색신과 마음이 환영과 같은 신밀"입니다. 본래 우리의 이 몸은 태어나서 사는 것이 환영과 같지만, 그래도 이 속에 보배가 있습니다. '신밀'을 통해 유식(唯識)의 이치를 깨달아야 하는데, 바로 제팔 아뢰야식의 능력입니다. 『팔식규구송(八識規矩頌)』에 이런 게송이 있습니다. "본성은 뒤집히지 않아 다섯 가지가 두루 행해지고,[144] 계와 지에서 다른 업력을 따라 생겨나거늘, 성문과 연각은 깨닫지 못해 미혹되고 집착하니, 이로 말미암아 논주[145]의 다툼이 일어난다. 넓디넓은 삼장[146]은 그 끝을 다할 수 없고, 깊은 연못

---

**144** 오변행(五遍行)은 작의(作意) 촉(觸) 수(受) 상(想) 사(思)의 다섯 가지 보편적인 정신 작용을 말하는데, 두루 행해진다 하여 변행(遍行)이라 부른다.

**145** 논(論)을 지어서 불교를 넓힌 사람을 논주(論主) 혹은 논사(論師)라고 한다.

**146** 삼장(三藏)은 제법의 종자를 다 갖춘 능장(能藏), 훈습을 받아들이는 소장(所藏), 식의 견분에 칠식이 애착하는 아애집장(我愛執藏)을 말한다.

에 전칠식은 물결이요 경계는 바람이 되니, 훈습을 받아 종자와 근신[147]과 기계[148]를 지니며, 갈 때는 나중에 가고 올 때는 먼저 와서 주인공이 된다〔性唯無覆五遍行, 界地隨他業力生, 二乘不了因迷執, 由此能興論主諍. 浩浩三藏不可窮, 淵深七浪境爲風, 受熏持種根身器, 去後來先作主公〕.”이러한 유식의 진정한 견지를 깨달아야 합니다. 유식을 말한 것은 그저 여러분에게 이치나 들려주려는 것이 아니라, 유식을 보고 진정으로 견지를 지니면 심물(心物)이 일원(一元)이 됩니다. 여러분이 이 부분을 분명히 알아야 참으로 병관정(瓶灌頂)을 얻게 됩니다. 이것은 연령을 불문하며 또 남녀노소를 불문합니다. 자신의 생명이 반로환동(返老還童)하고, 또 태어나고 죽는 것을 마음대로 할 수 있어야 비로소 진짜 관정입니다.

“以秘密灌頂, 示一切法離戱論極不住, 悟中觀見(비밀관정으로 일체법은 희론을 떠나서 지극히 머무르지 않음을 보여 주어 중관견을 깨닫는다).”후세의 비밀관정(秘密灌頂)은 무엇입니까? 바로 일부 큰 라마승들이 사람의 천령개(天靈蓋)[149]를 사용해서 관정을 하는 것인데, 그것을 뒤집어서 무언가를 담은 후 조금씩 따라서 마시게 합니다. 물론 저는 마시지 않았고 그다지 좋아하지도 않지만, 주문을 외우고 서둘러 마시면 그것으로 비밀관정을 대신합니다. 그 안에 든 것은 흰 설탕과 술입니다. 처음에는 슬쩍 맛만 보고 두 번째에는 저도 체험을 했는데, 사실 저는 그 천령개가 오래 되어서 깨끗하지 않을까 봐 걱정스러웠습니다. 그 흰 설탕은 중국 땅에서 들여온 것이었는데 양심 없는 장사치들은 더러운 설탕을 사람들에게 팔기 때문에 세균이 있을 수도 있습니다. 그런데 날씨가 추운 고원에서는 병에 걸리는

---

**147** 근신(根身)은 육근(六根)의 몸을 말한다.

**148** 기계(器界)는 중생이 살고 있는 세상을 말한다. 기세계라고도 한다.

**149** 두정골(頭頂骨)이라고도 하며, 정수리에 있는 좌우 한 쌍의 네모나고 넓적한 뼈를 말한다.

일이 적습니다. 의외로 정말 그렇습니다. 어떤 라마승은 신통(神通)을 지니고 있는데, 차를 마시는 바리때 하나만 지니고 있었습니다. 그가 마시는 차는 중국인에게 산 것으로 대만 동정오룡차(凍頂烏龍茶)와 청차(淸茶)의 줄기도 있었습니다. 그는 모든 차를 섞어서 끓여 마셨습니다. 우리가 아주 좋은 찻잎을 보내어 공양했더니 정말로 좋아했습니다. 그 라마승은 비파도 탈 줄 알았습니다. 띵땅 띵땅 그의 비파소리가 미친 듯이 울려 퍼지면 집안에 정신 나간 아가씨와 부인들이 모두 그의 절로 모였습니다. 그래서 그는 아침부터 밤까지 그 미친 여자들에게 둘러싸여 있었습니다. 어떤 사람은 그의 목 위에 올라타거나 그의 머리나 어깨 위에 걸터앉았습니다. 하지만 그는 상관하지 않고 그저 비파만 계속 탔습니다. 결국 한 사람 한 사람 그의 비파 연주에 상태가 좋아져서 집으로 돌아갔지요.

그런데 그에게는 바리때 하나 밖에 없어서 밥을 먹을 때도 차를 마실 때도 모두 그 바리때를 사용했습니다. 게다가 천 년이고 만 년이고 씻지도 않았습니다. 라마승이 중국의 이런 물건을 좋아한다는 것을 알았기 때문에 우리는 그런 것들로 공양했습니다. 그가 신통을 지니고 있음을 알고서 대단히 공경했으니까요. 그는 찻잎을 보자 기뻐하면서 손수 차를 끓여 바리때에 따르더니, 자기가 먼저 두 모금 마시고 우리에게 마시라고 건네주었습니다. 우리가 비록 그를 공경하고는 있었지만 감히 그걸 마시지는 못했습니다. 그는 우리를 잘 파악하고 있었습니다. "이봐! 자네의 입도 살(肉)로 만든 것이고 내 입도 살로 만든 것이니 다 똑같아. 내가 마실 수 있다면 자네도 마실 수 있어." 우리는 후루룩 후루룩 마실 수밖에 없었습니다. 실상은 그것이 관정을 얻은 것이었습니다. 다만 우리가 분별심을 지니고 있었기 때문에 비록 입으로는 차마 말하지 못해도 마음속으로 괴로웠던 겁니다.

이것은 비밀관정에 관해 말씀드린 것으로 별도의 작용을 지니고 있습니다. 사실 술이니 설탕이니 하는 문제가 결코 아닙니다. 이 비밀관정이 의미하는 바는, 일체법은 희론(戲論)을 떠나 공도 아니고 유도 아니라는[非空非有] 것입니다. 바로 지혜는 삼유에 머무르지 않는다[智不住三有]는 것이기도 합니다. 공(空)에도 머무르지 않고 유(有)에도 머무르지 않고 머무르지 않음[不住]에도 머무르지 않으니, 중관(中觀)의 정견(正見)을 깨달아 비공비유(非空非有), 즉공즉유(卽空卽有), 불공불유(不空不有)하는 이것이 두 번째 단계인 비밀관정의 도리입니다. 우리는 이미 병관정과 비밀관정을 설명했습니다. 다음에는 이 두 가지 관정의 요점을 말씀드리겠습니다.

# 제7강

오늘은 43페이지를 말씀드리겠습니다. 지난번에 말씀드린 관정의 두 번째 단계인 비밀관정입니다. 이 관정은 밀법 가운데 대단히 중요한 것으로 사실 앞에서 대강 설명했습니다.

　대승 불법을 배운다면 관정위(灌頂位)는 이미 보살지(菩薩地)에 들어가서 정식으로 법왕자가 됩니다. 이른바 불법을 얻을 진정한 자격이 된다는 말입니다. 관정의 법문이라고 하면 실은 현교와 밀교가 똑같습니다. 현교에서는 선(禪)을 수행하든 지관(止觀)을 닦든 정토(淨土) 수행을 하는 수행이 일정 단계에 이르면 모두 관정을 해야 법을 얻었다고 합니다. 그렇기 때문에 백골관 수행법 같은 대승과 소승의 기본적 수행법도 중간에 일정 단계에 이르면 관정법을 수행하고 자연스럽게 관정을 받는데, 이것이 바로 관정법의 중요성을 말해 줍니다.

# 수행은 반야지혜를 얻고 공성의 깨침이다

이제 두 번째 단계인 비밀관정을 말씀드리는데, 거기에는 그 나름의 비밀스러운 깊은 뜻이 있습니다. 형식상의 비밀관정은 더는 말씀드리지 않겠습니다. 그 내용상의 비밀은 지난번에 말씀드린 "以秘密灌頂, 示一切法離戲論極不住, 悟中觀見(비밀관정으로 일체법은 희론을 떠나서 지극히 머무르지 않음을 보여 주어 중관견을 깨닫는다)"인데, 아래에서 계속 이어집니다.

"以般若智灌頂, 示樂空無分別, 悟密呪二內見(반야지관정으로 낙과 공이 분별이 없음을 보여 주어 밀주와 두 내견을 깨닫는다)." 이른바 비밀관정이라는 이것이 정말로 무슨 비밀을 얻기는 합니까? 간단히 선종으로 말씀드린다면, 도를 깨닫고 명심견성을 해야 비로소 부처님 심법(心法)의 비밀을 참으로 알게 되는데, 그것이야말로 정말로 비밀관정을 얻은 것입니다.

『육조단경(六祖壇經)』에 의하면, 육조(六祖)가 오조(五祖)를 떠날 때 혜명선사(惠明禪師)가 뒤에서 쫓아오면서 이렇게 말했습니다. "저는 법 때문에 왔습니다." 그러자 육조가 그에게 말했습니다. "선(善)을 생각하지 않음과 악(惡)을 생각하지 않음, 바로 이 순간에 어느 것이 너의 본래 모습이냐?" 그는 이 말을 듣고 곧바로 깨달았습니다. 깨달은 후에 바로 육조에게 물었습니다. "이런 것을 제외하고 비밀이 더 있습니까?" 육조가 말했습니다. "비밀은 너에게 있다." 비밀은 너에게 있지 나에게 있지 않다는 말입니다. 생명의 깊은 비밀은 바로 모든 사람의 심신(心身) 위에 있으니 스스로 찾아내야 합니다.

왜 비밀이라고 할까요? 그것은 원래 자신에게 있는 것이기 때문입니다! 그런데도 찾아내지 못하니, 이것은 세상에서 가장 공개적인 큰 비밀이 아닙니까? 찾아내지 못하는 것이 바로 큰 비밀입니다. 그런 까닭에 비밀스러운 법이 "일체법을 보여 주니[示一切法]" 이 비밀스러운 위치가 비밀을 지닌 관정입니다. 다음으로 일체법이 일체 희론(戲論)을 떠난다는 것을 나타냅니다. 주의해야 합니다. 일체법은 선법(善法) 악법(惡法) 정법(淨法) 구법(垢法) 불구부정(不垢不淨) 불선불악(不善不惡) 무시무비(無是無非) 비공비유(非空非有) 할 것 없이 모두 희론을 떠납니다. 공(空) 유(有) 비공비유(非空非有) 즉공즉유(卽空卽有) 같은 이런 편견을 떠나고, 공(空)도 아랑곳하지 않고 유(有)도 아랑곳하지 않고 공과 유 모두에 머무르지 않으면, 중관(中觀)의 정견(正見)을 깨닫게 됩니다. 이때 비로소 대지혜가 열릴 수 있습니다. 이렇게도 말할 수 있습니다. 중관의 정견을 깨달으면 참된 지혜가 자연스럽게 열리는데, 그때 진정으로 비밀관정을 얻은 것입니다. 바꾸어 말하면, 도를 깨닫지 못하면 여러분에게는 이 비밀이 열리지 않으니 지혜도 일어나지 않고 진정으로 관정을 얻은 것도 아닙니다. 이것은 견지(見地) 방면입니다.

다음은 수련[工夫] 방면인데, 비밀관정은 "낙과 공이 분별이 없음을 보여 주어[示樂空無分別]" 심신에 큰 즐거움을 일으키니, 상쾌한 느낌과 즐거운 느낌이 생겨납니다. 여러분은 심신에 즐거움을 일으키면 공(空)이 아니라고 생각합니다. 그렇지요? 예를 들어 지금 모두가 타좌를 하고 있는데, 처음 시작할 때는 그럭저럭 다리가 아프지는 않지만 그렇다고 즐겁다고 말할 수도 없습니다. 그러다가 슬슬 다리가 저리고 등과 허리가 시큰거리고 아파 오면 말해 보십시오. 무슨 느낌이 듭니까? 괴로운 느낌입니다. 이 괴로운 느낌 가운데는 당연히 공(空)이 없습니다. 그렇지요? 겸손하기라도 한 것처럼 다들 대답을 하지 않네요. 실제로 당연히 없으니, 고(苦)와 공(空)이 분별이 없기란 당연히 불가능합니다. 그 괴로운 감각은 여러분이 괴롭다고 느끼기 때문에 당연히 비워 버리고 싶어 합니다. 그래서 때로는 그런대로 쉽게 비워 버립니다. 그렇지만 쾌락이 오면 비워야 한다는 것을 잊어버립니다! 그렇기 때문에 수련이 "낙과 공이 분별이 없음"에 도달하면, "밀주와 두 내견[密呪二內見]"을 깨닫게 됩니다. 두 내견[150]에 대해서는 조금 전에 발표했습니다.

"以文字灌頂, 示自性菩提心, 離染汚心, 悟大圓滿見(문자관정으로 자성 보리심을 보여 주고 염오심에서 떠나 대원만견을 깨닫는다)." 이때 문자반야가 일어나야 비로소 진짜 비밀관정입니다. 그러므로 비밀관정을 받은 사람은 문자 방면에 스스로 터득하게 됩니다. 고금의 역사를 보면 많은 선종 조사와 밀종 조사들은 글자 한 자 알지 못했습니다. 하지만 견지와 수련이 이 단계에 도달하면 문자에 스스로 통해서 어떤 시문(詩文)이든 다 통했습니다. 수행은 반드시 반야지혜를 얻고 공성(空性)을 깨달아야 합니다. 육조가 도를 깨달은 후에 여러분에게 아주 분명하게 말하지 않았습니까? 그는 "자성이 본래 스스로 구족하였음을 어찌 알았으랴[何期自性本自具足]"라고 말했습니다. 자성은 본래 구족하였는데, 여러분이 총명하지 못해서 업력에 의해 가려진 것입니다. 이때가 되면 업력이 열리면서 자연스럽게 혜(慧)가 일어납니다. 여러분은 지금 수행하여 도를 구한다고 하면서 열심히 하지도 않은 채 그런 경계를 구하고 싶어 하니, 금생에 불가능한 것은 말할 필요도 없고 내세에도 불가능합니다.

이렇게 많은 의미를 포함하고 있는 비밀관정은 자성 보리심을 나타냅니다. 우리는 본래 뜻을 깨끗이 하려는 마음[淨意之心]을 지니고 있는데, 번뇌로 마음이 더러워지는 것[染汚]에서 떠나면 더는 세상법의 선악(善惡) 인아(人我) 시비(是非) 등으로 오염되지 않고 대원만을 깨닫게 됩니다. 본래 스스로 원만한 이 경계 말입니다.

---

150 '두 내견[二內見]'에 대해 조금 전에 발표했다고 했으나 본문에는 그 내용이 나오지 않아서 무엇을 지칭하는지 알 수 없다.

# 능과 소, 몸과 마음이 전일하다면

"次能依與所依同淨趣相合者, 身心集一, 加持能所依而令淸淨(다음으로 능의와 소의가 함께 청정하여 서로 합치되니, 몸과 마음이 하나로 모이고 능의와 소의를 가지하여 청정으로 들어간다)." 이 모두가 비밀관정에 속합니다! 다음으로 "능의와 소의〔能依與所依〕"는 바로 『종경록』을 강의할 때 언급한 적이 있는 아뢰야식의 능장(能藏) 소장(所藏) 집장(執藏)입니다. 현재 우리의 이 신체 생명은 아뢰야식에 의지해서 살아가고 있는데, 죽기 전에는 사람은 비록 늙어도 아뢰야식의 능력은 여전히 존재합니다. 우리의 이 육근, 육체의 사대가 소의(所依)이며 능의(能依)는 아뢰야식의 능력입니다. 능의와 소의 모두가 정토의 경계로 들어갈 때 시비선악이 없어지고 능의와 소의가 합치됩니다. 이때가 되면 능의와 소의를 구분하지 않으니, 현교와 밀종에서는 "능과 소 둘 다 사라짐〔能所雙亡〕"이라고 합니다. 소기(所起)라고도 할 수 없고 능기(能起)라고도 할 수 없습니다. 예를 들어 우리에게 마음이 일어나고 생각이 움직이는 것은 소기의 작용인데, 영명하고 청정한 본성은 스스로 마음과 생각이 일어나는 것을 알며 이것은 그 자신의 작용입니다. 하지만 일반적으로 도를 보지 못하고 도를 깨닫지 못했으면, 능과 소 둘은 필연적으로 나누어지며 견지와 기능에서도 나누어집니다.

사실 도를 보고 도를 깨달은 사람은 능과 소가 본래 숨김없이 드러나 청정하므로 "함께 청정하여 서로 합치되니〔同淨趣相合〕", 불구부정(不垢不淨) 부증불감(不增不減) 불생불멸(不生不滅)을 거론할 것도 없이 능의와 소의가 완전히 서로 합치됩니다. 주의하십시오! 이 부분은 수련에 관련된 것인데, 이때가 되면 몸과 마음은 한곳으로 모여 하나가 됩니다. 예를 들어 여러분은 지금 몸과 마음이 하나가 될 수 있습니까? 불가능합니다. 늙기도 늙었고 정신이 없어서 피곤할 때는 잠자고 싶을 뿐입니다. 신체가 잠을 자고 싶어 하면 여러분의 마음도 따라서 혼미해져서 잠을 자지 않으면 안 됩니다. "나는 심력(心力)이 좀 강하니까 잠을 자지 않겠어"라고 말해도 그럴수 없습니다. 왜냐하면 마음과 몸이 한곳으로 모여 하나가 되지 못하기 때문입니다. 이 둘은 본래 하나입니다. 몸이 소의이고 마음이 능의인데, 보통 사람은 이 능과 소 둘이 나누어졌습니다. 능과 소 둘 다 사라지는 그런 때에 이른다면, 능과 소 둘 다 사라지는 것만으로는 충분하지 않고 능과 소가 하나로 모이고 하나가 되어 전일(專一)하다면, "마음을 한곳에 집중하면 해내지 못할 일이 없으니〔制心一處, 無事不辦〕" 이것이 진정한 정(定)입니다. 참으로 정을 얻으면 몸이 어떤 것으로도 바뀔 수 있습니다!

이때 "능의와 소의를 가지하여〔加持能所依〕" 즉 몸과 마음이 전일(專一)한 상태에서 가지(加持)하여, 능의와 소의를 가공(加工)하고 지켜서 진정한 부처님 경계의 청정함으로 들어갑니다. 이런 것이 모두 두 번째 비밀관정의 범주에 속합니다.


## 기와 명점


"蓋身之本體爲脈, 於彼能依氣明點及自性菩提心(무릇 몸의 본체는 맥이니, 그 능의는 기와 명점 및 자성 보리심이다)." 몸과 마음이 하나로 모이지만, 지금은 몸을 말씀드리고 기맥(氣脈)의 문제를 말씀드릴 것입니다. 밀종의 견해에 따르면 우리 몸의 본체는 맥입니다. 밀종의 이런 견해에는 여전히 문제가 있습니다! "무릇 몸의 본체는 맥〔蓋身之本體爲脈〕"이라는 밀종의 견해를 기억하십시오. 이 사대가 우리의 이 색신(色身)을 구성한다면 맥의 능의(能依)는 무엇입니까? 맥의 근본이 무엇입니까? "능의는 기〔能依氣〕" 입니다. 만약 기에 문제가 생기면 이 맥은 죽고 맙니다. 맥은 혈관이 아닙니다! 현대 의학의 이치로 말한다면 신경인데, 사실은 신경 안의 텅 빈 부분을 맥이라고 부릅니다. 그가 말하기를, 맥은 기에 의지한다 하였는데, 기에 문제가 생기면 맥이 죽어 버리고 그 신경도 감각이 없어져 버립니다.

맥의 근본은 기에 의지할 뿐만 아니라 '명점(明點)'에도 의지합니다. 밀종에서 명점의 뜻은 바로 '정(精)'입니다. '정'의 문제와 관련해 이런 일이 있었습니다. 어떤 동학이 미국 유학에서 돌아와서 심리학 석사를 받았는데, 특별히 저에게 성(性) 심리 문제를 말해 달라고 했습니다. 그의 말에 따르면 지금 미국 문화는 성 윤리가 난잡해서 큰 문제라고 했습니다. 그뿐 아니라 무슨 한 방울의 정(精)이 열 방울의 피와 같다는 등의 중국의 이런 설법에 가장 반대한다고 했습니다. 거기에는 동양의 도가에서 말한 '연정화기(煉精化氣)'에 관한 이론 같은 것도 포함됩니다. 또 중국에는 생명 건강과 노년 건강에 관련해서 불로장생의 관념이 있는데 그것에 대해서도 대단히 반대한다고 했습니다. 현재 심리학은 문란한 교제를 제창하면서 나이 든 사람들이 일정한 성관계를 갖는 것이 생리와 심리에 맞는다고 여깁니다. 이런 문제를 어떻게 해야 할까요! 누가 그것을 깨트릴 수 있습니까? 그가 말하기를, 자신은 미국에 있는 동안 줄곧 선생님이 말씀해 주시는 수밖에는 없다고 생각했다고 했습니다. 저는 "좋고말고!"라고 말했습니다.

제가 말했습니다. "중국인이 말하는 한 방울의 정(精) 열 방울의 피라고 하는, 사람들이 반대하는 이 설법은 틀리지 않았다! 다만 우리 자신이 틀린 것이다." 우리는 정충(精蟲)의 정을 도가에서 말하는 정(精)으로 잘못 생각하고 있습니다. 그래서 어떤 밀종에서는 정충이 바로 명점이라고 생각하기도 합니다. 사실 정충은 결코 열 방울의 피가 변해서 된 것이 아닙니다. 정충은 끊임없이 생겨납니다. 남성이 한 번에 손실하는 정충의 수량은 일정하지 않고 의학상으로도 아직 정해지지 않았습니다. 여성은 매달 한두 개의 성숙한 난자를 배란하는데, 사십구 세 갱년기에 이르면 월경이 멈추고 더는 배란이 일어나지 않습니다. 외국인들은 여성의 이 난자 역시 열 방울의 피가 변한 것이 아니라고 생각합니다. 그들의 말이 틀리지 않고 또 근거도 있으니 어떻게 남을 탓하겠습니까!

그래서 저는 말합니다. 지금 동서 문화의 교류를 논하지만 우리 형편은 근본적으로 엉망진창입니다. 자기 것도 제대로 알지 못하니 모욕을 당하는 것도 당연하고 외국인이 반대하는 것도 당연합니다!

게다가 '명점'이 정(精)을 의미한다고 하는데, 이 정은 정충의 정이 아닙니다. 여기에 대해서는 현대 과학에서도 정론(定論)을 내리지 못하고 있습니다. 굳이 비유한다면 이 정(精)은 뇌하수체, 갑상선, 성선(性腺) 같은 모든 호르몬을 포함합니다. 정말로 낭패스러운 일은, 중국 도가와 밀종에서 말하는 정(精)이 요즘 비전문가들의 엉터리 해석으로 이미 정충과 난자로 변해 버렸고, 이미 진정한 명점이 아니게 되어 버렸다는 사실입니다.

명점이 진짜 정(精)입니다. 이른바 진짜 정(眞精)은 무형(無形)이며 광명을 지니고 생명력을 지닙니다. 그래서 명점이라고 부르며 생명의 근본입니다. 후세의 어떤 도가 서적에서는 과학을 인용해서 그것을 전기라고 부르거나 에너지라고 부르기도 합니다. 그러나 이러한 과학의 대명사를 사용하는 것은 아주 위험합니다. 앞으로 수십 년 지나면 전기니 에너지니 하는 명칭도 다 변해 버릴 것이기 때문입니다. 그러니 그냥 명점이라고 하는 수밖에 없습니다. 여러분의 수지가 위에서 말한 것처럼 몸과 마음이 하나가 되고 전일하여 정(定)을 얻게 되면 명점이 자연스럽게 일어납니다. 그때가 되면 여러분이 눈을 뜨든 눈을 감든 스스로 몸 안의 명점을 보게 됩니다. 신체 안팎과 정수리 위의 한 덩이 광명까지 또렷하게 봅니다. 이 명점 수행에 성공하고 그것을 확대시키면 신통한 변화의 묘용(妙用)을 일으킵니다. 물론 그것은 본체가 아니라 맥의 능의(能依)에 불과하며 근본적인 능의는 아닙니다. 이 부분을 분명히 해야 합니다.

사람 신체의 근본은 맥(脈)이며, 맥의 능의의 근본은 기(氣)이고 명점(明點)입니다. 그런데 이 기는 호흡의 기가 아닙니다. 호흡의 기는 생멸법이기 때문입니다. 이러한 호흡 생멸법보다 장구하므로 그것은 생명에너지라고 해석할 수도 있습니다. 그래서 맹자는 "나의 호연지기를 잘 기른다〔養吾浩然之氣〕"고 말했던 것입니다. 맹자는 수지를 지닌 사람이었고 그의 말은 헛된 이론이 아니었습니다. 만약 그저 코로 호흡하는 기(氣)만 붙들고서 수지한다면 여러분은 성공을 단념해야 합니다. 주의하십시오. 맥의 능의의 기는 호흡하는 그런 기가 아니라 맥의 능의입니다. 근본의(根本依)는 기와 명점입니다.

그 뒷부분에 "및 자성 보리심〔及自性菩提心〕"도 있는데, 바로 명심견성(明心見性)할 때의 그 자성이며 또한 대자대비(大慈大悲)하여 도를 깨닫는 그 마음입니다. 선종의 견지에서 말하자면 바로 돈오(頓悟)하는 그 찰나이니 그때가 되면 기맥이 열립니다. 바꾸어 말하면 도를 깨닫는 순간에 선종과 현교에서는 몸을 언급하지 않고 기맥도 상관하지 않지만, 실제로는 참으로 깨달았을 때에는 기맥도 반드시 자연스럽게 통하게 됩니다. 밀종과 도가는 기맥에 치중하고 몸에 의지하여 수행하는데, 바로 십념법(十念法)[151] 가운데 염신(念身)입니다. 그런데 어떤 사람은 기맥이 통했는데도 아직 도를 깨닫지 못했다고 말합니다. 기맥이 정말로 통했다면 틀림없이 맥해심개(脈解心開)[152] 현상이 일어납니다. 심륜(心輪)의 맥이 열리면 반드시 마음

---

151 불교의 수행자가 마음을 집중해서 생각하는 열 가지를 말하며 열 가지 내용은 경전에 따라 차이가 있다. 『아함경』에서는 염불(念佛) 염법(念法) 염승(念僧) 염계(念戒) 염시(念施) 염천(念天) 염휴식(念休息) 염안반(念安般) 염신(念身) 염사(念死)의 열 가지를 들고 있다.

152 진정한 정(定)을 얻기 위해서는 의식의 해탈이 필요한데 이것을 불가에서는 의해심개(意解心開)라고 한다. 의해심개가 일어날 때는 마치 심장이 퍽 하며 폭발하는 듯한 느낌이 들며 그런 뒤 동시에 맥도 열린다. 이렇게 의해심개에 이어 몸의 여러 맥이 동시에 열리는 것을 맥해심개라고 한다.(『정좌수도 강의』 201쪽 각주 1 참조)

이 밝아지고 반드시 명점이 일어납니다. 만약 여전히 일어나지 않는다면 그것은 심맥(心脈)이 열리지 않은 겁니다. 여러분이 의과대학에 가서 보면 사람의 심장은 여덟 조각[八瓣]으로 한 송이 연꽃 같다고 합니다. 도를 깨달았을 때 심장이 연꽃처럼 피어난다는 말이 아닙니다. 그런 것이 아니라 몸의 기맥이 열려서 맥이 풀어지고 심장이 열린다는 말입니다. 그렇기 때문에 이 맥의 능의가 기와 명점 및 자성 보리심이라고 말하는 것입니다.


## 정화하여 성숙시키는 관정

"故瓶灌頂令身淨而成熟, 秘密灌頂令脈淨而成熟(그러므로 병관정은 몸을 깨끗하게 하여 성숙시키고, 비밀관정은 맥을 깨끗하게 하여 성숙시킨다)." 밀종의 외형은 병을 사용해서 관정을 합니다. 관정을 할 때 깨끗한 물을 사용하는 것은 처음에 먼저 몸을 깨끗하게 함을 의미합니다. 몸을 깨끗하게 해야 수도(修道)가 성숙할 수 있습니다. 우리 모두는 몸이 깨끗합니까? 깨끗하지 않습니다! 깨끗한 사람은 하나도 없습니다. 그렇기 때문에 현교의 계율은 출가한 비구와 비구니가 지켜야 할 계의 첫 번째에 음행[淫]을 두어 남녀 성관계를 경계하는데, 그것이 바로 정신(淨身) 즉 이 몸을 깨끗하게 하는 것입니다. 기맥의 첫 단계 계를 잘 지켜낼 수 있어야 이 몸이 깨끗할 수 있습니다. 물론 그것은 외형적인 몸의 깨끗함이니, 여전히 가짜 깨끗함이며 진짜 깨끗함은 아닙니다. 한걸음 더 나아가 수행으로 맥을 깨끗하게 할 수 있다면, 그것이 바로 도가에서 말하는 거병연년(祛病延年), 반로환동(返老還童)입니다. 그것이야말로 진짜 몸을 깨끗이 하는 것입니다. 손을 씻네, 목욕을 하네, 그런 것이 진짜 깨끗함입니까? 웃기는 소리입니다.

그래서 도를 얻은 사람은 몸이 깨끗해져서 피부고 내장이고 하나도 빼

놓지 않고 전부 바뀌어 버린다고 말합니다. 첫 단계로 몸에서 정(精)을 잃어버리지 않는 문제에 있어서는 당연히 정충도 흘러나오지 않습니다. 정충이 흘러나오지 않는 것과 그 정(精)이 흘러나오지 않는 것은 별개의 문제입니다. 정충은 신진대사이며 그 숫자가 일정합니다. 여러분이 그것을 배설하지 않는다면 몸 안에서 병이 되지 않을까요? 제가 생각하기에는 병이 될 수 있습니다. 그렇다면 무슨 병일까요? 변화되지 않고 수련이 이르지 못해서 유형(有形)의 정충이 변화되지 못한다면, 그것은 대단히 심각합니다. 변화된다면 십만팔천 개의 맥이 모두 진동할 것이니, 그러면 엄청날 것입니다! 그러므로 수지(修持)의 실제 수련은 이처럼 엄중합니다. 성공할 수 있으면 즉시 신선이나 부처님의 몸으로 변하고, 성공하지 못하면 여전히 범부의 몸에 머무릅니다. 몸을 깨끗이 함과 깨끗이 하지 못함의 효능이 이처럼 차이가 큽니다. 도가의 말을 빌리자면, 이른바 정을 수련하여 기로 변화시키는 연정화기(煉精化氣)는 유형의 정충과 난자를 연마하여 변화시킴으로써 맥을 깨끗하게 하여 성숙시키는 것입니다. 밀종의 입장에서 말한다면 물론 비밀관정이라는 방법이 있습니다.

"般若智灌頂, 令明點淨而成熟(반야지관정은 명점을 깨끗하게 하여 성숙시킨다)." 도를 깨달았다고 하면 그것은 당연히 여러분 자성지혜의 관정이며 자성광명이니, 생명 능의(能依)의 근본인 명점이 청정해집니다.

"文字寶灌頂, 令自性菩提心淨而成熟者也(문자보관정은 자성 보리심을 깨끗하게 하여 성숙시키는 것이다)." 우리가 밀종을 배우러 가면 상사가 경전을 가져다 여러분 머리 위에 놓고 주문을 외우는데, 여러분에게 문자관정(文字灌頂)을 준 셈입니다. 그러나 경전은 경전일 뿐이고 문자 역시 머릿속으로 뚫고 들어오지 못합니다. 진정한 문자관정은 자신의 내면으로부터 나와야 하므로, "보리심을 깨끗하게 하여 성숙시켜야" 한다고 말했습니다. 여러분 주의하십시오! 여러분에게 경전을 연구하라고 해도 내키지 않아하고, 문자에 대해서도 노력을 기울이지 않습니다. 결심도 못하고 체계도 세우지 못했으니 증과(證果)나 성취를 거두고 싶어도 희망이 없습니다. 그러므로 자신에게 조금 모질게 굴어야 합니다! 이러한 습기(習氣)를 변화시켜서 열심히 책을 읽고 경전을 공부해야 합니다.

문자도 이처럼 중요하기 때문에 문자가 문자보(文字寶)인 것입니다! 자고이래로 불교에서 성취를 거둔 큰 선사들과 밀종의 큰 조사나 큰 활불들을 보면, 문자가 훌륭하지 않은 사람이 하나라도 있습니까? 육조 혜능선사를 보더라도 처음에는 한 글자도 알지 못했지만 마지막에는 문자에도 다 통했습니다! 세상의 수많은 사람을 보더라도, 한 글자도 모르던 사람이 자수성가해서 상당한 지위에 이르게 되면 자신의 이름을 멋들어지게 서명합니다. 적어도 이름 두어 글자는 그런대로 압니다. 어떤 사람은 글자를 모르더라도 비서에게 읽게 해서 어떤 글자가 틀렸는지 알고서 고치게 합니다. 그것이 바로 문자 지능입니다. 여러분 청년들은 출가든 재가든 이런 기회가 있어도 노력을 하지 않는데, 그런 것을 스스로 기꺼이 타락한다(自甘墮落)고 말합니다. 문자보관정이 이처럼 중요하다는 것을 알지 못합니다.

"又字義者, 阿比慳雜(꺏짾이), 及克噶達(ㅅ써ㅣ)者, 謂灌頂爲滌垢及安置於堪能性(또 글자의 뜻이 아비간잡과 극갈달인 것은, 관정이 때를 씻어 감능성에 안치하는 것임을 말한다)." 이 글자들 뒤의 티베트 문자는 범자(梵字)[153]의 전음(轉音)인데, 관정이 내면의 때를 씻는 것임을 설명합니다. 그렇기 때문에 관정이라는 이런 형식이 필요한 것입니다. 심신의 내재적인 것을 깨끗하게 씻어서 '감능성(堪能性)'에 안치하는데, 쉽게 성불하는 그런 표준양식으로 간다는 말입니다. '감능(堪能)'은 할 수 있다는 뜻이니, 이런 큰일

---

**153** 산스크리트어 표기에 사용된 인도의 옛 글자를 말한다.

을 충분히 감당할 수 있다는 말입니다.

"又加以力於此生得見極喜諦, 亦云名爲灌頂(또 가지의 힘으로 이생에서 극희의 진리를 얻는다면, 또한 관정이라고 부를 수 있다)." 게다가 가지(加持)의 힘이 우리로 하여금 이생에서 수행으로 극희(極喜)에 도달하게 한다고 했습니다. 이것은 제가 늘 강조하는 것이기도 합니다. 여러분, 주의하십시오! 지금 부처님을 배우는 사람들은 밀종을 배우든 정토를 배우든 상관없이 타좌를 시작했다 하면 하나같이 극고지(極苦地)에 있습니다. 몸이 고통스럽지 않으면 번뇌로 인해 미간을 찌푸리고 얼굴의 신경이 팽팽해져 있습니다. 온몸이 번뇌 속에 있으니 어떻게 기쁨이 있겠습니까! 극희의 진리〔極喜諦〕에는 희(喜) 승희(勝喜) 극희(極喜) 구생희(俱生喜)의 여러 단계가 있습니다! "초심의 극희지를 일으킨다〔發起初心極喜地〕"고 하였는데, 일개 범부의 수행이 극희지(極喜地)[154]에 이르면 그것이 바로 초지보살(初地菩薩)입니다. 초지(初地)는 환희지(歡喜地)이고 이지(二地)는 이구지(離垢地)[155]인데, 하나의 경지마다 그 나름의 도리가 있습니다. 극희는 정말로 기쁨을 얻게 됩니다! 수지의 힘을 가지(加持)함으로써 이번 생에 극희지에 도달한다면, 그것이야말로 관정이라고 칭할 만합니다. 그렇지만 얼마나 어렵습니까! 여러분은 형식상의 관정만 받으면 된다고 생각하십니까?

"如金剛帳本續云: 何爲壇·法·事·儀軌及瑜伽(『금강장본속』에서 말한 것과 같다. 어찌하여 단·법·사·의궤 및 유가를 중시하는가)." 수지의 경전에서 말하기를, 수련을 함에 있어서 밀종은 '단(壇)'을 중시한다고 했습니다. 단장

---

154 보살십지(菩薩十地)의 첫 번째 단계로, 선근과 공덕을 원만히 쌓아 비로소 성자의 경지에 이르러 기쁨에 넘치는 단계를 말한다. 환희지(歡喜地)라고도 한다.

155 보살십지의 두 번째 단계로, 청정한 계율을 구족하고 계율을 어기고 파괴하는 부정의 때를 멀리 여의었다는 뜻에서 이구지라고 한다.

(壇場)은 단성(壇城)이라고도 부르는데 바로 현교에서 말하는 도량입니다. 법을 전할 때 잘 꾸며 놓은 단장은 평소와 완전히 다릅니다. 만약 밀종을 수행한다고 하면 우리 같은 사람은 해내지도 못합니다! 해내지 못하는 것은 말할 필요도 없고 아까워서도 못합니다. 법 하나를 수지하려면 안팎의 의복을 모두 갈아입어야 하고, 이런 공양 물품과 방석까지 몽땅 새것으로 바꾸어야 합니다. 이런 공양 물품들도 편한 대로 아무렇게나 해서는 안 되기 때문에 우리 같은 보통 사람은 정토를 배우는 것이 가장 좋습니다. 돈한 푼 들이지 않고 극락왕생할 수 있으니 얼마나 수지맞는 일입니까! 밀법을 수행하려면, 아이고! 얼마나 돈이 많이 드는지요! 가슴이 아플 겁니다. 이것은 단장을 중시하기 때문입니다.

그렇다면 밀종은 왜 단장에 주의해야 할까요? 왜 그렇게 '의궤(儀軌)' 즉 규칙·형식 및 '유가(瑜伽)'인 내재적인 수행법에 치중하는 걸까요?


## 스승의 법보시가 관정이다


"密解脫生眞, 唯彼卽此生, 是能成極喜(비밀에서 벗어나서 진여를 얻으면, 이번 생에 극희를 성취할 수 있다)." 법을 수지하려면 단장·도량이 적합하고, 법도 바르고, 일체 사상(事相)이 모두 바르고, 거기에다 밀법의 의궤·규칙·진법본(眞法本)과 유가의 심신상응(心身相應)의 방법을 얻은 후라야 수지를 시작할 수 있습니다. 이러한 비밀 한복판의 비밀을 풀어 버리고 공덕이 원만하면, 비로소 '생진(生眞)'할 수 있으니 바로 진여를 얻음입니다. "이번 생에 극희를 성취할 수 있다〔卽此生, 是能成極喜〕", 어떤 사람이 만약 이런 복보를 지니고서 단장·도량·법을 모두 얻었고 사상(事相)이 원만하고 의궤도 얻었다면, 어쩌면 이번 생에 성취의 희망이 있습니다. 극희지(極

喜地) 즉 초지(初地)를 완성할 희망이 있습니다.

"又未得灌頂之罪過者, 如秘密心云: 上師未令喜, 不得各灌頂, 聽受等 諸行, 無果而毁滅(또 관정을 얻지 못한 허물은『비밀심』에서 말한 것과 같다. 상 사를 기쁘게 하지 못해 각 관정을 얻지 못하면, 제행을 듣거나 받아도 성과가 없고 훼멸한다)." 게다가 상사의 관정을 거치지 않으면 허물이 있다는 것은 무슨 도리일까요? 그는『비밀심(秘密心)』의 불법에서 말한 내용을 인용했습니 다. 만약 상사가 그 제자에 대해 만족하지 못하고 기뻐함이 생겨나지 않는 다면 관정을 해 줄 수 없습니다. 불법을 배우는 것과 밀종을 배우는 것은 똑같아서 스승을 의지함〔依師〕이 첫 번째입니다. 이른바 법을 의지하고 사 람을 의지하지 않는다〔依法不依人〕는 말은, 설사 사람에게 잘못이 있다 할 지라도 그 사람의 잘못을 보지 않는다는 말입니다. 하지만 법이 바로 사람 이고 사람이 바로 법이므로, 법을 의지하고 더더욱 사람을 존중해야 합니 다. 그러므로 "상사를 기쁘게 하지 못한〔上師未令喜〕" 상황에서는 함부로 관정을 할 수 없습니다. 저는 상사가 아닙니다! 저는 밀종을 설명해서 여 러분에게 들려줄 뿐입니다. 만약 성취한 상사가 여러분에게 진짜 관정을 해 준다면 즉시 감응을 얻어서 자신의 공력이 배나 증가하게 됩니다. 그렇 기 때문에 만약 "상사를 기쁘게 하지 못하면" 여러분은 이 법을 들어도 아 무 소용이 없고, 이 법을 받아도 아무 소용이 없습니다. 그의 말에 의하면 성과가 없을 뿐 아니라 도리어 스스로 훼멸을 자초하게 됩니다.

"如勝樂幻本續云: 未見其壇城, 行者欲悉地, 如以拳擊空, 愚者擊穀殼 (『승락환본속』에서 말한 것과 같다. 그 단성을 보지 못했다면, 수행하는 자가 실지 를 얻고자 해도 주먹으로 허공을 치는 것 같고, 어리석은 자가 곡식 껍데기를 치는 것 같다)." 그렇기 때문에 법본에서 말하기를 여러분이 그 단성, 그 도량을 진정으로 보지 못했다면 그것은 관정이라는 그 경계를 진정으로 얻지 못 한 것이라고 했습니다. 여러분이 그 경계에 도달하지 못했다면, "수행하는 자가 실지를 얻고자 해도〔行者欲悉地〕" 즉 여러분이 삼매 실지(悉地)를 성취하고자 해도 주먹으로 허공을 치는 것 같아서 영원히 아무 소용없이 헛수고가 됩니다. 또 주먹으로 곡식의 빈껍데기를 치는 것과도 같습니다. 과(果)를 증득하지 못한다는 뜻이니 아무런 소용이 없습니다.

"又得灌之利益者, 如勝秘密云, 灌具眞實施, 不勤亦成就, 此爲灌頂之建立也(또 관정의 이익은 『승비밀』에서 말한 것과 같다. 관정이 진실한 보시가 되면, 부지런히 힘쓰지 않아도 성취를 얻으니, 이것이 관정을 세움이다)." 이 관정이라는 것이 실제로는 상사의 법보시입니다. 하지만 아무리 보시를 하려고 해도 돈을 꺼내 가난한 사람에게 주는 것과 같으니 어떤 사람은 보물을 줘도 받지를 못합니다. 설사 자신이 법기라 할지라도 상사의 관정을 얻으면 절반의 공력을 절약할 수 있기 때문에 부지런하지 않아도 성취를 얻을 수 있습니다. "이것이 관정을 세움이다〔此爲灌頂之建立也〕", 즉 이것이 바로 관정입니다. 지금까지는 밀종 수행법의 전주(前奏)를 해석한 것으로, 반드시 먼저 관정의 도를 얻어야 합니다. 관정의 도에는 병관정, 비밀관정, 반야관정, 문자관정 등이 있는데 여러분에게 대략적인 요점을 모두 설명했습니다.


# 생기차제는 명심견성을, 원만차제는 진공묘유를

"夫行解脫道之次第者, 分生起圓滿二種(무릇 해탈도를 수행하는 차제는, 생기와 원만 두 종류로 나뉜다)." 밀종의 수행법은 해탈을 얻고 보리를 성취하고자 하면 반드시 두 단계를 거쳐야 합니다. 첫 번째는 생기차제(生起次第)입니다. 우리는 자신이 지혜가 높고 공덕이 충분하다고 생각해서는 안 됩니다. 충분하지 않습니다. 모든 범부는 평지 위에 높은 건물을 세우는 것과 같아서 먼저 지반을 다져야 합니다. 우선 이 지반을 깨끗하게 정리하고 집을 지을 준비를 해야 합니다. 무에서 유를 만들어야 합니다〔無中生有〕. 그래서 우리는 수시로 불계(佛戒)를 수행하고 생기차제의 자량(資糧)을 수행하고 있는데, 자만하는 마음〔自滿之心〕을 지니지 말고 날마다 '생기(生起)'를 구해야 합니다. 복보가 충분치 못할까 두려워하고, 보시하고 계행을 지키고〔持戒〕, 육바라밀을 원만히 수행하고〔六度萬行〕, 하나라도 실행하지 않는 것이 없습니다. "선(善)이 작다 하여 실행하지 않으면 안 되고, 악(惡)이 작다 하여 실행하면 안 됩니다." 복보를 북돋우고 지혜를 닦아 생기차제를 수행합니다. 그런 까닭에 밀종의 모든 법은 생기차제와 원만차제로 나뉩니다. 먼저 복덕과 지혜를 생기해야 비로소 원만차제로 들어갈 수 있고, 그래야 마지막에 대원만을 성취합니다.

"如集秘密云: 諸佛所說法, 眞實示二級, 初生起次第, 第二是圓滿. 生起次第, 是以世俗依爲佛之境界, 卽離凡夫之分別, 而淸淨蘊·處·界·七聚法故(『집비밀』에서 말한 것과 같다. 모든 부처님이 말씀하신 법은 진실로 두 단계를 보이니, 처음은 생기차제요 두 번째는 원만이다. 생기차제는 세속이 의지하는 것을 부처님의 경계로 삼는 것이니, 범부의 분별에서 떠나 오온·십이처·십팔계·칠취법을 청정하게 한다)." 이 문자의 해석은 두 단계로 나누어 놓았습니다. 생기차제는 우리 일반인의 세속적 행위에 따르는, 물리 및 생리 현상을 부처님의 경계로 간주하여 수행하는 것입니다. 밀법의 관점에서 말하면 처음 단계에서는 먼저 생기차제를 실행해야 합니다. 그러나 우리 같은 일반인이 부처님을 배우면, 어떤 종파를 배우든 단지 생기차제를 학습하고 있을 뿐 생기차제에 도달하지는 못합니다. 어떤 모습이라야 비로소 생기차제에 도달했다고 말할 수 있을까요? 진정으로 오온(五蘊) 십이처(十二處) 십팔계(十八界) 칠취(七聚)[156]를 청정하게 하였기 때문에, 경전에서 말하기를 오온이 모두 공(空)이라고 했습니다. 처(處)는 육근(六根)[157]에 육진(六塵)[158]을 더해서 십이처가 되고, 다시 육식(六識)[159]을 더하면 십팔계이며, 칠취법 즉 회로애락애오욕의 칠정식(七情識)까지 모두 청정해지면 비로소 법기가 될 자격이 있습니다. 그래야 생기차제에 도달했다고 할 수 있지요. 다시 말해 현교에서는 이처럼 청정을 얻을 수 있다면 그 사람은 이미 도를 깨닫고 도를 성취했다고 말합니다.

여러분은 이 자리에 앉아서 고통스러워하고 있으니, 오온을 비우지[空] 못하는 것은 말할 것도 없고 절반의 온(蘊)도 비우지 못합니다! 때로는 허리가 시큰거리면서 등이 아프거나 그렇지 않으면 머리가 어지럽고 아픈데, 그것은 색온(色蘊) 안에서 일어나는 것이지만 수온(受蘊)의 일종의 감수(感受)이기도 합니다.

분명히 해야 합니다! 이러한 일념의 청정을 불법의 원만이라고 생각해서는 안 됩니다. 만약 그렇게 시간을 허비했다가는 삼대아승기겁에 걸쳐 서서히 타락해 갈 것입니다. 수많은 사람이 의식 경계의 청정을 약간 얻으면 그것이 바로 선이고 바로 불법이라고 생각해서, 산림 속의 청정으로 달려가고 그것이 옳다고 여깁니다. 그런데 아직은 이릅니다! 계속해서 육도(六道) 속에서 굴러야 하는데 구르게 내버려 두십시오. 여러분은 오로지 생각을 비우고 생각을 움직이지 않으려고만 합니다. 생각을 청정하게 하고 그 청정을 유지시키는 데만 연연해합니다. 그 청정이면 됐다고 생각하는데 그것은 욕망의 욕(欲)이 아닙니까? 욕계(欲界)이며 그것은 큰 욕망입

---

156 구족계(具足戒)를 어긴 죄를 무겁고 가벼움에 따라 일곱 종류로 나눈 것을 칠취(七聚) 혹은 칠범취(七犯聚)라고 하는데, 본문에서는 칠정(七情)으로 풀이했다.

157 육식(六識)을 낳는 여섯 가지 뿌리[根]로서, 눈[眼] 귀[耳] 코[鼻] 혀[舌] 몸[身] 뜻[意]의 총칭(總稱)이다.

158 인간의 본성을 흐리게 하는 여섯 가지 경계[六境]이니, 곧 육근이 작용할 때 그 대상이 되는 색(色) 소리[聲] 냄새[香] 맛[味] 촉감[觸] 법(法)을 말한다. 마음을 더럽히기 때문에 진(塵)이라 한다.

니다. 여전히 욕계에서 구르고 있는 것입니다. 아셨지요! 제대로 해야 합니다. 평소 저는 여러분을 혼내는 것이 귀찮아서 여러분이 윤회 속에서 몇 번이 됐든 구르게 내버려 둡니다. 무슨 방법이 있겠습니까! 모두 견지가 맑지 못해서이니, 그러므로 분명히 해야 합니다!

더욱이 의식이 약간 청정해졌다고 해서 그것이 무슨 대수입니까! 오온, 십이처, 십팔계, 칠취법이 모두 청정해져도 그저 생기차제라고 할 수 있을 뿐입니다. 여러분이 이 지반을 깨끗하게 정리해야 건축을 시작할 수 있습니다. 재료를 옮겨와서 장막을 칠 수가 있지요.

"圓滿次第, 依微細或與不可思議境界相合, 卽內心之分別, 現最寂滅之自性(원만차제는 미세함에 의지하고 불가사의의 경계와 서로 합하니, 내심의 분별이요 지금 가장 적멸하는 자성이다)." 앞에서 온, 처, 계, 칠취법을 모두 청정하게 해야 비로소 생기차제라 할 수 있다고 말씀드렸습니다. 황교로 말한다면 공성(空性)을 보았고 공(空)의 일면을 증득했습니다. 현교의 선종으로 말한다면 명심견성하여 공을 보았습니다. 영가선사(永嘉禪師)가 말한바 공(空)은 보았으나 아직 비공(非空)은 보지 못했습니다. 이른바 비공(非空)이란 바로 진공(眞空)이 묘유(妙有)를 일으키는 것입니다. 범부는 모두 유(有)이지만 범부의 유는 가유(假有)[160]이니 오염된 유이고 번뇌의 유입니다. 번뇌와 탐진치(貪瞋癡) 삼독(三毒)의 유를 깨끗하게 청소해서 성공(性空)의 본체로 돌려보내야 비로소 묘유의 작용을 일으킵니다. 이것이 원만차제입니다.

이 법은 "미세함에 의지하여[依微細]" 즉 대단히 미세합니다. 여러분 자

---

**159** 육근(六根)이 육경(六境)을 인식하는 여섯 가지 마음의 작용을 말하니, 곧 안식(眼識) 이식(耳識) 비식(鼻識) 설식(舌識) 신식(身識) 의식(意識)의 총칭이다.

**160** 여러 인연의 일시적인 화합에 지나지 않는 존재, 일시적으로 있는 현상을 가리킨다.

신은 거의 분별해 낼 수가 없으며, 심지어 "불가사의(不可思議)"합니다. 지금 우리 같은 범부의 지혜로 그 경계에 도달할 수 있다는 것은 정말로 상상할 수 없습니다. 그것은 진공과 묘유가 서로 결합한 경계입니다. 어제 채(蔡) 선생이 저에게 말하기를, 자신이 어느 날 '불가사의'라는 이 말의 화두를 참구했는데 정말 죽어라 참구해도 하면 할수록 더 불가사의하더라는 것이었습니다. 제가 물었습니다. "어떻던가요?" "불가사의가 바로 불가사의였어요. 참구하면 할수록 더 생각〔思〕할 수도 없고 더 논의〔議〕할 수도 없었다니까요, 하하!" 저는 "당신의 대답이 아주 절묘합니다"라고 말했습니다. 그가 말하기를 "이 '불가사의(不可思議)'라는 글자는 정말로 잘 사용했습니다!"라고 했는데, 그의 이 말이 우연히 나온 것은 아니었습니다. 어쨌든 고생하고 노력을 했으니까요!

"생각할 수도 없고〔不可思〕", 즉 여러분의 문자 지능과 사상으로 도달할 수 있는 것이 아닙니다. "논의할 수도 없고〔不可議〕", 즉 여러분이 비교와 비유를 사용해 아무리 토론해도 견주어 볼 방법이 없습니다. 말해 보십시오. 하늘처럼 그렇게 텅 비어 있습니까? 그것은 논의〔議〕입니다. 우주처럼 그렇게 텅 비어 있습니까? 역시 논의입니다. 비교하고 견주어 보는 것입니다. 묘유(妙有)도 그렇습니다. 묘유가 바로 묘유이며 불가사의하여 여러분은 생각해 내지도 못할 것입니다.

그가 말하기를 이것은 "내심의 분별〔內心之分別〕"이라고 했습니다. 그렇다면 내심은 도대체 분별을 일으킬까요, 일으키지 않을까요? 보통은 여러분에게 분별심을 일으키지 않고 망상을 하지 않는 것이 부처님의 경계라고 말합니다. 그것은 보통의 경우입니다! 그것은 생기차제의 상태를 말하는 것입니다. 말해 보십시오. 부처님께서 분별심을 일으키지 않고 어떻게 설법을 하셨겠습니까? 삼장십이부(三藏十二部) 가운데 어느 한 편이 분별에서 나온 것이 아닙니까? 부처님은 원만차제이므로, 분별하면서도 분별하지 않고 망언을 하면서도 망언을 하지 않습니다. 그러므로 만약 죽어라 붙들고 있으면서 입으로는 말하기를, 생각을 비웠다고 하고 억지로 눌러서 분별을 일으키지 않고 망상을 일으키지 않으면서 그것이 옳다고 여긴다면, 아! 여러분이 만약 이런 식으로 빠져든다면 그 과보는 불가사의하니 정말로 낭패입니다.

그러므로 특별히 주의해야 합니다. 내심의 분별이요 "지금 가장 적멸하는 자성〔現最寂滅之自性〕"입니다. 그러나 적멸(寂滅)을 보고서 아무것도 없다고 여겨서는 안 됩니다. 그러면 틀립니다. 열반을 중국어로 번역한 것이 적멸이기 때문입니다. 그다지 좋은 번역은 아니지만 어떤 면에서는 가장 좋은 번역이기도 합니다. '적(寂)'은 맑고 고요함이 공(空)으로도 형용할 수 없을 정도인데, 공(空)조차도 다 비워 버립니다. '멸(滅)'은 일체의 움직임〔動相〕, 선악(善惡), 잡정(雜淨)이 모두 깨끗해지고 모두 없어져 버립니다. 그러나 끊어져 없어짐〔斷滅〕이 아니고 이것은 영원한 생명입니다. 그렇기 때문에 가장 좋은 번역이기도 하지만 좋은 번역이 아니기도 합니다. 어쨌든 이 문자는 번역하기가 어려운데, 이것은 "지금 가장 적멸하는 자성입니다."

"然融通二義, 演說悉地道者(그러나 두 뜻에 융회 통달하여 실지와 도를 연설한다)." 유(有) 공(空) 즉공즉유(卽空卽有) 비공비유(非空非有)하는 이때가 되면 여러분은 '공(空)' 혹은 '유(有)'의 범위를 가지고 말할 수 없습니다. 그래야 현재의 대사(大師)라 할 수가 있으며 나와서 실지(悉地), 법요(法要)를 연설할 수 있습니다.

# 습기를 전화하면 성불한다

"如金剛帳本續云: 極合大手印, 令成金剛身, 誦珍寶念誦, 成淨金剛語, 極念金剛定, 於寶心上成(『금강장본속』에서 말한 것과 같다. 대수인에 지극히 합하여 금강신을 성취하게 하며, 진귀한 염송을 읊어서 청정한 금강어를 성취하며, 금강정을 지극히 염해서 마음으로 성취한다)." 수지가 이런 상태에 이르면 그가 일으키는 경계는 곳곳에서 밀종 '대수인(大手印)'의 설법에 합합니다. 듣건대 '대수인'은 달마조사가 중국을 떠난 후에 전해 준 것으로 심인(心印)[161]이라고 합니다. 선종에서는 심인을 중시하는데 무슨 인(印)이니 하는 것은 형용사일 뿐입니다. 밀종에서도 가끔 '대수인'을 이야기하는데 화신(化身)을 나타내는 말입니다. "금강신을 성취하게 하고[令成金剛身]", 순식간에 금강도(金剛道)의 비밀스러운 몸으로 바뀌게 되는데 이는 심신의 기맥이 모두 전화되어 하나로 합쳐졌다는 말입니다. 이 염송(念誦)[162]은 주문을 금강염송[163]하는 법문이니, 지극히 청정한 금강어(金剛語)를 성취합니다. 이른바 금강이란 절대로 뒤엎을 수 없게 확실하다는 의미인데, 동요해서도 안 되고 변경해서도 안 됩니다. 다이아몬드를 생각하거나 혹은 사찰 입구에서 눈을 부릅뜨고 있는 호법신을 생각해서는 안 됩니다. 그런 것이 아닙니다. "금강정을 지극히 염한다[極念金剛定]"는 금강유정(金剛喩定)[164]

---

161 언어를 떠난 깨달음, 마음에서 마음으로 전해진 깨달음을 말한다. 도장이 진실, 확실을 나타내듯이 깨달음도 그러하므로 인(印)이라 한다.

162 마음으로 부처를 생각하면서 부처의 이름이나 불경의 문구를 읊는 것을 말한다.

163 입술과 치아를 다물어 움직이지 않게 하고 혀끝만 움직이면서 염송하는 방법으로 소리를 안 내는 염송법이다.

164 금강에 비유되는 선정(禪定)이라는 뜻으로, 모든 분별과 번뇌를 깨뜨려 버리는 선정을 말한다. 금강정(金剛定), 금강삼매(金剛三昧)라고도 한다.

이니 동요해서는 안 됩니다. "마음으로 성취한다〔於寶心上成〕", 이 청정하고 원명(圓明)한 마음 보배 위에 성취한다는 뜻으로, 이 보배〔寶〕는 성취를 형용하는 말입니다.

"又云: 故名壇城輪, 方便樂遮止, 我慢修習佛, 於佛不久成, 如是之謂也(또 말하였다. 단성이라 이름하고 방편으로 즐거워하고 악을 막으며, 아만에 의지해 불법을 수습하여 오래지 않아 불법을 성취한다고, 이같이 말하였다)." 서로 상반되는 다른 게송도 있는데, 불법의 수행을 바로 이렇게 단성, 도량이라고 부릅니다. 방편 즉 아만(我慢)으로 수행을 일으켜서 큰 즐거움의 경계에 도달하며, 일체의 악을 막아 큰 즐거움을 성취합니다. 세간의 즐거움을 막아 정지시키고 세간을 벗어난 즐거움을 성취하니, 이때는 큰 아만에 의지하여 수행을 일으킨 것입니다. 범부의 아만은 아무것도 아닙니다! 내가 바로 부처라는 이것이 바로 큰 아만입니다. 즉 이런 말입니다. '그때의 나는 확실히 성불할 것이다' 하는 큰 아만으로 불법을 수습하면, 부처의 경계로써 오래지 않아 자연스럽게 성불할 수 있다는 바로 이런 도리입니다.

"是故無生起者, 則不能圓滿(이런 까닭에 생기차제가 없으면 원만차제에 이를 수 없다)." 그러니 먼저 생기차제에 도달하지 않으면 어떻게 원만차제에 도달할 수 있겠습니까? 순서가 있습니다! 그러므로 부처님을 배우면서 '공(空)'을 얻었으니 성취했다고 생각해서는 안 됩니다. 그렇게 하면 '유(有)'는 또 어떻게 얻을 수 있겠습니까?

"空行戒云: 與尊相離道, 來邪者之道, 密呪此不應. 是故由本以來, 雖住有金剛身語意, 但以習氣蓋障, 今以不明之性, 爲令顯明, 乃修習二次第輪(『공행계』에서 말하였다. 본존과 서로 도에서 멀어져서 사문의 도를 수행하면, 밀주가 이에 상응하지 않는다. 그런 까닭에 법본이 있은 이래로, 비록 금강의 몸과 말과 뜻을 지니고 있더라도 습기가 장애가 되었고, 지금 자성을 알지 못하기에 밝히 드러나게 했으니, 이에 두 차제를 수습하라)." 그래서 『공행계(空行戒)』라는 책에서는 이렇게 말했습니다. '공행(空行)' 역시 부처님의 경계인데 공(空)을 의지하여 수행을 합니다. 예를 들어 여성이 수행에 성공해서 허공을 자유자재로 날아다니면 공행모(空行母) 혹은 공행녀(空行女)라고 부르는데, 육통(六通)을 구족하고 허공을 자유자재로 날아다닙니다. 남성은 공행부(空行父)이며 바로 남성 부처님입니다. 이 계본(戒本) 속에서 말하기를, 만약 본존과 멀어져서 사문(邪門)의 법을 수행하면 이 밀주(密呪)와 밀도(密道)는 효과가 없을 것입니다. 하지만 여러분이 도리를 깨닫는다면, 육조가 말한 것처럼 "바른 사람이 잘못된 법을 사용하면 잘못된 법이 또한 바르게[正人用邪法, 邪法亦是正]"될 것입니다. 그런 까닭에 그는 이렇게 말했습니다. 밀(密)이라는 이 법본, "법본이 있은 이래로[由本以來]" 즉 무시(無始) 이래로, 일체 범부 중생의 신구의(身口意) 삼업(三業)이 바로 부처님의 신구의 삼업이라는 것을 우리 모두는 알고 있습니다. 그럼에도 불구하고 우리의 신구의는 항상 업을 지어 윤회의 과보를 받으니, 부처님의 신구의가 아닙니다. 왜 그럴까요? 범부는 습기(習氣)가 장애가 되기 때문입니다.

다시 말해 습기를 바꾸기만 하면 성불합니다. 본래는 모든 사람이 다 부처이고 차별이 없습니다. 여자는 여불(女佛)이고 남자는 남불(男佛)이니 남녀 두 부처가 있습니다. 현교에서는 여자는 남자의 몸으로 바뀌어야만 성불할 수 있다고 말하지만, 밀교에는 그런 일이 없습니다. 남자와 여자는 형상은 다르지만 본성이 똑같기 때문에 여성 부처님은 그냥 여성 부처님입니다. 그래서 부불(父佛)과 모불(母佛)이 있고 그것을 뒤집으면 불부(佛父)와 불모(佛母)로 형상의 차이입니다. 현교 소승의 교리는 습기를 끊어야 비로소 득도할 수 있다고 합니다. 하지만 대승의 교리 특히 유식에서는 "습기를 어떻게 끊을 수 있느냐!"고 말합니다. 습기를 끊을 수 있다고 할 것 같으면 부처의 본성도 끊을 수 있으니, 그렇게 되면 단견(斷見)이 되어버립니다. 그것은 끊어 내는 것[斷]도 아니고 항상 있는 것[常]도 아니며 오로지 습기를 전화할 뿐입니다. 번뇌를 전화하면 그것이 곧 보리이고, 식(識)을 전화하면 지(智)를 성취합니다.

그러므로 남자와 여자는 차이가 있습니다. 여자가 여자가 된 까닭에 대해 저는 자주 여성 동학들을 이렇게 혼냅니다. "자네들이 여자로 변한 까닭은 바로 이런 문제 때문이야. 견해는 남자와 똑같은데 다만 경계가 작고 시야가 좁아." 저는 그것이 바로 여자로 변한 원인이라고 말합니다. 여성은 시야가 좁아서 오로지 그 부분만 봅니다. 때로는 여성이 남성보다 만배는 더 총명한데 그러면 저는 못난 자신을 한탄합니다. 하지만 큰 면적을 연결해 놓으면 여성은 무너져 버립니다. 그들은 오로지 작은 부분만 보기 때문입니다. 이처럼 남성이든 여성이든 모두 습기가 장애가 되기 때문에 습기를 전화하면 바로 성불합니다. 대단히 간단하며 곧바로 이 몸 그대로 성취합니다. 평소에 성격이 내성적인 사람이 도를 깨달으면 성격이 당장 바뀌어서 명랑해집니다. 평소 건방지고 쾌활한 사람은 단정한 성격으로 바뀝니다. 그래서 백장선사(百丈禪師)는 "도를 깨달은 후에는 어떠한가?"에 대해 이렇게 말했습니다. "예전의 사람과 다르지 않고 오직 예전의 행동과 다르다〔不異舊時人, 只異舊時行履處〕"고 했습니다. 여전히 그 사람이지만 마음과 생각, 행위와 태도가 변했습니다. 사람됨이 변했고 습기가 전화되었습니다. 지금 밀법의 수행을 배우고는 있지만, 여러분이 자성을 잘 모르고 있기 때문에 그로 하여금 밝히 드러나게 했습니다. 그래서 생기와 원만의 두 차제를 수습(修習)하라고 했습니다.

"如喜金剛本續云: 以尊之身相, 生起住瑜伽, 於他住色者, 由熏習可醒(『희금강본속』에서 말한 것과 같다. 본존의 몸으로 생기차제를 수행하고 유가에 머무르는데, 사람이 색신에 머물러 있는 것은 훈습으로부터 일깨울 수 있다)." 이 법본에서는 이렇게 말했습니다. 지금 범부의 색신은 또한 불신(佛身)이기도 하므로 깔보면 안 됩니다. 그저 어떻게 전화하는가에 달렸습니다. 먼저 생기차제의 두 가지 공덕 즉 복덕자량과 지혜자량을 수지하고 유가(瑜伽)에 머물러야 합니다. "사람이 색신에 머물러 있는 것은[於他住色者]", 상대방이나 다른 사람들의 경우에 지금은 여전히 색신이 존재하지만 그 몸이 곧 불신(佛身)입니다. 밀법의 인식에 따르면 그 자신이 곧 부처입니다. 그렇다면 왜 오늘 당장 성불하지 못할까요? 심신의 안팎이 모두 습기(習氣)의 장애를 받기 때문입니다. 그러므로 기를 수행하고 맥을 수행해서 그것을 전화시켜야 합니다. 훈습(熏習)으로부터 성취할 수 있습니다.

"如上觀修之功德者, 如金剛帳本續云: 隨觀於何佛, 雖未得菩提, 又生及多生, 得轉輪王位, 或能爲國君, 決往淸淨處(위와 같이 수행한 공덕은, 『금강장본속』에서 말한 것과 같다. 어느 부처님을 따라 수행하든, 비록 보리를 얻지 못하더라도 또 여러 생에 태어나, 전륜성왕의 지위를 얻거나 혹은 일국의 군주가 되어 청정한 곳으로 간다)." 그러므로 불법을 배우고 수행하는 사람은 어느 부처님을 의지해서 수행하든 상관없습니다. 준제불모를 의지해도 좋고, 관음 홍관음 백관음도 좋고, 아미타불 약사여래도 좋습니다. 각자에게 알맞은 연분을 따라서 좋을 대로 하면 됩니다. 어느 부처님을 수행하든 비록 이번 생에 도를 깨닫지 못해 성불하지 못하더라도, 적어도 다음 생에는 전륜성왕이 되어 한 나라를 통치할 수 있습니다. 한 시대 수십 년 혹은 수백 년 동안 천하가 태평하다면 전륜성왕(轉輪聖王)의 공덕이 부처님과 거의 똑같습니다.

그렇기 때문에 불경에서는 대마왕(大魔王)과 잘 다스려지는 세상의 대제왕(大帝王)은 모두 십지(十地) 이상 보살의 전생(轉生)이라고 말합니다. 십지 이상의 성취가 없다면 감히 대마왕이 되지 못하며 현세에 전륜성왕이 되지도 못합니다. 그래서 선종에서는 위산대사(潙山大師)가 말하기를, 삼세(三世)에 국왕이 되어 신통을 거의 다 상실하고 자신의 도업(道業)도 거의 잃어버렸다고 합니다.

일반적으로 불학을 연구하는 사람들이 잘못 알고 있는 부분이 있는데, 부처님께서는 오직 세속을 벗어나 성불하는 것을 중시한다고 생각합니다. 특히 여러분 같은 출가 동학들이 주의해야 하는데, 부처님께서는 모든 경전에서 전륜성왕을 대단히 칭찬하셨습니다. 그래서 『금강경』에서는 전륜성왕의 공덕이 부처님의 공덕과 동등하다고 말씀하셨습니다. 바꾸어 말하면 한 분은 세속으로 들어간 성인이고, 한 분은 세속을 벗어난 성인입니다. 그러므로 부처님을 배우는 청년 동학 여러분은 제대로 해야 됩니다. 우리의 교주인 본사(本師)의 도리에 대해 분명히 알아야 합니다.

그는 이렇게 말했습니다. 우리가 이렇게 노력해서 수행하면 이번 생에 성공하지 못하더라도 내세에 태어나면 전륜성왕이 될 것이며, 그보다 작다면 큰 나라의 황제가 될 수도 있습니다. 물론 그런 경우는 전륜성왕은 아닙니다. 왜냐하면 전륜성왕이 세상에 나오면 천하가 태평해지기 때문입니다. 그러므로 중국에서 표방하는 요 순 우 탕 문 무가 바로 전륜성왕입니다. 그 밖에 한고조와 당태종은 단지 일국의 군주일 뿐입니다. 일국의 군주가 되어도 그런대로 훌륭합니다. 그뿐 아니라 "청정한 곳으로 가서[決往淸淨處]" 다시 공덕을 수행하니 성불하거나 혹은 다른 국토에 왕생하여 성불합니다.

"以上總示義理者, 於功課初, 所修如何次第(이상으로 의리를 총괄하여 보인 것은 공과의 처음에 해당하니, 어떤 순서로 수행하는가이다)." 여기까지가 총론인데 불법을 수행하기 이전의 준비 작업입니다. 먼저 관정을 얻어야 합니다. 관정 이야기가 나왔기 때문에 밀종의 관정을 풀이하였는데 그처럼 많은 도리를 포함하고 있어서 지금까지도 불법의 수지를 말씀드리지 못했습니다.

# 주문, 염송, 관상은 행위와 마음을 일치시키는 것

"如無論文武部之壇城, 或觀一切部之本尊金剛薩埵佛父母, 遂誦百字明(문부나 무부의 단성을 막론하고, 혹은 일체 부의 본존 금강살타 불부 불모를 관하더라도 백자명을 외운다)." 그가 말했습니다. 밀종의 방법은 아주 많지만 대략 티베트의 밀법에 따르면 이부(二部) 즉 문부(文部)와 무부(武部)의 단성(壇城)으로 나누어집니다. 문부와 무부를 예를 들어 설명한다면, 어떤 보살은 아주 장엄하고 고상하게 빚어 놓았는데 그런 것이 바로 문부입니다. 어떤 것은 마귀나 마왕처럼 흉악하게 생겼는데 그것이 바로 무부입니다. 어떤 쪽이 되었든 상관없이 모두 본존이 있습니다.

만약 준제법을 수행한다면 준제불모가 바로 여러분의 본존입니다. 혹 금강살타를 수행한다면 보현여래가 본존이 됩니다. 보현여래는 남자의 몸과 여자의 몸이 있어서 불모(佛母) 불부(佛父)가 있는데, 이 부분은 앞에서 언급했습니다. 밀교가 현교와 특별히 다른 점이라면 밀교에는 남존여비가 없습니다. 여자의 몸도 똑같이 성불할 수 있습니다. 남녀는 단지 형상만 다를 뿐이고 본성은 똑같지요.

문부 혹은 무부의 도량을 막론하고, 혹은 금강살타불 불부 불모를 관상하더라도 밀종에서 일반적으로 처음 외우는 것은 근본주(根本呪)가 아니라 가장 초보적인 백자명(百字明)입니다. 이것은 백 개의 주음(呪音)으로 티베트 밀종의 것입니다. 백자명 이야기가 나와서 하는 말인데, 저는 이것이 대단히 오묘하다고 생각합니다. 당 왕조 이후로 티베트 밀종에 백자명(百字明)이 있는데, 중국의 도가에는 여순양(呂純陽) 이후로 『백자명(百字銘)』이라는 것이 있습니다. 이 역시 불가사의한 일입니다. 이것은 여담이니 넘어가도록 하겠습니다.

"如經續云: 觀想一如來, 卽諸佛之境. 何者? 因一切佛皆由五部佛所攝,

此又攝於文武二部, 蓋爲一本體故(『경속』에서 말한 것과 같다. 한 여래를 관상하면 곧 모든 부처님의 경계이다. 어째서인가? 일체의 부처님은 모두 오부불이 다스리며, 이는 또 문무 이부가 다스리기에 하나의 본체이기 때문이다).” 실제로 우리는 하나의 도리를 알아야 합니다. 현교에 통하지 않았기 때문에 밀교를 배울 수 없고 밀교를 수행할 수 없는 것입니다. 사실 현과 밀에는 그리 많은 차이가 없습니다. 『경속(經續)』이라는 경전에서 말한 것처럼 한 분의 부처님을 관상하면 이는 시방(十方)의 무수하고 무량하고 무변한 부처님을 관상한 것과 같습니다. 무슨 도리일까요? 일체의 부처님이 모두 오방불(五方佛)[165]이요 오부불(五部佛)입니다. 바꾸어 말하면 오부불이 바로 한 분의 부처님입니다. 『화엄경』에서 말하기를, 비로자나불은 법신불(法身佛)이고 천백억화신이 석가모니부처님이라고 했습니다. 혹은 현교의 선종에서 항상 언급한 것처럼 일체가 곧 하나이고 하나가 곧 일체입니다. 그렇기 때문에 선(禪)에 통하지 않고 교리에 통하지 않고 밀종을 수행하면 사문(邪門)에 빠지지 않는 사람이 없습니다. 교리에 통하고 나서 수행하면 원래 그러하기 때문에 모두 알게 됩니다.

“如桑布扎云: 諸尊皆寂靜, 或修觀忿怒, 佛舞者難思, 我何能解脫, 皆心之幻變, 一具空金剛, 部分爲五類(삼보타[166]가 말한 것과 같다. 모든 부처님은 청정하지만 혹 분노한 모습을 관상하고, 부처님이 춤추는 것을 생각하기 어려우면 내가 어떻게 해탈하게 할 수 있겠는가, 모두가 마음의 변환이니 하나의 구공금강이 다섯 종류로 나뉘었다).” 삼보타가 말한 것처럼, 일체의 본존 일체의 부처님

---

**165** 오방(五方)은 동서남북과 중앙의 다섯 방향을 가리키며, 오방불(五方佛)은 비로자나불 약사여래불 미륵불 아미타불 석가모니불을 말한다. 오부불(五部佛)이라고도 한다.

**166** 톤미 삼보타(吞彌桑布扎)는 송첸캄포의 중요 대신 중 하나로, 그의 명을 받고 인도로 유학 가서 문자 체계를 익힌 후 돌아와 티베트 문자를 만들고 다수의 불경을 번역하였다.

은 본래 모두 청정합니다. 불도를 증득하였기에 모두 청정합니다. 하지만 때로는 여러분에게 분노한 금강을 관상하라고 합니다. 밀부(密部)의 금강의 얼굴을 보면 어떤 것은 파랗습니다. 세 개의 이빨을 드러내고 머리에는 뿔이 돋아 있어서 아주 흉합니다! 예를 들어 문수보살의 화신인 십삼존 대위덕금강은 그 형상이 얼마나 흉악한지요! 세 개의 눈에 아홉 개의 머리, 각각의 머리에는 두 개의 뿔이 났고, 서른네 개의 팔과 열여섯 개의 다리, 각각의 손으로는 죽은 사람을 쥐고 있는데 아무것이나 붙잡으려는 모습이 얼마나 흉한지 모릅니다! 바로 문수보살의 화신입니다.

여러분에게 이들 분노금강(忿怒金剛)을 관상하라고 하면 여러분은 자신이 그처럼 흉하다는 것을 생각조차 못합니다. 여성인 분노모(忿怒母)도 있는데, 이른바 해모(亥母)는 분노하면 그 모습이 마치 사람을 잡아먹을 듯이 정말로 대단합니다. 분노모를 수행하는 까닭은 분노가 몸 안의 그 졸화(拙火), 그 생명력을 나타내기 때문입니다. 그 방면을 수행하지 않고, 그 분노의 경계를 폭발시키지 않는다면 여러분은 그 생명력을 펼칠 수가 없습니다.

그렇기 때문에 분노모의 그 형상을 닦고 때로는 불부(佛父)를 수행하거나 불모(佛母)를 수행하거나, 그 자태가 대단히 미묘(美妙)하고 춤추는 모습입니다. 하지만 부처님을 배우면서 이런 것들을 한다면, 만약 세속 사람들이 본다면 기괴하지 않겠습니까?

삼보타가 말합니다. "내가 어떻게 여러분을 해탈시켜 주겠는가[我何能解脫]!" 여러분이 하나의 이념을 깨닫기만 하면 이 일체의 상(相)이 모두 마음의 변환(變幻)임을 알게 됩니다. 마음이 만법을 낳기 때문에 『대승기신론(大乘起信論)』은 여러분에게 말합니다. "마음이 생겨나면 온갖 법이 생겨나고, 마음이 사라지면 온갖 법이 사라진다[心生則種種法生, 心滅則種種法滅]." 자비희사가 모두 부처님이고, 희로애락이 모두 부처님입니다. 어떤 사람은 "선생님, 당신도 화를 내시는군요!" 하고 말합니다. 저라고 왜 화를 내지 않겠습니까? 부처님은 화를 내지 않습니까? 하지만 이 모두가 공(空)입니다. 희로애락, 자비희사가 모두 형상이고 그 본체는 공(空)입니다. 그것을 나누어서 말하면 오방불 다섯 종류로 나누어집니다.

"又於念珠・觀想何本尊卽溶入智慧者(또 염주와 관상으로 일체의 본존이 지혜로 녹아 들어간다)." 어떤 사람은 밀종을 배우면서 염주를 사면 반드시 스승에게 가지(加持)를 요청합니다. 그렇게 하지 않으면 염주가 효험이 없다는 것입니다. 그러면 저는 말합니다. "나는 밀법을 하는 사람이 아니니, 염주를 가지고 와서 나에게 해 달라고 하지 마십시오. 귀찮아 죽을 지경입니다." 과거에 수많은 사람이 염주를 가지고 와서 저에게 염(念)해 달라고 했는데, 그러면 저는 한두 번 만져 보고는 바로 건네주었습니다. 저는 배불리 밥 먹고 할 일이 없어서 전문적으로 염주에 염해 주는 사람이 아닙니다.

염주를 지니는 것은 실제로 또 하나의 비밀입니다. 우리의 염주가 어디에 있는지 여러분은 아십니까? 말씀해 보십시오. 어디에 있습니까? 우리 척추골은 몇 개의 뼈가 염주 알처럼 이어져서 하나의 척추를 이루고 있습니다. 한 걸음 한 걸음 수련으로 한 알 한 알의 구슬을 염해야 합니다. 그러니 저더러 염주에 염해 달라고 하지만 저 자신의 염주도 다 돌리지 못하면서 다른 사람의 염주를 돌려주겠습니까?

물론 다른 사람을 위해 염주에 염하는 것이 때로는 필요합니다. 부득이한 경우는 아니지만 그 사람이 반드시 염주로 깨달음을 얻고자 하는 사람이면, 염주를 가지고 설법을 합니다. 그런 때에는 마땅히 그 사람을 위해 염주에 염을 해 주어야 합니다. 여러분은 일체의 본존이 여러분의 참 지혜 속에 녹아 들어가 있음을 아셔야 합니다. 여러분이 염주를 집어들 때 여러분의 심신은 곧바로 염주로 들어가서 심물(心物)이 융화됩니다. 부처님까지도 그 속에 들어가게 됩니다.

"修供讚, 爲眞實緣起而散花, 佛父母化爲光, 卽入頂珠, 變爲嗡阿吽(ཨོཾ ཨཱཿ ཧཱུྃ) (공양의 찬을 수행하고 진실연기를 위하여 꽃을 바치면 불부 불모가 빛이 되는데, 곧 입정주이니 변하여 옹아우가 되었다)." 이것은 진공(眞空)이 연기(緣起)를 수행함이니, 방금 이러한 염주의 비밀에 대해서는 말씀드렸습니다. 우리가 평소에 불부(佛父) 불모(佛母)를 관상하면 정수리 위로부터 우리 염주 가운데로 들어옵니다. 진짜 관정〔眞灌頂〕이 온 것입니다.

사실은 제가 백골관을 말씀드릴 때 이미 여러분에게 이야기했습니다. 하지만 여러분은 '아만공고(我慢貢高)' 즉 자신을 높이고 남을 업신여깁니다. 아니, 이 네 글자는 여러분에게 너무 점잖습니다. 솔직히 말하면 '멍청이〔混蛋〕'라는 말밖에 없습니다. 잘 참구해 보십시오! 진실한 법문은 수지하지 않고 하루 종일 그 자리에서 망상만 하고 있기 때문입니다. 부처님께서 "너희는 왜 수행에 성취하지 못하느냐?" 하셨는데, 아만공고는 점잖은 말입니다. 부처님께서는 비밀을 모두 여러분에게 말해 주었습니다. 왜 이렇게 욕하느냐고요? 욕하는 것이 아니라 자비입니다! 여러분에게 믿음을 일으키고자 해서입니다. 정말로 이렇게 수행하기만 하면 나이나 지위를 불문하고 일주일이면 성취할 것입니다. 그러나 여러분은 일주일에도 해내지 못하니 얼마나 가엾습니까. 방금 그 '멍청이'라는 이름으로 자신을 욕해야 합니다. 총명한 사람은 스스로를 살펴보십시오. 자신을 반성하고 스스로를 총명하다고 여겨서는 안 됩니다. 스스로를 총명하다고 여겼다가는 번뇌를 초래합니다.

그가 말하기를, 이 염주를 손에 들고 있을 때 공양의 찬(讚)을 수행하고 그런 다음에 진실연기(眞實緣起) 하면 그것이 바로 불부 불모의 빛이며, 자신의 정수리를 통해 들어오는데 그것이 곧 입정주(入頂珠)라고 했습니다. 제가 다시 여러분의 주의를 환기시키는데, 『선비요법』은 이 노선으로부터 말씀드린 것이 아닙니다. 여기에서는 관정의 작용을 말씀드리는 것이니,

광명이 정수리로부터 내려와서 티베트 문자 '옹아우(ཨྰཿ)' 세 글자로 변합니다.

"其他珠粒, 明現成阿里噶里故, 念呪時想此等字放散聖尊及呪之自聲, 不令人見爲佳, 念珠應秘密收藏(그 나머지 염주 알에 아리갈리라고 분명하게 드러나기 때문에, 주문을 외울 때 이런 글자를 생각하면서 본존 및 주문을 외우는 자신의 목소리는 남들에게 들리지 않게 하는 것이 좋으니, 염주는 마땅히 비밀을 거두어 감추어야 한다)." 그 나머지 염주 구슬 하나하나가 모두 밀주(密呪)이므로 광명을 성취합니다. 이때 가장 좋은 유가(瑜伽)가 염송(念誦)인데, 대단히 비밀스러우며 다른 사람에게는 들리지 않게 합니다. 이것은 무슨 도리일까요? 입을 열면 신비스러운 기운(神氣)이 흩어지므로 이때는 입을 열지 않고 염불하고 기(氣)를 지키면서 염불합니다. 이것을 가지염주(加持念珠)라고 부르는데 한 세트의 수행법입니다. 저의 이 몇 마디가 얼마의 대가를 지불했는지요! 제가 여러분에게 말씀드리지 않았다면 여러분이 어떻게 알 수 있겠습니까! 여러분이 아는 것이라고는 고작 염주를 돌리는 것뿐일 겁니다.

"夫呪者, 或爲呼名, 或爲請求所要, 或爲讚嘆功德者也(무릇 주문이라는 것은, 혹은 이름을 부르거나 혹은 필요한 바를 청구하거나 혹은 공덕을 찬탄하는 것이다)." 일체의 밀주(密呪)는 해석을 요구해서는 안 됩니다. 해석을 하면 영험하지 못합니다. 저는 수많은 사람이 스스로를 총명하다고 여긴다는 사실을 발견했습니다. 그들 역시 경전이 훌륭하고 도리가 훌륭하다는 것을 잘 알고 있습니다. 하지만 문자 주해를 보고서 자신이 다 알고 있다고 생각하기 때문에 더는 읽으려 하지 않습니다. 이런 부류의 사람들이 너무나 많습니다. 만약 그에게 주문을 외우라고 하면 하려고 들 겁니다. 주문을 외우는 이 장사가 꽤나 괜찮다고 생각하기 때문이지요. 본전은 적게 들이고 회수하는 이익은 크니 말입니다.

실제로 모든 주문은 번역해 낼 수 있습니다. 그의 말로는 어떤 주문은 이름을 부르는 것이라고 합니다. 아미타불을 염불하는 것은 그의 이름을 부르는 것으로, 어린아이가 엄마를 부르는 것과 똑같습니다. 물론 불보살은 화를 내지 않습니다. 여러분이 제 뒤에서 선생님, 선생님 하고 부르는데 제가 고개를 돌려서 주먹질을 한다면 이상하지 않습니까! 어떤 주문은 요구하는 것이고 어떤 주문은 공덕을 찬탄하는 것입니다.

　"如金剛帳本續云: 如來與菩薩, 空行及佛妃, 如令現前故, 譬如大士夫, 巨聲速呼之, 僅聽聞卽至, 佛刹那降此(『금강장본속』에서 말한 것과 같다. 여래와 보살, 공행과 불비가 눈앞에 나타나게 하는 것 같으므로, 비유하자면 큰 사대부가 큰 소리로 급히 부르면 듣는 즉시 오는 것같이, 부처님이 순식간에 여기에 내려오신다)." 경전에서 이렇게 말했습니다. 주문을 외울 때 여러분은 곧바로 관상을 해야 하는데, 마치 공자가 "귀신을 공경하면 귀신이 있는 것 같다[敬神如神在]"고 말한 것과 같습니다. 여러분은 부처님이나 관음보살이 바로 내 앞에 있다고 생각해야 하는데, 소리를 지르면 마치 그가 듣자마자 금방이라도 올 것 같은 그런 의경을 지녀야 합니다. 그러지 않고 입으로는 주문을 외우지만 마음속으로는 망상을 하고 있으면 죽어라 외워도 아무 소용이 없습니다. 지극한 정성과 지극한 공경의 마음이 있으면 부처님께서 찰나의 순간에 여러분에게 오시고 서방 극락세계가 금방 여러분에게 도래합니다.

　"又念呪極應淸淨, 此乃諸本續集呪所宣之義(또 주문을 외울 때는 지극히 청정해야 하니, 이것이 모든 본속에서 주문을 모아서 펼치는 뜻이다)." 주문을 외울 때는 반드시 청정심을 지니고 외워야 합니다. 여러분이 다른 사람에게 독경을 해 주거나 주문을 외워 줄 때에도 절대적인 청정심을 지니고 외워야 감응을 얻습니다. 어떤 친구가 말하기를, 자신이 어느 절에 갔는데 그곳 스님이 다른 사람을 위해 독경을 해 주는 것을 보게 되었답니다. 물론 우리가 있는 이곳은 아닙니다. 그런데 독경을 하는 한편으로 손으로 발의 무좀을 긁고 있더랍니다. 그 모습을 보자 정말로 너무나 화가 났다고 했습니다. 그 친구는 저에게 말하는 그 순간에도 여전히 화가 나 있었습니다. 그러니 이 위의(威儀)가 얼마나 중요합니까! 물론 그가 제공(濟公)[167]화상 이었다면 달랐겠지요. 그는 분별하면서도 분별하지 않았으니까요. 하지만 솔직히 말해서 여러분은 제공이 아니며 제공화상을 배울 수도 없습니다. 장엄해야 할 때는 장엄해야 합니다. 소위 위의가 장엄하면 자연스럽게 청정해집니다. 이 때문에 계율이 중요한 것입니다. 계상(戒相)이 장엄하면 심신이 자연스럽게 엄숙하고 청정해집니다. 절대적인 지극한 청정심으로 주문을 외우고 독경을 해야 합니다. 이것은 모든 밀종 경본(經本)에서 가장 중요한 것입니다.

"譬如清淨念一遍, 較不淨千遍爲大, 緣念未得, 或緣念散亂, 雖誦十萬 不如不散亂之一遍爲大(비유하자면 청정한 마음으로 한 번 읽는 것이 청정하지 못한 천 번보다 큼과 같으니, 생각에 이끌려 얻지 못하거나 혹 생각에 이끌려 흐트러 진다면, 비록 십만 번을 암송하더라도 산란하지 않은 한 번의 큼만 못하다)." 여러 분은 주의해야 합니다. 특히 여러분처럼 출가한 동학들은 다른 사람에게 독경을 해 주거나 혹은 스스로 독경할 때, 만약 한편으로는 독경을 하면서 다른 한편으로 망상을 한다면 비록 천 번 만 번을 읽더라도 마음이 산란해 지지 않으면서 한 번 읽는 것만 못합니다. 이것은 정력(定力)의 중요성, 청 정한 정심(定心)의 중요성을 설명해 줍니다.

많은 사람이 자신의 가족이 세상을 떠나면 저에게 묻습니다. "선생님께

---

**167** 법명은 도제(道濟)이며 남송(南宋)의 고승인데, 후인들은 그를 존경하여 활불제공(活佛濟公) 으로 불렀다. 그는 터진 부채와 헤진 신발과 가사를 걸치고 미치광이처럼 행동했다. 계율에 구속받지 않고 술과 고기를 즐겼다. 그러나 불학에 해박한 지식을 가지고 있었고 또 선덕(善 德)을 베풀었던 고승이었다.

서 독경을 해 주시면 소용이 있습니까?" 저는 소용이 있다고 말합니다. 무슨 소용일까요? 산 사람에게 보여 주지 않습니까! 여러분은 정말로 독경을 하고자 하면 본인이 스스로 하십시오. 다른 사람에게 청한들 그 사람이 무슨 마음이 있어서 정성껏 독경을 해 주겠습니까? 여러분 스스로 부모를 위해서 마음을 전일(專一)하게 하여 외운다면 즉시 감응을 얻을 것입니다. 지금 밀법의 경전에서도 여러분에게 말하고 있는데, 여러분 자신이 내키지 않는다면 여러분의 그 생각이 이미 깨끗하지 않음을 보여 줍니다. 게다가 다른 사람에게 외우게 한다니 그 사람에게 이런 정력(定力)이 있습니까?

물론 득도(得道)했거나 오도(悟道)한 대사들이 여러분을 위해 아미타불이라고 독경을 해 준다면 이미 성공한 것입니다. 여러분의 부모, 여러분의 가족을 이미 제도(濟度)했습니다. 고대의 수많은 제왕은 이 도리를 깨달았습니다. 가령 마황후가 죽었을 때 주원장은 굳이 종륵선사(宗泐禪師)에게 설법을 부탁했습니다. 그랬는데 장례를 치르던 당일에 바람이 불고 비가 내리고 천둥이 치자 주원장은 대단히 화가 났습니다. 어쩌면 이다지도 재수 없게 이런 상황에 맞닥뜨리게 되었는가! 부인의 죽음은 자신의 죽음과 똑같은 고통이었습니다. 하지만 자신이 스님 노릇을 한 적이 있는 전문가였던 터라 사부(師父)를 보자마자 마음속으로 이미 의지하게 되었습니다. 득도한 이 선사는 다음과 같은 게송을 읊었습니다.

| | |
|---|---|
| 비가 내림은 하늘이 눈물을 흘림이요 | 雨降天垂淚 |
| 천둥이 울림은 온 땅이 슬퍼함이라 | 雷鳴地擧哀 |
| 서방의 모든 부처님이 | 西方諸佛子 |
| 마여래를 공경으로 보내는구나 | 恭送馬如來 |

그러자 주원장이 하하 웃었습니다. "좋습니다! 사부께서 잘 말씀하셨습

니다. 하늘을 걸고 맹세하건대 마황후도 일찍이 꿈속에서 주문(呪文)을 전수받았으니, 이것은 참으로 기괴한 일입니다. 그래서 대사께서도 '서방의 모든 부처님이 마여래를 공경으로 보내는구나'라고 말한 것입니다."

여기에서 말하는 것에 여러분은 주의해야 합니다. 밀주(密呪)를 수행하고 독경을 할 때 정(定) 가운데서 청정하고 일념으로 오로지 한다면, 열 구절이건 백 구절이건 그건 문제도 아닙니다! 여러분의 공덕이 무량할 것입니다. 만약 어지럽게 흐트러진 마음으로 외운다면 아무 소용이 없습니다. 독경도 마찬가지입니다.

"如殊勝秘密云: 淨不淨千倍, 及三昧有者, 與無十萬同(『수승비밀』에서 말한 것과 같다. 청정과 청정하지 못함은 천 배이며, 삼매를 지닌 자는 없는 자 십만과 같다)." 마음이 청정한 것과 청정하지 못한 것은 그 거리의 차이가 천 배나 됩니다. 어떤 사람이 정(定)을 얻고 삼매증과(三昧證果)를 얻었다면 그가 아무렇게나 내뱉는 욕 한 마디에 죽은 사람이 공덕을 얻게 됩니다. 어찌 단지 십만의 공덕에 그치겠습니까? 그래서 그 제전(濟顚)화상에 대해 소설가는 이렇게 썼습니다. 어느 날 사람이 죽었는데 그가 아무렇게나 욕을 좀 했더니 그 사람이 다시 살아났습니다. 이것은 바로 삼매 수양의 중요성을 말해 줍니다.

"又如菩提行論云: 念誦諸難行, 長時而行持, 若能了眞諦, 心散知無義(또『보리행론』에서 말한 것과 같다. 염송의 모든 어려운 수행은 오랜 시간 수행하여 지니는데, 만약 진리를 깨달을 수 있다면, 마음이 흐트러지면 의미가 없음을 안다)." 또 『보리행론(菩提行論)』이라는 경전에서 수지, 염송(念誦)에 대해 말한 것과 같은데, 할머니가 목어를 두드리며 독경을 하고 혹은 주문을 외우는 것 역시 수지의 법문입니다. 여러분은 쉬운 일로 여기지 마십시오. 아주 어렵습니다. 오랜 시간 외워야 하고 변하지 않는 마음[恒心]으로 외워야 하는데, 만약 확실히 알고서 외울 수 있으려면 그것은 정(定)을 얻어 견성(見性)하고 또 증과(證果)한 사람이라야 가능합니다.

　주문을 외우고 독경을 하는 염송(念誦)으로도 똑같이 대철대오하여 성불할 수 있지만 마음이 어지러이 흐트러진다면 소용없습니다. 그렇게 되면 아무런 의미가 없어서 죽어라 외워도 소용이 없습니다. 밀종을 수행하면 걸핏하면 주문을 외우는데, 주문을 외우는 것이 이런 도리임을 여러분에게 말해 줍니다.

　"如是先生起本尊後, 少分念呪, 在頭頂上想自己根本上師, 爲諸佛菩薩勇士空行母圍繞, 供養·讚嘆·懺悔(이처럼 먼저 본존을 생기한 후에, 약간의 주문을 외우며 정수리에 자신의 근본상사를 관상하면, 제불보살과 용사와 공행모가 둘러싸고, 공양하고 찬탄하고 참회한다)." 여러분에게 법을 전해 준 근본상사(根本上師)를 관상합니다. 그 곁에는 일체의 제불보살, 일체의 용사, 대역사(大力士) 금강 및 여성 부처님이 둘러싸고서 "공양하고 찬탄하고 참회한다(供養·讚嘆·懺悔)"고 했습니다. 이것이 바로 상사상응법(上師相應法)의 수행입니다. 자신에게 전승해 준 상사를 정수리 위로 관상하면 천천히 내려와서 빛을 발하며 자신과 하나가 됩니다. 이런 수행법은 종종 아주 큰 이익을 얻는데 부처님을 관(觀)하는 것보다 이익이 크고 효과가 큽니다. 물론 상사는 반드시 득도한 사람이어야 합니다! 저를 관하지 마십시오. 득도한 상사라야 한다고 말씀드렸습니다.

　"凡所欲事(무릇 바라는 바를)", 이때 여러분이 공양해야 할 대상은 바로 상사입니다. "皆明白啓請, 蓋此乃一切道之根本, 悉地之來源者也(모두 분명하게 아뢰어 청하니, 이것이 일체 도의 근본이며 실지의 기원이다)." 수행하여 성취하고자 한다면 밀종은 선종과 마찬가지로 상사가 가장 중요합니다. 상사상응법을 수행함에 있어서 만약 공경하지 않고 스승에게 의지하여 수행하지 않는다면, 혹은 스승을 공경하되 진정한 경성(敬誠)과 경신(敬信)에 도달하지 못한다면, 그 모든 것이 빈말입니다. 믿는 마음(信念)을 잃어

버리고 정념(正念)을 잃어버린다면 그것으로 끝입니다. 그뿐 아니라 그것이 "실지의 기원이다[悉地之來源者也]"라고 하지 않았습니까! 일체 성취의 경계, 공덕의 근본, 기원이 상사상응법입니다.

제8강

오늘 말씀드릴 대원만의 과정은 수지하는 사람이 불법을 수행하기 위해 준비해야 하는 것에 관해서입니다. 지난번에 먼저 관정의 중요성과 의의를 말씀드렸습니다. 왜 병관정, 지혜관정, 문자관정 등을 받아야 하는지의 도리를 설명한 후에 상사상응법 수지의 중요성을 말씀드렸습니다.

　밀종에서 불법을 수행하는 수지 절차는, 존사중도(尊師重道)[168]의 정신을 상사와 부처님과 본존을 합일시켜 나누지 않는 경지에까지 끌어올립니다. 중국 문화 역시 지극히 높은 존사중도 정신에 기본을 두고 있지만, 동양 문화 전체를 두고 말한다면 불교는 이미 사도(師道)를 형이상으로까지 승화시켰습니다. 선종에서는 "위음왕(威音王)[169] 이전에는 스승이 없이 스스로 깨우치는 것이 가했지만, 위음왕 이후에는 스승 없이 스스로 깨우치면

---

**168** 스승을 존경하고 도를 중시하다.

**169** 과거 대겁인 장엄겁 이전 공겁(空劫) 때의 부처이다. 당당한 위풍과 장중한 음성으로 『법화경』을 설하고 왕의 위풍을 지니고 있어 위음왕불(威音王佛)이라 한다. 선종에서는 이 부처를 비유로 사용하여 위음왕불 이전, 하늘과 땅이 나뉘기 전, 부모미생전(父母未生前) 등으로 말한다.

천연외도(天然外道)가 되었다"고 말하는데, 이 또한 전승(傳承)을 대단히 중시하는 것입니다. 선종과 밀종에는 상통하는 의미가 있으니, 밀종만 그러한 것이 아니라 선종 역시 그러하며 불교의 모든 현교가 역시 그러합니다. 밀종을 수지하는 사람이 상사상응법을 수지함에 있어서는 서로 간의 감응이 아주 중요합니다. 하지만 정말로 엄격하게 수지할 수 있는 사람은 많지 않습니다. 그런 까닭에 수행에 성취를 거둔 사람이 비록 있기는 해도 아주 적습니다.


## 상사상응법의 수지와 그 공덕

지난번에 47쪽 뒤에서 두 번째 줄까지 말씀드렸는데, 이제 계속하도록 하겠습니다.

"故現生智慧本續云: 諸地及道之次第, 恭信上師年月行, 上師顯現若不離, 是與諸佛不離處(그러므로 『현생지혜본속』에서 말하였다. 모든 지와 도의 단계에서 상사를 공경하고 믿어 해와 달로 수행하고, 상사가 나타나서 만약 떠나지 않는다면, 이는 제불이 떠나지 않는 것이다)." 『현생지혜본속(現生智慧本續)』에서 말하기를, 보살이 초지(初地)로부터 십지(十地)에 이르고 나아가서 성불(成佛)에까지 이르는 일체의 불지(佛地)와 수도의 단계는, 한 걸음 한 걸음의 수련과 진보가 상사를 공경하고 믿음으로써 "해와 달로 수행하는[年月行]" 것이어야 한다고 했습니다. 즉 해[年]와 달[月]로써 계산하면서 그 마음이 끊어지지 않음을 말합니다. 상사상응법을 수지할 때에는 본존을 관상하는 것과 마찬가지로 상사가 자신의 정수리 위에 있는 모습이 분명하게 나타나서 떠나지 않습니다. 떠나지 않으니 당연히 정(定)을 얻을 수 있습니다. 상사의 영상이 정수리 위에 나타나서 "떠나지 않으면[不離]" 제불

(諸佛)이 떠나지 않는 것과 똑같은 공덕, 똑같은 효과를 지니게 됩니다.

　"又如莊嚴誓言云: 由六月不動, 信解及恭敬, 獲金剛持地(또『장엄서언』에서 말한 것과 같다. 여섯 달을 움직이지 않고 믿고 이해하고 공경함으로써 금강지지를 얻는다)."『장엄서언(莊嚴誓言)』이라는 법본에서는 이렇게 말했습니다. 여섯 달 동안 상사상응법을 수지함으로써 겉으로 나타나는 믿음, 그 믿음으로 말미암아 깊이 믿어 의심치 않습니다. 하지만 그것은 미신이 아니라 지혜의 이해이며, 그 이해로 말미암아 비할 데 없는 공경을 일으킵니다. 그렇게 해서 금강유정(金剛喩定)의 경계를 얻을 수 있습니다. "금강지지(金剛持地)"는 바로 금강의 정(定)이며 영원히 뒤집을 수 없습니다. 우리는 타좌를 하고 정(定)을 수행하지만 결코 정을 얻지 못했습니다. 참으로 정을 얻은 사람은 그 경계가 영원히 존재합니다. 행주좌와(行住坐臥)에 상관없이 항상 정(定) 가운데 있으니, 타좌를 하면 정 가운데 있고 타좌를 하지 않으면 그렇지 않은 것이 아닙니다. 그것은 초보적인 겉모습이지요. 반드시 하루 온종일 행주좌와 어떤 경우에도 그 가운데 있어야 합니다. 꿈속에서도 변하지 않아야 정(定)이라고 부를 수 있습니다. 심지어 꿈도 없습니다. 깨어 있는 것과 꿈꾸는 것이 똑같기 때문입니다. 마지막에는 잠을 자도 잔다고 말할 수 없는 것이, 정신이 깨어 있습니다. 하지만 역시 잠자는 것이며 몸은 쉬고 있습니다. 영원히 이런 경계 위에 있어야 정이라고 부를 수 있습니다. 그러나 이것은 아직 금강유정(金剛喩定)이 아니라서 변할 수 있고 뒤로 물러설 수 있으니, 불퇴전지(不退轉地)에 도달하지 못했습니다. 보살은 여덟 번째 부동지(不動地)에 도달해야 비로소 뒤로 물러서지 않는다고 말할 수 있습니다. 불퇴전지에서부터 금강유지(金剛喩地)까지는 아직 두 지(地)의 수련이 부족한데, 아승기겁의 수지가 더 있어야 합니다. 금강유정은 영원히 변하지 않는 것이라서, 여러분이 정(定)의 경계를 변하게 하고 싶어도 변하게 할 수 없습니다. 그래서 마치 금강처럼 뒤집을 수 없다고 말하는 것입니다. 그런데 이 경전에서는 단지 상사상응법만 수지해도 부처님의 금강지지에 도달할 수 있다고 했습니다. 그렇게 되면 아누다라삼막삼보리를 수증하고 대철대오하여 성불할 수 있습니다.

"智慧至上亦云: 頭頂嚴輪上, 想具德上師, 是故由此卽能無障而自然顯現證悟, 幷有自然經歷地道之功利也(『지혜지상』에서도 말하였다. 정수리의 엄륜 위로 구덕상사를 관상하면, 이로 말미암아 장애가 없이 자연스럽게 눈앞에 나타나서 깨달으며, 자연스럽게 거치게 되는 지와 도의 공리를 아울러 지닌다)." 『지혜지상(智慧至上)』이라는 법본에서는 이렇게 말했습니다. 상사상응법을 수지하면서 정수리 위로 약 한 치 되는 곳을 관상하면 장엄한 범혈(梵穴) 법륜이 있으니 바로 '엄륜(嚴輪)'입니다. 부처님과 똑같이 정혜(定慧)가 장엄하고 원만한 상(相)의 '구덕상사(具德上師)'가 눈앞에 나타나는 것을 관상합니다. 항상 이렇게 관상할 수 있고 또 조금도 장애가 없음에 도달할 수 있다면, 일체를 해탈하면서도 자연스럽게 눈앞에 나타나서 도를 깨닫고 대철대오합니다. 이 단락은 모두 상사상응법의 중요성에 치중하여 말한 것이기는 하지만, "자연스럽게 거치게 되는 지와 도의 공리〔自然經歷地道之功利〕"도 지니게 됨을 말합니다. 상사상응법을 관상하면 모든 지(地)를 수행할 때마다 아주 자연스럽게 조력을 얻게 되고 자연스러운 경험을 얻게 됩니다. 즉 이런 말입니다. 성취한 사람을 관상하기만 하면 그 사람이 성취한 공덕과 경험이 자연스럽게 흘러 들어오는데, 이것이 바로 자타불이(自他不二)입니다. 지(地)는 바로 보살지(菩薩地)이고, 도(道)는 바로 일체의 보살이 수행한 도입니다.

"又示前行調整後之功德者(또 전행을 조정한 후의 공덕을 보였다)." 지금 말씀드린 관정에서부터 상사상응법의 수지까지 모든 순서는 연관되어 있습니다. 밀종의 수행법은 중간에 뛰어넘어서는 안 되며 줄여서도 안 됩니다. 여기까지는 아직 전행(前行)의 준비이며 수련 이전의 준비 작업입니다. 그리고 조정한 후가 바로 관정, 상사상응의 공덕입니다.

---

이와 같은 전행의 네 가지 법은, 도 가운데 그릇됨이 없이 심성을 깨닫고, 수승한 해탈의 도를 얻을 수 있으며, 빨리 실성을 증득하고 바르게 수행하고 조정하여, 장애와 어려움이 없이 실지에 다가가서, 무량한 공덕을 모두 구족하니, 그러므로 지극히 정성스럽고 부지런히 힘써 전행을 수지한다.

如是前行之四法, 無謬道中悟心性, 能得殊勝解脫道, 速生實性·正行調, 而無礙難·近悉地, 無量功德皆具足, 故極精勤修前行.

---

전행이 바로 가행(加行)입니다. 앞에서 말씀드린 이런 가행의 도리는 그저 이치를 이해할 것이 아니라 실행을 해야 합니다. "도 가운데 그릇됨이 없음[無謬道中]"이란, 이해에 있어서도 잘못함이 없고 수지에 있어서도 잘못함이 없다는 말입니다. 우리는 수지를 함에 있어서 모두 자신의 견해를 더해서 수증(修證)하기 때문에 항상 그르칩니다. "도 가운데 그릇됨이 없이" 스스로 도를 깨닫고 명심견성을 해야 합니다. 명심견성을 한 후라야 비로소 해탈할 수 있습니다. 진정으로 수승한 해탈은 명심견성을 해야 비로소 얻을 수 있습니다. 그렇게 되면 아주 빨리 실성(實性)의 증득을 생기(生起)하는데, 반야실성(般若實性)은 바로 본체와 합일되는 것입니다. "바르게 수행하고 조정함[正行調]"은 조화로운 법문을 바르게 수행함입니다. 예를 들어 여러분은 이미 여러 해 불법을 배웠고 화두를 참구했으며 지관 수행도 했고 백골관도 아마 한 번은 수지했을 것입니다. 특히 일부는 아주 여러 번 수지했습니다! 그런데 지금까지도 조정할 줄 모릅니다. 팔만사천 법문이 모두 대치(對治) 법문이며 틀에 박힌 것이 아니므로, 개개인이 스스로 어떤 때에는 어떤 법을 중심으로 수지해야 하는지를 잘 알아야 합니다. 몸과 마음에 생리와 심리가 일으키는 변화에 대해 각기 다른 법문을

사용해서 적절히 다스릴〔調理〕 줄 알아야 합니다. 때로는 감기에 걸리거나 혹 기분이 안 좋거나 혹 외부 인연이 바르지 못하다면 자신이 그때그때 알아서 조정해야 합니다.

선종의 백장선사가 자신의 사부인 마조선사(馬祖禪師)를 떠나서 널리 교화를 펼치자, 절에 천 명 가량의 많은 사람이 몰려왔고 백장은 방장이 되었습니다. 하지만 마조는 여전히 안심하지 못하고 제자를 시켜 음식을 만드는 간장 세 단지를 그에게 보냈습니다. 그것을 본 백장은 간장 세 단지를 가리키며 대중에게 말했습니다. "내 스승께서 보내신 간장이다. 만약 여러분 중에 맞게 대답하는 사람이 있으면 깨트리지 않을 것이고, 만약 아무도 대답하지 못한다면 깨트려 버릴 것이다!" 대중은 서로 얼굴을 바라보며 아무도 대답하지 못했습니다. 백장은 그 간장 세 단지를 몽둥이로 다 깨트려 버리고, 가져온 사람에게 이렇게 말했습니다. "돌아가서 사부님께 말씀드려라. 이런 것이 모자란 적은 없다고." 이 말은 자신이 조정할 줄 안다는 뜻입니다. 이런 공안은 선종 안에서 한 건에 그치지 않고 두세 건 비슷한 것이 있습니다. 사부가 된 사람은 자신이 법을 전수해 준 제자에 대해 안심하지 못한다는 것을 잘 보여 주는 일화입니다. 마치 자식이 팔십이 되어도 부모가 아직 살아 있다면 자식을 어린아이로 여기고 안심하지 못하는 것과 같습니다.

백장의 행동은 사부에게 대답한 것이나 마찬가지였습니다. 그는 스스로 잘 조정할 줄 알았습니다. 여러분은 선종이 '펑' 하고 단번에 깨닫는 것이며 깨달은 후에는 별거 없다고 생각하지만, 그렇게 간단한 것이 아닙니다. 수지는 대단히 어려운 일이며 영원히 자신을 다스릴〔調理〕 줄 알아야 합니다. 많은 친구들이 열심히 수지하면서도 스스로 다스릴 줄을 모릅니다. 다스린다〔調理〕는 것은 수시로 조정할 줄 알아야 함인데, 때로는 마장(魔障)이 일어나는 것도 알지 못합니다. 특히 수련이 깊어질수록 수도(修道)가 진보할수록 미세한 마장은 스스로도 잘 알지 못합니다. 그 마장들은 너무나 미세해서 자신이 느끼기에는 번뇌도 일어나지 않고 마음도 흔들리지 않는다고 생각하지만, 사실은 이미 일찌감치 마음이 흔들렸습니다. 신구의(身口意) 삼업은 절대적인 청정 도덕을 요구하며 반드시 수시로 조정할 줄 알아야 합니다. 이것은 대단히 어려운 일입니다. 그래서 그는 말했습니다. 도를 깨달은 후에 해탈도를 얻었을 때 비로소 아주 빨리 무상의 실성(實性)을 증득할 수 있습니다. 명심견성을 증득한 후에 알맞게 제때 수행하는 이것이 바로 바른 수행[正行] 바른 수지[正修持]입니다.

## 정성스럽고 간절한 마음이 가행이다

견도(見道)한 이후에 반드시 수도(修道)해야 합니다. 만약 아직 견도를 못했다면 수행한 것은 모두 여전히 전행(前行) 즉 가행(加行)일 뿐이므로 믿을 것이 못 됩니다. 진정으로 견도한 후에 해탈을 얻으면, 다스리고[調理] 수정(修正)할 줄 알므로 "장애와 어려움이 없이 실지에 다가간다[而無礙難·近悉地]"고 했습니다. 비로소 아무런 방해 없이 성불의 실지(悉地)에 접근하는데, 그 경계에 도달해야 비로소 성취합니다. 그때 찰나에 갑자기 깨달아서 무량한 공덕을 전부 구족하게 됩니다. 다시 돌아와서 말하면, 여러분은 전행에서 수지하는 가행을 적당히 아무렇게나 해도 된다고 생각해서는 안 됩니다. 그것은 대충해서는 안 되는 것입니다. 유비가 자신의 아들에게 "선이 작다고 하지 않아서는 안 되며, 악이 작다고 해서는 안 된다[勿以善小而不爲, 勿以惡小而爲之]"라고 당부했던 것처럼 말입니다. 우리가 지금 정식으로 수지를 이야기하고는 있지만, 재가와 출가를 막론하고 전행의 준비인 가행도(加行道)를 수지한 적이 전혀 없고 그럴 자격도 안 됩니다. 도무지 기초가 없습니다. 배불(拜佛) 예불(禮佛) 이런 것들이 모두 가행인데, 정성을 다해 공경하는[誠敬] 마음조차 일으키지 못했으니 가행도를 수지하지 않은 것이나 마찬가지입니다.

마치 집을 짓는 것처럼 먼저 바깥에 골격을 세우고 모든 준비가 끝나야 비로소 기초를 다질 수 있는데, 이런 것이 다 가행도(加行道)입니다. 요즘 사람들이 부처님을 배우는 것을 보면, 특히 요즘 지식인들은 부처님을 배우더라도 이런 것은 절대로 하려 들지 않습니다. 너무 미신에 가깝다고 생각해서 하지 않는 것입니다. 그래서 교화할 때에도 이 법문은 내던져 버리고 방편을 가지고 다가갑니다. 하지만 자신이 정말로 소견(所見)을 지니게 되면 공경심이 일어나고 분명히 알게 됩니다. 그러나 그런 사람이 너무 적기 때문에 우리는 수지할 때 마땅히 먼저 이해해야 합니다.

출가와 재가를 포함해서 여러분은 무엇 때문에 수지가 그토록 어렵습니까? 솔직히 말해서 대부분 전행의 기초는 아예 준비하지 않고 그저 감정적으로 출가했습니다. 이성적으로 출가했다면 이러한 수지의 전행이 아주 엄격했을 것이고 많은 불경을 봤을 겁니다. 하지만 우리가 경전을 보는 태도는 대강 훑는 정도입니다. 현대인은 특히 빠른 것을 좋아해서 빨리 할 수 있으면 좋아하고 기초적인 것은 그다지 좋아하지 않습니다. 그래서 전행의 수지를 소홀히 여깁니다. 지식인들이 이런 잘못을 더 쉽사리 범하는데, 그들은 이해 위에서 하는 것을 좋아합니다.

실제로 전행의 심리는 바로 어리석은 남자[愚夫] 어리석은 여자[愚婦]의 믿음이니, 그것이 전적으로 옳습니다. 지극히 고명하면서도 그 도는 중용을 따르니[極高明而道中庸], 가장 높은 곳에 이르러 뒤돌아보면 그 어리석은 남자 어리석은 여자의 성실한 믿음이 옳으며 또한 그 도가 치우치지 않았습니다. 우리는 참으로 가련하게도, 하는 것이 모두 얼치기입니다. 위로는 제일류의 최상의 지혜[上上智]에 이르지 못하고 아래로는 맨 아래 수준의 수행법도 제대로 하지 못하면서 기본을 따르지 않으니 그 때문에 성취가 어렵습니다. 이것은 제가 여러분에게 간절하게 하는 솔직한 말입니다. 제 개인의 경험을 말씀드리자면, 젊은 시절에 이런 것을 수행했는데 솔직히 말해 제가 걸었던 노선은 여러분과 달랐습니다. 저는 맹목적으로 믿지〔迷信〕 않았지만 대단히 성실했습니다. 미신과 성실은 얼핏 보기에는 똑같아 보여도 사실은 차이가 있습니다. 마땅히 해야 할 것은 저는 곧바로 했으며, 할 때는 성실했습니다. 절대로 자신을 총명하다 여겨서 형식주의로 흐르지 않았으며, 그렇게 될 것 같으면 차라리 하지 않았습니다. 배불(拜佛)을 예로 들어 보겠습니다. 밀종의 공양을 수행할 것 같으면, 언제 물을 공양해야 하고 차를 끓여 공양해야 한다면 저는 그 시간에 반드시 공양했습니다. 지금 돌이켜 생각해 보면, 아마도 저의 성격이 여러분과는 달라서일 것입니다.

하지만 제가 다른 사람을 가르치기 시작할 때에는 제 방법이 완전히 바뀌었습니다. 시대가 변한 것을 보았기 때문입니다. 시대가 변했는데 옛 규칙을 그대로 따른다면 그것은 정말 안 됩니다. 그런데 저는 그 방법 역시 큰 문제라는 사실을 발견했습니다. 다른 사람으로 하여금 이 기초를 따라 걸어가게 하지 않음으로써 결국은 그 사람을 그르치고 말았기 때문입니다. 이해라는 측면에서는 아주 총명하게 깨닫는 것 같고, 의경(意境)의 측면에서도 심득(心得)하는 바가 있는 것 같은데, 실제로는 하나도 해내지 못합니다. 이것은 여러분 특히 이 세대의 청년 동학들의 문제이며, 앞으로 갈수록 더 어려울 것입니다.

여러분은 모두 부처님의 계행을 숭배하며 동시에 인의 도덕 및 인륜의 질서를 숭배합니다. 솔직히 말해서 여러분이 인륜의 질서를 준수하려는 것은 어리석은 남자 어리석은 여자의 수행과 마찬가지로 아주 고리타분합니다. 하지만 진지하게 행하면 어리석은 남자의 고리타분함도 반드시 성취를 거두게 됩니다. 인류 질서를 지식인들이 아무리 찬양한들 진정으로 실행해 냈습니까? 그렇지 않습니다! 특히 우리 현대인들은 동양의 인륜 질서와 서양의 인륜 질서를 뒤섞어 가지고 놀면서 자신까지도 우롱하고 있습니다. 이것은 제가 직접 체험한 일입니다. 그렇기 때문에 요즘 사람들이 성취하기가 어려운 것은 바로 이 부분에 있습니다. 참으로 문화 수양을 이야기할 것 같으면 사실 『중용』에서 "지극한 정성의 도는 앞날을 알 수 있다〔至誠之道, 可以前知〕"고 했는데, 어리석은 남자 어리석은 여자의 믿음이 절대적인 지극한 정성〔至誠〕입니다. 인과율을 믿으며 보시를 하고 선행을 하든, 고개를 조아려 절을 하며 향을 사르든, 바나나 몇 송이를 사서 부처님께 절을 하든, 그들은 총명할 필요도 없고 해석할 필요도 없습니다. 그렇기 때문에 그들은 틀림없이 복보를 얻을 것입니다. 우리 같은 사람이 문제입니다! 미안하지만 현찰 일 억을 가지고 와서 바친다 할지라도 많은 복보를 얻지 못할 것입니다. 왜냐하면 간절하지도 않고 딴 마음을 품고 있기 때문입니다. 일념의 지극한 정성이 바로 그런 모습이기 때문에 지식인들의 수도(修道)가 어려운 것입니다. 여러분은 특별히 주의해야 합니다. 재가든 출가든 모두 교육을 받았기 때문에 여러분은 모두 지식인의 범주에 속합니다.

## 전행 수행법의 네 단계

"大圓滿次第者, 於自性菩提心無作本住之前, 無常(一). 大悲菩提心(二). 現有生起爲佛土及佛而誦呪, 心持微細瑜伽(三). 觀想上師瑜伽而作啓請等(四)(대원만의 순서는, 자성 보리심이 짓는 바 없이 본래 머무르기 전에, 무상이 첫 번째이다. 대비 보리심이 두 번째이다. 현유에서 생기하여 불국토와 부처님을 위해 주문을 암송하고, 마음에 미세한 유가를 유지함이 세 번째이다. 상사의 유가를 관상하고 아뢰어 청함이 네 번째이다)." 지금 여러분에게 대원만을 수행하는 순서를 말씀드리고 있는데, 먼저 법재려지(法財侶地)에서 지(地)를 얻고 그런 후에 도반(道伴)을 찾습니다. 생활에서 모든 준비가 된 후에 전행을 수행합니다. 법(法)의 관정을 얻고 사관정(四灌頂)을 얻은 다음에는 먼저 상사상응법을 수행해야 합니다. 티베트 밀종의 라마승 출가인은 삼 년간 상사상응법을 수행해야 합니다. 삼 년 동안 상사의 주문을 외우고 상사를 관상하는 등, 정해진 순서가 있고 정해진 시간이 있습니다. 삼 년 후에 정식으로 법을 전해 줍니다.

이제 대원만을 수행하는 단계에 따르면 첫 걸음이 '자성 보리심'입니다. 이 말에 주의하십시오! 우리는 보리를 증득하고 성불하는 것을 아누다라삼먁삼보리를 얻었다고 부르는데 대철대오(大徹大悟)입니다. 무엇을 깨달을까요? 자성을 본래 지니고 있음[自性本有]을 깨닫습니다. 우리가 부처님을 배우는 것은 자신의 본성을 찾고 싶어서입니다. 본성을 발견하게 되면 자연스럽게 보리심을 일으킵니다. 바꾸어 말하면 보리심이 일어나는 것이 바로 자성이 눈앞에 나타난 것입니다. 자성 보리심은 "짓는 바가 없으니[無作]", 짓는 바가 없는 본래 머무름[本住]입니다. 바로 『금강경』에서, "마땅히 머무르는 바 없으되 그 마음을 낸다[應無所住而生其心]"라는 말입니다. 그러므로 대승도의 공(空) 무상(無相) 무원(無願)에서 무원(無願)이 바로 무작(無作)입니다. 사실 우리가 자신의 심성 본체를 가지고 말한다면, 일체 중생의 이 자성이라는 것은 짓는 바가 없고[無作] 머무르는 바가 없습니다[無住].

제가 예를 들어 보겠는데 조금 전에 있었던 일이 제가 한 말을 설명해 줍니다. 오늘 오후에 아들과 한참 이야기를 나누었습니다. 그 아이는 미국에서 동문회 회장을 맡고 있는데 이번에 귀국한 이유가 저에게 이런 질문을 하기 위해서였습니다. 아들이 말했습니다. "항상 느끼지만 사람으로 처신하는 것은 정말 재미가 없습니다. 모든 것을 제대로 하고 싶었는데 결국에는 하나도 제대로 되지 않고, 그러다 보니 결국 공(空)이 되어 버렸습니다. 그런데도 스스로 비워 버리지도 못합니다. 관여해야 할 일은 너무 많고, 대외적인 연락 특히 내년에는 동양인이 더 많이 건너올 텐데 모두 저를 찾아와서 번거롭게 하겠지요. 어떤 때는 귀찮아서 도무지 살고 싶지 않습니다. 견디지 못하고 폭발할 것 같아요."

아들은 그때 인생이라는 것이 꿈을 꾸고 있는 것임을 발견했다고 했습니다. "그렇다면 우리는 무엇 때문에 사람으로 처신해야 할까요? 왜 지금 이런 일이 벌어지는 걸까요? 이런 번뇌가 어째서 이토록 지독할까요? 바빠서 하루 네 시간밖에 못 자는데, 가끔은 누워서 이 문제를 생각해 봅니다. 그러면 아뿔싸! 머릿속이 너무나 또렷해지면서 더 잠이 오지 않습니다. 그런 생각이 더 빨리 찾아옵니다." 그러고 나서 이렇게 말했습니다. "별 수 없어요. 결국에는 되돌아와서 다시 확실하게 하는 수밖에 없습니다." "본래 머무르는 바가 없음〔本無所住〕"의 도리를 이야기했더니, 아들이 물었습니다. "본래 머무르는 바가 없다면, 그렇다면 공(空)이 되어 버리지 않았습니까?" 아들이 공부하는 것이 원자나 핵 계열의 이론이기 때문에 저는 전기에너지 같은 것을 예로 들어 주었습니다. 제가 말했습니다. "네가 알고 있는 그 '공(空)이 되어 버린' 것은 현상이다." 그러자 아들이 말했습니다. "아, 그러고 보니 그런 것 같네요. 조금은 알 것 같습니다."

나중에 더 이야기하다 보니 아들은 미국에서 선종을 접했는데, 일반적인 관념의 영향을 받아 선종을 배운 후에는 자연스럽게 생각〔思想〕이 없어진다고 여기고 있었습니다. 저는 그것이 일반인의 큰 착각이며, 공(空)을 아무것도 없는 것이라고 오해하고 있다고 말해 주었습니다. 사실 이 공(空)이라는 것은 하나의 대명사입니다. 불경에서 말하는 "본래 공이다〔本

來空〕"는 무엇입니까? 일체 현상이 모두 변해 간다는 것을 간단히 귀납시켜서 '공'이라고 부르는 것입니다. 공이라는 것이 어떠한 사물도 없는 것이라고 여긴다면, 그것은 단견(斷見)이며 옳지 않습니다. 그렇기 때문에 "본래 머무르는 바가 없다〔本無所住〕"는 말은 본래 머무른다〔本住〕라고도 말할 수 있습니다. 머무르는 바가 없음〔無所住〕이란 현상이 변해 가는 것을 말하는데, 그것의 기능 본체는 본주(本住) 즉 본래 머무름이니 결코 움직이지 않습니다. 그렇기 때문에 자성 보리심은 "짓는 바 없이 본래 머무르는〔無作本住〕" 것입니다. 이 말에 주의해야 합니다. 만약 여러분이 화두를 참구하려고 한다면 이것이 바로 큰 화두입니다. 참구해서 통(通)하게 되었다면 그것이 맞습니다. 자성 보리심은 짓는 바가 없고 본래 머무르며, 변화가 없습니다. 아무리 번뇌하고 윤회하더라도, 어떻게 변하더라도 자성은 본래 머무릅니다. 그뿐 아니라 머무르면서 머무르는 바가 없습니다. 인생의 일체 짓는 것〔所作〕은, 지었는데도 짓지 않은 것과 같고 짓는 바가 없으면서 짓습니다. 이런 도리를 관찰해서 통(通)하고자 하는 것이 바로 참구해서 통함이니, 선종이 걷는 것이 바로 이런 노선입니다. 그러므로 선종은 대밀종이며 기본적인 노선을 걸어갈 뿐, 이런 전행과 후행이 필요 없습니다. 도달하면 그것으로 끝입니다. 하지만 그것이 어렵지요!

　"자성 보리심이 짓는 바 없이 본래 머무르기 전에〔自性菩提心無作本住之前〕" 첫 번째는 바로 '무상(無常)'이라고 말합니다. 일체 현상은 모두 무상하니 영원히 존재하지 않고 변합니다. 이 자리에서 부처님을 배우는 우리가 단지 일 초라도 자세히 반성해 본다면, 우리는 무상이라는 도리에 대해 알고는 있습니다. 하지만 정작 정좌 수련을 하면서는 다들 하나의 '상(常)'을 붙잡고 있습니다. 바로 이런 잘못을 범하는 것입니다. 보십시오. 거의 모든 사람이 이렇게 말합니다. "선생님, 어제 생각이 청정해지는 그 경계가 아주 좋았습니다!" 그러면 저는 이렇게 말합니다. "아주 좋지요! 그런데 오늘은 변해 버리고 없어져 버렸지요!" 저의 이 말을 이제는 여러분도 이해하시겠습니까? 어제는 어제고 오늘은 당연히 변해 버렸는데 무엇 때문에 저한테 묻습니까! 제행(諸行)이 무상(無常)하고 일체가 공(空)인데, 우리의 관념은 오히려 무상 가운데서 상(常)을 잡으려고 하고 있습니다. 그렇지 않습니까? 틀렸습니까?

어차피 "제행이 무상하고 일체가 공인데," 여러분의 그 청정하고 미묘한 경계는 일체 안에 속하지 않습니까? 그 청정한 경계 역시 당연히 무상합니다! 왜 여러분은 한사코 그것을 '상(常)'으로 바꾸고 싶어 합니까? 여러분은 일체의 경계 역시 현상이며 일체의 현상은 무상(無常)해서 변한다는 것을 알고 있습니다. 경계를 생겨나게 할 수 있는 그 능력[能]은 본래 머무릅니다[本住]. 짓는 바가 없고 머무르는 바가 없으므로[無作無住], 그것은 본디부터 여러분의 수증을 필요로 하지 않습니다. 이런 도리를 이해해야 합니다! 이것이 무상(無上)의 큰 도이며 무상의 밀법이기도 합니다! 밀종에서는 대단한 것이지만, 저는 이렇게 가볍게 여러분에게 이야기해 주었으며 여러분에게 화두를 참구하라고 요구하지도 않습니다. 여러분이 그래도 모른다면 저로서도 방법이 없으니 이 무상(無常)은 그냥 넘어가겠습니다. 소승에서 말하기를 "제행이 무상함은 생멸법이거늘, 생멸조차 없어져 버리면 적멸이 즐거움이 된다[諸行無常, 是生滅法, 生滅滅已, 寂滅爲樂]"라고 했는데, 이는 대승도 마찬가지입니다. 생멸은 당연히 없어져야 하며, 생멸이 없어진 후에는 적멸이라는 것이 있습니다! 생멸의 경계 가운데서 생멸을 일으킬 수 있는 그것이 적멸입니다. 일으키고서[起] 고요해지고[寂] 없어지니[滅], 여기에 어떻게 대승과 소승의 차이가 있겠습니까? 만약 이런 도리에 통하지 못하면 무슨 법을 배우든 무슨 법을 수지하든 성장이 있을 수 없습니다. 도리에 밝지 못하니 법을 수지하더라도 진보가 없습니다. 여러분은 수련이라고 하면 하루 온종일 띳집[茅棚]에 머무르며 폐관하고 싶어 하지만, 띳집은 무슨 띳집입니까! 띳집이건 띳집이 아니건 똑같습니다. '띳집〔茅棚〕'과 '변소〔茅厠〕'는 한 글자 차이입니다. 뭐 다를 게 있습니까? 그렇기 때문에 자성 보리심은 짓는 바 없이 본래 머무르기에〔無作本住〕 일체가 무상하다는 것을 이해해야 합니다.

첫 단계는 일체 무상의 도리입니다. 중생이 알지 못하는 것을 보고 '대비 보리심'을 일으키는 것이 두 번째 단계입니다. 우리가 자식을 가르치는 것과 똑같으니, 그처럼 명백한 도리를 자식이 아무리 해도 이해하지 못하면 우리 마음은 틀림없이 너무나도 괴로울 겁니다. 그렇게 되면 자연스럽게 대비심을 일으키게 되고 각종 변통(變通)의 방편 방법을 다 동원해서 가르치려 들 것입니다. 심성의 도리는 그처럼 명백합니다. 일체 중생은 본디 재물의 주인〔財主〕인데 어쩌다 가난뱅이가 되어 버렸는가 하는 것처럼 말이지요. 그러므로 대원만을 수행하는 순서는, '자성 보리심'은 짓는 바 없이 본래 머무른다는 이 기본 원칙을 먼저 알아야 합니다. 그 속에 포함된 네 가지 요점을 먼저 이해해야 하는데, 첫 번째는 일체가 무상하다는 것이고 두 번째는 대비의 보리심을 일으켜야 한다는 것입니다. 자신만을 위해 수행하는 것이 아니라 중생을 위해 수행해야 합니다.

예를 들어 수행하는 사람들을 보면, 아무리 대비심 보리심을 강조해도 친구가 됐건 도우(道友)가 됐건 동참(同參)[170]이 됐건 함께 있기만 하면 대비심은 고사하고 박애의 마음조차 없습니다. 탐진치의 마음과 오만하고 고상한 마음이 너무도 강하니, 어떻게 불법을 배운다고 하겠습니까! 제가 겉으로는 여러분을 추어주고 격려하지만, 사실 솔직히 말한다면 여러분에게 어디 불법을 배울 자격이 있습니까? 평소 도리를 이야기하면서 허풍이나 치고, 심는 것이라고는 악도(惡道)의 업입니다. 물론 생활의 모든 측면에서

---

170 승려와 신도가 한 법회에 참례하여 같이 정업(淨業)을 닦는 일.

남을 이롭게 하려는 생각을 지니기란 대단히 어렵습니다. 그렇기 때문에 거듭 이야기하지만 '성심(誠心)'을 일으키는 것으로부터 시작해야 합니다.

세 번째는 "현유에서 생기하여 불국토와 부처님을 위해 주문을 암송하고〔現有生起爲佛土及佛而誦呪〕"입니다. 공중의 누각도 평지에서부터 세우 듯이, 불국토 청정의 청정 역시 자신의 일념(一念)의 청정에서부터 시작합니다. 우리가 주문을 외우거나 염불을 하는 것은 단지 자신만을 위해 간구하는 것이 아닙니다. 나를 위해 염불해야 할 뿐 아니라 부처님을 위해 염불하고 일체 중생을 위해 염불해야 합니다. "마음에 미세한 유가를 유지하고〔心持微細瑜伽〕" 즉 대단히 미세한 상응법을 유지해야 합니다. 미세한 유가라는 이 말은 아주 어렵습니다! 예를 들어 우리가 나무아미타불 혹은 '옴마니반메훔'을 외우는데, 여러분도 외워 보십시오. 마음속으로 외우더라도 이것은 아주 거칠게 외우는 것입니다. '미세한 유가'란 이미 '아미타불'이라는 이 네 글자의 불호(佛號)가 없거나 혹은 주문이 없는 경지에 도달했는데도, 이 불호와 주문의 의경이 시종일관 지속적으로 존재하는 것입니다. 이것이 바로 머무름을 얻고〔得止〕정을 얻음〔得定〕입니다. 여러분이 이렇게 할 수만 있다면, 무슨 백골관이니 출입식이니 하는 것들이 모두 그 속에 들어 있습니다. 바꾸어 말하면, 백골관을 관할 수 있고 기맥을 관할 수 있다면 주문 역시 그 속에 들어 있습니다. 제가 늘 여러분은 타좌를 해도 정(定)을 얻지 못한다고 말하는데, 이런 마음으로는 정(定)할 수 없기 때문입니다. 미세한 유가도 해내지 못한 채 모두가 몸에 있는 이 감각을 가지고 놀고 있으니, 그것은 가장 거칠고 거친 마음입니다! 너무 거칠어서 미세한 유가를 해내지 못합니다.

네 번째는 "상사의 유가를 관상하고 아뢰어 청함〔觀想上師瑜伽而作啓請等〕"입니다. 상사를 관상하고 상사의 가피를 비는 등등입니다. 이제 주해를 보겠습니다.

"無不以此四種爲前行者, 如是行後, 卽入無謬誤之解脫道, 生起實性之義, 正行易修, 無有礙難, 速得無邊共不共悉地等利益, 且亦能成就其他也 (이 네 가지를 전행으로 삼지 않음이 없는 것은, 이처럼 행한 후에는 곧 오류가 없는 해탈도에 들어가 실성의 뜻을 생기고, 정행을 쉽게 수지하여 장애나 어려움 없이 가없는 공법과 불공법 실지 등의 이익을 빨리 얻고, 또 다른 것도 성취할 수가 있다)." 이 네 단계는 대단히 중요합니다. 이 네 가지 순서를 따라 수지하면 마치 집을 짓는 데 네 개의 큰 기둥을 세우면 대략 잘못될 일이 없는 것처럼 수행이 잘못된 길로 가지 않으니, 이 해탈도에 이미 초보적으로 도달합니다. 그때 자성은 본래 청정하다는 이치에 도달하게 되어 수행의 정행(正行)을 쉽게 수지하고 빨리 성취를 얻는데, 공법(共法) 불공법(不共法) 일체의 '실지(悉地)' 같은 이익을 모두 성취합니다. 불법을 이해할 뿐 아니라 일체의 외도(外道)를 이해하고 모두 알게 됩니다. 그뿐 아니라 모든 학문에 이르기까지 배우고자 하는 것은 금방 이해하게 되고 차별지(差別智)를 지니게 됩니다.

그런 까닭에 선종의 오조는 "본성을 보지 못하면 법을 수행해도 이익이 없다[不見本性, 修法無益]"라고 했습니다. 바꾸어 말하면 본성을 어떻게 볼까요? 여러분은 선(禪)의 지식, 불학의 지식을 지니고 있습니다. 그렇기 때문에 본성을 본다고 하면 공(空)을 보고 청정을 보고 일념도 일어나지 않는 것이라고 생각합니다. 틀렸습니다. 실제로 반드시 공(空)이라야 비로소 본성을 보게 될까요? 공은 일념이 지극히 성실하면 도달할 수 있습니다. '공(空)'법에 도달하고 '유(有)'법에도 도달하는데, '유'는 본성이 일으키는 것이 아닙니까? 이런! 어쩌면 그렇게도 어리석습니까! 하루 온종일 공(空)을 구하는데, 무엇을 비운다[空]는 말입니까? "제법은 공의 모습입니다[是諸法空相]!" 현상은 본디 공(空)입니다! 여러분이 비우지 못하는 그것이 바로 유(有)이니, 이미 도달하지 않았습니까? 『능엄경』에서는 여러분에게 말하기를, 일체를 모두 '돌려보낼[還]' 수 있다고 합니다. 바로 비워 버릴 수 있다는 말입니다. 그런데 돌려보낼 수 없는 것이 하나 있습니다. 아무리 해도 비워 버릴 수 없는 것으로, 몸에도 속하지 않고 마음에도 속하지 않습니다. 부처님께서는 아난에게 이렇게 말씀하셨습니다. "네가 아니고 누구이겠느냐[非汝而誰]." 그것은 여러분의 본성이 아니고 무엇이겠습니까? 문자 기록은 '비여이수(非汝而誰)'라는 네 글자입니다. 즉 "돌려보낼 수 없는 이것은 네가 아니면 무엇이겠느냐?"는 뜻입니다. 이것이 바로 여러분의 본성인데 무엇 때문에 군이 공(空)을 구합니까? 여러분이 날마다 외우는 것이 "시제법공상(是諸法空相)"입니다. 그러므로 이것을 알면 자연스럽게 성취가 찾아옵니다. 그래서 제가 늘 여러분은 모두 감각에 묶여 있다고 말하는 겁니다. 바로 이렇게 말입니다.

"近世皆未具前行而修道者甚多, 故名錯誤者. 現當指示正行道, 初總示者(근세에는 모두 전행을 갖추지 않았는데 수도하는 자가 매우 많으니, 그런 까닭에 잘못이라고 부르는 것이다. 이제 마땅히 정행도를 가리켜 보이니, 처음은 총괄하여 보인다)." 이 법본을 전한 것이 송원(宋元) 때였는데 당시에 이미 한탄하고 있고, 천 년 후인 지금의 우리 역시 한탄하고 있습니다. 후인들이 우리를 보면 또 한탄하겠지요. 그가 말했습니다. "근대 일반인들의 수행은, 전행의 준비가 충분하지 않은데도 수도를 하고 그런 방식으로 큰 도를 수행하고자 한다. 이런 사람들이 너무 많기 때문에 잘못이라고 하는 것이다. 이제 우리에게 정행도(正行道), 대원만 정행의 수행법을 가르쳐 보인다."

## 정행도의 수행법

정행의 자성 혹 낙과 명 및 무념법이 실성을 보이니, 광명하여 희론을 떠난 지혜가, 본래 함께 생겨나는 것을 나타낸다.

正行自性·或樂明, 及無念法·示實性, 光明離戲之智慧, 乃現本元俱生者.

---

이것은 우리에게 어떻게 명심견성을 하는지, 어떻게 즐거움[樂]을 얻고 광명(光明)을 얻는지, 어떻게 무념(無念)에 도달하는지를 말해 줍니다. 방금 전에 말씀드린 것을 잊어버리면 안 됩니다. 전행을 제대로 준비해야 이런 수행법을 거론할 수가 있습니다. 한 덩이 광명 가운데서 일체의 희론(戲論)을 떠나게 됩니다. 희론은 바로 우스갯소리입니다. 공(空)을 이야기해도 우스갯소리이며 유(有)를 거론해도 우스갯소리입니다. 비공비유(非空非有)도 농담이고 즉공즉유(卽空卽有) 역시 농담입니다. 나는 얻을 만하고 수행할 만한 도(道)를 지녔다고 말해도 그 모두가 우스갯소리인 희론입니다.

'이희(離戲)'는 희론을 떠나는 것으로, 바로 정론(正論)입니다. 자성광명하여 희론을 떠난 이 지혜는 자성이 눈앞에 나타나서 즐거움[樂]을 얻고 광명(光明)을 얻어 무념(無念)에 도달하고 나아가 무희론(無戲論)에 이르는 것입니다. 본래 함께 생겨난[本元俱生] 것이 바로 본성의 경계요 자성의 경계이니, 진정으로 명심견성을 하면 이런 것은 자연스럽게 지니게 됩니다. 육조가 "자성이 본래 스스로 구족하였음을 어찌 알았으랴[何期自性本自具足]"라고 말했듯이, 여러분이 본래 구비한 것이지 수행으로 얻는 것이 아닙니다. '본원구생(本元俱生)'이란 바로 본래 구비했다는 말입니다. 이제 여러분은 대원만의 경계를 알았습니다. 자성이 공(空)하고 즐겁고[樂] 밝고[明] 무념(無念)하고 광명하여 희론을 떠난 지혜입니다. 여러분은 자신을 관찰해 보십시오. 공하고 즐겁고 밝고 무념하고 광명하여 희론을 떠난 지혜를 지니고 있습니까? 공(空)을 찾으려고 하지 마십시오. 공을 찾는 자체가 이미 공이 아닙니다. 모두가 "본래 함께 생겨나는 것"이니 짓는 바가 없습니다[無作]. 이런 도리를 이해하지 못해 아래에서 계속 설명합니다.

하지만 설명하면 할수록 점차 더 멀어지는데, 그렇더라도 설명하는 수밖에 달리 방법이 없습니다.

"譬如薪非火, 然由方便, 能見火燃者(비유하자면 땔나무는 불이 아니지만, 방편으로 말미암아 불이 타는 것을 볼 수 있는 것과 같다)." 비유하자면 목재는 불이 아니고 장작일 뿐이지만, 나무 장작을 떠나서는 불을 일으키지 못하는 것과 같습니다. 불은 타는 장작과 분리될 수 없으며 장작이 있어야 불을 일으킵니다. 불은 장작을 태움으로써 생겨나는 것이기 때문에, 장작이 불의 방편법입니다. 우리는 장작을 태워야 비로소 불의 연소를 볼 수 있습니다. 이것은 하나의 비유로서, 이러한 도리를 설명해 줍니다. 이 비유는 아주 재미있습니다. 마치 백마는 희지 않다[白馬非白]는 논리와 같습니다. 희기는 흰데, 희다고 다 말은 아닙니다. 백마는 백마인데, 백마가 흰 것을 대표하지는 않으며 단지 한 필의 백마를 대표할 뿐입니다. 그렇기 때문에 백마는 희지 않습니다.

"如同樂明無念三者, 非自然智慧本元俱生之眞實(마치 낙 명 무념의 세 가지는, 자연 지혜가 본래 구비한 진실이 아님과 같다)." 비유하자면 조금 전에 말했던 낙(樂) 명(明) 무념(無念)이라는 이 세 가지는, 우리의 자연 지혜가 본래 생명과 함께 지닌 것이 결코 아니며 본래의 모습이 아닌 것과 같습니다. 여러분은 낙·명·무념이 여전히 현상임을 알아야 합니다! 만약 낙·명·무념을 본성이라 여긴다면, 참으로 멍청이 중에서도 바보 멍청이이며 자신에게 속아 넘어간 것입니다. 지금 우리에게 분명하게 말해 주는데, 이것은 여전히 현상이며 여전히 본성의 투영입니다. 우리는 스스로를 속여서는 안 됩니다. 이것은 여전히 자연 지혜가 본래 구비한 것이 아닙니다.

"然以精勤行故(그러나 정성스럽고 부지런히 수행한 까닭이다)." 그렇지만 말입니다! 공력(功力)이 이르면 공력의 인도로 자연스럽게 낙(樂) 명(明) 무념(無念)이 발생합니다. 여러분은 말합니다. "저는 자성이 본래 스스로 구족하고 있음을 이미 알았고 또 도를 깨달았는데도, 광명이 없고 쾌락이 없습니다. 즐거움, 밝음, 무념이 다 없다니까요!" 그것은 여러분의 그 장작이 비에 젖었기 때문입니다. 불이 붙지 않는 젖은 장작이니 무슨 소용이 있습니까? 마른 장작은 불만 붙이면 곧바로 타올라서 즐거움, 밝음, 무념이 틀림없이 찾아옵니다. 그러므로 땔나무가 불은 아니지만 불은 땔나무가 아니면 탈 수가 없습니다. 이런 도리를 깨닫기 위해서는 수련과 견지를 분명히 해야 합니다.

"樂由精之要生, 明由氣, 無念由脈, 此乃諸有信解恭敬於上師之要門者解之(낙은 정으로 말미암아 생기고, 명은 기로 말미암고, 무념은 맥으로 말미암으니, 이것은 상사의 요문을 이해하고 믿어서 공경하는 사람들이 깨닫는다)." 먼저 이 즐거움〔樂〕은 정(精)에서 생겨나고 밝음〔明〕은 기(氣)에서 생겨나며 무념(無念)은 맥(脈)에서 생겨난다고 풀이했습니다. 도가에서는 정기신(精氣神)을 말하지만 밀종에서는 정기맥(精氣脈)을 말하니, 서로 차이가 있습니다. 도가에서 말하는 신(神)은 맥(脈)이 아닙니다. 각기 자신의 훌륭한 부분이 있기 때문에 도가의 문제는 별도로 연구해야 합니다.

먼저 무엇이 정(精)인지 이해해야 합니다. 보통의 중국인은 잘못된 관념을 지니고 있습니다. 도(道)를 배우거나 불(佛)을 배우지 않았을 뿐 아니라, 서양의 지식도 잘못 배워서 정충과 난자를 정이라고 여깁니다. 물론 이 정(精)은 정충과 난자도 포함하지만 전신의 혈액, 호르몬, 진액(津液), 그리고 이른바 정력(精力)이라고 하는 것까지 포함합니다. 그런데 우리 같은 범부는 가엾게도 정력이 자라서 일정 정도에 이르면 고질병이 도집니다. 욕념이 따라서 생겨나는 것입니다. 실제로는 정(精)이 여러분을 자극해서 욕념이 생겨나는 것이 아니라, 정이 충만하기 때문에 몸의 기능을 일으킨 것이고 그로 인해 정신이 왕성해진 것입니다. 자연스럽게 여러분의 심리도 거기에 섞여 들어가서 심리적인 업력, 이른바 음(淫) 노(怒) 치(癡)

가 생겨나게 됩니다. 첫 번째로 오는 것이 바로 음욕의 생각입니다.

음욕과 정욕은 같은 것으로 그 정도가 다를 뿐입니다. 정(精)이 충만한 것은 좋은 일이기는 하지만 범부는 거의 대부분이 그냥 지나가지 못합니다. 나이가 많으면 아예 이런 문제가 없습니다. 정충과 난자가 없다는 말이 아니라, 온 신체의 정력이 쇠퇴하게 된다는 말입니다. 그런 까닭에 수도에서 첫 번째 어려움이 바로 이런 도리입니다. 예를 들어 우리 신체에는 많은 병이 있으며 심지어 타좌를 할 때에도 여기가 불편하다 거기는 기가 통하지 않는다 하는데, 그것은 정이 충만하지 않기 때문입니다. 그래서 즐거움(樂)을 일으키지 못합니다.

여러분은 고통을 참으며 그 자리에 앉아 있지만, 그 고통스러운 수련으로 죽는다 하더라도 아무 소용이 없습니다. 선종에서는 그런 것을 고목선(枯木禪)이라고 부릅니다. "고목나무가 차가운 바위에 기대어 있지만, 석 달 겨울을 온기라고는 없네(枯木倚寒巖, 三冬無暖氣)"라고 했습니다. 죽은 물과 죽은 용 한 마리, 죽은 용은 그래도 낫습니다. 죽은 뱀도 못 되고 죽은 개미입니다. 도무지 쓸모없는 물건이고 시체입니다. 수행에는 이런 어려움이 있습니다. 우리 동학 가운데 초보자가 약간의 경험을 하고 효과를 본 예를 들어 보겠습니다. 예를 들어 초(焦) 선생 같은 경우가 그렇습니다. 그가 지난번에 저에게 보고한 내용을 보았는데, 최근에 갑자기 몸에 초보적인 낙감(樂感)이 느껴졌다고 했습니다. 그는 나이가 적은 편도 아니지만 열심히 수련했기에 그런 반응이 되돌아온 것입니다. 이런 경우에는 욕(欲)의 문제가 아니라 오직 낙(樂)의 문제만 있습니다. 하지만 그의 이런 현상은 여전히 거친(粗) 것입니다.

그런 까닭에 불가와 도가의 첫 번째 계(戒), 특히 오로지 수지를 이야기할 때는 음(淫)을 경계하라고 합니다. 음을 경계함이란 바로 정(精)을 흘려버리지(漏失) 않는 것입니다. 누정(漏精)이라고 했을 때, 거친(粗) 흘려버림은 당연히 남녀 성관계이며 그 흘려버림이 가장 큽니다. 실제로는 평소 육근의 입구에서 일어나는 신체의 작용이 모두 흘려버림에 해당하는데, 생각이 어지러이 흐트러지면 흘리게 됩니다. 즐거움〔樂〕을 일으키지 못하는 것은 정(精)이 가득차지 않았기 때문입니다. 그렇다면 우리의 타좌는, 도가로 말한다면 노인이 어린아이로 돌아가고자 하는 것입니다. 초보 단계에서는 정(精)을 몸으로 되돌아가게 해서 형신(形神)이 하나가 되어야 합니다. 이것을 과연 누가 해낼 수 있을까요? 그렇기 때문에 도가에서는 환골탈태(換骨脫胎)를 요구합니다. 이것은 정충과 난자를 가리키는 말이 아니라 전체적인 정기신(精氣神)의 전화 작용을 가리킵니다.

그는 지금 분명하게 우리에게 말합니다. 즐거움〔樂〕 밝음〔明〕 무념(無念)은 결코 본래의 모습이 아닙니다. 본래의 모습과 서로 연관되면서 동시에 연관되지 않으니, 그것은 본래의 모습이 겉으로 드러난 현상일 뿐입니다. 마치 조금 전에 말씀드렸던 장작과 불의 비유처럼 말입니다. 그런데 여러분은 즐거움도 밝음도 무념도 얻지 못했으면서 도를 증득했다고 말하는데, 그런 일은 없습니다. 그런데 즐거움은 정(精)으로 말미암아 생겨납니다. 제가 지금 여러분에게 말씀드리는 것이 아주 중요합니다. 정(精)은 생겨나면 곧바로 쉽게 흘려버립니다〔漏〕. 흘려버리지 않는다고요? 그것은 여러분에게 정이 생겨나지 않았기 때문입니다. 생겨남〔生〕과 흘려버림〔漏〕은 완전히 동시적입니다. 부처님을 배우고 도를 수행하는 수많은 사람이 아무리 수련을 해도 한 사람도 성취하지 못하는 까닭이 바로 여기에 있습니다.

예를 들어 보통 사람은 정신이 충족되면 마음이 불안하고 기분이 안정되지 않아서 차분히 앉아 있지 못합니다. 밖으로 뛰어나가서 놀고 싶은 생각뿐입니다. 그렇다면 이럴 때 필요한 것이 무엇이겠습니까? 양기(養氣) 수련이 대치(對治)의 방편에 있어서는 비교적 도움을 줄 수 있습니다. 정

(精)이 나가 버리면 기(氣)도 흩어지고, 그렇게 되면 무념에는 결코 도달하지 못합니다. 말을 바꾸어서 이런 측면에서 말한다면, 우리는 부처님을 배우고 도를 배우는데도 왜 무념청정하지 못할까요? 우리의 이 심신이 충분히 건강하지 못하기 때문입니다. 심신이 절대적으로 건강한 사람은 자연스럽게 무념에 이르게 됩니다. 말 그대로 대단히 간단합니다. 심신이 절대적으로 건강하면 기(氣)가 자연스럽게 광명으로 변하고 정(精)도 자연스럽게 끊임없이 생겨납니다. 이 세 가지는 셋이면서 하나이고 하나이면서 셋이니, 서로 연결되어 있습니다. 도가 광성자(廣成子)의 말처럼, 정(情)이 마음속에서 움직이면 반드시 정(精)을 흔듭니다. 여기서 정(精)은 결코 정충과 난자의 정을 말하는 것이 아닙니다. 우리의 감정이 움직이고 희로애락이 마음을 움직이면, 정(精)은 이미 동요하고 있고 이미 정(精)을 잃어버렸습니다. 그래서 『능엄경』에서도 "식정은 원래 밝아[識精元明]" "시방세계를 둘러싼다[含裹十方]"고 언급했습니다. 거듭거듭 밝히지만 잘못을 저질러서는 안 됩니다.

무엇 때문에 사람들이 타좌를 해도 즐거움[樂]을 일으키지 못하는지, 정(定)에 들지 못하는지 이제 알았습니다. 모두 그 몸이 파루(破漏)했기 때문입니다. 우리는 피안으로 건너가고자 하면서 이러한 파루지신(破漏之身)이라는 배를 타려고 하니, 저 파도가 흉용하는 고해(苦海)를 어떻게 건널 수 있겠습니까? 건너가지 못합니다. 이 배는 절반도 못 가서 우리를 가라앉게 만들 것입니다. 그렇다면 광명은 또 무엇 때문에 일으키지 못할까요? 광명은 기(氣)로 말미암아 일어납니다. 그래서 제가 거듭 여러분에게 말씀드리는 것입니다. 『맹자』에서 양기(養氣)를 언급한 그 대목은 절대적인 진리이며, 그 어르신이 몸소 수지를 한 적이 있음을 알 수 있습니다. 아무렇게나 말한 것이 결코 아닙니다. 더욱이 맹자가 길렀던 그 기(氣)는 결코 호흡의 기가 아닙니다. 우리가 지금 기공(氣功)을 연마하고는 있지만, 이 기

(氣) 역시 장작이며 불은 아닙니다. 이 호흡의 기를 사용해서 자기 생명이 본래 지닌 원기(元氣)를 불태울 따름입니다. 만약 호흡을 이 기로 여긴다면 그 또한 틀렸습니다. 일반적으로 사회에는 이런 잘못된 인식이 가득합니다. 어떤 사람은 스스로 자신이 도를 지녔다고 말합니다. 어차피 도는 모든 사람의 것이기 때문에 누구든지 도를 지녔다고 말할 수는 있습니다. 하지만 우리는 도리(道理)상 어떤 것이 옳고 어떤 것이 그른지 알아야 합니다. 이것이 아주 중요합니다.

'밝음〔明〕'은 기(氣)로 말미암아 생겨나고 '무념(無念)'은 '맥(脈)'으로 말미암아 생겨나는데, 맥은 신경이 아닙니다. 신경은 맥의 장작에 불과하며 불이 아닙니다. 기맥이 통하니, 맥이 풀리면 곧 심장이 열리고 자연히 무념이 됩니다. 무념은 아무런 생각이 없음을 말하는 것이 결코 아닙니다. 여러분은 비록 망념이 없다고 하지만, 여전히 받아들이고〔感受〕 느끼고〔感覺〕 있습니다. 이것은 염(念)이 아닙니까? 색(色) 수(受) 상(想) 행(行) 식(識)이 모두 일념입니다. 『능엄경』에서 말한 오음(五陰)의 해탈이 바로 일념의 해탈입니다.

그렇기 때문에 이런 정(精)이 어떻게 즐거움〔樂〕으로 변하며 기(氣)가 어떻게 광명으로 변하며 맥(脈)이 어떻게 무념으로 변하는지는, 모두 성취와 경험을 지닌 상사에 의지해야 한다고 말하는 것입니다. 상사를 더욱 공경하고 확실하게 이해해서 굳게 믿은 후에, 상사가 여러분에게 법요를 전해 주고 상사의 경험과 지도를 얻어야만 비로소 해탈을 얻을 수 있습니다.

"其智慧者, 如廣大境界經云: 深·寂·離戲·光(光卽光明)·無作, 我獲此如甘露法, 與誰開演而不解, 無語孤獨林中住(그 지혜는 『광대경계경』에서 말한 것과 같다. 깊음·고요함·이희·광명·무작, 내가 이것을 얻으니 감로법 같지만 누구에게 설명해도 깨닫지 못하니, 말없이 홀로 숲속에 머무른다)." 이 사이의 지혜는 『광대경계경(廣大境界經)』에서 말한 것과 같습니다. 명심견성을 하고 즉신성취(卽身成就)의 법문을 수지하는 일은 대단히 깊고 오묘한 것으로, 그렇게 거칠고 얕은 것이 아닙니다. 적멸과 청정을 깨닫고 일체의 희론을 떠나며, 무상의 광명이 짓는 바 없음[無作]과 머무르는 바 없음[無住]의 그런 경계에 도달하면, 대철대오하고 보리의 경계에 도달합니다. 그는 말합니다. "나는 이미 이 감로 같은 법문에 도달했지만 누구에게 말할 수 있는가? 세상에는 제도할 만한 사람이 없으니, 그들의 공덕과 지혜가 충분치 못해서 깨닫지 못한다. 전해 주어도 이해하지 못하고 수행해도 성취하지 못한다. 그래서 입 닫고 아무 말도 하지 않고 그저 스스로 고독하게 산림에 물러나와 머무를 뿐, 더 이상 법을 말하지 않는다."

## 공과 낙, 삼맥사륜 수행법

"如是理趣, 自性廣說有三. 指示空樂俱生之方便者(이 같은 이취는 자성과 관련해 세 가지가 있음을 널리 말한다. 공과 낙, 구생의 방편을 가리켜 보인다)." 하지만 중간의 이런 도리들, 선배들의 수행과 제불(諸佛)의 경험은 대략적으로 세 가지 요점이 있음을 우리에게 말해 주며, 어떻게 하면 공(空)과 낙(樂)에 도달하는지, 어떻게 본래부터 갖춘[具生] 근본지(根本智)를 얻는지 우리를 지도합니다. 이러한 오도(悟道)의 전방편(前方便) 가운데 첫 번째는 기맥의 수행을 이야기합니다. 모두 이것을 먼저 알아야 합니다.

---

첫 번째로 대락법을 가리켜 보이니, 앞과 같은 전행을 관한 후에 삼맥의 지등 모양이 사륜 가운데 있는데, 오른쪽은 희고 왼쪽은 붉고 가운데는 푸른 구멍이 있으며, 상단의 범혈에서 아래로는 밀처에 이른다. 배꼽을 마주한 중맥 안의 아 자를 관하면, 불로 태워 정수리에서 항 자의 감로가 흐르니, 사륜과 몸 안에 가

득 차고, 낙이 두루 미칠 때 심장 속에 '방' 하고 꽃이 피고, '항' 자의 감로가 끊임없이 흐르는데, 낙의 힘이 생기지 않았을 때 중관을 수행한다. 다음으로 '방' 역시 점차 작아지고, 희론이 없는 가운데 삼연에 머무르니, 이 법은 견성하고 낙이 생겨나서 머무른다.

第一指示大樂法, 如前前行觀之後, 三脈柱相四輪中, 右白左紅中藍孔, 上端梵穴下密處. 對臍中脈內阿(ᅇ)字, 燃火頂枕(ᅘ)流甘露, 四輪身內悉充滿, 樂所遍時心中"謗(ᅙ)", "枕(ᅘ)"之甘露不斷流, 樂力未生中觀修. 復次"謗"亦漸細小, 無戱論中住三緣, 此法見性樂生止.

첫 번째 대락법(大樂法)은 정(精)의 맥(脈)을 수지하는 것입니다. 삼맥사륜에 관해서는 여러분 모두 알고 있으므로 여기에서는 더 설명하지 않겠습니다. 만약 잘 모르겠다면 『정좌수도와 장생불로(靜坐修道與長生不老)』[171]를 보면 됩니다. "오른쪽은 희고 왼쪽은 붉고 가운데는 푸른 구멍이 있으며[右白左紅中藍孔]", 가운데가 푸르며 구멍[孔]은 바로 비어 있다는 의미입니다. 삼맥사륜에서 보통은 사륜이라고 하지만 엄격히 말하면 칠륜(七輪)입니다. 정수리 위는 범혈륜(梵穴輪)이며 아래로는 밀처(密處) 즉 해저(海底)에 이르는데, 남녀의 해저는 약간 다릅니다. 여성의 해저인 자궁 부분에는 큰 구멍이 있는데, 반드시 정기(精氣)로 가득 채워 처녀지신(處女之身)의 충실함으로 되돌아가야 수지가 빠릅니다. 여성의 수지가 남성에 비해 어려운 까닭이 여기에 있습니다. 상단의 범혈에서 아래로는 밀처에 이르는데, 이 중맥(中脈)이 대단히 중요하기 때문에 이 부분을 연구해야 합니다. 예를 들어 『장자』의 "연독이위경(緣督以爲經)"이라는 말에서 '독(督)'은 후세 의학에서 말하는 독맥(督脈)이 아니라, 척추뼈의 앞부분으로 인체의

---

171 한국어판은 『정좌수도 강의』(부키, 2014)라는 제목으로 출간되었다.

중심을 말합니다. 밀종의 중맥이야말로 진정한 독맥입니다. 그러므로 수지를 하려면 어느 정도 의학을 알아야 연구하기 좋습니다. 의학을 모르면 어렵습니다.

"배꼽을 마주한 중맥 안의 아 자를 관하면, 불로 태워 정수리에서 항 자의 감로가 흐르니, 사륜과 몸 안에 가득 차고, 낙이 두루 미칠 때 심장 속에 '방' 하고 꽃이 피고, '항' 자의 감로가 끊임없이 흐르는데, 낙의 힘이 생기지 않았을 때 중관을 수행한다〔對臍中脈內阿(ᢍ)字, 燃火頂杭(ᢚ)流甘露, 四輪身內悉充滿, 樂所遍時心中"謗(ᢛ)", "杭(ᢚ)"之甘露不斷流, 樂力未生中觀修〕." 신체의 중간인 배꼽을 마주한 안쪽에 '아(阿)' 자가 있는데, 이것은 개구음(開口音)으로서 그 안에 생명의 작용이 있음을 말합니다. 중국인은 단전(丹田)이라고 부르며 배꼽 아래의 이 부분입니다. 배꼽 주위로 대략 사방 한 치 정도의 범위에 해당합니다. 보통은 어떤 방법으로 태웁니까? 먼저 사상(思想)의 방법을 사용하는데 관상(觀想)을 사용합니다. 배꼽의 이 '아' 자를 태운다고 가상(假想)하고 불꽃 혹은 장작의 불꽃을 일으키는데, 이러한 태움이 위로 쭉 올라갑니다. 여성은 자궁 위에서 불을 붙여서 위를 향해 태우는데, 이 불꽃이 쭉 올라가서 푸른 중맥을 태웁니다. 이것은 한 줄기 터널을 태우는 것 같으며, 쭉 올라가서 정수리 위에 이르면 정수리 위로부터 감로가 흘러내려 한 줄기 '항' 자를 남깁니다. 지금 책에 쓴 것은 티베트 문자입니다. 마치 흰색의 우유처럼 흘러내리는데 그다음에는 목을 지납니다. 도가에서는 목을 십이중루(十二重樓)라고 부릅니다. 사륜은 바로 정륜(頂輪, 삼십이맥)에서 후륜(십육맥), 심륜(心輪, 팔맥), 제륜(臍輪, 육십사맥)까지를 가리키는데, 모두 가득 차게 됩니다. 이 감로가 흘러내려 전신을 가득 채우면 심장 속에 심화(心花)가 활짝 핍니다. '방' 자는 바로 '펑' 하면서 심화가 피는 것입니다. 그렇게 정수리 위의 이른바 제호관정(醍醐灌頂)[172] 즉 달콤한 감로가 끊임없이 흘러내립니다. 하지만 단전의 불은 위로 올라가려고 합니다. 그러지 않으면 남녀는 곧바로 정(精)을 흘려버리게 됩니다. 즉시 누단(漏丹)[173]하고 마는 것입니다. 위에서는 아래로 내려오고 아래에서는 불꽃이 위로 올라가는 것은 바로 지뢰복괘(地雷復卦)의 이치이기도 합니다. 수행법은 먼저 이런 가상(假想)을 합니다.

지금은 단지 문자 풀이만 했는데도 그 속에 도리가 아주 많습니다! 그런데 이렇게 삼맥사륜을 가상하는 것에 대해 저는 단지 하나의 방법만 말씀드리지만 실제로는 방법이 아주 많습니다.

삼맥사륜을 가상하는 수행을 하면, 여러분은 시작하자마자 곧바로 큰 즐거움[大樂]을 일으킬 수 있습니다. 그렇게 되면 정(精)이 생겨나고 기(氣)가 변화합니다. 그런데 해내지를 못합니다! 저의 과거 수십 년 경험을 말씀드리겠습니다. 저는 밀종을 수행한 많은 라마승을 방문해서 이렇게 물었습니다. "당신은 이미 수행을 통해 동신(童身)으로 돌아가서 정을 흘려버리지[漏丹] 않게 되었나요?" 그들은 저에게 여전히 흘려버리고 있다고 말했습니다. 그러면 저는 말합니다. "그랬군요. 당신의 모습을 보고 바로 알았습니다." 그래서 이 일이 어렵다는 것입니다. 비록 이치는 그렇더라도 정말로 낙(樂)의 경계에 이르면 여러분은 흘려버리게 됩니다. 범부가 영원히 육도(六道)에서 엎어지고 윤회(輪廻)하는 것은 바로 이런 까닭에서입니다.

이럴 때 정견(正見)이 필요합니다. 견지(見地)를 사용해서 수행해야 합니다. 이것은 가상의 관상이지만 정견과 지혜력(智慧力)을 더해야 합니다. "낙의 힘이 생기지 않았을 때 중관을 수행한다[樂力未生中觀修]"고 했습니다. 어째서 중관(中觀)이라고 합니까? 관상을 시작하면 삼맥사륜과 영화(靈火) 졸화(拙火)가 상승하고 보리(菩提)는 하강하는데, 이것은 모두 가관

---

172 제호(醍醐)는 우유를 순도 높게 정제한 것으로, 관정을 묘사한 말이다.
173 누정(漏精). 유정(遺精)과 같은 의미로 도가에서 주로 쓰는 말이다.

(假觀) 가상(假想)입니다. 가상은 모두 의념(意念)이 만들어 낸 것이니, 여러분은 비었다〔空〕고 말할 것입니다. 비었습니다〔空〕! 여러분은 없다고 말하겠지요. 있습니다〔有〕! 여러분이 진관(眞觀)에 성공하면 이런 작용이 있습니다. 공(空) 가(假) 중(中)[174]에서 중(中)은 비공비유(非空非有)요 즉공즉유(卽空卽有)입니다. 제행(諸行)이 무상하니 모두 거짓으로 설정〔假立〕한 것입니다. 설정한 것이 거짓〔假〕인즉 곧 참〔眞〕이요, 참인 것이 또한 거짓인 것입니다. 이러한 중관(中觀)의 정견(正見)을 수행해야 합니다. 그렇기 때문에 "낙의 힘이 생기지 않았을 때 중관을 수행한다"는 이 구절이 가장 중요합니다. 그런데 지혜를 더해서 수행해야지 아무렇게나 관상해서는 안 됩니다! 그냥 관상만 하고 여러분의 반야지혜, 견지가 충분치 못하면 외도(外道)로 변하고 맙니다. 외도로 변할 뿐 아니라 마도(魔道)에 들어가게 됩니다.

"다음으로 '방' 역시 점차 작아지고, 희론이 없는 가운데 삼연에 머무르니, 이 법은 견성하고 낙이 생겨나서 머무른다〔復次"謗"亦漸細小, 無戲論中住三緣, 此法見性樂生止〕." '삼연(三緣)'이란 맥을 따르는 연맥(緣脈), 글자를 따르는 연자(緣字), 감로를 따르는 연감로(緣甘露)입니다. 심장 속에 '방' 하고 생겨난 이 경계는 청정한 광명입니다. 처음에는 해낼 수 없기 때문에 밀종에서는 여러분에게 "삼연에 머무르라"고 하는데, 맥을 관상하거나 혹은 감로 혹은 하나의 글자를 관상합니다. 이 글자가 서서히 작아지다가 정수리까지 올라가면 뚫고 나가 버립니다. 휘이! 단번에 공(空)이 되고 생각이 공(空)이 되어 버립니다. 공(空)의 한가운데서 이 방법으로 견성(見性)

---

**174** 도체(道體)는 공(空)에 머물지도 않고 유(有) 즉 가(假)에 머물지도 않으므로 이를 중(中)이라고 한다. 이 중은 용수보살의 『반야중론(般若中論)』에서 따온 것으로 이를 공(空) 가(假) 중(中) 삼지삼관(三止三觀)이라고 한다.(『불교수행법 강의』 254-256쪽 참조)

하고, 즐거움(樂)을 통해 몸의 감수(感受)를 일으킵니다. 바꾸어 말하면, 이 방법은 생리적인 면에 편중되었습니다. 여러분이 생리적으로 쾌락을 느끼게 해서 병을 없애고 수명을 늘리며 게다가 쉽게 견성하게 하니, 아주 빠르게 지(止)를 얻고 정(定)을 얻을 수 있는 묘법입니다.

이제 그가 말한 내용을 알았으니, 지금부터는 먼저 비평을 하고 그런 다음에 연구하도록 하겠습니다.

중국의 도가는 모두가 알다시피 수행에 있어서 임독이맥(任督二脈), 기경팔맥(奇經八脈)을 강조합니다. 독맥은 뒤쪽으로부터 올라와서 앞쪽으로 내려가는 것이라는 등, 여러분의 지식이 충분한지 아닌지는 잘 모르겠습니다. 충분치 않다 할지라도 처음부터 설명한다는 것은 아주 성가신 일이라 그다지 내키지 않습니다.

밀종에서는 신체의 삼맥칠륜(三脈七輪)을 강조하는데, 의학적으로 보면 그 맥이 무엇인지 밝혀낼 수가 없으며 그저 정(精)에 속하는 것이라는 것만 알고 있습니다. 기(氣)라는 것도 지금은 서서히 미국에까지 전해져서 최근에는 아주 유행하고 있습니다. 게다가 전자(電子) 실험을 통해 그 존재를 측량해 낼 수 있게 되었기 때문에 중국인이 중시하는 기(氣)의 존재를 인정하게 되었습니다. 오늘 제 손자도 저와 그 문제를 이야기했습니다.

제가 말했습니다. "내가 너한테 말해 주겠는데 기(氣)에는 세 층(層)이 있다. 현재 미국 의학과 과학에서 이해하고 있는 기는 첫 번째 층이며 가장 표면적인 것이다. 그것을 가지고 기를 이해했다고 생각해서는 안 되니, 그것은 불완전한 이해일 뿐이다. 이것이 현재 의학 방면의 상황이다." 실제로 삼맥사륜이라는 것은 아주 이해하기 어렵습니다. 유식론을 가지고 말한다면 그것은 의식의 경계라고 할 수 있습니다. 그것은 참(眞) 대질경(帶質境)이라고도 할 수 있고, 거짓(假) 대질경이라고도 할 수 있습니다.[175] 또 비량(非量)의 경계라고도 할 수 있고, 현량(現量)의 경계라고도 할 수 있습니다.[176] 이러한 삼맥사륜의 수행법은 여러 종류가 있는데, 그 중 한 가지가 유형의 기공(氣功) 수행법입니다. 요가술(瑜珈術) 같은 것도 기를 수행하는 것으로, 모두 여기에서 변화되어 나온 것입니다. 그 밖에 감정을 이용하는 수행법도 있는데, 삼맥사륜 혹은 칠륜의 통(通)함을 일으켜서 즐거움〔樂〕을 얻고 정(定)을 얻게 합니다. 방법은 아주 많습니다.

제가 만약 이것을 팔고자 한다면 저는 이걸로 충분히 밥을 먹을 수 있을 겁니다. 물론 지금 제가 돈을 벌려는 것은 아니지만, 여러분에게 말씀드리지 않는 이유는 이 방면의 기본 지식이 너무 부족하기 때문입니다. 이 방법은 제가 오랫동안 말해 왔지만 여러분은 아무리 들어도 헛들은 것이나 다름없습니다. 사실 중요한 부분은 이미 여러분에게 다 말했습니다. 그런데도 여러분은 쉽게 얻은 것이라 대수롭지 않게 여겼습니다. 이제 또다시 가장 중요하고 가장 높은 원리를 여러분에게 말씀드릴 텐데, 여러분이 이해하고 못 하고는 바로 여러분에게 달렸습니다.

지금 채택하는 방법은 관상을 이용하는 것으로, 오음(五陰)의 '상(想)'에 해당합니다. 자신의 몸은 잊어버리고서 이런 하나의 모습을 만들어 내는데, 참이면서 또한 거짓이기도 합니다. 대질경이 일어나면 정말로 감수(感受)가 있습니다. 그런데 여기에서 여러분에게 하나의 요점을 말씀드리겠습니다. 여러분이 이 부분을 잘 파악하면 그것만으로 평생 무궁하게 활용

---

**175** 유식설(唯識說)에서 인식 대상을 세 가지로 나눈 것을 삼류경(三類境)이라 한다. 첫 번째 성경(性境)은 객관적으로 존재하는 대상을 말한다. 두 번째 독영경(獨影境)은 주관이 착각하여 객관적으로 존재하지 않지만 존재하는 것처럼 보이는 대상 곧 환상을 말한다. 세 번째 대질경(帶質境)은 그릇되게 인식된 대상을 말하는데, 예를 들면 새끼줄을 뱀으로 잘못 인식했을 때의 뱀을 말한다.

**176** 인식의 세 가지 방식을 삼량(三量)이라 하는데, 현량(現量)은 언어와 분별을 떠난 직접 지각이나 직접 체험으로 대상을 아는 것이고, 비량(比量)은 유추와 추리로써 사물을 아는 것이며, 비량(非量)은 그릇된 직접 지각과 그릇된 추리에 의한 인식을 말한다.

하며 병을 없애고 수명을 연장하는 데 아무런 문제가 없습니다. 단전의 따뜻한 불이 위로 올라가면, 위에서는 반드시 흰색의 감로가 흘러내려야 한다는 것을 알아야 합니다. 흘러내려오는 것을 가상(假想)해야 합니다. 어떤 사람들은 오로지 단전을 지키는 것만 알아서, 따뜻한 불이 위로 올라가는데도 위의 정륜에서 감로가 흘러내릴 줄을 모릅니다. 그렇게 해서는 안 됩니다. 결국에는 망치고 맙니다.

그것은 마치 보일러와 똑같습니다. 아래에서 불길이 타오르는데 솥 안에 물이 없다면 바짝 타버리지 않는 것이 이상합니다. 만약 위에서 물이 흘러내리는데 아래에 불이 없다면 그 물은 다른 데로 흘러가 버리지 않겠습니까? 비록 이것은 정신의 경계이고 유심(唯心)이 만들어 낸 것이지만 물질적 현상으로 변해서 옵니다. 정말입니다! 그러므로 아래쪽 단전에서 따뜻한 불이 일어나면 위쪽에서는 감로가 흘러내려야 합니다. 어느 정도까지 흘러내려야 할까요? 이제 또 여러분에게 비결 하나를 전해 주겠습니다. 매상을 올려야겠지만 제가 가격을 말해도 여러분이 돈을 내지 못할 테니 그냥 외상으로 하는 수밖에 없습니다.

감로가 어디까지 흘러 내려와야 할까요? 명치 아래까지 흘러내려야 합니다. 손가락 여덟 개를 가로로 눕혀서 배꼽 위의 네 손가락, 바로 중간에 위(胃)가 있는 부위입니다. 이곳을 서양 의학에서는 청춘선(靑春腺)이라고 부릅니다. 건강한 갓난아이는 이 청춘선이 파괴되지 않았기 때문에 허리가 구부러지지 않고 단정하게 앉습니다. 하지만 남녀 성 관념이 생기거나 여성의 월경이 시작되면 이 청춘선은 서서히 위축되어 자연스럽게 쓸모가 없어집니다. 흰 보리(菩提)액이 정수리 위로부터 흘러내리고 졸화(拙火)가 상승해서 청춘선 여기에 머무르게 되면, 이른바 제호관정(醍醐灌頂)이 내려옵니다.

이 경계에서 정주(定住)할 수 있어야 합니다! 어떤 사람은 말합니다. "선생님, 저는 이번에 생기기는 했는데 삼 초 만에 사라졌습니다." 그런 것을 어떻게 정주라고 하겠습니까? 여러분이 칠일 낮 칠일 밤 정주할 수 있다면, 여러분의 근육과 뼈가 온통 변화할 것입니다. 칠일 낮 칠일 밤이라니 그다지 어려울 것 같지 않지만 결코 말처럼 쉬운 일이 아닙니다! 칠일 동안 정주하면 가상(假想)할 수 있고 관상(觀想)할 수 있더라도, 당연히 중간에 많은 변화가 일어납니다. 몸이 아프고 머리가 팽창해서 견디기 힘듭니다. 만약 머리가 팽창해서 견디기 힘든 것까지 관여하겠다면 여러분은 수도(修道)를 그만두어야 할 것입니다. 수도를 하고 싶다면 이러한 의식이 만들어 낸 신체에 대해서는 언제든지 죽음을 준비해야 합니다. 여러분은 오로지 이 생명의 의식(意識) 기능을 인정하고 일체의 변화에 관여하지 않아야 합니다. 실제로 여러분이 정말로 관여하지 않는다면, 온 전신의 기맥이 안팎에서 모조리 변화해서 탈태환골합니다. 바로 이처럼 간단합니다.

## 백골관의 결정적 순간

그런데 말은 간단해도 결코 간단치가 않습니다! 여러분에게 말씀드립니다. 여러분이 정말로 이것을 할 때, 관상(觀想)을 시작했는데 남성이 됐든 여성이 됐든 누단(漏丹)하지 않는다면, 그것이 이상한 일입니다! 그럴 때는 즉시 백골관(白骨觀)으로 전환해야 비로소 정기신(精氣神)을 백골 위로 거두어들입니다. 그렇기 때문에 여러분에게 빨리 백골관을 수지하라고 하는 겁니다! 제가 줄곧 여러분에게 말씀드리고 있지만, 여러분이 백골관을 제대로 하면 이런 기맥은 더 말할 필요도 없습니다. 우리의 이 신체 기맥은 세포, 신경, 혈관, 피부와 살 같은 부분들의 정기(精氣)에 의지해서 즐거움을 일으킵니다. 하지만 이런 것은 모두 이 뼈대 위에 걸쳐져 있습니다.

이런 것을 다 치워 버리고 오직 뼈대만 관(觀)한다면 어떨까요? 훨씬 고명(高明)해집니다. 그래서 여러분에게 말씀드리는 겁니다. 이 법은 현교와 밀교에 두루 통할 수 있고 대승에도 통합니다! 저는 여러분이 이해하지 못한다고 말하는 것이 아닙니다. 이해하지 못하는 것이 아니라 심혈을 기울이지 않는 것입니다. 그렇기 때문에 여러분은 장차 저보다 한두 아승기겁은 더디게 성불할 겁니다. 왜일까요? 심혈을 기울이지 않기 때문입니다. 미륵보살은 석가모니부처님과 함께 배웠는데, 왜 석가모니부처님이 그보다 먼저 성불했을까요? 석가모니부처님은 부지런히 힘쓰고 참구하고 노력하려고 했기 때문입니다. 미륵보살은 수행을 게을리해서 조금이라도 대충할 수 있으면 그렇게 해버렸습니다! 조금 늦는 건 상관없어, 그냥 석가모니부처님더러 앞으로 가라고 하지 뭐.

여러분에게 즐거움이 생겨나기 시작하면 즐거움의 경계〔樂境〕에 머무르지 말고 얼른 백골을 관(觀)해야 합니다. 이 관이 즐거움의 경계를 변화시키면, 그럼 이번에는 백골류광(白骨流光)을 관해야 하는데 백골화광(白骨化光)까지 관할 수 있어도 좋습니다. 특히 흉강(胸腔) 앞의 백골방광(白骨放光)을 관해야 하는데, 바로 이곳에서 기(氣)가 통합니다. 『선비요법』이 거기에 펼쳐져 있는데 여러분은 어째서 보지 않습니까? 여러분은 백골관을 수행하는 것이 소승법이라고 생각하지만, 백골이 공(空)으로 변화하면 즉시 인공(人空)[177]을 증득하여 소과(小果)를 얻고 신통을 얻게 되는 것은 모르고 있습니다. 그것이 작은 일입니까? 백골관의 수지는 이렇게 해야 합니다. 사람들은 기맥을 수행하기 좋아하지만 여러분은 아십니까? 기맥은 백골관에 비하면 한 층 바깥에 불과합니다. 백골관은 백골류광에 비하면

---

**177** 인간은 오온(五蘊)의 일시적인 화합에 지나지 않으므로 거기에는 불변하는 실체로서의 자아(自我)가 없음을 말한다. 아공(我空)이라고도 한다.

또다시 한 층 바깥입니다. 백골류광은 신공(身空) 아공(我空)의 증득에 비하면 또다시 한 층 바깥의 법입니다. 이것은 한 층 한 층 안에서 지켜야 하는[內攝] 것입니다. 왜 수행하지 않습니까? 여러분은 저에게 고집 부리고 또 자신에게 고집 부리고 또 불법에 고집 부리고 있습니다. 이것은 그저 업력만 지을 뿐인데 뭘 그리 고집을 부립니까! 자신이 그 경계에 도달한 후에 돌이켜 회상하면서 "아아! 선생님은 참으로 자비로우셨구나" 합니다. 참으로 자비롭다는 여러분의 그 한 마디를 들으려고 얼마나 큰 대가를 치르는지요! 무슨 소용이 있습니까?

삼맥사륜은 반드시 알아야 합니다. 그뿐 아니라 수행해야 합니다. 그런데 어떤 사람이 백골관을 참으로 관(觀)하기 시작했다고 말한다면 그것만으로는 부족합니다. 백골관을 관하기 시작했으면 정주(定住)해야 합니다! 무엇을 정주라고 합니까? 타좌를 할 때에만 정주하는 것이 아니라 행주좌와(行住坐臥)에 백골관의 이 경계가 변하지 않고, 그런 후에 일 처리까지 할 수 있어야 비로소 백골관을 수행한다고 말할 수 있으며 비로소 지(止)를 얻습니다. 여러분이 지(止)를 얻은 후에 만약 삼맥칠륜을 수행하려고 한다면, 오직 하나의 생각만 지녀도 즉시 관(觀)하게 됩니다. 밀종에서 삼맥칠륜을 수행하는 것을 저는 수십 년 동안 봐 왔지만 한평생 수행해도 성공하지 못합니다. 제가 그들에게 말했습니다. "뭐가 어렵습니까! 저는 찰나에 관하기 시작했습니다." 그러면 그들은 제가 허풍을 떤다고 말합니다. 수십 년 전의 일이었는데 저는 그저 웃기만 했습니다. 제가 말했습니다. "당신은 제가 밀종을 배우는 사람이라는 것을 알고 계시지요?" 그가 말했습니다. "물론입니다. 게다가 당신은 아도리(阿闍黎)[178]계도 받았지요." 제

---

178 자신을 바르게 하여 제자의 품행을 교정하는 승려 즉 승도(僧徒)의 스승을 말한다.

가 말했습니다. "그런 제가 잘못 말한다면 어떤 과보를 받겠습니까? 십팔 층 지옥에 그치지 않고 아비지옥에서 영원히 올라오지 못할 겁니다!" 제가 뭐 그리 간이 커서 자신을 두고 농담을 하겠습니까? 하지만 여러분에게 이렇게 말한들 무슨 소용이 있습니까.

백골관을 성취하면 기맥은 찰나의 순간에도 성취하게 되므로 금생이 두렵지 않습니다. 예를 들어 남성의 경우에 '정(精)'이 생겨나면 남성의 감수(感受)와 누실(漏失)은 여성보다 훨씬 명확히 나타납니다. 하지만 역시 똑같습니다. 만약 이 부분의 백골을 관하면, 창자와 근육의 기능이 모두 없어집니다. 바꾸어 말하면 그것의 작용, 대질(對質)조차 생리적 물질적 작용을 지니고 있는데 그것이 모두 없어집니다. 여러분이 이 부분의 백골을 관하면 그 생식기관이 모두 녹아서 마침내 백골이 빛〔光〕으로 변합니다. 정(精)도 변해 버리고 욕(欲)도 변해 버리고 그런 다음에 백골까지 빛으로 변하면, 여러분의 그 정기신(精氣神)도 모두 빛으로 변해 버립니다. 그토록 고생스럽게 여러분을 가르치고 여러분 앞에 꿇어 앉아 가르치고 싶은 마음이 간절하지만, 여러분은 제 말을 듣지 않고 자기 나름의 주장을 합니다.

어떤 사람은 늑골 아래부터 골반 위를 관(觀)하다가 관공(觀空)하면, 특히 오장을 모두 관공하게 되면 폐(肺)고 뭐고 다 없어진다고 말합니다. 실제로 백골을 관공하면 우리를 성장시키는 정기신이라는 이 영양분이 모두 백골로 흡수되고, 지수화풍이 모두 백골의 지대(地大)로 돌아갑니다. 그런 후에 백골의 지대(地大)에서 정주하게 됩니다. 정(定)이 오래 지속된 후에 정말로 정주하는 사람은 기를 수행하지 않아도 자연스럽게 호흡을 하지 않게 됩니다. 그러므로 호흡을 멈춤으로써 정주하려고 하는 것은 어리석은 법입니다. 여러분이 선정에 들어 머물러 있음으로써 충만해진 후에는 여러분의 의경(意境) 일대에서, 제육의식이 아니라 제칠식의 의경 일대에서 백골이 빛〔光〕을 발합니다. 말하자면 백골류광(白骨流光)이 되고 한 덩이 광명이 흘러나옵니다. 광명 가운데서 머무르면[定] 이때에는 더 이상 관(觀)할 필요가 없어집니다. 왜냐하면 백골이 이미 변화해서 빛으로 변해 버렸으니까요! 여러분은 백골관 수행을 할 수가 없다고 말하는데 그건 아주 간단합니다. 칠일 법회 때 초(焦) 선생이 보고했듯이, 자신도 처음 시작할 때는 수행을 할 수가 없었다고 했습니다. 그런데 자리에 누워 있는데 자신이 어느 날 숨이 끊어져 죽는 데까지 생각이 미쳤습니다. 끝났구나. 마침내 자신의 살이 썩기 시작해서 서서히 고름으로 변하고 물로 변하고, 변화되어 마침내 백골이 드러났습니다. 그가 걸어간 이 노선이 옳습니다.

이렇게 되면 삼맥사륜은 자연스럽게 갖추어집니다. 정(精)은 낙(樂)으로부터 생겨나는데, 백골관을 참으로 수행할 수 있으면 밀종의 삼맥사륜 노선을 걷지 않아도 자연스럽게 즐거움[樂]을 얻습니다. 유(劉) 선생 같은 경우는 백골을 관해서 요 며칠 효과가 나타났는데, 빛으로 변화하지는 않고 온통 안개뿐이었습니다. 그녀는 풍습(風濕)이 너무 심한데 꿈속에서 홀연히 깨달았다고 합니다. '백골이 어째서 빛을 발하지 못하고 온통 안개뿐일까. 아마 풍습이 나으면 빛이 나올 거야.' 맞습니다! 틀림없습니다! 자신은 완전하게 관(觀)하지 못한다고 말한다면 그것은 못하는 것이 아니라 하지 않는 것입니다. 하려고 들지 않는 것이지요! 관(觀)하지 못하는 것은 여러분 자신에게 잠재의식이 있기 때문임을 아셔야 합니다. 그것은 바로 부처님이 말씀하신 '공고아만(貢高我慢)'입니다. 무엇을 공고(貢高)라고 할까요? 스스로 자신은 총명하며 남보다 높다고 생각하는 것을 공고라고 합니다. 아만(我慢)은 공고(貢高)가 아니라 고집이 센 것입니다. 내 의견은 이렇기 때문에 다른 것은 무시하고 내가 옳다고 생각하는 것이 옳다는, 그런 것이 아만입니다. 공고는 공고이고 아만은 아만이지만, 공고한 사람은 반드시 아만하고 아만한 사람은 반드시 공고해서 자연스럽게 모든 것을 무시합니다. 겉으로는 겸손하고 입술은 달콤해도 아무 소용없습니다. 이런 것은 한번 보기만 해도 곧바로 알 수 있습니다. 그런 것이 모두 자신을 가로막습니다.

여러분은 정(定)하기만 하면 관(觀)할 수 있습니다. 아무리 해도 관하지 못한다면 작은 해골을 하나 사서 앞에 두면 좋습니다. 이 인상이 새겨지고 난 후에는 이 생각이 몸으로 되돌아와서 작용하기 시작합니다. 달마조사는 "일념회기(一念回機)"라고 했습니다. 회기(回機)는 억지로 되돌아오게 함인데, 마치 기계처럼 억지로 비틀어서 되돌리는 것입니다. 바로 맹자가 말했던 "그 잃어버린 마음을 구할 따름이다〔求其放心而已矣〕"라는 것입니다. 여러분은 회기하지 못합니다. 마음을 풀어놓고 거두어들이지 못하니 바깥에서 멋대로 거리낌 없이 놓고 있습니다. 제가 이런 말을 하는 것은 백골관이 그래도 이것보다 낫기 때문입니다. 더 괜찮다니까요!

다만, 제가 말씀드리지만, 장차 제가 공개적으로 발표한다면 불교계와 밀종을 배우는 사람들이 제 머리를 깨버리고 싶을 겁니다. 그렇지만 여러분은 주의해야 합니다. 현교와 밀교는 상통합니다. 제가 말씀드리는 이것은 모두 힘든 과정을 거쳐서 나온 것으로, 하나하나의 법 모두 제 자신이 직접 경험한 것입니다. 그렇기 때문에 그것의 이로움과 폐단이 어디에 있는지 여러분에게 말씀드리는 것입니다. 아무렇게나 함부로 말하는 것이 아닙니다! 여러분은 이번 기회가 있습니다. 그런데도 수행을 못 한다면, 말씀드리지만 제가 죽은 후 아마도 여러분은 저 같은 이런 사람을 찾아내기 쉽지 않을 겁니다. 정말로 쉽지 않습니다! 어떤 사람이 자신의 일생을 던져서 이것을 모색하겠습니까? 그렇기 때문에 재삼 여러분에게 권하니 백골관을 수행하십시오! 빠르기도 하고 또 좋습니다! 이런 것을 포함하고 있기도 합니다. 그러나 이런 것을 제가 말씀드리지는 않고 다만 약간의 정보만 여러분에게 드러낼 뿐입니다. 정말로 이해하려면 아직도 멀었습니다!

백골관에는 다른 묘용(妙用)도 있습니다. 백골관을 제대로 하면 신통한 묘용이 즉시 찾아옵니다. 오늘 어떤 법사가 저에게 물었습니다. "부처님의 제자는 정(定)에 들면 구십 일간 계속했다는데, 굳이 구십 일이어야 합니까?" 제가 말했습니다. "물론입니다." 구십 일은 고사하고 칠일 간 정(定)에 들고 그 경계 역시 변하지 않을 수 있다면 말입니다. 보십시오! 그 누가 한 번 정(定)에 들면, 한 번 앉으면 변하지 않을 수 있습니까? 우리는 수도를 한답시고 사흘간 고기 잡고 이틀은 그물을 말립니다. 오늘은 일이 없으니 달려와서 한바탕 타좌를 합니다. 아! 이번은 아주 좋네요. 발가락 끝만 끌어안고 있습니다. 하지만 다음번에는 발가락 끝도 찾아볼 수 없습니다. 이것이 정(定)과 무슨 상관이 있습니까? 자신은 정(定)을 수행한다고 말하지만, 우리 같은 일반 범부가 무슨 자격이 있어서 정(定)을 들먹입니까? 이 경계에 여러분은 이십 분도 머물러 있지 못하고 변해 버립니다. 무상(無常)은 막혀 버립니다. 그러나 정말로 성취하고 싶다면 아주 간단합니다. 하루만 정(定)을 시도해 보십시오. 즉시 심신이 크게 변합니다. 그러니 칠일 동안 계속한다면 말할 것이 있겠습니까! 변하지 않는 것이 없습니다. 왜 칠일이어야 합니까? 칠일은 하나의 주기입니다. 부처님의 경전에도 기록되어 있지만, 왜 구십 일이어야 할까요? 이 숫자에는 하나의 도리가 있고 오묘한 비밀이 있는데, 지극히 깊고 세미합니다. 그러므로 삼맥사륜이라는 이 법문은 절대로 있습니다.

다시 본론으로 돌아와서, 여러분이 백골관의 도리를 이해했다면 백골관을 이용해서 수지하는 것이 온당합니다. 첫째로 욕념(欲念)이 침범하여 어지럽힐 것을 두려워하지 않고, 흘려버릴 것을 두려워하지 않습니다. 그렇게 수지한 후에 되돌아와서 수지하면 조화로운 법문을 시도해 볼 수 있는데, 삼맥칠륜을 이용하면 성취가 빠릅니다. 삼맥칠륜은 정말로 그런 일이 있습니다! 예를 들어 미국의 그 여(呂)씨 노부인(이름이 金滿慈)의 일기를 보면, 그분은 지금 이미 음식을 먹지 않는 경지에 도달했습니다. 바로 기(氣)가 가득 찼기 때문으로 아주 자연스러운 일입니다. 참으로 수지하기만 하면 기맥과 오음이 모두 참되며 한 가지도 남을 속이는 일이 없습니다. 아래는 해설입니다.

"此法乃上師息柔僧哈示蓮花生大士者, 今如所有耳傳, 指示不可思議之樂明無念(이 법문은 상사 식유승합이 연화생대사에게 보여 준 것인데, 지금 대대로 귀로 전해진 것이 불가사의한 낙·명·무념을 가리켜 보인다)." 이 법문은 식유승합(息柔僧哈)이 연화생대사에게 전해 준 것인데, 현재 대대로 전해지고 귀로 전해지면서 불가사의한 경계인 낙·명·무념을 가리켜 보입니다. 하지만 저는 학술상으로 시종 의문을 품고 있습니다. 이 법은 중국의 도가 문화가 티베트에 전해진 것과 연관이 있으며, 바라문교와 합쳐진 부분이 있는 것은 아닐까 하는 의문입니다. 이것은 학술상 큰 문제이므로 잠시 제쳐두겠습니다. 지금 우리는 학술을 이야기하는 것이 아니라 수지의 방법을 이야기하고 있습니다. 그러므로 먼저 백골관의 인상(印象)부터 분명하게 하기를 바랍니다. 그러면 삼맥사륜과 낙·명·무념은 수월할 것입니다.

제9강

오늘은 50페이지 기맥에 관한 부분을 살펴보겠습니다.[179]

"첫 번째로 대락법을 가리켜 보이니, 앞과 같은 전행을 관한 후에 삼맥의 기둥 모양이 사륜 가운데 있는데, 오른쪽은 희고 왼쪽은 붉고 가운데는 푸른 구멍이 있다〔第一指示大樂法, 如前前行觀之後, 三脈柱相四輪中, 右白左紅中藍孔〕." 색신이 어떻게 전화해서 큰 즐거움〔大樂〕을 얻을까요? 우리의 신체는 평생 고통 가운데 있어서 여기가 아프지 않으면 저기가 불편합니다. 이른바 진정으로 정(定)을 얻고 진정으로 깨닫고 보리를 증득하면, 고요한 정〔靜定〕 가운데서 틀림없이 크게 즐겁습니다. 관정, 상사상응법의 기초를 잘 수지하면 사람의 삼맥이 마치 하나의 기둥처럼 쭉 위로 올라갑니다.(칠판 위에 삼맥사륜이 그려져 있다.) 그것은 상상해 낸 것이기는 하지만 일정한 정(定)의 경계에 도달하기만 하면 스스로 모습을 드러냅니다. 중맥은 푸른색으로, 날씨가 맑고 깨끗할 때의 그 푸른색입니다. 우맥은 흰색이고 좌맥은 붉은색입니다.

---

**179** 지난번에 이미 언급한 경문이다.(원서 편집자 주)

"상단의 범혈에서 아래로는 밀처에 이른다. 배꼽을 마주한 중맥 안의 아 자를 관하면, 불로 태워 정수리에서 항 자의 감로가 흐르니, 사륜과 몸 안에 가득 찬다〔上端梵穴下密處. 對臍中脈內阿(ᨓ)字, 燃火頂杭(ᨪ)流甘露, 四輪身內悉充滿〕." 갓난아이가 태어나면 정수리 중심에 팔딱거리는 그 부분을 범혈륜(梵穴輪)이라고 합니다. 범혈은 이 정수리에서 위로 약간 떨어져 있는 곳이라고 말할 수도 있습니다. 사람의 신체 아래쪽이 밀처(密處)입니다. 밀처는 남성과 여성의 생식기와 항문 중간의 삼각 지대입니다. 사실 여성 역시 여기에 밀처가 있지만, 일반적으로는 이곳이라고 하지 않고 여성의 밀처는 자궁 입구에 있다고만 합니다. 왜냐하면 여성의 밀처에 대해 아는 것이 남성의 기맥이 통하는 것보다 더 어렵기 때문입니다. 그런 후에 제륜(臍輪)을 마주하고 있는 중맥 안의 '아(ᨓ)' 자를 관상하는데, 이것은 관(觀)해 낸 것입니다. 그런 후에 정수리의 정륜(頂輪)에서 감로가 흘러내려 후륜(喉輪) 심륜(心輪) 제륜(臍輪)의 사륜에 가득 찹니다. 거기에다 미간륜(眉間輪, 양 눈썹 중간에서 후뇌後腦와 두 귀의 중심을 정확하게 맞춥니다), 밀처의 해저륜(海底輪), 정수리의 '범혈륜'을 더하면 모두 칠륜(七輪)입니다.

이 사륜과 신체 내부의 기맥이 모두 가득 찹니다. 바꾸어 말하면 일반적으로 소승정(小乘定)의 노선을 걷는 사람은 기맥이 완전히 열리지는 않습니다. 진정으로 대정(大定)을 얻어서 이른바 색신을 성취한 사람이 법신(法身)과 보신(報身)을 성취하고 신통 화신(化身)을 얻고자 해도 또한 마찬가지로 맥륜(脈輪)을 열어야 합니다.

"낙이 두루 미칠 때 심장 속에 '방' 하고 꽃이 피고, '항' 자의 감로가 끊임없이 흐르는데, 낙의 힘이 생기지 않았을 때 중관을 수행한다. 다음으로 '방' 역시 점차 작아지고〔樂所遍時心中 '謗(ᨪ)', 杭之甘露不斷流, 樂力未生中觀修. 復次 '謗'亦漸細小〕", 이때가 되면 큰 즐거움〔大樂〕을 일으킬 수 있습니다. 즐거움은 가슴속에 두루 미쳐서 흘러나오는 빛줄기이며, 정수리 위의 항(杭) 자 감로는 끊임없이 아래로 흘러내립니다. 일반인의 수지는 당연히 신체상의 즐거움을 얻지는 못합니다. 색신을 변화시키기는 더 어렵습니다. 그렇기 때문에 이 도리에 주의해야 합니다. 바로 즐거움의 힘이 생기지 않았을 때 중관을 수행해야 한다는 것입니다.

"희론이 없는 가운데 삼연에 머무르니〔無戲論中住三緣〕", 공(空)에도 머무르지 않고 유(有)에도 머무르지 않고 가장자리〔邊際〕에도 떨어지지 않습니다. 일반적인 심성 수양이나 생각을 비우고〔空〕 청정한 것은 중관(中觀)이라고 할 수 없습니다. 그것은 그저 '공관(空觀)' 수행의 초보일 뿐입니다. 왜냐하면 비우지 못하기 때문입니다. 사실 진공(眞空)을 얻었다 해도 단지 절반에 지나지 않는 것은 묘유(妙有)의 수행을 알아야 하기 때문입니다. 진공묘유(眞空妙有)를 얻었다 해도 다가 아닙니다. 이것은 여전히 양쪽 끝일 뿐이고, 거기서 더 나아가 '비공비유(非空非有)' '즉공즉유(卽空卽有)' 해야 합니다.

"이 법은 견성하고 낙이 생겨나서 머무른다〔此法見性樂生止〕", 현교의 선종 조사가 표방한 명심견성은 많은 부분에서 '법신'의 측면만 보고 '보신'과 '화신'은 성취하지 못했습니다. 예컨대 유가 이학가(理學家)들의 수신양성(修身養性)에서부터 도가의 청정 법문 수행에 이르기까지 모두 한쪽 끝만 보게 될 따름이며, 나한의 경계도 마찬가지입니다. 진정한 대승은 법신 보신 화신의 삼신을 성취해야 비로소 진정한 불법이고 비로소 원만한 불법입니다. 그렇기 때문에 대단히 어렵습니다.

이 수행법을 사용해서 견성(見性)한 후 본성에 의거해 믿음을 일으켜 수행하면 보신으로 전화해서 큰 즐거움을 얻을 수 있습니다. 바꾸어 말하면 화신, 보신을 수행하고자 한다면 법신을 수행해서 견성 청정하지 않으면 안 됩니다. 그런 까닭에 오조는 이렇게 말했습니다. "본성을 보지 못하면 불법을 수행해도 이로움이 없다〔不見本性, 修法無益〕." 물론 반드시 이 수행

법이라야 한다는 말은 아닙니다. 다만 연관이 있습니다. 일반적으로 도가
와 밀종은 먼저 견성의 심지(心地) 법문을 수행하지 않고 오로지 삼맥사륜
만 수행합니다. 그러나 그저 몸의 수련만 잘 해서는 아무 소용이 없습니
다. 결국에는 사견(邪見)으로 떨어지고 외도로 빠지게 됩니다. 그런 심각
함이 있습니다. 그러므로 진정한 수행은 이 두 방면이 대단히 어렵습니다.
그렇게 간단한 문제가 아니지요. 삼맥칠륜에 관한 연구는 뒤에서 다시 더
말씀드리겠습니다. 먼저 옛사람의 주해를 보고 해설하겠습니다.

"此法乃上師息柔僧哈示蓮花生大士者, 今如所有耳傳, 指示不可思議之
樂明無念(이 법문은 상사 식유승합이 연화생대사에게 보여 준 것인데, 지금 대대
로 귀로 전해진 것은 불가사의한 낙 명 무념을 가리켜 보인다)." 낙(樂)을 얻고 명
(明)을 얻고 무념(無念)을 얻습니다. 명(明)은 형상이 있는 광명과 형상이
없는 광명을 모두 포함하는데, 형상이 없는 광명이 바로 지혜입니다. 명
(明)과 암(暗)은 서로 상대적입니다.[180]

"初示方便之樂者, 現有觀爲本尊及上師瑜伽之後(방편의 낙을 처음 드러내
는 것은, 본존 및 상사의 유가를 현유하여 관한 뒤이다)." 자신을 본존으로 관(觀)
하거나 여러분 좋을 대로 어떤 분을 관하든 각자 그 나름의 인연이 있습니
다. 준제보살을 수행한다고 가정하면, 의경(意境)상으로는 자신을 본존으
로 관하면서 법을 전해 준 상사, 본존, 나 셋을 하나로 합해서 관상합니다.
이 첫 단계는 말로 하면 한 마디에 불과하지만 실제로 해내기는 아주 어렵
습니다. 상사, 본존, 나 셋을 하나로 관상해 낼 수 있다고 할 것 같으면 기
맥은 이미 거의 다 통했다고 하겠습니다. 말은 이렇게 해도 실제 수행은
아주 어렵지요.

---

180 이상은 제8강에서 이미 말한 부분으로 중복된다.(원서 편집자 주)

# 정륜 후륜 심륜 제륜, 사륜에 관해

"即頭頂明現大樂輪, 脈瓣三十二(정수리에 대락륜이 밝게 나타나는데, 맥은 서른두 가닥이다)." 본존 및 상사의 유가를 현유하여 관한 뒤에 정수리〔頭頂〕에 대락륜(大樂輪)이 출현하는데 서른두 가닥입니다. 맥륜의 횡(橫) 단면으로 서른두 가닥의 맥이 보이는데, 정수리에서 시작되어 마치 우산의 서른두 줄의 살대처럼 펼쳐져서 아래로 향합니다. 눈과 귀 등이 모두 이 맥 안에 있습니다. 중간에 있는 것이 중맥인데 또한 마치 실을 잘 정돈해 놓은 것 같습니다. 정수리에서 묶어 놓은 서른두 가닥의 실이 아래로 드리 워진 것 같으며 머리, 얼굴, 눈, 귀 등을 다 포괄합니다.

왜 두정륜(頭頂輪)을 대락륜이라고 부를까요? 사람들은 타좌를 했다 하 면 모두 허리를 구부리고 등이 굽게 되는데, 그것은 양맥(陽脈)이 통하지 않아서입니다. 중국 도가와 의서(醫書)에 의하면 "머리는 모든 양의 으뜸 〔頭爲諸陽之首〕"이라고 했습니다. 머리는 모든 양기의 우두머리이기 때문 에 여러분이 수련을 제대로 하면 머리가 아플 겁니다. 일반 범부는 두정륜 의 맥이 전혀 열리지 않았습니다. 두정륜이 정말로 열리려고 할 때는 아주 고통스럽습니다. 나이가 많을수록 더 심합니다. 두뇌를 더 많이 사용했기 때문이지요! 혹 여성이라면 아이를 낳아서 더합니다! 남성의 나이가 많은 경우에는 지나간 반생에 적자가 너무 큽니다. 어쨌든 남녀를 불문하고 모 두 똑같습니다. 두정륜의 맥이 열리려고 할 때 그 고통은 어디에 비할 수 가 없습니다. 심지어 두정륜의 맥이 통해서 눈의 맥에까지 미치면 눈이 실 명되는 경우도 있습니다. 두려워하면 눈이 정말로 멀게 될 것이고, 두려워 하지 않는다면 아무 일도 없습니다. 이륜(耳輪)의 맥에 이르면 귀가 들리 지 않게 됩니다. 만약 깨달은 사람이라면, 이때 일념이 청정하면 곧바로 그것을 비워 버립니다. 그러면 귀가 도리어 더 밝아져서 시방(十方)의 소리까지 들리게 됩니다. 이때 약을 먹거나 함부로 건드리면 귀는 바로 끝장 납니다.

어떤 사람은 코가 민감해서 염증을 잘 일으키는데, 맥이 여기에 도달했을 때 코가 바로 말썽을 일으킵니다. 하지만 도리를 잘 이해하고 수지를 잘 이해해서 두려움을 일으키지 않는다면 단번에 지나갑니다. 그뿐 아니라 원래 있던 고질병도 좋아지고 오관(五官)의 기능이 더 강해집니다. 수행이 대단히 어려운 이유는 학리(學理)를 알아야 할 뿐 아니라 세간과 출세간, 의리(醫理)와 불리(佛理) 등 어떠한 도리가 되었든, 그것이 좋은 것이든 나쁜 것이든 모두 통해야 하기 때문입니다. 정말로 위로는 천문에 통하고 아래로는 지리에 통해야 합니다. 위로는 성인의 경계에 통하고 아래로는 최하등의 축생, 지옥 중생에까지 어떤 종류의 학문이든 통하지 않은 것이 없어야 비로소 성취해서 큰 성인이 될 수 있습니다. 일반 범부는 모두 마음의 크기〔心量〕가 협소해서 적게 얻어도 만족하며, 조금만 수행해도 대단한 것으로 여깁니다. 그 결과 모두가 요 모양입니다. 선종의 조사는 "답답한 놈아, 이대로 떠나라!"고 욕했습니다. 우리가 선종 어록을 보면 조사들은 항상 본토박이 방언을 썼는데, 실제로는 그것이 당송 시대의 속담이었습니다. 요즘 말로 옮긴다면 "너 이 바보 같은 놈아, 그냥 이대로 썩 꺼져라"인데, 이것은 탄식하는 말입니다.

두정륜의 맥이 열려야 비로소 큰 즐거움을 일으킬 수 있고 쾌락을 느낄 수 있는데, 타좌가 비로소 편안해질 수 있고 쾌감을 얻게 됩니다. 여러분이 지금 아무리 마음이 평온하고 수지가 좀 좋아졌다고 한들 어떻게 즐거움을 얻을 수 있겠습니까? 즐거움을 얻는다는 것이 어디 그리 말처럼 쉽습니까! 서방 극락세계의 '극락'은 정말 쉽지 않습니다! 두정륜의 서른두 가닥 맥이 모두 통해서 온통 공(空)이 되어야 비로소 즐거움을 얻을 수 있습니다. 다시 본론으로 되돌아와서 두륜의 맥은 어떻게 해야 통할까요?

아래의 사륜 내지는 오륜이 모두 통한 후라야 비로소 두정륜이 통합니다. 말은 얼마나 쉬운지요! 제가 예전에 여러분에게 큰 소리로 외쳤던 것이 있습니다. 불학을 배우려면 사가행(四加行) 즉 난(煖) 정(頂) 인(忍) 세제일법(世第一法)을 얻는 데 주의해야 한다고 말씀드렸습니다. 두정륜이 공(空)이 된 후라도 그것은 사가행의 한 단계에 도달한 것이라고밖에 할 수 없습니다. 아직 무생법인(無生法忍)에 도달하지 않았습니다. 설사 난, 정, 인을 얻고 세제일법을 획득했다 할지라도 여전히 세간을 초월하지 못했고 삼계를 초월하지 못했습니다. 수행에는 이 같은 어려움이 있으니 주의해야 합니다!

"喉間受用輪, 脈瓣十六(목구멍 사이의 수용륜은 맥이 열여섯 가닥이다)." 후륜을 도가에서는 십이중루(十二重樓)라고 부릅니다. 목구멍 부위의 뼈마디〔骨節〕가 열두 개이기 때문입니다. 여자는 겉으로 보기에 목구멍 마디가 없는 것 같은데, 뼈마디가 안으로 모여드는 형태이기 때문입니다. 남자는 겉으로 튀어나와 있습니다. 목구멍 마디 부위의 맥륜을 도가에서는 생사현관(生死玄關)이라고 합니다. 후륜의 맥이 통한 사람이 생사를 만나면 어떠할까요? 태어나고 죽을 때 그리 큰 고통을 당하지 않습니다. 그래서 옛날 조사들은 이렇게 말했습니다. "두 다리를 가부좌하면 떠날 것이니, 또 만납시다." 여러분 주의하십시오. 나이가 많든 젊든 후륜의 소리가 좋지 않고 치료가 잘 안 되면, 그것은 후륜의 맥에 문제가 있는 것이니 수지를 하지 않으면 해결할 수 없습니다. 사람이 살아가는 동안 후륜의 맥이 통하지 않으면 일생의 번뇌와 업력이 무겁고 병통의 괴로움 역시 무겁습니다. 수도(修道)의 측면에서 말하면 생사를 확실히 이해했습니까? 전혀 이해하지 못합니다. 후륜의 맥이 통하지 못하면 이처럼 심각한 문제가 있습니다.

후륜맥에서 쭉 내려와서 위와 배꼽에 이르는데, 일반적으로 오른쪽은 식관(食管)이고 왼쪽은 기관(氣管)이라고 말합니다. 그래서 경극을 보면 충신이 자결을 하느라 보검을 휘두르는 장면에서 검을 반드시 왼쪽에 대는데, 왼쪽의 기관을 끊으면 바로 끝입니다. 어떤 학생이 그림을 아주 잘 그렸는데 바로 이 부분을 잘못 그렸기에 제가 말했습니다. "오른쪽으로 자결하면 죽지 않네. 그런 것을 악랄한 여인네가 생떼 쓴다고 말하는데, 죽겠다고 억지를 쓰지만 그렇게 해서는 결코 죽지 않아. 만약 왼쪽으로 살짝 당긴다면 곧바로 끝나게 되지."

우리 콧구멍 두 개 가운데 왼쪽은 공기의 관이기 때문에 왼쪽이 통하지 않으면 심각합니다. 오른쪽이 통하지 않으면 좀 덜합니다. 병원 해부실로 가서 살펴보는 것이 제일 좋은데, 의학을 배우는 사람은 쉽게 알 수 있습니다. 그리고 우리의 식도관(食道管)은 늘 깨끗하지 않습니다. 마치 유리컵에 우유를 따라 마시고 나면 우유 찌꺼기가 컵 안쪽에 남아 있어서 씻지 않으면 안 되는 것과 같습니다. 우리는 하루 종일 뭔가를 먹는데 식도관에도 그 부스러기가 붙어 있어서 마치 도랑 같습니다. 그 때문에 수도하는 사람은 반드시 식도관을 깨끗이 해야 합니다.

이제 여러분에게 제 경험을 말씀드리는데, 이것은 비밀입니다. 저는 요즘 하루에 죽을 두 그릇 마십니다. 조금이라도 더 많이 먹었다가는 금방 신호가 옵니다. 그러면 곧바로 기침을 해서 깨끗이 정리하는데, 그렇게 깨끗이 해야 곧 편안해집니다. 많은 사람이 기침이 심하면 저를 찾아와서 약을 받아 가는데, 어떤 경우는 제가 알기로 위장의 소화불량이 일으키는 기침이지 호흡기 계통의 감기가 아닙니다. 위가 감기에 걸린 것으로 위의 소화불량입니다. 제가 경험으로 아는데 위장약을 먹으면 호흡기까지 즉시 좋아집니다. 그러므로 여러분은 이런 것까지 제대로 알아야 합니다. 이것은 모두 비밀입니다.

후륜의 맥관, 즉 도가에서 말하는 십이중루에서 위의 맥관에 이르기까지 다 통하면 그 사람은 이미 망념이 없어집니다. 망념을 없앨 필요 없이 자연스럽게 망념이 청정해집니다. 망념이 없다고 해서 설마하니 그 사람은 죽은 사람처럼 아무것도 못할까요? 그에게는 사상(思想)이 있지만 단지 망념이 들러붙지 못할 뿐입니다. 자연스럽게 "일이 다가오면 응하고 지나가면 머무르지 않습니다." 그래서 후륜을 수용륜(受用輪)이라고 부릅니다. '수용'은 영양을 흡수한다는 말이니, 수도의 측면에서 말하더라도 수용입니다. 후륜은 요즘 말로 목구멍 부위의 갑상선 호르몬을 포함하는데, 바로 "현세의 몸이 받아들이는[現身受用]" 것입니다. 광명 청정을 감수(感受)하는 데 있어서 가장 민감합니다.

우리의 두정륜이 참으로 열리면 여러분의 그 '항(杭)' 자가 움직이면서 자연스럽게 감로가 아래로 흘러 가득 찹니다.

방금 전에 두정륜 서른 두 가닥이 마치 우산처럼 펼쳐져 있다고 말씀드렸는데, 후륜은 뒤집어서 열여섯 가닥의 맥이 흉강 부위부터 폐 부위까지 이어집니다. 후륜의 기맥이 위쪽 두륜 중간의 뇌하수체에까지 이어져서 통하면 뇌하수체의 분비액이 방울져 흘러내립니다. 그것이 바로 '감로(甘露)'입니다. 이 서른두 가닥의 맥관 중심에서부터 방울져 흘러내려서 아래로 후륜의 맥관에 이르는데, 혀를 위쪽으로 세워 두정륜의 맥관에서 내려오는 '감로'를 이어받습니다. 이런 부분은 대단히 상세하기 때문에 평소에는 여러분에게 이야기해 봐야 아무 소용없습니다. 지금 이렇게 말씀드리는 것도 마찬가지로 아무 소용없습니다. 큰 보살이신 여러분은 한 사람도 작은 보살로 변하지 않았고, 이런 경계에 도달한 사람이 아직 없기 때문에 지금은 그저 이런 지식은 알아 두면 좋다고 밖에는 말씀드릴 수 없네요.

"心法輪, 脈瓣八(십법륜은 맥이 여덟 가닥이다)." 위아래로 맥륜이 이어지니 뒤따르는 것은 심륜(心輪)입니다. 심륜은 '법륜(法輪)'이라고 부르는데 여덟 가닥의 맥입니다. 여러분이 심장을 보면, 혹은 도서관에 가서 인체 내부를 자세히 보면 심장은 사실 여덟 덩어리의 살 즉 여덟 조각[八瓣]입니다. 그래서 참으로 도를 깨닫게 되면 선종에서 말하기로는, '픽' 하는 소리와 함께 깨달은 사람의 심맥(心脈)은 이미 열려 있다고 합니다. 맥이 풀어지고 심장이 열려서 심물일원이 됩니다. 진정으로 깨달은 사람은 심맥이 반드시 열리는데, 그것이 바로 여덟 조각[八瓣] 연꽃입니다. 바꾸어 말하면 심념이 청정해져서 완전히 공의 경계에 도달하는 그것이 바로 나를 잊음[忘我]이며, 심맥의 맥륜이 열리면 심맥 여덟 조각은 또다시 우산이 아래로 향하는 형상을 취합니다.

"臍化輪, 脈瓣六十四(배꼽의 화륜은 맥이 예순네 가닥이다)." '제륜(臍輪)'은 단전을 포함하며 화륜(化輪)이라고 부르는데 일체의 변화륜(變化輪)입니다. 인류는 남녀가 관계를 맺어야 사람을 태어나게 할 수 있는데, 일체가 끊임없이 생겨나고 끊임없이 변화합니다. 제륜은 두 발바닥과 발가락 끝도 모두 포함합니다. 두 다리는 고려인삼의 수염뿌리와 비슷한데, 그렇기 때문에 우리가 타좌를 할 때 두 다리를 가부좌해서 두 수염뿌리를 결합하면 기맥을 회전시킬 수 있습니다. 제륜이라는 이 부위가 가장 복잡한데 남녀가 똑같이 배꼽에까지 이르며, 신상선(腎上腺)[181]의 호르몬을 포함합니다. 여성은 콩팥, 자궁, 난소를 포함하며 남성은 고환, 생식기 등을 포함합니다. 모두 예순네 가닥의 맥으로, 우산 형상을 거꾸로 뒤집어서 심륜을 향하고 있습니다.

두륜, 후륜, 심륜, 제륜 이 사륜은 신체 내부에서 이중의 보개(寶蓋)[182]를 만들어 놓습니다. 그래서 정통적인 불상 조각은 그 외형을 보면 반드시 가는 허리를 하고 있습니다. 마치 현대의 미녀 선발처럼 삼위(三圍)[183]가 모두 훌륭합니다. 여러분이 수련을 제대로 하면 후륜이 자연스레 열리고 가슴은 자연스레 펴지며 허리는 자연스레 가늘어지는데, 그것이 바로 정통 불상의 모습입니다. 중국 도가의 호리병 역시 똑같습니다. 중국에서 당송 이후 조각한 배불뚝이 불상은 이치에 맞지 않습니다. 그러므로 수지를 하는 사람은 배가 크면 클수록 문제가 많습니다. 만약 수련을 제대로 한다면 허리가 틀림없이 가늘어집니다. 그러나 기는 가득 차게 됩니다.

맥륜의 도리는 아주 세밀합니다. 제륜은 화륜이라고 부르기도 하며 예순네 가닥인데 여전히 거칩니다. 진정으로 말하자면 신체의 지수화풍 사대 부분이 각기 일백이십 맥을 지니고 있으므로 모두 사백팔십 맥이나 됩니다. 더 세밀하게 하면 맥은 팔만사천 가닥이 있으며 신경과 혈관을 포함합니다. 심지어 모공 하나하나에도 기맥이 있습니다. 이것은 인체의 큰 비밀입니다. 동서양의 의학은 아직 인체의 비밀을 제대로 파악하지 못하는데, 영원히 못할 겁니다. 어렵고도 어렵습니다. 인체의 비밀을 만약 자신이 명확하게 이해할 수 있다면, 자신의 형체를 남겨서 이 세상에 머무를 수 있을 것입니다. 이것은 일리가 있는 말입니다. 사람의 몸은 얻기 어렵습니다. 다시 한 번 환생하는 것이 내키지 않는다면, 이 육신을 명확하게 이해함으로써 형체를 남겨 이 세상에 머무르게 하는 것도 불가능한 일은 아닙니다. 하지만 이런 것들을 모두 알아야 하고 또 수지가 일정 정도에 도달할 수 있어야 하니, 정말 어렵고도 어렵습니다. 이것은 삼맥사륜을 설명하는 말입니다.

이 사륜에 범혈륜, 미간륜, 해저(밀처)를 더해서 모두 칠륜입니다. 미간륜이 일단 열리면 눈을 뜨든 눈을 감든 언제나 한 덩이 광명이 펼쳐집니다. 그런 까닭에 불상의 미간에다 희고 둥근 구슬을 조각하는데, 바로 이런 이치입니다. 물론 삼맥칠륜이 다 열려야 하지만, 첫 번째 단계에서 가

---

**181** 좌우의 콩팥 위에 있는 내분비 기관을 말하며 부신(副腎)이라고도 한다.

**182** 불상이나 보살상의 머리 위를 가리는 덮개의 일종으로 우산 모양을 하고 있다. 불교의 장엄구(莊嚴具)로 쓰이며 장식적인 효과도 있다. 또는 탑에서 보륜(寶輪) 위에 덮개 모양을 이루고 있는 부분을 의미하기도 한다.

**183** 가슴, 허리, 엉덩이 둘레를 말한다.

장 열리기 어려운 것이 바로 화륜이라고도 하는 제륜입니다. 도가와 밀종에서는 단전의 졸화(拙火)를 수행하기 좋아합니다. 여기가 열려야 비로소 변화를 일으킬 수 있는데, 마치 엘리베이터처럼 한 단계 한 단계 위로 올라갑니다. 한쪽이 올라가면 한쪽은 내려가는데[一昇一降], 이것은 물리(物理)와 똑같습니다. 씨앗을 진흙 속에 심으면 천천히 싹이 터서 자라는데 모두 위를 향해 올라가는 것과 같습니다.

　사람의 신체 역시 똑같습니다. 부처님께서는 연꽃으로 비유하셨는데, 연꽃의 씨앗이 천천히 터져서 싹이 나면 싹은 위로 뻗어 나갑니다. 그런데 우리 같은 범부가 제륜이 통할 수 있는 경지까지 수행했다면, 그것만으로 이미 큰 절을 받을 만합니다. 남성이든 여성이든 제륜이 막 통하려고 할 때 모두 보리(菩提)를 흘려 잃어버리기 때문입니다. 정기신(精氣神)이 이미 새어나가 버렸습니다. 즉 이런 말입니다. 여러분이 조금이라도 수지를 해서 제륜맥이 충실해진 후에는 남녀를 불문하고 욕념이 생겨납니다. 그러면 그것을 전화시킬 방법이 없어서 자연스럽게 보리를 잃어버리고, 결국에는 이 가운데서 윤회합니다. 욕계의 하삼도(下三道)에 이르러 시종 거기에서 윤회하면서 위로 올라가지 못하는데, 위로 올라가는 수련을 조금도 해내지 못합니다. 그러므로 제륜맥이 통한 후에는 천천히 심륜에까지 올라와야 비로소 통할 수 있고 비로소 견성할 수 있습니다. 맥이 풀리고 심장이 열려서 공(空)을 보고, 공성(空性)을 본 후에는 다시 위로 올라가서 수용륜을 수지해야 보신(報身)의 생사현관을 비로소 깨트릴 수 있습니다. 생사현관을 깨트리고 다시 올라가서 대락륜에 도달하면 정맥(頂脈)이 열립니다. 그래야 비로소 색신이 완전히 전화해서 보신을 성취합니다.

# 좌맥 우맥 중맥, 삼맥에 관해

  일반인들은 수지하면서 이것을 알지 못하고 말하지도 않습니다. 특히 정토종을 수행하거나 선종을 수행하는 사람은 고집이 대단해서 여러분이 이런 방면을 이야기하면 그들은 여러분을 외도라고 말합니다. 사실 그는 어떤 도도 알지 못합니다. 결국 자기 스스로 마음속으로 거절했을 뿐 아니라 이미 악과(惡果)의 인(因)을 심었습니다. 그래서 저는 다른 사람에게 이야기하는 것을 그다지 좋아하지 않습니다. 상대방이 반감을 일으켜서 악인(惡因)을 심게 하느니, 차라리 그를 가엾게 여겨 이야기하지 않는 것이 낫습니다. 굳이 다른 사람에게 지옥 업을 심게 할 필요가 있겠습니까. 일체 중생은 아견(我見)이 너무 깊은데 실제로 생명의 비밀은 그렇게 간단치가 않습니다. 물론 표면상으로는 여러분에게 약간 말씀드리지만 실제로는 그 도리가 너무도 깊습니다. 반야의 바다처럼 깊어서 바닥이 보이지 않습니다. 생명의 비밀을 쉽게 배워서 모두 깨닫는다면 여러 불보살이 위대하다고 말할 필요가 없을 겁니다.

  바꾸어 말하면 저는 더 이상 놀 거리가 없어집니다. 제가 어떻게 그렇게 오랫동안 여러분을 속일 수 있었겠습니까! 그 속에 아주 깊은 비밀이 들어 있음을 알 수 있습니다. 더군다나 이것은 속이는 것이 아닙니다! 그러므로 참회할 줄 알아야 하고 부끄러워할 줄 알아야 합니다. 세상의 어떤 부처님도 그렇게 간단하지 않습니다. 특히 여러분이 심신(心身)의 성명(性命)의 학문을 조금 배웠다고 해서 이거면 됐다고 생각한다면, 저는 탄식하는 수밖에 없습니다. 너무 안타깝기 때문입니다. 그러므로 저를 존중할 것이 아니라 자신을 소중히 여길 줄 알아야 합니다. 배운 다음에는 수지할 줄 알아야 합니다. 이른바 무량법문서원학(無量法門誓願學)[184]이 그렇게 간단한 것이 아닙니다.

"其中如屋柱之相, 右有 '若馬脈' 白色, 左 '蔣馬' 紅色, 中 '滾大馬' 藍色(그 가운데는 집 기둥 모양 같아서 오른쪽에는 흰색의 '약마맥'이 있고, 왼쪽에는 붉은색의 '장마'가 있고, 가운데에는 푸른색의 '곤대마'가 있다)." 삼맥에 관해서는 이렇게 설명했습니다. 우리 몸이 하나의 집이고 세 가닥의 맥은 중요한 큰 기둥과 같습니다. 오른쪽 맥은 티베트 문자로 '약마(若馬)'라고 부르며 흰색입니다. 지금은 여러분이 알지 못하는데 맥륜이 열려야 비로소 눈앞에 나타납니다. 이른바 백색(白色)은 모유 혹은 우유처럼 자연스러운 유백색입니다. 왼쪽의 맥은 '장마(蔣馬)'라고 부르며 홍색(紅色)이고, 중간의 '곤대마(滾大馬)'는 남색(藍色)입니다. 범문 번역은 상관하지 말고 우리는 그저 왼쪽은 붉고 오른쪽은 희고 가운데는 푸르다고 부릅니다. 남(藍)은 하늘색입니다.

"上端達到頭頂, 下端至於密處(상단은 정수리에 이르고 하단은 밀처에 이른다)." 삼맥은 중맥을 중심으로 하고, 정륜(頂輪) 내지는 정수리에까지 이릅니다. 만약 중맥이 통하면 갓난아이 상태로 되돌아갑니다. 그 정륜 위의 팔딱거림은 위로 하늘에 통하는데, 범혈륜이 위로 우주와 서로 통하는 것이 바로 "천지동근(天地同根), 만물일체(萬物一體)"입니다. 이때 비로소 맹자가 말한 "크고 넓은 바른 기운을 길러 천지 사이에 가득 차게〔養浩然正氣, 充塞於天地之間〕"됩니다. 현재 우리의 삼맥칠륜은 얘기할 거리도 못 됩니다. 사륜은 아예 그림자도 없습니다. 그런데 여러분 모두가 수행하는 것이 있으니, 칠륜 이외의 하나의 륜(輪)으로 능두능뇌륜(楞頭楞腦輪)[185]이라고 부릅니다.

---

**184** 보살의 공통된 네 가지 큰 서원을 사홍서원(四弘誓願)이라고 하는데 그중 하나가 법문무량서원학(法門無量誓願學)으로, 광대무변한 부처님의 가르침을 모두 배우겠다는 맹세이다.

**185** 무모하거나 멍한 모습을 표현한 말이다.

맥륜이 눈앞에 드러날 때는 정례(頂禮)를 갖추어야 합니다! 그리고 이것이 여전히 제육의식의 경계임을 알아야 합니다. 우리의 현유(現有)의 몸은 바로 현유의 의생신(意生身)[186]이며 의식의 경계입니다. 성불한 부처님의 화신이 원만한 보신을 성취하면 그것이야말로 진정한 의생신입니다. 그러니 의식의 위대함을 알 수 있습니다. 여러분은 유식(唯識)을 배운 적이 있으니 현장대사(玄奘大師)의 의식송(意識頌)을 기억할 것입니다. 의식의 작용은 삼계를 개괄하므로, "삼계에서 윤회하는 때를 쉽게 알 수 있습니다〔三界輪時易可知〕." 욕계, 색계, 무색계, 온 삼천대천세계는 모두 의식의 변화입니다. 아뢰야식이 '식(識)'의 본체이고 '식(識)'의 작용이 제육의식이라, 의식으로 부처가 될 수도 있고 범부가 될 수도 있고 육도(六道) 가운데서 승침(升沈)할 수 있습니다. 의식은 이렇게 대단합니다. 삼맥사륜이 여전히 의식의 경계에 있기는 하지만 그것은 승화된 의식의 경계입니다. 그에게는 신체가 있다고 말해도 되고 신체가 없다고 말해도 됩니다. 한 걸음 더 나아가 삼맥사륜은 의식을 좇아 전화할 수 있습니다. 세간의 연(緣)이 다해 더는 머무르고 싶지 않다면, 의념이 움직이기만 하면 일곱 색깔 무지갯빛으로 변해 곧바로 사라집니다.

"特別觀中脈漸大, 如麥管許·如箭桿許·如取乳筒許(특별히 중맥을 관하면 점차 커져서 보리관과도 같다가 화살대와도 같다가 젖 짜는 대통과도 같다)." 지금 우리는 성취가 없기 때문에 당연히 의식이 거짓으로 관상(觀想)을 합니다. 중맥의 관상만 단독으로 수지한다면 한 줄기 기둥과도 같은 모습을 관(觀)하게 되는데, 해저 속으로부터 위로는 하늘에 통하고 아래로는 땅에 통합니다. 『서유기(西遊記)』를 보면 손오공은 신통력이 커서 용궁에서 여

---

186 일반적으로 초지(初地) 이상의 보살이 중생을 제도하기 위해 뜻대로 변화한 몸을 의생신이라 한다. 다만 여기에서는 우리의 식(識)이 금생에 드러낸 몸이라는 뜻으로 쓰였다.

의봉을 가지고 달아났는데, 그 여의봉이라는 것이 하늘과 땅을 가득 채우고 우주 공간을 가득 채웁니다. 중맥의 이치를 설명하자면, 초보자가 중맥을 수지하려면 먼저 몸을 비우고 자신에게 중맥이 있다는 것만 생각합니다. 이 중맥은 우주만큼 크며 색신도 우주만큼 큽니다. 하지만 서서히 마음이 편안하고 고요해지면서 중맥도 서서히 축소될 수 있으며, 축소될수록 점점 작아지다가 마지막에는 보이지 않는 먼지처럼 작아집니다. 처음에는 보리관만 하게 보이기도 하고 혹은 서서히 커져서 화살대만큼 커지고 다시 서서히 커져서 젖 짜는 대통만 하게 커집니다.

"最後, 身完全成中脈自性, 細薄明亮, 心對住其中而定之, 卽得心入何處脈, 皆唯出現中脈功德之關要也(마지막에는 몸이 완전히 중맥 자성을 성취하여, 가늘고 엷고 밝게 빛나는데, 마음이 그 중심을 향해 머물러 정에 들면, 마음이 어느 맥이든 들어갈 수 있으니, 모두가 중맥의 공덕이 나타나는 관문이다)." 마지막에는 온 육신이 하나의 중맥으로 변하는데 하늘색과 똑같습니다. 이것은 관상을 사용하는 수행법으로서 이미 육체의 관념은 없습니다. 중맥은 가늘고 엷으며 밝게 빛납니다. 의식을 사용해서 육체를 이렇게 변화시킨 후에 의식 중간의 생각은 여러분이 준제보살, 관음보살 혹은 아미타불 등 어느 누구를 관상하든 상관은 없지만 이리저리 변해서는 안 됩니다. 각기 하나의 본존을 정해서 지킵니다. 본존은 근본이므로 변해서는 안 됩니다. 오늘은 준제보살을 수행하고 내일은 또 관음보살로 바꾸고 해서는 안 됩니다. 그것이 바로 마장(魔障)입니다. 일부러 여러분에게 분별심을 일으켜서 이것은 좋고 저것은 좋지 않다고 생각하게 만드는데, 그것은 이미 따지고 비교하는 마음을 일으키고 있습니다. 마치 장사를 하는 것처럼 말입니다. 바꾸어 말하면 이것은 형체가 없는 가운데 이미 미세한 산란에 떨어진 것인데, 자신은 알지 못합니다. 그러므로 본존을 관(觀)하기로 정했으면 조금도 움직이지 않아야 합니다. 혹은 본존을 관하지 않고 일념이 공령(空

靈)한 상태로 중맥의 중심에 머물러 있다면, 이렇게 정(定)을 지속해도 괜찮습니다. "모두가 중맥의 공덕이 나타나는 관문이다〔皆唯出現中脈功德之關要也〕", 이렇게 수지해서 여러분의 심념(心念)이 그 맥륜에 주의하기만 하면, 맥륜은 즉시 위대한 작용을 일으킵니다. 수시로 이런 모습을 유지해야 하니 이것이 하나의 요결입니다. 또 다른 주해는 여러분 스스로 연구해보십시오.


# 삼맥사륜과 대락법

"如是中脈之內, 在臍對直處, 有短阿(ᨠ), 如火形相, 僅髮尖許, 燃如馬尾之火(이와 같이 중맥 안 배꼽을 마주한 곳에 짧은 아가 있는데, 불같은 형상에 머리카락처럼 가늘지만 타오르면 말총의 불같다)." 이것은 바로 여기 단전(丹田)에서 출발하는데, 보통 졸화(拙火) 혹은 영화(靈火)라고 부르고 도가에서는 단(丹)이라고 부릅니다. 왜 불처럼 타오르는 따뜻한 기운을 졸화라고 번역했을까요? 그 불이 아주 어리석기 때문입니다. 졸(拙)이라는 말은 어리석다는 뜻인데, 평소에는 느끼지 못합니다. 우리는 평소 총명을 지나치게 사용하고 망념이 많습니다. 망념이 사라지면 사람은 마치 어리석어진 것 같지만 졸화가 청명해져서 영화(靈火)로 변합니다. 그것을 영력(靈力)이라고도 부릅니다. 득정(得定)한 사람을 보면 반쯤 죽은 사람 같고 백치 같기도 한데, 망념이 조금도 없는 것이 마치 아무것도 하기 싫어하는 사람 같습니다. 다른 사람이 보기에는 멍청해 보이지만 사실 그 안의 생명 기능은 더욱 영명(靈明)하고 자유롭습니다. 졸화가 영명하게 변하면 내부가 따뜻해지는데 여성의 자궁 부분은 쉽게 따뜻해집니다. 하지만 따뜻해지고 즐거워진다 싶으면 남녀 모두 똑같이 얼른 위를 향해 올라가는 것을 관상해야 합니다. 그러지 않으면 두 번째 작용이 곧바로 일어납니다. 바로 정을 흘려버리는 누단(漏丹) 현상입니다. 이때 특히 청년은 유정(遺精)이나 각종 다른 행위가 일어나는데 그것을 통제할 방법이 없습니다. 정말로 졸화가 일어나면 그 힘이 너무나도 커서 여러분의 이지(理智)로 대치할 수 있는 것이 아닙니다.

이 대목에서 여러분에게 말씀드리는데 몸과 마음은 한 몸의 양면입니다. 때로는 자신의 그 공력으로도 대응할 방법이 없으니, 그 이치를 이해하지 않으면 안 됩니다. 이때 본체가 지닌 대지혜의 능력을 회복할 수 있으면 곧 자연스럽게 서서히 전화합니다. 그렇기 때문에 저는 늘 여러분에게 성불(成佛)이 지혜의 학문이라고 말했습니다. 그는 말합니다. 이 졸화가 단전에서 일어날 때, 느낌이나 관념상으로 처음에는 머리카락처럼 가느다란 작은 불입니다. 하지만 작은 불티가 들판을 태워 버릴 수 있습니다. 그 작은 불꽃이 타올라서 큰 산 심지어는 온 우주도 다 태워 버릴 수 있습니다. 그래서 여기 단전의 졸화가 정말로 생겨나면 서서히 온몸을 녹여서 전신이 따뜻해지고, 여러분의 모든 맥륜과 업기(業氣)를 다 전화시킵니다. 부모가 낳아 주었거나 여러 생에서 지니고 온 나쁜 업력과 습기가 모조리 녹아 버리고 생명의 색신이 새롭게 다시 만들어집니다. 그러므로 도가에서 환골탈태라 부르는 것도 거짓이 아닙니다.

이 과정은 모두 전문적으로 수지하는 사람들을 위한 것입니다. 그런데 여러분이 듣고 이 법문을 가지고 인정이나 베푼다면 그것은 연(緣)을 맺는 것에 불과합니다! 여러분은 자신이 이미 대원만을 배웠고 졸화도 이해했으며 삼 개월이나 수도했는데 어째서 여전히 따뜻해지지 않는 거야 하고 생각해서는 안 됩니다. 그것은 바로 뜨거워지는 전기다리미가 아닙니다. 오로지 수지해야 합니다. 지난 사십여 년간 저는 많은 것을 잃어버렸는데, 오직 이것만 남아 있어서 수십 년을 계속해 왔습니다. 한번 따져 봅시다.

여러분은 겨우 며칠을 했으며 게다가 대부분의 시간은 여전히 돈 벌 궁리만 하고 있습니다! 여기에서는 돈을 벌고 저기에서는 졸화를 벌고 싶어 하니, 세상의 좋은 것은 모두 여러분이 차지하고 저는 헛수고만 한 것이 아닙니까? 반드시 기억해야 합니다. 이것은 오로지 수지하는 것에 중점을 둔 일입니다. 오로지 수지하는 것은 정말로 출세법(出世法)이니 세상의 대부분을 버려야 합니다. 여러분은 인연이 있어서 듣게 되었지만, 자신이 요 며칠 좀 했노라고 어리석게 생각해서는 안 됩니다. 요 며칠 타좌를 두어 번 했다고 그게 뭐라도 됩니까? 그것을 수지라고 할 수 있습니까? 그저 조금 연습한 것에 불과합니다! 저의 이 말은 재가인에게 하는 말이지만 동시에 출가인에게도 드리는 말입니다. 다 똑같습니다! 출가인 여러분은 이 옷을 입었으니 졸화가 생겨날 것이라고 말하는 게 결코 아닙니다. 불가능합니다!

이 졸화는 마치 머리카락처럼 가늘지만 나중에 서서히 타올라서 커지면 말총만큼 크고 두꺼워집니다. 불꽃은 상승해서 곧장 위로 올라갑니다. 상승한 후에는 하나의 중요한 도리를 알아야 합니다. 태양의 빛에너지가 지구를 비추면 지구는 열에너지를 흡수해서 또다시 증발하고 상승하는데, 상승해서 꼭대기에 도달하면 차가운 기단을 만나서 다시 하강합니다. 그래서 도가에서는 이렇게 말합니다. 『음부경(陰符經)』에 나오는 말로, "하늘의 도를 살피고 하늘의 운행을 붙잡는다(觀天之道, 執天之行)"라고 했습니다. 도를 배우는 방법이 바로 이런 이치입니다. 그러므로 노자가 말한 "사람은 땅을 본받고, 땅은 하늘을 본받고, 하늘은 도를 본받고, 도는 자연을 본받는다(人法地, 地法天, 天法道, 道法自然)"는 필연적인 원리입니다.

"遂觸頭頂豆許大杬(ぢ)字, 乃降紅白甘露(마침내 두정에 닿으면 큰 항 자로 변하는데, 붉고 흰 감로가 내린다)." 머리꼭대기에 이르면 하나의 흰 항(ぢ) 자로 변하는데, 곧바로 정기(精氣) 진액(津液)으로 변해서 붉고 흰 감로가 아래로 내려옵니다. 흰 것은 기(氣)를 나타내고 붉은 것은 혈액과 진액을 나타냅니다. 의학으로 사람의 생명을 설명하자면, 왜 노인은 목구멍과 혀가 건조하고 진액이 없어지고 정신도 없어질까요? 바로 뇌하수체가 서서히 위축되기 때문입니다. 왜 타좌할 때 제가 일부러 여러분의 머리를 바르게 해놓을까요? 바르지 않으면 뇌하수체의 분비에 영향을 주기 때문입니다.

이 뇌하수체 호르몬의 정액(精液)이 일부 아래로 내려와서 갑상선과 흉선에 도달하고, 그렇게 쭉 내려와서 신상선 즉 부신에 도달합니다. 우리가 지금 의리학(醫理學)인 과학을 빌려와서 설명했는데, 이것이 불법과 완전히 서로 합치됩니다. 수련을 잘 하면 뇌하수체의 분비액이 내려와서 침이 늘 맑고 달콤한데, 그 달콤함은 일반적인 달콤함과는 다릅니다. 침이 항상 내려오기 때문에 호흡기관에 가래가 있거나 위장에 병이 있다면 자연스레 깨끗이 처리됩니다. 이런 찌꺼기들을 깨끗하게 정리하지 않으면 쉽게 병이 나지요.

이때 붉고 흰 보리의 감로가 아래로 내려와서, "流於四輪全身, 特別流入心中靑灰色 '謗(ཨ)'字, 遂想生樂, 心不散亂(사륜과 전신에 흐르고 특별히 심장 속의 청회색 '방' 자로 흘러 들어가면, 마침내 생각에 즐거움이 생겨나고 마음은 산란해지지 않는다)"는, 정수리[頂]에서 머리[頭]에 도달하고 목구멍[喉]을 거쳐서 심장[心]에 도달하고 배꼽[臍]에 도달해서 전신에 가득 찹니다. 그것이 심장 속의 청회색·담청색에까지 흘러가서 어떤 하나의 색상과 영상이 나오게 되는데, 그러면 "마침내 생각에 즐거움이 생겨나고[遂想生樂]" 즉 자연스럽게 몸과 마음에 희락(喜樂)의 경계가 생겨납니다. 그런 까닭에 현교에서는 말하기를, 초선은 떠남으로 기쁨과 즐거움이 생겨난다고 하여 이생희락(離生喜樂)이라고 합니다. 기쁨[喜]은 심리이며 즐거움[樂]은 생리적 쾌감입니다.

"觀樂忽然來時, 彼 '謗'字漸小漸細, 末後消散去, 於無所有中心平等住

(즐거움이 홀연히 올 때 저 '방' 자는 점점 작고 가늘어지다가 나중에는 사라지고, 아무것도 없는 가운데 마음이 고르고 한결같게 머무른다)." 이때 완전하게 정(定)으로 기쁨과 즐거움이 생겨나는데〔定生喜樂〕, 이 '방(謗)' 자는 마음속 경계를 글자 형상인 자륜(字輪)을 사용해서 나타낸 것입니다. 여러분이 때때로 타좌를 하면서 눈을 감고 있으면, 어렴풋한 가운데 하늘이 막 밝아오려고 희미하게 빛이 생겨나는 모습이 보입니다. 이것이 그 경계와 비슷하지만 물론 아직 멀었습니다.

이 경계는 서서히 변해 가지만 이때는 일체 생각이 조금도 없는 상태입니다. 이른바 평상(平常)이니 자연(自然)이니 하는 것은 망념이 조금도 없는, 자연스럽고 머무름이 없는〔無住〕 상태입니다. 이 마음을 단칼에 고르게 베어 버리고 편안하게 머물러 정(定)에 듭니다. 어째서 이 경계에 도달할 수 있는 걸까요? 기(氣)를 수지하고 맥(脈)을 수지했기 때문입니다.

"由此方便, 斯時極有離戲論智出現之要(이 방편으로 말미암아 이때에 희론을 떠나는 지혜가 나타나는 중요함이 있다)." 이 방편은 아주 어려우니 먼저 기를 수지할 줄 알아야 합니다. 예를 들어 안나반나(安那般那) 호흡 같은 것은 기를 수지하는 방편 안의 방편이요, 초보 중에 초보입니다. 심기(心氣)가 충만해져야 비로소 맥을 수지할 수 있습니다. 맥을 수지한 후에 비로소 명점을 수지할 수 있고, 명점을 수지한 후에 졸화를 일으켜야 색신이 비로소 전화해서 이 경계에 도달합니다.

기를 어떻게 수지하고 맥을 어떻게 수지하는가 하는 문제에 대해서는 단지 원리를 말씀드렸을 뿐입니다. 여러분은 대원만을 이미 배웠는데 어째서 조금도 효과가 없는 거지, 하고 생각해서는 안 됩니다. 어떤 작용이 있는지 듣기만 한 것이니 여러분에게 약간의 법연(法緣)을 맺어 주었을 뿐입니다! 이런 학리(學理)들에 대해 여러분은 단지 이런 것이 있다는 것을 알았을 뿐이며 수지를 거론하기에는 아직 이릅니다! 모두 잘 수지해야 합니다. 불법을 배운다는 것은 길거리에서 들은 것을 남에게 아는 체하며 말하는 것이 아닙니다. 그렇게 간단하게 되는 것이 아닙니다. 그가 말했습니다. 기를 수지하고 맥을 수지하는 이 방편 법문으로 말미암아 "이때에 희론을 떠나는 지혜가 나타나는 중요함이 있다〔斯時極有離戱論智出現之要〕." 그 정도에 도달하면 제각기 서로 다른 현상이 나타나는데, 일체 법문이 공(空)의 도리임을 알아야 합니다. 희론을 떠나는 이런 지혜가 아주 중요합니다.

이제 우리는 삼맥사륜이 이런 것이라는 것을 알게 되었습니다. 수지해서 삼맥사륜이 모두 통하려면 적어도 삼 년에서 구 년이라는 시간이 걸립니다. 게다가 중간에 장애가 하나도 없어야 계속해서 수지해 나갈 수 있습니다. 그렇기 때문에 복덕자량과 지혜자량의 구족이 더욱 중요합니다. 복덕자량이 없고 지혜자량이 없으며 또 이치상으로 통하지 못하면 성취하지 못합니다. 하물며 기맥 부분에서 삼맥사륜을 통하고자 한다면 각종 이치, 각종 법문, 각종 일에 있어서 모두 융회 관통해야 비로소 약간의 희망이 있습니다. 여러분은 선종의 불립문자(不立文字)[187]를 거론하면서 하나의 법도 필요하지 않다고 말합니다. 물어보겠습니다. 선종에서 성취한 사람이 몇 명이나 있습니까? 여러분은 육조를 들먹이지만 과연 육조 같은 사람이 몇 명이나 있습니까? 육조가 성취했다고 해서 여러분도 성취할 수 있다고 할 수 있습니까? 수행은 그렇게 간단한 것이 아닙니다. 그렇기 때문에 이런 것들을 알아야 합니다.

---

**187** 문자 즉 교리로는 부처님의 진리를 알지 못한다는 의미이다.

# 백골관의 오묘함

저는 여러분에게 백골관을 수지하라고 수차례 말한 적이 있습니다. 왜 일까요? 밀종 안의 밀법 형식을 제가 감히 추천한 것은, 제 자신이 이것을 배운 적이 있고 수지한 적이 있으며 성취했기 때문입니다. 여러분은 무턱 대고 밀쳐내서는 안 됩니다. 다들 아무렇게나 법을 헐뜯는 것이 아주 심각 합니다. 인과(因果)는 눈에 보이지 않으니 인과를 믿지 않겠다고 말한다면, 한번 시험해 보십시오! 법을 헐뜯으면서 과보를 받지 않는 사람은 한 명도 없습니다. 한 단계 한 단계 과보를 받는 것이 얼마나 두려운 일인지 요! 사람들은 스스로를 점검해 보지 않았습니다.

석가모니께서 현교를 가르치실 때 이 부분을 말하지 않은 것은, 말세의 중생은 업력이 모두 다르기 때문입니다. 제가 여러분과 함께한 것이 십 년 에서 이십 년인데 평소에는 그다지 말하고 싶지 않다가 이번에 좀 내켜서 말씀드리지만 그것도 이번 한 번뿐입니다. 사실은 제가 전해 주려고 하느 냐 마느냐의 문제가 아니라 여러분 자신을 법기(法器)로 만들었느냐 아니 냐가 문제입니다. 부처님께서 말씀하시기를, 자신을 법기로 만들지 못하 면 보통의 컵에 사자의 젖을 따르면 그 컵이 폭발해 버리는 것과 같다고 했습니다. 제가 큰 법을 여러분에게 말해 주는데도 여러분은 도리어 믿지 않는 악념(惡念)을 일으키니, 그것만으로 이미 대단히 큰 죄인(罪因)인데 하물며 그것을 헐뜯기까지 한다면 더 엄청난 중죄입니다.

지금부터 여러분에게 정식으로 말해 줄 이것은 상당히 중요합니다. 그 런데 이 맥륜들은 굶주림 속에서 세포가 녹아 버리고 난 후에 무엇으로 변 할까요? 당연히 뼈로 변합니다. 바로 백골입니다. 백골 위에는 기맥이 있 을까요? 없습니다. 그러니 아예 처음부터 백골관을 수지하는 것이 좋지 않겠습니까! 아주 간단하고 번거로움을 면할 수 있습니다. 사실 여러분은 재가인이 됐건 출가인이 됐건 모두 고집이 아주 셉니다. 제가 처음에 여러 분에게 백골관을 수지하라고 했을 때 여러분은 믿었습니까? 믿지 않았습니다. 예전에는 입술을 삐쭉이면서 들었습니다. 선생이 가르쳐 주고 있으니 듣지 않을 수가 없었겠지요. 실제로 부처님을 배우는 사람들은 일반적으로 두뇌를 사용하려고 하지 않습니다. 지혜를 사용해서 참구하려고 들지 않는 것입니다. 『선비요법』이 여러분에게 말해 주지 않았습니까? 여러분이 관(觀)할 때 백골을 관하기 시작하면 따뜻해지지 않던가요? (일동 대답: 그랬습니다.)

소(蕭) 부인 같은 경우, 작년 연말에 부인이 백골을 관하자 왜 발가락 끝이 따뜻해졌을까요? 따뜻한 것은 졸화가 아닙니까? 이 법이 그것(졸화)보다 훨씬 높음을 알 수 있습니다. 사실 효과는 똑같은데 단지 부처님께서 이 원리를 여러분에게 말해 주지 않았을 뿐입니다. 그래서 선비(禪秘) 즉 선의 비밀로 변한 것입니다. 이것 역시 비밀 중의 비밀입니다! 왜 수지하려고 하지 않습니까? 더욱이 이 법문은 밀교의 법문에 뒤지지 않습니다. 밀교에서는 관정을 받아야 하고 아무나 마음대로 참가하는 것을 허락하지 않습니다. 그런데 백골은 공개적으로 말씀드릴 수 있습니다. 백골이 유광(流光)한 후에는 자연스럽게 낙(樂) 명(明) 무념(無念)을 얻게 됩니다. 말해 보세요. 『선비요법』 안에서 부처님께서 말씀하지 않으셨습니까? 백골을 수지하면 큰 즐거움을 일으키게 될 것이라고 말입니다. 여러분 모두 들었으니 정말로 기억할 수 있다면 잘 수지해서 증득을 구하고, 낙 명 무념이 곧바로 폭발할 것입니다. 그 이치가 무엇일까요? 이제 사람들은 알아야 합니다. 아주 간단합니다. 지수화풍 사대에서 세포와 호르몬은 수대(水大)입니다. 졸화는 화대(火大)의 효과이며 기맥이 통하는 것은 풍대(風大)의 효과입니다. 이 사대가 의지하는 바는 마음(心)이며, 백골인 지대(地大)는 기본입니다. 백골관을 성취한 후에 의경(意境)과 의념(意念)이 전화하면 백골이 유광(流光)하여 즐거움과 밝음과 무념을 얻게 됩니다. 기맥 또한 그 속에 포함됩니다. 이제 원리를 이해하셨습니까?

여러분이 더 이상 수지하지 않더라도 저에게 무슨 방법이 있겠습니까! 제가 여러분을 보살피는 것은 마치 저의 아버지 어머니에게 하는 것과 똑같습니다. 여러분의 나이가 많든 적든 저는 정말 성심으로 보살피고 있으며 모든 사람이 성취하기를 바랍니다. 그런데 저 역시 대순(大舜)과 마찬가지로 "아버지는 완고하고 어머니는 시끄러우며 동생 상은 오만하니〔父頑·母囂·弟象傲〕" 이 효자라도 어떻게 해 볼 방법이 없습니다. 그러니 얼마나 가련합니까! 이제 비교해 보기만 하면 이 비밀을 알게 될 것입니다. 저는 분명히 여러분에게 말해 줄 수 있습니다. 이 비밀은 오랜 세월 아무도 말하지 않았고 이 법문은 이런 오묘함을 지니고 있습니다. 여러분이 백골관을 수지해서 성취하고 백골류광(白骨流光)을 수지해서 성취하면 『선비요법』은 여러분에게 말해 줍니다. 백골을 수지하면 나중에는 백골이 없어진다고 말입니다. 여러분은 날마다 성취를 생각하면서도 『선비요법』을 이모저모 명확하게 연구하는 사람은 한 사람도 없습니다. 심지어 한 번도 본 적이 없는 사람도 있습니다. 스스로 방종하고 게을리하고 있으니 얼마나 많은 죄를 짓고 많은 업을 만들고 있습니까! 백골류광을 수지하고 나서 공관(空觀)을 수지하면 자연스럽게 그것을 비워 버려 곧바로 몸이 없어집니다. 이 몸이 존재하지 않고 감각도 없어지는데 어떻게 기맥이 있겠습니까? 이것이 두 번째입니다.

다시 본론으로 돌아와서, 백골류광을 수지해서 성취한 후에 몸이 전화하면 기(氣)는 있는 듯 없는 듯 존재하고 삼맥사륜 역시 모두 함께 성취합니다. 저는 여러분에게 최상의 밀법, 최상의 선법을 전해 주었습니다. 물론 저는 고대의 전법(傳法)을 그대로 따르지는 않았습니다. 하지만 이제 만년에 이르러서야 후회가 되는 것이, 저는 불교의 교육 이치를 깊이 깨달았습니다. 사람들에게 이런 방편을 전해 주면 그들은 법을 경시하고 방종해서 그 후과(後果)가 대단히 좋지 못하다는 것입니다. 다른 사람을 구제하지 못할 뿐 아니라 '박학다식(博學多識)'이라는 잘못을 범하며, 도리어 현대를 좇아가고 시대의 비위를 맞추는 데만 급급하니 학자(學者)의 법칙이기도 합니다. 사실 이런 일은 마땅히 엄숙하게 다루어야 합니다. 현대인의 관념이 어떻게 변하든 사상의 형태가 어떻게 변하든 대단히 장엄하고 성대한 방식으로 진행하는 것이 마땅합니다. 배우러 오지 않는 사람은 그걸로 됐습니다. 이렇게 해야 배우러 오는 사람들에게도 좋은 점이 있습니다. 저는 이제 수십 년간 해왔던 것이 오히려 틀렸다고 생각합니다. 시대를 좇아가는 것은 아무 소용이 없기 때문입니다. 이것이 오늘까지의 제 감상입니다. 내일이 되면 변할지 아닐지는 모르겠습니다. 어쩌면 내일의 관점은 또다시 변할 수도 있습니다.

이 단락은 삼맥사륜과 대락법(大樂法) 수지의 중요성을 말씀드렸습니다. 물론 이런 것은 모두 단수(單修)에 속합니다. 쌍수(雙修) 부분은 계율에서 더 깊고 더 어려우므로 함부로 망상해서는 안 되며 아무 소용없습니다. 실제로 여러분이 백골관을 수지하면 자연스럽게 큰 즐거움〔大樂〕을 얻을 겁니다. 삼맥사륜은 대략 여기까지 소개하고, 아래에서는 "又指示出現空樂光明自相者(또 공락과 광명의 자상이 나타남을 가리켜 보인다)"를 보겠습니다.


## 공성의 깨침과 자성광명의 드러남

다음으로 모두가 마음은 말로 표현할 수 없는데, 나타남이 공의 경계 같아 염심을 버리며, 공락하고 광명하며 대원만하니, 자성은 헤아리기 어려운 법이이다.

復次皆離言說心, 現如空境去染心, 卽是空樂光大圓, 自性難思之法爾.

이것은 선종과 마찬가지로 '펑' 하면서 명심견성합니다. 밀종이라는 이 노선은 먼저 수신(修身)하고 나중에 수성(修性)합니다. 기맥의 수지에 성공하지 못하면 감수(感受) 작용의 장애가 너무 커서 수음(受陰)이 끊임없이 망상을 일으키기 때문입니다. 우리가 사실을 가지고 반성하고 깨달음을 구해 본다면, 여러분은 타좌를 하면서 각종 법문을 수지한지 여러 해가 지났습니다. 그런데 반나절을 하면서 타좌를 할 때마다 그 자리에서, 여기는 편안하지 않은데 저기는 편안하구나 하면서 감각(感覺) 활동을 합니다. 수음의 경계에 갇혀 있는 것이지요. 수음이 일어나는 것은 사대 오온(五蘊)이 존재하기 때문입니다. 그래서 이런 습기(習氣)가 생겨나는 것입니다. 설사 백골관을 수지해서 성취한다 하더라도 즉시 수음으로 전화합니다. 왜냐하면 백골은 어떤 감수 작용도 없기 때문입니다. 그 결과 여러분은 여기는 통하는데 저기는 통하지 않는다고 하는 감수 작용을 여전히 지닙니다. 그것은 여러분이 오음(五陰)에 집착하는 것입니다. 육체는 백골이 아니고 사대의 거친 형상입니다. 감각을 지니고 있으면 잡념과 망상은 영원히 멈출 수 없지요.

재작년에 여러분에게 오음의 해탈 법문에 유의하라고 말했는데, 색(色) 즉 사대는 이 색신을 포함합니다. 수(受)는 수음이니 감각과 감수 작용입니다. 상(想)은 사상입니다. 행(行)은 행음입니다. 그 속에 색음, 수음, 상음의 흐름을 포함하고 있는데, 그 모두가 행음의 작용입니다. 식(識)은 식음으로 상음과 연결되어 있으니, 상(想)은 식(識)의 변화입니다. 수음은 색(色)의 변화를 감수하는 것이니, 색(色)과 수(受)는 연결되어 있습니다. 상(想)은 식음이라는 마지막 하나와 연결되어 있으며, 행음은 보편적인 유동(流動)을 지닙니다.

행음(行陰)이 작용하지 않고 멈추어서 고요해지면, 색(色)과 수(受)가 청정해지고 식(識)의 내부도 조용해집니다. 우리는 모두 색신 위에서 수련하기 때문에, 반나절을 수련해도 색(色)과 수(受)가 반드시 청정해지는 것은 아닙니다. 색과 수는 시시각각 생겨나고 없어지며 멈추지 않습니다. 우리의 모든 세포, 모든 근육은 신진대사를 하면서 먼 과거부터 끊임없이 변화하고 있습니다. 그러니 수련이 색신을 좇아 전화한다면 그게 무슨 소용이 있겠습니까!

저는 도가나 밀종 같은 법문을 모두 배웠지만, 배운 다음에는 또다시 모든 것을 내려놓았습니다. 왜 그랬을까요? 사실 이 법문은 대단히 훌륭해서 정말로 간절하고 공경하는 마음으로 예를 갖춰 절해야 합니다. 이 법문은 어떤 사람에게는 더할 나위 없는 큰 법입니다. 그러나 상상승(上上乘)의 근기(根基)를 가지고 말한다면 찌꺼기일 뿐입니다. 하지만 여러분은 여러분 자신이 이 근기(根器)에 속하는지 아닌지 알아야 합니다. 만약 도달하지 못했다면 역시나 백골관으로 해야 합니다. 밀종이 걸어간 길은 완전히 옳습니다. 먼저 수음과 색신을 전화시키고 난 후에 점수(漸修)를 해서 공성(空性)을 보게 되었다면, 그것이 진짜입니다. 중국은 송원(宋元) 이후로 선(禪)을 배웠는데 다수가 광선(狂禪)으로 변해 버려 자신이 이치를 깨달았다고 여기게 되었습니다. 그렇게 생각했으니 위로는 부처님이 보이지 않고 아래로는 중생이 보이지 않게 되었으며, 더 나아가 위로는 스승에게 전수 받지 않고 아래로는 세속을 벗어나 독자적으로 해 나갈 수 있었습니다. 특히 오늘날의 불법은 온 세상을 보면 볼수록 저는 더 문을 닫아걸고 싶습니다. 차마 볼 수가 없고 보고 싶지가 않기 때문입니다. 그렇기 때문에 이 법문들에 특별히 더 유의해야 합니다.

지금 그는 말합니다. 삼맥사륜으로 말미암아 큰 즐거움으로 변한 후에는 색신의 장애가 적습니다. 그다음으로 여러분에게 말해 주는 것은, 모두가 "마음은 말로 표현할 수 없다(離言說心)"는 것입니다. 명심견성을 하게 되면 그 마음은 언어나 문자로 표현할 수 없습니다. 명심견성의 경계는,

색신이 장애가 없으며 생각 안에서 "나타남이 공의 경계 같아[現如空境]" 집니다. 자연스럽게 드러나는 심경(心境)의 한 조각이 마치 우주와 똑같아서 겉으로 드러나면 자연스럽게 공(空)이 됩니다. 그다음의 세 구절은 아주 적절하게 사용했습니다. 공이 된 후에는 "염심을 버리게[去染心]" 됩니다. 일체의 오염된 마음, 이른바 질투심 등의 좋지 않은 마음 상태가 모두 없어집니다. 염심(染心)을 버리고 나면 "마음이 명경대와 같습니다[心如明鏡台]." 커다란 거울을 깨끗하게 닦아 놓은 것과 똑같지요. 물론 한 걸음 더 나아가면 "명경 또한 대는 아닙니다[明鏡亦非台]."[188] 공(空)의 경계에서 마음이 거울처럼 드러난 후에는 마땅히 "공락하고 광명하며 대원만하게[空樂光大圓]" 됩니다. 공(空)인데 즐거움[樂]을 얻어 몸이 쾌락을 얻는 것입니다. 하지만 색신은 쾌락을 지니면 곧바로 오염되기에 집착해서도 안 됩니다. 집착하지 않으면 오염되지 않지요. 자성은 본래 광명하며 원만함을 돈오(頓悟)하니, "자성은 헤아리기 어려운 법이다[自性難思之法爾]", 즉 자성의 불가사의한 경계를 분명하게 알게 되는데, 법이(法爾)가 이와 같습니다. 이 법신이 본래 부처님인데, 법이가 이와 같습니다.


## 공락정의 수행법


"若無緣觀修於樂方便, 則與彼相合(만약 즐거움을 얻는 방편에서 무연관[189]

---

188 선종의 오조 홍인의 상좌였던 신수가 지은 "몸은 보리수요 마음은 명경대로다. 부지런히 털어 내어 먼지가 앉지 않도록 할지니[身是菩提樹, 心如明鏡台. 時時動拂拭, 勿使惹塵埃]"에 대해, 혜능은 "보리는 본래 나무가 아니요 명경 또한 대가 아니다. 본래 하나의 물건도 없으니, 어디서 티끌이 일어나리오[菩提本無樹, 明鏡亦非台. 本來無一物, 何處惹塵埃]"라고 한 말에서 나왔다.
189 무연(無緣)은 인식 대상인 소연(所緣)이 없는 것이다.

을 수지한다면 저것과 서로 합한다)." 밀법 안에는 밀종의 방편이 포함되어 있는데, 마음이 관상하고자 하면 마음과 그것의 인식 대상〔所緣〕인 즐거움이 하나가 됩니다. 바꾸어 말하면 여러분에게 유연관(有緣觀)을 수지해서 즐거움을 얻을 수 있게 하는 방편은, 티베트 밀종에서는 방법이 없는 방법입니다. 심신이 즐거움을 얻으면 즐거움의 경계에서 바로 뛰쳐나오려고 하는 것이 아주 어렵기 때문입니다. 그렇다면 제 생각에 가장 좋은 방법은 백골관을 수지하는 것입니다. 백골관을 수지하면 직접 뛰어넘을 수 있습니다.

"因身心樂故, 心離聚散之自性, 自然淨明, 如天空顯現無礙通達, 此乃顯出空樂光明大圓滿, 自然智慧之自面也(몸과 마음이 즐겁기 때문에, 마음에 모여듦과 흩어짐이 없는 자성이, 자연스레 깨끗하고 밝아져서 하늘이 나타난 것처럼 막힘없이 통하는데, 이것이 바로 공락이 나타난 광명 대원만이며, 자연 지혜의 본래 모습이다)." 이때 주의해야 합니다. 스스로 마음 가운데 모여들지도 않고 어지러이 흩어지지도 않아서 집착하지 않으니 자연스레 깨끗하고 밝아집니다. 자신이 본래 청정한 데다 심맥(心脈)이 열리니, 마치 하늘이 여러분의 눈앞에 나타난 것처럼 전혀 장애가 없습니다. 이것이 바로 광명 대원만이며 지혜의 본래 모습입니다.

"如祕密明點云: 大樂金剛不思議, 光明天空之自性(『비밀명점』에서 말한 것과 같다. 대락금강은 헤아릴 수 없으며, 광명이 하늘과 같은 자성이다)."『비밀명점(祕密明點)』같은 책에서는 말하기를, 그때 나타나는 것이 광명의 자성인데 마치 하늘과 같다고 했습니다. 이것은 명심견성을 설명하는 방편 법문입니다. 실제로 어떤 사람이 크게 기뻐하거나 크게 분노하거나 크게 두려워하거나 혹은 갑자기 놀란 후에 이런 경계가 쉽게 나타납니다. 또 있습니다. 주량이 약한 사람이 술을 마시고 막 취기가 올라 조금 더 마시고 싶을 때, 더 마시지 않으면 그때 특히 정신이 맑아서 광명이 나타납니다. 밀종은 도가와 마찬가지로 술을 마셔도 되는데, 술을 조금 마시는 것은 계를 범한 것으로 간주하지 않습니다. 하지만 많은 사람이 한번 마시면 고주망태가 되는데 그래서는 안 됩니다.

그렇다면 그 이치는 어디에 있는 걸까요? 인성의 자연스러운 법칙은 물리 작용과 똑같습니다. 최고의 절정에 도달했다가 그 후에는 자연스럽게 내리막길로 들어가고 자연스럽게 평안해집니다. 『역경』에 나오는 "기울어지지 않고 평평하기만 한 땅은 없고, 돌아오지 않고 가기만 하는 것은 없다〔無平不陂, 無往不復〕"는 이치이기도 합니다. 높은 산을 넘은 후에 내려오면 반드시 평원이 펼쳐집니다. 머나먼 평원을 지난 후에는 서서히 산봉우리와 높은 산이 솟아오르는 것 또한 자연의 이치입니다. 그렇기 때문에 자연계의 물리, 식물, 생물, 동물 및 우주의 각종 변화를 관찰하면, 어떻게 세속을 벗어나고 어떻게 부처님을 배우고 어떻게 불법을 수행하는지 자연스럽게 알 수 있습니다.

"又示如是修觀其功力之次第者(또 이와 같이 관을 수지할 때 그 공력의 순서를 보인다)." 이 관(觀)을 수지하면 그 힘에 네 가지 공덕이 있습니다.

---

이 관을 수지하면 그 힘에 네 가지가 있는데, 나타나는바 일체가 모두 낙으로 나타나서, 주야로 낙의 경계를 떠나지 못하니, 탐내고 성내고 아파하고 괴로워하는 마음이 나타나지 않고, 묘법을 풀어주는 문자혜가 생겨난다.

修此觀卽力有四, 所顯一切皆樂現, 晝夜不能離樂境, 貪瞋痛苦心不現, 生解妙法文字慧.

---

이 관(觀)의 법문을 수지하여 기맥을 수지하고 공락관(空樂觀)을 수지하면, 바깥으로 드러나는 모든 것이 즐거움〔樂〕의 경계여서 즐겁지 않은 것이 없습니다. 참으로 수행이 이런 경계에 이르면 다른 사람이 여러분을 욕

하고 괴롭히고 억울하게 해도 심지어 여러분을 때려도 항상 기쁘고 즐겁습니다. 미워하는 마음이 없어지고, 질투하고 남을 의심하는 마음은 더더욱 일어나지 않습니다. 진짜 원수를 대면하더라도 대비심(大悲心)의 자애가 생겨날 것입니다. 불경에서 말하는, 일체 중생에 대해 대비심을 일으키는 것은 이치상으로 말하면 가능하지만 보통 사람은 그렇게 하지 못합니다. 심성의 수양이 부족하기 때문입니다. 이런 수련을 하지 않아서 대비심을 일으키지 못한다면 그것은 모두 '빈말'입니다. 그렇기 때문에 견지, 지혜, 복보를 전심전력으로 수행하지 않으면 안 됩니다. 계(戒)와 혜(慧)는 모두 정(定)으로부터 오므로, 정을 수행하는 것이 바로 복보를 수행하는 것입니다. 바꾸어 말하면 여러분의 복덕자량이 부족하면 정(定)을 얻을 수 없습니다. 단지 이기심만 추구하고 자신만 돌보고자 한다면, 여러분이 아무리 정(定)을 얻었다 할지라도 그것은 범부정(凡夫定)일 뿐 여래대정(如來大定)에는 들어가지 못합니다. 복덕자량을 구비하지 않으면 심행(心行)을 고치려 들지 않기 때문에, 탐내고 성내고 어리석고 오만하고 의심하는 마음이 그대로 있습니다. 그러므로 수행에는 이런 어려움이 있습니다. 공덕을 많이 짓는 만큼 심행이 전화되어 악한 행위는 날마다 줄어들고 선한 행위는 날마다 증가합니다. 어디에서든 공덕을 짓고 있어야 복보가 증가할 수 있습니다.

사람은 정(定)을 얻은 후에야 비로소 삼선천(三禪天)[190]의 즐거움〔樂〕을 지니는데, 정을 얻은 후에는 곧바로 즐거움을 얻을 수 있습니다. 인생이

---

190 중생의 세계는 욕계(欲界) 색계(色界) 무색계(無色界)의 삼계로 나누어지는데, 그 가운데 색계에서는 선정이 차차 깊어진다고 하여 수행 경지에 따라 초선천(初禪天) 이선천(二禪天) 삼선천(三禪天) 사선천(四禪天)으로 나누어진다. 삼선천은 우리 마음의 거친 기쁨에서 벗어나 미묘한 즐거움을 얻는다고 하여 이희묘락지(離喜妙樂地)라고 한다.

쾌락 가운데 있다면 얼마나 큰 복보일까요! 우리가 무슨 자량이 있어서 쾌락 속의 복보를 누리겠습니까! 일체가 오로지 번뇌 가운데 있습니다. 그렇기 때문에 참구해야 합니다. 배우기를 좋아하고 깊이 생각하는〔好學深思〕것이 바로 혜(慧)를 수행하는 것입니다. 배우기를 좋아하면서 깊이 생각하지 않는다면 무슨 소용이 있습니까? 하물며 어떤 사람은 배우고서 생각하지 않고 들여다보지도 않습니다. 여러분에게 들여다보라고 부탁하고 외우라고 부탁해도, 끝내 이런 의견 저런 의견만 불쑥불쑥 내면서 그저 명사(名辭)라고만 여기고 있으니 좋지 않은 업을 짓는 것입니다. 업은 바로 이렇게 짓습니다. 개인의 생각을 가지고 다른 사람의 갈 길을 방해하여 업을 지어 놓고도 여전히 자신은 나쁜 일을 하지 않았다고 생각합니다. 불법을 배운 지 오래되었어도 마음과 생각을 일으킴에 이처럼 두려운 부분이 있는데, 여러분은 그렇게 쉽게 생각합니까? 그렇게 쉽다면 저는 벌써 성불해서 떠났지 아직 여기 앉아서 여러분과 놀고 있겠습니까! 그러니 말이지요, 이 도리에 유의해야 합니다.

정(定)으로 기쁨과 즐거움이 생겨나면, "주야로 낙의 경계를 떠나지 못하니〔晝夜不能離樂境〕" 버려도 당연히 다시 돌아옵니다. 그것도 아주 빨리 되돌아오는데 간격이 있으면 옳지 않습니다. 이때는 탐내고 성내고 어리석고 오만하고 번뇌하는 마음이 나타나지 않고 망상도 없어집니다. "묘법을 풀어주는〔生解妙法〕" 지혜가 열립니다. 이 즐거움을 얻으면 지혜가 열려서, 일체의 풀기 어려운 법과 알지 못하는 것을 모조리 다 알게 됩니다. 어떤 사람은 이렇게 말합니다. "저는 타좌를 그렇게 오랫동안 했는데도 경전을 봐도 잘 모르겠고 기억력도 나쁩니다. 이른바 정(定)은 혜(慧)를 생겨나게 할 수 있다 했는데 저는 어째서 혜가 없습니까?" 당신은 타좌를 그렇게 오랫동안 했어도 건성으로 적당히 했습니다! 그렇게 앉아 있어서 즐거움을 얻겠습니까? 다리나 고생시키는 겁니다. 게다가 다리가 아직 괴롭지도 않으니 정(定)에 들 수나 있겠습니까? 당신이 하는 그런 것을 정(定)이라고 부른다면 산위의 돌도 모두 정을 얻었겠습니다. 그런 것은 통하지 않습니다. 여러분이 수련을 제대로 했다면 참된 정(定)은 즐거움을 얻습니다. 즐거움을 얻은 후에는 전신이 따뜻해지고 기맥이 자연스럽게 통합니다. 난정인(媛頂忍)은 신체가 따뜻해지고 심행(心行)도 따뜻해져서, 탐내고 성내고 어리석고 오만하고 의심하는 오염되고 나쁜 심념이 전화되어 더는 강경하지 않습니다. 어떤 동학은 처음 막 왔을 때 자기 의견이 지나치게 강해서 그들에게 아무것도 말해 줄 수가 없었습니다. 그저 웃는 수밖에 없었지요. 저는 이 자리에 올라오면 그제야 내켜서 입을 열지만 여러분은 오히려 제가 욕한다고 말합니다. 이 자리에 올라오지 않으면 저는 여러분에게 예의를 차리고 아무것도 말하지 않습니다. 그렇게 해서 제 자신의 생명을 낭비하지 않습니다.

이처럼 즐거움이 나타나는 때라야 비로소 무생법인(無生法忍)을 일으키고, 평등의 마음을 일으키고, 자비의 생각을 일으킬 수 있습니다. 이것은 자연스럽게 오는 것으로 힘을 쓸 필요가 없습니다. 일체의 선법(善法)은 자연스럽게 나타납니다. "묘법을 풀어주는 문자혜가 생겨나서〔生解妙法文字慧〕" 하나를 깨달으면 백 가지에 통하게 됩니다. 이제 여러분에게 말씀드리지만, 제가 처음 부처님을 배우기 시작했을 때는 불경을 봐도 이해하지 못했습니다. 그러니 어떻게 시간을 들여 불학을 연구하려고 했겠습니까? 저는 그렇게 하지 않고 하루 온종일 세상에만 뜻을 두었습니다. 저의 그 원(袁) 스승을 만난 후에야 손에 불경을 들었는데, '원래 이런 것이었구나!' 하며 그가 마치 저를 위해 설명해 주는 것 같아서 대부분 이해하게 되었습니다. 사람들이 저에게 삼 년 동안 폐관(閉關)하고서 삼장십이부(三藏十二部)를 다 보고 나니 어떤 감상이 들었느냐고 묻기에, 마치 『홍루몽』 한 권을 본 것 같다고 말했습니다. 사람들은 이 말을 이해하지 못해서 저더러

미쳤다고 욕합니다! 대놓고는 감히 말하지 못하고 등 뒤에서 말하는데, 그래서 미쳤다는 이름(狂名)이 나오게 된 것입니다. 사실 제가 말한 것은 모두 솔직한 말입니다. 어디가 미친 말입니까! 그렇게 가볍고 쉬웠습니다. 원래 유가(儒家)에서 "육경은 모두 나를 위한 주해(六經皆我注脚)"라고 말했는데, 그것들은 마치 모두 나를 위해 주해를 달아놓은 것 같았습니다. 게다가 어떤 경전이 말한 것은 불요의(不了義)[191]이고 이 책은 요의(了義)[192]이며, 이 책은 방편 설법이고 저 책은 방편이 아닌 설법임을 모두 명확히 알아낼 수 있었습니다. 왜 그럴까요? 여러분이 이 경계를 얻기만 하면 부처님의 말은 진실이며 거짓일 수가 없기 때문입니다. 참으로 묘법(妙法)입니다. 어떤 사람은 이렇게 말할지도 모르겠습니다. 경전을 연구하지 않더라도 정(定)을 얻은 후에 묘법을 깊이 풀어내면 지혜가 자연스럽게 올 것이라고 말입니다. 제가 말하건대 그것은 해낼 수 없습니다. 아주 어렵습니다! 쌍관제하(雙管齊下)[193] 하려고 한편으로는 수지하면서 한편으로는 연구한다면 그러면 더 빠릅니다! 또 하나의 법입니다.

아래의 주해를 보도록 하겠습니다.

"由精發達之力, 遂顯現境界, 晝夜住樂, 痛苦不能亂其心(정이 발달시킨 힘으로 말미암아, 마침내 경계가 드러나서 주야로 즐거움에 머무르니, 고통이 그 마음을 어지럽히지 못한다)." 참으로 일깨워진 힘으로 말미암아 하늘처럼 막힘없는 이 경계가 드러나고 주야로 즐거움의 경계에 머물러 있으니 이때에는 고통이 없어집니다. 그러니 번뇌는 더 말할 것도 없습니다. 모두가 나

---

191 부처가 설교할 때 실지의 뜻은 덮어놓고 알아듣기 쉽도록 방편을 써서 말한 것.

192 불법의 도리를 명백하고 완전하게 나타낸 것.

193 두 자루의 붓으로 가지런하게 그림을 그린다는 뜻으로, 두 가지 일을 동시에 진행하거나 두 가지 방법을 병행하는 것을 비유하는 고사성어이다.

와는 본래 아무런 상관이 없어집니다.

"生三種功力, 復由其見自性面目之力, 發生特具智慧及堅固大悲等(세 가지 공력이 생겨나고, 거기다 자성의 본모습을 보게 된 힘으로 말미암아, 특별히 지니는 지혜 및 견고한 마음과 대비심 등이 생겨난다)." 자성불(自性佛)을 본 후에는 특별한 지혜가 생겨나는데, 바로 반야가 통달해서 자연스럽게 견고한 마음과 대비심이 생겨납니다. 관세음보살과 똑같이 대자대비(大慈大悲)하니 여러분이 대자비를 일으키고 싶지 않더라도 그럴 수가 없습니다. 그러면 이때에는 여러분이 스스로 성불하지 않기를 구하더라도 그럴 수가 없습니다.

"又其功德者(또 그 공덕은)", 또 이런 종류의 대락법(大樂法)을 수지하면 즐거움이 일어남으로 말미암아 부가적으로 어떤 공덕과 효과가 있을까요?

---

거기다 다시 안통 및 신통 등을 수지하면, 마음이 해와 같이 드러나서 덕이 무량하니, 이것이 더 깊고 중요한 방편이다.

復次再修眼 · 及神通, 心現如日無量德, 此乃更深要方便.[194]

---

한 걸음 더 나아가 안통(眼通) 이통(耳通) 신족통(神足通) 타심통(他心通) 숙명통(宿命通)[195] 등을 부가적으로 수지하면, 이때에는 심경(心境)이 태양

---

194 원서에는 '神'이 없으나 누락된 것으로 보여 추가해서 해석하였다.

195 수행으로 갖추게 되는 여섯 가지 불가사의하고 자유자재한 능력을 육신통(六神通)이라 한다. 그중에 안통은 모든 것을 막힘없이 꿰뚫어 환히 볼 수 있는 능력이고, 이통은 모든 소리를 마음대로 들을 수 있는 능력이며, 신족통은 마음대로 갈 수 있고 변할 수 있는 능력이고, 타심통은 남의 마음속을 아는 능력이며, 숙명통은 나와 남의 전생을 아는 능력이다. 나머지 하나인 누진통(漏盡通)은 번뇌를 모두 끊어 내세에 미혹한 생존을 받지 않음을 아는 능력이다.

과 똑같이 드러나서 무량한 광명을 지닙니다. 물론 어떻게 이 경계로부터 신통을 수지하는지, 어떻게 그렇게 위대한 경계를 성취하는지는 한 걸음 더 깊이 들어가서 전합니다.

"由觀修不可思議空樂法, 較前得增上堅固, 發生眼及神通變化等功德. 復次堅固空明無念慧, 如何修法次第者(불가사의한 공락법을 수지함으로 말미암아, 전과 비교해 뛰어난 견고함을 얻고, 안통 및 신통의 변화 등의 공덕을 생겨나게 한다. 다음번에는 공명 무념의 혜를 견고하게 하려면, 어떻게 수행하는가의 순서이다)." 이 절은 공락정의 수행법이라고 부르고, 다음번에는 공명정(空明定)의 수행법을 말씀드리겠습니다. 공락(空樂)과 공명(空明)은 서로 다릅니다.

제10강

지난번에 삼맥칠륜(사륜)에 대해 말씀드렸는데 기맥에 관한 문제가 가장 어렵습니다. 평소 사람들이 많이 질문하는 부분이잖습니까! 사실 모든 수행법 가운데 기맥을 수행하는 것이 가장 중요합니다. 질문이 있으면 여러 사람 앞에서 물으면 다른 사람들도 들을 수 있습니다. 많은 사람이 제각기 물어온다면 제가 더 많은 시간과 정신을 써야 하는데, 이제 여러분을 다 모아놓고 대면해서 말씀드리니 아주 편합니다. 질문이 없다면 공락정(空樂定)을 수지하고 기맥을 수지하는 것에 대해서는 이 정도에서 끝내겠습니다. 이제 53페이지 공명(空明) 문제를 말씀드리겠습니다. 공(空)은 바로 명심견성의 경계를 가리키니 이른바 자성의 공성(空性)을 본다는 말이고, 명(明)은 광명을 가리킵니다.

## 중맥 심륜을 여는 수련

두 번째로 공명법을 가리켜 보이니 앞과 같은 전행으로 삼맥을 알게 되었다. 약맥과 장맥이 아래로 구부러져 중맥으로 들어가는데, 그 상단을 관하며 콧구멍을 마주한다. 세 번 기를 호흡하여 병장을 없애고, 느리게 세 번 호흡하면 견고한 힘이 세상을 부수니, 빛으로 변해 코로 들어와서 약맥과 장맥에 도달한다. 중맥 안에 이르면 심장 속에서 한 치의 빛이 원만해져서 녹아 들어간다. 약간의 시간을 정주할 수 있으면, 위아래 입을 닫고 미미하게 풀어주고, 느리게 호흡하며 극히 부지런히 힘쓴다면, 다른 모든 부처님과 공덕이 같으며, 심장 속으로 흘러 들어가서 다른 곳으로 흩어지지 않으니, 이 법은 마음이 밝아져서 청정에 머무른다.

第二指示空明法, 如前前行明三脈. 若·蔣·下屈入中脈, 觀其上端對鼻孔. 三呼吸氣消病障, 緩三呼吸堅碎世, 化光入鼻達若·蔣. 至中脈內於心中, 寸光光圓相溶入. 能若干時而定住, 上下閉口微放妙, 緩徐呼吸極精懃, 其他諸佛等功德, 溶入心中不他散, 此法心明住清澄.

앞에서 말씀드렸듯이 전행(前行)은 상사의 관정을 받는 것과 장소를 선택하는 것 등의 가행(加行)입니다. 전행에 대해 알았고 참된 증득〔眞證〕에 도달했다면 더더욱 삼맥칠(사)륜의 도리를 진정으로 알아야 합니다. 기맥은 혈관이나 신경이 아닙니다. 그런데 신경이나 혈관은 기맥에 속합니다. 이 이치를 먼저 이해해야 비로소 수지할 수 있습니다. 요즘 많은 사람이 마치 자기 신체 내부에 몇 가닥의 수도관이 있는 것처럼 아무렇게나 기맥을 들먹이는데, 그렇게 해서는 안 됩니다. 근본적으로 틀렸습니다.

"약맥과 장맥이 아래로 구부러져 중맥으로 들어가는데, 그 상단을 관하며 콧구멍을 마주한다〔若·蔣·下屈入中脈, 觀其上端對鼻孔〕", 앞에서 말씀드린 수련을 제대로 해내면 삼맥을 알게 됩니다. "약맥과 장맥〔若·蔣〕"은 바로 좌우의 두 가닥 맥으로서 콧구멍으로부터 시작하는데, 좌우의 맥이 두정(頭頂) 중간에 이르면 이 두 가닥의 맥은 한데 합쳐지며 모두 중맥을 위주로 한다고 합니다. 신체의 모든 것이 중맥을 위주로 하니, 해저에서부터 똑바로 두정에 이르기까지 이 중맥을 주체로 삼습니다. 비유하자면 장자가 "독맥을 따라서 법도로 삼는다〔緣督以爲經〕"[196]고 하면서 독맥(督脈)을 위주로 하는 것과 같습니다. 독맥은 척추 신경이 위로 올라와서 뇌 아래 눈에까지 도달한 것이지만, 독맥 역시 중맥에 의지해서 생깁니다.

그런데 중맥은 여타의 신경 맥관과는 달리 눈으로 볼 수 있는데, 반드시 먼저 기(氣)를 연습해야 합니다. 양기(養氣)의 수련이 경지에 도달해야 비로소 중맥이 열릴 수 있습니다. 그런데 좌우 두 가닥의 맥은 모두 중맥으로 들어가서 정수리의 중심에 도달합니다. 이 두정의 중심은 어디에 있을까요? 개개인의 이마는 높이가 같지 않아서 각기 자기 앞이마의 발제(髮際)[197]를 표준으로 삼는데, 손가락 네 개를 나란히 모아서 가늠하면 맞습니다. 머리 부위의 중맥이 이렇게 구부러져서 콧구멍에 도달합니다. 우리가 지금 인체의 뼈 모형을 보면 머리 부위의 두개골은 모두 여덟 조각으로 천령개(天靈蓋)라고도 부르는데, 그 안에 마치 장(漿) 같은 뇌수(腦髓)가 들어 있습니다.

우리가 그림 속의 보살을 보면 앞이마(남 선생은 미간을 가리킨다)에 눈이 하나 있습니다. 기맥 수련이 경지에 도달하면 여기가 열리며 투명한데, 이 맥이 아래로 내려와서 이 콧구멍을 마주하게 됩니다.

"세 번 기를 호흡하여 병장을 없애고〔三呼吸氣消病障〕", 만약 호흡 연습을 제대로 했다면 바로 제가 늘 여러분에게 가르쳤던 구절불풍(九節佛風)

---

**196** 일반적인 해석은 "어느 한쪽으로 치우치지 않는 중간의 입장(중용의 도)을 따라서 그것을 기준으로 삼는다"이지만, 여기에서는 남 선생의 해석을 좇아 독(督)을 독맥(督脈)으로 풀이하였다.

**197** 머리털이 난 곳과 나지 않은 곳과의 경계 부위를 말한다.

입니다. 하지만 다들 잘 배우지도 않았고 잘 연습하지도 않았습니다. 여러분은 콧구멍으로 세 번씩 들이마시고 내뱉는 것으로 다 배웠다고 생각하고, 더 이상 질문하는 사람이 없습니다. 그러니 저 역시 잘 가르칠 필요가 없지요. 가르쳐도 모르니 어찌 낭비가 아니겠습니까.

그러므로 참으로 "세 번 기를 호흡하는" 법을 알면, 구절불풍의 수련에 성공하기만 하면 틀림없이 병이 사라지고 수명이 연장됩니다. 제가 늘 말씀드리지 않았습니까. 콧구멍은 자기 것이고, 공기도 돈 주고 살 필요가 없다고 말입니다. 그런데도 여전히 수련하려고 들지 않으니 그러면서 무엇을 배운다는 말입니까! 그냥 다른 사람이 여러분의 수련을 도와주는 편이 제일 좋을 것 같습니다. 공기 주입기를 가지고 와서 두 콧구멍 위에 끼우고 하루 온종일 다른 사람이 공기를 불어넣어 주는 것이지요. 어쩌면 그것도 귀찮다고 생각해서 두 번으로 줄이라고 할지도 모르겠군요! 그러니 어떻게 수행에 성공할 수 있겠습니까.

만약 구절불풍을 수지해서 통하면 좌우 코의 맥관(脈管)이 통하게 되어 일체의 병장(病障)을 없앨 수 있습니다. 그러나 여러분은 말합니다. 구절불풍은 여러분도 하고 있는데 어째서 여전히 병이 있느냐고 말이지요. 여러분은 근본적으로 통하지 않았기 때문입니다! 코로 공기를 아무렇게나 두 번 내뿜고는 구절불풍을 한 셈 치니 우습기 짝이 없습니다! 구절불풍이 정말로 통하게 되면 기(氣)가 몸의 어느 부분에 도달했는지 모조리 알 수 있습니다. 지난번에 공락대정(空樂大定)에 대해 말씀드릴 때, 구절불풍을 해서 통하면 기맥이 통하게 되고 망념도 공(空)이 되며 즐거움을 일으키게 된다고 했습니다. 공락(空樂)이 일어나야 비로소 공명(空明)을 이야기할 수 있으니 신통을 수행한 것과 같아집니다.

"느리게 세 번 호흡하면 견고한 힘이 세상을 부수니, 빛으로 변해 코로 들어와 약맥과 장맥에 도달한다[緩三呼吸堅碎世, 化光入鼻達若 · 蔣]", 구절불풍이라는 이 호흡을 수련하려면 들이마실 때는 가늘고 길고 느리게 합니다. 내쉴 때는 거칠고 짧고 급하게 합니다. 이렇게 하는데, 이런! 이 수련을 간단하게 여기지 마십시오. 수련이 경지에 도달하게 되면, 그 견고한 힘은 바로 맹자가 말한 '호연지기(浩然之氣)'이니 이 물질 세계, 지구를 변화시킬 수 있습니다. 바로 그런 효능을 지니고 있습니다. 천태종에서는 여러분에게 수식(數息)과 수식(隨息)을 하라고 하는데, 모두 기를 수련하는 것이지만 수식(數息)과 수식(隨息)은 여전히 기공(氣功)의 겉껍데기일 뿐입니다. 참으로 수련을 계속해 나가다가 수련이 진기(眞氣)와 진식(眞息)을 성취하는 데 도달하면 생각〔念〕과 호흡〔息〕 두 가지가 모두 공(空)이 됩니다. 그때가 되면 기(氣)가 온 색신 사대를 모조리 변화시켜 버립니다.

사실 여러분이 평소에 타좌를 할 때 반드시 손가락으로 코를 누르고 기(氣)를 수련하지는 않습니다. 기를 수련할 때 당연히 위(胃)는 조금 비워 두어야 합니다. 평소에 기를 수련하며 숨을 멈출 때 아랫배는 반드시 안으로 거두어들여야 합니다. 천천히 한 숨 한 숨 세면 심념(心念)이 호흡과 보조를 맞춥니다. 마지막에 호흡을 하지 않는 단계에 도달하면 전신의 모공이 자연스럽게 우주의 광명과 보조를 맞추어 호흡하게 됩니다. 두 코의 맥이 통했기 때문에 콧구멍으로 호흡하는 것이 아니라 비근(鼻根)이 있는 곳으로 호흡합니다. 눈〔眼〕이 있는 곳과 가깝기 때문에 자연스럽게 기를 호흡하면서 심지어 눈도 기를 들이마시게 됩니다. 자연스럽게 들이마시기 때문에 소리도 없이 그저 왕래하는 작용만 있습니다. 장자가 말했던 "천지의 정신과 왕래한다〔與天地精神相往來〕"는 것과 똑같습니다. 이런 모습이야말로 참된 기공에 도달한 것입니다!

그렇게 도달한 이후는 바로 불법 십념법문(十念法門)의 '안나반나'이기도 합니다. 이때 참으로 경지에 도달하면 기(氣)가 멈추고 맥(脈)이 정지하는 삼선천(三禪天) 이상의 경계에 도달합니다. 이때에는 호흡도 정지하며 심지어 맥박도 뛰지 않고 심장도 움직이지 않아서 자연스럽게 청정해집니다. 이때의 수련에는 여러 가지 방법이 있습니다. 때로는 호흡을 하고 있을 때 의식에서는 기를 들이마시면 기와 빛 두 개가 하나가 되어 들어온다는 생각을 합니다. 이 빛은 당연히 여러 종류인데 태양빛이 되어도 좋고 달빛이 되어도 좋습니다. 제일 좋은 것은 일곱 색깔의 무지갯빛으로, 마치 여름날 비 온 뒤에 하늘에 걸린 그 무지개 같습니다. 의식상으로 일곱 색깔의 빛이 호흡을 따라 들어와서 비근으로부터 뇌에 도달하면, 삼맥칠륜을 모조리 관통해서 전신이 모두 통하게 됩니다.

이른바 빛으로 변해 코로 들어와서 "약맥과 장맥" 좌우 두 맥을 통하고 그 안의 중맥에까지 들어갑니다. 그런 후에는 심장 속으로 돌아가서 심륜(心輪)의 팔맥이 열립니다. 각각의 맥륜이 열리려고 할 때는 사람을 아주 놀라게 합니다! 어떤 때는 정말로 심장이 터질 것 같기도 합니다. 팍! 하고 한번에 열리면 반드시 광명이 찾아오고 심념은 바로 완전히 청정해집니다. '맥해심개(脈解心開)'라고 하여 심장의 맥이 열린 것입니다. 이때 견지가 맑지 못하고 도리를 알지 못하면 스스로에게 놀라게 됩니다.

"중맥 안에 이르면 심장 속에서 한 치의 빛이 원만해져서 녹아 들어간다[至中脈內於心中, 寸光光圓相溶入]", 그런 후에는 이 심장이 바로 한 덩어리의 광명인데, 형상을 지닌 광명입니다. 정토를 수행하는 사람 혹은 출가인은 저녁에 잠잘 때 마음속으로 태양이나 달(바로 광명의 근원입니다)을 관상하면서 천천히 잠듭니다. 계율상으로도 이와 같으니 정토를 수행하는 사람은 『관무량수경(觀無量壽經)』에 의거해서 이렇게 관상합니다. 특히 출가해서 전수(專修)하는 경우에는 길상와(吉祥臥)[198]를 해야 하는데, 오른쪽으

---

[198] 머리를 북쪽으로 하고 서쪽을 향하여 오른쪽으로 누워 왼쪽 다리를 오른쪽 다리 위에 놓고 자는 방법을 말한다.

로 누워서 태양을 관(觀)하면서 잠이 들어야 출가인의 위의(威儀)에 합치됩니다.

현교의 경전은 여러분에게 수련 방면의 일을 분명하게 말해 주지 않는데, 이런 수련의 도리가 바로 중맥 심륜을 여는 법륜입니다. 처음에는 심장 부분의 빛이 겨우 한 치[寸] 밖에 안 되고 둥글지만, 실제로 이 빛이 확대되면 온 우주가 바로 내 심장 빛의 한 덩이에 불과합니다. 그런데 축소되면 우주의 빛을 나의 가슴(명치)이 중간으로 거두어들입니다. 이처럼 작은 빛이니 바로 유가에서 "풀어 놓으면 온 우주에 미치고, 거두어들이면 은밀한 데 물러나 감춘다[放之則彌六合, 卷之則退藏於密]"라고 말한 것이기도 합니다.

이것은 하나의 사상(事相)이지 도리가 아닙니다. 사실 이렇게 하면 둥글고 가득 찬 한 치의 빛이 서로 융화되는데, 우주의 빛이 내 심장 속으로 와서 심장과 빛이 하나가 됩니다[心光合一]. 그런 관상을 해낼 수 있고 또 수시로 정주(定住)할 수 있으면, 이 빛은 심장 속에 자리를 잡고 움직이지 않게 되며 호흡도 상관하지 않게 됩니다. 물론 여러분의 호흡은 자연스럽게 멈추게 되는데, 이것이 진정한 염주(念住)요 진정한 심주(心住)입니다. 내쉬지도 않고 들이마시지도 않는 그 보병기(寶瓶氣)[199]는 수련할 필요도 없이 자연스럽게 도달합니다.

진정으로 기 수련이 내쉬지도 않고 들이마시지도 않는 경계에 도달하

---

**199** 수련 중에 호흡이 자연히 중지되는 것을 지식(止息)이라고 하는데, 요가 수련법에서는 이 같은 현상을 병기(瓶氣)라 한다. 요가 수행자는 의식적으로 호흡을 억제하여 정지시키는 방법을 사용하기도 하며 이것을 병기 수련이라고 하는데 바람직한 것은 아니다. 고요한 정(定)의 수련 과정에서 저절로 호흡이 끊어지는 상태에 이르렀을 때에야 진정한 병기의 경계에 이르렀다고 할 수 있다. 이 때문에 밀종에서는 이를 보병기(寶瓶氣)라고 한다.(『정좌수도 강의』172쪽 참조)

면, 그 생각 또한 자연스럽게 멈추게 됩니다. 그렇기 때문에 마음과 기는 둘이면서 하나이고 하나이면서 둘입니다. 하지만 상승(上乘)의 수행법에서는 '염(念)'이라는 이 한 덩이 빛이 움직이지 않고(住) 머무르면(定), 기(氣)가 자연스럽게 멈추고 서서히 맥의 변화에 영향을 줍니다. 그러므로 이것이 가장 중요합니다.

"약간의 시간을 정주할 수 있으면(能若干時而定住)", 처음 연습할 때 약간의 시간 혹은 이삼 분이라도 머물러 있을(定住) 수 있다면 그것만으로도 훌륭합니다. 왜일까요? 광명이 머물러 있지 못하는 것이 아니라 여러분의 생각이 머물러 있지 못하는 것이라서, 막 빛을 고정했다 싶으면 사상(思想)이 또다시 찾아옵니다. 생각이 움직이면 곧바로 기가 어지럽게 흩어지고 빛 또한 어지럽게 흩어집니다. 천천히 아주 천천히 연습해야지 하루아침에 해낼 수 있는 것이 아닙니다. 먼저 한 번 머물러서 몇 시간, 몇 시진(時辰) 혹은 반나절까지 해낼 수 있어야 합니다.

"위아래 입을 닫고 미미하게 풀어 주고(上下閉口微放妙)", 이때 위아래 입술은 모두 다물어야 합니다. 또는 이렇게도 말할 수 있는데, 위로는 입술을 닫고 아래로는 대소변을 보는 곳의 기를 모두 닫고 봉쇄하는 것입니다. 이 빛과 기를 마음 가운데 하나의 경계에 머물러 있게 하는 것은, 마치 이 호흡을 억지로 움직이지 못하게 하는 것과 같습니다. 천천히 그것을 움직이게 할 때에는 먼저 그것이 서서히 가볍게 풀어지게 해야 합니다. 이것은 구절불풍을 수지할 때처럼 거칠고 짧고 급하게 내보내서는 안 됩니다. 이미 그 단계를 지났으며 광(光), 기(氣), 염(念) 셋이 하나가 되어 정(定) 가운데 있습니다. 정(定)에 머물러 있는 것이 오래되면, 풀어 주려고 할 때에는 마땅히 위아래 입을 닫아야 하고 아울러 천천히 풀어 주어야 합니다.

"느리게 호흡하며 극히 부지런히 힘쓴다면(緩徐呼吸極精懃)", 안나반나를 전수(專修)할 때, 그러니까 오로지 호흡을 수행할 때에는 아주 부지런히 힘써야 합니다. 어떤 사람은 기회가 좋고 복보를 지녀서 폐관하고 주야로 전수하면 엿새나 이레면 성취가 있습니다. 어떤 사람은 몇 년씩 폐관하거나 혹은 몇 개월을 해도 성취가 없습니다. 근본적으로 수행을 게을리하고 있기 때문입니다. 하루 스물네 시간 중 스물세 시간은 수행을 게을리하고 겨우 한 시간 타좌를 하고 약간의 수련을 할 따름입니다. 그러고도 폐관이라고 부릅니까? 그것은 폐관이 아니라 폐관이라는 헛된 명성을 만들려는 것입니다.

폐관은 하나의 형식입니다. 마음과 생각을 닫아 버리지 못하는데 무슨 폐관입니까! 아무 소용없습니다. 마음과 생각이 어지러이 흩어지고 있기 때문입니다. 저는 수많은 제 친구들에게 칠일 법회에 참가하고 폐관하라고 했는데, 그들은 마치 제 명을 받들어서 가는 것 같기도 하고 또 마치 저를 위해 수행하는 것 같기도 합니다. 실제로는 그 자리에 앉아서 마음속으로 어지러이 흩어지고 있으니 그게 무슨 소용 있습니까! 그러니 말입니다! 호흡을 전수해서 마음과 호흡이 서로 의지함으로써 명심견성과 염주(念住)에 도달하고자 하면, 느리게 호흡해야 하며 매우 부지런히 수지해야 합니다. 팔만사천법문 가운데 하나의 법문이지만, 오로지 이 삼맥칠륜을 수행하고 기를 수행하는 것만으로도 똑같이 성불합니다.

"다른 모든 부처님과 공덕이 같으며〔其他諸佛等功德〕", 이른바 "방편에는 여러 문이 있으나 근원으로 돌아감에는 두 길이 없다〔方便有多門, 歸元無二路〕"고 했습니다. 이 법문의 수련에 성공하면 일체의 과거불과 미래불과 동등한 지혜 신통을 지니고 공덕이 원만하여 부처님의 경계에 도달합니다. 그렇게 되면 부모가 낳아 준 이 육신이 부처님의 보신(報身)으로 전화합니다.

# 공명정의 수행법

"심장 속으로 흘러 들어가서 다른 곳으로 흩어지지 않으니, 이 법은 마음이 밝아져서 청정에 머무른다〔溶入心中不他散, 此法心明住淸澄〕." 여러분이 우주의 빛을 되돌아오게 하고 그것을 기(氣)와 잘 결합시켜서 심륜(心輪) 부분에 흘러 들어가게 하면, 생각이 어지러이 흩어지지 않고 정주(定住)하고 그대로 유지되는데 천천히 눈을 감고 안을 들여다보면 자신의 신체 내부가 한 덩이 광명입니다. 지금 여러분이 타좌를 할 때 눈을 감고 들여다보면, 자신의 신체 내부는 한 덩어리의 어두움이고 한 덩어리의 무명(無明)입니다.

그래서 이론적으로 말씀드리자면 어떤 사람은 말하기를, 자신은 지금 성질이라고는 아무것도 남아 있지 않다고 하는데, 성질이 없는 게 뭐라도 됩니까? 눈을 감았을 때 어두움뿐이면 무슨 소용이 있습니까? 생사(生死)가 찾아오면 똑같은 어두컴컴함 속으로 떠나갑니다. 그 수행이 눈을 뜨나 눈을 감으나 내면이 영원히 광명인 경지에 반드시 도달해야 맞습니다. 내면의 광명을 제대로 수행하면, 눈을 감고 정(定)에 들거나 혹은 감지 않고 정에 들더라도, 안으로 광명을 비출 때 자신의 오장육부를 모두 뚜렷하게 볼 수 있습니다. 어디에 조금이라도 문제가 있으면 스스로 천천히 빛을 그곳에 비추고 기(氣)를 이용해서 그곳을 단련하면 내장이 곧바로 변합니다. 내장이 변할 때에는 아주 고통스럽지요. 만약 위에 병이 있어서 변할 때에는 더 고통스럽습니다. 이런 고통을 견뎌 내야지만 자연스럽게 한 걸음 나아가게 됩니다. 그런 후에는 전체 오장육부가 약사유리광여래의 내장으로 변해서 수정 유리처럼 깨끗하고 투명해지는 그런 경계에 도달합니다.

그렇다면 어떻게 해야 그럴 수 있을까요? 하나는 '정(定)'의 수련이 있어야 하고, 또 하나는 도리를 밝힐 '지혜(智慧)'가 있어야 합니다. 그러므로 여러분이 지금 하는 타좌는 무슨 부처님을 배운다고 할 수도 없고 다리를 수련하는 것일 뿐입니다. 참된 수행을 해야지 다리만 수련해서 무슨 소용이 있습니까? 사선팔정(四禪八定)의 정력(定力)을 수련해서 내조(內照)하여 색신을 비추어야 합니다.

제가 요즘 들어 여러분에게 백골관을 닦으라고 권하는 것은, 이 길을 걸으면 소승에서 대승에 이르는 것이 비교적 빠르며 또 쉽고도 빨리 심신을 전화시킬 수 있기 때문입니다. 요 몇 년 제가 죽어라 시킨 데다 또 여러분이 저에게 특별히 잘해 준 덕분에 억지로 수행하기는 했습니다. 예전에 처음 시작할 때는 다들 반감을 가지고 하지 않았지요. 마치 이런 것과 똑같습니다. 여러분이 엄청나게 가난해서 제가 각자에게 황금 백만을 주었는데, 사람들은 다 그것을 개똥으로 여기고 버렸습니다. 제가 죽어라 여러분 호주머니에 밀어 넣으니까 어떤 사람은 마지못해 억지로 한 푼 받았습니다. 그러므로 말법 시대 중생은 실로 가련하다는 것입니다.

참으로 백골관을 수지해서 정(定)을 얻어 융화시키고 나서 이 도리를 잘 결합시키면 더 빨리 성취합니다. "이 법은 마음이 밝아져서 청정에 머무릅니다." 이러한 수지 방법은 형이상적인 말로 이야기한다면 명심견성이요, 형이하적인 말로 이야기한다면 내심의 수행으로 광명 성취를 얻어 자연스럽게 하루 온종일 마음과 생각이 청정함입니다. 이제 아래에서는 어떻게 해석하는지 보도록 하겠습니다.

"觀脈亦如前, 若·蔣二脈下端屈入中脈, 上端至二鼻孔, 氣呼出外, 卽損害外出(맥을 관하는 것 또한 전과 같은데, 약맥과 장맥 두 맥이 하단은 구부러져 중맥으로 들어가고, 상단은 두 콧구멍에 이르니, 기를 바깥으로 내뱉으면서 해로운 것도 바깥으로 내보낸다)." 이 법을 수지할 때에도 삼맥사륜을 관상해야 합니다. 우리가 기공을 하면서 한 모금의 기를 내뱉을 때에는 체내의 병기(病氣), 폐기(廢氣)를 의념과 결합시켜서 동시에 내뱉어야 합니다.

"復緩吸入, 即三世間一切變爲諸佛功德, 成五種光色, 由鼻孔而入, 自下端上達使氣溶入心(다시 느리게 들이마시면, 삼세간의 일체가 제불의 공덕으로 변하고, 다섯 가지 빛의 색깔이 되어 콧구멍으로 들어와, 하단에서부터 위로 올라가서 기가 심장으로 흘러 들어가게 한다)." 기를 다 내뱉은 후에는 다시 천천히 기를 들이마시는데, 기를 천천히 들이마실 때 고금의 삼세간(三世間) 모든 것이 "제불의 공덕으로 변합니다〔變爲諸佛功德〕." 삼세간은 '기세간(器世間)' 즉 물질세계와 '유정세간(有情世間)' 즉 중생 세계와 '정각세간(正覺世間)' 즉 성현의 세계입니다. 일체 부처님의 공덕이란 바로 제불보살의 빛인데, 나의 기와 결합해서 내 몸에 이르면 자신의 몸에 있는 모공 하나하나에 광명과 기가 충만해져서 내가 바로 부처님인 상태로 변합니다. 물론 관상을 결합해야 합니다. 자신이 다섯 가지 빛, 심지어 일곱 색깔의 광명이 되는 것을 상상합니다. 우주의 광명과 옛 성현 및 제불보살과 모든 성취한 사람의 광명을 나와 합일시켜서 내 몸에 이르게 하면, 내 몸이 변해서 안팎으로 빛을 발하는 몸이 됩니다.

여기까지 말씀드렸으니 여러분은 이미 이 수행법이 천천히 이렇게 관상하면서 기를 결합시키는 것임을 알았습니다. 그런데 진정한 생명의 기는 아래에서 올라오는 것이라서 이때가 되면 어떤 현상이 나타나거나 혹은 트림을 합니다. 이것은 무슨 도리일까요? 제가 늘 여러분에게 말씀드리지만 이것은 우리가 돌 하나를 우물 속에 던지는 것에 비유할 수 있습니다. 돌이 우물 바닥에 닿으면 곧바로 반응이 오는데 바로 물거품이 뿜어 올라옵니다. 바닥에 닿지 않으면 아무런 반응이 오지 않지요.

그런데 여러분이 착각해서 안 될 것이 있습니다. 위장병으로 트림하는 것을 어떤 현상으로 여겨서는 안 됩니다. 그러면 큰일 납니다. 그 경우에는 소리가 다릅니다. 스스로 느끼기에도 다릅니다. 당연히 위는 모두 비어 있어야 합니다. 장과 호흡 기관도 모두 비운 다음 들이마신 이 기(氣)가 아래로 내려간 후에는, 해저 내지는 발바닥 가운데의 용천혈에서부터 그 기가 무서운 기세로 뿜어져 올라옵니다. 그런데 기관(氣管)과 결후(結喉) 같은 곳에 이르면 후륜이 열리기 어려운 것 때문에 소리가 나게 됩니다. 여기에 장애가 있기 때문이지요. 제가 몇 시간을 희생해서 여러분에게 수업을 하고 나면 이 후륜의 기(氣)가 약간 막히는데, 수련을 할 때 기가 여기에 이르면 마찬가지로 이곳이 장애로 변하는 것처럼 말입니다.

아래쪽의 기(氣)가 올라와서 여기까지 통하면(남 선생이 트림하는 소리를 낸다), 그것은 곧바로 세차게 통하게 됩니다. 덮어 두었는데 이미 생사관 (生死關)에 도달하자 이제 기(氣)가 다시 그것을 열어 버린 것과 같습니다. 열릴 듯 말 듯할 때 이 업력이 또다시 그것을 덮어 버리려고 하면, 아래에서 한 줄기 기가 또다시 위로 올라와서(트림) 부딪쳐 열어 버립니다. 여기에서 부딪쳐 열렸다고 해서 다 끝난 것은 아닙니다. 결후 위까지 돌파하고 곧장 뇌와 정수리 부분까지 돌파해야 합니다. 정수리와 뇌 부분을 부딪쳐 통할 때는 고통이 느껴지는데, 너무 아파서 머리를 잘라내고 싶을 지경입니다. 물론 젊어서 수도하면 신체가 손상되지 않았을 때라서 이 고통을 적게 겪지만 나이가 들수록 고통은 더 커집니다. 어느 곳이든 다 한 가닥 한 가닥의 맥이고, 특히 뇌 부분의 신경에 도달하면 한 층 한 층 그러하니 너무나 어렵습니다!

후뇌(後腦)와 후침골(後枕骨) 위쪽에 도달해서 기(氣)가 두개골에 이르면, 이 두개골은 엎어 놓은 밥공기 같고 안쪽이 모두 뇌수입니다. 두개골이 열릴 때 그 안쪽은 마치 콩물이 보글보글 끓는 것처럼 거품을 일으킵니다. 물론 겉으로는 보이지 않습니다. 안쪽이 연꽃처럼 열리면 그때는 안에서도 기(氣)를 트림합니다. 하지만 소리가 들리지는 않습니다. 그런 다음 세차게 부딪치며 나가는데 곧장 삼계를 부딪치며 나갑니다. 이것은 그저 형용일 뿐이고 당연히 아직 삼계의 안에 있습니다.

이때 음식을 많이 먹으면 소화가 되지 않습니다. 위 속의 기(氣)가 탁하게 변해서 트림하는 고통이 길어집니다. 트림에는 수십 가지의 소리가 있는데, 위장병을 가진 사람이 트림하는 것을 중맥이 통해서 도를 지녔다고 여겨서는 안 됩니다. 그러면 속아 넘어간 것입니다. 한 층 한 층의 기맥이 통하는 소리가 모두 다르기 때문에, 한의학에서는 망(望) 문(聞) 문(問) 절(切)이라는 네 단계를 거칩니다. 이 소리만 들으면 바로 병증을 진단할 수 있습니다.

'망(望)'은 먼저 병자의 기상(氣象)을 살펴보는 것입니다. 어느 부분의 맥이 통하지 않는지 살펴보는데, 얼굴에 나타난 기색이 평소와 다르면 그 모두가 상징이 있습니다. '문(聞)'은 병자의 소리를 들어보는 것입니다. 어느 부위에서 나는 소리인지 들어보는데, 여기에는 코로 냄새를 맡는 것도 포함됩니다. '문(問)'은 그 사람과 이야기를 나누어서 그가 어떤 느낌을 받았는지 알아보는 것입니다. '절(切)'은 절맥(切脈)이니 맥을 만져 보는 것입니다. 이것이 한의학에서 말하는 사진(四診)입니다.

여러분이 바깥에서 들어왔는데 제가 "자네 감기 걸렸네"라고 말하면, 인정하지 않고 약을 먹으라고 해도 먹지 않습니다. 어제 있었던 일처럼 말입니다. 어제 여러분이 수영하러 가서 돌아오기 전에 이 늙은이는 집에서 이미 생강차를 끓여놨습니다! 여러분이 돌아온 후 한 잔씩 마시게 했는데 그걸 마시자 아무 일도 없었습니다. 그런데 한 명이 마시지 않아서 오늘 문제가 생겼습니다. 오한이 나서 옷을 두껍게 입고 뛰어와서는 약을 받아 가는데, 제가 말했습니다. "벌 받아도 싸다!"

보통 이렇습니다. 제가 약을 먹으라고 하면 마치 여러분을 해롭게 할 것처럼 생각합니다. 제 말을 듣고 약을 먹으면 편안하게 아무 일 없도록 이미 여러분을 위해 생각해 두었는데, 병이 난 후에 약을 먹으니 그러면 열 배는 먹어야 합니다. 병이 오기 전에 약을 미리 먹으면 병 그림자나 병 귀신도 다 달아나 버립니다. 어떤 때는 여러분의 목소리만 들어도 문제가 있음을 알고, 어떤 때는 여러분이 걸어가는 모습만 봐도 문제가 있음을 압니다. "약을 먹어라!" 하면 여러분은 모두 저를 비웃습니다. "선생님의 그 서랍은 온통 약입니다. 선생님의 가장 큰 능력은 이 약을 집어서 먹어라, 저 약을 집어서 먹어라 하는 것이지요." 마치 제가 약을 다 못 팔 것 같으니 여러분에게 먹으라고 한다는 식입니다. 그래서 여러분에게 이 도리를 말해 주었습니다.

여러분에게 수지를 이해해야 한다고 말씀드렸지만 경험을 해 봐야 비로소 알 수 있습니다. 똑같은 트림이라도 서로 다른 원인이 있습니다. 똑같이 몸이 쑤시고 아픈 통증이라 할지라도, 어떤 것은 기맥이 통하려고 할 때의 통증이고 어떤 것은 습기로 뼈마디가 저리고 아픈 풍습통이며 어떤 것은 상처로 인한 통증이므로 분명하게 구분해야 합니다.

기맥이 정말로 통했을 때에는 콧구멍으로 들어가서 해저(海底)에 이르고 나아가 발가락과 발바닥 중심에까지 도달합니다. 그런 다음에는 다시 하단에서부터 위로 솟구칩니다. 위에 도달한 후에는 기(氣)가 다시 되돌아서 아래로 내려갑니다. 이런 현상은 지구의 공기 순환과 똑같습니다. 지상의 뜨거운 공기가 위로 올라가다가 위에서 차가운 공기와 부딪치면 비로 변해서 아래로 내려옵니다. 우리의 기맥은 이 우주 지구의 법칙과 똑같습니다.

기(氣)가 아래로 내려온 후에는 침을 포함한 이런 것들이 심장으로 흘러 들어갑니다. 이때 비로소 망념이 없어지고 번뇌가 없어집니다. 후륜(喉輪)에서 심륜(心輪)에 이르는 이 맥이 진정으로 통하게 된 후에야 비로소 낮이고 밤이고 예전처럼 일을 하고 말을 할 수 있습니다. 하지만 더는 번뇌가 없고 망념이 없습니다. 여러분이 천태종을 수행하든 정토종을 수행하든 상관없이 수지가 경지에 도달하지 않으면 실제의 경상(境相)은 나타날 수 없습니다. 만약 실제의 경상이 없는데도 맥이 열렸다고 한다면, 그것은 자신을 속이고 남을 속이는 짓이니 생사를 막아 내지 못하고 아무 소용없습니다. 생사가 찾아와도 막아 내지 못하는 것은 말할 것도 없고 이 육신의 사대조차 변화시키지 못한다면 무슨 소용이 있습니까!

"中脈充滿五智之氣故(중맥에 오지의 기가 가득 찬 까닭에)", 이때 중맥에는 오방불(五方佛)의 지혜가 가득 차서 모두 구족(具足)하게 됩니다. 오방불은 중앙의 비로자나불, 남방의 보생불, 북방의 불공여래, 동방의 약사여래, 서방의 아미타여래입니다. 오방불과 오방기(五方氣)를 인체를 가지고 말씀드리자면, 심간비폐신(心肝脾臟腎) 오장의 오행 지혜가 겉으로 나와서 중맥에 오지(五智) 오기(五氣)가 가득 찹니다.

"卽心定而現出空明無念光明(마음이 한곳에 머물러 공명 무념 광명이 나타난다)", 이때가 되면 여러분은 수련이나 수지를 할 필요 없이 마음이 한곳에 머무르게(定) 됩니다. 죽을 때에도 마음에 번뇌가 없고 망념이 없습니다. 천군만마가 전투를 벌이는 가장 어지러운 환경에서도, 원자탄이 머리 위로 떨어지는 것을 보게 되어도 마음은 여전히 한곳에 머물러 있습니다. 그러면서 눈앞에 온 우주, 법성(法性)의 공(空) 광명(光明) 무념(無念)의 경계가 나타납니다. 이른바 여래자성의 경계이기도 한데, 모조리 눈앞에 나타납니다.

위의 한 구절에 유의하십시오. 여러분이 몸에 의지해서 수지를 하고 중맥에 오방불의 대지(大智)가 성취한 기가 가득 차게 되면 마음이 자연스럽게 한곳에 머무르게(定) 되며 공, 명, 무념의 경계가 나타납니다.

"此法殊勝深奧, 速得攝持世間力及諸佛加持(이 법은 수승하고 심오해서 세간을 섭지할 힘과 제불의 가지를 빨리 얻는다)." 이 수지의 방법은 가장 깊고 깊어서 가장 얻기 어렵습니다. 오로지 의념을 사용해 이 광명을 관해야 하고, 거기에다 이 기(氣)를 잘 결합시켜야 합니다. 이 법의 수지에 성공하면

"세간을 섭지할 힘〔攝持世間力〕"을 얻으니 바로 물질의 변환을 지휘할 수 있습니다. 어떤 사람이 이런 시험을 해 본 적이 있는데, 기계가 멈추어 섰을 때 광기(光氣)를 사용해 정(定)의 경계에 들어간 후 의식으로 지시하자 그 기계가 바로 움직였다고 합니다. 물론 그것은 어쩌다 사용해 본 것이었지만, 그가 세간을 섭지할 힘을 지니고 있으며 나아가 제불의 가지(加持)를 신속하게 얻을 수 있음을 증명했습니다. 그것은 제불의 자성광명이 여러분을 가지하고 있다는 뜻인데, 바꾸어 말하면 여러분 역시 시방의 일체 제불을 가지하고 있습니다.

"竝生昔無之智慧及三昧等(아울러 예전에 없던 지혜와 삼매 등이 생겨난다)", 게다가 이 경계에서는 이전에 없었던 지혜가 자연스럽게 생겨나서 전생의 일을 모두 알게 됩니다. 예전에 경험한 적이 없는 각종 삼매와 정(定)의 경계가 모두 나타나는데 이 모두가 자연스럽게 일어납니다. 저는 그저 이 원리를 설명했을 뿐입니다. 여러분이 잘 기억해 두십시오. 이 대원만 강의를 들었다고 해서 대원만을 수지한 적이 있다고 여겨서는 안 됩니다. 자격이 없습니다! 실제 수지하는 방법은 여러분에게 가르쳐 드린 적이 없으며 그냥 이론만 말씀드렸기 때문입니다. 하지만 모르는 것보다는 그래도 좀 낫습니다.

기를 수지하고 맥을 수지하는 것이라면 사실 매번 우리가 칠일 법회를 할 때나 혹은 평소에도 가르쳐 드린 적이 있습니다. 하지만 저는 여러분에게 슬쩍이라도 물어보지 않았습니다. 그냥 척 봐도 여러분이 제대로 수지하지 않는다는 것을 아니까요. 이미 충분히 저 스스로를 소모했음을 알고 있는데 다시 물어볼 필요가 뭐 있습니까. 여러분은 지금 삼맥칠륜에 관해 들었다고 해서 삼맥칠륜을 정말로 안다고 생각해서는 안 됩니다. 그렇지만 이 기(氣) 및 호흡과 빛〔光〕에 대해 들었으니 여러분이 총명하다면 스스로 깨달을 수도 있고 해낼 수도 있습니다. 혹 여러분이 전생에 수지한 적이 있다면, 듣고 나서 천천히 스스로 연구해 보면 여러분도 이 경계를 깨닫게 될 것입니다.

"復次光明淸淨之所緣者(다음은 광명 청정의 인식 대상이다)", 지금까지 말씀드린 것을 공명정의 수행법이라고 부르기는 하지만, 공(空)·명(明)의 수행법은 아직 끝나지 않았습니다.

## 삼매진화와 광명의 경계

다시 심장의 빛으로부터 한 빛이 나타나서 몸 안의 사륜이 타오를 때, 빛이 바깥으로 나타나서 세계를 두루 비추는 것을 관하고, 며칠간을 주야로 오직 이것을 관한다. 꿈속의 경계가 사라지고, 빛의 경계가 달·타오르는 불·반딧불·별과 같으니 다섯 빛이 나타나서 안팎에 가득하고, 밝은 경계 가운데서 견성하여 오묘한 머무름이 생겨난다.

復由心光現一光, 身內四輪燃燒時, 觀光外現遍世界, 數日晝夜唯觀此. 滅夢境而光境界, 如月·燃火·螢蟲·星, 見五光顯·滿內外, 明境見性生妙止.

여러분 심장 속의 기(氣)와 심장의 빛[光]은 심장 속에 정주(定住)하여 움직이지 않고 영원히 정(定)에 있을 수 있습니다. 서 있어도 정(定)이고 잠들어도 역시 이 빛입니다. 이런 정도에 도달하면 자격이 충분하므로 폐관을 해도 좋습니다. 하지만 아직 선종의 파참(破參)에는 도달하지 못했습니다! 그래도 수지하고 수련을 해서 여기에 도달하면 반드시 폐관하고 마땅히 전수(專修)해야 합니다. 제가 늘 여러분에게 말하지 않았습니까? 여러분이 폐관할 때가 되면 제가 여러분에게 말해 줄 겁니다. 도달하지도 않았는데 뭘 하겠다고 폐관을 합니까? 그 안에서 복을 누리고 잠을 자고 망상이나 하겠지요. 여러분은 문을 닫아걸고 하루 종일 망상하면서 하루치의 복보를 없애고 얼마 안 되는 공덕을 없애고 있습니다. 없애 버린 공덕과 복보가 너무 엄청납니다!

앞 단계에서 우주의 빛을 자신의 심장 속으로 끌고 왔습니다. 이때 자신의 심장의 빛〔心光〕을 의념을 사용해서 생각하면, 또 다른 하나의 광륜(光輪)이 나타나서 마치 태양처럼 자신의 삼맥사륜을 비춥니다. 발바닥 중심에서부터 비추면서 올라와서 몸 안의 사륜을 비추는데, 마치 태양의 열에 너지가 비추는 것 같습니다. 빛이 비추는 곳은 열이 나고 끓습니다. 이 빛이 한 걸음 한 걸음 불타면서 위로 올라오면 사대(四大) 몸의 기생충과 질병이 이 삼매의 불빛으로 인해 다 없어집니다. 이른바 삼매란 소설에 나오는 삼매진화 같은 바로 그런 것으로, 유심일념(唯心一念)이 만들어 낸 것이기도 합니다.

어떤 사람들은 스스로 만들어 낼 수 있습니다. "삼매진화가 생겨나니, 야! 저는 엄청나게 뜨거웠습니다." 멍청하기는! 여러분은 일념의 전환으로 삼매진수(三昧眞水)로 변하게는 못합니까? 맑고 시원하게 변하는 것 말입니다. 어째서 그렇게 멍청합니까? 그러니 스승을 찾아와서 물어봐야 합니다. 그래서 제가 여러분에게 마치 어린아이가 엄마가 보면 아무 일 없는데도 한바탕 우는 것처럼 해야 한다고 말했던 겁니다. 스승이 죽어서 물을 수 없게 되면 그때는 여러분 스스로 방법을 생각해야겠지요! 아직도 이해가 안 됩니까? 자신의 일념은 삼매진화로 변할 수 있지만 시원시원한 삼매진수로 변할 수도 있습니다. 삼매진풍(三昧眞風)으로 변할 수도 있습니다. 『능엄경』이 여러분에게 말하지 않았습니까? 본성이 화인 진공〔性火眞空〕, 본성이 공인 진화〔性空眞火〕, 본성이 수인 진공〔性水眞空〕, 본성이 공인 진수〔性空眞水〕, 여러분의 정력(定力)이 경계에 도달하면 모두 변할 수 있습니다. 풍습으로 아픈 부위와 저린 부위에 스스로 삼매의 염력(念力)을 사용해서 비추고 태우면 효과를 볼 것입니다. 현대에는 암이 생겨서 병원에 가면 마치 태양의 햇빛 에너지로 태우는 것처럼 코발트60이라는 방사선 물질을 쪼여서 암세포를 태워 버립니다. 우리는 자신의 심념(心念)의 힘에 기대어 삼매진화를 일으켜서 병이 있는 부위를 모두 변화시킬 수 있습니다. 그런 다음에 다시 이 빛을 바깥으로 확충시켜서 온 세상을 두루 비춰 한 덩이 광명 가운데 있게 할 수 있습니다.

하지만 이러한 순간에 도달하면 곧바로 발원해야 합니다. 중생이 알아도 좋고 몰라도 좋으며, 형상이 있어도 좋고 없어도 좋습니다. 나의 빛에 닿으면 괴로움을 떠나 즐거움을 얻으며, 재앙이 사라지고 어려움을 벗어나며, 죄업이 얼른 사라지고 깨달음을 얻게 되기를 발원합니다. 대자대비한 원력(願力)을 더해야 진보가 갈수록 빨라집니다. 오로지 자신만을 위하고 대비의 보리심이 없다면 외도(外道) 마법(魔法)으로 변해 버릴 것이니, 빛을 일으킬 수 있다고 한들 무슨 소용 있습니까? 촛불 한 자루 더 보탤 따름입니다. 그러므로 대원(大願)을 발원해야 합니다. 내 광명이 일체 중생을 두루 비추어서, 중생이 느끼든 느끼지 못하든 또 내 빛을 받아들이든 아니든 상관없이 모두가 이익을 얻고 청정을 얻으며 재앙이 사라지고 어려움을 벗어날 수 있기를 발원합니다. 여러분의 발원에 따라서 며칠 낮 며칠 밤을 이 빛에 머물러〔定〕 있게 됩니다. 그런 것이라야 정(定)의 수행이라 부르고, 폐관이라 부르고, 초가에 머무름이라 부르고, 전수(專修)라 부릅니다.

"꿈속의 경계가 사라지고, 빛의 경계가 달·타오르는 불·반딧불·별과 같으니, 다섯 빛이 나타나서 안팎에 가득하고 밝은 경계 가운데서 견성하여 오묘한 머무름이 생겨난다〔滅夢境而光境界, 如月·燃火·螢蟲·星, 見五光顯·滿內外, 明境見性生妙止〕." 이때 꿈속의 경계가 사라지고 한 덩이 빛 가운데서 자연스럽게 망념이 없어집니다. 바로 선종에서 말하는 "깨어 있으나 꿈을 꾸나 똑같다[醒夢一如]"는 것이니, 꿈을 꾸지 않게 됩니다. 낮에 눈을 뜨고 있어도 꿈이라고 해도 상관없고, 밤에 눈을 감고 있어도 꿈이 없습니다. 일체 꿈속의 경계가 사라져 주야육시(晝夜六時)[200] 내내 광명 가운데 있습니다.

그런 까닭에 아미타불은 무량수(無量壽) 무량광(無量光)입니다. 시간이 무궁무진하고 공간이 무궁무진하며 광명이 무궁무진합니다. 만약 빛의 이 일념을 없애 버리면 곧바로 상적광(常寂光)으로 변하고 열반이 되어 빛조차 없으니 진공일여(眞空一如)입니다. 이때 여러분은 눈을 뜨든 눈을 감든 자신의 몸 안팎의 빛을 발견하게 됩니다. 어떤 때는 한 가닥 향불 같은 미미한 불빛이고, 어떤 때는 반딧불 같은 옅은 빛이고, 어떤 때는 별 같은 밝은 빛인데 모두 보게 됩니다.

눈앞에 보이는 오색의 광명이 안팎으로 가득 차는데, 만약 이때에 이르러 광명이 오고 광명을 성취하면 자연스럽게 명심견성을 하고 문수보살 등묘이각(等妙二覺)[201]의 경계가 자연스럽게 찾아옵니다. 이 모두가 전수(專修)해야 찾아옵니다. 여러분처럼 그렇게 적당히 수행하면서 자신을 봐주고 거기에다 바깥 사무에 분주해서는 안 됩니다. 아래의 주해를 보도록 하겠습니다.

"觀中脈內智慧光後, 卽觀其遍滿身內及四輪處, 復次又現於外, 等虛空界(중맥 안에 지혜의 빛을 관한 후에는, 그 빛이 몸 안과 사륜에 두루 가득하고, 다음에는 또 바깥으로 나타나서, 허공계에도 그렇게 하는 것을 관한다)." 이것은 우리

---

200 밤낮을 6등분한 것으로, 신조(晨朝, 아침) 일중(日中, 한낮) 일몰(日沒, 해질 녘) 초야(初夜, 초저녁) 중야(中夜, 한밤중) 후야(後夜, 한밤중에서 아침까지)를 말한다.

201 대승의 52계위 중에 각각 51번째와 52번째 불과(佛果)인 등각(等覺)과 묘각(妙覺)을 말한다. 등각은 부처의 깨달음과 거의 같은 깨달음이라는 뜻이며, 묘각은 모든 번뇌를 끊고 지혜를 원만히 갖춘 부처의 경지를 말한다.

에게 중맥 안에 지혜광명이 나타난 후에는, 그 광명이 전신과 삼맥사륜에 두루 가득하고, 그다음에는 광명이 바깥으로까지 드러나서 온 허공계(盧空界)에 가득 차는 것을 관(觀)하라고 합니다.

"爲五智慧光遍滿故, 卽定心閉氣, 若外放時, 則稍持下氣, 緩吹吸而修(다섯 지혜의 빛이 두루 가득하기 때문에, 마음을 머무르게 하고 기를 닫게 되는데, 만약 바깥으로 내보낼 때에는 하행기를 조금 지니고 있고 천천히 호흡하면서 수지한다)." 온 법계에 오방불의 지혜광명의 형상이 두루 가득 차면, 이때 주의하십시오! 한 걸음 더 나아가 마음을 머무르게〔定〕 하고 기(氣)를 닫아야 잡념이 일어나지 않고 기 또한 자연스럽게 멈춥니다. 이것은 여러분에게 일부러 기를 닫으라고 하는 것이 아닙니다. 수련을 해서 의도적으로 기를 닫는다면 그것이 잡념이 아니고 무엇이겠습니까? 그런 것을 가지고 마음을 머무르게 했다고 할 수 있습니까? 마음이 머무르면 자연스럽게 기를 닫게 됩니다. 생각이 머무르면 기(氣)를 바깥으로 내보낼 때에도 가급적 그대로 지니고 있고 내보내지 않습니다(바로 이렇게 자연스럽게 기를 닫습니다). 이때 하행기(下行氣)는 마치 내보내야 할 방귀 같지만 내보내서는 안 됩니다. 이런 종류는 방귀가 아니라 하행기가 흘러 나가려는〔漏〕 것입니다. 특히 여성의 경우에 어떤 사람은 전음(前陰)[202]으로 흘려버리는데, 남성이 전음으로 흘려버리는 경우는 비교적 적습니다. 동시에 상행기(上行氣)의 트림도 마찬가지로 소리가 나게 해서는 안 됩니다. 혀를 세워야 합니다.

"中脈得五智氣之驗相者(중맥이 오지기를 얻은 증험은)", 우리 몸에는 오행기(五行氣)가 있는데, 아래쪽은 하행기이고 위쪽은 상행기이며 편행기(遍行氣) 좌행기(左行氣) 우행기(右行氣)가 제각기 다릅니다. 그렇기 때문에

---

**202** 남자나 여자의 외생식기와 요도(尿道)를 통틀어서 일컫는 말이다.

한의학의 십이경맥을 통해 본 적이 있는 사람은 아예 없다고 말합니다. 왼쪽이 태양맥(太陽脈)인데 우리는 어쩌다 왼쪽 어깨가 아플 때가 있습니다. 여러분도 한번 해 보십시오. 특히 나이 들어서 만약 왼쪽이 민첩하지 않다면 그것은 양기(陽氣)가 쇠한 것으로 곧 노쇠할 것입니다. 오른쪽이 말을 듣지 않으면 그래도 고치기 쉬운데, 그것은 혈액 음증(陰症)[203]의 휴(虧)입니다. 음휴(陰虧)와 양휴(陽虧)가 모두 똑같은 휴이니, 휴는 바로 부족하다는 뜻입니다.

어떤 여성은 그냥 보기에도 아주 많은 병을 지니고 있는데 그것은 양휴가 아니라 음휴입니다. 그런데 무턱대고 약을 먹으면 한약, 양약, 비타민, 인삼 같은 것이 모두 양(陽)을 보충하는 것이기 때문에 보충할수록 문제가 생깁니다. 계속 보충했다가는 죽음을 재촉하게 됩니다. 그러므로 약을 함부로 먹어서는 안 되고 음(陰)을 보태 주어야 합니다. 특히 중년 이상의 음허(陰虛)의 경우에는 나타나는 현상은 양성(陽盛)이지만 그것이 진정한 양(陽)은 아닙니다. 젊은 사람들은 양(陽)을 지닌 가운데 음허(陰虛)이니 병의 상태가 제각기 다릅니다.

나이 든 사람들은 방귀가 많아서 걸핏하면 방귀를 뀝니다. 나이 든 사람은 오줌 역시 많은데, 남성의 경우에는 전립선이 서서히 느슨해지고 하행기가 쇠약해집니다. 나이 든 사람은 대부분 장이 안 좋기 때문에 그들의 최대 능력은 연속해서 방귀를 뀌는 것입니다. 마치 기관총처럼 연달아서 뀌어 댑니다. 젊은 사람은 그래도 쉽게 방귀를 뀌지는 않습니다. 방귀를 뀌어도 마치 대포를 쏘는 것처럼 아주 힘이 있습니다.

하행기는 하행기의 도리가 있습니다. 이때에는 "稍持下氣, 緩吹吸而修

---

203 질병의 음형(陰型) 증상으로 양증(陽症)에 대응하는 개념이다. 한성(寒性)이고 정적(靜的) 침강성(沈降性)이며 신진대사가 쇠퇴해 있는 상태이다.

(하행기를 조금 지니고 있고 천천히 호흡하면서 수지해야)" 합니다. 완만하게 내쉬고 들이마시는데, 여기서 완만함이란 입을 사용해서 숨[氣]을 내쉬는 것을 말합니다. 제가 여러분에게 가르쳐 드린 여섯 글자가 이때에 아주 쓸모가 있습니다. 천태종에서는 이 육자결(六字訣)을 채택해서 사용하는데, '허[呵] 쉬[噓] 후[呼] 츄이[吹] 시[嘻] 쓰[呬]'이 여섯 글자는 오장육부의 작동을 조절할 수 있습니다. 숨[氣]을 내쉴 때에는 소리를 내서는 안 되고 의식을 사용합니다. '허'는 심장의 병을 없애고, '쉬'는 간의 병을 없애며, '후'는 비장과 위와 연관이 있고, '츄이'는 신장과 관계되며, '시'는 삼초(三焦)[204]의 작용을 돕고, '쓰'는 폐를 돕습니다.

이때 입을 사용해서 가볍게 한 번 내쉬면 중맥이 오지기(五智氣)를 얻습니다. 여러분 주의하십시오. 그래서 중맥이 결국 통했습니까? 이 오방(五方)의 기가 가득 찼습니까? 마땅히 아래의 효험이 있어야 합니다.

"若靜室周圍現五光境界, 或如燃燈月照·螢火·煙·雲·星·明點, 天空影相等顯現, 無量現出, 於彼時, 制心一處之後, 妙止·及自明赤露之觀二者一體可現出, 又現有境界之定者(고요한 방 주위에 오색 빛의 경계가 나타나는데, 혹 등불·달빛·반딧불·연기·구름·별·명점 같고, 하늘의 영상 등이 나타나는데 헤아릴 수 없이 나타나니, 그때에 마음을 한곳에 집중한 후에, 오묘한 머무름과 더불어 스스로 밝고 적나라한 관이 둘이 한 몸으로 나타나는데, 또 현유 경계의 정이다)." 여러분이 타좌를 해서 정(定) 가운데 있는 방에는 등불도 없고 바깥도 캄캄해졌는데, 눈을 떠 보면 날이 밝은 것처럼 환하고 게다가 홍황람백흑(紅黃藍白黑) 오색 빛[五光]의 경계가 자연스럽게 눈앞에 나타나서 아주

---

**204** 육부(六腑)의 하나로서 목구멍에서부터 전음(前陰), 후음(後陰)까지의 부위를 말한다. 상초(上焦), 중초(中焦), 하초(下焦)로 나눈다. 상초에는 폐·심장·심포락(心包絡) 등이 속해 있고, 중초에는 비장·위가 속해 있고, 하초에는 간·신장·방광·소장·대장 등이 속해 있다. 삼초는 몸에서 기혈을 잘 돌게 하며 음식물을 소화시켜 영양 물질을 온몸에 운반하는 기능을 한다.

아름답습니다. 눈을 감았을 때에도 역시 이와 같다면 그것이 바로 여러분 중맥의 오지기(五智氣)가 통했음을 말해 줍니다. 그러나 다들 주의해야 합니다. 때로는 눈먼 고양이가 죽은 쥐를 잡은 것처럼 어쩌다가 우연히 한 번 밝을 수도 있는데, 와! 하고 기뻐하면서 중맥이 통하는 데 성공했다고 생각해서는 안 됩니다. 그런 일은 없습니다. 그것은 여러분이 그 며칠 동안 심신이 특별히 건강해서 우연히 잡게 된 것입니다.

그가 말하기를, 이 빛은 눈을 감든 뜨든 상관없이 캄캄한 방 안에서도 오색 빛의 경계가 보인다고 했습니다. 그렇다면 보이는 것은 어떤 빛일까요? 때로는 이 육안으로 보는 것이 아니라 의식상의 심안(心眼)으로 보는데, 전등이 환하게 밝은 것 같기도 하고 혹은 달빛처럼 느껴지기도 합니다. 혹은 반딧불의 불빛 같고 혹은 한 줄기 연기 같아서 몽롱하고 옅습니다. 혹은 연기보다는 조금 짙어서 마치 구름 같고, 혹은 하늘의 별처럼 하나하나 밝게 빛납니다. 혹은 진주, 마노, 다이아몬드가 빛을 발하는 것도 같은데, 그런 각종 명점(明點)은 사람에 따라 반응이 제각각입니다. 때로는 모조리 다 찾아오기도 합니다. 혹은 하늘의 영상 같은 것이 눈앞에 나타나기도 합니다. 마치 자신은 여기에 앉아 있지만 머리가 없어지고 천령개가 없어진 것 같습니다. 단번에 건물 꼭대기까지 올라가서 하늘을 바라보는 것 같은데, 하늘에 있는 별이니 반딧불이니 하는 것들이 모두 또렷하게 보입니다. 그런데 중맥이 정말로 통하면 보이는 그것은 푸른 하늘입니다. 마치 가을날 만 리에 펼쳐진 구름 한 점 없는 쪽빛 하늘처럼 장애물이라고는 전혀 없습니다. 종합해서 말하면 헤아릴 수 없이 나타나는 것은 바로 무량수광(無量壽光)이며 아미타불의 빛, 효능과 똑같습니다.

# 제심하처 후 지혜광명

그가 말했습니다. 이런 상황 가운데 경계가 찾아오면 이때 "마음을 한곳에 집중한 후에〔制心一處之後〕" 즉 마음을 하나에 오로지 쏟아부어야 합니다. 여러분은 모두 『선비요법』의 백골관에 관해서 들은 적이 있는데 석가모니부처님께서는 여러분에게 이렇게 말씀하셨습니다. 마지막에 백골류광하여 공(空)을 관(觀)한 후에는 온몸이 하나의 자루가 되어 버리는 것을 관합니다. 온몸이 모두 빛이 되는데 그 안에는 뼈도 없고 오직 한 겹의 얇은 비단만 있습니다. 수련이 이런 상태에 도달했을 때 우리는 마음을 한곳에 집중해야 하는데, 어느 곳입니까? 중년 이상에게는 묻지 않을 테니, 중년 이하의 젊은 동학들만 대답해 보십시오!

저는 한 사람도 대답하지 못할 것을 알고 있습니다. 칠일 정진 법회를 했든 팔일 정진 법회를 했든 아무 소용이 없습니다. 여러분은 정말로 부끄러워해야 합니다! 특히 불법을 전문적으로 배우겠다는 사람들이 자신은 하루 종일 바빠서 시간이 없는데 무엇을 하겠느냐고 말합니다. 웃기는 소립니다! 자신을 속이지 마십시오. 그렇게나 시간이 많은데도 열심히 하지 않은 것입니다. 바꾸어 말하면 여러분이 수행하겠다는 마음을 일으키지 않은 것이니 아프게 질책하고 반성해야 합니다.

제가 여러분에게 말씀드린 적이 있지 않습니까? 이때에는 마음을 이마 위에 제어하거나 혹은 정수리, 눈썹 혹은 명치 위라고 말입니다. "아! 선생님께서 말씀하시니, 맞네요! 기억이 나는 것 같습니다." 그래서 우리는 스스로 반성해야 합니다. 이런 식으로 수행하면서 성취를 얻게 된다면 실로 하늘의 이치에 맞지 않습니다. 재가든 출가든 수행하려는 것이 아닙니까? 왜 불경에 깊이 들어가지 않습니까? 날마다 아침저녁 수업에서 이 말을 소리 내어 읽는데, 그러고도 자신에게 떳떳합니까? 무명(無明)이 너무 많고 번뇌와 장애가 너무 많으니 불경에 깊이 들어갈 수 없는 것도 당연합니다.

저 역시 여러분과 똑같은 사람인데 저는 왜 마음을 써서 그런 것을 외우려고 할까요? 외울 뿐 아니라 좋은 법문이건 나쁜 법문이건 모두 스스로 체험해 보고 수련해 봅니다. 해 보면 어떻게 하는 것이 옳지 않고 어떻게 하는 것이 옳은지 명확히 알게 됩니다. 여러분이 늘 하는 말이 있습니다. "저희가 어떻게 선생님과 비교할 수 있습니까?" 이런 말을 들으면 저는 화가 납니다. 멍청한 스승이라면 여러분에게 속아 넘어가서 나를 공경하는 것이라고 생각할 겁니다! 저라는 스승은 이런 수법에 넘어가지 않습니다. 여러분의 이런 말을 이유로 곤장을 삼백 대 때려야 마땅합니다. 저도 사람이고 여러분도 사람입니다. 제게는 무슨 특별한 곳이라도 있답니까? 저는 그 일을 공경하기에 공경심을 가지고 한평생 이 일을 하고 있으며 마음을 오로지해서 나아갑니다. 부자가 되고 싶어 하는 사람이 날마다 장사를 해서 돈을 버는 것과 마찬가지입니다. 하지만 여러분은 아닙니다!

그래서 제 질문에 틀림없이 대답하지 못할 것이라고 말한 겁니다. 총림서원을 열게 된다면 젊은 동학들을 포함해 여러분 모두에게 다시 시험을 보게 해서, 대답하지 못하는 사람은 똑같이 인정사정 봐주지 않을 것입니다. 학리(學理) 방면에서 각자 적어도 경(經) 한 부 혹은 논(論) 한 부에는 통해야 합니다.

그러므로 이제 주의해야 합니다! "그때에〔於彼時〕" 이 경계 안에서 마음을 한곳에 집중했다면, 다시 돌아와서 새로이 명치가 있는 여기에 머물러야〔定〕 합니다. 바로 두 유방 사이입니다. 여러분이 불상을 보면 석가모니 부처님의 여기에 만(卍)이라는 글자가 있습니다. 명치가 있는 여기를 마주하거나 혹은 미간에 머물러야 합니다. 평소에는 함부로 미간 혹은 정수리에 머무르면 안 됩니다. 특히 혈압이 높은 사람은 미간에 머무르면 문제가 생기기 쉽습니다. 아직 뇌 부분의 기맥이 통하지 않았기 때문에 위험합니다. 더욱이 혈압이 높은데 기맥이 통하지 않았다면 해서는 안 됩니다. 여기에서 말하는 것은 모두 기맥이 통한 경우이므로 "마음을 한곳에 집중한 후에는" 곧바로 "오묘한 머무름(妙止)"을 얻어서 자연스럽게 정(定)에 들게 됩니다. 어떤 것을 오묘한 머무름이라고 부를까요? 일반적인 정(定)이 아니라 머무르게(定) 할 필요가 아예 없고 애쓸 필요도 없이 자연스럽게 정(定) 가운데 있습니다. 청정이 극에 이르면 다른 한편으로 일을 처리할 수도 있습니다. 일체가 자연스러워서 약간의 힘도 가할 필요가 없습니다. 그래서 무공용행(無功用行)이라고 부릅니다.

오묘한 머무름을 얻을 수 있을 뿐 아니라 이때 스스로 자연스럽게 명심견성합니다. '적로(赤露)'는 적나라한 깨끗함인데, 실오라기도 걸치지 않고 오가면 걸리적거릴 게 없습니다. 적나라해서 걸릴 게 없는 지혜의 관(觀)을 자연스럽게 성취합니다. 유식학의 제육의식이 묘관찰지(妙觀察智)로 전화한 것이기도 하니, 적나라한 묘관찰지가 나타납니다. 무분별지(無分別智)[205]는 비록 분별이 없기는 해도 지혜(智)가 있어서 일체를 더 철저하게 알게 됩니다. "스스로 밝고 적나라한 관(自明赤露之觀)"이라 했는데, 사실 이 유형과 무형의 지혜, 경계를 지닌 광명과 무형의 지혜, 그 둘은 한 몸이며 동시에 나타납니다. 이것이 공명정(空明定)의 도리입니다.

그렇기 때문에 대소승과 현밀(顯密)은 도리에 통하고 나서 스스로 어떤 단계를 증득하면 일체에 다 융회 관통하여 충돌이 없습니다.

방금 제가 여러분에게 언급했던 것처럼, 그렇게 백골관을 수지하라고 사람들을 격려하고 요구하고 권면했습니다. 여러분이 『선비요법』을 펼쳐서 대조해 보십시오. 원칙이 똑같지 않습니까? 표현한 방법이 똑같지 않

---

**205** 진여는 언어 문자로 형용할 수 있는 것이 아니다. 생각과 분별을 여읜 지혜로만 알 수 있기에, 진여를 알 수 있는 참 지혜를 무분별지라고 한다.

습니까? 물론 이 대원만은 상세한 수련의 경계를 대단히 명확하게 말해 놓았습니다. 여러분은 스스로 노력하지도 연구하지도 않으면서 하루 종일 바빠 죽겠다고 떠들며 시간을 낭비하고 쌀을 축내고 있습니다. 사실은 그리 바쁘지도 않으면서 말입니다! 저 역시 바빴던 사람이고 지금도 바쁘지 않은 적이 없습니다. 더 바쁩니다. 하지만 매일 차별지(差別智)[206] 위에 보충하지 않는다면 그것은 마치 오늘 죄를 지은 것과 똑같습니다. 그렇기 때문에 사람은 원력(願力)을 지녀야 합니다. 바로 뜻을 세우는[立志] 것입니다. 사람이 뜻을 세우지 않으면 무슨 소용이 있습니까! 여러분 모두는 수행을 하면서 대부분 하나의 잘못을 범하는데, 스스로 눈먼 고양이가 되어 죽은 쥐가 부딪혀 오기를 기다립니다. 그렇게 편한 일이 어디에 있습니까! 고행한 만큼 수지한 만큼 거두어들입니다. 이제 되돌아와서 보도록 하겠습니다.


## 빛은 어디에서 오는가

---

다음으로 심장의 빛을 되돌리고, 점점 작아지고 점점 가늘어져 공적에 머무르니, 공명과 깨끗한 마음에 얽매이지 않으면, 희론이 없는 자성광명이 나타난다.

復次回復心之光, 漸小漸細住空寂, 空明淨心皆不緣, 現出自性無戲光.

---

첫 단계에서 삼맥사륜이 통하고 빛을 일으키면 우주의 빛을 거두어들이는데, 두 번째 단계에서는 심장의 빛[心光]을 우주로 내보냅니다. 이제 이

---

206 현상계의 여러 가지 차별상(差別相)의 이치를 훤히 아는 부처나 보살의 지혜를 말한다.

것은 세 번째 단계로서 다시 되돌아와서 자기 본성의 광명을 회복하고 작아졌습니다. 조금 전에 내보냈는데 점점 작아지고 점점 가늘어지다가 빛이 없음에 도달하여 공(空)이 되고 형상이 없으니, 공의 경계에 머무르지만 공의 경계 또한 없습니다. 이때는 열반도 생각하지 않게 됩니다. 본래 하나의 사물도 없거늘 어디에서 티끌과 먼지가 일어나겠습니까[本來無一物, 何處惹塵埃]. 빛 또한 티끌과 먼지입니다. "공명과 깨끗한 마음에 얽매이지 않으면, 희론이 없는 자성광명이 나타난다[空明淨心皆不緣, 現出自性無戲光]", 이때에는 공(空)의 경계도 상관할 필요 없고 광명도 상관할 필요 없으며, 무슨 심념(心念)의 청정한 경계 역시 상관할 필요가 없습니다. 어떤 것에도 얽매일 필요 없이 내려놓아야 합니다. 일체를 내려놓고 내려놓으려는 마음 또한 내려놓아야 합니다. 이때 이른바 명심견성이 나타나는데 자성은 본래 있으나 희론(戲論)을 얻지 못하여, 공(空)이라고도 할 수 없고 유(有)라고도 할 수 없으며 시(是)라고도 할 수 없고 비(非)라고도 할 수 없습니다. 광(光)이라고도 할 수 없고 광이 아니라고도[不光] 할 수도 없습니다. 이런 상대적 관념을 모두 없애 버리면 희론이 없는 자성광명이 나타납니다. 자성광명은 형상이 있는 빛이 아니라 형상이 없는 빛입니다. 명심견성하면 알게 됩니다.

"光之顯現, 皆由四輪集於心中故(빛이 나타난 것은, 사륜이 심장 속에 모였기 때문이다)." 젊은 동학들 가운데 누가 한번 해석해 보십시오. 여러분이 장래에 저를 떠났을 때 스스로 연구해서 깨달을 수 있을지 한번 보겠습니다. (어떤 사람이 대답: 그런 마음心의 작용은 마음의 법륜 가운데 있어서 마음대로 변화할 수 있고 바뀔 수 있습니다.)

방금 그 동학이 해석한 것 역시 맞지 않습니다. 왜 여러분에게 해석하라고 할까요? 열심히 공부하도록 훈련시키는 것입니다. 특히 불법을 배우는 사람은 자신에 대해 적당히 넘어가서는 안 됩니다. 이것이 생명과학이기 때문입니다. 앞에서 보았다시피 얼마나 미묘합니까. 우주의 빛을 들이마셔서 기(氣)와 결합시키고 또다시 내보낼 수도 있습니다. 과연 우리가 해낼 수 있을까요? 참으로 수지하면 해낼 수 있을까요? (모두 대답: 당연히 할 수 있습니다.) 입안에서 우물거리지 말고 큰 소리로 말하세요. 맞습니다. 당연히 해낼 수 있습니다.

다들 경험해 보셨습니까? 비록 이 수련을 익힌 적은 없어도 어쩌다 우연히 광명이 나타나기도 합니다. 이것이 선종 조사가 말했던, 구슬 빛을 우연히 만남(珠光偶遇)입니다. 바로 눈먼 고양이가 죽은 쥐를 잡은 격으로, 때로는 한 번 밝게 빛나기도 합니다. 있습니까? (대답: 있습니다.) 여러분 모두 이런 경험이 있습니다. 평소에 제가 말씀드린 적도 있고 여러 책에 쓴 적도 있는데, 이 광명이 어떻게 왔는지 여러분은 유의해 보셨습니까? "선생님 안녕하십니까?" "선생님 대단하십니다!" 하면서 선생의 책은 전혀 보지 않았습니다.

이 광명은 모두 생리 작용이며 모두 기(氣)의 변화입니다. 심경이 무념(無念) 상태일 때에도 생리적 운동 작용 즉 행음(行陰)은 우주의 운동과 똑같이 여전히 움직이고 있습니다. 마음이 청정하기 때문에 우연히 광명이 번쩍거린 것입니다. 우리 같은 보통 사람은 마음이 산란하고 사상은 움직이고 방출되며 몸의 혈액과 기(氣) 또한 두루 흐르고 움직이고 있기 때문에 모두 다 흩어져 버립니다. 그런데 이제 여러분의 마음이 청정해졌기 때문에 사상이 방출되지 않고 마음도 비교적 안정됩니다. 하지만 몸은 여전히 변하고 있고 움직이고 있기 때문에, 동(動)과 정(靜)이 마찰해서 전기가 발생하고 빛이 일어나는 것입니다. 이해하시겠습니까? 그러니 뭐 그리 신기할 것도 없지요. 조리가 분명하면 바로 알게 됩니다.

그런 까닭에 이제 불법은 여러분에게 말합니다. 빛이 나타나는 것은 모두 삼맥사륜 기맥의 움직이는 힘이 심의식의 경계에서 반응해서 빛이 출현한 것입니다. 이해하시겠습니까? 이런 말을 지금 여러분에게 하는 것은, 만일 저를 떠나게 되면 스스로 연구하라는 뜻입니다. 어떻게 연구하냐고요? 그러니 배우기를 좋아하고 깊이 생각해야 합니다. 여러분 청년 동학들은 배우기를 좋아하지도 않고 또 깊이 생각하지도 않기 때문에 이해하지 못하는 것입니다. 제 책에도 이미 다 써 놓았고 모두 분명하게 말씀드렸지만, 여러분이 봤다면 그게 오히려 이상합니다! 보지 않았습니다. 그게 다 제가 아직 살아 있기 때문입니다. 제가 죽은 후에는 사람들이 "이 사람 참 대단하고 책은 정말 훌륭해"라고 말할 것이고, 또 어떤 사람은 돈을 들여서 인쇄할 것입니다. 사람은 참 이렇게 이상합니다.

"又彼漸細, 住於如虛空無所有之境中, 現出直通周遍淸明自性, 此乃是空明自然之智慧也(또 그것이 점차 가늘어져서, 허공 같은 무소유의 경계 가운데 머무르면, 곧게 통하고 두루 미치는 청명한 자성이 나타나는데, 이것이 공명 자연의 지혜이다)." 또 우리에게 빛을 천천히 수축시켜 기로 변하게 하고, 허공 같은 무소유의 경계 가운데 머물라고 말합니다. 그러므로 형상이 있는 빛이 나타나는 것은 물론 수련의 결과입니다. 수련을 하지 않으면 형상이 있는 빛은 여전히 나올 수 없습니다! 하지만 우리에게 형상이 있는 빛에 집착하지 말고 그것을 구경(究竟)이라 여겨서도 안 된다고 합니다. 그것은 외도요 마도입니다. 그렇기 때문에 이때 바로 반야지혜가 필요합니다. 『금강경』에 말하기를 "모든 형상은 허망하다(凡所有相皆是虛妄)"고 했습니다. 경전에서도 이렇게 말했으니 잘못을 저질러서는 안 됩니다. 형상이 있으면 버려야 할까요? 그렇지 않습니다. 그런 효과를 거두었다면 효험이 있어서 형상이 나타난 것입니다. 단지 형상에 집착하지 말라는 것일 뿐입니다. 빛이 나타나도 빛으로 여기지 않는 것은 마치 정말로 돈이 많은 사람은 돈을 봐도 돈으로 여기지 않는 것과 같습니다. 그렇다고 해서 돈이 없다고 말해서는 안 됩니다. 아시겠지요? 빈털터리가 "아, 나는 원래 돈을 경멸합니다"

라고 말한다면 그것은 허풍입니다. 그 사람은 돈이라고는 한 푼도 없기 때문에 돈을 경멸하는 것이 당연합니다. 하지만 큰 부자는 돈 쓰는 것이 익숙해서 돈을 봐도 대수로이 여기지 않습니다.

형상이 있는 빛이 찾아왔어도 집착하지 않는다는 것은 형상이 없다고 말하는 것이 아닙니다. 빛이 있어도 집착하지 않는다는 말입니다. 이때 허공 무소유의 경계에 머물러 있으면, "본래 하나의 사물도 없거늘 어디에서 티끌과 먼지가 일어나리"라는 말처럼 아무것도 얻을 수 없지만 이때 비로소 나타납니다. '쨍그렁' 하면서 선종에서 말하는 명심견성을 깨닫는데 자성의 본래 모습입니다.

"이것이 공명 자연의 지혜이다〔此乃是空明自然之智慧也〕", 이때 곧게 통하고 두루 미치는 청정한 자성이 비로소 공명(空明) 자성의 원만한 자연 지혜를 얻게 됩니다. 자연지(自然智)는 무사지(無師智)이니 스승에게서 얻는 것이 아닙니다. 일체를 성취하고 마지막으로 아누다라삼막삼보리를 증득하는데 모두 무사지입니다. 석가모니부처님께서는 밝은 별을 보고 도를 깨쳤습니다. 가섭존자(迦葉尊者)는 연꽃을 집어 드는 것을 보고 빙긋이 웃었습니다〔拈花微笑〕. 이때가 되면 스승이 없는 것이 아니라 이미 스승이 또다시 끌어 줄 필요가 없습니다. 자연히 지혜가 생기고 자성이 본래 지닌 것이 밖으로 나옵니다. 이것이야말로 공명(空明)의 수행법입니다.

"又直指義者(또 직지의 뜻이다)." 게다가 이른바 직지는 바로 앞에 말한 자연(自然)이니 끝까지 직지하면 철저하게 명심견성합니다.

---

이것이 공명 본원지이니, 자성 대원만의 본성이다.

此乃空明本元智, 自性大圓之本性.

---

이 자성의 광명은 명심견성하면 본래 공(空)이지 않습니까! 본래 자성은

광명이지만 과연 어디에서 왔을까요? 아무도 여러분에게 주지 않았습니다. 모든 사람의 생명이 본래 지니고 있는, 본래 있는 지혜〔本有之智〕입니다. 그래서 육조는 말했습니다. "자성이 본래 스스로 구족하였음을 어찌 알았으랴〔何期自性本自具足〕."

이때가 되면 이것이야말로 자성 대원만의 법문입니다. 비로소 대원만이라고 부르며 철저히 성불하게 됩니다. 대원만이 무엇입니까? 바로 자신의 본성을 대원만하게 깨닫는 것입니다. 원래 자신의 생명이 지니고 있던 것을 흘려버렸는데, 어디로 흘려버렸을까요? 흘려버린 것이 아니라 자신의 호주머니 속으로 떨어진 것입니다. 마치 우리가 열쇠를 호주머니 속에 넣어놓고는 여기저기 아무리 찾아도 못 찾다가 문득 손을 뻗어 호주머니를 만져보고는 "아하! 여기 있구나!" 하는 것과 똑같습니다. 본래 지니고 있는 자성 대원만의 본지(本智)가 밖으로 나왔습니다. 아래의 주해를 보도록 하겠습니다.

"淸明直截之本體者, 乃空明大圓滿之本性也. 如遍行云: 非意所作不隨相, 此乃自然光明意(청명하고 명쾌한 본체가 공명 대원만의 본성이다.『변행』이 말한 것과 같다. 뜻이 만들어 내는 것이 아니며 형상을 따르지 않으니, 이것이야말로 자연 광명의 뜻이다)." 주의하십시오! "뜻이 만들어 내는 것이 아니며〔非意所作〕", 이것은 제육의식이 생겨나게 하는 망상이 아니라 생겨나지 않는〔不生〕[207] 일체상(一切相)입니다! 바로『금강경』에서 말한 "모든 형상은 허망하다〔凡所有相皆是虛妄〕" "인상도 없고 아상도 없고 중생상도 없고 수자상도 없다〔無人相·無我相·無衆生相·無壽者相〕"[208]라는 것입니다. 광명의 형상

---

207 모든 현상은 변화하는 여러 요소가 인연에 따라 일시적으로 모였다가 흩어지고 나타났다가 사라지는데 불과할 뿐 생겨나는 것이 아니라는 뜻이다.

208 깨치지 못한 중생들이 전도(顚倒)된 생각에서 실재한다고 믿는 네 가지 분별심 곧 아상(我相), 인상(人相), 중생상(衆生相), 수자상(壽者相)으로 이를 사상(四相)이라고 한다.

〔光明相〕도 없고 광명이 아닌 형상〔非光明相〕도 없습니다. 광명의 형상은 옳지 않고 광명이 아닌 형상은 옳다고 생각하는 것 자체가 이미 형상에 집착하는 것입니다. 일체에 집착하지도 않고 머무르지도 않습니다.

그래서 말하기를 이 경계가, 명심견성하고 자성광명이 철저하게 나타났다고 했습니다. "뜻이 만들어 내는 것이 아니며 형상을 따르지 않으니〔非意所作不隨相〕", 의식이 생각해서 망념이 생겨난 것이 아니며, 일체의 경계를 따라서 변하지도 않고 형상에 머무르지도 않습니다. 그런데 알게 되었고 깨달았다면, 깨달은 그것이 뜻〔意〕 아닙니까? "이것이야말로 자연 광명의 뜻이다〔此乃自然光明意〕", 이것이 참뜻〔眞意〕이며, 이것이 제육의식의 진정한 현량(現量)이 나타난 것입니다.

『능엄경』에서 말한 "심정편원(心精徧圓) 함과시방(含裹十方)"이기도 하며, 의식의 참 현량(現量)입니다. 이때 비로소 명심견성하니 산하대지가 모두 일념 가운데 속합니다. 그래서 불경에서는 말하기를, 이때 삼천대천세계를 관하면 산하대지가 손바닥 안에 암마라과(菴摩羅果)를 보는 것 같다고 했습니다. 이것이야말로 자연 광명의 뜻이니, 자연지(自然智)입니다. 이러한 공명정(空明定)의 수행은 아직 끝나지 않았으며 겨우 세 개 말씀드렸습니다.


## 자성광명을 얻은 후의 네 가지 공력

"如是觀修其功力者(이와 같이 그 공력을 수지하는 것을 관한다)." 물론 여러분은 해내지 못합니다. 광명을 얻지 못한 사람은 천천히 수지하십시오. 그렇기 때문에 여러분에게 기맥을 통하고 천천히 수지해서 심념(心念)이 청정해져야 한다고 했던 것입니다.

이 공력을 수지하면 또한 네 가지가 있는데, 나타나는바 생각이 깨끗하고 공이며 통하고 밝다. 낮이고 밤이고 밝고 환한 경계에 머무르며, 망념이 생기지 않아 마음이 맑고 밝으며, 막힘없는 지혜가 능소를 떠난다.

修此功力亦有四, 所顯淨空念通明. 晝夜住於明朗境, 妄念不生心淸明, 無礙般若離能所.

---

첫 번째로, 공력의 수지가 경계에 도달하면 여러분의 심념은 번뇌도 아니고 무명도 아닙니다. 장애물이 없고 수시로 마음에 나타나는 것이 정토(淨土)입니다. 생각이 깨끗해서 영감(靈感)의 감(感)으로 모든 일에 통할 수 있습니다.

"낮이고 밤이고 밝고 환한 경계에 머무르며[晝夜住於明朗境]", 두 번째로, 공력의 수지가 경계에 도달하면 낮이고 밤이고 심신의 안팎이 정말로 한 덩이 광명 가운데 있는 것처럼 느껴집니다. 마치 대원경(大圓鏡)[209]처럼 낮이고 밤이고 광명의 경계에 머무릅니다. 우리 같은 범부는 수지를 하지 않으면 밤에 잠들자마자 곧바로 흐릿하고 캄캄합니다. 여러분은 눈을 감고 타좌를 하면 곧바로 암흑 속에 있는데, 그런 후에 졸기라도 하면 캄캄한 데다 혼침해지기까지 해서 하면 할수록 더 타락합니다. 주의해야 합니다! 농담이 아닙니다. 바꾸어 말하면 그렇게 계속하다가는 지혜가 갈수록 낮아집니다. "낮이고 밤이고 밝고 환한 경계에 머무르는" 이것이 두 번째 공력이요 경험입니다. 말하자면 여러분이 이 정(定)을 수지하면 상징이 있고 날마다 그 효과가 나타난다는 말입니다.

"망념이 생기지 않아 마음이 맑고 밝으며[妄念不生心淸明]", 세 번째로

---

209 세상의 모든 것을 비춰 보는 지혜를 거울에 비유하여 이르는 말이다.

나타나는 효과는 망념이 생기지 않는 것입니다. 낮이고 밤이고 망념이라 고는 없으며 망념이 일어나지도 않습니다. 그렇다고 일을 할 수 없다는 말은 아닙니다. 꾸물대거나 쓸데없이 재잘거리지 않고 더 상쾌하고 더 분명하고 더 깔끔하게 일을 처리합니다. 심경이 영원히 맑고 밝습니다.

'막힘없는 지혜가 능소를 떠난다〔無礙般若離能所〕', 네 번째 공력과 효과인데, 그 지혜는 마치 나이아가라 폭포[210] 같아서 끊임없이 세차게 밀려오는 막힘없는 지혜가 일체에 통달합니다. 그런데 그 막힘없는 지혜는 능소(能所)가 아니니, 능도 아니고 소도 아닙니다. '소(所)'는 망상심(妄想心)이며 '능(能)'은 아뢰야식이 변한 것이니, 능소를 떠나면 법신 보신 화신 삼신(三身)의 묘용(妙用)으로 변합니다. 진정한 실상반야(實相般若)[211], 문자반야, 방편반야 모두를 구족하게 됩니다. 이것이 공명무념(空明無念)을 수지한 네 가지 효험이요 효과인데, 기공(氣功)을 수지해도 얻을 수 있습니다. 먼저 기(氣)를 수지한 후에 빛〔光〕을 수지합니다. 아래는 해석입니다.

"於彼發生氣之功力, 顯現念淨空通達(一), 及晝夜分明(二), 以念滅故心淸澄(三)之三種〔거기에서 기의 공력이 발생하는데, 나타나는 생각이 깨끗하며 공이고 통달하며(첫 번째), 낮이고 밤이고 분명하며(두 번째), 생각이 없어진 까닭에 마음이 맑은(세 번째) 세 가지이다〕." 한 사람이 기(氣)를 수지해서 충만해지고 정(定)을 얻게 되면 자연스럽게 생각은 공(空)이 됩니다. 망상이 없고 나타나는 생각이 깨끗하고 공이고 통달한 이것이 첫 번째입니다. 낮이고 밤이고 분명한 것이 두 번째입니다. 생각과 망념은 없어지고 마음이 영원

---

210 원서에는 '尼加拉瓜的瀑布'라고 되어 있으나 나이아가라 폭포(尼亞加拉瀑布)의 오기로 보인다.
211 실상(實相)이란 본체, 진여, 견도 등 형이상의 도체를 말한다. 우주 만유의 뿌리로서, 명심견성하여 깨닫는 그 도체이다. 도를 깨닫는 것은 바로 이 도체가 공이라는 사실을 보아 내는 것이다.(『금강경 강의』 17-18쪽 참조)

히 청정한 이것이 세 번째입니다.

"由護持認知自性眞面境中之力, 卽無能所, 而心能速現大智慧也(四)〔호지하기 때문에 자성의 진면목 속의 힘을 알게 되며, 능소는 없으나 마음에 대지혜가 빨리 나타날 수 있다(네 번째)〕." 주야로 늘 보호하고 지킴〔護持〕으로 인해 『금강경』에서 보살은 선호념(善護念)하고 호지하고 인지(認知)하여 공령(空靈)하고 자재로운 자성의 진면목을 알게 됩니다. 이 힘으로 말미암아 능소를 떠나지만 그 마음은 반야바라밀다 대지혜의 원만에 도달할 수 있습니다. 이것이 네 번째 공력입니다.


## 수지의 공덕으로 장애를 끊고 신통을 얻다

---

다시 이와 같이 수지하면 공덕이 나타나는데, 장애를 끊어 버리고 다른 장소에도 통할 수 있으며, 안통을 성취하고 신통의 변환에까지 미치니, 이것은 더 깊고 뛰어난 법이다.

復如是修現功德, 斷障又能通他方, 成就見眼及幻變, 此乃更深精華法.

---

기(氣)를 수지하고 빛〔光〕을 수지한 결과로 이 공덕이 생겨나는데, 팔십팔 결사(結使)[212]의 망령된 마음과 일체의 장애를 끊어 버리고 업력을 없앨 뿐 아니라 다른 국토에도 막힘없이 갈 수 있습니다. 사후는 말할 것도 없고 살아 있을 때에도 서양에 가보고 싶다고 생각하면 곧바로 가고, 또 돌아오고 싶으면 곧바로 돌아옵니다. 장애를 끊어 버릴 수 있고 또 다른 장

---

212 번뇌를 뜻한다. 번뇌는 중생을 결박하여 미혹에서 벗어나지 못하게 하므로 결(結), 중생의 마음을 마구 부려 산란하게 하므로 사(使)라고 한다.

소에도 통할 수 있어서 안통(眼通)을 수지해도 아주 빠르고 신통(神通)의 변환(幻變)을 수지해도 아주 빠릅니다. 그런데 이 안통을 수지하는 것은 별도로 특별히 전수해야 합니다. 다만 그 기초가 여기에서 나왔으니 이것은 더 깊고 뛰어난 방법입니다. 아래는 해설입니다.

"修習氣之瑜伽卽生三昧, 而由其力現神通及得能透見牆等所障礙之他方眼並幻變等(기의 유가를 수습하면 이번 생에 삼매를 얻는데, 그 힘으로 말미암아 신통이 나타나서 벽 등으로 가로막혀 있는 다른 장소를 통해서 볼 수 있는 안통과 환변 등을 얻는다)." 이 유가(瑜伽)는 바로 수행법이며, '즉생(卽生)'이란 이번 생에 이 방법을 수지하여 성취를 얻는다는 말입니다. 그러면 산하 장벽에 장애물이 없어서 가로막혀 있는 다른 장소를 두 눈으로 훤히 보게 됩니다. 이러한 천안통과 일체의 환변(幻變) 신통이 모두 기(氣)의 수지에 성공하고 맥을 수지해서 성공한 데에서 옵니다.

"如集經云: 若以禪定法, 捨下劣欲樂, 成慧通三昧(『집경』에서 말한 것과 같다. 만약 선정의 방법으로 하등한 것과 욕망의 즐거움을 버리면, 지혜를 성취하고 삼매에 통한다)." 만약 선정의 방법으로 선정공락정(禪定空樂定)을 얻어서 범부의 하등한 것과 하삼도(下三道)의 욕념의 쾌감을 내버리고 선정의 즐거움을 성취한다면, 즉시 지혜를 계발해서 신통을 얻고 아주 빨리 변화합니다.

"又指示明空無念說其法次第者, 本來中脈內漸大故, 若心注之, 卽成就無念, 與他法相同(또 명 공 무념을 가리켜 보이고 그 법의 순서를 말한 것은, 본래 중맥의 안이 점차 커지기 때문이니, 만약 마음을 쏟아 넣으면 곧바로 무념을 성취하며, 다른 법과 서로 같다)." 우리 이 생명의 기맥(氣脈), 중맥의 안은 본래 아주 큰 하나의 텅 빈 관(管)입니다. 그 때문에 우리의 심념은 기가 어지러이 흩어지지 않으면 신(神)과 빛(光)과 더불어 중맥으로 돌아가고, 중맥은 또 심맥(心脈)으로 돌아가서 공(空)으로 돌아갑니다. 그런 까닭에 아주 빨리 무념을 성취합니다. 사실 이 밀교의 수행법은 현교의 다른 수행법과 원리는 서로 같지만 방법은 똑같지 않습니다. 현교는 여러분에게 상세한 수행법을 말해 주지 않기 때문에 여러분은 영원히 더듬기나 하고 문으로 들어가지 못합니다. 보통 밀교를 이야기하는 사람들은 여러분에게 주문을 외우고 관상을 하고 관정을 받고 붉은 봉투를 내라고 하면서, 그것이 밀종의 수행이라고 말합니다. 그렇게 해서는 영원히 더듬기나 하고 문으로 들어가지 못합니다.

지금까지 진정한 밀종의 밀종, 진정한 수행법을 여러분에게 가볍게 말씀드렸습니다. 여러분 스스로가 이것을 귀하게 여길 줄 알아야지 저와는 아무 상관이 없습니다. 이른바 귀하게 여긴다는 말은 진정한 수지에 힘쓰는 것입니다. 하루 종일 대충대충 흐리멍덩하게 보내면서 귀하게 여기지 않는다면 그것은 큰일입니다. 이렇게 큰 복보는 없으니까요!

그래서 그가 말하기를, 이 법문은 분명하고 공개적으로 여러분에게 말했는데 무념을 성취한다고 했습니다. 특히나 제가 이렇게까지 여러분에게 말씀드렸으니(여러분도 이제는 알게 되었을 겁니다), 제가 밀종을 배운 사람들을 많이 봤는데 그들은 수십 년을 배우고도 법본조차 제대로 공부하지 않았습니다. 게다가 어떤 상사의 진정한 전법(傳法)도 아직 얻지 못했습니다. 그렇기 때문에 저는 일반인이 밀종을 배우는 것에 반대합니다. 왜냐하면 선종을 수행해서 성공하지 않고서, 선종의 명심견성이라는 이 단계에 도달하지 못하고서 밀법을 배우면 마도(魔道)로 빠지지 않는 사람이 없기 때문입니다. 그처럼 심각합니다. 여러분 주의하십시오. 제가 이미 다 설명했습니다. 만약 현교를 깨달았다면 선종이 바로 대밀종입니다. 그런 후에 방향을 바꾸어서 이 방법을 깨닫는다면, 그러면 좋습니다. 그러면 아주 빠릅니다. 아주 빨리 무념법을 성취합니다.

"特別以射·持·修三者鑽研入於自性之要(특별히 사법·지법·수법의 세 가

지 법을 깊이 연구해서 자성의 요점에 들어간다)." 이것은 기공(氣功)을 말합니다. '사(射)'법은, 들이마시는 것은 천천히 하고 내뱉는 것은 빠르게 하는 (선생께서 '셔(射)'의 소리를 낸다) 이것이 바로 사(射)인데, 화살을 쏘는(射箭) 것처럼 나갑니다. '지(持)'법은, 보병기가 바로 지(持)입니다. '수(修)' 법은, 기를 쏘지도(射) 않고 지키지도(持) 않으니, 호흡을 들으면서 천천히 수지(修)합니다. 기를 전수(專修)해서 신통을 성취할 수도 있고, 또 보리 명심견성을 증득하고 거기에 공명(空明)의 큰 법을 결합시켜 수지함으로 써 몸 안팎의 광명을 증득할 수도 있습니다.

제11강

지난번에 공명정(空明定)까지 말씀드렸는데, 바로 자성의 공(空)과 광명(光明)을 결합하는 수행법입니다. 이어지는 57페이지는 바로 무념(無念)이라는 방법입니다. 이 무념정(無念定)의 수행법에 관해서는 앞에서 미리 뽑아서 말씀드린 적이 있습니다.[213] 이제 큰 글자로 된 원문을 다시 한 번 읽고 문제가 있으면 질문해도 됩니다. 문제가 없으면 읽고 곧장 넘어가겠습니다.

## 무념법을 수지하다

세 번째로 무념법을 가리켜 보이는데, 전행은 앞과 같으며 바른 수행은, 사법과 지법과 수법의 세 단계이다. 사법을 수지하는 사람은 마음속에 심성이 밝아지는데, '아'라는 글자나 빛 무리가 한 치쯤 되면 세차게 '하'를 스물한 번 외친다.

---

213 제4강 무념법 수행을 보충한다.(원서 편집자 주)

정수리에 도달하고 멀리 떠나서 공으로 돌아가니, 점점 높아지고 점점 흩어져서 다시 보이지 않는다. 그 경계에서 느슨하게 풀고서 고르고 한결같에 머무르면, 찰나에 생각의 흐름이 끊어져 곧 언어와 사상을 떠난 경계에 머무르며, 힘도 또한 보이지 않고 마음이 경계를 떠난다.

第三指示無念法, 前行如前而正行, 射持修法三次第. 射者心中心性明, 阿或光圈一寸許, 猛聲唸哈二十一. 達頂遠離歸於空, 漸高漸散復不見. 鬆懈其境平等住, 刹那於彼斷念流, 卽住於離言思境, 力亦不見心離境.

---

"세 번째로 무념법을 가리켜 보이는데, 전행은 앞과 같으며 바른 수행은 사법과 지법과 수법의 세 단계이다〔第三指示無念法, 前行如前而正行, 射持修法三次第〕." 이것은 기맥을 수지하고 기공을 수지함으로 말미암아 오는데 사법, 지법, 수법의 세 단계가 있습니다. 지(持)는 바로 보병기이며 안나반나를 포함합니다.

"사법을 수지하는 사람은 마음속에 심성이 밝아지는데, '아'라는 글자나 빛 무리가 한 치쯤 되면 세차게 '하'를 스물한 번 외친다〔射者心中心性明, 阿或光圈一寸許, 猛聲念哈二十一〕." 이것은 기공의 '사(射)'법으로부터 생각의 '사(射)'법으로 변했음을 말해 줍니다. 마음속으로 '아(阿)' 자를 관상하거나 혹은 밝게 빛나는 점〔光明點〕이 한 치〔寸〕 크기가 되면, 큰 소리로 '하〔哈〕'를 스물한 번 외웁니다(선생께서 '하' 소리를 낸다). 그래서 어떤 왕생법(往生法)[214]은 곧바로 파와법(破瓦法)[215]이기도 한데, 정수리를 열고 셔〔射〕와 '아〔阿〕'를 외우는 것은 대략 비슷합니다. 하지만 기(氣)를 내뱉는 소리

---

214 삶을 어떻게 끝맺음하느냐, 즉 바르게 죽는 방법 중 하나로 다음 생을 위한 법문 중 하나이다.
215 '파와(破瓦)'는 티베트 언어로 그 의미는 의식의 전환이다. 티베트 불교에서 쓰고 있는 왕생법 중 하나로, 정수리를 열어서 의식이 빠져나가는 것을 핵심으로 한다.(『약사경 강의』 95쪽 참조)

와 작용에 조금 차이가 있습니다. 왜 소리가 다를까요? 몸의 기맥 반응이 다르기 때문입니다.

"정수리에 도달하고 멀리 떠나서 공으로 돌아가니, 점점 높아지고 점점 흩어져서 다시 보이지 않는다. 그 경계에서 느슨하게 풀고서 고르고 한결같게 머무르면, 찰나에 생각의 흐름이 끊어져 곧 언어와 사상을 떠난 경계에 머무르며, 힘도 또한 보이지 않고 마음이 경계를 떠난다〔達頂遠離歸於空, 漸高漸散復不見. 鬆懈其境平等住, 刹那於彼斷念流, 卽住於離言思境, 力亦不見心離境〕." '하'라는 소리가 정수리 위로부터 나가서 없어져 버리고〔空〕 일체가 없어져 버린〔空〕 후에는 즉시 휴식하며 고르고 한결같게 머무릅니다. 이 찰나의 사이에 일체 망념이 끊어지고, 그런 후에는 언어〔言〕도 없고 사상〔思〕도 없는 경계에 머무릅니다. 이런 힘, 기맥의 성취로부터 무념에 이르는 힘이 마음으로 하여금 일체의 경계를 떠나 무념에 머무르게 할 수 있습니다.

이 법은 제가 지난번에 말씀드린 적이 있지만 여러분이 직접 시험해 보지 않았기 때문에 질문할 거리가 없는 것도 당연합니다. 이 기맥의 삼맥칠륜에 관해서 보통의 경우는 삼맥사륜만 배워서 수지합니다. 왜 해저륜(海底輪) 같은 것은 수지하지 않을까요? 일반적으로 정력(定力)이 없는 사람이 하부의 해저륜에 뜻을 집중하면 욕념을 일으키기 쉽습니다. 그래서 보통은 삼맥사륜을 수지하는 것으로 충분합니다만 상세한 수행법은 반드시 칠륜을 이해해야 합니다.

그런데 기맥의 성취는 앞의 첫 번째 단계인 공락정(空樂定)에 속합니다. 여기서 낙(樂)은 바로 각수(覺受) 영역의 쾌락입니다. 바꾸어 말하면 욕계(欲界)에는 욕락(欲樂)이 있기 때문에 욕계의 욕락을 전화시켜서 공락정으로 변하게 해야 합니다.

거기에서 한 걸음 더 나아간 것이 바로 지난번에 말씀드린 공명정(空明

定)인데, 자성의 공함〔性空〕과 광명을 결합시키는 수행법입니다. 세 번째는 바로 무념정(無念定)으로, 무념하게 머무릅니다. 바로 조금 전에 말씀드린 부분이며 예전에 뽑아내서 말씀드린 적이 있습니다. 공명정을 수지하는 것에서 무념으로 돌아가서, 조금 전에 '사(射)'법을 말씀드렸습니다. 생각을 관해서 빛〔光〕이나 '아(阿)' 자를 성취하는데, 여기에는 관건이 하나 있습니다. 먼저 지(止)를 얻어야 한다는 것입니다. 관(觀)할 때에 반드시 빛을 성취하거나 '아' 자를 성취해야 하는 것은 아닙니다. 정(定)을 수지하거나 광명을 수지하는 방법처럼 그렇게 하면 됩니다. 현교의 염불법문은 마음속으로 염불하면서 전일(專一)한 일념이 됐든, 혹은 선종에서 초보적으로 화두를 참구하는 일념이 됐든, 혹은 대비주(大悲呪)를 오로지 외우는 일념이 됐든, 이 일념이 마음속에서 전일하여 어떤 잡념도 존재하지 않게 합니다. 물론 보통 사람은 해낼 수 없습니다. 설사 해냈다 하더라도 아직은 무념이라 할 수 없습니다. 여기에서부터 다시 정수리 위를 향해 흩어야 하는데, 삼맥칠륜을 모조리 허공에 흩어야 합니다. 그런 후에는 허공이 곧 나이고 내가 곧 허공이어서 허공과 내가 둘이 아니고〔無二〕 구분이 없습니다〔無別〕. 그런 후에 이 경계에 머물러〔定〕 있는 것이 바로 무념법의 수지입니다.

제 말을 여러분이 이해했는지 모르겠네요. 여기의 수행법은 빛을 이용하는 것인데, 다들 많이 연구해 보십시오. 많은 사람이 그냥 듣기만 하니 듣기 수업으로 변해 버렸습니다. 마치 예전에 선배들이 찻집에서 소설을 듣는 것처럼 재미가 있으니, 매일 밤 오기는 하는데 듣고 나면 곧바로 잊어버립니다. 그렇게 했다가는 낭패입니다. 이 단락에서 질문이 없다면 그냥 넘어가도록 하겠습니다.

방금 말씀드린 것은 무념법 수지 가운데 '사(射)'법으로 마치 화살처럼 쏘아져 나갑니다. '지(持)'법 또한 앞에서 말씀드렸지만 '사(射) 지(持) 수

(修)'에 관해 다시 보충하도록 하겠습니다.

---

지법을 수지하는 사람은 해와 달을 등지는데, 눈을 맑은 허공에 두면 단번에 머무르게 된다. 기의 움직임을 느끼지 못하니 모두 느리게 행하고, 무념으로 희론을 떠나면 안으로부터 나타나는데, 본성이 하늘과 같은 공성이 생겨난다.

持者背向日月邊, 眼注淸空頓然住. 不覺氣動皆緩行, 無念離戲由內現, 出生性如天空性.

---

"지법을 수지하는 사람은 해와 달을 등지는데〔持者背向日月邊〕", 현대인의 생활은 전등 빛의 밝음에 의지합니다. 지금 이곳에 있는 분들은 '지'법을 수지하고 싶어도 불가능합니다. 빛이 정수리 위로부터 비추고 있기 때문입니다. 여기에서 말하는 것은 빛이 등 뒤에 있어야 한다는 것입니다. 만약 산 정상이나 광야에 있는 초가집에 머물며 폐관하고 전수한다면, 오전에는 얼굴을 서쪽으로 향합니다. 태양이 동쪽에서 나오므로 빛이 등 뒤로 비칩니다. 오후에 수지할 때는 태양이 서쪽으로 기울기 때문에 얼굴을 동쪽으로 향합니다. 바꾸어 말하면 시간과 계절이 다르더라도 광선을 등지고 수지하는 것이 원칙입니다.

이것은 태양의 광명이 등으로부터 투과하는 것이라 수지하기에 적당합니다. 만약 빛을 마주하고 수지해서 공력이 경계에 도달했더라도 괜찮습니다. 나중에 이것이 변해서 도가에도 일월의 정화를 채집하는〔採日月精華〕 수행법이 생겼는데, 태양과 달을 마주하는 방법입니다. 그것은 또 다른 방법인데 지금은 그 방법을 말씀드리지 않겠습니다.

"눈을 맑은 허공에 두면 단번에 머무르게 된다〔眼注淸空頓然住〕", 앞에서 말한 이른바 '지'법은 해와 달의 빛을 등집니다. "눈을 맑은 허공에 두는데" 여기서 '주(注)'는 주의해서 보는 것이 아니라 눈을 뜨되 의식은 사용하지 않는 것입니다. 평소 우리는 눈을 뜨면 의식을 눈에 결합시켜 주의해서 앞의 사물을 봅니다. 이것이 범부의 경계입니다. 달마조사의 화상을 보면 눈을 크게 뜨고 있지만 그의 의식은 앞을 보는 것이 아닙니다. 그저 눈을 크게 뜨고 있을 뿐입니다. 마치 창문을 열어놓은 것 같지요. 이때 단번에〔頓然〕머무르게 되는데, 돈연(頓然)은 한 번에 멈추어 서는 것입니다. 잡념 없이 그저 눈을 뜨고 있습니다.

물론 기본적으로는 이미 기맥을 수지해서 통했지만, 이때에는 기(氣)의 움직임을 느끼지 못하니 마치 기맥이 멈춘 경계 같습니다. 하지만 정말로 기맥이 완전히 멈춘 것은 아니고 마치 호흡이 없어진 것 같습니다. 여러분 가운데 어떤 사람이 자주 묻기를, 어떤 때에는 자신이 기(氣)가 없어진 것 같다고 말합니다. 평소에 저에게 그렇게 물으면 이렇게 말해 줍니다. "정말로 기가 없어졌다고 느낀다면 좋은 일 아닌가? 정말로 기가 멈췄다면 무엇을 걱정하는가? 죽지도 않았는데 기가 멈춘 것이 무슨 상관이 있다고 묻는단 말인가!" 물었으니 말해 주었지만 믿지 않고 또다시 묻습니다. 참으로 성가십니다.

생각이 정말로 전일(專一)하면 생각이 공(空)한 것은 말할 것도 없고 기(氣)도 마치 없어진 것 같습니다. 어느 정도 지난 후 기(氣)가 머무르는〔住〕경계에 도달했더라도, 아직은 진정으로 맥이 정지한 단계에는 도달하지 않았습니다. 또 어떤 사람은 말하기를, 어떨 때는 다른 사람의 호흡이 대단히 거친 것을 들었다고 합니다. 그것은 또 다른 수행법인데 일부러 거친 기(氣)를 끌어와서 장애가 되는 기맥을 전화시켜 뚫습니다. 그것은 또 다른 것입니다. 생각이 정말로 전일하면 기(氣)는 곧바로 멈추어 버립니다.

주의할 것이 더 있습니다! 절대로 잘못 이야기해서는 안 되는 부분인데, 도가나 외도의 수행법에서는 단전호흡을 태식(胎息)이라고 합니다. 그것은 잘못입니다! 단전의 내호흡이 좋은 일이기는 하지만 그것이 바로 태식이라고 생각해서는 안 됩니다. 진정한 태식은 바로 『장자』에서 말했던 "진인은 발뒤꿈치로 호흡한다〔眞人之息以踵〕"는 것입니다. 그때 코의 숨〔氣〕은 멈추며, 전신의 모공이 다 숨〔氣〕을 들이마시고 있는데 그것이 발바닥 중심에까지 이르는 것이 느껴집니다. 초(焦) 선생도 보고한 적이 있는데 거기에 써 놓은 경험도 대략 비슷합니다. 전신이 모두 호흡하고 있어야 태식이라고 할 수 있습니다. 그런데 아주 많은 사람이 코의 호흡은 느끼지 못한 채 아랫배 단전 안의 호흡을 태식이라 여깁니다. 이것은 일반적으로 도가가 자신을 속이고 남을 속이는 이야기이며 모두 틀렸습니다. 그것은 그냥 내호흡(內呼吸)이라고 말할 수 있습니다. 이것은 기주(氣住) 두 글자에 관해 설명한 것이고, 이제 되돌아와서 다음 구절을 보도록 하겠습니다.

"기의 움직임을 느끼지 못하니 모두 느리게 행하고, 무념으로 희론을 떠나면 안으로부터 나타나는데, 본성이 하늘과 같은 공성이 생겨난다〔不覺氣動皆緩行, 無念離戲由內現, 出生性如天空性〕." 이때에는 자연히 기(氣)가 움직이고 있는 것을 느끼지 못합니다. 마치 기가 있는 것 같다고 문자로 이렇게 쓰고 말로는 했지만 이때에는 기가 없어진 것처럼 느껴집니다. 사실은 약간의 호흡이 있으며 대단히 느리게 움직입니다. 이런 상황에서는 자연스럽게 희론을 떠나는데, 공(空)이라고도 할 수 없고 유(有)라고도 할 수 없으며 즉공즉유(卽空卽有)라고도 할 수 없습니다. 이런 희론들을 모두 말하지 않아도 경계가 안으로부터 나타납니다. 희론을 떠난 무념의 경계가 바깥으로 나오면 안팎이 결합한 경계의 형상〔境象〕이 생겨나는데, 신체 감각과 심리 현상이 결합하면 곧바로 허공과 똑같은 공(空)이 생깁니다. 이 단락은 이미 말씀드린 적이 있습니다.

---

수법을 수지하는 사람이 눈을 허공에 두어 흩어지지 않으면, 마음에 밝은 빛이 어지러이 흩어짐이 없는 경계 가운데 있으니, 지·석·산·암과 모든 정과 기를,

관상을 통해 모두 공으로 돌아가게 한다. 자신의 몸에는 거친 현행의 집착이 없으며, 마음과 공이 무이별에 머무르고, 안과 바깥과 가운데에 흩어짐이 없으니, 공의 경계 가운데 있으면 몸과 마음은, 염·사·작의가 스스로 녹아 버리고, 마음에 모이고 흩어짊이 없어 본위에 머무른다. 그때 법이의 불가사의한 마음은, 분별이 없어서 허공과 같으며 밀의가 나타나는데, 이것이 곧 삼세불의 심요이다.

修者眼注空不散, 心明無散亂境中, 地石山巖諸情器, 觀想皆歸於一空. 自身亦無粗現執, 心空住於無二別, 內外中三無散法, 於空境中之身心, 念思作意自溶化, 心無聚散住本位. 彼時法爾難思心, 不別如空密意現, 此卽三世佛心要.

"수법을 수지하는 사람이 눈을 허공에 두어 흩어지지 않으면, 마음에 밝은 빛이 어지러이 흩어짐이 없는 경계 가운데 있으니, 지·석·산·암과 모든 정과 기를, 관상을 통해 모두 공으로 돌아가게 한다[修者眼注空不散, 心明無散亂境中, 地石山巖諸情器, 觀想皆歸於一空]." 그런 후의 마음속은 밝고 환하며 혼침이 아닙니다. 광명이 어지러이 흩어짐이 없는 경계 가운데 있습니다. 우리의 평범한 눈은 크게 떠도 담장과 산석(山石)에 가로막혀 꿰뚫어 볼 수가 없습니다. 수련이 이 단계에 도달하면 눈이 이런 산석이나 암벽 같은 장애물을 마주하더라도 심지어 유정세간(有情世間)의 일체 사물까지 모두 공(空)으로 관하니, 관상을 통해 투시(透視)할 수 있는 것이 됩니다. 투(透)는 바로 방해받지 않는 것입니다.

처음에는 의식적으로 연습하는데 연습하지 않으면 모릅니다. 지금 우리는 벽을 마주하고 타좌를 하고 있는데, 눈앞에 벽이 가로막고 있어서 바깥을 볼 수 없습니다. 안식(眼識)과 의식(意識)을 결합시켜서 연습해야 하는데, 마주한 장애물을 공(空)으로 관합니다. 천천히, 갇혀 있던 이 습성을 버리고 일체의 장애가 공(空)임을 관상합니다. 낭떠러지조차 모두 공(空)입니다. 수지에 성공하면 공중에서 자유자재로 활동할 수 있습니다. 여러분이 밀종의 목눌조사(木訥祖師)의 전기를 본 적이 있다면, 그가 수행에 성공한 후 어떤 법사와 허공에 대해 변론한 내용이 나옵니다. 불경을 풀이해 주는 그 법사는 허공이 공(空)이라고 말하고 목눌조사는 유(有)라고 말했습니다. 그 법사가 믿지 않자 목눌조사는 곧바로 이 허공 가운데서 걷기도 하고 앉기도 했습니다.

그가 법사에게 물었습니다. "이 땅은 유(有)입니까, 아니면 공(空)입니까?" 법사가 말하기를, 이것은 정말로 유(有)라고 했습니다. 그러자 목눌조사가 말했습니다. "이것은 공(空)이니, 내가 걸어서 당신에게 보여 주겠소." 그러고는 땅 위에서 걸어 들어가고 걸어 나왔는데, 공(空)이었습니다. 실증적인 관공(觀空)이었으니, 바로 "관상을 통해 모두 공으로 돌아가게 함"입니다. 이런 도리는 『사아함경(四阿含經)』에 모두 나와 있으며, 소승 수행법의 선관(禪觀) 경전들 가운데도 있습니다. 여러분이 아무리 부처님을 믿고 있다고 해도 불경을 연구하는 사람은 아주 적습니다.

"자신의 몸에는 또한 거친 현행의 집착이 없으며〔自身亦無粗現執〕", 자신의 몸은 여전히 감각이 그 자리에 있지만 자기 신체의 거친 현행의 집착을 없애 버려야 합니다. 무엇을 거친 현행의 집착〔粗現執〕이라고 부릅니까? 우리는 지금 타좌를 하기만 하면 곧바로 몸이 있음을 느끼는데, 편안한지 그렇지 않은지의 느낌〔感受〕을 다 압니다. 이것은 수음(受陰)으로, 우리는 무시이래 자신의 이 몸의 관성(慣性)에 집착해 왔습니다. 이 관성은 바로 무시이래 종자식(種子識)이 집착하는 습기가 우리 현재의 현행(現行)으로 변한 것입니다. 이것이 유식에서 말하는 종자가 현행으로 변함입니다.

그러므로 여러분은 이 경계 안에서 자신의 몸이 느끼는〔感受〕현행의 거친 집착을 먼저 없애 버려야 합니다. 말하자면 몸 전부의 느낌을 모두 비워〔空〕버리는 것입니다. 어떤 사람이 수행을 하는데 일체를 관공(觀空)해서 몸의 느낌이 없어지는 경계에 도달할 수 있다면, 그렇더라도 기뻐하면서 자신은 이제 아집(我執)이 없어졌다고 생각해서는 안 됩니다. 틀렸습니다! 이것은 그저 신견(身見)의 거친 현행의 집착이 없어진 것뿐이라고 말할 수 있습니다. 세미한 것은 아직 없애 버리지 못했습니다! 이때 세미한 신견의 아집은 어느 곳에 있을까요? 이 경계에 도달했다고 가정하고 여러분에게 물어보겠습니다. 세미하게 몸에 현행하는 나〔我〕는 어떤 경계 위에 있습니까? (어떤 동학이 대답: 육식의 청정함 위에 있습니다.)

위에서 일체가 모두 공(空)임을 관상한다고 말씀드렸는데, 이때 여러분이 일체가 모두 공임을 느낀다면 이미 공의 경계를 지닌 것입니다. 그래서 제가 방금 여러분에게 물었던 것입니다. 이때 몸의 감각은 없지만 단지 거친 현유(現有)의 신견, 아집만 없어졌을 뿐 세미한 집(執)은 아직 없어지지 않았다고밖에 말할 수 없습니다. 세미한 집착은 어디에 있을까요? 세미한 집착은 공(空)의 경계에 있습니다. 공의 경계에 있는 이 신집(身執), 아집(我執)은 세미합니다. 거기에서 한걸음 더 나아가서 자기 몸의 세미한 현유의 집상(執相)까지도 없애 버려야 합니다. 여러분 자신의 수행이 여기에 도달했더라도, 만약 눈치 채지 못한다면 아집이 여전히 있는 것이니 무아(無我)라고 말할 수가 없습니다. 소승의 지극한 증과〔極果〕인 무아조차 아직 증득하지 못했으니 대승은 더 말할 것도 없습니다. 이제 이 도리를 이해했습니까? 기억하십시오! 이 공의 경계가 바로 아집입니다. 다음번에는 대답할 수 있어야 합니다. 이어지는 것은 또 하나의 법입니다.


## 무엇이 진정한 무념인가


"마음과 공이 무이별에 머무르고, 안과 바깥과 가운데에 흩어짐이 없으니〔心空住於無二別, 內外中三無散法〕", 이때 마음은 어떤 마음일까요? 그 텅 빈〔空〕 것이 바로 여러분의 마음입니다. 무엇이 공(空)일까요? 온전한 마음〔全心〕이 바로 공(空)이고 온전한 공〔全空〕이 바로 마음〔心〕입니다. 이 경계는 "온전한 파도가 물이고, 온전한 물이 파도이다〔全波是水, 全水是波〕"라고 말하는 것과 똑같습니다. 그런 까닭에 마음〔心〕과 공(空)은 둘 사이에 분별이 없는〔無分別〕 경계 위에 머무릅니다. 바꾸어 말하면, 이때에 이르면 여러분은 자신의 생각이 공(空)이 되었는지 아닌지, 마음은 어디에 있는지 더 물어볼 필요가 없어집니다. 이때에는 마음〔心〕은 공(空) 위에 있고 공은 마음 위에 있어서, 마음과 공이 둘 사이에 차별이 없는 경계 위에 머무릅니다.

그래서 이렇게 말했습니다. 이때에는 내공(內空) 외공(外空) 중공(中空)의 삼공(三空)인데, 『반야경(般若經)』에는 십팔공(十八空)이 있습니다. 이때 말하는 내공(內空)은 바로 몸의 내부도 공임을 느끼게 된다는 것입니다. 이른바 내부가 공(空)이라는 말은 오장육부와 백골이 모조리 없어지고 모두 텅 비어 버린다는 뜻입니다. 이른바 외공(外空)은 바깥의 산하와 담장 같은 일체의 장애가 모두 공(空)이 된다는 말입니다. 이론이 아니라 실증을 해야 합니다! 혹은 내외중(內外中)의 세 종류라고도 말할 수 없습니다. 바깥〔外〕이라고 할 것도 없고 안〔內〕이라고 할 것도 없고 가운데〔中〕라고 할 것도 없이, 자연스럽게 산란이 없는〔無散亂〕, 망념이 없는〔無念〕 상태에 있습니다. 여러분이 말해 보십시오. 어지러이 흩어짐이 없다면 한곳에 머무름〔定〕이라는 것이 있을까요? 이때에는 한곳에 머무르게〔定〕 되었다 아니다 말할 것이 없습니다. 그런데도 여전히 한곳에 머무름〔定〕이 있다면, 그것은 이미 분별이 있는 경계에 머물러 있는 것입니다. 이런 경지에 도달할 수만 있다면 한곳에 머무르게 되었든 아니든 상관없이 산란이 없습니다. 물론 혼침도 없습니다. 지(止)도 없고 관(觀)도 없어도 편안하게 머무릅니다.

"공의 경계 가운데 있으면 몸과 마음은, 염·사·작의가 스스로 녹아 버리고, 마음에 모이고 흩어짐이 없어 본위에 머무른다〔於空境中之身心, 念思作意自溶化, 心無聚散住本位〕." 게다가 공(空)과 유(有)가 둘이 아닌 이런 경계에 있으면 이때 여러분의 몸과 마음은, 주의하십시오! 수지가 이때에 이르면 여러분의 색신과 여러분의 심념은, 아울러 여러분의 염(念) 사(思) 작의(作意)는 자연히 녹아서 없어져 버립니다. 이것을 해내야 진정한 무념이라고 할 수 있습니다.

이 마음〔心〕은 모이지도 않고 흩어지지도 않습니다. 모인다〔聚〕는 것은 정(定)의 수행, 지관(止觀)의 수행을 예로 든다면 바로 백골관을 수지하는 것 같은 것입니다. 백골관은 먼저 심념을 백골 위에 모으고〔聚〕 그것을 다시 전화시킵니다. 맞지요? 지(止)가 바로 모이는〔聚〕 것이니, 지관 수행의 지(止), 정(定)이 바로 모여듦〔聚〕입니다. 이때 마음은 모여듦도 없고 어지러이 흩어짐도 없어서 편안하게 머무르는 자성, 법이여시(法爾如是)의 본위 위에 머무릅니다. 이제 알았습니까? 질문 없습니까? 없다면 제가 여러분에게 질문하겠습니다.

그가 말하기를, 수지가 이 단계 즉 공(空)의 경계에 도달하면 이때 몸과 마음은 모두 녹아 버린다고 했는데, 어떻게 아직 염(念)이 있습니까? 그리고 염(念)은 어떤 염을 가리킵니까? 염(念)과 사(思)는 어떤 차이가 있습니까? 염(念)과 사(思)와 작의(作意)는 또 어떤 차이가 있습니까? 방금 여러분에게 물었는데 모두 웃기만 하고 질문이 없다고 했습니다. 이것은 질문거리가 아닙니까? 염, 사, 작의의 구별은 어디에 있습니까? 그렇기 때문에 반야를 배우려면 반드시 유식(唯識)을 배워야 하고, 유식을 깨달으려면 반드시 반야를 깨달아야 합니다.

갑(甲): 염과 사는 거칠고 세미함의 구분인데 사가 조금 더 세미합니다.

작의는 주의(注意)하다입니다.

스승: 거의 비슷합니다.

을(乙): 사는 사유(思惟)이고 작의는 사상(思想)이며 염은 망념(妄念)입니다. 사유는 일종의 동작이고 사상은 이미 생겨난 것입니다.

스승: 처음에 말한 것은 조금 일리가 있는데 나중에는 또 철학으로 흘러가 버렸습니다. 이것은 실제적인 일을 말해야지 철학 이론을 이야기해서는 안 됩니다!

병(丙): 염은 보편적인 것이니 보편적인 마음 이런 것이 어지러이 흩어진다는 것이고, 사는 당연히 염 이런 것이 더 진일보한 평온함입니다. 사고(思考) 측면에서 작의는 이 사보다 더 집중합니다.


그렇다면 "공의 경계 가운데 있으면 몸과 마음〔於空境中之身心〕"이라는 이때에도 여전히 염(念), 사(思), 작의(作意)가 있습니까? (어떤 사람이 대답: 당연히 없어집니다.) 당연히 없다면 왜 언급했습니까? 불학의 이런 명사들은 조금 전에 몇 명의 동학이 대답한 것은 거의 비슷합니다. 학리(學理)로 말하면 모두 맞지만 실증 수련으로 말하면 모두 틀렸습니다.

실제로 우리는 이때 공(空)의 경계에 있으면 대단히 공령(空靈)하다는 것을 압니다. 한번 가상(假想)해 보십시오! 몸과 마음이 모두 녹아 버렸으니 공령이 맞지요? 이 공령이 바로 염(念)입니다. 이때의 염을 염공(念空)이라고 부릅니다. 바꾸어 말해 공념(空念)이라고도 부릅니다. 이 공념 위에서 여러분의 영지(靈知)적 지성의 본성적인 기능은 압니다. 현대 학술 용어로는 사유라고 말하는데, 이것이 공(空)임을 아는 각성(覺性)이 여전히 존재합니다. 그런 작용이 바로 사(思)이니, 정사유(正思惟)이며 있는 것 같기도 하고 없는 것 같기도 합니다. 작의(作意)는 다릅니다. 작의는 바로 경계이니, 그 공념의 경계를 만드는 것이 바로 작의입니다. 아시겠지요?

그래서 유식의 오변행(五遍行)[216]에도 작의가 있는 것입니다.

아뢰야식은 어떻게 작의를 일으킬까요? 전칠식(前七識)의 작용 및 온 우주 삼천대천세계의 일체 산하대지가 모두 아뢰야식의 작의입니다. 그러니 마땅히 아뢰야식의 작의를 알아야겠지요? 전오식(前五識)의 작의는 아뢰야식의 작의와 서로 비슷한 점을 지니고 있는데 범위가 대단히 좁습니다. 그래서 오변행의 작의가 있는 것입니다. 여러분이 이것을 깨달은 후에는 알게 됩니다. 보살이 일정한 경계에 도달하면 의생신(意生身)을 수행할 수 있는데, 그것이 바로 이 작의에서 온다는 것을 말입니다.

만약 염·사·작의가 차이가 없다고 두루뭉술하게 알고 있으면, 중국 후대 선종의 "진여를 두루뭉술하게 만들고 불성을 흐리멍덩하게 만든다[儱侗眞如, 顢頇佛性]"는 것으로 변해 버려서 구분이 분명치 못하게 됩니다.

의생신은 순서가 있으며 육식(六識) 작의, 칠식(七識) 작의, 팔식 작의가 서로 다릅니다. 그렇기 때문에 보살의 경계가 십지(十地)로 나뉘고 오십오위(五十五位)로 나뉘는 것입니다. 아시겠습니까? 이것이 우리 '대승학사(大乘學舍)'의 독특한 장점입니다. 학술 사상이 아무리 좋아도 수증이 없다면 불학을 막힘없이 줄줄 말한다 할지라도 아무 소용이 없습니다. 저 유식론의 경전들이 아무리 옳게 말했더라도 논사(論師)[217]는 어차피 논사일 뿐 자신이 깨달은 것은 아닙니다.

그러므로 책을 읽고 불학을 연구할 때는 주의해야 합니다. 제가 다시 한 번 말하지만 여러분이 불학이나 철학을 강의할 때는 반드시 그렇게 강의

---

216 변행이란 특정한 대상에 한하지 않고 두루 활동하는 마음 작용을 말한다. 팔식 가운데 어느 식(識)이 일어나도 반드시 그와 함께 일어나는 마음 작용인데, 작의(作意) 촉(觸) 수(受) 상(想) 사(思)가 여기에 해당한다.

217 삼장(三藏) 가운데 논장(論藏)에 정통한 사람. 나중에는 논서(論書)를 지어 경전의 내용을 풀이한 사람을 가리킨다.

해야 할 필요는 없습니다. 학술적인 강의 방식을 그대로 따라서는 안 되는 것이, 그렇게 했다가는 다른 사람들이 오히려 이해하지 못하므로 학술성은 내려놓고 말해야 합니다. 그러나 스스로 수행을 한 사람에게 말하면 이 도리를 이해하지 않을 수 없습니다.

이제 본문으로 되돌아와서 다시 한 번 읽어 보겠습니다. "공의 경계 가운데 있으면 몸과 마음은, 염·사·작의가 스스로 녹아 버리고, 마음에 모이고 흩어짐이 없어 본위에 머무른다." '자용화(自溶化)'라는 이 세 글자에 주의해야 합니다. 이때 염(念) 사(思) 작의(作意)는 스스로 녹아서 하나가 됩니다. 어떻게 되는 것을 녹아 버린다〔溶化〕고 부릅니까? 하나가 둘이고 셋이며, 셋이 둘이고 하나입니다. 모든 염(念)이 사(思) 작의(作意)이며, 모든 사(思) 정사유(正思惟)가 염(念) 작의(作意)이며, 모든 작의(作意)가 바로 염(念) 사(思)입니다. 아시겠지요? 하지만 각기 차이는 있습니다. 이때 마음은 모이고 흩어짐이 없어서 본위에 머무릅니다.

"그때 법이의 불가사의한 마음은, 분별이 없어서 허공과 같으며 밀의가 나타나는데, 이것이 곧 삼세불의 심요이다〔彼時法爾難思心, 不別如空密意現, 此卽三世佛心要〕." 그가 말하기를, 이때 법이가 이와 같아〔法爾如此〕 불가사의한 본심, 본성이 자연스럽게 나타난다고 했습니다. 이는 선종에서도 그렇게 말했는데, 어떤 조사들은 갑자기 깨달아서 "아! 바로 이것이로구나!" 하고 곧바로 무념에 도달했습니다. 그러므로 수련을 가지고 육조의 "무념을 근본으로 삼는다〔以無念爲宗〕"를 해석하려는 것이 바로 이 법이(法爾)이기도 합니다.

육조는 수련의 경상(境相)을 가지고 해석하지 않았는데, 육조는 "무란 망상이 없음이요, 염이란 진여를 생각함이다〔無者無妄想, 念者念眞如〕"라고 말했습니다. 망상이 없음이란 정사(正思)와 작의(作意)를 지닌다는 것이니, 바로 이 법이의 불가사의한 본성이 나타나고 자성의 경계가 나타나는 것입니다. 이때에는 "분별이 없어서 허공과 같으며 밀의가 나타납니다." 구별하지 않음[不別]은 분별이 없음인데 마치 허공과 같습니다. 이것이야 말로 진정한 자성의 오묘한 비밀입니다.

그러므로 이것이 바로 '견법신(見法身)'을 수지하는 데 있어서 가장 중요한 부분입니다. 이것이 삼세 일체불의 심법입니다. 이렇게도 말할 수 있습니다. 과거불, 현재불, 미래불 가운데 성불하고자 하면서 무념에 도달하지 않은 경우는 없었습니다. 그래서 『심경』에서는 "제법공상(諸法空相)"이라고 말한 후에 "불생불멸(不生不滅), 불구부정(不垢不淨), 부증불감(不增不減)"이라고 했습니다. 이러한 "생겨나지도 않고 없어지지도 않으며, 더럽지도 않고 깨끗하지도 않으며, 더해지지도 않고 줄지도 않음"이 법이의 불가사의한 마음[難思心]입니다. 난사(難思)란 사의(思議)하기 어렵다[難]는 말이니, 곧바로 불가사의한 자성 보리가 나타나게 됩니다.

이 단락은 지난번에도 말씀드린 적이 있습니다. 하지만 매번 말씀드리는 것이 같지 않으니, 만약 다음번에 또다시 말씀드린다면 그때는 이렇게 말하지 않을 것입니다! 물건은 똑같지만 서문정(西門町)에서 팔 때와 동문정(東門町)에서 팔 때가 서로 다릅니다. 백 번을 판다면 저는 백 번을 외칠 것입니다. 이것은 여러분 스스로가 알아야 합니다! 불법은 그렇게 간단한 것이 아니며 죽은 것이 아닙니다.

---

이 같은 관상과 수지의 힘에는 네 가지가 있다. 나타난 경계가 넓고 끝없어 거친 생각이 없어지고, 주야로 무념의 경계를 떠나지 않으며, 오독이 스스로 사라져 마음이 부드럽고 세밀해지고, 모든 법이 공과 같이 느껴진다.

如是觀修力有四: 所現廣垠無粗想, 晝夜不離無念境, 五毒自消心柔細, 生諸法如空覺受.

---

"이 같은 관상과 수지의 힘에는 네 가지가 있다. 나타난 경계가 넓고 끝없어 거친 생각이 없어지고〔如是觀修力有四, 所現廣垠無粗想〕", 그가 말하기를 이 공관(空觀)을 수지하고 이 무념을 수지하면 네 가지 힘을 지니게 된다고 했습니다. 첫 번째 힘은 바로 무량무변의 경계가 나타나고 거친 생각의 망상이 없어지는 것입니다. 이 말에 주의하십시오! 거친 생각의 망상이 없어진다는 것이 무엇입니까? 제가 다시 묻겠습니다. 세미한 생각〔細想〕이라는 것이 있습니까? 무엇이 세미한 생각입니까? 더 참구하십시오! 방금 전에 여러분 스스로 말했었고, 저는 여러분에게 정사유(正思惟)라고 대답했습니다. 그 때문에 여러분은 불학에 관통하지 못했다고 욕하는 겁니다. 학리만 떠들어 대는 것이 무슨 소용 있습니까!

이때 나타나는 넓고 크고 끝없는 공(空), 이것이야말로 정사유이고 무념입니다. 그러므로 거친 생각이 없어지는 이것이 첫 번째 공덕이니, 공력이요 힘입니다.

"주야로 무념의 경계에서 떠나지 않으며〔晝夜不離無念境〕", 이것이 두 번째 공덕이며 두 번째 힘입니다. 참으로 무념의 경계를 증득하면 낮에도 밤에도 늘 무념 상태에 있습니다. 질문 있습니까? (어떤 동학이 말하기를, 그것은 시공을 초월해서 낮밤이 없는 것이라고 했다.) 여러분은 그의 말에 동의하십니까? 문제가 여기에 있는 것일까요? 그렇기 때문에 여러분 모두 참구해야 합니다!

지금은 네 가지 힘, 수지의 네 가지 형상을 말씀드리고 있습니다. 여러분은 그토록 오랫동안 수업을 들었으니, 이 수업에 대해 응당 질문이 있어야 합니다. 여러분이 질문하지 않으니 제가 여러분에게 묻겠습니다. 낮에 깨어 있을 때 무념을 떠나지 않으면 마음은 무념해집니다. 하지만 밤에 잠자는 것은 무엇입니까? 잠자는 것은 바로 염(念)입니다. 여러분은 부처님을 배우고서도 잠들면 염이 없다고 여깁니다. 잠자는 것이 바로 염이니,

한없이 오랜 세월 이래의 습기인 혼침념(昏沈念)입니다. 그것이 바로 대무명(大無明)입니다. 그렇기 때문에 수련을 하고 수행을 해서 '재색명식수(財色名食睡)'의 오개(五蓋)[218]를 떠나야 합니다. 잠자는 것이 바로 염이고, 오개의 하나입니다. 이것은 거친 염으로, 바로 대무명(大無明)이고 수면개(睡眠蓋)입니다.

그러므로 잠자는 것을 무념이라고 여겨서는 안 됩니다. 그러면 틀립니다. 문제는 여기에 있는 것입니다! 아시겠지요? 여러분은 낮밤을 말하면서 방금 전에 시공을 떠난다고 했는데, 그것은 학리(學理)를 말한 것입니다. 도리야 맞지만 그것이 수련과 무슨 상관이 있습니까? 그것은 아직 무수무증(無修無證)에는 도달하지 못했으니 아직 이릅니다! 아시겠습니까? 이때는 아직 무수무증을 말할 단계는 아니고 당연히 일종의 성몽일여(醒夢一如)[219]입니다. 단지 공(空) 경계의 성몽일여일 뿐이고 묘유(妙有) 경계의 성몽일여는 아닙니다. 이 법은 아직 무념의 범위에 한정되어 있어서 그것에 무념의 범위를 갖다 붙였기 때문입니다. 이해하시겠지요? 이것이 두 번째 공덕이요 두 번째 관력(觀力)입니다.

"오독이 스스로 사라져 마음이 부드럽고 세밀해지고[五毒自消心柔細]", 이것이 세 번째 힘으로, 행원(行願)에서의 시험에 속합니다. 탐진치만의(貪瞋癡慢疑) 오독이 자연스럽게 사라지지만 그 뿌리는 제거되지 않고 단지 사라질 뿐입니다. 마음이 부드럽고 세밀하고 평온하게 변해서 더는 거칠고 어지러이 흩어지고 요동하지 않습니다. 영원히 "침잠정정(沈潛靜定)" 네 글자의 상태에 있는데, 마음이 가라앉아[沈] 깊이 숨고[潛伏] 맑고 고요하면서[淸靜] 안정(安定)됩니다.

---

218 청정한 마음을 덮는 다섯 가지 번뇌를 말한다.
219 깨어 있을 때와 꿈꿀 때가 똑같다는 것.

저를 포함해 이 자리에 계신 여러분은 대체로 이렇게 해내지 못합니다. 마음이 가라앉지 않고 모두 위로 떠 있는 데다가 숨어 있지 않고 높이 쳐들며 어지러이 흩어집니다. 이른바 학식은 없으면서 포부는 크고〔空腹高心〕, 게다가 고요하지도 않고 마음이 안정되지도 않으니 더더욱 부드럽고 세밀할 수가 없습니다. 그러니 말이지요, 우리는 오독(五毒)을 구전(俱全)했습니다.

"모든 법이 공과 같이 느껴진다〔生諸法如空覺受〕", 그가 말하기를 무념이라는 이 경계에 도달하면 출세(出世)하든 입세(入世)하든 상관없이, 각종 일체법이 공(空)과 같은 각수(覺受)에 머물러서 모두가 공이며 낮이고 밤이고 공령(空靈)합니다. 이 부분은 대체로 문제가 없습니다.

# 신통은 무념으로부터 온다

이와 같이 세 가지 무념법을 수지함으로써, 안통 및 신통 삼매를 성취하고, 정·혜·지관을 두루 융회할 수 있다. 잠시 및 구경의 원만한 이리에 도달한다.

如是由修三無念, 眼及神通三昧成, 定·慧·止觀·能雙融. 暫及究竟滿二利.

"이와 같이 세 가지 무념법을 수지함으로써, 안통 및 신통 삼매를 성취하고〔如是由修三無念, 眼及神通三昧成〕", 이와 같이 세 가지 무념의 수행법을 수행함으로써 안통 및 일체 신통의 삼매를 모두 성취할 수 있습니다. 질문 있습니까? 여러분이 묻는 것은 모두 피상적입니다. 안통이 일어나기 가장 어려운데, 안통이 일어나면 이통(耳通) 타심통(他心通) 숙명통(宿命通)도 모두 따라서 옵니다. 전사통(前四通)은 그래도 쉬운 편이고 신족통(神足通)이 비교적 어렵습니다. 정말 어려운 것은 당연히 여섯 번째 누진통

(漏盡通)$^{220}$입니다. 그것은 무루과(無漏果)$^{221}$를 증득하는 도입니다. 지금 제가 묻는 것은 그 문제가 아닙니다. 다시 한 번 읽어 보겠습니다. "이와 같이 세 가지 무념법을 수지함으로써, 안통 및 신통 삼매를 성취한다." 수행을 하지 않겠다면 몰라도 여러분은 앞으로 불법을 수행할 것인데 질문이 없습니까? 물어보라고 하지 않으면 여러분은 묻지 않습니다! 그래도 질문이 없습니까? 저는 이런 것을 물어보려는 것이 아니라, 여러분이 불법을 배우고 책을 읽으면서 유의하는지 않는지를 보려는 것입니다. 문제가 있다면, 그 문제는 어디에 있습니까? 제가 여러분이라면 저는 이런 질문을 할 겁니다. "만약 무념법을 수지해서 경계에 도달하면 신통을 얻게 됩니까?" 이런 것은 질문이 아닙니까? 이런! 제가 물으면 여러분은 곧바로 웃습니다. "질문입니다." 그런데 여러분은 왜 물어보지 않습니까? 그래서 여러분이 불법을 배우는 것이 저와 다른 것입니다.

방금 하나의 문제를 제기했습니다. 그가 말하기를 "이와 같이 세 가지 무념법을 수지함으로써, 안통 및 신통 삼매를 성취한다"고 했는데, 이른바 진정한 대밀종은 바로 선종입니다. 바꾸어 말하면 선종이 바로 밀종이니, 곳곳이 모두 화두이고 모두 문제입니다. 부처님을 배우는 사람은 모든 것에 유의해야 합니다. 부처님을 배우는 것은 불법을 수지하고 실험해서 깨달음을 구하기 위한 것이기 때문에 여기까지 공부했으면 질문을 해야 합니다.

---

**220** 번뇌와 망상이 완전히 끊어지고 모든 것을 다 아는 것을 말한다. 육신통(六神通) 가운데 오통까지는 수행자나 귀신도 얻을 수 있으나, 누진통은 아라한이나 불보살만이 얻을 수 있다고 한다.

**221** 번뇌의 법운을 떠난 상태를 무루(無漏)라고 한다. 견혹과 사혹 등 번뇌를 얼마만큼 끊어 냈는가에 따라 과가 결정된다. 수다원과를 포함해 사다함과, 아나함과, 아라한과 이 넷이 있다. 아라한과에 이르러야 번뇌가 소멸된다.

무념이면 바로 신통을 얻을 수 있습니까? 그런데 신통은 유념(有念)입니다. 통(通)은 염(念)으로부터 일어나며 염으로부터 생기는데, 어째서 무념이면 신통이 생겨날 수 있다고 말했을까요? 이것이 얼마나 중요하고 얼마나 큰 문제입니까! 여러분에게 물어보면 다들 문제가 없다고 합니다. 듣고서 바로 믿는다면 그것은 미신입니다. 그것을 어떻게 불법을 배운다고 하겠습니까! 하품하지 마십시오. 하품을 하면 곧바로 잊어버립니다.

　이것은 바로 신통이 일어나는 것은 무념을 기초로 한다는 말입니다. 먼저 수지해서 무념에 이르고 그런 후에 다시 수지해서 작용〔用〕을 일으켜야 비로소 참된 수행법입니다. 무념은 자성의 불가사의한 경계이므로 심경(心境)에 밝음〔明〕이 없다면 그것은 마도(魔道)이지 신통이 아닙니다. 왜냐하면 귀(鬼), 아수라(阿修羅), 신도(神道), 천도(天道)도 모두 신통을 지니고 있어서 신기할 것도 없습니다. 하지만 신통의 경계는 제각기 차이가 있습니다. 아라한(阿羅漢), 연각(緣覺), 보살, 부처님의 신통은 그 경계에 크고 작음의 차이가 있습니다. 원인은 각자의 무념이 모두 한계가 있기 때문입니다. 무념에 도달해서 보리를 증득해야 비로소 참된 신통이라고 부릅니다. 아시겠지요! 여러분이 문제를 제기하지 않으니까 저라도 여러분을 도와야겠지요! 이제 이 두 구절은 해결되었습니다. 신통의 삼매는 육통(六通)을 모두 구족합니다. 왜 육통일까요? 앞의 오신통을 구족했고, 무념이 여섯 번째 누진통이니까 이렇게 해서 육통을 구족하게 되는 것입니다. 천도, 귀도, 아수라도는 모두 오통은 구족하지만 누진통은 얻을 수 없습니다. 누진통을 얻으면 불과(佛果)를 얻은 것으로, 혹은 작은 아라한과(阿羅漢果)를 얻은 것입니다. 통(通)이 바로 신(神)이기 때문에 참된 무념으로 번뇌〔漏〕가 다 없어지면〔盡〕 신통을 일으킬 수 있고 육통을 구족하게 됩니다. 이것이야말로 정법(正法)입니다.

　"정·혜·지관을 두루 융회할 수 있다〔定·慧·止觀·能雙融〕", 무념이라는 이 경계를 얻고 나면, 육통을 수지하면 곧바로 성취를 얻지만 육통을 수지하지 않더라도 무방합니다. 그렇기 때문에 대아라한은 두 종류로 나뉘는데, 하나는 오신통이 없는 대아라한이고 하나는 오신통을 구족한 대아라한입니다. 이 도리를 알면 여러분이 앞으로 『대지도론(大智度論)』을 보더라도 바로 이해할 수 있습니다. 도를 얻은 사람은 신통을 구족하든 구족하지 않든 상관없이 모두 도를 얻은 사람입니다. 그런데 범부는 신통을 얻어야 비로소 도를 얻은 것이고 신통이 없으면 도를 얻었다 할 수 없다고 생각합니다. 이것은 범부의 견해이니 이야기할 것이 못됩니다.

세 가지 무념을 수지함으로 말미암아 정혜(定慧) 등지(等持)를 얻습니다. 바꾸어 말하면 지관(止觀) 쌍운(雙運)이기도 합니다. 사실 지관이 바로 정혜이고 정혜가 바로 지관인데 왜 구분해서 말할까요? 정도에서 깊고 얕음의 차이가 있기 때문입니다. 이때가 되면 지관, 정혜를 수지하여 두루 융회할 수 있습니다.

질문 없습니까? 여러분은 질문하는 것도 이렇게 느리니 수증(修證)이나 설법은 오죽하겠습니까. 제가 여러분을 대신해서 질문하겠습니다. 이미 무념을 얻었는데 거기다 또 정혜를 수지하고 지관을 수지해야 합니까? '정(定)'에는 팔만사천 가지의 정이 있으며 '혜(慧)'는 공(空)을 깨달으면 그것이 곧 혜입니다. 그렇다면 이미 무념을 얻었는데 아직 정혜(定慧)를 얻지 못했습니까? 문제는 여기에 있습니다. 무념은 무념인데, 만약 늘 무념 가운데서 머무른다면〔定〕 그 또한 일종의 정(定)입니다. 무념 가운데서 혜(慧)가 없는 것이 아닙니다. 일체 만법이 모두 지(止)로 돌아감을 알 수 있는 그것이 바로 혜(慧)입니다.

이것은 바로 무념을 얻게 되면 법신(法身)을 보는 것이 체상(體相)의 일면임을 말하는 것입니다. 법신은 다른 형상〔相〕과 작용〔用〕을 일으킵니다. 그렇기 때문에 팔만사천 정혜 삼매 법문을 수지하고 각종 지관의 경계를 수지해서 못하는 바가 없어야 두루 융회할 수 있습니다. 즉유즉공(卽有卽空)이며 즉공즉유(卽空卽有)입니다. 아시겠지요!

"잠시 및 구경의 원만한 이리에 도달한다〔暫及究竟滿二利〕", 무념의 수행법을 증득한 후에는 한시적으로 혹은 철저하게 자신을 이롭게 하고〔自利〕다른 사람을 이롭게〔利他〕할 수 있습니다. 자신을 이롭게 하고 다른 사람을 이롭게 하는 문제는 잠시일 수도 있고, 물론 구경(究竟)일 수도 있습니다. 예를 들어 우리가 어쩌다 약간 청정한 경계를 얻으면, 그로 인해 다른 사람을 이롭게 하는 말에 대해 하나같이 도리에 맞는 대답을 하고 또 남의 문제를 해결하기도 합니다. 하지만 이것은 잠시 자신을 이롭게 하고 다른 사람을 이롭게 하는 것입니다. 철저하고 궁극적〔究竟〕으로 자신을 이롭게 하고 다른 사람을 이롭게 하려면 반드시 복덕과 지혜의 원만한 성취가 있어야만 됩니다. 다만 모두 무념을 기초로 하지요.

## 대원만 선정 수행법의 단계

이것이 무념법이며 지난번에 모두 말씀드린 적 있습니다. 대원만 선정의 수행법은 세 단계인데, 첫 번째는 공락정(空樂定)으로서 기(氣)를 수지하고 맥(脈)을 수지합니다. 상세한 수행법은 아직 말씀드리지도 않았고 가르쳐 주지도 않았습니다. 단지 여러분에게 그 이치를 먼저 말씀드립니다. 공락정을 수지하려면 먼저 기(氣)를 수지하고 맥(脈)을 수지하고 명점(明點)을 수지하고 졸화(拙火, 즉 영력靈力)를 수지해야 합니다. 이 수지에 성공해야 비로소 공락정의 경계에 들어갈 수 있습니다. 공락정의 전(前)을 욕락정(欲樂定)이라고 부르는데, 욕락정은 거칠고 이 욕락정이 승화해서 공락정이 됩니다. 수행해서 법신 보신 화신의 삼신을 성취하고자 한다면,

이는 색신을 전화시키는 수행법이기도 한데 반드시 기맥 명점 졸화 욕락 정을 수지해야 합니다. 그렇게 하지 않으면 성취할 수 없습니다. 욕락정을 얻고서 한걸음 더 나아가 수지하는 것이 바로 공락정이며, 다시 한걸음 더 나아가 공명정(空明定)을 수지합니다. 거기에서 다시 한걸음 더 전화한 것 이 무념정(無念定)입니다. 바로 지난번에 말씀드린 것이며, 이것이 바로 대 원만입니다.

공락정이 전화하면 욕계를 해탈합니다. 삼천대천세계의 중생은 모두 욕 계 가운데 있는데, 특히 우리가 지금 지닌 육신은 부모가 낳아 준 몸으로 서 음욕(淫欲)의 염(念)에서 왔습니다. 그렇기 때문에 먼저 욕계의 욕(欲) 을 끝내야 합니다. 끝내는 것이 승화이며 바로 공락정을 수지함이니, 보살 이 수지하는 일체의 각종 법문들을 포함합니다. 이러한 법문을 설마 말씀 드리지 않았겠습니까? 사실 원칙은 모두 말씀드렸으니 욕계를 끝낸 것입 니다.

바꾸어 말하면, 몸을 가지고 말씀드리자면 먼저 제륜 육십사맥을 끝내 고 다시 심륜 팔맥에 도달한 다음에 한걸음 더 나아가 공명정(空明定)에 도 달합니다. 심륜 팔맥 위로 수용륜과 미간륜에 도달해서 멈추는데, 색계를 끝내는 것이 공명정입니다.

이것은 제가 이 자리에서 여러분에게 말해 주는 것이니, 『대승요도밀집 (大乘要道密集)』에 없을 뿐 아니라 모든 밀종 경전의 수행법을 다 찾아봐도 없습니다. 그런 것을 지금 제가 여러분에게 다 가르쳐 주고 있는 겁니다.

그런 후에 미간륜 위로 범혈륜에 도달하고 나아가 허공 법계에 두루 미 치어 무념정을 수지해야 비로소 무색계를 끝낼 수 있습니다. 그런 후라야 비로소 삼계 바깥으로 뛰쳐나간다고 말할 수 있습니다. 삼계 바깥으로 뛰 쳐나간다면 어디로 간다는 말입니까? 네 번째 세계가 있습니까? 이른바 관자재(觀自在)로 갑니다. 천상(天上) 인간(人間) 육도(六道) 가운데 임의로 기거하는데, 이것을 비로소 대자재(大自在)라고 부릅니다. 욕계로 가고 싶으면 욕계로 가고, 색계로 가고 싶으면 색계로 가는 이것이 바로 대원만 선정의 수행법입니다. 세 단계를 다 말씀드렸습니다.

---

세 번째의 다음 법으로 넷이 있으니, 공력·조진·증오·과이다.

第三之後法有四, 功力·助進·證悟·果.

---

이것은 우리에게 세 단계 다음에 아직 네 부분이 더 있음을 말해 줍니다.


# 낙, 명, 무념은 평등하게 수지해야 한다

---

두 힘에는 허물이 없음은 앞에서 보인 것과 같은데, 허물이 있는 것은 각기 집착으로부터 생겨난다. 낙을 탐하고 명을 탐하고 무념을 탐하면, 집착하고 치우치며 삼독을 만들어 낸다. 낙이 치우치고 누정해서 오로지 탐욕으로 가니, 마음이 편안하지 않고 가라앉음이 가장 심하다. 명이 치우치고 기가 거칠어서 오로지 성을 내니, 망념이 거칠며 들뜨고 흩어짐이 크다. 무념이 치우쳐서 오로지 어리석으니, 마음이 혼미하여 무상에 이른다. 이같이 모든 잘못된 인연과 서로 합하니, 인식이 생겨나야 대치한다.

二力無過如前示, 有過由各執着生, 貪樂·貪明·貪無念, 執了·邪着·合毒, 三, 樂邪·精漏·唯貪欲, 心不適·及沈最甚, 明邪·氣粗, 唯嗔恚; 妄念粗·及掉散大, 無念邪卽唯愚癡, 心沈昏眠及無想, 如是相合諸誤緣, 認識所生作對治.

---

두 힘〔二力〕은 두 종류의 공력 즉 선업(善業)과 악업(惡業)의 두 업력입니

다. 이 단락은 계율 부분에 속하는 것으로서 건너뛰고 말하지 않았습니다. 계율에는 대승 계율과 소승 계율의 구분이 있는데, 사미계와 비구계에서부터 보살계에 이르기까지 그리고 밀종도의 금강계까지 모두 말씀드리지 않고 건너뛰었습니다. "두 힘에는 허물이 없음〔二力無過〕"이라는 말은 선악(善惡) 모두 잘못이 없다는 말이 아닙니다. 그러면 틀립니다. 수지가 일정한 정도에 도달하면, 당연한 말이지만 지옥 가운데서 다니더라도 흙탕물 속의 진흙〔濁水之汚泥〕과 같아서 지옥업을 짓지 않습니다. 천인 가운데서 다니더라도 흙탕물 속의 진흙과 같아서 천인업을 짓지 않습니다. 이것을 두 힘이라고 부릅니다. 이러한 도리는 앞에서 말씀드리지 않았기 때문에 더 이야기하지 않겠습니다.

"허물이 있는 것은 각기 집착으로부터 생겨난다〔有過由各執着生〕", 선악을 차별한 까닭에 일체 수지에 잘못이 있는 것은 원칙상 모두 무시이래의 집착(執着) 습기(習氣)로 말미암아 생겨난 것입니다. 선악(善惡) 시비(是非)가 나뉘는 것 역시 견지에서, 관념에서의 집착 탓입니다. 그러므로 허물이 있느냐 없느냐 하는 것은 개인의 집착이 낳은 것이기 때문에 위에서 말씀드렸던 것을 잘 알아야 합니다. 우리 대원만은 세 단계 대원칙입니다.

"낙을 탐하고 명을 탐하고 무념을 탐하면〔貪樂·貪明·貪無念〕", 공락정(無樂定)은 욕락(欲樂)을 기초로 하며, 거기에 공명정(空明定)과 무념정(無念定)을 더합니다. 이 세 가지 모습은 어느 하나도 버려서는 안 됩니다. 즐거움을 탐하는 것은 쾌락의 감수(感受)를 탐하는 것입니다. 타좌를 하고 정(定)을 수지하는 사람들은 모두 힘들고 괴로워합니다. 다리가 마비되고 여기가 힘들고 저기도 불편한 것은 즐거움을 얻지 못했기 때문입니다. 즐거움을 얻지 못하면 결코 정(定)을 얻지 못합니다. 온몸의 삼맥칠륜이 통해야 비로소 즐거움을 얻을 수 있습니다. 머리털 끝에서부터 발가락 끝까지 전신의 십만팔천 모공에 쾌감(快感) 아닌 곳이 없고 낙감(樂感) 아닌 곳이 없습니다.

그런데 일단 쾌감과 낙감이 생기고 탐하지 않음이 없게 되면, 이 감수(感受)는 즐거움(樂)의 경계에 머무르게 되고 당연히 욕계로 떨어집니다. 욕계로 떨어짐에 대해 말씀드리자면, 예를 들어 우리는 세상의 괴로움과 인간의 번뇌를 알기 때문에 수도를 하려고 합니다. 출가를 하든 하지 않든 상관없이 모두 청정한 산림에 머무르면서 두 다리를 가부좌하고 청정한 즐거움을 누리고 싶어 합니다. 대승도의 견지에서 말하면 이것은 청정함 가운데로 떨어지는 것입니다. '삼계천인표(三界天人表)'를 연구해 보면 어느 하늘로 떨어집니까? 아무리 높아도 정거천(淨居天)[222] 가운데 있을 뿐입니다. 제가 늘 말하지만 불학을 배우는 기초는 삼세인과(三世因果) 육도윤회(六道輪廻)에 있습니다. '삼계천인표'는 여러 해 전에 제가 그토록 많이 힘썼는데 여러분은 이제야 알게 되었습니다. 만약 삼계도 제대로 알지 못한다면 어떻게 수행을 하겠습니까? 자신의 수지가 어느 단계에 도달했는가를 알려면 자신이 어느 천인의 경계에 속하는지 알아야 합니다. 부처님을 배우면 틀림없이 보리과(菩提果)를 얻을 줄로 생각하고 천인을 무시해서는 안 됩니다. 여러분이 계행을 지키고(持戒) 정을 수지해서(修定) 하늘로 올라갈(升天) 수 있다면, 그것만으로도 이미 어려운 일이니까요!

그래서 저는 소만수(蘇曼殊)가 가짜 화상이라고 말하는 겁니다. 하지만 그가 지은 시는 옳습니다. "하늘에 태어나고 성불하는 것 내 어찌 가능하랴, 그윽한 꿈에 기댈 수 없으니 한을 이기지 못하겠네(生天成佛我何能, 幽夢無憑恨不勝)." 그것은 정말입니다. 도를 성취하는 것이 불가능함은 말할 것도 없고 하늘에 태어나는 것도 자신이 없으니, 모든 것이 몽상 가운데

---

222 색계 제사선천(第四禪天)의 무번천(無煩天) 무열천(無熱天) 선현천(善現天) 선견천(善見天) 색구경천(色究竟天)을 통틀어 일컫는 말이다.

있습니다. 하늘에 태어나고 성불하는 것을 어떻게 해낼 수 있으랴? 이것은 상관하지 않겠습니다. 그건 시인의 말이니까요.

만약 즐거움을 탐해서 욕락정, 공락정에 집착한다면 정말 욕계 가운데로 빠지겠지만, 그러나 이 공덕으로 수행하면 이생의 수명을 마치고 내세에 태어날 때 욕계 천인으로 태어납니다. 그것도 괜찮지 않습니까. 장차 하생(下生)할 미륵불이 지금은 욕계의 도솔천(兜率天)[223]에서 천주(天主)로 있습니다. 하지만 도솔천의 내원(內院)에는 들어가지 못합니다. 염불해서 참으로 증득하지 못하면, 그런 능력이 없다면 외원(外院)으로 왕생할 뿐입니다.

지금 우리가 이 자리에 있는 것과 마찬가지로, 평소 수업은 외원에서 듣고 이 단장(壇場)을 내원이라 하겠습니다. 미륵보살이 내원에서 설법할 때 외원의 천인은 들을 수 없습니다. 『유가사지론(瑜伽師地論)』은 미륵보살이 내원에서 설법한 것을 무착보살(無著菩薩)이 듣고 기록한 것이라고 합니다.

그러므로 "낙을 탐함〔貪樂〕"을 이야기하고는 있지만 우리의 현재 수행은 아직 즐거움〔樂〕의 경계에 도달하지 못했습니다. "명을 탐함〔貪明〕" 즉 광명의 경계를 탐하면 색계로 떨어지는데, 색계는 물론 욕계에 비해 높습니다. 대자재천왕(大自在天王)[224]은 삼천대천세계의 천주이며, 대범천왕(大梵天王)[225]은 초선천(初禪天)의 천주입니다. 제가 연구한 바로는 불경에서 말하는 향수해(香水海)[226]는 바로 은하수 계통의 경계선으로, 과거의 일반적

---

**223** 욕계육천(欲界六天) 중의 네 번째 천으로 미륵보살이 머물고 있는 정토이다.

**224** 색계의 맨 위에 있는 색구경천(色究竟天)에 사는 신(神)으로, 큰 위덕을 가진 이 천왕은 눈은 세 개 팔은 여덟 개에 천관(天冠)을 쓰고 흰 불자(拂子)를 들고 흰 소를 타고 다닌다고 한다.

**225** 색계 초선천의 왕으로, 이름은 시기(尸棄)라 하고 도리천의 왕인 제석(帝釋)과 함께 불법을 수호한다고 한다.

**226** 수미산을 둘러싸고 있는 여덟 바다 가운데 맨 바깥쪽의 바다만 짠물이고 나머지 일곱 바다는 민물이라고 하는데 그 일곱 바다를 말한다.

인 해석이 틀렸습니다.

무색계로 떨어지는 것은 "무념을 탐하기[貪無念]" 때문입니다. 무색(無色)은 사공(四空)이 모인 하늘[227]입니다. 수행하고 수정(修定)해서 설사 사선팔정(四禪八定)의 정과(定果)를 얻었다 할지라도 반야가 없으면 도를 깨닫지 못합니다. 사선팔정은 단지 천인의 경계일 뿐이기 때문입니다. 그렇기 때문에 그것은 구경(究竟)이 아니라고 말합니다. 하지만 재가가 됐든 출가가 됐든 상관없이 함부로 비평을 가해서는 안 됩니다. 많은 사람이 사선팔정은 구경이 아닌데 내가 무엇 때문에 굳이 수지해야 하느냐고 생각합니다. 흥! 여러분이 사선팔정의 기초가 없다면, 그 천인의 기초조차 없으면서 스스로 깨달았다고 여긴다면, 광선(狂禪)입니다! 광혜(狂慧)입니다! 온몸이 업력임을 모른다면 하삼도로 떨어질 업력이 모조리 다 나타날 것입니다. 이것은 아주 심각합니다! 그런 까닭에 저는 평생 광혜를 가장 반대했습니다. 여기에서는 공력(功力)의 중요성을 이야기하고 있지만, 수지하려면 성실하게 수련하는 것이 맞습니다. 대원만 수행법에서 낙, 명, 무념은 평등하게 수지해야 합니다. 어느 한 부분에 편향되면 그 부분으로 떨어지고 맙니다.

"집착하고 치우치며 삼독을 만들어 낸다[執了·邪着·合毒, 三]", 즐거움을 탐하고 밝음을 탐하고 무념을 탐하면, 집착하고 사견(邪見)에 치우치게 된다고 말했습니다. 나아가 즐거움을 탐하고 밝음을 탐하고 무념을 탐하

---

**227** 무색계는 형상의 속박에서 완전히 벗어난 순수한 선정의 세계로, 여기에는 네 가지 경지가 있는데 이를 사공처(四空處)라고도 한다. 제1천의 경지는, 허공은 무한하다고 체득한 경지로 공무변처(空無邊處)이다. 제2천의 경지는, 마음의 작용은 무한하다고 체득한 경지로 식무변처(識無邊處)이다. 제3천의 경지는, 존재하는 것은 없다고 체득한 경지로 무소유처(無所有處)이다. 제4천의 경지는, 생각이 있는 것도 아니고 생각이 없는 것도 아닌 경지로 비상비비상처(非想非非想處)이다.

기 때문에 도리어 삼독인 탐진치의 업을 짓게 된다고 말했습니다. 불법을 수지하다가 도리어 지옥의 종자를 성취하게 되는데 아주 심각합니다. 그래서 세상의 수많은 사람이 겉모습은 불법을 부르짖고 있지만 실제로는 남을 속이고 있는 것을 보게 됩니다. 스스로 어리석은 행동을 하다 보니 결국 지옥의 업을 짓고 맙니다.

## 낙, 명, 무념이 한쪽으로 치우치면

"낙이 치우치고 누정해서 오로지 탐욕으로 가니〔樂邪·精漏·唯貪欲〕", 욕락정(欲樂定)을 수지하는 것은 본래 승화의 방법입니다. 그러나 끝내 욕락정에 묶이기 때문에 집착이 습성으로 변하고 욕락은 사견(邪見)으로 변해 버립니다. 그뿐 아니라 보리(菩提)를 잃어버려서 정을 흘려버리고〔漏精〕 기를 흘려버립니다〔漏氣〕. 탐욕의 경계 위에서 현행하는 업식(業識)[228]의 종자는 곧바로 탐욕의 경계로 완전히 들어가 버립니다.

넓은 의미의 욕락은, 청정한 즐거움을 탐하는 것도 사견(邪見)입니다. 산림에 머무르기를 좋아하는 것처럼 말입니다. 제가 예전에 여러분에게 저의 시 한 수를 말씀드린 적이 있는데, 스스로 깨끗함을 좋아하는 고질병을 비웃는 내용입니다. 청결을 좋아하는 것도 욕(欲)입니다. 그렇게 하지 않을 수 있다면, 좋아하지 않을 수 있다면, 당신은 해탈할 수 있습니다. 당신이 청결을 좋아할 줄만 알고 청결치 않은 것은 받아들이지 못한다면, 그러면 떨어질〔墮〕 수밖에 없습니다. 이 도리에 따르면, 즐거운 느낌〔樂感〕을 탐하

---

228 과거에 저지른 미혹한 행위와 말과 생각의 과보로 현재에 일으키는 미혹한 마음 작용을 말한다.

는 것이 더 큰일이고 더 심각함을 알 수 있습니다. 넓은 의미의 욕과 좁은 의미의 욕에 관해 그 차이를 모두 말씀드렸는데, 의미를 다 이해하셨지요?

"마음이 편안하지 않고 가라앉음이 가장 심하다〔心不適·及沈最甚〕", 만약 이렇게 탐욕하고 누정(漏精)하고 즐거움이 치우친다면, 마음속이 즐겁지 않고 편안하지 않습니다. 그러니 깨달음은 말할 것도 없습니다. 맥해심개(脈解心開)는 해내지도 못하고 영원히 울적함과 무미건조함 가운데 있으니, 마음은 자연히 기쁘지 않고 영원히 적막함 속에 있습니다.

그뿐 아니라 근본적으로 혼침 속에 있기에 해가 지도록 무명(無明) 가운데 있습니다. 『홍루몽』에서 "매일 집안에서 감상에 빠져 몽롱하네〔每日家, 情思睡昏昏〕"라고 말한 것과 똑같으니, 주의하십시오. 이것이 바로 혼침입니다. 그런 까닭에 일부 문인, 시인, 예술가의 그 경계는 큰 무명입니다. 수지의 입장에서 말한다면, 그렇게 심각합니다. 수련이 경지에 이른 사람은 이럴 수도 있고 이렇지 않을 수도 있는데, 그래야 보살도를 수행할 자격이 있습니다. 육도윤회의 도처에서 구르다가 인연의 때가 되면 곧바로 뛰어 들어가기 때문입니다. 보살도를 아는 사람은 오직 떨어지지〔墮落〕 않을까 봐 걱정합니다. 타락(墮落)은 고무공을 아래로 치는 것과 같아서 떨어지는 것이 무거울수록 더 빨리 그리고 더 높이 튀어 오릅니다. 범부의 경계는 그럴 수 없습니다. 이것은 공락정(空樂定)에 관한 것입니다.

"명이 치우치고 기가 거칠어서 오로지 성을 내니〔明邪·氣粗, 唯嗔恚〕", 기공(氣功)을 수련해서 정력(定力)을 지니고 있을 때, 혹은 자성이 한 덩이 광명 가운데서 오래도록 머무른〔定〕 후에는 정기신(精氣神)이 매우 충만합니다. 하지만 성깔도 대단해서 약간의 일만 생기면 곧바로 금강역사의 형상〔金剛相〕을 드러냅니다. 내심 스스로도 이렇게 성질을 내서는 안 된다고 생각하지만 또다시 성질을 내고 맙니다. 제가 여러분에게 말씀드린 적 있지 않습니까? 과거 허운(虛雲) 노화상은 그 성깔이 어쩌면 그리도 대단했는지요! 그 대총림을 산문(山門) 밖에서부터 욕하기 시작해서 뒤쪽의 공양간에 가면서 욕하고 사리탑에 가면서 욕하고 뒤쪽으로 가는 길 내내 욕을 했습니다. 그것이 끝나면 또다시 앞쪽으로 오는 길 내내 욕을 했는데, 몇 바퀴를 돌도록 계속 욕을 했습니다. 아무튼 대여섯 시간을 계속해서 다른 사람에게 욕을 했습니다.

예전에 저는 이 화두를 참구했습니다. 이상도 하지, 이것은 성내는 마음〔嗔心〕이 아닌가? 이것이 모두 화두입니다. 여순양(呂純陽)의 그 시를 보십시오. 그는 신선의 도를 수행했으니 당연히 기(氣)를 수련하고 검도(劍道)를 수련했습니다. 먼저 기공을 수련했으니 기공에 통하지 않은 것도 아니었습니다. 기맥을 성취해서 삼맥칠륜이 통해야 했으니까요. 여순양의 시입니다.

아침에 북해에서 노닐다가 저녁에는 창오산에 머무르네
소매 속 청사검은 담력이 거칠기만 하구나
朝遊北海暮蒼梧　袖裏靑蛇膽氣粗

세 번이나 낙양에 묵었어도 알아보는 이 없으니
소리 높여 읊조리며 동정호를 날아 지나간다
三宿洛陽人不識　朗吟飛過洞庭湖

누가 그에게 소리 높여 읊조리라 했습니까? 이런! 그는 읊조리지 않으면 안 되었던 것입니다. 소리 지르지 않으면 안 되었습니다.

약산선사(藥山禪師)를 보도록 하겠습니다. "때로는 외로운 봉우리로 곧장 올라가, 달 아래 구름 젖히고 외마디 부르짖네〔有時直上孤峯頂, 月下披雲嘯一聲〕." 무엇을 '부르짖음〔嘯〕'이라고 부릅니까? 호랑이가 부르짖고 용이 울부짖는다〔虎嘯龍吟〕는 그 부르짖음인데, 일반적인 의미는 '휘파람을 불다'입니다. 약산선사의 이 부르짖는 소리는 삼십 리 바깥까지 이르렀습니다. 이런 것들이 모두 화두입니다. 저는 여러 해 참구했습니다. 누구에게 물어봐도 아무도 대답해 주지 않았기 때문입니다.

반드시 광명정(光明定)을 수지해야 하지만 기가 거칠어져서는 안 되는데, 그 도리는 무엇일까요? 광명을 수지하는 사람은 자신의 심경이 거울과 똑같기 때문에 아주 작은 티끌이라도 더럽혀서는 안 됩니다. 약간의 먼지만 떨어져도 견디지 못하고 곧바로 성질이 나는데, 그럴 수밖에 없습니다. 저 같은 경우는 느릿느릿 말하는 사람을 보면 "꺼져"라고 말합니다. 제가 반응이 빠르기 때문에 상대방이 조금이라도 느린 것을 보면 마음속으로 '이런 바보가 있나' 하고 생각합니다. 그런 까닭에 광명을 수지하다 보면 갈림길로 접어들게 되는데, "명이 치우치고〔明邪〕" 기 또한 거칠어져서 성내는 마음이 오히려 더 커집니다.

다시 말하지만 "명이 치우쳐서" 치우친 길의 광명으로 가기는 했지만, 그저 약간의 오차일 뿐입니다. 여러분은 타좌를 하겠다고 자리에 앉으면 먼저 혼침이 찾아옵니다. 방금 어떤 사람이 저에게 말한 것 같은데 혼침이 지나면 곧바로 맑게 깨어납니다. 맞습니까? 맑게 깨어나는 것이 바로 광명입니다. 비록 광명을 보지는 못했다 할지라도 이때에 맑게 깨어나면 생각이 많고 망념은 거칩니다. 반드시 그렇습니다. 하지만 상관없습니다. 여러분이 이 이치를 알았다면 잘 처리할 수 있습니다. 법이여차(法爾如此)이고 필연지리(必然之理)임을 알고 집착하지 않으면 곧바로 바뀝니다.

그렇다면 이때의 대치(對治)는 무념입니다. 그래서 낙, 명, 무념 이 세 가지는 서로 작용〔用〕이 되고 서로 약(藥)이 되는데, 또 서로 병으로 변하기도 합니다. 어떤 때에 어떤 종류의 약을 주어야 하는지에 유의해야 합니다.

그렇기 때문에 그가 말했습니다. "명이 치우치고 기가 거칠어서 오로지

성을 내니, 망념이 거칠며 들뜨고 흩어짐이 크다〔明邪·氣粗, 唯嗔恚, 妄念粗·及掉散大〕.” 망념이 거칠어서 들뜨고 혼란스러운 도거(掉擧)도 찾아오고 어지러이 흩어지는 산란심(散亂心)도 큽니다. 광명을 수지함에 있어서 이런 잘못에 관해 긍정적 측면과 부정적 측면을 모두 말했습니다.

“무념이 치우쳐서 오로지 어리석으니〔無念邪卽唯愚癡〕”, 세 번째는 무념이니, 사람들은 모두 부처님을 배운다고 하면 망상이 없고 잡념이 없어야 옳다고 생각합니다. 이런! 진정한 무념은 대다수의 사람이 제대로 알지 못합니다. 그래서 늘 수지하는 것은 거짓 무념이며, 그가 내세에 태어나면 수행이 온당하지 않았기 때문에 축생도로 떨어집니다. 물론 틀림없이 좋은 축생입니다. 한 마리 좋은 돼지로 변해 사람들의 귀여움을 받겠지요. 어떤 사람은 항상 이렇게 생각합니다. 다음번에 이 세상에 태어날 때는 차라리 외국인이 안고 있는 그 강아지로 변한다면 잘 먹고 잘 입고 아무 걱정 없이 아주 편할 것이라고 말입니다. 하지만 아무리 그렇더라도 결국은 축생입니다!

그러므로 늘 공(空) 무념(無念)을 수지하더라도 잘못 했다가는 거짓 무념을 수지하게 되어, 어리석은 현생(現生)의 경계로 떨어지고 심경이 혼침해지기 쉽습니다. 따라서 사상(思想)이 없고 혼침해지기 쉬운 것은 수지하는 것이 늘 거짓 무념이기 때문입니다. 제가 말한 적 있지 않습니까! 서른쯤 되었을 때 삼 년간이나 붓을 들어 편지를 쓰려고 해도 쓸 수가 없었다고요. 아무개 선생이라고 쓰려고 ‘선(先)’ 자를 쓰면 그다음에 ‘생(生)’ 자를 어떻게 써야 할지를 몰랐습니다. 그러다가 서서히 다시 회복되었습니다.

수많은 사람이 하루 온종일 정신이 혼침해서 글씨도 못 쓰고 경서도 읽지 못하는 것은 모두 무념에 갇혔기 때문이니 큰일입니다. 그래서 여러분에게 열심히 경전을 읽고 열심히 일을 하라고 말씀드리는 것입니다. 그렇게 청정을 탐해서는 안 됩니다. 조심하십시오! “무념이 치우치면〔無念邪〕”

어리석음으로 떨어지기 쉽습니다.

"마음이 혼미하여 무상에 이른다. 이같이 모든 잘못된 인연과 서로 합하니〔心沈昏眠及無想, 如是相合諸誤緣〕", 마음이 혼미하면 쉽사리 무상(無想)에 떨어지는데, 이렇게 잘못되고 치우친 경계로 떨어집니다. 그렇기 때문에 수행은 반드시 형상〔相〕이 있고 작용〔用〕이 있고 경계가 있어야 합니다. 팔만사천법문, 팔만사천삼매는 낙, 명, 무념 이 세 가지 현상(現相)이 한쪽으로 치우치기만 하면 곧바로 타락합니다. 선종 조사가 말하기를, 반야를 배우는 사람은 "얼음 위를 달리고 칼날 위를 걷는 것 같아서〔如冰棱上走, 劍刃上行〕" 조금도 치우쳐서는 안 된다고 했습니다. 이른바 "시작할 때 털끝만큼의 차이가 천리만큼 벌어진다〔差之毫釐, 失之千里〕"는 것입니다. "인식이 생겨나야 대치한다〔認識所生作對治〕", 즉 분명하게 알아야만 비로소 대치(對治) 법문을 수지할 줄 알게 됩니다. 주해를 보겠습니다.

"如是修習卽出現功力, 其力攝善力及惡力二種(이같이 수습하면 공력이 출현하는데, 그 힘은 선한 힘과 악한 힘 두 가지를 거느리고 있다)." 이렇게 수습한다는 말은 바로 공(空) 낙(樂) 명(明) 무념(無念)을 이 법에 의지해서 수지한다는 말입니다. 소위 역(力) 자는 업력(業力)의 역입니다. 업(業)이라고 하면 성불(成佛) 역시 업입니다. 부처님이 지은 것은 성불의 선업입니다. 지옥에 내려가는 것은 물론 악업입니다. 어쨌든 선업이든 악업이든 모두 업입니다.

"善力前已指示竟, 惡力者則無有量也(선한 힘은 앞에서 이미 가리켜 보였는데, 악한 힘은 헤아릴 수 없다)." 선한 힘〔善力〕은 이미 말한 적이 있는데, 업력(業力)은 헤아릴 수 없이 많습니다. 제불보살의 신통은 불가사의하며 지혜도 불가사의합니다. 일체 중생의 업력 역시 불가사의하며 업보 또한 불가사의합니다. 중생의 업력을 뒤집으면 바로 제불보살의 지력(智力)이 됩니다. 업력이 크면 지력이 그만큼 크니, 만약 중생의 업력이 가벼우면 뒤집어서 지력 또한 가볍습니다. 오묘함이 여기에 있습니다.

　"然總歸之, 由樂明無念之執着邪謬而成者有三種(그러나 귀결 짓자면, 낙과 명과 무념에 집착하고 치우침으로 말미암아 성취하는 것이 세 가지가 있다)." 요컨대 공락정(空樂定) 공명정(空明定) 무념정(無念定)을 수지하다가 집착으로 말미암아 치우친 사견(邪見)으로 걸어 들어가는 것에 세 가지가 있습니다.


## 낙을 수지할 때의 치우침

　"初者修樂時, 貪樂境界(一)〔처음에 낙을 수지할 때, 낙의 경계를 탐한다(첫 번째)〕." 처음 욕락정을 수지할 때에는 늘 탐내고 수시로 탐냅니다.

　"思惟自心在空樂境中之執着(二)〔사유하는 자신의 마음이 공락의 경계 가운데 집착한다(두 번째)〕." 자신의 마음속으로 제팔 아뢰야식을 포함한 하의식(下意識)이 수시로 연연해하면서 스스로 공락(空樂) 욕락(欲樂)의 경계 위에 머무르지만, 자신이 알아차리지 못하기 때문에 집착하게 됩니다. 이것이 두 번째인데 공락정에서 타락할 수 있습니다.

　"以除此之外, 他卽非眞實道(三)〔이것을 제외한 다른 것은 진실한 도가 아니라고 한다(세 번째)〕." 사견(邪見)이 생겨나면, 부처님을 배우고 수련을 함에 있어서 이 수행의 법문을 제외하면 다른 것은 모두 안 된다고 생각합니다. 예를 들어 밀종을 수지하는 사람은 밀종을 제외한 다른 것은 모두 안 된다고 생각합니다. 정토종을 수지하는 사람은 정토종 이외의 다른 것은 모두 안 된다고 생각하고, 선종을 수지하는 사람은 선종이 최상이라고 생각합니다. 이것이 이미 사견이니 그 과보는 불가사의합니다. 욕락(欲樂) 공락(空樂)만이 불법이고 이것을 제외한 다른 것은 진정한 불도가 아니라고 생각하는 이것이 세 번째 점입니다. 그래서 마찬가지로 타락합니다.

"持此爲究竟(四)〔이것을 수지하는 것이 구경이라 여긴다(네 번째)〕." 욕락정, 공락정의 수행법이 구경(究竟)이라고 생각합니다.

"不覺察樂乃與貪欲毒相和合(五)〔살피지 못해서 낙이 탐욕의 독과 서로 화합한다(다섯 번째)〕." 자신을 점검할 줄 모르고 기맥의 즐거움, 각수(覺受)의 즐거움을 탐하는 것은 그 자체로 이미 저급한 성욕의 즐거움입니다. 이러한 낙(樂)의 즐거움은 이미 독소와 한데 결합했는데도 단지 자신이 알아차리지 못하는 것입니다.

"此乃由所修法而成者五種(이것이 법을 수지함으로 말미암아 얻게 되는 다섯 가지이다)." 이 한 구절은 위의 내용을 귀납한 것으로, 공락무념법(空樂無念法)을 수지함으로 인해 생겨나는 다섯 가지 치우침〔偏差〕입니다.

"樂邪·明點障而漏失(一)〔낙이 치우치고 명점이 장애를 일으켜 흘려버리게 된다(첫 번째)〕." 공락법을 수지하다가 사문(邪門)으로 들어가기 때문에, 도리에 어긋난 쌍수법(雙修法)을 포함한 이른바 환희불(歡喜佛)[229] 등이 모두 "낙이 치우침〔樂邪〕"에 속합니다. 또 명점이 장애를 일으킴으로 인해 흘려버리게 됩니다. 이 명점은 두 종류를 포함하는데, 남성의 정충과 여성의 난자입니다. 남녀의 몸에 있는 정(精)을 흘려버린다는 것이 단지 남자의 정충과 여자의 난자만 가리키는 것은 아닙니다. 그것은 단지 정(精)의 일부 성분에 지나지 않으므로 분명하게 구분해야 합니다. 그러므로 명점을 흘려버리는 것 역시 정(精)을 흘려버리는 것입니다.

만약 명점이 장애가 없어서 전화(轉化)된다면 그것이 바로 연정(煉精)입

---

229 밀교에서는 즉신성불(卽身成佛)이라 하여 육체를 오히려 강조하는 경향이 있다. 신비적인 합
일을 경험하는 데는 환희(歡喜)가 따르게 된다. 이 환희의 고양감을 수행 정도에 따라 환희
(歡喜) 최상환희(最上歡喜) 이환희(離歡喜) 구생환희(俱生歡喜)의 네 가지 환희로 나누고, 네
가지 환희가 성취된 모습을 환희불(歡喜佛)이라 한다.

니다. 도가에서 말하는 이른바 정을 수련해서 기로 변화시키는(煉精化氣) 것이니, 거기에서 한걸음 더 나아가면 기를 수련해서 신으로 변화시키는(煉氣化神) 것입니다. 하루하루의 생리와 심리가 변화해서 기경팔맥이 통하게 될 뿐 아니라 삼맥사륜이 통하게 되어 오장육부는 물론 피부, 뼈마디, 모공까지 다 전화됩니다. 그것이야말로 색신의 성취요 보신의 성취입니다. 하지만 명점은 항상 장애가 생겨나기 때문에 그 가운데서 여러 번 성취하기도 하고 여러 번 실패하기도 합니다. 아주 어렵습니다. 이른바 도가 한 자 높아지면 마는 한 길 높아진다(道高一尺, 魔高一丈)고 했습니다. 때로는 바람 불고 춥고 덥고 습기 찬(風寒暑濕) 외부 기후의 변화가 장애를 일으키고, 때로는 외부의 영향이 아니라 자신이 우연히 먹고 마신 것이 바르지 않아서 장애를 일으키기도 합니다.

그러므로 의약도 알아야 하고 위생도 알아야 하며 팔만사천법문을 알아야 합니다. 그래서 수지가 어렵다고 하는 것입니다! 명점의 장애로 흘려버리는 것에 남성과 여성의 유정(遺精)이 포함됩니다. 남성은 경험이 많지만 여성은 경험이 적습니다. 스스로 깨달아 살피지 못하기 때문에 그런 것으로, 소수의 총명한 여성은 흘려버린 것을 알게 됩니다.

흘려버리는 방식은 아주 다양합니다. 혹은 유정을 하거나 혹은 기(氣)를 흘려버리기도 합니다. 그로 인해 수지가 성공하지 못하는 경우도 왕왕 있습니다. 그러므로 도를 배우는 사람은 소털만큼 많아도 도를 성취하는 사람은 기린 뿔처럼 적습니다. 이것이 첫 번째이며, 바로 "낙이 치우치고 명점이 장애를 일으킨(樂邪·明點障)" 것입니다. 이 장애는 반드시 남녀의 욕념이 일으키는 것만은 아닙니다. 음식의 장애도 있고 의복의 장애도 있으며 춥거나 덥거나 바람이 불거나 등등이 모두 장애가 될 수 있습니다. 내재적인 심리 정서나 희로애락도 장애가 될 수 있으니, 참으로 수행은 너무나 어렵습니다. 무엇이 "명점이 장애를 일으켜 흘려버리는(明點障而漏失)"

것입니까? 팔 년이고 십 년이고 성행위가 없었고 유정(遺精)도 없었음을 말하는 것이 절대 아닙니다. 그랬다고 해서 자신은 명점을 흘려버리지 않았다고 생각한다면 그것은 가짜입니다. 정(精)이 기(氣)로 변화하지 않고 명점으로 변하지 않는다면 아무 소용이 없기 때문입니다. 명점이 전화되어서 자신의 안과 바깥과 중심에서 자성의 내재적인 광명이 자연스럽게 나타나는 그것이야말로 진짜 명점입니다.

"唯生貪欲順其根底(二), 因精漏而意不適(三), 因汚穢而心成昏沈(四), 於境作意之貪欲(五), 此乃所棄而成者五種也[오로지 탐욕을 만들어 내어 그 근본을 좇으며(두 번째), 정을 흘려버림으로 인해 뜻이 기쁘지 않고(세 번째), 더럽혀짐으로 인해 마음이 혼침하게 되며(네 번째), 경계에 있어 뜻의 탐욕을 지으니(다섯 번째), 이것이 버리고서 얻게 되는 다섯 가지이다]." 이 부분은 아직 다 말씀드리지 않았으니, 다음번에 제게 말씀해 주십시오![230]

---

**230** 이 단락은 다음 강의에서 언급하지 않았다. (원서 편집자 주)

# 3부
# 편향과 조치

제12강

지난번에 공락(空樂) 경계 중의 집착까지 말씀드렸습니다.

　기(氣)를 수지한다고 하면 사람들은 구절불풍(九節佛風), 보병기(寶瓶氣)가 기를 수지하는 전부라고 생각합니다. 실제로 그것은 기를 수지하는 가장 초보적인 방법에 불과하지만 기를 수지하기 위해 반드시 거쳐야 할 단계입니다. 그러므로 보병기나 구절불풍을 제대로 수지하지 않는다면, 기를 수지하는 이 일에 대해 도무지 이해할 방법이 없습니다. 구절불풍과 보병기를 수지해서 경계에 도달했다 하더라도 여전히 거칠고 얕으니, 아주 기본적인 단계로서 그저 내재적인 기의 움직임[氣動]에 불을 붙였을 뿐입니다.

　내재적인 기의 움직임에 관해서 여러분 대다수는 자기 내부에 있는 기의 발동에 대해 진실한 경험이 없습니다. 평소 임맥(任脈)과 독맥(督脈)의 움직임들을 느끼지만 이것은 모두 여전히 가짜이며 진짜가 아닙니다. 만약 기가 참으로 발동하면 전신의 기맥은 물론이고 뼈마디까지도 녹아 버린 것 같습니다. 반로환동(返老還童)하는 그런 일은 확실히 진짜입니다. 전신의 기능이, 근육 관절 뼈마디가 모두 건강한 것으로 변합니다. 그런 후에 한걸음 더 나아가면 가장 어려운 것이 오장육부의 변화입니다. 심간비폐신(心肝脾肺腎)에 병든 부분이 모조리 바뀝니다. 그러나 하나하나 바뀔 때에는 대단히 고통스럽습니다.

최근에 소(蕭) 부인이 경험을 했는데, 고통스럽기는 했지만 좋은 점도 있었다고 했습니다. 그녀는 의견을 구하기 위해 병원에 가서 검사를 했는데 의사는 아무 문제가 없다고 말했답니다. 이건 아주 기괴한 일입니다. 젊은 사람들의 소소한 경험은 그냥 넘어가겠습니다. 기를 수지하는 일은 아주 어렵기 때문에 여기에서 특별히 설명하겠습니다. 홍콩의 어떤 여성은 도가를 수행했는데, 비록 스승이 있기는 했지만 그렇더라도 맹목적인 수련이었습니다. 그런데 흰 머리카락이 검은 머리카락으로 변하고, 반로환동하여 월경이 끊어지는 등 많은 증상이 나타났습니다. 소 부인은 단지 이 년을 수행했을 뿐입니다. 그러므로 도가의 노선을 걷든 밀종의 노선을 걷든 별 차이가 없습니다. 그 여성은 많은 문제를 저에게 질문했는데, 보아하니 아주 거칠고 얕은 것이 도(道)가 무엇인지도 알지 못했습니다. 하지만 수련은 아주 잘 했습니다.

지금 말씀드리는 대원만은 모두 실제 수련을 이야기하므로 수지, 수증의 방면에 속합니다. 바꾸어 말하면 사람들은 기(氣)를 수지하는 방면에 대해 제대로 수련한 적도 없고 실제 경험도 없습니다. 동시에 참된 기의 발동은 더더욱 없었습니다. 젊은 도우(道友)들이 각종 경계에 대해 토론할 때 보면 솔직히 말해 모두 환상이고 경험은 없습니다. 환상은 아무 소용이 없습니다. 지금 이 법본은 우리에게 기를 수지할 때에는 항상 어떤 문제가 일어난다고 말해 줍니다.

# 명을 수지할 때의 편향

"第二修氣時, 貪明境界(一)〔두 번째로 기를 수지할 때, 명의 경계를 탐한다(첫 번째)〕." 첫 번째 문제점은, 기를 다 수지하고 나면 광명의 경계를 탐하게 된다는 것입니다. 광명의 경계는 두 종류로 나누어지는데, 첫 번째는 마음속이 즉 머릿속이 아주 분명한 것입니다. 잠을 자지 않아도 머리가 멍하지 않고 또렷한 그런 것입니다. 또 하나는 형상이 있는 광명의 경계인데, 밤낮으로 한 덩이 광명 가운데 있습니다. 도가에서 말하는 주야장명(晝夜長明)이라는 것은 낮이고 밤이고 영원히 광명 가운데 있다는 말인데, 마치 태양이 밝게 비추는 것 같습니다. 물론 잠을 잘 필요도 없습니다. 일반적인 범부의 습성은 자신이 잠을 자고 싶어 하지 않는다고 느끼면 아주 두려워집니다. 실제로 수도를 한다면 그것은 당연한 현상입니다. 때로는 잠을 자도 자지 않은 것 같고 자지 않아도 마치 잠을 잔 것 같습니다. 물론 여러분은 절실하게 수지한 경험이 없기 때문에 이런 것을 알지 못합니다. 때로는 수면 중에 정말로 추락하는 느낌이 들기도 하는데, 마치 높은 산 정상에서 단숨에 평지로 떨어지는 것 같지만 마음속은 결코 두렵지 않습니다. 그때는 이미 잠이 들었는데도 여전히 맑게 깨어 있습니다. 여러분은 경험이 없기 때문에 당연히 이상하게 여길 것입니다. 이처럼 다양한 경계가 있는 것은 기(氣)를 수지함의 편향으로 밝음을 탐하기 때문입니다.

"自心持爲空明(二)〔자신의 마음이 공명을 유지한다(두 번째)〕." 자기 마음속으로 영원히 공(空)에 있고 광명 가운데 있으며, 그 경계에 머물러서 버리지 않고 영원히 거기에 있습니다. 이것은 수행이 경계에 도달한 것인데, 그러면 더 좋지 않은가요? 하지만 여러분이 그 경계에 도달하고 나서 늘 공명에 머무르고 버리지 않으려고 하면 마찬가지로 혼침으로 떨어집니다. 이유는 탐하고 집착했기 때문입니다. 『금강경』에서 말하기를 "보살은 법에 있어서 마땅히 머무르는 바가 없이 보시를 행해야 한다[菩薩於法應無所住而行布施]"고 했습니다. 공명(空明)에 머무른다는 것은 바로 탐진치 악법 가운데 머물러 있는 것입니다. 선법(善法)에 묶여 있는 것도 불법이 아니므로 해탈과 자재(自在)를 얻지 못합니다. 이것이 두 번째 오류입니다.

"捨棄他道(三)[다른 도를 버린다(세 번째)]." 다른 것은 모두 필요 없다고 합니다. 오로지 광명의 경계 위에 있으면서 다른 불법은 모두 더 이상 수지하지 않으니, 이것이 바로 편견입니다.

"執此爲究竟(四)[이것을 붙잡고 구경이라 여긴다(네 번째)]." 광명에 도달했으니 됐다고 생각하면 견지(見地)에 곧바로 편향이 생깁니다. 이것이 바로 원만하고 밝은 청정이라고 생각하고 이것을 구경으로 간주하게 됩니다.

"不覺察明乃與瞋恚毒和合(五)[살피지 못해서 명이 진에[231]의 독과 화합한다(다섯 번째)]." 이 부분은 지난번에 말씀드린 적이 있습니다. 그래서 수도하는 사람은 때때로 다른 사람이 멍청한 것을 보면 조금도 견디지 못합니다. 자신이 너무 밝고 너무 깨끗하기 때문에 약간의 먼지라도 보이면 성질이 올라오는 것입니다. 사람이 너무 밝으면 쉽게 화를 내는데, 바꾸어 말하면 기(氣)가 큰 것입니다. 이런 것들이 모두 편향입니다.

여기에서는 단지 편향만 말씀드리고 대치(對治)의 도리는 말씀드리지 않았습니다. 예를 들어 기가 크면 광명이 커지고 기가 가득 차면 밥 생각이 나지 않습니다. 먹고 마시는 것이 줄다가 심지어 먹지 않게 되는데, 장과 위는 약간 비어 있는 편이 좋습니다. 밝음[明]이 성냄과 화합하는 것은 여러분이 지혜가 있다면 곧바로 이해할 수 있을 것입니다. 세상의 영웅호걸들은 학문이 뛰어나고 두뇌가 총명한데, 다른 사람에 대한 요구도 높아서 평범한 사람을 참아내지 못합니다. 그것은 그가 밝기[明] 때문입니다.

---

231 삼독(三毒)의 하나로서, 자기 뜻에서 어긋나는 데 대해 성내는 일을 말한다.

밝으면 기(氣)가 크고 천부적인 기질 또한 다른 사람들과 다릅니다. 그래서 성격이 좋은 대다수 사람은 명청이와 형제고, 총명한 사람은 성질이 나쁜 것과 형제입니다. 세상법과 불법이 똑같습니다.

"此乃由所修法而成者五(이것이 법을 수지함으로 말미암아 얻게 되는 다섯 가지이다)." 기를 수지하는 데에는 이런 편향이 있는데 이것들은 대원칙을 말해 주고 있습니다. 우리에게 먼저 분명하게 알고 있으라는 것입니다. 잘못된 편향의 경계가 출현했을 때 곧바로 알아야 합니다. 아래는 공명정(空明定)을 수지하다가 잘못된 길로 들어서면 그 편향이 더 심각함을 말해 줍니다.


# 명이 치우쳐서 일어나는 장애


"明邪氣障而氣太粗野(一)〔명이 치우치고 기가 장애를 일으켜 기가 크게 거칠다(첫 번째)〕." 밝음이 치우친 후에는 기맥에 장애가 발생합니다. 사람은 모두 기맥을 지니고 있지만 평소에는 알지 못합니다. 문제가 생겨야 비로소 알게 되는데 이것은 나쁜 일면을 말씀드린 것입니다. 좋은 일면에서 말씀드린다면, 여러분의 수지가 경지에 이르면 기맥을 느끼게 됩니다. 여러분은 하루 온종일 캄캄한 무명(無明) 가운데 있기 때문에 당연히 알지 못합니다. "명이 치우쳐서〔明邪〕" 잘못된 길로 들어가면 기맥에 장애가 생겨 기가 대단히 거칠어지는데, 일반적으로 무공을 수련하고 내공을 수련하는 기공(氣功)으로 변해 버립니다. 그렇게 되면 진정한 수도(修道)가 아닙니다. 기공을 수련하는 것이 건강과 장수에는 도움이 되지만 도(道)라고 할 수는 없습니다. 그것은 기가 장애를 일으키고 명(明)이 치우친 것이며, 유형의 기를 수련하는 것이라고 말할 수 있습니다.

이 말에 유의해야 합니다. 여러분은 기맥이 움직이기만 하면 세간법에 대해 곳곳에서 집착합니다. 평소에는 본래 공(空)을 보게 되었는데, 이때 에는 도리어 집착해서 무엇이든지 가지려고 합니다. 이것이 바로 기의 장애이니, 스스로 알지 못한 채 도리어 망념이 더해져서 비우지(空) 못하는 것입니다. 세상법에 의거해 말하면 책을 읽어도 이해하게 되고 일체의 사상과 지식도 알게 되어 마치 진보하고 있는 것 같습니다. 하지만 이것은 사문(邪門)입니다. 사(邪)와 정(正)은 구분하기 아주 어렵습니다. 정(正) 가운데 사(邪)가 삐뚤어지게 되면 이때 여러분의 망념은 주체로 변합니다. 임제(臨濟)가 말하기를 이것은 손님이 주인 노릇 하는 것이라 했고, 조동(曹洞)은 말하기를 이것은 신하가 군주 노릇 하는 것이라고 했습니다. 이때 밝은 스승이 손가락으로 가리켜 보이지 않는다면, 추락해 가면서도 몇 생(生) 몇 겁(劫)이 지나야 뒤집을 수 있을지 스스로 알지 못합니다.

"唯生瞋恚(二)〔오로지 진에가 생겨난다(두 번째)〕." 성질이 갈수록 더 고약해집니다. 그래서 무공을 배우는 사람이 싸움을 좋아하는 것입니다. 기를 수련하면 온몸이 커지는데, 시정잡배를 보면 때려 주고 싶어 하고 설사 자신이 얻어맞더라도 흡족해합니다. 기를 수련하면 이런 고질병이 있습니다. 물론 무공을 배운 사람이 기를 변화시킬 수 있다면 공명정(空明定)으로 갈 수 있습니다.

"妄念增甚而粗猛(三)〔망념이 늘어서 거칠고 사납다(세 번째)〕." 기를 잘 수지해서 기맥이 움직이게 되면, 그로 인해 인간 세상의 모든 것에 대해 눈꼴이 사나워서 그냥 넘기지 못합니다. 이것이 바로 기맥으로 말미암아 발생하는 문제입니다. 그러나 과정 중의 문제로 인해 두려워해서는 안 됩니다. 수지하지 않는다면 이런 문제도 없을 테니까요. 이것이 밝음이 치우친 세 번째입니다.

"氣盛而昏眩(四)〔기가 성해서 혼미해진다(네 번째)〕." 때로는 수련을 잘해서 머리가 혼미해지기도 하는데, 어떤 경우에는 잠자고 싶은 느낌이 들기도 합니다. 이때는 수면이 크게 필요합니다. 그래서 도가나 밀종에서는 이 단계에 도달하면 폐관을 하고 한번 크게 잠을 잡니다. 그 거대한 수면은 삼 개월일 수도 있고 삼 년을 계속 잘 수도 있습니다. 병의 상태(病態)를 말씀드린다면 수면병을 얻었다고도 하겠습니다. 수도하다가 때때로 모종의 단계에 이르면 마치 수면병을 얻은 것 같은데 도가에는 그런 경우가 많았습니다. 진박(陳搏)은 화산(華山)에서 한 번에 구 년을 내리 잤습니다. 민간에는 "팽조는 나이가 팔백 살이었고 진박은 한 번에 천 년을 잤다"는 이야기가 있습니다. 선종 조사들 가운데 몇 분도 큰 잠을 잤습니다. 임제(臨濟)는 도를 깨달은 후 선당(禪堂)에 드러누워 잤습니다. 총림 아래 선당에서 누가 감히 그렇게 규칙을 지키지 않겠습니까? 하지만 그는 상관하지 않고 참선 의자를 붙여서 잠을 잤습니다. 사부인 황벽(黃檗)이 손에 몽둥이를 들고 순찰하다가 임제가 거기에 누워서 자고 있는 것을 보았지만, 그는 아무 말도 하지 않았습니다. 임제 옆자리에 앉아 있던 두 사람은 아주 열심히 하고 있었는데도 황벽은 몽둥이를 들고 두 사람을 때리며 이렇게 말했습니다. "이 젊은이도 참선을 하고 있는데 너희들은 여기에서 망상이나 하고 있느냐!" 하지만 조금도 억울해하지 않았습니다. 임제는 그때 "기가 성해서 혼미해지는(氣盛而昏眩)" 바로 그 경계에 들어가서 수면이 필요했던 겁니다. 그러니 선지식(善知識)이 만약 도안(道眼)이 밝지 않다면 어떻게 다른 사람을 맞아들이고 보살펴 주겠습니까? 만약 그때 임제가 혼침에 들어서 잠만 자고 열심히 하지 않는다고 말했다면 여러분은 그를 해롭게 했을 것입니다. 그러므로 참으로 그 경계에 도달하면 잠을 자야 합니다. 몸도 한 번 뒤척이지 않고, 온몸이 부드러운 것이 바로 이른바 "난(煖), 수(壽), 식(識)"입니다. 일반적으로 이 경계에 도달하지 못한 것이 바로 병태(病態)적 경상(境相)입니다.

"不欲住於一處(五)〔한곳에 머무르려고 하지 않는다(다섯 번째)〕." 마음이 하나의 경계 위에 전일(專一)하게 머무르지〔定〕 못하는데, 심지어 생리적인 면에도 영향을 미쳐서 머무르지 못하게 합니다. 여기에도 가만히 앉아 있지 못하고 저쪽에도 가만히 앉아 있지 못합니다. 길거리로 뛰어나가지만 또다시 염증을 느낍니다. 아무튼 어디에서도 제대로 하지 못합니다. 그러면서 환경이 좋지 않고 청정한 장소가 없다고 원망합니다. 사실 정토(淨土)는 여러분 마음속에 있으니 어디인들 청정하지 않습니까? 자신이 업보 가운데 있기 때문인데도 스스로 알지 못합니다. 기가 움직이기는 했지만 치우친 길로 갔고, 명이 치우쳐서〔明邪〕 장애가 발생했습니다. 바꾸어 말하면 자신의 기질이 바뀌어 버렸습니다.

"此乃由所棄而成者五種(이것이 버림으로 말미암아 얻게 되는 다섯 가지이다)." 이상의 다섯 가지 편향은 세간법을 다 놓아 버리고 기를 수지하여 얻게 되는 것이지만, 변해서 나타나는 문제요 편향입니다.


# 무념 수지로 인한 편향과 과실


"第三修無念時(세 번째로 무념을 수지할 때)", 무념의 수지에 관해 어떤 동학이 말하기를, 이 무념은 선종의 도를 깨달은 무념이 아니라 수련을 해서 도달하는 무념이라고 했습니다. 맞습니다. 공명정(空明定)을 예로 들면, 여기에서 말하는 광명원만(光明圓滿)은 『능엄경』 『원각경(圓覺經)』에서 말하는 그 광명원만이 아닙니다. 기맥으로 말미암아 성취한 광명정(光明定)을 청정원명(淸淨圓明)과 뒤섞어서 이야기한다면 그 또한 치우친 것입니다. "진여에 집착하는 것 또한 치우친 것이다〔執着眞如亦是邪〕"라고 말하는 것과 같습니다.

"貪無念境界(一)〔무념의 경계를 탐한다(첫 번째)〕." 무념을 수지할 때는 무념의 경계를 탐하게 되는데, 오랜 시간이 지나면 생각이 떠오르기만 해도 싫고 수시로 무념한 것이 가장 좋습니다. 제가 이 경계에 오랫동안 머물렀었는데, 심지어 삼 년 동안 책을 들고 보면 뜻은 알겠는데 무슨 글자인지 읽지도 못하고 쓰지도 못했습니다. 무념이 이런 정도에 이르자 문제가 하나 생겨났는데, 어떤 일이든 쉽게 잊어버리는 것이었습니다. 무념의 경계를 탐하면 그토록 많은 미세한 문제가 생깁니다.

"自心持爲斷空(二)〔자신의 마음이 단공을 유지한다(두 번째)〕." 몸과 마음이 그 무념의 경계를 유지하지만 그것이 오래되면 실제로는 단견(斷見)과 같아서 편공(偏空)²³²에 떨어집니다. 하지만 자신은 알지 못합니다. 생각〔念〕이 일어나면 자연스럽게 싫기 때문에, 마음속 의식에 생각이 일어나기만 하면 곧바로 싫어하면서 무념의 경계를 향해 걸어갑니다. 후세에 선(禪)을 배우는 사람들은 아주 쉽게 이런 문제 속으로 떨어졌습니다. 지금 선을 배우는 사람들은 더 말할 것도 없습니다.

"捨棄他道(三)〔다른 도는 버린다(세 번째)〕." 이것은 세 가지 수행법 가운데 다 있는 것으로, 다른 법문은 모두 옳지 않다고 생각합니다.

"持空爲究竟(四)〔공을 수지하는 것이 구경이라 여긴다(네 번째)〕." 무념, 공만이 도(道)라고 생각합니다. 이런 편향을 지니게 되면 성취가 있다 하더라도 아무리 높아 봤자 무색계 가운데 있게 됩니다. 무색계 가운데는 당연히 아무것도 없으니 자칫 잘못했다가는 곧바로 팔만사천 대겁(大劫)²³³입니다. 그것도 좋지요! 원자탄을 피하는 것도 나쁘지는 않습니다. 그런데 그 정(定)의 경계 가운데 있으면서도 찰나에 지나가 버렸다고 느낍니다.

---

232 가유(假有)를 무시하고 공(空)에만 치우치는 것.
233 무색계의 마지막 천인 비상비비상천(非想非非想天)의 존재는 팔만사천 대겁을 산다고 한다.

그뿐 아니라 거기에서는 바보와 똑같아서 마치 저팔계처럼 배불리 먹으면 잡니다. 무념의 결과 이 경계로 떨어지게 되고 진짜 어리석음(愚癡)으로 변하고 맙니다.

"不覺察此與愚癡毒和合者(五)[살피지 못해서 이것이 우치²³⁴의 독과 화합한 다(다섯 번째)]." 내 마음은 본래 차가운 연못에 비친 달처럼 희고 깨끗했는데, 마지막에는 오히려 이런 우치(愚癡)의 도로 빠져 버리게 됩니다. 하지만 이것은 수련에서의 무념을 이야기하는 것이지 도를 깨닫는 그런 무념이 아님을 밝힙니다. 도를 깨닫는 그런 무념, 그것은 무상법(無上法)입니다. 그러므로 수련에 있어서 여러분이 설사 오랫동안 무념할 수 있어서 삼년이고 오 년에 이른다 할지라도 날이 갈수록 어리석어지므로 큰일입니다. 수증의 경계에서 이것은 아주 심각한 편향입니다. 그러므로 이제 여러분이 이런 것들을 배웠으니 자기 혼자서도 수련할 수 있다고 저를 떠나 스스로 길을 걸어가겠다고 하면서 어떻게 할지를 모른다면 그건 더는 방법이 없습니다.

"此乃由所修法而成者五種(이것이 법을 수지함으로 말미암아 얻게 되는 다섯 가지이다)." 이상의 것이 무념정을 전수(專修)함으로써 만들어 내는 다섯 가지 편향입니다.

"空邪無念之障, 乃心照無記空, 此唯是愚癡(一)[공이 치우치고 무념의 장애로 인해 마음으로 무기공²³⁵을 관조하니, 이는 오로지 우치이다(첫 번째)]." 무념의 공(空)을 수지함으로 말미암아 사문(邪門)으로 들어가게 됩니다. 이른바 손님이 주인 노릇을 함이니 바름 가운데 치우침(正中之邪)이기도 합니

---

234 삼독(三毒)의 하나로서, 현상을 바로 알지 못하는 어리석음을 말한다. 무명(無明)과 같다.
235 완공무별(頑空無別)의 상태로, 선악과 정사(正邪)를 분별하지 못하는 혼미한 상태를 말한다.

다. 공은 본래 고요[靜]하고 틀림이 없습니다. 그렇기 때문에 공의 치우침은 바로 고요함[靜]의 치우침입니다. 여러분은 일념조차 움직이지 않는 것을 마음속으로 관조하기 때문에 이것이 공이라고 생각하지만, 이것은 바로 완공(頑空)입니다. 완공 또한 무기정(無記定)입니다. 무엇이 무기(無記)입니까? 무기라는 것은 선악을 모두 기억하지 않는 것이지 선악에 모두 머무르지 않는 것이 아닙니다. 무기공(無記空)에 떨어지는 결과를 여러분은 아십니까? 주의하십시오! 수많은 사람이 타좌를 하면서 염(念)을 없애고 무념(無念)을 구하고 싶어 하는데, 여러분에게 마음을 하나의 대상에 묶으라[繫心一緣]고 해도 끝내 하려 들지 않습니다. 만약 마음을 하나의 대상에 묶지 않고 수지하면 결국에는 진공(眞空)을 증득할 수 없습니다. 그것은 해낼 수 없는 일입니다. 마음을 하나의 대상에 묶는 것도 해내지 못한다면 그것은 안 됩니다. 그 공(空)에 머물러 있지 못한다면, 그것은 바로 무기(無記) 가운데 있음이며 바로 우치(愚癡)의 경계입니다. 이것이 첫 번째 부분입니다.

"未到淸澄而沈者(二)[맑음에 도달하지 못하고 떨어지는 것이니(두 번째)]," 본래 모습은 『능엄경』에서 말한 "오묘함과 맑음을 모두 지닌 흔들리지 않는 세존[妙湛總持不動尊]"입니다. 이른바 "바다 같은 깨달음의 본성은 맑고 원만하니, 원만하고 맑은 깨달음은 본래 오묘하다[覺海性澄圓, 圓澄覺元妙]"는 것이기도 합니다. 여러분이 무념이라고 느끼는 그것은 실제로는 세미한 혼침 가운데로 떨어진 것입니다. 떨어지는 가운데 있으면 본래 모습의 맑은 일면은 전혀 보이지 않습니다.

"未得分明而昏者(三)[분명함을 얻지 못하고 어두워지는 것이니(세 번째)]," 무념 가운데 있으면 분명할 수가 없습니다. 이른바 사물이 오면 응하고 지나가면 머무르지 않는다는 것은, 이론상으로는 그렇게 말할 수 있지만 실제 일에서는 그럴 수 없어서 대단히 세미한 혼침 가운데로 떨어집니다. 그로 인해 온종일 머리가 혼미하고, 세간에 대해서든 출세간에 대해서든 모든 일이 무료하고 흥미가 없습니다. 기분도 대단히 저조합니다. 이것에 유의해야 하고 스스로를 자세히 점검해야 합니다. 엄격하게 말하면 여러분은 수행을 하고 있다고 생각하지만 실제로는 좋지 않은 업을 짓고 있습니다. 지금 이것을 말해 주는 것은 정말 여러분의 큰 복입니다. 여러 생 여러 겁에서 만나기 어려운 것인데, 이렇게 분명하게 여러분에게 말하고 있습니다. 이 자리에 계신 분들은 재가든 출가든 막론하고 모두 들을 자격은 없지만, 오늘 인연이 있어서 이렇게 듣게 되었으니 잘 기억해 두고 팔식(八識)의 밭[田] 가운데 심어 두면 천생만겁에 언젠가는 머리를 내밀 날이 있을 것입니다. 그때가 되거나 혹은 말법 시대에 불법이 없어졌을 때 스스로 기억해 낼 수 있다면 자신을 구할 수 있을 것입니다. 마음은 쓰지 않고 그저 눈만 크게 뜨고 본다면 아무 소용없습니다. 특별히 주의해야 합니다!

"於赤露自明不顯揚而空者(四)〔적나라하고 스스로 밝으며 드러내지 않아서 공인 것이니(네 번째)〕", 진정으로 명심견성하면 적나라하게 아무것도 걸치지 않아도 본래 모습이 청정합니다. 자성은 본디 언제 어디서나 적나라하고 전혀 자신을 드러내지 않습니다. 하지만 자신이 공(空)이 된 것처럼 생각하고 이러한 공의 경계를 적나라한 본래 모습으로 여긴다면, 도리어 적나라한 이 경계에 참으로 도달하지 못합니다. 이것이 네 번째 편향입니다.

"於無念空由斷絶境中滅無識之行動(五)〔무념공으로 단견 가운데서 식이 없는 행동이니(다섯 번째)〕", 여러분 스스로 이미 무념에 도달했다고 생각하고, 생각이 없는 것을 구경(究竟)이라 여깁니다. 심지어 생각이 일어나기만 하면 그것이 선한 생각이든 악한 생각이든 상관없이 자신이 잘못한 것처럼 여깁니다. 실제로 그것은 단견이니 일체의 인연을 끊어 버리는 것입니다. 일체의 공덕자량을 끊어 버리는 것이기도 합니다. 왜냐하면 공덕자량 또한 인연이 만들어 내는 것이기 때문입니다. 단멸견(斷滅見) 가운데 있으면서 의식이 없는[無意識] 행위라고 생각합니다. 이른바 타좌를 함에 있어서는 하면서 하지 않고 하지 않는 것이 곧 하는 것이고, 밥을 먹음에 있어서는 먹으면서 먹지 않고 먹지 않는 것이 곧 먹는 것이다. 이렇게 하는 것이 옳다고 생각합니다. 많은 사람이 열심히 노력해서 가장 높은 곳에 도달하면 밥을 먹을 때 먹지 않는 것처럼 느끼는데, 이것이 바로 무분별이라고 생각한다면 틀렸습니다. 무분별은 언제 어디서나 분별 가운데 있는 것입니다. 분별처(分別處)가 곧 무분별이라는 이것을 여러분은 알지 못합니다. 보통 사람들은 "식이 없는 행동[滅無識之行動]"을 자신이 이미 무분별에 도달했다고 여기는데, 이것은 큰 잘못입니다.

"乃由所棄而成者五(버림으로 말미암아 얻게 되는 다섯 가지이다)." 이것이 무념정을 수지함에 있어서 편향으로 인해 얻게 되는 다섯 가지 과실(過失)입니다.

"總上有三十種, 修習時之過失(총괄하면 서른 가지가 있으니, 수습할 때의 과실이다)." 지금까지 수련을 함에 있어서 공락(空樂), 공명(空明), 무념(無念)을 수지하는 편향이 서른 가지가 있음을 말씀드렸습니다. 이것은 대원칙으로서 미세한 구분은 아닙니다. 서로 변화하기 시작하면 훨씬 더 많은데 『능엄경』의 오십 가지 음마(陰魔)[236]도 모두 동일한 이치입니다. 수행이 그렇게 쉬운 것은 아니지요! 그렇기 때문에 여러분은 언제 어디서나 편향 속으로 떨어지지만 스스로 그것을 알지 못합니다. 그런 후에 교만하여 스스로를 옳다고 여깁니다. 이렇게 한번 잘못 하면 한두 생의 일이 아니라 여러 생까지 그르치게 됩니다.

---

236 수행 중 오음(五陰)에 관련된 장애를 '음마'라고 한다.

# 어떻게 편향을 대치할 것인가

"普通對治方法, 一一認淸彼之所修法, 何者現最有力, 此乃易知也(일반적인 대치 방법은, 수지하는 법을 하나하나 분명히 알아야 하니, 어떤 것이 가장 힘이 있는지 이것을 쉽게 알게 된다)." 어떤 경계가 찾아오든 스스로 분명하게 알아야 하고 자신의 지혜를 지녀야 합니다. 수행하면서 불보살에 의지하고 싶고 하느님의 도움에 기대고 싶지만 그것은 불가능한 일입니다. 상사(上師)도 여러분에게 수지의 방법과 경험 및 가능한 편향을 말해 줄 따름이니, 여러분 스스로 열심히 지혜를 수지해야 하고 분명하게 알아야 합니다. 때로는 상사나 선지식이 여러분에게 말해 주는데도 여전히 믿지 않습니다. 지금 하는 것이 틀렸다고 말해도 여전히 인정하지 않고 고집을 부립니다. 이것이 바로 오십 가지 음마(陰魔) 속에 있는 것이라고 해도 계속해서 나갑니다. 하지만 개성이 강하지 않은 사람이라고 혜력(慧力)이 반드시 높은 것은 아닙니다. 다만 개성이 강할수록 마경(魔境)이 더 큰데, 스스로 교만한 까닭에 자연스럽게 치우치게 됩니다. 계속 치우치기만 한다면, 여러분 말해 보십시오. 제불보살이 어떻게 처리할까요? 상대하지 않고 여러분이 윤회 가운데서 천천히 구르게 내버려 둡니다. 기름 솥에 들어가려고 하면 아예 솥 아래에다 불을 때서 기름이 끓어오르게 하고, 여러분이 바삭하게 튀겨졌을 때 다시 옵니다. 여러분이 지옥에 내려가려고 하면 더 깊은 곳에 내려가도록 해 줍니다. 그것이 바로 대자대비이니 그렇게 하지 않으면 무슨 방법이 있습니까!

그러므로 스스로 지혜를 수지하고 스스로 복덕을 구하는 것이 너무나 중요합니다. 대치(對治) 방법이라고 하면, 지금 무엇을 하고 있는지를 알아야 합니다. 수지하는 것이 무슨 법인지 어떤 경계에 도달했는지 자신이 하나하나 분명하게 점검해야 합니다. 그래서 제가 늘 여러분에게 말씀드립니다. 부처님을 배우고 도를 배우는 데 있어서의 원칙은 바로 반성의 수련이요 반성의 학문이라고 말입니다. 자기 내부의 가장 깊은 것을 점검하고 관찰하는 행위 과학이기도 합니다. 이때의 반성이 가장 힘이 있기 때문에, 겉으로 드러난 이 경계에 대해 어떻게 대치할지를 알게 됩니다. 이것이 바로 공법(共法)인데 자신의 문제, 마장(魔障), 편향을 치료하는 공법입니다.

"其不共者, 唯以知自性之眞面一種而調治之(남과 다른 것은, 오로지 자성의 본모습 한 가지를 아는 것으로써 치료한다)." 도를 깨달은 사람이 진정으로 명심견성하면 신통을 구족하여 부처님과 똑같습니다. 빛을 발하고 땅을 움직이는 것도 아주 평범하고, 허공으로 뛰어올라 변화하는 것도 그저 그렇습니다. 모두 이 마음 이 본성이 변해서 나타난 것이고, 치우침[邪]과 바름[正] 또한 모두 그것이 변한 것입니다. 이것이 불공(不共)의 법입니다. 불공법은 큰 지혜이며 자유자재한 해탈입니다. 대치(對治)가 됐건 부대치(不對治)가 됐건 알기만 하면 끝입니다. 알았으면 끝났습니다.

"如何障來須當認淸, 則以信解恭敬, 啓請上師, 猛力懇求加持, 遂觀察彼障由何而生, 住在何處, 障害於誰(어떻게 장애가 왔는지 마땅히 분명하게 알아야 하니, 신해와 공경을 지니고서 상사에게 말하고, 강력하게 가지를 구하며, 저 장애가 무엇으로부터 생겨났는지, 어느 곳에 머무르는지, 누구에게 해로운지를 관찰한다)." 최상등의 법은 스스로 도를 깨닫고 본래 모습을 분명하게 알아서 어떤 종류의 장애가 오더라도 분명하게 아는 것입니다. 때로는 분명하게 아는 능력이 부족해서 오로지 신해(信解)와 공경을 지니고 상사의 강력한 가지(加持)를 구합니다. 왜 부처님께 구하지 않을까요? 부처님이 상사보다 낫지 않나요? 이는 그 속에 크고 오묘한 비밀이 있기 때문입니다. 그래서 밀법을 수행하면 상사상응법(上師相應法)이 중요한데, 선종과 마찬가지로 스승에게 가르침을 받는 사승(師承)이 가장 중요합니다. 부처님보다도 중요합니다. 이때에는 오로지 상사상응법을 수지해서 상사의 지혜와 공덕 가지(加持)를 구하고, 자신의 장애가 어떻게 해서 온 것인지, 현재 어떤 경계로 떨어졌는지, 장애가 어느 곳에 있는지를 관찰합니다. 기(氣)의 장애인지 혹은 맥(脈)의 장애인지, 도리[理]에서의 장애인지 혹은 일[事]에서의 장애인지 말입니다.

"若是等皆不可得, 唯自心通達, 住於赤露明顯時, 一切皆自心自色中解除也, 是卽名爲障礙了知爲悉地之瑜伽者(이런 것들은 모두 얻을 수 없으니, 오로지 자신의 마음이 통달해서, 적나라하고 밝게 나타남에 머무를 때, 일체가 모두 자신의 마음속과 자신의 색 안에서 없어지는데, 이것을 이름하여 장애로 인해 실지를 알고 성취하는 유가라 한다)." 진정으로 깨달은 후에 수행하는 사람은 비교적 잘합니다. 물론 완전히 다 잘한다는 말은 아닙니다. 각각의 경계가 올 때마다 그것이 일어난 곳과 떨어진 곳을 분명히 알고, 일체 경계와 일체의 일체는 끝내 얻을 수 없으며, 모두 미환약(迷幻藥)으로 진실이라고는 없음을 압니다. 참된 보리(菩提)에서 여래성불(如來成佛)에 이르기까지 꿈과도 같고 환상과도 같습니다. 하물며 이 일체가 수행으로 말미암아 일어나는 경계이니 더더욱 꿈같고 환상 같습니다. 따라서 이때에는 모두 얻을 수 없다는 것을 알게 되는데, 일체가 오로지 자신의 마음이 변한 것이고 자신의 마음이 나타난 것입니다. 부처님은 자신의 마음이 성취한 것이고, 마(魔) 역시 자신의 마음이 성취한 것입니다. 오로지 자신의 마음이 통달해서 적나라하고 명백한 견성(見性)에 머물러야 비로소 장애인지 혹 장애가 아닌지 알 수 있습니다. 그리하여 일체가 다 자신의 마음속에서 없어지고, 일체가 다 자신의 '색(色)' 안에서 없어집니다.

색법(色法)은 지수화풍을 포함하는데 변현(變現)할 때 없앨 수 있습니다. 물론 여기에는 큰 지혜가 필요합니다. 그러므로 교리(敎理)에서는 반야와 유식 모두에 통달해야 하고, 세간과 출세간 일체에도 모두 통해야 합니다.

그래서 저는 늘 한탄합니다. 요즘 청년들은 재가든 출가든 똑같이 입으로는 부처님을 배우고 불법을 배운다고 말하면서 경(經)이나 논(論) 한 권에도 통달하지 못했습니다. 불법에 체계가 없고 불학에도 체계가 없어서 세간법에도 미치지 못하는데, 이렇게 해서 성불하고 싶어 하니 세상에 그렇게 쉬운 일이 있겠습니까? 걸핏하면 부처님을 배운다고 들먹이면서 얼렁뚱땅 해치워 버려서야 성공할 수 있겠습니까? 분명히 말씀드리는데 불가능합니다.

부처님은 일체의 지혜에 통하고 만법의 근원을 꿰뚫었기 때문에 부처님을 배우라고 하는 것입니다. 부처님은 젊은 시절에 세간과 출세간의 일체 학문을 이미 성취하였기 때문에 나중에 불과(佛果)를 증득했습니다. 일개 범부가 성불하고 싶다면 마찬가지로 일체의 학문을 두루 배워야 합니다. 여러분은 배워서 주문을 외울 수 있고, 노래를 부르고 염불을 하고 절을 할 수 있습니다. 또 공(空)이니 유(有)니 하면서 몇 마디 정도는 매끄럽게 이야기할 수도 있습니다. 그런 후에는 눈을 감고 타좌를 합니다. 이렇게 하면 성불할 수 있습니까? 다른 사람들은 적당히 속였어도 부처님까지 적당히 속일 수 있겠습니까? 고금의 선지식들은 모두 멍청하고 여러분만 가장 총명하다는 말입니까? 열심히 경전을 보지도 않고 학문 연구도 열심히 하지 않으면서 한가한 시간에는 아무것도 하지 않고 이것이 부처님을 배우는 것이라고 생각합니다. 다들 자신을 잘 점검하십시오.

위에서 말씀드린 것들은 '자신의 색〔自色〕' 안에서 없어지는 것이 어렵다는 것을 말하고 있습니다. 여러분은 이 두 글자를 쉽게 생각하지 마십시오. 자신의 마음 가운데서 없어지는 것은 그래도 이해하겠는데, 자신의 색 안에서는 어떻게 없어질까요? 색법은 바로 사대인 지수화풍인데, 자신의 색이란 바로 여러분의 사대의 심신(心身)입니다. 물질세계의 햇빛, 공기, 물, 기후 등과 같은 것, 심지어 약물을 사용해서 조정하는 것도 모두 '자신의 색' 안에서 없어지는 법입니다. 그러므로 자신이 장애 때문에 알게 되고 성취합니다. 이런 사람이라야 수지를 안다고 말할 수 있습니다. 수지로 말미암아 발생하는 마난(魔難)과 장애를 자신이 분명히 알고, 진정한 실지(悉地)를 성취할 수 있다면, 그런 사람이야말로 참된 수행인입니다.

"又凡所現所生而成功德過失者, 若知一切皆自心之境, 無有他者, 苦亦自心, 樂亦心, 憂亦心, 喜亦心, 心而外則無有也(또 무릇 나타나고 생겨나서 성취하는 공덕과 과실이라는 것이, 만약 일체가 모두 자기 마음의 경계이고 다른 것이 없음을 안다면, 괴로움 역시 자신의 마음이고, 즐거움 역시 마음이며, 근심 역시 마음이고, 기쁨 역시 마음이니, 마음 바깥에는 없다)." 다시 한 번 선종의 노선에 접근하게 됩니다. 여러분이 정말로 알았다면 현유(現有)의 선악의 각종 경계, 각종 성공, 각종 과오, 마장(魔障)의 경계와 부처님의 경계, 이 모든 것이 다 자신의 마음이 변해서 나타난 경계이며, 진정한 마(魔)가 와서 여러분을 홀리는 것이 결코 아님을 알 것입니다. 검푸른 얼굴에 어금니가 툭 튀어나온 마귀가 그 무섭고 두려운 모습으로 여러분 머리를 물려고 하는 것을 보게 되더라도, 그것은 여전히 여러분 자신의 마음이 변해서 나타난 것이지 결코 다른 것이 없습니다. 예전에 어떤 수도자는 정(定)에 들어 있는데 마귀가 와서 잡아먹으려고 그의 머리보다 훨씬 큰 입을 벌리자 자신의 머리를 마귀의 입속으로 쑥 들이밀면서 이렇게 말했습니다. "자, 물어라!" 그러자 사라져 버렸습니다. 일체가 모두 자기 마음의 경계이며 차별이 없습니다. 그러므로 괴로움 역시 자기 마음이 변한 것입니다. 하지만 여러분은 자신의 마음이 오늘 왜 이런 기분으로 변해 버렸는지를 점검할 수 있어야 합니다. 즐거움도 자기 마음이 변한 것이고, 근심 역시 그러하며 기쁨 역시 그러합니다. 마음 바깥에 법이 없으니 일체가 모두 자신의 마음입니다. 그러므로 수시로 자신의 마음을 점검할 줄 알아야 하며, 어떻게 하는 것이 대치법으로 그것을 수정(修正)하는지를 알아야 합니다. 이것이 바로 수행입니다.

"若能了此關要, 是極歡愉, 衍文也. 吾云解除彼一切障, 生極快樂, 凡生障及不適意事, 惟全要行可行, 此乃瑜伽者所需也(만약 이 요점을 깨달을 수 있다면, 이것이 극도의 즐거움이라는 것은 쓸데없는 말이다. 내가 말하건대 저 일체의 장애를 없애면 극도의 쾌락이 생기지만, 무릇 장애 및 마음에 들지 않는 일이 생긴다면, 오로지 가행에 힘써야 하는데, 이것이 유가자들이 구하는 바이다)." 수지하는 중에 일체의 마(魔) 장애가 생겨나거나, 심지어 마음속으로 요 며칠 수지가 특별히 즐겁다거나 혹은 시원스럽지 못하다고 느낀다면, 그 역시 장애이므로 상사상응법을 수지하는 것 외에 곧바로 가행(加行)에 힘써야 합니다. 가행의 도는 아주 많습니다. 예불을 한다든지 참회를 구한다든지 염불 혹은 체공(體功)을 한다든지 권투 혹은 다른 운동을 한다든지, 심지어 커피 마시러 가거나 영화를 보거나 혹은 춤을 추거나 길거리를 쏘다니는 등등 자기 스스로 경계를 바꾸려는 시도를 해 봐야 합니다. 이것이 바로 이조(二祖)가 말한 "내 스스로 마음을 조절하니, 그대의 일과 무슨 상관이 있겠는가〔我自調心, 何關汝事〕"라는 것입니다. 마음을 조절할 줄 알아야 합니다. 수지는 그저 쓸쓸하고 외로운 것이라고 생각한다면, 그래서는 성공하지 못합니다.

"若不如此, 而作他方法, 此名爲惡劣者, 故魔害之也(만약 이와 같지 않고 다른 방법을 쓴다면, 이것을 악렬하다고 이름하는데, 그러므로 마귀가 해롭게 한다)." 만약 스스로 마음을 조절할 줄 모르고 각종 가행의 방법을 수지할 줄 몰라서 다른 법을 구하거나 혹은 다시 마법(魔法)을 구해서 수지하여 머리 위에 머리를 올려놓아 버린다면, 대단히 악렬(惡劣)하며 도리어 정말로 마장에 떨어져 버립니다.

무엇이 수도(修道)의 가행법입니까? 팔만사천법문이 모두 가행법입니다. 염불하고 호흡을 관(觀)하고 각종 관상(觀想)과 주문을 외우는 것 모두

가 가행이라고 하겠습니다. 대철대오하기 이전에는 일체법이 모두 가행입니다. 팔만사천법문이 모두 마음을 조절하는 방법입니다. 산이나 숲을 돌아다니거나 꽃을 심고 대나무를 가꾸거나 심지어 노래 부르고 춤추는 것도 모두 마음을 조절하는 방법입니다. 비구의 별해탈계(別解脫戒)[237]에서는 노래 부르고 춤추는 것은 계를 범하는 것입니다. 하지만 대승의 수행법에서 놀이와 가무를 하는 것은, 계를 범하는 것이 아니라 마음을 조절하는 법입니다. 만약 여러분이 그것을 구실 삼아 탐한다면 그것은 계를 범하는 것입니다. 마음속으로 이것은 약을 먹고 있는 것임을 알고 있다면, 행위는 비록 이와 같을지라도 계를 범했다고 하지 않으니 다른 사람에게 변명할 필요 없습니다.

"凡有所生, 自心使之分明, 於內妄念, 尋求障礙, 了不可得, 此乃自性大圓滿之緊要(무릇 생겨나는 바가 있는 것은, 자신의 마음이 그것을 분명하게 한 것이라서, 안으로 망념에서 장애를 찾아 구해도 끝내 얻지 못하니, 이것이 자성 대원만의 요긴함이다)." 『금강경』에서 말하기를 "무릇 형상이 있는 것은 모두 다 허망하니, 만약 모든 형상을 형상이 아님으로 본다면 여래를 본 것이다(凡所有相, 皆是虛妄, 若見諸相非相, 卽見如來)"라고 했습니다. 일반적으로 말하기를, 『금강경』은 모두 선법(善法) 일면으로 편향되게 풀이했다고 말하지만, 틀렸습니다. 무릇 형상을 지닌 것은, 설사 성불의 형상이라 할지라도 허망하니, 일체의 형상이 모두 머무르는 바가 없습니다. 집착하지 않고 모조리 버리며, 지나가 버리고 머무르지 않습니다. 어떤 사람은 말합니다. "저는 당시의 경계가 공(空)이었습니다. 얼마나 좋았는지 모릅니다. 그랬는데 그만 나중에는……." 여러분이 이렇게 말하는 것이 이미 불법의 도

---

**237** 비구, 비구니가 지켜야 하는 계를 조목별로 적은 것으로, 몸이나 입으로 짓는 악업을 따로따로 해탈하는 계법이다.

리를 위반한 것입니다. 지나가 버린 것은 다시 얻을 수 없습니다. 지나가 버린 것에 연연해서 뭐 합니까? "진실로 날마다 새로우니, 또한 날마다 새롭다〔苟日新, 又日新〕"라고 했습니다. 어제는 어제고 오늘은 오늘입니다. 어제의 경계가 옳았다고 생각한다면 그 자체가 잘못된 것이 아닙니까? 옳고 옳지 않은 경계가 어디 있습니까? 마땅히 머무르는 바가 없으면서 그 마음을 생겨나게 하는 도리도 알지 못합니다. 그러므로 여러분은 알아야 합니다. 장애가 있어도, 장애도 공(空)이요 공(空)도 공(空)이라 아무리 해도 끝내 얻지 못합니다. 바꾸어 말하면 위의 구절은 불요의(不了義)이며 장애도 괜찮습니다. 반면에 이 구절은 요의(了義)이면서 불요의이기도 한데, 잘못됐다는 것과 괜찮다는 것이 뒤섞여 있습니다. "무엇이 부처님입니까?" "말라빠진 개똥입니다." 이것이 요의법입니다. 이것이 "자성 대원만의 요긴함〔此乃自性大圓滿之緊要〕"입니다

"示出如我所行持而著述也(내가 수지한 바를 보여 주고자 저술하였다)." 조사(祖師, 주해서의 저자)께서 말씀하셨습니다. "내가 자비 때문에 수지의 요령을 여러분에게 말씀드리는 것입니다."

"第二義, 等持之助進(두 번째 뜻은 선정을 도와주는 것이다)." 이것이 두 번째 뜻이니 조도품(助道品)입니다. 오늘의 법본은 여러분의 도(道)를 도와주는 것에 불과합니다.

"於何所出方便, 對治失壞及未失壞而令增上二者(어디에서 방편을 내어, 잃어버리고 무너진 것과 아직 잃어버리고 무너지지 않은 것을 대치하여 둘을 증진시킬 것인가 하는 것이다)." 이것은 여러분에게 어떻게 수지하는지, 어떻게 하는 것을 옳다고 하는지, 자기 수행의 마장을 어떻게 치료하면 도법(道法)을 증진시킬 수 있는지를 말해 줍니다. 보세요. 과거의 조사들이 얼마나 자비롭습니까. 그들은 후세 사람을 위해서 불법의 개요를 모았습니다. 성취를 거둔 사람이 책을 쓴 것은 모두 자비심 때문이지 결코 명성을 얻고

자 해서가 아니었습니다. 그들은 명성을 필요로 하지 않으니 명성은 그들에게 아무 소용없습니다. 이것은 그들의 무상(無上)의 자비이므로 우리는 귀하게 여기고 공경해야 합니다. 공경하기만 하면 이익을 얻습니다.

## 어떻게 과실을 조치할 것인가

"示對治功力有過之次第者(공력에 과실이 있을 때 대치하는 순서를 보인다)."
아래는 수지하고 수련하는 경계에 과실이 있을 때, 과실에 대해 조치(調治)하는 순서를 말합니다.

---

도움을 받아 무너진 것을 조정하고 증진시키는데, 무너지고 잃어버린 것을 조치하는 데는 세 가지가 있다. 최상은 견지로 치료하고 제법을 관하는 것이다. 마음이 편안히 서는 바가 환상과 같고, 실체로 붙잡는 것이 없어서 두루 공과 같으니, 내가 붙잡은 자성이 공이라는 것에서 떠나고, 집착하지 않는 가운데 자연스러운 흐름에 내맡긴다. 번뇌에 물든 장애의 힘이 본성을 나타내고, 일체의 장애와 어려움이 선으로 변하기를 구하니, 그릇된 인연이 다 보리의 짝이 되고, 몸의 즐거움과 마음의 편안함이 계속되어 끊어지지 않는다.

助進調壞及增上, 調治壞失有三種. 最上見治·觀諸法. 心所安立如幻化, 體無實執遍如空, 離我所執自性空, 無有執着中任運. 染障之力現本性, 一切障難求化善, 違緣悉成菩提伴, 體樂心安續不斷.

---

여러분의 수행과 수련을 도와주는 것이 '조진(助進)'인데, 수지의 경계가 무너지면 어떻게 조정하는가에서 증상법(增上法)의 수지에까지 이릅니다. 수지하는 경계의 과실을 어떻게 조치할 것인가에 관해서는 모두 세 가지

가 있습니다.

"최상은 견지로 치료하고 제법을 관하는 것이다. 마음이 편안히 서는 바가 환상과 같고, 실제로 붙잡는 것이 없어서 두루 공과 같으니, 내가 붙잡은 자성이 공이라는 것에서 떠나고, 집착하지 않는 가운데 자연스러운 흐름에 내맡긴다〔最上見治·觀諸法. 心所安立如幻化, 體無實執遍如空, 離我所執自性空, 無有執着中任運〕." 각종 마장을 대치하고 조정하는 데 있어서 최상품 최상승은 견지(見地)와 지혜에 의지하는 것입니다. 예를 들면 사람들이 수행을 하지 않아서 진보가 없는 그것이 바로 마장입니다. 여러분은『종경록』강의도 들었고 칠일 법회에도 참가했으며 정좌(靜坐)도 했지만, 여러분의 진보는 어디에 있습니까? 이처럼 큰 마장에도 불구하고 마장이 없다고 말하니 약간의 견지조차 없습니다. 스스로 이런 것도 제대로 보지 못하면서 어떻게 견지를 들먹입니까? 마장이 없었으면 일찌감치 성취했을 것이고 마장이 적으면 진보가 많을 텐데 어떻게 마장이 없다고 말합니까? 더욱이 스스로 점검해 보면 매일같이 마장 가운데 있습니다. 타좌를 하고 싶어서 막 자리에 앉았는데 또다시 사정이 생겨서 제대로 안 되었다면 그것도 바로 마장입니다.

범부의 마장은 어디에 있습니까? 말하기를 좋아하는 사람은 말할 대상이 없으면 살 수가 없습니다. 적어도 몇 년은 수명이 짧아집니다. 도박을 좋아하는 사람은 도박 친구들을 끌어모으지 못해서 며칠 동안 도박을 못하면 금방이라도 병이 나려고 합니다. 이런 것이 모두 견지입니다. 만약 견지가 정말로 경지에 도달하고 어떤 마(魔)도 없으면, 일체법을 관(觀)하는 것이 꿈같고 환상 같습니다. 바로『금강경』에서 "무릇 형상이 있는 것은 모두 다 허망하다"라고 말했던 것이기도 합니다. 여러분은 이해했다고 말하면서 어떤 경계도 필요치 않다고 합니다. 세 끼 밥 먹느라 바쁘면서 어떤 일이든지 모두 잘 끝낼 수 있기를 희망합니다. 이것은 경계가 아닙니까? 하루 온종일 망상이 끊이지 않는데, 이것은 경계가 아닙니까? 인생의 어느 한 부분이 경계 가운데 있지 않습니까? 인생 일체가 모두 형상이고, "세상 인연을 좇아 걸림이 없으면, 생사 열반이 허공의 꽃 같다〔隨順世緣無罣礙, 涅槃生死等空花〕"고 했는데, 말은 어찌나 쉬운지요! 참으로 그것을 해낸다면 성공할 것입니다.

여러분의 견지가 도달했다면 세법(世法) 가운데서도 똑같이 수지합니다. 그해 원(袁) 스승님과 성도(成都)에서 '유마정사(維摩精舍)'를 세웠을 때는 모든 것이 단순하고 허술했습니다. 어디 지금처럼 이렇게 냉난방이 잘 되고 모든 것이 편안하게 잘 갖춰졌겠습니까? 당시 우리는 어디에서 타좌를 했을까요? 댄스홀, 찻집, 커피숍, 극장에서 했습니다. 연극을 보러 가서 표를 사고 차를 따른 후 연극을 보는 것이 바로 타좌였습니다. 노랫소리가 시끄러울수록 청정함이 더해졌습니다. "세상 인연을 좇아 걸림이 없으면, 생사 열반이 허공의 꽃 같다"라는 말이 아닐 수 없습니다. 여러분은 여기에서도 제대로 수련을 못 하면서 산속으로 달려가서 초가에 머물고 싶어 합니다. 그러고도 수행이라고 부릅니까? 무엇이 견지에 있어서 대치(對治)입니까? 바로 "마음이 편안히 서는 바가 환상과 같다〔心所安立如幻化〕"는 것입니다. 일체법은 세간법과 출세간법이 모두 그 속에 있고 마(魔)와 도(道) 역시 그 속에 있는데, 모두가 환상과 같습니다. "실제로 붙잡는 것이 없다면 두루 공과 같다〔體無實執遍如空〕", 일체가 본래 나를 떠나 있는 것이지, 나에게 그것을 떠나라고 하지 않습니다. "내가 붙잡은 자성이 공이라는 것에서 떠난다〔離我所執自性空〕", 내가 붙잡은 자성은 본래 공(空)입니다. 하지만 여러분이 수지할 수 있고 비울〔空〕 수 있다면, 그러면 자성은 공이라고 부르지 않습니다. 그것은 여러분이 그것을 비운〔空〕 것입니다.

우리는 왜 수행에 진보가 없을까요? 여러분이 타좌를 하든 안하든 상관없이, 수도(修道)할 때 자성이 공이라는 것을 붙잡고 한사코 그것을 비우려고〔空〕든다면 그것은 더더욱 낭패입니다. 그렇기 때문에 견지가 잘못되면 각종 잘못이 생깁니다. 머리가 바르지 않은데 꼬리가 어떻게 바르겠습니까? 스스로 이런 것도 찾아내지 못하면서 어떻게 수행을 합니까? "집착하지 않는 가운데 자연스러운 흐름에 내맡긴다〔無有執着中任運〕", 일체에 집착하지 않으면 그럭저럭 됩니다. 만약 나는 일체에 집착하지 않는다고 말하고서 타좌를 하려고 하면, 그것은 여러분이 이미 집착한 것입니다. 일체에 집착하는 바가 없는 가운데서 흐름에 맡기고 자재로워야 합니다. 주의해야 할 것은, 선법(善法)에 집착하는 바가 없고 악법(惡法)에는 더더욱 집착해서는 안 된다는 것입니다. 그래서 오조(五祖)는 이렇게 말했습니다. "본성을 보지 못하면 법을 수행해도 이로움이 없다〔不見本性, 修法無益〕." 견지가 도달하지 않으면 여러분이 수행하는 법문은 모두 사문(邪門)으로 변해 버립니다. 하물며 사법(邪法)을 수행한다면 더더욱 사(邪) 중의 사(邪)입니다.

"번뇌에 물든 장애의 힘이 본성을 나타내고, 일체의 장애와 어려움이 선으로 변하기를 구하니, 그릇된 인연이 다 보리의 짝이 되고, 몸의 즐거움과 마음의 편안함이 계속되어 끊어지지 않는다〔染障之力現本性, 一切障難求化善, 違緣悉成菩提伴, 體樂心安續不斷〕." 번뇌에 물든 장애 가운데서, 악법 가운데서, 마장 가운데서, 심지어는 지옥 가운데서 자신의 큰 지혜와 해탈의 힘을 나타내는데, 이것이야말로 명심견성입니다. 만약 선법 가운데서만 수행한다면 그것이 뭐 신기할 게 있습니까? 그러므로 일체의 장애와 어려움 가운데서 마법을 모두 선법으로 변화시켜야 합니다. 만약 일체의 그릇된 인연〔違緣〕을 보리로 전화시키지 못한다면, 그러고도 무슨 도를 구한다는 말입니까? 여러분은 청정이 바로 좋은 인연〔順緣〕이고 바로 도라고 생각하십니까? 여러분이 청정 가운데로 떨어진다면, 청정이 바로 그릇된 인연이고 도를 볼 수 없습니다. 그러므로 참된 견도(見道) 참된 수도(修道)는 보면 볼수록 어렵습니다. 부처님께서는 늘 "선남자(善男子), 선여인(善女人)"을 언급하셨는데 너무도 많습니다. 사천(四川) 말로 선(善)과 산(散)은 음이 같습니다. 산만해서 어떤 것도 아랑곳하지 않는, 온 땅이 다 그런 사람들입니다. 그래서 저는 대단히 한탄합니다. 수십 년 동안 이런 재료(참된 법기) 즉 참으로 수행하는 사람은 아주 찾기 어려웠습니다.

이때가 되면 여러분은 이해하게 되고 지혜가 알게 됩니다. 열반의 청정한 즐거움은 자연스럽게 번뇌 가운데 있습니다. "몸의 즐거움과 마음의 편안함이 계속되어 끊어지지 않는다[體樂心安續不斷]", 노력하지 않는 노력, 효용이 없는 사용, 가는 곳마다 노력하는 것이 계속되어 끊어지지 않는 이것이 견지입니다. 견지는 바로 선종의 깨달음입니다. 물론 이것은 제가 말씀드린 것이지 여러분이 깨달은 것이 아닙니다. 들으면 들을수록 잘못될 수도 있으니 반드시 각자가 자신으로부터 뛰쳐나와야 됩니다.

"現出無方天空悟, 最上瑜伽士, 能了悟一切皆如幻, 無有實體, 則障礙根本解脫, 現出法爾證悟('방향 없는 허공이 나타남을 깨닫다'이니 최상의 유가사가, 일체가 모두 환상 같고 실체가 없음을 깨달을 수 있으면, 장애를 근본적으로 해탈하고 법이의 나타남을 깨닫게 된다)." 최대의 견지는 바로 명심견성입니다. 명심견성하여 도를 깨닫는 그 경계에 참으로 도달하면 마치 하늘 가득했던 운무가 흩어진 것 같아서, 즉시 푸른 하늘 같은 본래 모습이 드러납니다. 끝이 없고 걸리는 것이 없으며 끝내 얻을 수 없는 허공, 이것이야말로 최상의 유가사(瑜伽士)가 수지를 해서 도달할 수 있는 것입니다. 이것을 깨달았는데 아직도 경계가 있습니까? 경계가 있습니다. 그것 역시 하나의 형상이 아닙니까? 형상이라도 무방합니다. 영가대사(永嘉大師)는 육조를 만났을 때 그의 둘레를 세 번 돌고[圍繞三匝] 그 앞에 선 채 아무 말도 하지 않았습니다. 육조는 그와 몇 마디 대화하고 마지막으로 그에게 물었습니다. "당신 이것은 분별심이 아닙니까?" 그러자 영가대사가 말했습니다. "분별 또한 뜻이 아닙니다[分別亦非意]." 분별도 괜찮습니다! 그러자 육조가 말하기를, 이러하다면 당신이 옳다고 했습니다. 분별도 괜찮지만 깨달은 후에는 무엇을 가리켜 형상이 있다 형상이 없다고 말합니까? 그러므로 이때에는 형상[相]과 형상 없음[無相], 깨달음[悟]과 깨닫지 못함[不悟]을 말하지 않게 됩니다. "일체가 모두 환상 같아 실체가 없음을[一切皆如幻, 無有實體]" 깨닫게 되는 것입니다. 깨달은 후 다시 돌아와서 이 낡은 고물들을 주워서 사용하는데, 또다시 공락정·공명정·무념정을 수지합니다. 그러면 그때 발생하는 마장들은 더 이상 마장이 되지 않습니다. 여러분은 묻겠지요. 깨달은 후에도 여전히 이것을 수지해야 합니까? 『원각경』에서 말하기를, 도를 깨달은 것은 금광을 캐는 것에 비유할 수 있다고 했습니다. 오랜 세월 진흙 속에 섞여 있던 금은 제련을 거쳐야만 비로소 순수하고 깨끗해질 수 있습니다. 그런 다음에 두드려서 그릇을 만들면 광채를 발해서 땅을 진동시킵니다. 그러므로 여러분이 본성을 깨달은 후가 수행하기 딱 좋고 공양하기도 딱 좋으며 또 해탈하기도 딱 좋습니다.

# 제13강

여러분이 참으로 도를 볼 수 있으면 현량(現量)의 경계가 나타나고 공성(空性)에 도달하는데, 일체가 꿈같고 환상 같아서 실체가 없음을 깨닫습니다. 그 가운데의 도리는 두 가지 점에 주의해야 합니다. 첫 번째는 일반적으로 자연(自然)을 깨달았으면 공(空)이라고 생각한다는 점입니다. 하지만 공(空)은 하나의 경계이고 깨달음〔悟〕은 반야입니다. 경계가 반야에 이르기는 하지만 실상반야를 깨달아야 비로소 큰 깨달음〔大悟〕입니다. 그러나 실상반야를 깨닫는〔覺悟〕 이 각(覺)은 경계가 아닙니다. 이 부분에 특별히 주의해야 합니다. 두 번째는 일반적으로 부처님을 배우고 도를 수행하는 사람들은 모두 경계를 가지고 도(道)로 여기고 깨달음〔悟〕으로 여긴다는 점입니다. 참으로 큰 잘못이고 특별한 잘못입니다.

　최고의 유가사(瑜伽士)는 일체가 환상 같고 실체가 없음을 깨달을 때, 생리상 기맥의 장애와 심리상의 장애를 포함한 모든 장애로부터 근본적으로 해탈하게 됩니다. 이때 공성(空性)의 경계를 증득하고 대지혜의 해탈의 도리를 깨닫습니다.

# 생사와 열반은 꿈같고 환상 같다

"又涅槃輪廻之法, 一切皆顯如幻之自性故, 無有自性, 本自如是(또 열반과 윤회의 법은 일체가 모두 환상 같은 자성이 나타나는 것이므로, 자성은 없으며 본디 스스로 이와 같다)." 모든 부처님은 성불하고 열반을 증득했는데, 일체의 범부는 성불하지 않고 육도윤회 가운데서 나고 죽으며 돌고 돕니다. 열반과 윤회는 상대적인 것으로, 꿈에서 깨어나는 것이 바로 열반이요 꿈속에서 나고 죽는 것이 바로 윤회입니다. 이것은 비유인데, 사실상 참으로 깨닫고 공성(空性)을 보았을 때 비로소 열반과 윤회는 단지 상대적인 경계의 모습(境相)임을 알게 됩니다. 일체를 모두 알게 되면 끝마칠 만한 생사도 없고 증득할 만한 열반도 없으니, 생사와 열반 일체가 모두 꿈같고 환상같이 드러납니다. 이것이 자성의 본래 도리입니다. 바꾸어 말하면, 열반 그 자체는 단독으로 존재하는 성질이 없으며 윤회 그 자체도 단독으로 존재하는 성질이 없습니다. 일체 만상이 모두 한 몸인데 그것이 변화해서 물질세계, 정신세계 등등이 되었습니다. 일체가 모두 생멸(生滅) 변화 가운데 있습니다. 만약 증득할 만한 열반이 있다면 열반은 곧 하나의 경계가 됩니다. 무릇 경계는 모두 생멸 속에 있습니다.

여기에서 "환상 같은 자성(如幻之自性)"은 본체의 자성을 가리킵니다. "자성이 없으며(無有自性)"는 열반과 윤회라는 두 경계 현상을 가리키는데, 그것은 단독으로 존재하는 능력과 성질이 없습니다. 중국 불학에서 가장 성가신 문제는 이 두 가지 자성을 늘 뒤섞어 버린다는 점입니다. 흔히 불학이나 유식을 강의하다 보면 이 문제에 빠지게 됩니다. 지금 많은 사람이 "자성이 없다(無自性)"고 생각하고, 선종에서 명심견성을 이야기하는 것이 근본적으로 외도의 견해라고 말합니다. 공부를 제대로 하지 않았기 때문에 모두 이러한 문제에 빠져 있는 겁니다. 이것은 일반인에 한정된 문제가 아니고 근 백 년 이래 많은 수의 대덕(大德)과 불학 전문가, 심지어는 큰 법사들에 이르기까지 모두 이러한 착오 속에 빠져 버렸으니 대단히 심각합니다. 오늘날의 불학 관련 저작들은 더더욱 그러합니다. 만약 진시황이 다시 태어난다면 이것들을 몽땅 불태워 버릴 것입니다. 그러므로 특별히 유의해야 합니다. 똑같은 두 가지 자성이 존재하게 된 것은 어휘가 충분치 않은 데다 번역하는 사람이 유의하지 않았기 때문입니다. 자신이 이해했으니 다른 사람도 이해했으리라 생각한 것이지요.(결과는 뒤섞여 버렸습니다.)

열반과 윤회는 본디 스스로 이와 같고 본래 공(空)입니다. 생사가 본래 공이고 열반도 본래 공이므로, 공(空)한 자성은 생멸(生滅)이라고 할 것도 없고 변이(變異)라고 할 것도 없습니다.

"般若八千頌帝釋品善現(卽須菩提)云: 天子等, 我謂較涅槃有勝法者, 然亦皆如夢如幻〔반야팔천송제석품에서 선현(즉 수보리)이 말하였다. 천자 등에게 내가 이르노니 비교적 열반은 뛰어난 법이지만, 또한 모두 꿈같고 환상 같다〕." 『반야경』의 팔천송제석품(八千頌帝釋品)[238]에서는 이렇게 말했습니다. 선현(즉 수보리)이 제석(옥황대제)에게 말했습니다. "내가 당신들에게 말해 주는데, 세상의 모든 일은 가짜이고 오직 열반만이 진짜이지만 열반 역시 꿈같고 환상 같습니다."

"是故如夢如幻, 亦與彼涅槃之法無有分別(이런 까닭에 꿈같고 환상 같음 또한 저 열반의 법과 분별이 없다)." 그러므로 꿈같고 환상 같음 또한 바로 열반의 현상입니다. 그런 까닭에 오조와 육조가 모두 『금강경』을 제창한 것은 단지 이론상의 깨달음이 아니라 "일체 유위법은 꿈 환상 물거품 그림자

---

238 최초의 반야부 경전이라는 『팔천송반야경』을 일컫는 듯하다. 제17강에는 『반야팔천송』이라고 나오는데 동일한 경전을 가리키는 것으로 보인다.

와 같고 이슬 같고 또한 번개 같음〔一切有爲法, 如夢幻泡影, 如露亦如電〕"을 증득하려고 한 것이었습니다. 이것이 이미 전체 불법이며 또한 반야의 도리이기도 합니다.

"無可分者, 有情爲業幻, 瑜伽士爲道力幻, 佛爲住淸淨幻, 故一切法皆幻也(나눌 수 없는 것은, 유정은 업의 환상이요, 유가사는 도력의 환상이며, 부처님은 청정의 환상에 머무름이니, 그러므로 일체법이 모두 환상이다)." 왜 일체가 꿈같고 환상 같다고 말할까요? 일체 중생이 업력(業力)에 묶여 있기 때문입니다. 하지만 업력 또한 꿈과 환상이기 때문에 중생도 꿈같고 환상 같습니다. 선정을 수행하고 도를 수행하는 사람은 도업(道業)에 묶여 있습니다. 하지만 도업 또한 꿈같고 환상 같습니다. 부처님은 열반을 증득하여 청정의 경계에 머무르는데, 이것은 청정의 환상〔淸淨幻〕에 머무르는 것입니다. 왜냐하면 일체가 모두 꿈같고 환상 같기 때문입니다. 불법을 실재(實在)라 여기고 집착한다면 불법은 이미 외도로 변해 버립니다. 그렇다면 우리는 지금 어떤 법을 수행할까요? 꿈같고 환상 같은 법을 수행합니다. 그러므로 꿈같고 환상 같은 수행법이라는 인식을 지녀야 합니다.

"無二尊勝本續云: 諸種幻神變, 自然淸淨現, 瑜伽悉地果, 道力現各種, 三界諸有情, 生業煩惱苦, 於彼諸如來, 知一切智慧, 秘密不可思, 現淨作業力(『무이존승본속』에서 말하였다. 모든 종류의 환상의 신비로운 변화는, 자연스러운 청정의 나타남이며, 유가실지의 과위이니, 도력이 여러 종류로 나타난다. 삼계의 모든 유정은 업력과 번뇌로 괴롭지만, 저 모든 여래는 일체의 지혜를 아니, 비밀스럽고 불가사의하며, 현량의 청정을 업력으로 삼는다)." 밀종의 법본은 우리에게 일체가 모두 환상의 신비로운 변화〔神變〕라고 말해 줍니다. 꿈같고 환상 같다는 것이 없다는 말은 아닙니다. 꿈같고 환상 같다는 말을 들으면 곧바로 아무것도 없다고 생각하는데, 그것은 단견(斷見)으로서 유물론의 관점과 똑같습니다. 제불보살의 지혜와 신통 역시 환화(幻化) 중의 신비로운 변화입니다. 바꾸어 말하면 신비로운 변화 중의 환화이기도 합니다. 하지만 우리로 하여금 신통한 도업(道業)의 환변(幻變)을 일으킬 수 있게 하는 것은 본체의 능력으로서 본래부터 청정합니다. 그러므로 수지하는 사람이 선정을 수지해서 '유가실지(瑜伽悉地)'를 증득하는 것이 바로 이 경계의 원만한 과위(果位)입니다.

우리가 도(道)를 수행한 과(果)는 도력(道力)이 드러나는 각종 경계이기도 합니다. 기맥을 일으키는 것을 예로 들면, 기맥은 본래 있지만 여러분이 도를 수행하지 않아서 정력(定力)이 없기 때문에 일으키지 못하는 것입니다. 여러분이 도를 수행해서 오래도록 청정(淸淨)하여 청정의 도력이 드러나기만 하면, 곧바로 본래 지니고 있던 능력을 일으키게 됩니다. 삼계(三界) 안의 일체 중생은 업력과 번뇌에 갇혀 있는데, 부처님께서는 번뇌를 전화시켜서 지혜로 바꿉니다. 바꾸어 말하면 범부의 번뇌가 많으면 많을수록 도를 깨달은 후에 그 지혜가 더욱 큽니다. 이것은 지혜가 많은 사람일수록 번뇌가 더 많다는 말이기도 합니다. 세상도 마찬가지이니 사람은 학문이 많을수록 괴로움도 깊습니다. 본 것이나 아는 것이 너무 많기 때문입니다. 그러므로 학문이 뛰어나고 일체를 아는 사람이 도를 깨닫는다면 그 지혜와 신통은 넓고 큽니다. 멍청한 머리는 아무것도 모르기 때문에 도를 수행하는 데 성공했다 치더라도 멍청이 도(道)에 불과할 뿐입니다. 동과(冬瓜)가 수박[西瓜]으로 변했어도 마찬가지로 여전히 오이[瓜]입니다.

그렇기 때문에 우리는 일체의 차별지(差別智)를 알아야 합니다. 도를 깨닫기 이전에는 학식이 많을수록 장애의 도[障道]가 더욱 깊습니다. 하지만 도를 깨달은 후에는 여러분의 학식이 많지 않음을 걱정합니다. 학식이 많을수록 지혜가 더욱 큽니다. 그래서 부처님께서는 『대반야경』에서 이렇게 말했습니다. 일체 중생은 학문이 뛰어날수록 지혜가 더욱 많고 번뇌가 더욱 깊으니 사람이 독약을 먹는 것 같아서 사망하게 됩니다. 그런데 공작이라는 새는 독을 지닌 곤충만 오로지 먹습니다. 지네, 독사, 두꺼비, 전갈 등등 이런 맹독성 곤충은 공작의 깃털을 더 아름답고 화려하게 만들어 줍니다. 부처님께서 말씀하시기를, 보살의 대반야 지혜는 공작 같아서 독이 많은 것을 두려워하지 않으니 독을 많이 먹을수록 좋다고 했습니다. 그러므로 중생은 업력과 번뇌가 괴롭기는 해도 부처님의 경계에 도달하면 이 번뇌가 전화해서 지혜로 변합니다. 이것이 바로 자성의 능력이고 이것이 바로 최고의 밀종이니 비밀스럽고 불가사의한 힘입니다. 이것이 현량(現量)의 경계이며 번뇌 그 자체가 바로 정토입니다. 그래서 번뇌가 곧 보리(菩提)입니다.

그렇지만 우리는 절대 이렇게 말해서는 안 됩니다. 그것은 말장난입니다. 여러분, 번뇌를 보리로 생각하십시오! 여러분, 번뇌하십시오! 잠시 후면 여러분을 지옥으로 끌고 들어갈 것이니, 장난해서는 안 됩니다. 번뇌를 현량의 청정한 경계로 전화시키고 현량경을 업력으로 삼아야 비로소 선업(善業) 지혜의 힘입니다.


## 일체가 환상임을 아는 상근기의 수행법

"又瑜伽者, 應知體·道·果三者之虛幻(또 유가자는 마땅히 체·도·과 셋의 허환함을 알아야 한다)." 수지하는 사람은 마땅히 자성 본성, 수도(修道), 증과(證果) 이 셋 역시 꿈같고 환상 같음을 알아야 합니다. 만약 증과에 집착해서 정말로 과(果)를 얻겠다고 하면 낭패입니다. 체(體) 도(道) 과(果)는 『중용』에서 말한 것과 같습니다. "하늘의 명을 성이라 한다〔天命之謂性〕"는 이것이 체(體)입니다. "성을 따르는 것을 도라 한다〔率性之謂道〕"는 이것이 도(道)입니다. "도를 닦는 것을 교라 한다〔修道之謂敎〕"는 이것이 과(果)입니다. "중화의 경지에 도달하면 천지가 제자리를 잡고 만물이 길러진다〔致中和, 天地位焉, 萬物育焉〕"는 것 역시 과(果)입니다. 그런데 체(體) 도(道) 과(果) 셋은 체(體) 상(相) 용(用)이기도 합니다. 범부에게는 체·상·용이고, 수도하는 사람에게는 체·도·과입니다. 하지만 여러분은 "셋의 허환함〔三者之虛幻〕"을 알아야 합니다.

"如智慧海本續云: 本自無有體, 自性住如幻(『지혜해본속』에서 말한 것과 같다. 본디 스스로 체가 없어서, 자성은 머무르는 것이 환상 같다)." 형이상적 본체는 가명(假名)으로, 단지 표현하기 위한 것입니다. 진정한 체(體)가 어디 있습니까! 만약 체라는 것이 있다면 체라고 부르지 않았을 것입니다. 예를 들어 바닷물은 짠맛이 그의 체(體)인데, 바닷물을 정제하면 소금이 나오지만 소금을 다시 정련하면 공(空)으로 변하고 맙니다. 짠 것이 어디에 있습니까? 하나의 고정된 체를 찾아낼 수가 없으므로 체가 없는 것입니다. 원자나 핵 같은 것도 끝까지 가보면 텅 비어〔空〕 있습니다. 중심이 텅 비어 있고 체가 없습니다. 그런데 체가 없다고 하지만 그것은 또 이러한 기능을 지니고 있습니다. 자성은 본래 꿈같고 환상 같은 경계 가운데 늘 머물러 있습니다.

"住及斷常力, 所現妄念幻(단견과 상견에 머무르니, 나타나는 망념이 환상이다)." 우리 자성은 본래 있습니다. 사람들은 수도(修道)를 했다 하면 명심견성하려고 하는데, 어디로 가서 보고 어디로 가서 찾습니까? 여러분의 자성은 본래 여러분에게 있지 않습니까! 하지만 중생이 자성을 찾아내지 못하는 까닭은 단견에 떨어지지 않으면 상견에 떨어지기 때문입니다. 우리의 관념은 일체 번뇌와 망념이 끊어진 후라야 자성이 나타난다고 생각하는데, 이것만으로 이미 틀렸습니다. 번뇌를 끊을 수 있습니까? "칼을 뽑아 물을 끊어도 물은 다시 흐르고, 술을 빌려 시름을 없애도 시름은 다시 시름겹다〔抽刀斷水水更流, 借酒消愁愁更愁〕." 번뇌가 전화되기만 하면 곧바로 지혜이지만 번뇌의 자성은 본래 공(空)이지 않습니까? 무엇을 끊는다는 말입니까? 번뇌는 또 머물러 있지도 않습니다. 어제 화를 냈는데 오늘은 왜 그 화를 찾아내지 못합니까? 어제 기뻐했지만 오늘은 그 기쁨을 찾아내지 못합니다. 희로애락과 번뇌가 모두 본래 공(空)이니 여러분 자신이 그것을 비울[空] 필요가 없습니다. 일반인들은 부처님을 배우고 공(空)을 배운답시고 자리에 앉으면 죽어라 공(空)을 구합니다. 자신이 이 공(空)이라는 것을 만들어 낸다면 '오이[瓜]'가 아니고 무엇입니까? 자리에 앉은 한 사람 한 사람이 모두 오이로 변하고 말 것입니다. 여러분이 공(空)이라는 것을 만든다면 그것이 바로 번뇌이며, 그 번뇌 자체는 머물러 있지 않습니다! 그것은 본래 공인데 여러분이 뭐 하러 그것을 끊습니까?

그렇다면 말해 보십시오. 자성이 영원히 여기에 있습니까? 무상(無常)합니다! "어제의 일은 머물러 있을 수 없고, 오늘의 일은 괴로움과 근심이 많다[昨日之事不可留, 今日之事多煩憂]." 괴로울 때는 괴롭고 괴롭지 않을 때는 괴롭지 않습니다. 여러분은 오늘 유쾌한가요? 유쾌하지 않습니다. 내일은 유쾌할까요? 모릅니다. 그럼 어제는? 어제는 고통스러웠어도 괜찮고 번뇌했어도 괜찮습니다. 다 지나갔습니다. 뭐 하러 그것을 머물러 있게 합니까! 하지만 여러분은 여전히 그 자리에 앉아 수련을 하면서 죽어라 번뇌를 끊어 내고 있습니다. 여러분의 번뇌는 금고 안에 갇혀 있습니까? 일찌감치 도망갔습니다. 범부는 단견에 떨어지지 않으면 상견에 떨어지기 때문에, 여러분의 현량(現量)이 나타내는 바를 알지 못합니다. 일념을 머무르게 한 망념은 그 자체가 허망합니다. 그런 까닭에 당장의 꿈과 환상에 속는 중생의 어리석음이 가련하다고 말하는 것입니다. 꿈과 환상에 속는 것이 바로 어리석은 범부이며, 꿈과 환상은 허공에 핀 꽃과 같음을 아는 것이 바로 성현의 도입니다.

"是故生起圓滿次第爲幻境界, 應知一切亦如是也(이런 까닭에 생기차제와

원만차제는 환상의 경계이니, 일체가 또한 이와 같음을 마땅히 알아야 한다)." 이 말은 밀종을 '단숨에' 쓰러뜨려 버리는데, 이른바 생기차제와 원만차제 일체가 모두 꿈같고 환상 같은 것에 불과합니다. 이러한 도리에서 세간법과 출세법은 모두 똑같다는 것을 마땅히 알아야 합니다.

"智慧海本續云: 佛身現空者, 體幻離言思(『지혜해본속』에서 말하였다. 부처님의 몸이 공으로 나타나는 것은, 몸이 환상이라 언어와 생각을 떠난다)." 성불하면 이 부처님은 정말로 육신이 있을까요? 부처님의 몸은 공(空)입니다. 그래서 영가선사는 "환상 같은 공의 몸이 바로 법신이다[幻化空身卽法身]"라고 했습니다. 여러분이 정말로 신공(身空)을 증득하면 그것이 바로 보리(菩提)입니다. 이 공(空)의 몸은 환상이며 일체 언사(言思)의 경계를 떠나므로, 언어와 생각으로 표현할 수 있는 것이 아닙니다.

"性無別離邊, 而形相不離(자성은 분별이 없고 변견을 떠나지만, 형상을 떠나지 않는다)." 그것의 자성은 분별이 없으며 일체의 변견(邊見)을 떠납니다. 부처님의 몸은 공(空)이지만 형상을 지니고 있습니다. 하지만 형상 역시 공(空)이고 환상입니다. 이 도리는 여러분이 이해하기 쉽지 않습니다. 예를 들어 보겠습니다. 우리 모두는 육체를 가지고 있는데 여러분은 이 육체가 실재하는 것이라고 생각합니까? 그것은 본래 몽환(夢幻)의 경계에 있으면서 날마다 노쇠하고 변화합니다. 비록 그렇기는 하지만, 즉 지금 우연히 잠시 거짓으로 존재하고는 있지만, 그것은 '있기[有]' 때문에 형상을 떠나지 않는다고 말했습니다.

"悉能圓滿故, 於諸一切法, 善解等應知(다 원만할 수 있기 때문이니, 모든 일체법에 있어서 잘 이해하고 평등함을 마땅히 알아야 한다)." 이처럼 '공(空) 유(有)' 사이에 있으니, 이런 이치 때문에 부처님을 배우고 수지하는 우리 같은 사람들은 일체 방법에 대해 잘 이해해야 합니다. 일체가 평등하며 모두가 꿈같고 환상 같습니다. 이것은 모두 견지를 설명하는 것으로, 명심견성

방면에 대해 여러분은 먼저 마땅히 알아야 합니다.

"是故以緣之幻, 無有而又表示明顯之一切法, 已指其無實, 爲業幻三界令解脫故(이런 까닭에 인연은 환상이니, 없으면서 또 분명하게 드러나는 일체법은, 이미 그 열매 없음을 가리키며, 업이요 환상인 삼계에서 해탈하라고 한다)." 그러므로 일체가 연기성공(緣起性空)이고 인연소생(因緣所生)이고 자성본공(自性本空)임을 이해해야 합니다. 어떤 사람은 불경에서 말하는 연기성공을 공부하면, 곧바로 『중론(中論)』의 중(中)이 어디에 있느냐고 묻습니다. 어차피 연기성공인데 본성이 공(空)이기 때문에 인연이 생기니, 중(中)은 바로 그 가운데 있습니다. 중(中)이 공(空)이고 공이 중이니, 불공부중(不空不中)이며 즉중즉공(卽中卽空)인데 뭐 하러 중을 찾습니까? 또 묻습니다. 『중론』에서 팔부중도(八不中道)[239]를 말했는데 그렇다면 중(中)은 어디에 있습니까? 이 질문은 아주 잘했습니다. 간단하게 봐서는 안 됩니다. 용수보살(龍樹菩薩)이 『중론』을 쓴 것은 인명(因明)의 방법을 사용한 것인데, 깨트리고 세우지 않으며 일체를 다 부정했습니다. 그렇다면 긍정은 어디에 있습니까? 모든 부정이 다 끝난 그것이 바로 긍정이며 그 중간은 공성(空性)입니다. 하나의 긍정을 세우면 그 자체로 이미 끝으로 떨어지게〔落邊〕되는데, 이러한 논리는 서양의 논리로 이해할 수 있는 바가 아닙니다. 이것이 바로 이른바 인명입니다. 깨트릴 수 있는 것은 만들 수도 있습니다. 여러분을 비판한 후에 나의 옳음〔對〕이 어디에 있습니까? 나의 것은 모두 옳지 않습니다. 하나의 문제도 생각해 내지 못하는 지경에 이르면 그때는 옳음〔對〕과 옳지 않음〔不對〕이 없습니다. 그 안쪽이 바로 그렇게 됩니다.

---

**239** 서로 대립하고 있는 여덟 가지 그릇된 개념을 연기법(緣起法)으로 타파하여 분별과 집착이 소멸된 공(空)의 지혜를 드러낸 것이다. 모든 현상은 불생(不生) 불멸(不滅) 불상(不常) 부단(不斷) 불일(不一) 불이(不異) 불래(不來) 불출(不出)하다 하였다.

이 도리가 바로 "이런 까닭에 인연은 환상임〔是故以緣之幻〕"을 말해 줍니다. 일체법은 모두 인연이 만들어 내는 것〔因緣所生〕이기 때문에 꿈같고 환상 같습니다. 범부의 단견과 상견은 말씀드렸듯이 이렇게 묻습니다. 일체가 모두 연기성공(緣起性空)인데 중(中)은 어디에 있나요? 단견과 상견은 언제나 하나의 도(道)를 찾으려고 합니다. 여러분은 어차피 일체가 모두 인연에 의해 생겨남〔緣生〕을 알고 있는데, 인연이 흩어진 후에는 어떻게 될까요? 흩어지면 또다시 공(空)이고 공(空)이 되면 곧바로 중(中)이니, 그것이 바로 도(道)이지 않습니까! 도(道)가 어디에 있습니까? 도(道)는 바로 일체 인연이 모두 공(空)이라는 것입니다. 흩어지면 끝이라는 것은 단견(斷見)입니다. 흩어졌어도 끝나지 않고, 끝나지 않음을 스스로 아는 이 모두가 견지(見地)입니다. 그렇기 때문에 인연에 의해 생겨난 일체가 환상과 같습니다. "없으면서 또 분명하게 드러나는 일체법〔無有而又表示明顯之一切法〕"이니, 모든 것이 다 없습니다만 이 없음은 유물론적 단견의 없음이 아니라 전체적인 있음입니다.

중국어로 번역해 놓은 수도증과(修道證果)는 아주 적절한 풀이입니다. 열매〔果〕 속에는 씨가 들어 있는데, 씨는 두 조각으로 되어 있으니 음양이 합쳐진 겁니다. 이 씨를 쪼개 보면 그 안은 텅 비어〔空〕 있습니다. 하지만 나뭇가지, 나뭇잎, 열매 등이 모두 이 공(空)에서 나옵니다. 그렇기 때문에 공(空)이 곧 일체유(一切有)이며 진공(眞空)이 일체(一切)입니다. 불경에서 말하기를, 세상의 모든 것은 꿈같고 환상 같다고 했습니다. 가령 파초를 보면 파초의 중심은 텅 비어〔空〕 있습니다. 일체의 생물은 원래 그 중심이 텅 비어 있는데, 공(空) 하나를 증득하면 무엇이든 다 생겨납니다. 하지만 부처님을 배우기 시작할 때, 만약 미신의 길을 걷거나 바르지 않은 길을 걸으면 최후의 성과가 바르지 않을 것입니다. 그래서 공(空)이 그처럼 중요합니다. 일체가 없어야 비로소 일체가 있습니다. 마찬가지로 불법이 그러하고 세간법 역시 그러합니다. 일체가 다 없을 때 비로소 자신이 정말로 크게 부귀하다고 느낍니다. 돈이 많을수록 더 가난하고 더 고통스러우며 지위가 높을수록 더 고통스러우니, 그런 사람은 세상에서 가장 가엾은 사람입니다. 어떤 사람이 가장 즐거울까요? 빈털터리라서 오직 목숨 하나밖에 없으면 최고 권력자가 와도 무섭지 않습니다. 일체가 공(空)인 것이 인간 세상에서 최고로 부귀한 일이며 세간법 역시 그러합니다. 공(空)을 봐야 합니다. 특히 나이 든 사람은 반드시 일체를 내려놓아야 합니다. 일체가 공(空)인 것이야말로 참된 부귀입니다. 공(空)이 중요하다는 이 말을 반드시 이해해야 합니다.

　세간법은 "이미 그 열매 없음을 가리키니〔已指其無實〕" 즉 일체가 꿈같고 환상 같아서 진실이라고는 하나도 없습니다. 범부는 세상에서 무엇 때문에 가장 고통스럽습니까? 세상의 일체 가유(假有)[240]를 진실로 여기고 어떻게든 그것을 붙잡고 싶어 하기 때문에 고통스럽습니다. 지혜로운 사람은 이 세상에서 고통이 없습니다. 나에게 속하지 않음을 본래부터 알고 있기 때문이지요! 내 생명조차도 잠시 빌려서 여기에서 머무르며 놀고 있는 겁니다. "업이요 환상인 삼계에서 해탈하라고 한다〔爲業幻三界令解脫故〕", 오늘은 살아 있어서 지금까지 여러분에게 이야기할 수 있었지만 내일은 장담할 수 없습니다. 더는 말하지 못하고 떠나게 될지도 모릅니다. 떠나게 되면 떠나는 거지요. 내일 어떻게 될지 누가 알겠습니까! 어차피 이와 같은데 불법은 왜 우리에게 해탈하라고 할까요? 범부는 이 가유의 세계에서 거짓을 참으로 여기기 때문에 부처님께서는 우리에게 가유에 속지 말라고 하십니다. 속지 않으면 해탈하게 됩니다.

---

240 여러 인연의 일시적인 화합에 지나지 않는 존재, 일시적으로 있는 현상을 말한다.

"夫法之幻者, 卽修法及示無有實體之人等, 與其後成就智慧幻之圓滿正覺等(무릇 법이 환상인 것은, 수행법 및 실체가 없음을 보여 주는 사람 등과, 그 후의 성취와 지혜가 환상이라는 원만하고 올바른 깨달음이다)." 이 견지를 정확하게 해야 비로소 제대로 수행할 수 있습니다. 일체 불법은 꿈같고 환상 같으며 일체 수증법 역시 꿈같고 환상 같습니다. 오후에 수식관(數息觀)을 잘 수지하겠다고 말하는데 지금 제대로 안 됩니다. 지금은 지금이고 오후는 오후입니다. 그 경계를 처음부터 끝까지 잘 머물러 있게 해서 오후까지도 계속 좋다면, 그러면 일체법이 환상 같다고 하지 않을 겁니다. 오전에는 백골관을 아주 잘 관했는데 오후에는 제대로 되지 않는다면, 제대로 되지 않는 것이 더 좋지 않습니까? 그것이 공관(空觀)입니다. 만약 여러분이 공(空)이라고 느낀 것도 아니라면, 그러면 더 좋습니다. 환상 같은 것조차 없으니까요. 그러면 여러분은 지금 무엇을 하고 있습니까? 저는 번뇌하고 있습니다. 좋습니다. 번뇌가 곧 보리입니다. 어떤 것이든 없는 것은 좋지 않습니다. 이런 것들이 농담이 아니라 참으로 이러해야 여러분은 해탈하고 도를 깨닫게 됩니다.

여러분 모두 들은 적이 있을 겁니다. 선종에서는 "지금 당장에 곧〔當下卽是〕"을 말하면서 왜 정신이 멍할 때는 멍한 상태로 있지 않습니까? 자라고 해도 감히 자지 못하고, 깨어 있으라고 해도 깨어 있지 못합니다. 말해 보십시오. 저더러 어떻게 하라는 겁니까? 그러면 절반은 자고 절반은 자지 않는 것이 좋겠군요! 그래도 감히 그렇게는 못합니다. 이런 것도 감히 못하겠고 저런 것도 감히 못하겠고, 그래 가지고 어떻게 해탈하겠습니까? 이른바 해탈은 정말로 해탈이라는 경계가 있는 겁니까? 만물이 오면 맞이하고 지나가면 붙잡지 않습니다. 이 차가 식었습니다. 아! 저는 원래 시원한 것을 좋아합니다. 뜨거운데요. 저는 예전부터 차가운 것은 먹지 않습니다. 차갑지도 않고 뜨겁지도 않습니다. 딱 좋군요. 차갑기도 하고 뜨겁기도 한데 어떻게 할까요? 후후 불고 잠시 기다려서 식으면 됩니다. 어떻게 해도 다 좋다면 그것이 바로 해탈한 것이 아닙니까! 불법이 바로 이와 같으니, 정말로 이렇게 할 수 있다면, 축하합니다, 당신은 성취했습니다. 그저 당신이 해탈하지 못할까 걱정입니다. 이것이 해탈법이고 이것이 견지 (見地)입니다.

사람들은 기맥(氣脈), 광명(光明), 공락(空樂) 심지어 무념정(無念定)까지 수지하지만 이 일체의 수행법에 여러분은 집착하지 마십시오. 역시 실체가 없습니다. 심지어 지금 나라는 이 사람에서부터 장래의 성취에 이르기까지 또 일체의 지혜에 이르기까지 모든 것이 꿈같고 환상 같습니다. "爲如是了解而敎誡之(이와 같음을 이해하고 가르쳐 경계한다)." 이른바 무상정등정각삼막삼보리(無上正等正覺三藐三菩提) 역시 꿈같고 환상 같습니다. 이런 인식, 이런 견지를 지녀야 합니다.

그렇다면 삼계가 꿈같고 환상 같으면 누가 변화하고 있을까요? 자아의 업력(業力)이 변하고 있습니다. 육도윤회의 중생은 주재(主宰)가 없고 자연이 아니며 일체 인연이 변한 것입니다.

"妙幻師請問經云: 由業變化幻, 是六種衆生, 以緣變化幻, 如鏡影像等, 以法變化幻, 是我周比丘, 我乃眞圓覺(『묘환사청문경』에 말하였다. 업이 환상으로 변하는 것은 여섯 가지 중생이고, 인연이 환상으로 변하는 것은 거울 속의 영상 같으며, 법이 환상으로 변하는 것은 내 주위의 비구이니, 나는 이에 참되고 원만한 깨달음을 얻는다)." 우리가 거울로 자신의 영상을 비춰 보면 여러분은 그런 영상이 없다고는 말하지 못합니다. 있습니다. 하지만 그 영상은 실재하지 않고 꿈같고 환상 같습니다. 법은 모두 뜻[意]이 만들어 내는 것으로, 내 주위의 비구(比丘) 역시 꿈같고 환상 같습니다. 심지어 연각, 나한, 제불보살 지혜의 변화까지도 역시 꿈같고 환상 같습니다.

"智慧變化幻, 如是故知取捨爲修習幻之時也, 應知一切法離有無邊(지혜

가환상으로 변하는 것이, 이와 같으므로 취하고 버림을 알며 환상을 수습할 때에도, 일체법은 유무의 가장자리를 떠남을 마땅히 알아야 한다)." 이러한 견지를 안 후에는 여러분은 어떤 법이라도 수지할 수 있습니다. 취하거나 버림에 있어서 분명하게 알고, 유(有)를 떠나고 공(空)도 떠납니다.

"如無二尊勝續云: 此幻離有無, 雖中亦不住, 是皆爲世俗(『무이존승속』에 말한 것과 같다. 이 환상은 유무를 떠나며, 비록 중이라 할지라도 또한 머무르지 않는데, 이는 모두 세속을 위한 것이다)." 이런 것들은 모두 세속의 사람들에게 한 말인데, 별다른 방법이 없으므로 이렇게 말할 수밖에 없습니다.

"諸法亦不住, 乃幻之自性, 不滅境自生, 此等之理趣, 可廣看虛幻休息妙車解(제법 또한 머무르지 않으니, 이에 자성은 환상 같아서, 없어지지 않는 경계가 스스로 생겨나는데, 이런 도리들은 허환휴식묘거해를 통해 널리 볼 수 있다)." 일체의 불법은 모두 머무르지 않습니다. 꿈같고 환상 같은 자성본공(自性本空)을 이해하고, 이 경계에 도달하면 자성은 본래 생겨나지도 않고 없어지지도 않음을 자연히 이해하게 됩니다. 어떤 밀종의 법본은 설명해 놓은 것이 환망(幻網) 법문인데, 환망의 핵심을 모조리 설명해 놓았으니 여러분이 볼 만합니다.

여기에서 말하는 것은 기(氣)를 수지하고 맥(脈)을 수지하고 각종 정경(定境)을 수지함에 있어서 어떤 경우이든 먼저 견지를 명확히 해야 한다는 것입니다. 앞에서 말한 것은 상등(上等)의 근기를 지닌 사람의 수행법인데, 선종과 마찬가지로 근본적으로 수행법이 필요하지 않습니다. 깨우침의 말씀을 듣고 즉시 깨달으면[言下頓悟] 일체가 꿈같고 환상 같으니, 법을 수행하고 수행하지 않고는 말할 것이 못됩니다.

"復次中等瑜伽士者(다음은 중등의 유가사이다)." 다음으로 중등(中等)의 근기를 지닌 사람의 수행법을 말씀드리겠습니다.

# 마음을 한곳에 집중하는 중근기의 수행법

중등 근기가 수지하는 조치는 맑고 밝음에서 시작하여, 마음을 한곳에 집중하여 정념을 얻고, 흩어지지 않고 낙·명·무념에 머무르니, 흩어져서 하나에 머무르지 않는 것은 잘못이며, 찰나에도 흩어지지 않고 경계 가운데 머무른다.

中修調治淸朗起, 制心一處得正念, 不散住樂明無念, 散不住一是有過, 刹那不散境中住.

중등 근기의 사람은 깨우침의 말로 즉시 깨닫지 못하고 반드시 정(定)을 수지해야 합니다. 세상의 수많은 사람이 자신을 상등 근기로 간주하며 도리를 이해하기만 하면 도달했다고 생각합니다. 바꾸어 말하면, 그들은 마음을 한곳에 집중하는 것도 해내지 못하고 타좌도 제대로 못 하면서 하루 온종일 어지러이 흩어지는 가운데 있습니다. 언제 어디서든 산란하고 있으며 생각을 통제하지도 못합니다. 그러면서도 여전히 부처님을 배우고 있다고 생각하는데, 자신이 지옥의 업을 짓고 있음은 알지 못합니다. 그처럼 높은 이치를 이해하기는 했지만 그 모두가 가짜 총명을 지나치게 사용했습니다. 제가 여러분보다 총명한지 아닌지는 모릅니다만 불법을 수행할 때 걸어가는 길은 아주 미련합니다. 제가 불경을 읽는 것은 "파초와 같습니다〔如芭蕉〕." 파초를 사서 벗기면 한 겹 한 겹 다 벗겨 내고서야 비로소 믿습니다. 이 도리는 아주 미련해서 일반인들은 이런 미련한 길을 걸어가려고 하지 않습니다. 그렇기 때문에 늘 여러분이 성실하지 않다고 말하는 것입니다. 도리를 이해했더라도 그것은 하나의 도리일 뿐이고 여러분은 증(證)을 구해야 합니다! 불경에서 말하기를, 마음을 한곳에 집중하면 해내지 못할 일이 없다고 했습니다. "저는 아직 해내지 못할 일이 없음에는 도달하지 못했으니, 그렇다면 먼저 마음을 한곳으로 집중해 보겠습니다."

여러분은 마음을 한곳에 집중하는 것도 해내지 못하면서 정(定)을 거론할 수 있습니까? 마음을 한곳에 집중하는 것이 무엇입니까? 바깥의 경계가 움직이기만 하면 여러분은 곧바로 이리 보고 저리 보고 합니다. 그러고도 무슨 마음을 한곳에 집중한다고 말합니까? 이것이 무슨 불법입니까? 스스로 반성할 줄도 모르고 부끄러워할 줄도 모르고, 그러면서 자신이 옳다고 생각합니다. 과거의 총림이라면 이런 사람은 몽둥이로 때려서 산문 바깥으로 쫓아냈습니다.

성실한 수지는, 중등의 근기를 지닌 사람의 수행법은 이러해야 합니다. 먼저 심경(心境)을 수지하여 주야로 청명 가운데 있게 해야 합니다. 먼저 마음을 한곳에 집중해서 정념(正念)을 얻고 흔들리지 않아야 합니다. 이것은 참으로 어려운 일인데, 마음이 산란하지 않고 수시로 정념 가운데 있어야 합니다. 무엇을 정념이라고 부릅니까? 수시로 쾌락, 광명, 무념의 경계 안에서 정념으로 머무릅니다. 낙, 명, 무념은 생각(念)이 아니라 경계이니 바로 심리와 생리 두 방면의 현상입니다. 가령 여러분이 '빛(光)'을 관(觀)한다면 이때의 일념은 광명입니다. 여러분이 백골을 관한다면 이때는 백골이 밝게 빛납니다. 여러분이 지관(止觀)을 수행한다면 심식(心息)이 정주(定住)하게 됩니다. 만약 염불을 한다면, 이 일념이 산란하지 않고 혼침하지도 않으면 곧바로 정념(正念)의 염불이 됩니다. 주문을 외운다면, 공(空)의 경계를 외우기만 하면 밤낮으로 늘 밝아서 누워도 좋고 서 있어도 좋고 걸어가도 좋고 영원히 이 경계 속에 있습니다. 상상(上上)의 근기를 지녀서 깨우침의 말에 곧바로 깨닫는 사람은 영원히 이 경계 가운데 있습니다. 여러분은 도를 깨닫고 나면 곧바로 이 경계가 없다고 생각하십니까? 그러고도 깨달았다고 합니까? 아무 소용없습니다! 마음을 한곳에 집중해서 정념을 얻어야 합니다. 어지러이 흩어져서 낙, 명, 무념 가운데 머물러 있는 것이 아닙니다. 만약 산란해서 마음을 한곳에 집중하지 못한다면 그것은 계(戒)를 범하는 것이요 잘못입니다. 이러한 계(戒)는 근본적으로 큰 계이니 살(殺) 도(盜) 음(淫) 망(妄)보다 더 무겁습니다. 여러분이 계를 받았든 받지 않았든 상관없이 단지 일념으로 성현의 도를 배우겠다고 발심했다면, 만약 여러분의 마음이 정심(正心) 성의(誠意)로 머무르지 못한다면 이미 계를 범한 것이 됩니다. 우리는 날마다 반성해야 합니다. 하루라도 일념이 정념 가운데 있지 않다면 이미 계를 범한 것입니다. 살도음망을 범해야 계를 범했다고 한다면, 그러면 너무 늦었습니다. 그렇기 때문에 참으로 수지하는 사람은 찰나의 순간이라도 산란하는 마음이 없어야 합니다. 산란하지도 않고 혼침하지도 않으면서 정념(正念)을 얻어 머무른다면, 그러한 정념의 경계는 낙·명·무념이니, 이것이야말로 정(定)이라고 부릅니다.

수많은 사람이 타좌를 시작하면 아무것도 모르는 것을 정(定)이라고 생각하는데, 그것은 큰 혼침입니다. 도가와 불가의 수많은 사람이 큰 혼침을 정(定)이라고 여기는 것을 저는 수십 년간 봐 왔습니다. 그런데 여러분의 타좌 자세가 모두 바르지 않습니다. 몸을 바르게 한 후라야 마음이 바르게 되고, 마음을 바르게 한 후라야 몸을 닦으며, 몸을 닦은 후라야 집안을 다스립니다. 몸도 조정하지 못해서 몸이 모두 바르지 않은데 어떻게 득정이라고 하겠습니까? 지금 불법은 여러분에게 말합니다. 산란하지 않고 낙·명·무념에 머무르는 동시에 그 세 가지가 평등해야 비로소 정념정(正念定)이라고 말입니다. 그러므로 부처님이 『열반경(涅槃經)』에서 말씀하신 "상락아정(常樂我淨)"[241] 그것이야말로 참된 정토(淨土)이며 진정한 아(我)입니다.

---

**241** 열반에 갖추어져 있는 네 가지 성질이다. 영원히 변하지 않는 상(常), 괴로움이 없고 평온한 낙(樂), 진아(眞我)의 경지로서 집착을 떠나 자유자재하여 걸림이 없는 아(我), 번뇌의 물듦이 없는 정(淨)이 그것이다.

"觀修一切過失, 皆由散亂而心不能制於一處(관의 수지에서 일체의 과실은, 모두 산란해서 마음을 한곳에 집중하지 못하는 데서 말미암는다)." 백골관 등을 관(觀)할 때 주의해야 합니다. 여러분은 관(觀)을 수지할 때 이미 어지러이 흩어지는 중에 있습니다. 왜냐하면 여러분이 발가락 끝이나 혹은 뒤통수를 생각하면, 이 일념을 생각하는 자체가 이미 산란이기 때문입니다. 관은 어지러이 흩어지는 이 일념을 이용해서 생각(念)을 집중시킵니다. 예를 들어 찐빵을 만들 때 밀가루를 붓고 거기에 물을 약간 부은 다음 밀가루를 한 덩어리로 뭉치는 것처럼, 산란해지는 마음을 꽁꽁 묶습니다. 관을 수지하는 관상(觀想) 자체가 바로 일념입니다. 맞습니다. 이것은 망(妄)을 가지고 망(妄)을 다스리는 방법입니다. 비우려고(空) 한다고 말했지요! 그러면 먼저 망념(妄念)을 다스린 후에 말하십시오. 부처님께서도 여러분에게 마음을 한곳에 집중하라고 하셨습니다. 집중함(制)이란 집중해서 머무르는(制住) 것이지만, 여러분이 불법을 수행하려면 먼저 조정할 줄 알아야 합니다.

왜 머무르지(定) 못할까요? 우리는 산란해지는 마음이 많기 때문입니다. 흩어 놓은 밀가루는 바람이 불면 몽땅 날아가 버리므로 우리는 먼저 약간의 정수(定水)를 떨어뜨립니다. 그래서 『능엄경』에서도 이렇게 말했습니다. 여러분이 도리를 모두 이해하여, 그 말하는 것이 마치 앉은 자리에서 황금색 연꽃이 어지러이 흩날리는 것 같아도 아무 소용이 없습니다. 생사를 끝내지 못한다면 그런 것은 마른 지혜(乾慧)라고 부릅니다. 마치 마른 밀가루처럼 바람이 한 번 불면 없어져 버립니다. 어떠해야 비로소 마른 지혜가 아닐까요? 정수(定水)를 떨어뜨려서 적셔야 합니다. 우리가 백골관을 수지하면서 한 점에 집중하는 것이 바로 정수(定水)를 이용하는 것이니, 먼저 생각을 제압해야 합니다. 때때로 제대로 관(觀)하지 못하는 것은 마음이 산란하기 때문만은 아닙니다. 이렇게 말하기는 어렵지만, 도리를 알지 못하기 때문일 수도 있습니다. 유가에서 말하기를, 지나친 것은 모자라는 것과 같다고 했습니다. 모두 병입니다. 지나치게 총명한 것과 지나치게 멍청한 것 모두 제대로 관상하지 못합니다. 지나치게 마음을 써도 도리어 관하지 못합니다. 관상하겠다고 말했을 때 바로 관상하고 가볍게 그 자리에 머무르면〔定〕 됩니다. 그저 가볍게 자리를 잡고 가볍게 마음을 한곳에 집중합니다. 마음을 한곳에 집중하고 한참 있으면 그것을 정(定)이라고 하는데, 서서히 변화가 생기고 차츰차츰 깊이 들어가게 됩니다. 그러니 여러분, 천천히 하십시오. 서두르지 마십시오.

"故生所依脈·氣·明點及能依心等之諸障礙也(그러므로 소의인 맥·기·명점 및 능의인 마음 등의 모든 장애가 생겨난다)." 마음이 어지러이 흩어져서 한곳에 집중하지 못하기 때문에 기맥과 명점(정을 포함한)의 장애가 생겨나는데, 기맥 등은 모두 '소의(所依)'의 경계이고 '능의(能依)' 자신은 마음입니다. 물질세계 역시 부속된 것이기 때문에 '소의'이며, 자신의 주체가 '능의'이고 유심(唯心)입니다. 그러므로 '주인〔主〕'은 마음이고 몸은 '손님〔賓〕'입니다. 만약 기맥, 명점을 주인으로 생각했다면 여러분이 틀린 것입니다. 일반적으로 밀종을 배우고 도를 배우는 사람들은 대부분 잘못된 생각을 하고 있습니다. 다시 본론으로 돌아가겠습니다. 여러분의 마음을 정말로 머무르게〔定〕 할 수 있다면, 그것은 바로 '능의'가 머무를〔定〕 수 있음이니 '소의'의 것은 자연스럽게 일어납니다. 만약 여러분이 발가락 백골을 관해서 '능의'의 마음이 정주(定住)하게 되면, '소의'의 따뜻함〔煖〕이 곧바로 일어날 것입니다. '소의'의 정(定)이 오래되면 기맥이 자연스럽게 통합니다. 만약 '능의'가 머무르지〔定〕 못하면 '소의'의 기맥과 명점은 일어나지 못합니다. 명점은 정말로 어떤 하나의 물건입니다. 마치 구슬을 튕기는 것처럼 움직이면서 신체 내부에서 정(精)으로 변하고 기(氣)로 변하고 신(神)으로 변하는데, 그 자체가 바로 정기신(精氣神)이기도 하며 도가에서는 단(丹)이라고 부릅니다. "한 알의 금단을 삼켜 뱃속에 들어가니, 처음으로 내 생명이 하늘로 말미암지 않았음을 알았네〔一粒金丹呑入腹, 始知我命不由天〕"라고 했던 바로 그 물건입니다.

그러나 이것을 가졌다고 해도 신기한 일은 아닙니다. 이것은 소의이지 능의가 아닙니다. 우리가 정(定)을 얻지 못하기 때문에 그로 인해 기, 맥, 명점도 작용을 일으키지 않습니다. 여전히 생로병사의 괴로움을 지니고 있는 범부는 생로병사를 전화시킬 방법이 없습니다. 여러분이 정(定)을 얻었다면, '능의'인 마음을 분명히 알게 되고 '소의'인 기맥과 명점이 일어날 것입니다. 생로병사를 따라 전화하지 않고 도리어 생로병사의 괴로움을 전화시킬 수 있습니다. 그렇기 때문에 정(定)의 수행이 아주 중요합니다. 함부로 입을 놀려서는 안 됩니다. 자신이 불법을 증득하지 못했다면 함부로 말하지 마십시오. 말해서는 안 됩니다. 함부로 말했다가는 지옥에 떨어지는 죄를 얻게 될 것입니다. 언젠가 여러분이 이 경계를 증득하면, 여러분이 어떻게 말하든 상관없이 모두 공덕입니다. 그러므로 증득을 구해야 합니다. 이 단락은 완전히 수련을 설명했습니다.

"若中等瑜伽者, 應知有總及別二者之調治方法(만약 중등의 유가자라면, 총괄적인 것과 차별적인 것 두 가지의 조치 방법을 마땅히 알아야 한다)." 어떻게 수련하면 마음을 한곳에 집중할 수 있을까요? 총괄적인 것과 차별적인 것 두 종류가 있는데, 이것은 여전히 대략적인 분류이며 차별적인 것의 내부는 아주 큽니다. 이렇게 여러분 스스로 수지하여 성취를 얻으면 선지식(善知識)이 될 수 있습니다. 그렇기 때문에 공덕을 많이 닦아야 합니다. 내생에도 또 하십시오! 일체 중생의 문제점 및 각자의 사상, 업력, 근기를 이해해야 비로소 대치(對治)의 방법을 알 수 있습니다. 이것이 중근기의 수행자가 마땅히 유의해야 할 점입니다.

# 일체의 수지 장애를 대치하는 법

"總調治者, 無論何障, 觀照自性自淸修法, 則極淸明修樂明無念之境. 觀修過失, 其體無餘出現(총괄적인 조치는, 어떤 장애가 되었든 자성이 본디 청정함을 관조하면, 지극히 청명해서 낙·명·무념의 경계가 찾아온다. 수행의 과실을 관하면, 그 본체가 남김없이 나타난다)." 총괄적인 대치의 방법은 바로 내려놓음(放下), 관찰입니다. 여러분이 수식(數息), 백골관, 준제법 등 어떤 방법을 수지하든 장애가 발생할 때 오직 하나의 방법은 바로 내려놓음입니다. 우리가 산 위에서 폐관을 할 때는 수시로 장애를 만나게 됩니다. 밥을 제대로 못 먹으면 힘들고, 기후가 맞지 않아도 힘듭니다. 혹은 번뇌가 일어나서 이렇게 해도 잘 안 되고 저렇게 해도 잘 안 됩니다. 알게 뭐야! 됐어! 만사 제쳐놓고 일단 이불을 뒤집어쓰고 한숨 자고 난 다음에 말합시다. 이런! 좋아졌어요. 그것이야말로 진정한 내려놓음입니다. 수지에 성공하지 못하면 죽은 후에 다시 합니다. 만일 환생하지 못하면 어떻게 합니까? 떠도는 외로운 넋이 되어서도 수지합니다. 외로운 넋도 못 되었다면요? 어떤 상황에 맞닥뜨리든지 그곳에서 수지하면 다 똑같습니다. 어떤 장애를 만나든 상관없이 여러분은 자성 본래의 청정함을 관조해야 합니다. 본래 공(空)이지 않습니까! 그러면 일체의 유위법(有爲法)이 마음을 흔들지 않게 됩니다. 그러므로 여러분이 불법을 수지하다가 장애를 만나게 된다면, 기껏해야 수지하지 않으면 그만입니다. 내려놓고 더 이상 관(觀)하지 않으면 자연스럽게 청정해집니다. 십념(十念) 가운데 염사(念死)라는 것이 있는데, 자신이 죽는 것을 큰 휴식이라고 여기는 겁니다. 부처님도 되고 싶지 않다니, 충분하지 않습니까? 생사가 가장 두려운 일인데, 이 몸이 죽었으니 됐지 않습니까! 내가 부처님이 되지 않아도 좋다니까요! 철저히 내려놓습니다.

아미산에서 폐관할 때 큰 법사 몇 명이 호법(護法, 여우)에게 쫓겨났는데, 저를 쫓아내지는 못했습니다. 저는 그에게 분명히 말했습니다. "이 몸은 도를 수지하지 못해서 성불하지 못했으니, 불을 질러서 당신을 태워 버리겠소. 어떻소? 당신은 마귀로 변하고 나는 마왕으로 변할 테니 이 몸이 당신보다 더 사나울 거요." 그도 별 수 없었을 겁니다. 그런 나쁜 놈을 만나게 되었을 때 여러분이 두려워하면 할수록 마귀는 더 흉악해집니다. 이러한 내려놓음의 정신이 바로 금강반야바라밀이니 금강석도 끊을 수 있으며 일체를 내려놓습니다. 뭐가 그리 대단합니까! 그러면 내생에 다시 하면 되지요. 저는 본래 몇 번이고 환생하려고 합니다. 이런 단호함이 없으면 그저 소승 성문 노릇이나 할 수 있을 뿐입니다. 대승 보살은 용기[勇]입니다. 도리가 있는 광망(狂妄), 이것 또한 용기입니다.

　　일체의 수지 장애를 대치하려면 먼저 자성이 본래 청정함을 알아야 합니다. 어차피 본디 공(空)이므로 즉시 내려놓으면 곧바로 성공하고 곧바로 장애를 대치할 수 있습니다. 진정으로 일체를 내려놓을 수 있다면 자신에게 있는 청명함의 경계가 찾아옵니다. 사실 도리는 아주 간단합니다. 다들 이해가 됐는지 모르겠네요. 그렇게 단호하기만 하다면, 자신이 정말로 내려놓는다면 마음속은 당연히 청명해집니다! 무슨 장애를 두려워하겠습니까! 바로 이런 도리입니다. 여러분은 이것이 미친 소리라고 여기는데, 그것은 여러분에게 이런 단호함이 없기 때문입니다! 자신에 대해 이처럼 단호해서 마음을 이미 놓아 버렸다면, 정말로 놓아 버렸다면 청명함이 자연스럽게 나타납니다. 청명함이 나타나면 즐거움과 밝음과 무념의 경계가 찾아옵니다. 이것은 총괄적인 대치 법문인데, 이때 자성의 체성이 남김없이 자연스럽게 드러납니다.

　　"二觀察集云, 如火灼燒者, 還以火而治, 如水入耳者, 以別水提出(『이관찰집』에서 말하였다. 불에 덴 것은 불을 가지고 치료하고, 물이 귀에 들어간 것은 다른 물로 나오게 한다)." 이 방법은 아주 옳습니다. 예를 들어 손이 뜨거운 김에 데었다면 그것을 치워 버리지 말고 얼른 다시 한 번 데면 아프지 않습니다. 만약 손을 데었다고 해서 얼음을 가져다가 문지르면 아파서 죽습니다. 귀에 물이 들어갔다면 서둘러 다시 물에 들어가서 물이 가득 차게 되면 물은 저절로 흘러나옵니다. 그러므로 밀종의 수행법은 화를 내고 싶다면 집에 들어가서 마음껏 큰 소리로 욕을 해서 발설하게 합니다. 욕하다가 지치면 청정해집니다.

"如是所說, 乃與法極相合者也(이와 같이 말한 것은 법과 지극히 서로 합치되는 것이다)." 이런 대치 법문들은 법과 서로 합치됩니다. 실제 도리는 바로 '덧셈[加法]'과 '뺄셈[減法]'입니다. 후세의 중국 선종에서는 도를 깨달을 방법이 없는 사람들에게 화두를 참구하게 하는데, 이는 더해 주는[加] 것입니다. 죽어라 더해 줍니다. 공(空)을 관하는 것은 덜어 주는[減] 것이니, 여러분에게 설사약을 먹여 줍니다. 이러고저러고 말했던 것들이 다 마음을 한곳에 집중함이니, 정념(正念)을 얻고 정념을 수지하여 머무릅니다. 여러분이 백골관을 수지한다면 무엇이 정념입니까? 백골을 수지하겠다고 확정한 이 일념이 바로 정념이라고 할 수 있습니다. 온종일 이 생각[念]을 수지해야 한다는 것을 잘 알고 있기 때문입니다. 오늘은 염불을 수지하겠다고 말한다면 염불이라는 이 일념이 바로 정념입니다. 여러분이 모든 인연을 내려놓고 비우겠다고[空] 말한다면, 여러분이 공(空)이라는 이 일념을 인정하는 것이 바로 정념입니다. 여러분이 지금 대치해야 할 법문은, 이 일념을 여러분의 정념으로 바꾸어서 변할 수 없게 하는 것입니다. 바로 이런 도리입니다.

예를 들어 여러분이 관음보살을 관상한다고 해 놓고서 갑자기 관음보살은 나로부터 너무 머니까 다른 것을 관하는 것이 좋겠다고 생각한다면 그것이 바로 마장(魔障)입니다. 정념이 변하면 바로 마장입니다. 일념을 인정했으면 변하지 않고 그와 같이 수지해 나간다면 잘못되지 않습니다. 마음을 한곳에 집중할 때 갑자기 또 다른 법문이 더 좋을 것 같다는 생각이 든다면, 이것은 이미 마음을 한곳에 집중한 것이 아니라 두 번째 생각[第二念]이 끼어 든 것입니다. 이처럼 두 번째 생각이 끼어든 것이 이미 마장입니다. 그렇기 때문에 마음을 한곳에 집중해서 변하지 않을 수 있다면, 그러면 처리하지 못할 일이 없습니다.

다음은 정(定)을 수지하는 중에 신체와 관련된 사항에 관해 말씀드릴 겁니다. 여기에서 여러분에게 중점적으로 말하는 것은, 수지를 해서 마음을 한곳에 집중함에 이르러야 한다는 것입니다. 여러분이 공명정(空明定)을 수지하든 공락(空樂)을 수지하든 아니면 무념(無念)을 수지하든 어떤 경우에도 마음을 한곳에 집중해야 합니다. 그러지 않고 오늘은 이 법을 수지하고 내일은 저 법을 수지하고 이것저것 바꾸어 댄다면 아무 소용없습니다. 어떤 사람은 보다 빠른 효과를 구하려고 그런 것이라고 말하지만, 그런 변명은 모두 마장의 말입니다. 중요한 것은 오로지 이 말밖에 없습니다. 부처님이 말씀하신 "제심일처(制心一處) 무사불판(無事不辦)"이라는 말을 믿는 것입니다. 일념을 오로지 정진[專精]하면 두 번째 생각이 일어나지 않습니다. 이른바 오로지 정진해서 둘이 아님[專精不二]은 바로 마음을 한곳에 집중함입니다.

제14강

"又於分別調治三種中, 初樂邪調治者(또 차별적인 조치 세 가지 가운데, 처음은 낙이 치우침을 조치하는 것이다)."

특별히 자세하게 들어야 합니다. 사실 대원만에 그치지 않고, 『종경록』도 그렇고 백골관도 그렇습니다. 제가 지금 말하는 불법은 바로 석가모니 부처님께서 말씀하신 것입니다. 당시에 아난은 부처님께서 말씀하신 "만약 사람이 백세를 살아도 생멸법을 알지 못한다면, 하루를 살더라도 그것을 깨닫는 것만 못하다[若人生百歲, 不解生滅法, 不如生一日, 而得解了之]"는 말을 사람들이 이리 전하고 저리 전하다가 "만약 사람이 백세를 살아도 큰물에 학을 보지 못한다면, 하루를 살더라도 그것을 보는 것만 못하다[若人生百歲, 不睹水潦鶴, 不如生一日, 而得睹見之]"는 말로 변해 버렸다는 것을 듣게 되었습니다. 사실 일반 수업에서도 사람들은 잘못 듣기 일쑤입니다. 그런 까닭에 가르침과 배움에는 모두 어려움이 있습니다. 그러니 부처님의 설법보다 못한 우리가 말하는 것이야 더 말해 뭐 하겠습니까? 저는 이런 사람들이 아주 많다는 것을 알았습니다. 현교가 됐든 밀교가 됐든 잘못 들은 것이 아주 많은데, 정말로 방법이 없습니다. 이런 것은 각자 자신에게 달렸습니다. 많은 사람이 요점을 붙잡지 못하고 껍데기만 붙잡거나 잘못 듣습니다. 불법을 그랬다가는 참으로 낭패입니다. 다들 주의하시기 바랍니다.


## 법에 머무르지 않다

지금 어떤 사람이 66페이지 작은 글자 첫째 줄 세 번째 구 "而形相不離, 悉能圓滿故(형상을 떠나지 않는데, 다 원만할 수 있기 때문이니)"에 관해 질문했습니다. 이것은 "應知一切, 亦如是也. 智慧海本續云: 佛身現空者(일체가 또한 이와 같음을 마땅히 알아야 한다.『지혜해본속』에서 말하였다. 부처님의 몸이 공으로 나타나는 것은)"을 설명한 것입니다. 성불한 사람은 법신, 보신, 화신의 삼신이 있습니다. 법신(法身)은 그 자체가 공(空)입니다. 육신을 수지하여 성취하면 원만한 보신(報身)으로 전화하는데, 역시 공에 도달했습니다. 그렇다면 이 공(空)은 있는 것일까요? 있습니다. 실제로 무엇을 닮았습니까? 도가에서 말하는 보신을 성취하면, 이 육신은 "흩어지면 기가 되고 모이면 형상을 이루니〔散而爲炁, 聚而成形〕" 찰나에 흩어져서 없어집니다. 숨은 것이 아니라 허공의 기(氣)와 하나가 된 것입니다. 모여서 엉기라고 하면 육체가 되어 눈으로 볼 수 있습니다. 육체로 응집하는 것에 관해서는『열자』를 보면 됩니다.

열자(列子)에게 호자(壺子)라고 불리는 스승이 있었는데 그는 도(道)를 지닌 사람이었습니다. 열자는 사람의 생사를 결단할 수 있는 사람을 만나자, 그 사람을 데리고 가서 스승을 보였습니다. 스승을 만나 본 후에 그 사람이 나와서 말했습니다. "당신 스승은 곧 죽을 것이오. 기(氣)도 없고 신(神)도 없소." 열자가 스승에게 말하자 스승이 웃으면서 말했습니다. "나는 '지기(地氣)'를 연기해서 그에게 보여 주었는데 그건 또 다른 경계이지. 그를 다시 오라고 하여라." 이번에 다시 만나고 나서는 그가 이렇게 말했습니다. "당신 스승은 좋아졌소! 다시 살 수 있게 되었소." 열자가 다시 스승에게 말하자 스승은 웃으면서 말했습니다. "이번에 그에게 보여 준 것은 '천기(天氣)'이지. 그 사람에게 다시 와서 보라고 말하여라." 결국 다시 와서 보게 되었는데 이번에는 곧장 달아나 버렸습니다. 도무지 알아맞힐 수가 없었기 때문이지요. 이 도리가 바로 말해 줍니다. 보신을 성취하고 나면, 흩어지면 기(炁)가 되고 모이면 형상을 이루는 변화 말입니다. 화신이라는 것은 더더욱 그러합니다. "體幻離言思(몸이 환상이라 언어와 생각을 떠난다)." 그래서 삼신을 성취한 부처님의 몸〔佛身〕은 꿈같고 환상 같다고 말합니다. 없는 것이 아니라, 흩어지면 기가 되고 모이고자 하면 형상을 이룹니다. 불가사의한 경계인지라 있고자 하든 없고자 하든 마음대로 할 수 있습니다. "性無別離邊(자성은 분별이 없고 변견을 떠난다)." 이 자성은 분별이 없으며 일체의 가장자리〔邊〕를 떠나서 절대적인 중관(中觀)²⁴² 정견입니다. 공(空)도 가장자리요 유(有)도 가장자리이므로, 비공비유(非空非有)입니다. "형상을 떠나지 않는데, 다 원만할 수 있기 때문이니", 살아가고자 한다면 그래도 인간 세상의 이 형태와 닮아야 하는데, 이 형태는 결코 자성을 떠나지 않습니다. 심지어 자신이 순식간에 변화해서 머리가 셋에다 팔이 여섯인 욕계 천인(天人)의 모습으로 변하고자 하면, 곧바로 그런 모습으로 나타납니다. 형상을 결코 떠나지 않는다고 말하는 것은 법신, 보신, 화신의 삼신이 다 원만할 수 있기 때문입니다.

이 페이지 작은 글자 끝에서 네 번째 줄은 "如是故知取捨爲修習幻之時

---

242 삼관(三觀)의 하나이다. 인연 화합으로 존재하는 현상이나 또는 공(空), 그 어느 한쪽에도, 중에도 머무르지 않는 것.

也, 應知一切法離有無邊, 如無二尊勝續云: 此幻離有無, 雖中亦不住, 是皆爲世俗(이와 같으므로 취하고 버림을 알며 환상을 수지할 때에도, 일체법이 유무의 가장자리를 떠남을 알아야 하는데,『무이존승속』에 말한 것과 같다. 이 환상은 유무를 떠나며 비록 중이라 할지라도 또한 머무르지 않는데, 이는 모두 세속을 위한 것이다)"라는 것입니다. 일체법의 수지에 성공한 사람은 모든 법에 머무르지 않습니다. 『금강경』에서도 일체법에 머무르지 않는다고 했습니다. 저는 평소에 늘 여러분에게 말했습니다. 일반인들은 불법을 본 후에 닭털을 붙잡고 영전(令箭)²⁴³으로 여기는데, 수련을 했다 하면 "일체법에 머무르지 않으려고〔不住一切法〕" 합니다. 하지만 여러분은 벌써 머물렀습니다. 일체법에 머무르지 않음 위에 머무른 것입니다. "諸法亦不住, 乃幻之自性(제법 또한 머무르지 않으니, 이에 자성은 환상 같다)." 일체법은 본래 머무르지 않으며, 일체법은 본래 자성이 꿈같고 환상 같습니다. 비록 꿈같고 환상 같지만 일체의 작용을 일으킬 수 있습니다. 환상은 결코 없음이 아닙니다. 환유(幻有)²⁴⁴가 바로 경계〔境〕이고 공(空) 역시 경계〔境〕입니다. "不滅境自生(없어지지 않는 경계가 스스로 생겨난다)." 없어지지 않는 일체의 경계, 자성은 생겨나면서 생겨나지 않고 생겨나지 않으면서 스스로 생겨납니다.

67페이지 네 번째 줄은 "則極清明修樂明無念之境(지극히 청명해서 낙·명·무념의 경계가 찾아온다)"는 것입니다. 열심히 수행해서 정(定)의 경계에 있으면 즐겁습니다. 그런데 여러분은 지금 괴롭습니다. 다리가 저려서 마비가 되고 온몸이 힘듭니다. 참으로 즐거움을 얻으면 낙·명·무념이 평등합니다. 이것은 성취로 들어가는 방법인데 바로 낙·명·무념의 경계를 수

---

243 고대에 군령(軍令)을 전하던 화살 모양의 증표로, 중국 속담에 하찮은 것을 중히 여길 때 '닭 털로 영전을 대신한다'고 표현한다.
244 있는 것처럼 보이지만 실제로는 있지 않은 것을 말한다.

지해서 성취합니다. "觀修過失(수행의 과실을 관하면)", 즉 일체 수행법의 과정을 관(觀)하면, 즐거움을 지나치게 탐하고 구하면 욕계로 떨어지고, 광명을 지나치게 탐하고 구하면 색계로 떨어지며, 무념을 지나치게 탐하고 구하면 무색계로 떨어집니다. 그 때문에 조정하고 대치할 줄 알아야 합니다. "其體無餘出現(그 본체가 남김없이 나타난다)." 여러분은 즐거움이 됐든 밝음이 됐든 무념이 됐든 그 모두가 분별환(分別幻)의 변화임을 알게 됩니다. 바로 위에서 말했던 것처럼 이것들이 모두 경계입니다. 일체의 "없어지지 않는 경계가 스스로 생겨나는데〔不滅境自生〕" 이러한 본체 자신은 열반무위(涅槃無爲)요 무여열반(無餘涅槃)이니, 비록 공(空)이지만 기능을 생겨나게 할 수 있어서 낙·명·무념의 경계를 생겨나게 합니다. 그러므로 즐거울 때 즐거움의 경계에 지나치게 머무르거나 광명의 경계가 유달리 강하면 서둘러 무념으로 들어가야 합니다.

또 기맥을 오래 수지하거나 광명을 오래 수지하면 문제가 생깁니다. 몸에 병이 생길 수 있으니 음식을 너무 배불리 먹으면 탈이 나는 것과 같습니다. 그래서 여러분에게 말합니다. "如火灼燒者, 還以火而治(불에 덴 것은 불을 가지고 치료한다)." 만약 불에 데어서 상처를 입었다면 불을 가지고 치료해야 합니다. 지나치게 배불리 먹었을 때에는 쌀국수를 가지고 치료합니다. 중국인들은 국수를 배불리 먹으면 다시 국수를 바삭하게 구워서 가루로 빻아서 마시는데 그것이 바로 약입니다. 어떤 음식을 먹어서 탈이 나면 똑같은 것으로 대치(對治)합니다. 대원만 전체를 다 말씀드렸지만, 이전에 수많은 사람이 잘못해서 그릇된 관념으로 걸어갔기 때문에 밀종의 유폐(流弊)가 아주 많다고들 말합니다. 이것을 깨달았다고 해서 쌍수(雙修)를 수지할 수 있게 되었다고 말하는 것이 절대 아닙니다. 그런 그릇된 관념을 지닌 채 스스로 잘못 듣고서 좋지 않은 업을 짓는다면, 때가 되면 스스로 지옥에 내려갈 것입니다! 그러니 절대로 잘못해서는 안 됩니다!

이 법문, 저는 이러한 견지와 수지의 방법을 모두 여러분에게 말씀드렸습니다. 하지만 여러분은 요점을 붙잡지 않고 잘못된 것만 붙잡기 좋아합니다. 여러분이 주의해야 할 첫 번째 점은, 선(禪)의 견지가 철저하지 못함으로 인해 이 법문을 잘못 수지하여 온갖 문제가 생기는 것입니다. 두 번째, 만약 백골관을 잘 수지했다면 이 법은 필요가 없습니다. 바꾸어 말하면, 이번 강의는 여러분이 참으로 백골관을 잘 수지할 수 있게 하려는 것이며 이 밀법은 모두 그 안에 있습니다. 이런 말을 제가 한 적이 있지요? 다행히 어떤 사람이 고개를 끄덕이네요. 여러분이 분명하게 듣지 못했다면 그건 여러분 탓입니다. 법을 들으면서 마음을 오로지하지 않았기 때문입니다. 참으로 불법의 계율에 따르고자 한다면 여러분도 점검해 보십시오. 불법을 들을 때 만약 잘못 들었다면 계를 범한 것입니다. 그것도 아주 엄중한 계율을 범했습니다. 안타깝게도 여러분은 계율을 알지 못합니다. 출가하면서 계를 받은 사람조차 도무지 계율을 알지 못합니다. 두어 번 머리 조아려 절하고 계단(戒壇)으로 가서 한 달간 잘 하면 계를 받는 것이라고, 그렇게 생각해서는 안 됩니다. 재가(在家)의 계율도 알지 못합니다. 여러분이 불법을 들을 때 상사의 그 불법을 똑똑히 듣지 못하고 잘못 들었다면, 계를 범한 것입니다. 이것은 참으로 계를 받은 적이 있어야 비로소 알 수 있지요. 일반적으로 재가자들이 가르칠 때 세간법을 틀려도 아주 심각한데, 하물며 출세간법을 틀린다면 그것은 더더욱 심각합니다. 학생 된 사람이 스승의 뜻을 잘 이해해서 훌륭한 견해를 낸다면 그것이 바로 훌륭한 학생입니다. 이제 여러분에게 다 말씀드렸습니다. 아래 본문을 보십시오.

# 수음 경계의 낙, 명, 무념

정을 흘려버린 사람은 금강병을 수지해야 하니, 그 안에 '우' 자를 관상하여 불태우는데, 몸 안의 모든 정을 불태우고, 관하여 다른 증상이 없으면 곧 없어진다. 병으로 흘려버림과 마귀로 인해 흘려버림이 또한 오묘하니, 낙에 집착하지 않고 공을 관하며, 탐욕의 본체인 마음을 관하며, 조정하고 스며들게 해서 의심과 염려 없음 가운데 머무르면, 탐욕이 없어지고 공락지가 나타난다. 마음이 기쁘지 않고 명점이 잘못되면, 이때 연적으로 낙정을 수지하는데, 깊이 빠져서 맑고 흐림이 지나쳐서는 안 되며, 다시 이 몸은 바르고 곧게 앉아야 하니, 입을 다물고 자신의 마음속에 기를 지니면, 빛이 충만해서 현유를 가득 채우며, 공락을 관상하면 곧 해탈한다.

於精漏者金剛瓶, 其內由吽(🔱)而燃火, 焚燒身內之諸精, 觀無餘狀卽解除. 病漏·魔漏亦要奧, 壞滅執樂而觀空, 注觀貪欲本體心, 調滲住無疑慮中, 貪欲去現空樂智. 心不適壞明點過, 於此燃滴修樂定, 沈重淸濁不分過, 復此身要端直坐, 含口持氣自心中, 由光充滿滿現有, 觀想空樂卽解脫.

---

이것은 누단(漏丹)에 관한 문제인데, 쌍수(雙修)는 말할 것도 없고 유정(遺精)까지도 문제가 있습니다. 밀종에서 말하는 십사근본대계(十四根本大戒) 가운데 남녀 불문하고 "보리를 잃어버림(漏失菩提)"은 대계를 범하는 것으로 아주 심각한 일입니다. 남성이 보리를 잃어버리는 것은 물론 첫 번째가 성행위이며 두 번째가 자위인데 이것 역시 흘려버리는 것입니다. 세 번째가 유정입니다. 남성의 유정은 때로는 심각한데 소변으로도 유정이 일어납니다. 제가 수많은 사람을 봤는데 그러고도 자칭 도를 닦는다고 합니다! 도가 수행을 하면서 전문적으로 이 방면을 공부하는 사람도 여전히 흘려버리고 있습니다. 여성은 더욱 그러한데 유정에 대해 전혀 알지 못합니다.

덧붙여서 질문이 하나 있습니다. 정좌 수련을 할 때면 항상 낙·명·무념이 몸의 각 부위에서 동시에 일어나는 것처럼 느껴지고, 게다가 서로 충돌하지 않는 현상이 있어서 마치 낙·명·무념이 제각기 있어야 할 곳에 있는 것 같다는 것입니다. 이 도우(道友)가 질문을 했는데, 그럴 때는 어떻게 해야 더 진보할 수 있는지를 물었습니다. 이 문제는 그 속에 또 다른 문제가 있는데, 바로 정좌 수련을 할 때 낙·명·무념이 부위를 가리지 않고 일어난다고 느끼는 것입니다. 그럴 때 그에 들어맞는 약간의 현상이 있습니다. 낙·명·무념은 동시에 일어나고 또한 부위를 가리지도 않습니다. 머리는 아주 청정하고 무념한데 즐거움이 아랫부분 혹은 중심에서 느껴지면서 다른 부위에는 즐거운 감각〔樂感〕이 없다면, 그것은 초보적인 체험이며 진보가 있을 것입니다.

이른바 낙·명·무념이라고 했지만 온몸과 마음이 즐거우면 말하기도 귀찮습니다. 즐거움이 극에 이르면 자연스럽게 맑고 밝으며 자연스럽게 무념하지만, 그 경계는 광명입니다. 하지만 빛은 없습니다. 낙·명·무념이 부위를 가리지 않기 때문에 당신의 상황은 진보하고 있을 따름입니다. 이것을 참된 낙·명·무념과 동일시해서는 안 됩니다. 당신이 말한 것은, 동시에 각 부위의 감수(感受)에서 즐거움은 즐거움이고 광명은 광명이고 무념은 무념으로서 서로 충돌하지 않는 것이 마치 제각기 있어야 할 곳에 있는 것처럼 느껴진다는 것입니다. 물론 당신이 느낀 이것이 마치 참된 낙·명·무념 같기도 하지만 사실은 이것이 바로 수음(受陰)의 경계입니다. 당신은 이 부분을 참구해야 합니다.

여러분 주의하십시오! 대원만 수행법에 관해 제가 결론까지는 말씀드리지 않았습니다. 만약 결론까지 말씀드린다면 저는 이 책을 엉성하게라도 비판할 것입니다. 저는 지금 기력이 없습니다. 제게 기력이 있다면 밀종의 방법에서 잘못된 모든 곳을 다 말씀드릴 겁니다. 그들이 집착하는 것은 수음의 경계와 다름없습니다. 그러므로 당신이 말한 상황은 일반인의 수음의 경계와 똑같습니다. 수음에 속하므로 해탈을 얻지 못합니다. 사실상 수행자들은 선종의 선(禪)을 제대로 수행하지 않기 때문에 말씀드렸던 낙·명·무념에 대해서도 틀림없이 외도의 길을 걸어갈 것입니다. 왜 그럴까요? 이것이 바로 『능엄경』에서 말한 수음의 경계에 떨어지면 해탈을 얻지 못한다는 것임을 그는 모르기 때문입니다. 당신은 즐거움도 감수(感受)이고 광명도 감수로서 모두 수음의 경계임을 알아야 합니다. 수음은 해탈을 얻지 못하니 오음(五陰) 모두 해탈을 얻지 못합니다.

그렇다면 이 즐거움은 어디에서 오는 걸까요? 지수화풍의 변화에서 오며 수음의 경계입니다. 그래서 예전에는 밀종 이야기만 나오면 저는 큰 라마승들에게 조목조목 엉성하게라도 비판했습니다. 하지만 이 법본의 수지 방법은 우리 후세들에게 적합하기에 저는 오히려 힘껏 제창합니다. 성실하게 수련하지 않을 거라면 아예 말할 필요가 없습니다. 견지(見地)는 더더욱 말할 필요도 없습니다. 그런데 성실하게 수련한 후에 만약 수련에 얽매인다면? 그러면 모조리 끝장입니다.

그렇기 때문에 부처님을 배운다는 것은 대지혜의 해탈입니다. 아시겠습니까? 이제 다시 되돌아가서 수련의 경계에 대해 말하겠습니다. 조금 전에 이런 말을 했습니다. 낙·명·무념이 원만하여 서로 원융(圓融)한 경계에 도달하면 사람이 곧바로 한 덩어리〔一團〕로 변합니다. 원융하다는 말은 형용사인데, 심신이 녹아서 다른 물질로 변화〔融化〕하는 것을 형용합니다. 장자의 말을 이용해서 간단하게 설명하면 천지와 근본이 같고〔天地同根〕 만물과 한 몸〔萬物一體〕이 된다는 말입니다. 혼연일체(渾然一體)가 되어 부위가 나누어지지 않습니다. 낙 명 무명입니다. 참으로 큰 즐거움을 일으켰기 때문에 극점에 도달하면 자연스럽게 광명이 찾아옵니다. 아시겠습니까? 부위를 나누지 않습니다. 이때 감수로 말한다면 어떨까요? 물론 먼저 즐거움을 느끼는데〔感受〕, 자신의 몸에 느끼게 되면 꼼짝하기도 싫습니다. 그래서 제가 늘 여러분에게 말합니다. 이때가 되어야 비로소 폐관을 할 자격이 있다고요. 이때의 폐관 수련이 반드시 타좌여야 하는 것은 아닙니다. 홀딱 벗어버리고 일주일 정도 잠을 잘 수도 있습니다. 사실은 잠을 자는 것이 아니라 이 경계에서 꼼짝하기가 싫은 것입니다. 심지어 손가락도 까딱하기 싫습니다.

제가 종이 한 장도 들고 있지 못하겠다고 여러분에게 말한 적이 있는데, 이것은 병이 아닙니다. 종이 한 장을 갓난아이에게 주면 들고 있지 못하는데, 이것은 갓난아이의 경계에 도달한 것입니다. 바로 노자가 말한 "기를 오로지하여 부드러움에 이르러 갓난아이 같을 수 있겠는가〔專氣至柔, 能嬰兒乎〕"라는 것입니다. 그것은 기를 오로지하여 부드러움에 이르는 것이니, 온몸의 유연함이 극점에 도달하면 마치 뼈가 다 없어진 것 같은 그런 경계에 도달하게 됩니다. 이때는 반드시 폐관 수련을 해야 합니다. 그러지 않는다면 특정한 규칙이 없는 타좌를 하거나 혹은 홀딱 벗고 누워서 구부리고 있어도 좋습니다. 어쨌든 드러누운 채 꼼짝하기 싫어집니다. 안 먹으려고 하면 아무것도 먹지 않고 또 먹으려고 하면 왕창 먹고, 아무튼 모든 것에 정해진 규칙이 없어집니다. 그러나 일체 거리낌이 없고 나쁜 반응도 없습니다. 이것은 뒤집어 보면 또 하나의 체험이니 이때야말로 진정한 낙·명·무념입니다.

실제로 중국 문화를 가지고 말씀드리면, 이것이 바로 수도(修道)에 들어가는 기본 수준이며 평등 즉 참된 평등이라고 부릅니다. 그래서 장자는 "중앙의 제왕을 혼돈이라 한다〔中央之帝爲渾沌〕"라고 말했는데, 구별되지 않고 혼돈한 모습입니다. 그러던 어느 날 남방과 북방의 제왕이 자신들에 대한 혼돈의 은덕에 감사하기 위해 하루에 하나씩 구멍을 뚫어 주었습니다. 일주일 만에 일곱 개 구멍을 뚫어 주자 "혼돈은 죽고 말았습니다〔而渾

沌死]". 바로 이런 도리입니다. '혼돈'은 칠규(七竅)와 육근(六根)으로, 원래 움직이지 않으며 영명(靈明)하고 자유롭습니다. 이때야말로 백장선사가 말한 "신령스러운 빛이 홀로 비추어 육근과 번뇌를 벗어나 보니, 본체가 참모습을 드러내어 문자에 얽매이지 않네. 심성은 물듦이 없어서 본래 스스로 원만하게 성취하지만, 망령된 인연을 떠나면 곧 여여한 부처님이네〔靈光獨耀, 逈脫根塵, 體露眞常, 不拘文字, 心性無染, 本自圓成, 但離妄緣, 卽如如佛]"라는 것입니다. 그래서 한번은 제가 마일부(馬一浮) 선생을 만났을 때 그에게 물었습니다. "당신이 저서에서 '신령스러운 빛이 홀로 비추어 육근과 번뇌를 벗어난다'고 말한, 과위(果位)상의 일 말입니다." 제 질문에 그는 바로 알아듣고 이렇게 말했습니다. "아! 저도 후회가 돼서 제 책 전부를 불사르고 싶습니다. 이것은 큰 잘못입니다." 당시 그가 대답할 때 원래의 뜻을 고집했다면 저는 이렇게 말했을 겁니다. "'신령스러운 빛이 홀로 비추어 육근과 번뇌를 벗어난다'는 것은 인위(因位)상의 일입니다." 선배 스승들의 답은 얼마나 훌륭한지 모릅니다! 그가 바로 마일부 선생입니다. 그가 여러분에게 이야기했다면, 남김없이 다 말하더라도 여러분은 알아듣지 못할 겁니다.

다시 하던 이야기로 돌아가겠습니다. 이때 이런 평등의 경계에서 "신령스러운 빛이 홀로 비추어 육근과 번뇌를 벗어남"은 틀림없이 인위(因位)입니까? 인위가 아니라 이미 과위(果位)로 들어갔습니다. 그러면 과위겠네요? 과위 역시 환상입니다! 설사 성불했다고 할지라도 환상입니다! 인과(因果)는 동시이므로 인과라고 할 것도 없습니다. 이것은 여러분에게 도(道)를 성취하는 인과를 말씀드린 것인데, 여러분이 이해할 수 있는 바가 아닙니다! 과(果) 역시 꿈같고 환상 같습니다. 하지만 확실히 그런 일이 있습니다. 이른바 확실히 그런 일이 있다는 말은 방금 전에 말했던, 그 본체인 자성은 "없어지지 않는 경계가 스스로 생겨난다"는 것입니다. 바로 이런 도리입니다. 그러므로 여러분이 잘못 듣고서 인과(因果)가 없다고 생각해서는 안 됩니다.


## 정을 흘려버림에 관해

이제 다시 돌아와서 정(精)에 관해 말씀드리겠습니다. 일부 여성들도 누정(漏精)을 합니다. 그와 관련된 자료는 아주 찾기 힘들며, 특히 중국 여성은 이런 말을 그다지 하고 싶어 하지 않습니다. 하지만 수도나 의학에는 이런 자료가 있습니다. 여성의 누정은 남성과 비슷하지만 그 수가 비교적 적습니다. 그런데 여성은 기를 흘려버리는(漏氣) 것이 정을 흘려버리는(漏精) 것보다 훨씬 심합니다. 신체가 건강하지 않으면 기가 충만하지 않은데, 기가 충만하지 않으면 정기신이 모두 완전치 않습니다. 이런 사람은 근본적으로 파루지신(破漏之身)이니, 마치 깨진 병과 같습니다. 만약 이번 생에 수지해서 성취하고 싶다면 열심히 노력해야 합니다. 그래서 그런 여성에게는 왕생을 구하는 발원을 하라고 합니다. 일심으로 염불하고 불력(佛力)의 가지(加持)를 구하여 내세에 다시 태어나서 더 해 보라고 합니다.

그러므로 각 방면에 대해 충분히 이해해야 합니다. 먼저 기(氣)를 모으고 신체를 잘 조정해야 하는데, 이런 문제는 한두 시간으로는 다 말씀드릴 수 없습니다. 이 방면에 대해 여러분은 잘 알아야 하는데, 중의(中醫)와 양의(洋醫) 방면의 상식이 없으면 안 되므로 자세히 연구해야 합니다. 여러분은 몸의 조치(調治)와 기맥이라는 학문에 대해 지나치게 부족하지만, 이 분야는 간단치가 않습니다. 이제 간단하게 끝맺고 여러분에게 말씀드립니다. 정을 흘려버린 자는 서둘러 구절불풍과 보병기를 수지해야 합니다. 제가 여러분에게 가르친 적도 있지만 어느 한 사람 제대로 수지하는 사람 없이 모두 흉내만 냅니다. 코로 두 번 숨을 내쉬는데, 마치 스승을 위해 어쩔 수 없이 하는 듯해서 참으로 가련합니다! 정을 흘려버렸을 때에는 보병기(寶瓶氣)를 수지해야 합니다. 병기(瓶氣)를 수지한 다음에는 맥(脈)을 수지해야 하는데, 중맥의 중심 뿌리 위에 내재한 '우(吽, 🐢)' 자를 관상해야 합니다. 사실은 이 범문 글자를 관상하지 않아도 됩니다.

(아무개 동학! 자네는 어떤 때는 오고 어떤 때는 안 오고, 시험은 잘 끝냈는가? 이번 강의를 들으려면 그렇게 마음대로 하면 안 되네! 함부로 총명을 써서는 안 되고 잘 수지해야 하는데, 오려면 빠지지 않고 와야 하네. 이렇게 총명을 가지고 노는 사람은 세법이나 출세법 어느 하나도 성취함이 없는데, 자네는 총명을 갖고 놀기 좋아하니 사람 노릇 하고 일처리 함에 있어서 성실해야 하네! 들고자 한다면 함께 잘 듣게나.)

안으로 누정(漏精)을 했거나 혹은 유정(遺精)한다면 특별히 주의해야 합니다. 다음 날로 바로 수련을 해야 합니다. 바꾸어 말하면 첫째 날 유정을 하고 다음 날 새로 하려고 한다면, 당신이 했던 모든 타좌의 정공(定功)은 다 셈하지 않습니다. 물론 사람들은 늘 누정(漏精)을 합니다. 한평생 그러하니 흘려버리지 않는 사람이 어디에 있습니까? 그러면 여러분은 말합니다. 저는 흘려버리지 않겠습니다. 저는 된다니까요! 그렇다면 당신은 근본적으로 일으키지도 못하는 겁니다. 독신인 경우에도 즉 출가한 수녀 신부 승려 비구니 도사 여도사를 포함하여 심지어는 일부 채고(菜姑)[245]까지도 절대 흘려버리지 않는 사람은 하나도 없습니다. 오로지 칠팔십 세 이상의 사람만 가능한데, 그것은 노쇠한 것일 뿐입니다. 문제가 있습니다. 어떤

---

245 출가하지 않으면서도 엄격하게 계율과 채식을 준수하는 대만의 토착 불교인 재교(齋敎)의 여성 신도를 재고(齋姑) 혹은 채고(菜姑)라 불렀다. 이들은 선가(禪家)에 기원을 둔 재가불교인데 유가와 도가의 교의가 혼합된 것이 특징이다.

사람은 흘려버리지는 않지만 기맥을 성취하지 못하고 정(精)을 변화시키지 못하니 무슨 소용이 있습니까! 심지어 그런 사람들 대다수는 암이 의심됩니다. 그렇다면 말해 보십시오. 흘려버림이 있는 것이 옳습니까? 그 또한 틀렸습니다. 그렇기 때문에 이 학문을 수행하는 것이 그렇게 간단하지 않다는 겁니다. 불학이라고 쓰고 입으로 불학을 들먹인다고 해서 그것이 부처님을 배우는 것이라고 생각해서는 안 됩니다. 그것은 우스갯소리입니다. 저는 늘 수도가 큰 과학이라고 말합니다. 그것도 동서 의학, 생리학, 심리학, 철학에서 정치학까지 포함하는 종합적인 과학으로, 그 어떤 것도 알지 못하는 것이 없습니다. 두 다리를 가부좌했다 하면 부처님을 배운다고 말하는 그런 것이 아닙니다. 그러니 다들 주의해야 합니다. 누정(漏精)을 하느냐 하지 않느냐의 사이는, 말하자면 아주 미세합니다.

만약 누단(漏丹)을 했다면 다음 날 바로 타좌를 해야 하며 생활과 음식에 모두 주의해야 합니다. 집에 있으면서 부부 관계를 하는 사람은 조금이라도 조치가 바르지 않으면 문제가 생깁니다. 아무개를 예로 들어 보겠습니다. 그가 개의치 않으니 공개적으로 본보기를 삼겠습니다. 당시 저는 여전히 연운선원(蓮雲禪苑)[246]에 있었는데 역시 여름이었습니다. 그 사람 혼자 차를 운전해서 왔는데 사층으로 저를 만나러 올라왔습니다. 얼굴이 검고 허리가 구부정했는데, 당시 겨우 마흔 몇 살임에도 불구하고 얼굴에서 콩알 같은 땀방울이 떨어지고 있었습니다. 그렇게 심각했습니다. 그가 말하기를 병원에 가서 검사를 하고 엑스레이도 찍었는데, 의사 말로는 '신장 결석'이니 서둘러 수술해야 한다고 했다는 겁니다. 의사가 약도 처방해 주었지만 그는 안심하지 못했습니다. "선생님, 저는 그래도 선생님을 찾아와

---

246 대만 대북시 중정구 연운로에 위치한 석가모니 불당이다. 1969년에 건립한 건물로 남 선생이 타칠(打七), 타선칠(打禪七) 등 선 수행을 이끌던 곳이다.

야 했습니다." 제가 말했습니다. "그랬군! 내가 몇 가지 약을 처방해 줄 테니 한약방에 가서 사다가 달여 마시고 저녁에 다시 한 번 마시면 밤에는 편안해질 걸세. 내일 다시 가서 정확하게 검사해 보게. 내가 보기에는 신장 결석이 아니야." 다음 날 다시 와서 저에게 말하기를, 편안해졌고 좋아졌다고 했습니다.

좋아진 후에 그가 이것이 무슨 병이냐고 물었습니다. 제가 말했습니다. "자네 부인과의 방사(房事) 때문이지." "맞습니다! 닷새 전이었습니다." "바로 그 때문에 생긴 거라네. 여름이 왔는데도 자네는 위생 문제를 모르고 있네. 창문을 몽땅 다 열어 놓으니 풍한이 신장 속까지 뚫고 들어온 것이지." 남녀 성관계에서 지켜야 계(戒)를 몰랐던 것인데, 시간이 지나자 등이 구부러지고 병이 그렇게 찾아왔던 것입니다. 그 몇 가지 약은 풍한을 흩어 버리는 것으로서 신장 속의 풍한을 쫓아내자 곧바로 좋아졌습니다.

이 도리는 수행이 그리 간단한 것이 아님을 설명해 줍니다. 조금이라도 알지 못하면 안 됩니다. 앞으로 또다시 찬바람을 맞는다면 당장 음식과 남녀 문제에 주의해야 합니다. 어떤 사람들은 저에게 진찰을 받으러 찾아오기도 하는데, 십중팔구 모두 이런 방면의 문제로 치료를 받습니다. 사실은 모두 정을 흘려버리는 문제입니다. 그 외에 또 제 약을 먹고 좋아진 사람들은 대부분 간(肝)에 문제가 생긴 경우입니다. 간에 염증이 생긴 것이 아니라 긴장된 생활로 뇌(腦)를 과도하게 사용해서 문제가 생겼습니다. 게다가 영악한 사람은 간을 너무 많이 사용하고 정신을 너무 많이 사용하는데, 머리를 사용하면 할수록 간이 더 나빠지기 때문에 약으로 간의 기(氣)를 순조롭게 조절해 주면 좋아집니다. 그러므로 부처님을 배우고 도를 배운다고 하면서 의학을 모르면 더는 이야기할 필요가 없습니다. 천천히 더듬어 가십시오!

지금 이 법본을 이처럼 간단하게 말씀드렸지만 사실 그렇게 간단한 것이 아닙니다. 누정을 한 다음 날에는 곧바로 병기(瓶氣) 수련을 해야 하는데, 기공(氣功)을 이용해서 조치합니다. 기공을 할 뿐 아니라 음식에도 주의해야 합니다. 나쁜 것을 먹어도 좋지 않고 영양이 충분하지 않아도 좋지 않습니다. 너무 많이 먹어도 좋지 않고 너무 적게 먹어도 좋지 않습니다. 그런 다음에는 단전(丹田)을 관상하는데 여성은 자궁 부분을 관상합니다. 먼저 명점(明點)의 화력으로 연소시키는데 한 덩어리의 빛처럼 불타고 있습니다. 사실 여러분이 백골관의 작용을 알고 나면 이것보다 더 좋습니다. 이것이 제가 여러분에게 전해 주는 밀법입니다! 밀종의 규정에 따르면 공양도 바쳐야 하고 머리 조아려 절도 많이 해야 합니다. 여러분에게 우스갯소리를 하는 것이 아니라 당부하는 말입니다. 스스로 신중할 줄 알아야 하며 스승을 공경하고 법을 공경해야 합니다. 사실 여러분이 백골관을 알고 있다면 이때 가장 좋은 것은 백골관을 수지하는 겁니다. 백골의 화력으로 연소시켜서 온 몸을 불태우면 백병(百病)이 모두 사라집니다. 밀종에서 쓰는 이 방법은 제가 방금 말씀드린 것보다는 조금 못하지만 그래도 사용할 만합니다. 그러려면 조금 번거롭기는 한데 단전의 불빛을 관해야 합니다.

"몸 안의 모든 정을 불태우고, 관하여 다른 증상이 없으면 곧 없어진다〔焚燒身內之諸精, 觀無餘狀卽解除〕", 불빛은 삼맥칠륜에서 두루 불타면서 열에너지로 관통하고 하나하나의 모공을 다 열의 힘으로 가득 채웁니다. 그런 후에 정(定) 가운데서 자기 몸의 느낌을 관찰하면, 아무 문제가 없고 괴로운 부분이 어디에도 없습니다. 혹 흘려버리는 잘못을 했더라도 흘려버린 후 정신 상태에 문제가 없다면 비록 흘려버렸다 해도 상관없습니다. 이것은 첫 단계로서 수지를 시작한 것입니다. 하지만 오늘 수지하고 조금 진보가 있더라도 내일 또다시 뒷걸음질 칠 수도 있습니다. 그러면 처음부터 다시 시작합니다. 그렇기 때문에 수지라는 것은 백 사람이 시작해도 성취하는 사람은 하나도 없습니다.

'병으로 흘려버림과 마귀로 인해 흘려버림이 또한 오묘하니, 낙에 집착하지 않고 공을 관하며〔病漏·魔漏亦要奧, 壞減執樂而觀空〕", 유정(遺精)이라는 이 부분에 관해 부처님은 계율상으로 생리, 심리, 성심리(性心理) 각 방면에서 분석했습니다. 그 학문의 깊고 넓음은 참으로 감탄을 금할 수 없습니다. 요즘은 서양인들도 이런 것을 이야기하는데, 그분은 이천 년 전에 그렇게나 많이 알고 있었다는 것은 생각도 못합니다. 누정(漏精)에 관해서는 지나치게 배불리 먹어도 흘려버릴 수 있고 배가 고파도 흘려버릴 수 있으며 솜이불이 너무 더워도 흘려버릴 수 있습니다. 똑바로 누워서 자도 흘려버릴 수 있고 감기에 걸려도 흘려버릴 수 있습니다. 그러므로 남녀 성관계로 흘려버린다고 생각하는 것은 모든 흘려버림 가운데 일부에 불과합니다. 계율을 보면 여러분은 비로소 부처님의 위대함을 알 수 있습니다. 그것은 대교육가의 위대함입니다. 불경에서는 부처님이 다른 사람을 욕하는 것을 보지 못했습니다. 하지만 계율을 보면 부처님은 밤낮으로 욕을 하고 있습니다. 얼마나 귀찮겠습니까! 보십시오. 그렇게나 많은 제자가 각양각색의 사정을 가지고 부처님께 물으러 옵니다. 심지어 여성 제자들은 어떻게 목욕을 하는가도 부처님께 묻습니다. 목욕하는 것에 관해서 이렇게 씻고 저렇게 씻어야 한다고 말했는데, 이렇게 씻는 것은 모르고 저렇게 씻는 것만 알아서 결국 비구니들이 목욕을 하지 않았습니다. 여름에 한두 달을 함께 살면서 목욕을 하지 않으면 어떻게 견딜 수 있겠습니까? 그러자 부처님께서 말씀하시기를, 나는 너희들에게 씻으라고 했다고 하셨습니다. 이 대교육가가 귀찮지 않았겠습니까? 부처님은 누단(漏丹)에 대해서도 아셨습니다. 어떤 제자는 병이 들어서 흘려버리고 또 어떤 제자는 마귀로 인해 흘려버렸습니다. 그것은 다른 힘에 미혹된 것인데, 마치 귀신에게 홀리고 요괴에게 홀리는 것 같습니다. 비구니 가운데 이런 일이 있습니다. 하지만 지금 우리가 접하는 범위가 넓지 않기 때문에 많이 볼 수는 없습니

다. 정신과에 가서 보면 그런 일이 얼마나 많은지 모릅니다! 수많은 정신
병자가 귀신을 보았다고 말하는데, 그들의 심리를 분석해 보면 정신상의
문제입니다.

흘려버림에는 병으로 흘려버림도 있고 마귀로 인해 흘려버림도 있는데,
어떻게 대치할 것인가가 대단히 오묘합니다. 이것은 수지의 첫 단계로서
바로 색신(色身)의 수지인데, 백골을 관상해야 합니다. 그렇기 때문에 제
가 거듭거듭 여러분에게 백골관을 수지해야 한다고 말하는 겁니다. 백골
관을 수지하기만 하면 병으로 흘려버림을 대치하게 되는데, 마귀로 인해
흘려버림은 말할 것도 없습니다. 마귀가 여러분을 협박할 때 백골을 관하
면 여러분이 백골로 변해 버리고 마지막에는 백골이 공(空)이 됩니다. 여
러분이 귀신으로 변한다면 그와 똑같습니다. 너는 마귀고 나 또한 마귀이
니 무서울 게 뭐가 있어! 그러므로 백골관을 사용해서, 마귀로 인해 흘려
버림과 병으로 흘려버림을 대치하는 것이 가장 오묘한 비밀입니다.


# 다시 공락정 수지를 말하다

"낙에 집착하지 않고 공을 관하며, 탐욕의 본체인 마음을 관하며, 조정
하고 스며들게 해서 의심과 염려 없음 가운데 머무르면, 탐욕이 없어지고
공락지가 나타난다[壞滅執樂而觀空, 注觀貪欲本體心, 調滲住無疑慮中, 貪欲去
現空樂智]." 이때 이 즐거움의 경계를 탐해서는 안 되며 일체 백골을 관해
야 합니다. 일체가 꿈같고 환상 같아서 환상이 사라지는데, 환상이 사라지
고 낙공(樂空)의 경계를 얻습니다. 이것은 화두를 참구하는 것과 같습니
다. 수많은 젊은이가 수도하면서 남녀의 성적 욕망을 탐하지만 그 일념을
이러한 이치로 돌려놓아야 합니다. 이성적으로 그것이 마땅하지 않음을

생각하고 이러한 탐욕의 본체가 공(空)임을 안다면, 곧바로 의심도 없고 염려도 없는 가운데 머무릅니다. 사실 백골관을 수지하면 쉽게 이런 탐욕을 제거할 수 있습니다. 이 노선을 따라 걸어서 "탐욕의 본체인 마음〔貪欲本體心〕"이 공임을 관하고, 이 일념을 잘 조정하고 스며들게 해서 의심과 염려가 없는 경계에 머무릅니다. 이때 탐욕의 염(念)과 성(性)의 압박이라는 이 일념이 없어진 후에 공락지(空樂智)가 나타납니다.

"마음이 기쁘지 않고 명점이 잘못되면〔心不適壞明點過〕", 때로는 심리적으로 영향을 받기도 합니다. 예를 들어 재가든 출가든 상관없이 며칠씩 심리적으로 울적할 때가 있습니다. 어떤 젊은이는 하루 온종일 먹구름이 끼어서 우두커니 멍하게 있습니다. 마음이 기쁘지도 않고 상쾌하지도 않습니다. 우리 어른들도 어떤 때에는 며칠씩 번민하다가 곧바로 반성하기도 하는데, 그것은 생리적 영향일까요 아니면 심리적 영향일까요? "마음이 기쁘지 않고 명점이 잘못되는" 이것은 정을 흘려버린 것입니다. 이렇게 정을 흘려버린 것은 유정(遺精)은 아니고 그냥 흘려버림인데, 다른 상황에서도 흘려버릴 수 있습니다. 사람이 정신을 과도하게 소모하는 것이 그러합니다. 저 같은 사람은 평소 한 번 자리에 앉으면 몇 시간씩 책을 봅니다. 두 다리가 부어도 여전히 그 자리에 앉아서 조금이라도 더 보려고 하는데, 마음속으로는 끝까지 다 읽고 싶은 것입니다. 사실 정(精)도 소모하고 있고 신(神)도 소모하고 있습니다. 이렇게 정신을 과도하게 소모하면 사람이 울적해질 수 있습니다. 정(精)이 기(氣)로 변하지 못하고 기(氣)가 신(神)으로 변하기 못하기 때문입니다. 이것을 명점이 잘못됨〔明點過〕이라고 부릅니다.

"이때 연적으로 낙정을 수지하는데〔於此燃滴修樂定〕", 이때에는 연적(燃滴)으로 낙정(樂定)을 수지해야 합니다. 착각해서는 안 되는 것이, 이것은 쌍수(雙修)가 아닙니다. 제가 늘 말하지만 저는 이미 여러분에게 가장 큰 법보를 가르쳐 주었습니다. 여러분이 주의하지 않았을 뿐이지요. 만약 『선비요법』을 알게 되면 그 안에 연적(燃滴)의 수지와 관정법은 물론이고 가행 수행법까지 모두 있습니다. 그런데 이 자리에 있는 대다수가 아마도 『선비요법』을 본 적이 없을 것입니다. 어떤 사람은 녹음테이프라도 빌려가서 한나절 들었겠지만, 어차피 녹음테이프는 녹음테이프고 책은 책이고 나는 나일 뿐입니다. 백골관은 고사하고 황골(黃骨)조차 관하지 못한다면 그것이 무슨 소용이 있겠습니까! 얼마나 시간을 낭비하고 생명을 낭비하고 있는지 모릅니다. 이 세상에서 고난을 겪는 중생은 백의관음보살을 관해도 좋습니다. 정병(淨瓶)을 손에 들고 정수(淨水)를 뿌려서 중생의 고난을 없애 주는데, 그런 후에 백보리(白菩提)[247]가 내려오고 단전이 따뜻해져서 물과 불이 만나면[水火旣濟] 즐거움을 일으켜서 따뜻해짐으로 돌아갑니다. 이것은 제가 『선비요법』에서 모두 말씀드린 적이 있으니, 수지를 제대로 하는 사람은 모두 유의할 것입니다. 여러분은 들어도 아무 소용이 없습니다. 다음 생에 인연이 있어서 만날 수 있다면 종자를 심은 셈 치지요.

"깊이 빠져서 맑고 흐림이 지나쳐서는 안 되며[沈重淸濁不分過]", 이때 이 연점(燃點)을 수지함에 있어서는 정도와 경중이 지나쳐서는 안 되는데, 마치 약을 먹는 것과 똑같습니다. 예를 들어 기맥을 수지함에 있어서 밤낮으로 해저를 관상하고 낮밤으로 해저에 빠져 있다면, 그러고도 흘려버리지 않겠습니까? 백골관의 수지를 가지고 말씀드리자면, 날마다 발가락 끝에만 매달린다면 그것은 식료품 시장에 가서 백골을 사다가 붙들고 있는 것만 못합니다. 『선비요법』에서도 엄지발가락을 다 관하면 다섯 발가락을

---

**247** 정수리에서 흘러내리는 하얀 우윳빛 진액을 말한다. '공과 낙, 삼맥사륜 수행법'(346-348쪽)을 참조하라. 밀교 수행은 관상을 중시하는데, 없는 것을 이끌어 내는 것이 아니라 실제 수행에서 일어나는 현상을 '미리 가상함으로써 이끌어 내는' 것이다.

관하고 그다음에는 다리를 관하고 그다음에는 온몸을 관하라고 했습니다. 그러므로 이런 것들 모두 "때를 알고 헤아릴 줄 알아서〔知時知量〕" 수시로 조정하고 '역관(易觀)'을 해야 합니다. 그런데 여러분은 스스로 연구하지 않고 여전히 저에게 물으러 옵니다. "선생님! 제가 발가락을 반나절 관했는데 어떻게 해야 합니까?" 마치 약 하나를 먹었더니 양이 지나쳐서 또다시 문제가 생긴 것과 같습니다. 그러므로 분명하게 알아서 지나치지 않도록 해야 합니다.

〔다시 이 몸은 바르고 곧게 앉아야 하니〔復此身要端直坐〕", 게다가 타좌하는 자세가 단정해야 합니다. 저는 사람들이 늘 여기로 와서 정좌 수련을 하느라 그렇게나 많은 정신과 시간을 소모하지만 이익을 얻지 못했다는 것을 알았습니다. 무엇보다도 방석조차 제대로 깔지 않습니다. 아마 집에서도 방석을 깔지 않을 겁니다. 왜 방석을 높이 깔아야 할까요? 왜 방석을 깔아야 합니까? 특히 여성이 정좌 수련을 하면 아랫배를 내밀어서는 안 됩니다. 방석을 적당히 깔아서 엉덩이 뒤쪽을 들어 올리면 허리를 곧게 세울 수 있습니다. 이 백골 모형을 여기에 놓을 테니 여러분도 보십시오! 허리뼈 마디마디를 알 수 있습니다. 사람들이 정좌를 할 때 허리뼈가 굽어 있으면 그 사람의 자세를 고쳐 주는데, 제가 자리를 뜨면 그는 바로 자기 마음대로 움직이기 시작합니다. 그런 후에 제가 허리를 너무 꼿꼿하게 펴지 말라고 하면 그는 또 구부리기 시작합니다. 여러분이 이렇게 허리를 꼿꼿하게 펴면 말이지요, 이 뼈마디를 잡아당기게 되는데 그러면 몇 분도 버티지 못합니다. 그래서 여러분에게 허리를 꼿꼿하게 펴지 말라고, 일부러 밀어젖히지 말라고 하는 겁니다. 하지만 그래도 마디마디를 마디마디 잘 끌어당기고, 그런 다음에 두 견갑골을 쫙 펴면 바로 단정하게 됩니다.

하지만 여러분은 그 자리에 앉아서 하나같이 익숙한 편안함을 탐하고 있습니다. 엉덩이를 아주 조금만 걸치고 앉으면 척추뼈 이 부분이 바르지 않고 돌출되어 나옵니다. 수십 년을 배웠으니 저도 더는 고쳐 주기 귀찮습니다. 저는 여러분이 가부좌를 할 때 이렇게 하라고 했습니다. 두 손을 쭉 펴고 앞으로 엎드리면서 천천히 바르게 앉은 후에 두 손은 뒤쪽에서 마주 잡습니다. 바로 군인의 열중쉬어처럼 말이지요. 그렇게 뒤쪽에서 잡고 허리를 바르게 하면, 특히 여성의 허리는 자연히 단정하게 됩니다. 내려놓듯이 가라앉듯이 그렇게 앉으면 금방 기맥이 통하게 됩니다. 여러분은 제각기 허리를 낙타 등처럼 구부리고 있으면서, 알맞게 조정할 줄도 모르고 연구할 줄도 모릅니다. 제가 무슨 엄마라도 되어서 아이들 엉덩이를 바로 해놓고 그렇게 유지하라고 했는데, 잠깐이라도 곁을 떠나면 또다시 장난치기 시작하는 아이들 같습니다. 타좌 자세 하나도 연구할 줄 모르고 제대로 하지 못하니 기맥에 진보가 있을 수 없습니다. 그런 후에는 하나같이 아랫배를 내미는데, 허리를 제대로 펴지 않았기 때문입니다. 특히 여성은 배를 내밀면 올바르지 않습니다. 그렇게 하면 자궁이 약간 아래로 처지기 때문입니다. 그러므로 엄격히 연구해서 단정하게 앉아야 합니다.

"입을 다물고 자신의 심장 속에 기를 지니면〔合口持氣自心中〕", 여러분의 수련이 경지에 도달하면 자연스럽게 여러분에게 보병기를 수지하라고 말합니다. 그 수련은 혀에 달렸는데, 혀가 위를 핥고 혀를 아래로 거두어들이고 혀를 뒤로 물러나게 하고 혀를 앞으로 감습니다. 바로 이렇게 교묘하게 운용합니다. 돼지 잡는 사람을 보십시오. 혀를 이렇게 잡아당기면 이 식도 아래로 위장, 심장, 간장 오장육부를 지나 항문에 이르기까지 쭉 연결되어 있습니다. 그런 까닭에 혀의 위치가 바르게 놓이면 오장육부가 바른 위치를 잡습니다. 혀를 바르지 않게 놓으면 장부의 위치가 바르지 않으므로, 거기에 앉아 있어도 아무 소용이 없습니다.

"빛이 충만해서 현유를 가득 채우며〔由光充滿滿現有〕", 심맥(心脈) 이 부분에 빛이 충만해서 온 허공과 하나가 되어야 합니다. 그런 후에 이 속에서 공(空) 낙(樂) 정(定)을 관상합니다. 공락정은 욕락(欲樂)과 결합하지 않으며 쌍수(雙修)의 그 욕락도 아닙니다. 진공(眞空)이 자연스럽게 낙을 일으킵니다. 백골관을 잘 수지하면 자연스럽게 낙을 일으킵니다.『선비요법』이 당신에게 말하지 않습니까! 잘 관하면 곧바로 즐거움을 일으킵니다. 요 며칠 일부의 동학들은 조금 깨달았습니다. 하지만 여러분은 아직 큰 즐거움을 얻지 못했습니다. 큰 즐거움을 얻지 못하는 것은 여러분이 크게 공(空)하지 못해서이지요.

"공락을 관상하면 곧 해탈한다〔觀想空樂卽解脫〕", 공락(空樂)을 얻으면 자연스럽게 일체를 곧바로 해탈하게 됩니다. 먼저 세간의 일체를 해탈하고 다시 출세간의 일체를 해탈합니다. 여러분은 대북(臺北)이라는 이 도시에서 살고 있지만, 하루 온종일 바쁘기 짝이 없는 사람들과 자동차를 보면 마치 개미떼가 제멋대로 놀고 있는 개미집 속에 살고 있는 것 같습니다. 이런 도시의 모습을 보면 참으로 가련하고도 우습기 짝이 없는데, 스스로 심정이 자연스럽게 벗어나서 해탈을 얻습니다. 이것이 바로 첫 단계의 정(定), 공락정을 보충하는 것입니다. 아시겠습니까?


# 공락정 수지의 대치법과 조치법


"觀空樂時, 所修法五過者, 由貪歡喜而執着所生也(공락을 관할 때, 수지하는 법의 다섯 가지 잘못은, 환희를 탐하여 집착함으로 생겨난다)." 공락정을 수지할 때 즐거움을 일으키고 그 즐거움의 경계가 만들어 내는 환희(歡喜)를 탐하면, 여러분으로 하여금 차마 떠나지 못하고 그 기쁨에 지나치게 집착하게 만듭니다.

"卽觀察喜時之自面, 成空明之境卽解除(기쁠 때 자신의 모습을 관찰하여,

공명의 경계를 성취하면 곧 없어진다)." 그러면 이때는 선종의 방법을 써야 하는데, 되돌아와서 이 쾌락의 느낌을 참구해야 합니다. 환희라는 이 일념의 근본이 무엇인가, 본래 공(空)이다 하는 것입니다. 말하자면 기쁠 때 자신의 본래 모습을 관찰하여 공명(空明)의 경계를 성취하면 당장에 해탈하게 됩니다.

"五所棄者, 若貪欲自生, 卽注意其本體而觀之(다섯 가지 버릴 것은, 만약 탐욕이 스스로 생겨나면, 그 본체에 주의하여 그것을 관한다)." 젊은 사람들은 정(精)을 흘려버리게 되면, 신체의 자연스러운 변화로 인해 며칠 지나면 서서히 정이 다시 생겨나고 생리 호르몬이 욕념을 자극하는 일도 다시 찾아옵니다. 참으로 가엾게도 그 또한 본인이 일으키는 것입니다. 그렇기 때문에 저는 늘 말합니다. 제가 이 세상을 보는 관점에 의하면, 인류의 역사 문화 일부는 모두 호르몬이 만들어 낸 것입니다. 바로 생리의 주기적 성장 변화입니다. 압박을 받는다고 느낄 때 여러분의 의지는 훼손되고 탐욕의 요구가 생깁니다. 이때에는 여러분에게 이 일념의 본체에 유의하라고 합니다. 여러분의 이 욕념이 압박을 받으면 마음이 울적해지거나 혹 견디기 힘들어지는데 그런 감수(感受)가 여러분의 일념입니다. 이 일념을 비우려고 하면 어렵습니다! 이 일념은 비울 수가 없습니다. 오로지 여러분이 의식으로 생각해 낸 공(空)만 있습니다. 그것이 무슨 소용 있습니까! 그것은 자신을 속이는 것입니다. 물론 이대로 수지하는 것은 아주 어렵습니다. 제가 거듭거듭 여러분에게 백골관을 수지하라고 하는 까닭이 이것입니다. 여러분의 그 생리 호르몬이 성장 변화해서 욕념이 일어나면, 백골을 수지하고 또 백골을 빛으로 변화시키면 됩니다. 이러한 관(觀)은 낙·명·무념을 뛰어넘을 수도 있습니다. 즐거움에 머무르지 않고 이미 기맥으로 전화시켰다면 보신의 성취도 더 빠를 것입니다.

"貪欲自解而現大樂(탐욕에서 스스로 벗어나서 큰 즐거움이 나타난다)." 그가 말했습니다. 그의 수행법에 따르면 탐욕이 공(空)이 되고 해탈하게 되어서 큰 즐거움의 경계가 나타납니다.

"若精漏者, 於金剛瓶, 由藍色吽字燃火(만약 정을 흘려버린 사람은, 금강병에서 남색의 '우' 자로부터 불이 타오른다)." 정을 흘려버리면 남성의 금강병(金剛瓶)과 여성의 자궁 부분에서 불이 타오릅니다. 여러분이 이 부분의 정(精)을 흘려버리면 신경 계통이 위축되고 비어(虛) 버리기 때문입니다. 그래서 본체에 유의해서 관상하라고 하는 것입니다. '남색의 '우' 자로부터 불이 타오른다'고 했는데, 왜 "남색으로부터(由藍色)"일까요? 남색(하늘색)을 관하는 것은 중맥과 관계가 있습니다. "燒一切種子後, 想成空卽解除(일체 종자를 태운 다음, 관상하여 공을 성취하면 곧 없어진다)." 남색의 '우(吽)' 자 명점으로부터 불이 타오릅니다. 종자는 정(精) 내지는 각각의 세포를 가리키는데, 연소하는 불빛이 일체의 종자를 태워 버린 다음 관상하여 공(空)으로 변하면 곧바로 해탈하게 됩니다. 그리하여 누정(漏精) 이후의 과실 즉 신체 허약, 견디기 힘든 울적함, 기운이 없는 것 같은 현상이 곧바로 없어집니다. 백골관을 수지하려면 주의해야 한다고 제가 말씀드렸지요! 음식을 잘 먹어야 하고 영양 보충을 해야 합니다. 이때에는 잘 보충해 주어야 백골관으로부터 빠르게 정(定)의 경계로 들어갑니다. 이것은 대단히 중요한 조건입니다. 몸조리가 좋지 못하면 수지를 성취하지 못할 뿐 아니라 때로는 오히려 방해가 됩니다. 그래서 어떤 동학들은 소고기를 삶아서 먹기도 합니다. 소고기는 비(脾)를 보(補)하고 기(氣)를 북돋우기 때문입니다! 그러지 않으면 약을 사용해서 조정할 줄 알아야 합니다. 그들도 약은 잘 모르기 때문에 그저 음식을 이용해서 치료하는데, 바로 이런 도리입니다.

"若昏沈甚者, 以前修氣之方法解除之(만약 혼침이 심한 사람은, 이전의 기를 수지하는 방법으로 그것을 없앤다)." 어떤 사람들은 자리에 앉으면 혼침이 너무 심한데, 그러면 서둘러 보병기를 수지하고 호흡을 멈춥니다. 심지어 기공을 제대로 못하면 숨이 막혀서 얼굴과 머리가 다 부풀어 오르기도 합니다. 그런 후에 숨을 내뱉는데 그렇게 몇 번 하면 정신이 듭니다. 제가 이전에 여러분에게 말씀드린 적이 있지 않습니까! 죽어라 도박하면서 잠을 자지 않는 좋은 방법 말입니다. 도박을 끝내지 않고 더 버티고 싶다면 코를 쥐고 숨을 참으십시오. 그러면 얼굴이 부풀어서 온통 벌겋게 되면서 정신이 드는데, 사실은 바로 이런 도리입니다. 여러분은 보병기의 이 기(氣)가 바깥에서 온 것이라고 생각하십니까? 여러분이 죽지만 않는다면, 부모님이 낳아 준 자신의 이 원기(元氣)에다 약간의 에너지만 있다면 태울 수 있습니다. 만약 이 원기조차 없어진다면 바로 사망합니다.

"若心不適者, 作明點上提, 由臍之短阿(ᨅ)字燃火, 觸頭頂杭(ᨀ)字, 降甘露充滿全身(만약 마음이 기쁘지 않은 사람은, 명점에서 위로 올라가서, 배꼽의 '아' 자를 태우고, 두정의 '항' 자를 건드리면, 감로가 내려와서 전신에 충만해진다)." 마음이 너무 울적할 때에는 바로 아래쪽 명점을 관(觀)하기 시작하여 정수리[頭頂]를 향해 올라가서 허공을 주시하고 광명을 주시합니다. 배꼽 한복판의 단전으로부터 하나의 불빛을 관하는데, 이 불빛이 중맥에서부터 위로 정수리에까지 이릅니다. 그것이 바로 명점이니, 정수리에 이르면 감로가 내려옵니다. 바로 수화기제(水火旣濟)입니다. 방금 전에 제가 말씀드렸는데, 만약 여러분이 백골관을 수지한다면 바로 『선비요법』의 관정법입니다. 게다가 나이가 많은 노인 여러분들께 말씀드리는데, 관정법을 많이 수지하면 장수할 수 있습니다. 밀종의 장수법(長壽法)은 바로 관정법 안에서 변해 나온 것으로, 모두 불보살의 관정에서 왔습니다. 백의관음의 정병(淨瓶)의 물이 전신에 부어지면 이것이 장수법의 수행법입니다. 밀종의 규정에는 장수법을 전해 주려면 머리를 조아려 절해야 하고 또 공양을 해야 합니다. 저는 지금 무엇이든지 다 여러분에게 전해 주었습니다.

"감로가 내려와서 전신에 충만해진다[降甘露充滿全身]", 사실은 여러분에게 하나의 밀법을 더 전해 주었습니다. 만일에 누단(漏丹)의 상황이 생긴다면 감로 관정법을 수지해서 구해 내는 것이 가장 좋습니다. 젊은이들은 눈이 근시인데 관정법을 수지하기만 하면, 광명법을 수지하기만 하면 틀림없이 눈이 좋아집니다. 날마다 입으로는 부처님을 배운다고 떠들고 도리를 그렇게나 많이 말하면서, 공력에서는 조금도 효과를 보지 못합니다. 실천하지 않는다면 이런 학리가 무슨 필요가 있습니까! 그러므로 환상만 품을 것이 아니라 열심히 노력해야 합니다.

"復於毛孔中燃火, 一切精皆淸淨後, 想身中一切皆樂充滿(다시 모공 속에서 불을 사르고, 일체의 정이 다 청정해진 후에, 몸 속에 일체에 즐거움이 충만한 것을 관상한다)." 다시 따뜻한 기를 관상합니다.『선비요법』에도 화대관(火大觀)이 있지 않습니까! 그렇기 때문에 제가 그토록 여러분에게 말씀드렸던 것인데, 여러분 스스로 연구하지 않습니다. 말해 보십시오. 계를 범했습니까, 범하지 않았습니까? 여기에서는 따뜻한 불을 수지하고 성취하여 일체의 정이 청정해진 후에는 몸 속에 모두가 즐겁고 쾌감이 충만해진다고 말하고 있습니다.『선비요법』에서는 백골이 변화하여 불을 만들어서 일체의 욕(欲)이 모두 불타 버리는 것을 관하는데, 불타서 청정해집니다. 만약 수지에 성공해서 마지막에 떠날 때 정(定)에 들고 스스로 삼매진화를 사용해서 백골을 불빛으로 변화시킨다면, 이것이 바로 진짜 능력입니다.

"如二觀察云: 由臍燃拙火, 如是之謂也. 又桑布扎云: 唯全髮尖上, 如千電光閃(『이관찰』에서 말한 것과 같다. 배꼽에서부터 졸화를 태운다 하였는데, 이것을 말한 것이다. 또 삼보타가 말하였다. 모든 머리카락 끝에, 번갯빛이 번쩍이는 것 같다)." 이 법본에서 말하기를, 단전 위 배꼽 안에서 불을 일으키는데 처음에는 그저 별빛 같고 머리카락 끝에 불을 붙인 것 같다고 했습니다. 하지만 그 불이 몸의 십만팔천 모공에 이르면 사람이 온통 빛을 발합니다.

"由毛孔而出, 卽住於十方, 威爛佛非佛(모공으로부터 나와서 곧 시방에 머무르는데, 위엄이 빛나서 부처이나 부처가 아니다)." 이때 모공으로부터 나오는 것을 관상합니다. 병이 있거나 감기에 걸렸다면 이 뜨거운 기운을 관(觀)하기만 하면 그것을 모조리 내쫓습니다. 곧 시방(十方) 공정(空定)에 머물러 광명이 빛나는데, 그 위광(威光) 그 광명이 "부처이나 부처가 아니다〔佛非佛〕"고 했습니다. 무엇을 "부처이나 부처가 아니"라고 할까요? 관상해서 성취하면 내가 곧 부처이고 또 부처가 아닙니다. 부처라는 생각을 지니면 곧바로 집착하게 됩니다. "又明邪調治者(또 명이 치우친 것을 조치하는 것이다)." 아래에서는 조치(調治)에 관해 설명했습니다.

## 공명정 수지의 대치법과 조치법

명에 집착하여 사대를 수지하고 힘에 집착하지 않는데, 명이 치우치고 혼침하면 청심을 관하고, 어지러이 흩어지면 가슴 안에서 눈을 감는다. 빛 혹은 글자나 연화검을 관하는데, 십자 등을 그리며 천천히 내려오고, 그 선이 가슴에서 점점 자라서 아래로 지반까지 내려가는 것을 관상하니, 이는 없애지 못하는 것이 없는 결정적인 것으로, 성내고 원망하고 어지러이 흩어지면 마땅히 아래에 머물러야 하니, 공명의 경계 지혜 가운데서 해탈한다.

執明·修大不執力, 明邪·昏沈觀淸心, 掉散·合目於心內. 觀光·或字·蓮花劍, 及十字等徐徐下, 其線由心漸漸長, 觀想下降金地基, 此無不除決定要, 嗔恨·掉散, 當下住, 空明鏡智中解脫.

"명에 집착하여 사대를 수지하고 힘에 집착하지 않는데, 명이 치우치고 혼미하면 청심을 관하고, 어지러이 흩어지면 가슴 안에서 눈을 감는다〔執

明·修大不執力, 明邪·昏沈觀淸心, 掉散·合目於心內〕." 광명에 집착하는 가운
데서 사대를 수지하고, 색음(色陰)의 경계 가운데서 광명을 수지합니다.
광명정(光明定) 가운데 있는 것에 집착하지 않고 광명에 머무르지 않으며
되어 가는 대로 내버려 둡니다. 하지만 여러분에게 광명이 없는데 되어 가
는 대로 내버려 두면 안 됩니다. 광명이 있되 머무르지 않아야 합니다. 광
명이 지나치고 기(氣)가 너무 충족되면 산란이 쉽게 일어나며, 광명이 없
고 정기(精氣)가 부족하면 혼침으로 쉽게 떨어집니다. 이때에는 일념을 관
해야 하는데, 쉽사리 산란해지는 사람은 눈을 감고 타좌를 해야 합니다.

'빛 혹은 글자나 연화검을 관하는데, 십자 등을 그리며 천천히 내려오고
〔觀光·或字·蓮花劍, 及十字等徐下〕", 내심의 한 덩이 빛을 관하고 불상을
관하고 가슴속 연꽃을 관하거나, 혹 보검 한 자루를 관하거나 혹 십자(十字)
하나를 관합니다. 이 십자는 기독교에서 만들어 낸 것이 아니라 오랜 문화
로부터 전해 내려온 것입니다. 인류 문화를 연구하면서 동양 문화와 서양
문화를 구분하지 않는다면 너무도 기괴하다 하지 않을 수 없습니다. 십자
하나를 그리면서 천천히 내려오면 가슴속에 한 덩이 광명이 있습니다.

"그 선이 가슴에서 점점 자라서, 아래로 지반까지 내려가는 것을 관상하
니〔其線由心漸漸長, 觀想下降金地基〕", 이것은 산란한 마음에 대처하는 것인
데, 이 광명이 지하로 내려가서 지구를 꿰뚫고 다시 지하로 내려갑니다.
지하로 또 지하로 계속해서 내려가면 서서히 산란해지지 않게 됩니다. 실
제로 산란해지는 마음을 대치(對治)하는 것인데, 사람이 총명하면 산란해
지는 마음이 무겁기〔重〕 때문입니다. 어떤 사람은 중년 이후에 혈압이 쉽
게 높아지는데 두뇌를 많이 써서 기(氣)가 위로 올라갔기 때문입니다. 그
런 경우에는 상반되게 아래로 가라앉게 하는 것이 옳습니다. 그러나 욕념
은 무겁습니다. 아래로 가라앉는 욕념이 크면 클수록 반드시 위로 끌어올
려야 합니다. 그러니 수지는 융통성 없이 고지식한 것이 아닙니다.

"이는 없애지 못하는 것이 없는 결정적인 것으로〔此無不除決定要〕", 대치(對治)와 조치(調治)를 알지 못하면 불법을 듣고 난 후에는 닭털을 영전(令箭)으로 생각합니다. 혹은 참선하는 사람이 『지월록(指月錄)』을 한번 보고서 모두 이해했다고 여기고 자신이 깨달았다고 여기는 것과 같으니, 그런 것을 두고 자신을 속이고 남을 속인다고 합니다. 이것은 한걸음 한걸음의 수련이고 하나씩 하나씩의 대치일 뿐입니다. 만약 기질을 변화시킬 수 없다면, 신구의(身口意) 삼업을 바꿀 수 없다면 그것이 무슨 소용이 있습니까? 만약 그런 것을 가지고 깨달았다고 한다면, 이 세상에 깨달은 사람이 하나 더 많아진 것이니 한 사람 더 낭비한 것에 지나지 않습니다. 주의해야 합니다.

"성내고 원망하고 어지러이 흩어지면 마땅히 아래에 머물러야 하니, 공명의 경계 지혜 가운데서 해탈한다〔嗔恨·掉散, 當下住, 空明鏡智中解脫〕", 성내고 원망하는 마음이 크고 성깔이 대단해서 모든 것을 그냥 봐 넘기지 못한다면 이는 바로 기(氣)가 어지러이 흩어지고 있는데 기를 기르는 수련이 없는 것입니다. 그러므로 아래로 내려가는 수지를 해야 합니다. 진한심(嗔恨心)과 산란심(散亂心)은 기가 흩어져서 평온할 수 없는데, 기가 지나치게 위쪽에 있으므로 반드시 아래로 내려야 합니다. 그런데 상반되는 것도 알아야 합니다. 머리가 혼미하고 지혜가 열리지 않으면 위로 올라가는 것을 관(觀)해야 합니다. 이렇게 분명히 말했으니 더는 이야기하지 않겠습니다. 그러지 않고 선생님이 발가락을 이야기하면 그 자리에서 발가락만 붙들고 있고 머리카락을 이야기하면 그 자리에서 머리카락만 빗고 있다면 어떻게 되겠습니까? 지혜는 살아 있는 것이므로 스스로 변화시켜야 한다고 불경에서도 말했습니다. 그러므로 공명(空明)의 경계 지혜에서 해탈해야 합니다. 아래에 있는 주해를 보겠습니다.

"貪欲得殊勝所修法五者, 觀察能認識此之本面, 則無境自然遣去(탐욕에

서 수승을 얻고자 수지하는 법 다섯 가지는, 그것의 본모습을 관찰해서 인식할 수 있으면, 경계 없음이 자연스럽게 떠나간다)." 이 탐욕은 좁은 의미의 것으로, 생리 호르몬의 변화로 인해 일어나는 것입니다. 그 자신이 그것을 바꾸어서 뛰어난 수행법 다섯 가지를 얻으려면 인식하고 관찰해야 합니다. 이것은 수음(受陰)의 경계입니다.

"五所棄者, 觀察嗔恨之本體卽解除也(다섯 가지 버릴 것은, 성내고 원망하는 본체를 관찰하면 곧 없어진다)." 다섯 가지 버릴 것이 무엇입니까? 가령 오늘은 내가 대단히 성질이 나고 대단히 초조하며 어떤 것을 봐도 다 옳지 않다고 합시다. 그럴 때는 마음과 몸 두 방면에 모두 유의해야 합니다. 혹은 기맥이 바르지 않을 수도 있는데, 다만 이것은 두루뭉술한 표현이라서 실제로는 소화불량이어도 성질이 날 수 있습니다. 침울해질 수도 있는데 혹 간이 좋지 않거나 수면이 부족해도 그럴 수 있으며 감기에 걸려도 그럴 수 있습니다. 이런 학문은 아주 광범해서 그리 간단하지가 않습니다. 바꾸어 말하면 여러분이 억울한 일을 당해서 심리적으로 일으키는 경우도 있습니다. 물론 여러분이 "성내고 원망하는 본체를 관찰"하면 본래 이 일념은 공(空)이라는 것을 알 수 있습니다! 우리 범부가 그것이 공(空)임을 분명히 알았다면, 그때가 되면 여러분은 점검해야 합니다. 이것이 어떻게 해서 생겨난 것인지, 무슨 법문을 사용해서 대치할 것인지를 말이지요.

"昏悶者, 觀以淸明而治之卽除(흐릿하고 울적한 사람은, 청명함으로 관하여 조치하면 곧 없어진다)." 혼(昏)은 어둡고 흐릿한 것이고, 민(悶)은 번민하고 울적한 것입니다. 정신이 흐릿하고 마음이 울적하면 삼계가 곧 공(空)임을 관상합니다. 끝없이 열린 하늘에[天空] 구름이 없다는 관념조차 모두 없애버려야 합니다. 사실 흐릿하고 울적한 것은 대부분 소화불량 때문입니다. 밥을 배불리 먹으면 타좌하기 불편합니다. 생각으로 하늘을 날고 싶어도 날아오르지 못합니다. 감기에 걸리면 더욱 쉽게 혼침해지고, 다른 병이 생겨도 정신이 없어지고 정력이 약해집니다. 수행을 하다가 때때로 마음속이 매우 답답하면 여러분은 걸핏하면 폐관을 들먹입니다. 하지만 이런 말을 가볍게 해서는 안 됩니다. 대륙에서 폐관을 하다가 죽은 사람을 여럿 보았기 때문입니다. 참으로 폐관을 하면 날마다 선(禪)을 수지하는 것과 같습니다. 여러분 가운데 누가 선당(禪堂)을 본 적이 있습니까? 누가 총림(叢林)을 본 적이 있습니까? 누가 참으로 문을 닫아건 것을 본 적이 있습니까? 문을 닫아걸기만 하면 폐관이라고 부른다면, 그렇게 말한다면 지금 어떤 아파트라도 모두 폐관할 수 있습니다. 과연 그렇게 간단할까요? 진짜 폐관은 아무것도 없습니다. 텅 빈 방안에 있는 것이라고는 오로지 방석 하나뿐입니다. 책을 지니고 있는 것도 허락되지 않고 불경도 볼 수 없습니다. "본참 화두를 깨트리지 못하면 산에 들어가지 못하고, 중관에 도달하지 못하면 폐관하지 못한다〔不破本參不入山, 不到重關不閉關〕"는 말이 있습니다. 이 중관(重關)과 폐관(閉關)은 전수(專修)입니다! 그런데 많은 사람이 폐관을 하면서 문제가 생기는 것은 모두 첫 번째 백일(百日)이었습니다. 여러분을 아무것도 없는 곳에 떨어뜨려 놓으면 삼 주(週)만 지나도 답답해서 죽을 지경이 되기 때문입니다. 공기가 여러분을 답답하게 만드는 것이 아니라 여러분의 마음속이 자신을 답답하게 만드는 것입니다.

제가 홍콩에 가서 친구를 만났는데 옆집에 어떤 스님이 폐관을 한다고 했습니다. 그런데 오후만 되면 그 집에서 '휙' '쿵' 하는 소리가 들린다는 것이었습니다. 그 스님이 뭘 하고 있는 것이냐고 제가 물었지요. 그 친구의 말이, 답답해서 고통스러우니 견디지 못하고 물건을 부순다고 했습니다. 그럴 거면 왜 굳이 폐관을 하느냐고 물었더니 폐관을 하지 않으면 어디서 공양이 생기겠느냐는 것이었습니다. 여러분이 날마다 수행을 배우고는 있지만, 당연하게도 이런 환경에서는 전수(專修)라고 부르지 않습니다. 비록 전수가 아니라 할지라도 여러분은 답답함을 느끼면 밖으로 나가서 돌아다니고 싶어 합니다. 수행이 어디 그리 간단하겠습니까! 답답해지기 시작하면 답답해서 죽을 것 같습니다! 특히 여성은 말하기를 좋아하기 때문에, 그녀로 하여금 말을 많이 하도록 하는 것은 막대한 공덕입니다. 만약 그 사람에게 마음껏 발산하지 못하게 했다가는 큰일 나는데, 그는 답답해서 죽을 겁니다. 여러분은 지금 청정한 곳에서 수행을 해야 한다고 생각하지만, 정말로 여러분을 닫힌 방에 가두어 둔다면 여러분은 자신이 닫힌 곳에 머무르지 못한다는 것을 알게 될 겁니다. 제가 보기에 오늘 우리 동학들 가운데 폐관을 할 자격이 있는 사람은 두 사람이 있습니다. 이런! 여러분도 알다시피 한 사람은 오지 않았고 한 사람은 가 버렸으니 그 외에 누가 폐관할 자격이 있습니까!

"氣粗者, 合目觀心內佛之字卽除(기가 거친 사람은, 눈을 감고 마음속 부처님의 글자를 관하면 곧 없어진다)." 기(氣)가 너무 거칠다느니 기가 거칠어졌다느니 하는 것은 생각입니다. 예를 들어 여러분이 호흡을 듣거나 수식관(數息觀)을 수지한다고 합시다. 수지가 전일함에 도달할수록 거칠어지고 급박해져서 조금도 풀어질 줄 모른다면, 근본적으로 수식관을 하지 않는 것입니다. 이는 자신을 속이고 있는 것이니 그 자리에서 업을 짓고 있을 뿐입니다! 참으로 수식관을 성취하면 기는 거칠어지지 않습니다. 밤에 잠을 못 잘수록 더 산란해지며 산란해질수록 기를 호흡하는 것이 더 거칠어지는데, 이것을 기가 거칠다고 합니다. 저는 평소 코로 호흡하는 것도 듣지 못합니다. 타좌를 시작하고서 기가 거칠면 정(定)에 들 수 없지만, 기가 미세하면 자연스럽게 정(定)에 듭니다!

기가 거칠 때에 그가 여러분에게 가르쳐 주는 대치 법문은 이러합니다. 눈을 감고 마음속의 부처님을 관하면 기가 곧바로 미세해질 수 있습니다. 그러지 않으면 어떻게 이런 정력(定力)을 지니겠습니까? 이것은 모두 대치의 방법이고 구경법(究竟法)은 아니므로 사용해도 되고 사용하지 않아도 됩니다. 때로는 여러분의 기가 거칠어져서 관상할수록 더 거칠어진다면, 그럴 때는 어떻게 합니까? 운동을 해서 몸을 피곤하게 하면 결국 잠이 듭니다. 기가 거칠 때는 생각이 너무 심한 것이니 두 다리로 서 있는 연습을 합니다. 두 장단지가 부어서 마치 나무토막처럼 변할 때까지 서 있습니다. 여러분은 타좌를 해야만 성불할 수 있다고 생각하십니까? 아미타불 관세불음보살은 모두 서 있지 않습니까?

"心極散亂而不住, 觀想由心內連花或十字金剛等下有柄或繩, 漸漸變長, 乃至降于金地基上(마음이 극도로 산란해지고 머무르지 않으면, 마음속으로부터 연꽃 혹은 십자나 금강 등을 관상하는데, 아래에 자루 혹은 줄이 있어서 점점 길어지다가 지반에까지 내려간다)." 지나치게 산란하면 계속해서 가라앉는데, 바닥이 없는 심연 속까지 가라앉습니다. 사실 반드시 그런 것은 아니지만 어떤 사람들은 잠들지 못할 때 발바닥 가운데 까만 점을 관상합니다. 서서히 까만 점이 더 커지다가 잠이 듭니다. 처음 시작할 때는 그런대로 되지만 오래 하면 나중에는 마찬가지로 잠들지 못합니다. 무슨 이유일까요? 어차피 여러분은 알지 못하니 대답하지 못합니다. 이 문제는 우리도 서두르지 말고 이야기하도록 하지요. 왜냐하면 여러분이 이 방면에 대해서는 연구하지 않았으니까요.

제가 하는 이 말들은 하나같이 원가가 아주 비쌉니다. 이런 지식은 수십 년의 경험이 쌓인 것으로 여러분에게 농담을 한 것이 아닙니다. 제가 물어보겠습니다. 사람이 진정으로 잠이 드는 것은 어디에서부터입니까? 여러분은 틀림없이 머리에서부터라고 말하겠지만 실제로는 발가락에서부터 잠이 듭니다. 아래쪽의 발가락이 잠이 들면 죽은 것과 똑같습니다. 여러분은 주의하지 않았겠지만 사람이 잠에서 깨어나면 발가락이 먼저 두어 번 움직입니다. 발이 이렇게 중요합니다. 그러므로 나이 든 사람들은 두 다리에 주의해야 합니다. 오늘 길을 걸어가는데 그다지 민첩하지 않고 감각이 무겁다면 서둘러 수지해야 합니다. 아래쪽에 원기가 없어졌기 때문입니다.

　　"心堅固緣念之境中, 極長時觀之卽除, 此眞實緊要也(마음이 견고하고 생각하는 경계 가운데서, 극도로 장시간 관하면 곧 없어지니, 이것이 진실하고 요긴하다)." 산란이 너무 심하면 위로 향해서는 안 되고 아래를 향해 가라앉아야 합니다. 장시간 가라앉아야 하는데, 이것은 공명정을 보충하는 보조 방법입니다. "又由無念而修調治者(또 무념으로부터 수지하여 조치하는 것이다)." 다음 차례는 무념정(無念定)을 수지하는 보조 방법을 말씀드리겠습니다.

제15강

대원만 무념의 수행법은 대단히 간단해서 무념 경계에 도달하기가 너무나도 쉽습니다. 물론 이것은 경계의 무념을 말하는 것으로, 교리가 말하는 '무생법인(無生法忍)'과는 다릅니다. 무생법인은 생겨남이 곧 생겨나지 않음이고〔生卽不生〕 생겨나지 않음이 곧 생겨남이며〔不生卽生〕 생겨나되 생겨나지 않는〔生而不生〕 도리를 깨닫게 되면서, 그와 동시에 경계도 지닙니다. 그것은 반야이며 또 경계이기도 합니다. 흔히 무념이라고 하면 잡념과 망상이 없는 생각의 청정함입니다.


## 무념법의 수지를 다시 말하다

　　무념경의 수지는 집착하지 않음이 중요하니, 어리석은 마음을 인식하여 살피고 관조하면, 찰나에 스스로 없어지고 현량의 경계에서 지혜가 나온다. 혼침하면 생각이 없는 것 같은데, 빛을 관해서 심장에서부터 범혈에 이르면, 일궁 높이의 공중에 매달아 두어 머무르고, 마음이 여기에 고정되면 떠나서 머무르니,

이것이 더욱 깊고 중요한 방편이다.

無念境修不執要, 認識癡心諦觀照, 刹那自滅現界智. 昏沈卽若無想者, 觀光
由心到梵穴, 一弓空處懸掛住, 心定於此離作住, 此爲更深要方便.

---

무념경의 수행법은 일체에 집착하지 않는 것이 요점입니다. 제법(諸法)
에 의지하여 집착하지 않으면 아주 쉽게 무념에 도달하는데, "어리석은 마
음을 인식하여 살피고 관조하는〔認識癡心諦觀照〕"것이 수행법입니다. 사
람은 왜 무념에 도달할 수 없고 청정할 수 없을까요? 바로 중생의 심리 근
본이 무시이래의 치심(癡心) 망상이기 때문입니다. 사실 망상이 끊어지지
않는 것이 바로 치심이고 우치(愚癡)입니다. 큰 지혜를 지닌 사람은 망상
이 그렇게 많지 않습니다. 『한산시(寒山詩)』[248]에서 말하기를 "인생은 백 년
을 채우지 못하거늘 항상 천 년의 근심을 품고 있네〔人生不滿百, 常懷千歲
憂〕"라고 했습니다. 인생은 백 년을 살지도 못하면서 사상(思想)과 번뇌는
천 년 이후에까지 미칩니다. 실제로는 이것이 바로 어리석은 마음입니다.
어리석은 마음은 또 망상을 생겨나게 합니다. 어리석은 마음을 자세히 관
조해서 자신의 모든 생각과 마음 그 자체가 바로 어리석은 마음임을 알아
야 합니다. 아무리 생각이 오가는 것을 보려고 하고 생각이라는 것 자체가
어떤 물건인지를 보려고 해도, 여러분이 보기만 하면 곧바로 없어집니다.
마치 자신이 지금 무엇을 생각하고 있는지 돌이켜 보려고 하고 무엇을 생
각하고 있는지 찾으려고 해도, 그 생각이 당장 없어져 버리는 것과 똑같습
니다. 이 생각이라는 것 자체가 찰나에 스스로 사라져 버리고, 생각 그 자

---

248 중국 당나라 때의 시인 한산(寒山)의 시집. 한산의 친구 습득(習得)과 한산처럼 은둔생활을
하던 풍간(豊干)의 작품도 실려 있다. 한산은 전설적인 인물로 본명은 알 수 없고 한산자 또
는 한산 성인으로도 불렸다. 한산은 시와 선(禪)을 일치시켜 당시(唐詩)의 독특한 경지를 이
루었다는 평가를 받는다.

체가 당장 공(空)이 됩니다. "현량의 경계에서 지혜가 나온다〔現界智〕", 당시의 현량(現量) 경계가 나타나고 이 지혜가 곧바로 나옵니다. 이 생각 자체가 실체가 없는 형상〔空相〕이라 텅 비어〔空〕 있기 때문에 무념은 아주 쉽습니다. 여러분이 일체의 생각에 집착하지만 않으면 됩니다. 모든 생각, 그것이 지혜의 생각이 됐든 범부의 탐진치만의의 망상이 됐든 그 자체를 자세히 보기만 하면, 그것은 곧바로 공이 되고 당장 무념이 됩니다.

"혼침하면 생각이 없는 것 같은데, 빛을 관해서 심장에서부터 범혈에 이르면, 일궁 높이의 공중에 매달아 두어 머무르고, 마음이 여기에 고정되면 떠나서 머무르니, 이것이 더욱 깊고 중요한 방편이다〔昏沈卽若無想者, 觀光由心到梵穴, 一弓空處懸掛住, 心定於此離作住, 此爲更深要方便〕." 그런데 무념정을 수지하면 혼침에 떨어지기가 쉽습니다. 무념이라는 것이 사상이 없기 때문에 잠에 빠진 것같이 혼침의 경계로 들어갑니다. 혼침이 오면 마치 자신은 아무 생각도 없는 것 같습니다. 사실 생각이 없는 이런 것은 세미한 혼침입니다. 혼침을 없애 버리고자 한다면 한 덩이 광명을 관상해야만 합니다. 생각을 일으켜 심장 속의 한 덩이 빛을 관상하면, 중맥으로부터 솟구쳐 올라와서 정수리에까지 이르는데 그러면 곧바로 혼침을 없앨 수 있습니다. 또 혼침이 없어졌을 때 서둘러 빛의 경계를 붙잡아야 합니다. 붙잡지 않고 계속해서 관(觀)하면 기가 올라오고 혈압이 높아지는데, 심지어는 잠을 자고 싶지 않습니다. 그러므로 마음이 이미 머무르게〔定〕 되었으면 이런 경계는 바로 그만두어야 합니다. 이것은 방편의 방법이지요. 더 이상 마음을 쓰지 않고 편안하게 머무르는 이것이 더 깊은 방편 법문입니다. 바꾸어 말하면 진정으로 무념에 도달한 후에는 얼른 심장의 빛이 정수리 위에 머무르는 것을 관합니다. 멈추어서 머무르면 심장 속도 무념입니다. 멈추어서 머무른 후에 다시 흩어져 버리면 관하던 이 일념도 흩어져 버리는데, 허공에 흩어져서 허공과 하나가 됩니다. 허공이 곧 나이고 내가 곧 허공이니, 이렇게 정주(定住)하면 이것이 바로 무념입니다.

"修無念時, 貪著所修法五者, 觀察其自面卽解除(무념을 수지할 때, 탐내고 집착하는 것을 수지하는 법 다섯 가지는, 그 자신의 모습을 관찰하면 곧 없어진다)." 무념을 수지할 때 탐내고 집착할 수도 있습니다. 왜냐하면 이것이 대휴식이고 아주 청정하기 때문에 탐내고 집착하게 되는 것인데, 이 무념 법문을 수지하기 좋아하므로 다섯 가지 주의해야 할 것이 있습니다. 이 탐내고 집착하는 것을 없애고 싶을 때는 본래 모습을 관찰하기만 하면 곧바로 없어집니다. 스스로 자신의 생각을 관(觀)하는 것입니다. 바꾸어 말하면 여러분이 무념법의 수지를 탐내고 집착하는 이것 역시 하나의 생각[念]입니다. 무념의 수지를 탐내고 집착하는 이 일념, 그것의 본래 모습을 보기만 하면 곧바로 없어져서 탐내고 집착하지 않게 됩니다.

"五所棄者, 觀察唯愚癡心之自面(다섯 가지 버릴 것은, 어리석고 못난 마음의 자신의 모습을 관찰한다)." 많은 사람이 어떻게 망상을 없애느냐고 묻는데, 사실 그 사람은 이미 치심(癡心) 망상 가운데 있습니다. 이것이 바로 어리석고 못난[愚癡] 사람의 질문입니다. 물론 스승 된 사람은 그를 얼러 가면서 망상을 어떻게 제거하는지 말해 주겠지요. 아주 많은 방법을 이야기해 주지만 사실은 방법 그 자체가 바로 우치(愚癡)입니다. 그렇다면 부처님께서는 사람들에게 어리석고 못난 법문을 왜 그렇게나 많이 가르치셨을까요? 우둔한 사람은 우둔한 법으로 어르지 않으면 안 되기 때문입니다. 우둔한 법을 가지고 그를 어르지 않으면 그가 달가워하겠습니까! 게다가 믿지도 않습니다. 그렇기 때문에 팔만사천법문은 모두 우둔한 사람을 어르는 것입니다. 일체 중생은 본래 부처이지 않습니까? 그렇게나 많은 법문이 왜 필요합니까? 낙·명·무념조차 모두 쓸데없는 것이며 모두가 오직 마음이 변한 것입니다. 그러므로 무념을 탐내는 이 탐(貪)을 제거하고자 한다면 어리석고 못난 마음[愚癡心]의 본모습을 관찰해야 합니다. 그래야 제거할 수 있습니다. 무념을 탐내는 이 일념 역시 우치이기 때문입니다.

"得無念自清明時, 於法界智解脫(무념을 얻어 스스로 청명할 때, 법계지에서 해탈한다)." 무념이라는 이 경계조차 집착하지 않고 탐내지 않습니다. 이 경계에 머물러 있는 것이 바로 탐(貪)인데 이 또한 일념입니다. 이것이 자신의 법계지(法界智)이며, 본래부터 이와 같은 모습임을 알게 되면, 물론 곧바로 해탈하고 이 무념에 연연해하지 않게 됩니다.

"昏沈無想, 於修法前, 使自心清明亦可解除(혼침하고 생각이 없는 것은, 법문을 수지하기 전에, 자신의 마음을 청명하게 하면 또한 없어진다)." 혼침을 어떻게 피할 수 있는가에 대해서는 이렇게 말했습니다. 무상정(無想定)을 수지하고 이 법문을 수지하기 전에, 혹은 타좌를 하기 전에 먼저 자신의 마음을 청명하게 하면 자연히 혼침하지 않습니다. 혹은 수면이 충분해지면 위(胃)와 장(腸)도 청정해져서 역시 혼침하지 않습니다. 배불리 먹으면 혼침하기 쉽고 너무 쇠약해도 혼침에 떨어지기 쉬우며 영양이 지나쳐도 혼침하기 쉽습니다. 그뿐 아니라 때로는 마음속의 혼침이고 때로는 몸의 혼침이므로 자신이 분명하게 구분해야 합니다. 한마디로 요약하면 반드시 자신의 마음을 청명하게 해야 혼침의 문제를 없앨 수 있습니다.

"或由心射出如蛋之光, 懸掛於上如一弓空中, 心卽定之, 卽解除也(혹은 심장으로부터 알 같은 빛을 쏘아, 위로 일궁 높이의 공중에 매달아 두어, 마음이 곧 거기에 머무르면 곧 없어진다)." 일궁(一弓)은 대략 일주(一肘)이니 팔꿈치 한 마디의 길이입니다. 만일 혼침이 심하면 조금 더 높이 관합니다.

"此名爲示明朗自性法, 爲大上師勝喜金剛之語訣也. 又總歸之(이것을 이름하여 시명랑자성법이라 하는데, 대상사 승희금강의 요결이다. 또 총괄해서 결론을 내린다)." 이것은 상사 승희금강(勝喜金剛)의 비결(祕訣)입니다.

---

종합하면 모든 것에 집착하지 않는 것이 극히 중요하니, 저 의심과 염려를 떠나

면 장애가 모두 없어지고, 공명의 심성이 맑아지는데, 마음과 형상을 떠나서 의식적인 행위와 머무름이 없으면, 장애와 위험이 없어지고 정으로 해탈한다.

總之諸無執極要, 離彼疑慮障悉除, 空明心性淸湛性, 離心形相無作住, 障及危除[249]定解脫.

---

종합해서 말하면 수행으로 무념 청정에 도달하고자 한다면 모든 일에 집착하지 않아야 합니다. 세법(世法)에 집착하지 않을 뿐 아니라 출세법(出世法)에도 집착하지 않고, 수행에 대해서도 집착하지 않습니다. 수행에 집착하는 것을 좋은 일이라고 여겨서는 안 됩니다. 보리(菩提)의 도과(道果)로 말한다면 나쁜 일입니다. 하지만 처음 수행하는 사람이 덕(德)으로 나아가고 업(業)을 닦는 것을 가지고 말한다면 좋은 일입니다. 그러므로 부처님의 형상[佛相]에 집착하고 법상(法相)에 집착하고 계정혜의 상[戒定慧相]에 집착하면 하나같이 성공하지 못합니다. 마땅히 일체에 집착하지 않아야 합니다. 사실 무념 경계의 도는 아주 깨닫기 쉬운데 왜 사람들은 깨닫지 못할까요? 깨닫기를 구하기 때문에 깨닫지 못하는 것입니다. 사람들이 수행해도 도를 성취하지 못하는 것은 머릿속이 온통 불법이기 때문입니다. 그뿐 아니라 날마다 그 도에 집착하니 어떻게 수행에 성공할 수 있겠습니까!

수행하는 사람에게는 어쨌든 늘 그런 모습이 있습니다. 보리도과(菩提道果), 성도지(聖道智)[250]로 말한다면 평범하지 않은 것은 아무것도 없습니다. 각각의 모습이 평범하며 사대위의(四大威儀)가 옳지 않은 곳이 없습니다. 희로애락이 일어나지 않아도 옳고, 일어나더라도 모두 상황에 들어맞아서

---

**249** 원서에는 '途'로 되어 있으나 오기(誤記)로 보여 '除'로 수정하여 해석하였다.
**250** 도지(道智)는 십지(十智)의 하나로, 욕계·색계·무색계의 도제(道諦)를 체득한 지혜를 말한다.

그 역시 옳으니, 옳지 않은 것이 하나도 없습니다. 이는 대지혜로 '밝히 알아[了]' 합니다. 그래서 고덕(古德)이 말하기를 "요인(了因)[251]이 알게 하는 것이지 생인(生因)[252]이 생겨나게 하는 것이 아니다[了因之所了, 非生因之所生]"라고 했습니다. 도(道)는 요인(了因)이 알게 하는 것으로, 일체를 알고 분명히 알게 되면 확실해집니다. 그렇지 않다면 생인(生因)이 생겨나게 함이 끊임이 없을 것입니다. 여러분은 공덕을 생기(生起)하고 도(道)를 생기하고 정혜(定慧)를 생기하는 것이라고 생각하십니까? 도는 본래 있는 것입니다. 그러므로 보리를 증득하는 것은 "요인이 알게 하는 것이지 생인이 생겨나게 하는 것이 아닙니다." 대지혜를 지닌 사람은 한 번 들으면 곧바로 이해하고 당장 깨닫게 됩니다. 어쨌든 일체에 집착하지 않는 것이 가장 중요합니다.

중국 선종 조사는 평생에 오로지 세 글자만 이야기했습니다. 사람들이 그에게 무엇이 부처님이냐고 물으면, 망상을 하지 말라[莫妄想]고 말했습니다. 무엇이 법이냐고 물어도 망상을 하지 말라고 말했습니다. 사람이 참으로 망상을 하지 않는다면 도달한 것입니다. 하지만 범부는 들어도 믿지 못합니다. 믿지 못하는 것이 바로 의심인데, 일체의 의심과 염려에서 떠나는 것이 바로 무념입니다. 어떤 사람은 말합니다. 저는 이미 무념에 도달하고 여러 날 지났지만 지혜도 일어나지 않고 신통도 없고 법도 없습니다. 이것은 모두 자신이 그 자리에서 꿍꿍이를 하고 의심하고 염려하기 때문입니다. 참으로 무념하고 청정하다면 며칠이 지났는지를 세고 있겠습니까! 왜 지혜를 요구합니까? 망상입니다. 왜 신통을 지니려고 합니까? 그 역시 망상입니다! 모두 집착하고 있습니다. 이런 것들을 모두 내려놓고 일

---

251 도는 원인에 의존하지 않는 무위이기에, 알게[了] 되는 인연[因]으로 알게 되는 것이다.
252 생인은 접수 같은 것으로, 결과를 이루기 위해 원인이 되는 것(삼매 등)을 말한다.

체의 의심과 염려와 장애에서 떠나면 이 마음은 어디로 가든 자유롭습니다. 자연스럽게 공허하고 명료한 가운데 있게 됩니다. 사실은 굳이 공명(空明)과 청담(淸湛)을 찾으려 할 필요 없이 우리가 아무런 생각도 근심도 없으면 자연스럽게 청담합니다. 송명의 이학가들은 이런 도리를 알았습니다. 『중용』에서는 "하늘이 하는 일은 소리도 없고 냄새도 없다(上天之載, 無聲無臭)"고 하였고, 공자는 『역경』계사전에서 "천하가 무엇을 생각하고 무엇을 근심하는가(天下何思何慮)"라고 했습니다. 생각하고 근심할 필요 없이 곧바로 도달하게 됩니다.

사람은 왜 도를 성취하지 못합니까? 스스로 지혜를 믿지 못하기 때문입니다. 그러므로 마음을 떠나고 일체의 형상을 떠나서 형상에 집착하지 않으며, 의식적인 행위도 없고 머무르지도 않습니다. 무념을 이야기하더라도 무념에 머무르지 않아야 합니다. 어떤 사람은 자신이 이미 무념에 도달했다고 말합니다. 여러분이 무념에 도달했는데 무념에 머물러 있다면, 그것은 하나의 경계가 생긴 것이니 또다시 집착하게 됩니다. 예를 들어 저는 이야기하고 여러분은 듣고 있는데, 피차가 모두 머물러 있지 않고 본래 무념이라서 듣고 나면 아무것도 없습니다. 그런데 다 들어놓고 여전히 무념을 찾으려고 합니까? 본래 무념이고 본래 머무르지 않습니다! 이 도리를 분명히 알고 나면 어떤 마장(魔障)과 위험이라도 다 사라집니다. 이렇게 정(定)을 계속하면 자연스럽게 정이라고 할 것도 없고 정이 아니라고 할 것도 없습니다. 어디에 정(定)이라는 것이 있습니까? 정(定)이라는 것이 있으면 이미 정이라고 부르지 않습니다. 이렇게 해야 비로소 자연스럽게 해탈을 얻습니다. 하나의 법에도 머무르지 않으니 한 갈래 큰 길이 바로 이와 같습니다.

"若認識魔障及美惡等, 除自性而外無有他者, 唯以自性無執, 住空明而解除之(만약 마장 및 미와 악 등, 자성을 제외한 다른 것이 없음을 안다면, 오로지 자성에 집착하지 않음으로써, 공명에 머물러서 그것을 없앤다)." 시비선악(是非善惡) 역시 마장입니다. 인간사의 마(人事魔)가 항상 여러분을 방해하지만 사실 마장이 어디에서 옵니까? 모두 자신의 마음이 만들어 내는 것입니다. 자성을 제외하고 다른 마장은 없습니다. 마(魔)가 또한 부처님이고 부처님이 또한 마(魔)인데, 여러분처럼 불법에 갇혀 있으면 어찌 마장이 아니겠습니까! 자성에 집착하지만 않으면 당장 공(空)이 되고 당장 공명(空明)에 머물러서 곧바로 분명해집니다. 형상이 있는 광명은 밝은 빛이고, 형상이 없는 광명이 곧 공명입니다.

"篤哈云: 貪著於何置於彼, 若成證悟彼皆是, 如是云也(독합이 말하였다. 무엇을 탐내고 집착하여 그것에 마음을 두었다가, 만약 깨달음을 성취하게 되면 그것이 모두 옳다고, 이같이 말하였다)." 독합대조사(篤哈大祖師)가 말했습니다. 일념이 탐욕과 집착[貪著]을 일으켜서 경계를 탐내고 집착하면, 그것이 바로 당신의 마장이며 또한 당신의 업력입니다. 하지만 마장 역시 자신의 마음이 만들어 낸 것임을 깨닫게 되면 그 마장 역시 부처님으로 변합니다. 마장이라도 상관없으니 마장이 모두 당신의 선법(善法)으로 변하게 됩니다. 외계의 마장은 모두 자성이 공덕을 드러낸 것입니다. 이것이 중근기(中根器)가 낙·명·무념을 수지하는 보충 수행법입니다.


# 둔근의 수행법

"第三義下根者(세 번째 뜻은 하근의 사람이다)." 다음으로 아래에서는 둔근(鈍根)의 사람이 어떻게 수지할 것인가를 말했습니다. 우리는 스스로를 상근(上根) 혹은 중근(中根)이라고 여겨서는 안 됩니다. 여러분은 하근(下根)조차 따라잡지 못하고 뒤에 처져서 천천히 따라오는지도 모릅니다.

하근이 조치하는 순서이다. 보는 법, 물품, 연기의 세 가지이다. 보는 법은 비로
법인데, 가부좌하고 눈을 고정하고 숨을 느리게 쉬며, 인상을 고정하고 목구멍
을 누르고 혀로 턱을 막으며, 눈으로 코끝을 보고 숨과 마음을 고르게 조절하
면, 혼침과 도거가 일어나지 않아 잘못된 것 없이 정에 든다. 그러므로 모든 잘
못은 몸을 어지럽힌 것에서 비롯되니, 기·명점·맥을 어지럽혀서 생겨난 것이
다. 부지런히 힘써서 어지럽히지 않으면 정에 등주[253]하는데, 그 덕이 기·맥·명
점에서 비롯되니, 세 가지가 움직이지 않는 것이 요점이 생겨나는 바이다. 이런
까닭에 마땅히 이 요점을 깨달아야 한다.

下根調治其次第. 看法·物品·緣起·三. 總看法者毗盧法, 跏趺·目定·氣徐
緩, 定印·壓喉·舌抵顎, 眼看鼻尖氣心均, 生不昏掉無謬定. 故諸過由亂身
要, 亂氣·明點·脈·所生. 精懃不亂定等住, 其德由氣脈明點, 三者不動要所
生. 是故應懃悟此要.

하근이 수지하는 데는 순서가 있으니, 먼저 눈빛을 전일(專一)하게 해서
한 점을 보는 것을 배워야 합니다. 가령 불상을 본다고 할 것 같으면 불상
이 눈동자와 나란하도록 합니다. 특히 불상의 미간 혹은 명치 부위를 보면
서 눈빛을 먼저 고정시킵니다. 혹은 밝은 빛을 보기도 하는데 먼저 눈빛을
하나의 물체에 정주(定住)시킵니다. 이것을 연기법(緣起法)이라고 부르며
인상을 먼저 남겨둡니다. 이어서 가부좌를 하는데 두 눈이 먼저 정주해 있
어야 합니다. 눈빛이 머물러 있지 않았는데 정(定)을 얻고자 한다면 그것
은 불가능합니다. 그렇기 때문에 정(定)에 들었는지 아닌지는 눈빛을 보면
곧바로 알 수 있습니다. 눈빛이 머무르면 호흡을 느리게 …… 느리게 합

니다. 게다가 목구멍은 제대로 눌러야 합니다. 목구멍을 제대로 누르지 못하면 정(定)을 얻지 못하는데, 그 사람의 기맥이 통했는지 아닌지 수련을 했는지 아닌지는 목구멍을 보면 곧바로 알 수 있습니다. 첫 번째로 눈빛을 보고 두 번째로 인당(印堂)을 보고 세 번째로 목구멍을 봅니다. 참으로 정(定)을 수지해서 정을 얻으면 기맥이 곧바로 통합니다. 목은 나이를 불문하고 어쨌든 둥글지만, 여기(남 선생이 목을 가리킨다)가 충만해지고 둥그렇게 되며 거친 피부가 되지 않습니다. 수련을 제대로 마치면 목의 울대뼈가 서서히 아래로 가라앉는데, 목 부위에 둥근 테두리가 있어서 마치 염주를 목에 건 것 같습니다.

　보통 사람은 나이가 들면 울대뼈가 점점 위로 올라가는데, 일정한 지점에 이르면 목구멍이 막히고 숨이 끊어집니다. 이 부분은 현관으로서 마치 자물쇠 같으니, 자물쇠가 열린 사람은 이미 생사를 벗어났습니다. 이런 것들은 사람을 속이지 못합니다. 그러므로 수련을 했는지 아닌지는 각각의 부분에 모두 상징이 있습니다. 목구멍을 누른다는 것이 고개를 숙이는 것은 아닙니다. 허리는 방석을 제대로 까는 것이 중요한데, 억지로 곧게 펴려고 해서는 안 됩니다. 방석을 바르게 깔면 허리 부위가 자연스럽게 구부러져 들어가는 자세가 되니 억지로 꼿꼿이 펴지 마십시오. 등을 쫙 펴면 기맥이 쉽게 통합니다. 사람들이 기맥이 통하지 않는 까닭은 자세가 바르지 않기 때문인데, 스스로 연구하지 않으니 다른 사람이 고쳐 주어야만 합니다. 자세가 바르지 않으면 앉아 있을수록 배가 점점 더 커집니다. 바르게 앉아 있는 사람은 아랫배가 충만하기는 해도 튀어나오지는 않습니다. 머리 부위는 해골 모형을 참고해서 목을 바로 세우기만 하면 뇌하수체가 자연스럽게 분비됩니다. 스스로 방석에 앉아서 연구해 보고 조금이라도 바르지 않다면 바로 잘 조정해야 합니다. 자세가 바르면 자연스럽고 안정된 모습이 태산과 같아서 동요하지 않습니다.

눈으로 코끝을 본다는 것은 정말로 눈으로 코끝을 계속해서 보고 있는 것이 아니라 눈꺼풀을 아래로 드리우는 것입니다. 그러면 대략 코끝을 볼 수가 있는데, 눈을 반쯤 감든 전부 감든 다 괜찮습니다. 기(氣)를 적절히 조절하고 마음(心)을 적절히 조절하되, 이 경계에서 혼침해서도 안 되며 도거해서도 안 됩니다. 이때 하나의 사물 혹은 백골을 연수(緣修)[254]해야 하는데, 그런 후에 다음 단계에서는 부처님의 형상(像)으로 바꿉니다. 의경(意境) 가운데 계속해서 백골 혹은 부처님의 영상(影像)을 지니고 있으면, 혼침하지도 않고 산란하지도 않으며 동요하지도 않습니다.

"그러므로 모든 잘못은 몸을 어지럽힌 것에서 비롯되니, 기·명점·맥을 어지럽혀서 생겨난 것이다. 부지런히 힘써서 어지럽히지 않으면 정에 등 주하는데, 그 덕이 기·맥·명점에서 비롯되니, 세 가지가 움직이지 않는 것이 요점이 생겨나는 바이다. 이런 까닭에 마땅히 이 요점을 깨달아야 한다〔故諸過由亂身要, 亂氣·明點·脈·所生. 精勤不亂定等住, 其德由氣脈明點, 三者不動要所生.. 是故應勤悟此要〕." 정(定)을 얻지 못하고 마음을 하나의 대상에 묶어 두지〔繫心一緣〕 못하는 것은 생리적 측면에서 비롯된 것입니다. 몸이 바르지 않고 기맥이 바르지 않으면 일체가 산란하여 정을 얻지 못합니다. 비록 생리적 문제이기는 하지만 일반적인 생리 기맥의 문제는 아닙니다. 몸은 사대(四大)의 조합으로서, 몸 안에는 내재적인 진짜 몸이 하나 더 있습니다. 바로 기·맥·명점이라는 세 가지 모습입니다. 기·맥·명점이 바로 정기신(精氣神)이니, 정을 수련해서 기로 변화시키고〔煉精化氣〕 기를 수련해서 신으로 변화시킵니다〔煉氣化神〕. 우리가 정(定)을 얻지 못하는 것은 바로 몸의 기·맥·명점을 제대로 수지하지 못했기 때문이니, 그래서 영원히 정(定)을 얻지 못하는 것이지요. 먼저 몸을 닦아야〔修身〕 합니다. 정을

---

254 한 가지 대상을 정해 놓고 그곳에 생각을 묶어 두고 합일하는 계연(繫緣) 수행을 말한다.

수련해서 기로 변화시키고 기를 수련해서 신으로 변화시키는 수지에 부지런히 힘써야〔精勤〕 합니다. 여러분이 부처님을 배워도 성과가 없는 것은 바로 정근(精勤) 이 두 글자를 범했기 때문이니 부지런히 힘쓰지 않고〔不精勤〕, 때를 정하지 않고〔不定時〕, 분량을 정하지 않고〔不定量〕, 계속해서 노력하지 않습니다. 전수(專修)라는 것은 하나의 경계에 전일(專一)하여 수지하는 것이니, 마음을 오로지하지 않고 외형만 오로지하는 것은 아무 소용없습니다. 마음을 오로지하여 일념에 부지런히 힘쓰는 것을 전수(專修)라 부릅니다. 부지런히 힘쓰고 어지러워지지 않으면 정(定)에 곧바로 도달하여 평등하게 머무릅니다. 기·맥·명점을 수지해서 통하게 되면, 이 요점을 얻게 되면 정(定)이 곧바로 나타나고 정(定)이 일체의 공덕을 낳습니다. 기·맥·명점은 여러분에게 전수해 주는 것 외에도 여러분 자신이 깨달아야 합니다. 깨닫지 않으면 안 됩니다. 명점(明點)은 아주 어려운데 모두 정(精)의 일종입니다. 정(精)을 수지해서 성공하면 유형의 명점으로 변하는데, 대지를 두루 비추고 신령스러운 광명이 홀로 빛나니 그것이 진짜 명점입니다. 그렇기 때문에 정과 명점은 연대 관계를 지니고 있습니다. 정이 바로 명점이라고도 말할 수 있습니다. 정을 흘려버리면 몸도 편안하지 않고 또 쉽게 혼침해지는 것은, 정이 명점이기도 하기 때문입니다. 이것은 여러 차례 반복해서 토론했습니다.

"是故若無增長與魔障者, 乃由不知調正氣脈之身所生(이런 까닭에 증장과 마장이 없는 것은, 기맥의 몸을 조정할 줄 알지 못함으로부터 생겨난다)." 그러므로 한 사람이 도를 닦는데 날마다 진보가 없고 증장이 없다면, 마귀도 세력이 있어서 당신에게 도가 없다면 마귀는 당신을 상대하지 않을 것입니다! 마귀조차 당신을 깔보는 것이지요! 이것은 진짜입니다. 그러므로 도(道)가 한 자〔尺〕 높으면 마(魔)는 한 길〔丈〕 높은 것이 진리입니다. 여러분에게 마장이 없다면 반드시 진보는 크지 않습니다. 따라서 밀종과 도가는 똑같이 몸을 닦는 것[修身]과 몸을 조절하는 것[調身]을 중시합니다.

"因功德亦由妙隨身調要所生故(공덕 또한 몸을 따라서 조요함으로부터 생겨나기 때문이다)." 신통과 공덕과 복보를 얻고자 한다면, 거기에다 수도(修道) 환경이 좋고 번뇌가 없고자 한다면 모두 몸과 상관이 있습니다. 몸에 병이 없고 고통이 없어야 합니다. 병의 고통 역시 마장입니다. 여러분의 수련이 조금 좋아지면 다음 날 곧 한바탕 병이 찾아옵니다. 그다음 날 여러분은 다시 좋아졌다고 말할 겁니다. 허풍을 떨어서는 안 됩니다. 마장이 또다시 여러분을 찾아올지 모르기 때문입니다. 자신하면, 오만하면, 부주의하면 그것이 곧 여러분을 찾아옵니다. 부주의해서는 안 됩니다. 부주의했다가는 그것이 곧바로 찾아옵니다. 그러므로 수행은 장난이 아닙니다. 이 사이에 조금이라도 오만해서는 안 되고 조금이라도 부주의해서는 안 됩니다. 신통을 포함한 공덕 일체는 모두 여러분의 몸을 뒤쫓아 오며, 몸을 조절하는[調身] 데서 옵니다. 복보 역시 여러분의 몸을 뒤쫓아 오는 것입니다. 오늘 내가 여전히 살아 있고 이 색신을 지니려면 약간의 복보가 필요합니다. 공덕 역시 그러합니다. 그렇기 때문에 몸을 닦고[修身] 기맥을 수지하는[修氣脈] 것이 가장 중요합니다. 몸을 조절하는 것에 유의해야 합니다. 몸이 바로 기·맥·명점입니다.

"由金剛之身, 氣·脈·明點三者之聚散, 遂生出善惡之行, 而現苦樂境界及功力優劣故(금강의 몸에 기·맥·명점 셋이 모여들고 흩어짐으로 말미암아, 선악의 행위가 생겨나는데, 고통과 즐거움의 경계 및 공력의 우열이 나타나기 때문이다)." 범부의 색신이 수지에 성공해서 금강의 몸이 되는데, 금강의 몸은 육체에 있지 않고 육체 내부의 기·맥·명점 세 가지 모습에 있습니다. 바로 정기신(精氣神)이기도 합니다. 정기신을 수지해서 정(定)에 도달하면 응결되는데, 이것이 바로 도가에서 말하는 연정화기(煉精化氣), 연기화신(煉氣化神)입니다. 수지해서 정(定)에 도달한 후가 바로 썩지 않는 금강의 몸입니다. 이러한 색신을 성취하면 이 육체 안에서 또 다른 한 생명이 생겨나는데, 흩어지면 기(炁)가 되고 모여들면 형상(形)을 이룹니다. 바꾸어 말하면 보통 사람의 생명은 남녀 양성(兩性)의 욕망에 의거해서 색신을 지닌한 사람을 이룹니다. 하지만 오로지 자신의 기·맥·명점에 의거해서 자기 몸 안의 음양이 결합함으로써 또 다른 한 생명을 낳을 수 있습니다. 바로색계 천인의 생명처럼 말입니다. 바꾸어 말하면 욕계 안에 있는 우리의 몸역시 스스로 정기신을 수련함으로써 그런 생명을 낳을 수 있습니다.

그러므로 여러분이 수지를 잘하든 못하든 여러분 색신의 이 부분으로부터 여러분의 선악의 행위를 알아냅니다. 오늘 어떤 하나의 일에 마음과 생각이 일어나고 선행 공덕이 이르면, 기·맥·명점을 수지하지 않아도 갑자기 열립니다. 이것은 생각지도 않았는데 찾아오는 것입니다. 만약 나쁜 일을 했다면 기·맥·명점이 곧바로 막힙니다. 이처럼 기이합니다. 얼핏 보면마치 어떤 다른 힘이 여러분을 주재하는 것 같지만, 실제로는 여러분의 생명이 본래 지니고 있는 능력입니다. 그렇기 때문에 여러분의 두뇌가 열리지 못해서 멍청하고 지혜가 부족하면 몸이 하루 온종일 아주 힘듭니다. 심지어 앉아 있을수록 다리는 더 마비되고 허리는 더 시큰거리고, 마음속 번뇌로 열심히 하지도 못하니 정(定)은 말할 것도 없습니다. 이런 것들은 모두 금강의 몸을 수지하는 데 있어서 기·맥·명점 세 가지와 여러분의 선행공덕이 충분치 않은 것에서 말미암습니다.

여기까지 말하고 보니 대단히 심각합니다. 여러분 수행의 성취에는 물리적인 조합이 필요한데, 아무래도 여러분의 공덕과 선행을 결합시켜야합니다. 이렇게 성취하는 공력이 빠르기 때문에, 수지해서 성취하고자 한다면 참으로 남을 이롭게 하려는 마음을 일으켜야 합니다. 남을 이롭게 한다는 것이 무엇입니까? 바로 스스로를 이롭게 하지 않음이니, 바로 노자가 말한 "자신의 몸을 뒤에 두지만 그 몸이 앞서게 되는(後其身而身先)" 것이기도 합니다. 생각하는 것마다 천하를 위하고 국가를 위하지만 결국 마지막에 성공하는 것은 그래도 당신이라는 뜻입니다. 부처님을 배운다는 우리 일반인은 작은 일에조차 남을 이롭게 하려는 마음이 없습니다. 왜 성취하지 못합니까? 경전 공부가 충분치 않은 것은 차치하고라도 도리에 통하지 못해서 지혜가 충분치 않습니다. 지혜 역시 공덕으로 말미암아 성취하는 겁니다. 『금강경』에서는 복덕을 이야기하는데, 복덕이 이르면 지혜가 곧바로 열립니다.

## 칠지좌법과 몸의 조절

"昔有獨覺, 見一群猴, 至於仙人聚會山前, 見諸仙或臥或依, 猴乃調正身要. 彼仙見其作毗盧遮那七支法, 甚驚奇之, 遂學其調正身要等. 未久則由此得四禪定並五通等. 此廣如律論中所云也(옛날에 독각 대중이, 한 무리의 원숭이가 신선들이 모여 있는 산 앞에 이르는 것을 보았는데, 신선들은 혹 눕거나 혹 기대고 있고, 원숭이들은 몸의 요점을 바르게 조절하고 있는 것을 보았다. 그 신선은 원숭이들이 비로자나불의 칠지법을 실행하는 것을 보고, 매우 놀라고 기이하게 여겼으며, 마침내 몸의 요점을 바르게 조절하는 것을 배웠다. 오래지 않아 그것으로 말미암아 사선정과 오통 등을 얻었다. 이것은 넓게 율론 속에 말한 것과 같다)." 이것은 타좌 자세의 중요성을 이야기하고 있습니다. 독각(獨覺) 대중이 원숭이의 칠지좌법을 보고서 그것을 배워 정(定)과 오통(五通)을 얻었습니다. 그러므로 반드시 칠지좌법의 자세를 잘 연구해야 합니다. 사람들은 각자 타좌 자세가 다릅니다. 문수 보현 지장 관음 등 각각의 보살 모두 자세가 다릅니다. 나한들 역시 제각기 다릅니다. 자세는 자기 스스로 깨달아야 합니다. 그런데 성문(聲聞) 대중은 이런 이치를 들었어도 봉행하지 않는 사람도 있습니다. 이것은 앉는 자세와 기맥과의 관계의 중요성 및 앉는 자세와 정(定) 수행의 중요성을 이야기하는 것으로, 율장(律藏) 속에 아주 상세하게 말해 놓았습니다.

"是故身端直, 跏趺坐, 眼不動, 手定印, 舌抵上顎, 喉稍屈, 氣舒徐, 眼下視, 唯以此七法, 則能生禪定境(이런 까닭에 몸을 바르고 곧게 하여, 가부좌를 하고, 눈은 움직이지 않고, 손은 정인을 취하고, 혀는 위턱을 막고, 목은 조금 구부리고, 숨은 천천히 펼치고, 눈은 아래를 보는데, 오직 이 일곱 법으로써 선정의 경계를 생겨나게 할 수 있다)." 이것은 눈을 움직이지 않는 것과 빛을 보는 도리인데, 평소 여러분에게 주의하라고 했던 것이기도 합니다. 목구멍과 목은 두 맥관(脈管)을 누르고 있어야 합니다. 눈이 아래를 본다는 것은 바로 내시(內視)인데, 방향을 바꾸어서 안을 향해 비춥니다(內照). 타좌 자세를 잘 연구해서 올바르게 하면, 여러분이 비록 몸의 기·맥·명점에 관여하지 않더라도 기·맥·명점이 움직임을 일으킬 것입니다.

"而自然自主於氣脈明點, 自性自住於己位故也, 如上之時(자연스럽게 스스로 기·맥·명점을 주관하고, 자성이 스스로 자신의 위치에 머무르기 때문이니, 위와 같은 때이다)." 이것이 바로 『대학(大學)』의 도이니, 마음이 바르게 된 후에 몸이 닦아집니다(心正而後身修). 바꾸어 말하면 몸이 닦아진 후에 마음이 바르게 됩니다(身修而後心正). 여러분이 이렇게 몸을 단정하게 해서 바르게 앉으면, 이 마음이 어지럽지 않고 자성이 제멋대로 달아나지 않습니다. 자성이 스스로 자신의 본래 위치에 머무르면 기초가 마련된 것이니 이것으로 절반은 성공입니다.

---

운동하고 몸을 조절하는 것도 다른 것과 같으니, 특히 느리고 세미하면서 어지럽지 않아야 하는데, 부드럽고 세미하면 거친 것으로 돕고, 거칠면 세미한 것으로 돕는 것이 요긴하며, 마땅히 몸을 온화하게 함에 극히 부지런히 힘써야 한다.

運動調身與他同, 特要徐細而不亂, 柔細而以粗者助, 粗以細助爲緊要, 應和
身部極精懃.

운동하고 몸을 조절하는 것이 아주 중요하며 약간의 체공(體功)도 해야
합니다. 자신의 기(氣)를 조정해서 때로는 부드럽고 온화하게 때로는 약간
거칠게 하는데, 숨을 내쉬는 것은 거칠게 하고 들이마시는 것은 부드럽고
세미하게 해서 신체의 평화로움과 쾌락을 유지해야 합니다. 몸을 닦음에
있어서도 부지런히 힘써야 합니다.

　"調身亦爲氣脈調正之助伴, 無死運動, 三十二種等, 與其他氣脈相, 惟
特別用之使身不亂, 緩細而行爲緊要也(몸을 조절하는 것은 기맥을 바르게 조
절하는 것을 도와주는 것이기도 한데, 죽지 않는 운동 서른두 가지 등과 다른 기맥의
형상, 특별히 그것을 쓰면 몸을 어지럽지 않게 하니, 느리고 세미하게 시행하는 것이
요긴하다)." 몸을 바르게 조절하는 것은 기맥을 바르게 조절하는 조도법(助
道法)이기도 합니다. 유가술(瑜伽術) 또한 그 속에서 변해 나왔지요. 밀종
권(密宗拳)도 그런 것인데 해모권(亥母拳)이라고도 부릅니다. 그런 종류의
권법을 오로지 수련하면 불로장생할 수 있는데, 전하는 말로는 죽지 않을
수 있다고 합니다. 모두 서른두 가지이며 전문적으로 수련해야 합니다. 이
런 특별한 권법을 쓰면 몸을 어지럽지 않게 하고 기(氣)를 근원으로 돌아가
게 할 수 있는데, 느리고 세미하게 시행해야 합니다. 이것이 요점입니다.

　"夫氣若細氣以粗氣補之, 粗以細氣助之. 又二者之氣, 乃以中和氣作瑜
伽之助, 是爲緊要(무릇 기가 만약 세미한 기라면 거친 기로써 그것을 보충하고,
거친 기라면 세미한 기로써 그것을 돕는다. 또 두 가지의 기는, 기를 중화시킴으로써
유가를 돕는 것이 요긴하다)." 때로는 정좌 수련을 끝낸 후에 기(氣)가 만약
더 부드럽고 세미해진다면 일종의 거친 기공을 해서 몸을 보조해야 합니
다. 기가 너무 거칠고 사나울 때에는 세미한 기공을 가지고 몸을 바르게

조절해야 합니다. 거친 기가 됐든 세미한 기가 됐든 결국은 잘 조화시켜서 딱 좋은 지점에 도달해야 합니다. 보병기가 가장 좋으니 숨을 내쉬지도 않고 들이마시지도 않습니다. 이것은 기를 수지하고 맥을 수지하고 명점을 수지하는 대원칙을 이야기하고 있습니다. "又分別說樂明無念三者之身要(또 낙 명 무념 세 가지의 몸의 요점을 나누어서 말한다)." 아래에서는 즐거움, 밝음, 무념을 수지함에 있어 자신의 몸과 연관된 방법을 이야기합니다.


# 몸과 관련된 낙, 명 수지법

---

낙에 대해 달리 말하자면, 손으로 팔꿈치를 안는다. 눈을 내리깔고 마음을 수지하는 것이 낙에서 중요하다. 명에 있어서는, 두 손으로 무릎을 누르고, 숨을 천천히 내쉬고 눈은 허공을 주시하며, 무념은 칠지좌법을 사용하면 자연스럽게 머무른다.

別說樂者·手抱肘. 目垂·心持·於樂要. 於明·兩手壓於膝, 氣徐·眼諦視天空, 無念·七法自然住.

---

어떤 사람은 죽어라 앉아 있어도 즐거워지지 않습니다. 즐거움을 일으키지 못하기 때문입니다. 즐거움은 어떤 것입니까? 즐거움은 생리적인 것임에 주의해야 합니다. 오늘 감기에 걸리지 않았고 아프지도 않으며 일체가 건강해야 즐거움이라고 부릅니다. 만약 이것 외에 또 즐거움이라는 것이 있다면 그것은 바로 병의 증상입니다. 한걸음 더 나아가서 건강하고 즐거운 몸으로부터 내재적인 즐거움을 일으키려면 기맥, 명점이 통해야 비로소 일으킬 수 있습니다. 우리 모두에게는 즐거움이 없습니다. 다리가 아프지 않으면 허리가 시큰거립니다. 아무튼 어딘가 문제가 있어서 편안하

지 않다면 즐거움이라고 부르지 않습니다. 즐거움은 절대적인 편안함입니다. 육근이 모두 편안하고 절대적으로 건강해야 합니다. 만약 치아가 아프네, 허리가 시큰거리네, 눈에 문제가 있네, 트림이 나네, 이런 증상들이 있는데도 즐거움을 일으키고 싶다면, 어떻게 즐거울 수 있겠습니까? 몸이 건강하지 않은데 어떻게 즐겁습니까? 몸에 병이 없고 건강한 것이 바로 즐거움이며, 거기에서 한걸음 더 나아간 즐거움은 건강한 후에 천천히 기·맥·명점을 수지해서 통하면 비로소 즐겁습니다. 즐거움을 일으키지 못했으면 칠지좌법을 사용해서는 안 되고 육조좌법(六灶坐法)을 사용합니다. 두 다리를 교차시키되 오른쪽 다리를 왼쪽으로 교차시키며, 두 팔꿈치로는 슬개골을 안는데 여성은 슬개골을 바짝 껴안아야 쉽게 즐거움을 일으킵니다. 위장병이 있는 사람이 밥을 먹고 이렇게 앉으면 소화를 도와서 위에 비교적 좋은데, 화자준(化子蹲)²⁵⁵이라고 부르는 것보다 더 강하며 동시에 단전의 따뜻한 기를 쉽게 일으킵니다. 이것을 육조좌법이라고 부릅니다. "마음을 수지함〔心持〕"이란 내부를 관(觀)하는 것으로, 이것이 즐거움을 일으키는 요점입니다.

광명을 일으키는 수행법은 편안하게 앉아서 두 손으로 무릎을 누르고 편안하고 천천히 호흡합니다. 눈은 크게 떠서 하늘을 보는데 달마조사와 똑같습니다. 이런 좌법은 산 정상에서 수지할 수 있습니다. 심지어는 사자좌(獅子坐)를 할 수도 있는데 개가 앉는 것처럼 두 발바닥을 맞대고 앉아서 창공을 바라봅니다. 그런 다음에는 허공과 땅도 잊어버립니다. 이것은 개략적인 것으로 정확한 방법은 따로 배워야 합니다. 무념법은 별도로 덧붙일 필요가 없습니다. 칠지좌법을 사용해서 일체에 집착하지 않고 수지하면 자연스럽고 쉽게 무념에 도달합니다.

---

**255** 거지가 쪼그리고 앉아 있는 자세를 말한다.

"觀樂時, 由七法中, 兩手交叉抱於肘, 覺受樂及調正精氣爲要(낙을 관할 때에는, 칠지좌법으로 두 손을 교차시켜서 팔꿈치는 안는데, 즐거움을 느끼고 정기를 바르게 조절하는 것이 중요하다)." 칠지좌법은 두 손을 교차시켜서 팔꿈치를 안는 방식으로 앉지만 주의할 점이 있습니다. 만약 정기(精氣)가 발동하면 욕념과 결합시켜서는 안 됩니다. 심법(心法)은 바로 여러분 자신에게 달려 있습니다. 욕념과 결합시키면 특히 젊은 사람들은 누단(漏丹)하게 됩니다. 여기에는 비결이 하나 있습니다. 정기가 발동할 때는 눈을 크게 뜨고 거꾸로 위를 향하게 합니다. 위로 쏟아서 비워 버리면 정을 되돌려서 뇌를 보강〔還精補腦〕함으로써 불로장생할 수 있습니다. 물론 그 밖에도 보조적인 방법이 아주 많지만 지금은 여기까지 말씀드립니다.

여성이 단(丹)을 수련하는 법입니다. 월경 이틀 반(半) 전 자시(子時, 밤 열두시에서 새벽 한시까지)에 양쪽 가슴을 백팔 번 문지르기 시작합니다. 월경이 끝나고 나흘 반(半) 후 자시에 다시 가슴을 문지르는 수련을 하면 환정보뇌하여 불로장생할 수 있습니다. 사실 남성도 가능하며 똑같은 작용을 일으킵니다. 문지른 후에 생각을 비우고 타좌를 하면 효과가 탁월합니다. 남녀는 그 뿌리가 같으므로 태음연형법(太陰煉形法)[256]으로 정기(精氣)를 조정합니다. 특히 나이가 든 여성은 정기가 이미 노쇠했는데 그것을 되돌리고자 한다면, 약간의 기(氣)라도 남아 있기만 하면 그것을 조절해서 기사회생할 수 있습니다.

"觀明時, 頸稍許向外, 手壓膝, 氣舒徐, 眼諦視定住於光明自然境中爲要(명을 관할 때는, 목을 조금 바깥으로 향하고, 손은 무릎을 누르고, 숨을 천천히 내뱉고, 눈은 주시하되 광명의 자연스러운 경계 가운데 정주하는 것이 중요하다)."

---

**256** 남성은 연기법(煉氣法)으로 태양의 기운을 닦고, 여성은 연형법(煉形法)으로 태음의 형체를 닦는데, 나중에는 서로 바뀐다고 한다.

명점(明點)을 관할 때 목은 약간 바깥으로 쳐들고 숨을 천천히 내쉬어야
합니다. 눈을 크게 뜨지만 바라보는 것이 아니라 외계의 자연스러운 광명
과 하나가 되어 정주(定住)합니다. 물론 백골관을 관하는 사람은 수시로
한 덩이 광명 가운데 있고 눈을 크게 뜨더라도 광명 가운데 있는데, 그러
면 더 좋습니다.

"無念者以七法本儀而成就也(무념은 칠지좌법의 법도로써 성취한다)." 칠지
좌법은 본래 무념을 수지하는 법입니다.


## 장애가 있을 때 물품을 이용한 조치

"又所修法不正之魔障, 以物品調治者有三(또 불법을 수지하는 데 바르지
않은 마장을, 물품으로 조치하는 것으로 세 가지가 있다)." 아래에서는 불법을
수지하는 데 장애가 있을 때 세 가지 방면으로 조치한다고 말합니다.

---

물품이라는 것은 때와 장소에 맞아야 하는데, 음식과 동료 등 무릇 도에 유익한
것은 모두 의지한다.

物者合時處 · 飮食, 伴 · 等凡益道皆依.

---

수행하는 사람에게는 법(法) 재(財) 여(侶) 지(地) 외에 외부의 다른 물품
도 필요합니다. 가령 의약품, 영양식, 각종 비타민 등이 모두 필요합니다.
음식을 잘 배합해야 하는데 수행하는 사람에게 음식은 아주 중요합니다.
음식을 제대로 조절하지 않으면 수행에 성공하지 못합니다. 수많은 사람
의 공력이 진보하지 못하는 까닭은 음식을 제대로 조절하지 않아서입니
다. 특히 소식(素食)은 백골관 수지에는 결코 도움이 되지 않습니다. 영양

가 있는 음식을 먹는 것이 맞습니다. 바꾸어 말하면 어떤 사람들은 수행한 지 오래 되었는데도 기·맥·명점을 일으키지 못하는데, 음식이 바르지 않기 때문입니다. 음식이 바르지 않은데 어떻게 기·맥·명점을 일으킬 수 있겠습니까? 목눌조사는 그토록 오랜 세월을 고행했지만 결국은 좋은 음식에 의지해야 했습니다. 이 몸은 결국 살〔肉〕로 만들어진 것이기 때문입니다. 물론 반려(伴侶)도 아주 중요합니다. 여러분의 시중을 들어주는 사람이 만약 잘 알지 못해서 여러분이 제대로 앉았을 때, 우유를 따라서 마시라고 한다거나 영양 식품을 가져다가 여러분 입속에 밀어 넣는다면 그 또한 낭패입니다. 그러므로 도를 닦는 데 유익한 것이라면 뭐든지 다 우리가 의지하는 것입니다.

"樂之物者, 如稍許具滋補之類, 或藥蜂蜜丸之食品, 或依具相手印之伴侶. 明之物, 如淸涼食品·及高處所, 或境界廣大等(낙의 물건은, 조금이라도 더해서 도와주는 종류 같은 것으로, 혹 약이나 봉밀환의 식품, 혹 갖춘 모양새와 수인에 의지하는 반려이다. 명의 물건은, 청량한 식품 및 높은 장소 같은 것으로, 혹 경계가 넓고 큰 것 등이다)." 갖춘 모양새〔具相〕란 바로 좋은 도반이 있음인데, 그뿐 아니라 좋은 식품과 좋은 환경도 있어야 하며 장소도 넓고 커야 합니다.

"無念之物, 住處宜溫暖, 而有遮障處. 飮食熱者, 行動要舒徐等是也(무념의 물건은, 머무르는 장소는 마땅히 따뜻해야 하고, 가려진 곳이어야 한다. 음식은 뜨거운 것이고, 행동은 천천히 해야 하는 것 등이다)." 도를 닦는 초보 단계에서 기맥의 수지에 성공하기 전이라면, 가장 피해야 할 것이 차가운 음식을 먹는 것이니 뜨거운 음식을 먹어야 합니다. 물론 외국 생활에 익숙해진 사람이라면 상관없습니다. "功力以緣起調治者有三(공력을 연기로 조치하는 것으로 세 가지가 있다)."

---

연기하였으나 정을 흘려버린 사람은, 소녀가 곤 실 세 가닥에 주문을 외워서, 허

리춤에 묶어 명점을 보호한다. 생각이 흩어지면 단향목과 라냐커스<sup>257</sup>를 이용하고, 대유를 이용해서 환을 만들어 무념을 성취한다. 만약 혼침이 있으면 홍화<sup>258</sup> 빙편<sup>259</sup> 보리심<sup>260</sup>을 이용해서 환을 만든다. 삼매를 성취한다고 본속에서 말하였다.

緣起而於精漏者, 少女紡線三股·咒. 繫於腰間護明點, 念馳栴檀及格崟, 用大油丸成無念. 若有昏沈用紅花·冰片·菩提心等丸. 成就三昧本續云.

---

수도(修道)에 진보를 이룬 사람들은 꿈을 꾸든 혹 꿈을 꾸지 않든 명점(明點)을 자주 흘려버립니다. 대치(對治)의 방법을 남성의 입장에서 말한다면, 아직 초경을 하지 않은 소녀가 꼰 세 가닥의 거친 실에다가 상사(上師)에게 주문을 외워 달라고 해서 그것을 바지 허리띠에 매어 두면 누단(漏丹)하지 않습니다. 그러나 제가 수많은 라마승에게 물어봤더니 여전히 흘려버린다고 하니, 결코 그리 간단치가 않습니다. 실제로는 오히려 어떤 약을 먹으면 흘려버리지 않습니다. 그런데 어떤 사람들은 약을 먹으면 아예 발기부전이 되어 버리니 흘리긴 무엇을 흘리겠습니까! 그러므로 누단은 해결하기 어려운 큰 문제입니다. 오랫동안 늘 수행해서 삼 년이고 오 년이고 누단하지 않아도 나중에 흘려버리기도 합니다. 이것은 큰 문제입니다. 결국 누단의 문제가 수도의 중요한 관건이 되는지 아닌지도 또한 하나의 문제입니다. 그러므로 수도에 힘쓰는 것에 대해 참으로 이야기하려면 문

---

**257** 원서에 '格崟, 蘭軋嘎格崟, 蘭嘎格崟'으로 표기된 꽃이름을 음역하여 라냐커스로 옮겼는데, 어떤 식물인지는 알 수 없다.

**258** 잇꽃이라고도 하며, 국화과의 두해살이풀이다.

**259** 용뇌(龍腦)라고도 하는데, 수지(樹脂)의 가공품이다.

**260** 불도의 깨달음을 얻고 그 깨달음으로써 널리 중생을 교화하려는 마음을 말한다. 하지만 본문에 따르면 여기에서는 남성의 정충 혹은 여성의 경혈(經血)을 가리킨다.

제가 아주 많습니다.

생각이 너무 어지러이 흩어지는 사람은 단향목과 라냐커스(꽃이름)를 이용해서 대치합니다. 이런 설법은 믿을 것이 못 되는데, 약물에 의지해서 무념을 성취하려고 해서는 안 됩니다. 제가 아는 한 스님은 백랍(白蠟)을 먹고 정(定)에 들었는데, 도제(徒弟)가 죽은 줄 알고 매장해 버렸습니다. 억울하지 않습니까? 또 어떤 약은 마취약 비슷해서 그것을 먹은 후에는 몸을 베이거나 찔려도 아프지 않습니다. 또 어떤 약은 먹고 나면 일주일간 죽을 수 있어서 범죄자가 이용하기도 합니다. 이런 약들은 모두 사람을 무념의 상태로 만들어 주지만 수련이 아니라면 해서는 안 됩니다. 대유(大油)는 사람의 기름인데, 이런 것들은 모두 낙후된 지역의 방법으로 믿을 것이 못 됩니다. 어떤 선정약(禪定藥)은 용수보살이 전해 준 것으로 이삼일만 먹으면 삼 개월의 선정 공력과 맞먹는다고 합니다. 하지만 그것이 마취약이 아니라야 비로소 참으로 선정방(禪定方)이라고 하겠습니다.

"만약 혼침이 있으면 홍화, 빙편, 보리심을 이용해서 환을 만든다. 삼매를 성취한다고 본속에서 말하였다〔若有昏沈用紅花·冰片·菩提心等丸. 成就三昧本續云〕." 여기에서는 혼침에 홍화, 빙편, 보리심 등을 이용해서 환을 만들어 치료할 수 있다고 말했습니다. 홍화는 보혈(補血) 작용을 하지만, 홍화를 먹어야만 보혈할 수 있는 것은 아닙니다. 당귀를 많이 먹든지 그러지 않으면 소고기를 먹거나 보혈침(補血針)을 맞는 것이 좋습니다. 각종 호르몬 등의 양약을 적절하게 사용해도 유용합니다. 보리심은 바로 정충 혹은 경혈(經血)로서, 티베트 지역은 낙후해서 약품이 부족하므로 이렇게 이용할 수도 있습니다. 그래서 밀종에서 부처님께 공양하는 것에는 인유, 정충, 월경, 대소변……이 있습니다. 또 이런 불상도 있습니다. 한쪽 발로는 비로자나부처님을 밟고 있고 한쪽 발로는 석가모니부처님을 밟고 있는 것입니다.

중국인의 시각으로 보면 머리카락, 치아, 기름, 땀 어느 것 하나 약이 아닌 것이 없습니다. 우리가 먹는 벌꿀은, 소량의 사람 땀이 없으면 꿀이 만들어지지 않습니다. 마치 두부를 만들 때 소량의 석고가 없으면 응고되지 않는 것과 같습니다. 꿀벌이 꿀을 채취해 놓고 필사적으로 사람을 물려고 하는 것은, 사실은 여러분 몸의 땀을 조금 묻혀서 벌꿀을 만들려는 것입니다. 그런데 사람은 꿀벌이 물까 봐 공격하고, 꿀벌은 공격을 받으니 다급해서 여러분을 무는 것입니다.

두 발로 부처님을 밟고 있는 것은 여러분이 여전히 부처님의 경계를 지니고 있음을 나타냅니다. 그러면서 부처님을 성취할 수 있겠습니까? 부처님을 성취할 수도 있고 마귀를 성취할 수도 있지만, 마지막에는 마귀도 부처님도 다 필요 없고 부처님의 경계를 뛰어넘어야 비로소 부처님을 성취할 수 있습니다. 여러분이 도에 갇혀 버렸는데 무슨 부처님을 성취할 수 있겠습니까? 그런 까닭에 선종에서는 비로정상(毘盧頂上)을 밟고 걸어가는데, 부처님의 정수리 위에서 걷습니다. 수도를 오래 한 사람은 자연스럽게 의학을 알게 됩니다. 물론 여러분은 의서(醫書)를 공부해야 합니다. 의서를 제대로 공부하면 수도에 큰 도움이 되기 때문입니다. 이 책은 삼매를 성취하고자 하는 수행인이라면 모두 이런 것을 알아야 한다고 말합니다.

# 제16강

지금 말한 이런 것들은 깨달음을 도와주는 법〔助道品〕인데, 수행하여 도를 성취하고 도를 깨닫는 방면에 대해서는 대부분이 유위법(有爲法)입니다. 지난번에 즐거움을 일으키는 타좌의 방법까지 말씀드렸는데 주의해야 할 것이 있습니다. 현교가 됐든 밀종이 됐든 진정으로 수지(修持)하고자 한다면, 계율에 있어서나 선정을 수지하고 밀법을 수지함에 있어서 영양은 대단히 주의해야 할 부분입니다. 물론 영양이라고 해서 반드시 고기를 먹어야 하는 것은 아니지만, 영양에 주의해야 하고 의약에 대해서는 더더욱 잘 알고 있어야 합니다. 적어도 수지한 지 오래되고 경험이 많다면 스스로 알게 될 것입니다. 여러분이 아무리 수지를 들먹이며 오랜 시간 하더라도 의약 방면을 연구하지 않는다면 일체를 다른 사람에게 손 내밀어 의지하게 됩니다. 그러면 옳지 않습니다. 보살은 오명(五明)[261] 즉 의방명(醫

261 명(明)은 학문을 뜻하며, 고대 인도의 다섯 가지 학문을 가리킨다. 성명(聲明)은 언어·문학·문법에 대한 학문이며, 인명(因明)은 주장·명제의 정당성이나 확실성을 이유와 구체적 예를 들어 증명하는 논리학이고, 내명(內明)은 자기 종교의 취지를 밝히는 학문, 의방명(醫方明)은 의학·약학 등의 의술에 대한 학문, 공교명(工巧明)은 공예·기술에 대한 학문이다.

方明) 내명(內明) 공교명(工巧明) 인명(因明) 성명(聲明)의 각종 학문과 철학 사상과 의약에 통하고 각종 기능(技能)을 다 할 줄 알아야 합니다. 지금 우리가 부처님을 배우면서 아무것도 알지 못해서 오암(五暗)이 된다면 그건 정말 웃기는 일입니다.

## 약물과 수행

"樂壞而精漏者, 以處女所搓之線三股, 卽觀爲忿怒相, 唸威猛咒(낙이 무너지고 정을 흘려버린 사람은, 처녀가 꼰 실 세 가닥을 가지고, 분노한 모습을 관하고, 위맹주를 외운다)." 즐거움이 무너지고 정을 흘려버리면 금강해모(金剛亥母)[262]의 모습을 관하는데, 외형이 아주 사나운 금강의 모습입니다. 금강부(金剛部)[263]의 위맹주(威猛咒)를 외우면 금강으로 일체의 생각을 끊을 수 있습니다.

"作爲七結, 搓其線而束於腰間, 其一頭繫於密杵根上而臥則可以也, 若念分散而明力減者, 用白栴檀及蘭嘎格薔, 和人油所成之丸, 空腹而食之, 可以成就三昧(일곱 매듭을 만들고, 그 실을 꼬아서 허리춤에 묶고, 그 한 끝은 가까운 금강저[264] 밑둥 위에 묶어 놓고 누우면 된다. 만약 생각이 분산되고 밝은 힘이 없어졌다면, 흰 단향목 및 라냐커스와 사람 기름으로 만든 환을 공복에 먹으면 삼매를 성취할

---

262 밀종 금강승 본존의 하나로, 공행모(空行母) 계통에 속한다. 공행모는 반야지혜를 깨달아 허공을 걸어 다니면서 금강승밀법을 전수하는 비밀 여신을 가리킨다. 금강승밀속에서는 일체 공행모가 금강해모로부터 태어났다고도 말한다. 금강해모는 공락(空樂)의 근본이며, 그녀로 말미암아 반야바라밀다를 깨닫게 되고 아울러 깊은 대락(大樂)의 체험을 얻어 공락원융(空樂圓融)에 도달한다고 한다. 티베트 밀종 4대 교파가 공동으로 숭배하는 모계 본존으로, 주로 보병기맥 및 졸화정을 수행할 때의 본존으로 삼는다.
263 금강계만다라(金剛界曼茶羅)에서 여러 부처의 지혜를 나타낸 부분을 말한다.

수 있다)." 생각이 산란해져서 흐리멍덩한 경계 속에 있을 때가 있습니다. 예를 들어 여러분은 열심히 하지만 대다수가 꿈속에서 흐리멍덩하다면, 그것은 "밝은 힘이 없어졌기〔明力減〕" 때문이거나 혹은 정(精)을 흘려버렸기 때문입니다. 사실은 모든 사람이 정(精)을 흘려버리고 있고, 육근이 어지러이 흩어지는 가운데 있으며, 정기신을 모두 흘려버리고 있기 때문에 미리 약물을 이용해서 보충합니다. 여기에서 말하는 약방(藥方)은 단향목 등등을 이용하지만 제가 알기로 이런 방법은 결코 훌륭한 것이 아닙니다. 이것은 당시의 인도 및 비교적 낙후된 지역에서 사용한 방법으로 약의 효력이 좋지 않습니다. 중국 내륙은 의약이 진보해서 이것보다 더 좋은 것이 있습니다. 하지만 하나의 도리는 알아야 합니다. 일반 사람들은 생각이 산란해지기 쉽기 때문에 '밝은 힘〔明力〕'이 쉽사리 없어집니다. 바꾸어 말하면 몸의 능력이 그다지 바르지 않고 건강하지 않기 때문에 산란해지거나 혼침하기 쉽습니다. 병이 없는데도 열심히 하기만 하면 이런 경계가 온다면 심신이 이미 건강하지 않음을 알 수 있습니다. 우선 법신(法身)의 도리는 차치하고 단지 한 사람의 색신이 존재한다고만 하면, 이 보신(報身)이라는 것도 심신이 건강해야 가능합니다. 이때 약을 이용해서 먼저 자신을 도울 수 있는데, 약을 바르게 사용하면 삼매를 성취할 수 있고 정(定)을 얻을 수 있습니다.

"昏沉者, 乃散失無念之力, 則用氷片·紅花·紅白菩提之丸服之卽除(혼침이라는 것은, 무념의 힘을 잃어버린 것이니, 빙편·홍화·홍보리 백보리를 이용한 환을 복용하면 없어진다)." 잃어버림〔散失〕은 산란(散亂)이 아닙니다. 무념은

---

264 승려가 쓰는 법구(法具)의 하나로, 본래는 인도의 무기였다. 금강저(金剛杵)는 점차 무기의 성격보다는 여래의 금강과 같은 지혜로써 어리석은 망상을 파멸시키는 보리심을 상징하게 되었다. 밀교에서는 금강저를 특히 중요시하여 의식과 수행 도구로 사용하는데, 번뇌를 깨뜨리는 보리심을 뜻하므로 이를 갖추지 않으면 불도를 완성하기 어렵다고 여긴다.

신체의 에너지 소모가 너무 크기 때문에 생각을 일으키기가 쉽지 않습니다. 사실 그렇게 간단한 일이 아닙니다. 때로는 장과 위가 좋지 않은 것 등등 아무튼 신체 내부의 오장육부가 조금이라도 좋지 않으면 여러분의 생각은 청정해지지 않습니다. 우리가 도를 성취하고 부처님을 성취하는 것이 색신에 기대어 되는 것은 아니지만, 그렇더라도 이것과 사대 색신의 관계는 대단히 중요합니다. 인도와 티베트에서는 홍화, 빙편을 사용합니다. 그런데 지금 시장에서 파는 빙편은 장뇌(樟腦)를 사용해서 제련하기 때문에 진짜 빙편은 아주 적습니다. 홍보리(紅菩提) 백보리(白菩提)는 남성과 여성의 호르몬인데, 지금은 각종 비타민과 호르몬제가 있어서 자신을 잘 조절할 수 있습니다.

"幻網本續云: 栴檀格薔及人油, 自性心寂成三昧, 氷片紅花菩提心, 等空菩提金剛物, 不動而依瑜伽者, 能成鎭伏老與死, 如是云(『환망본속』에서 말하였다. 단향목과 라나커스와 사람 기름은, 자성심이 고요해져 삼매를 성취하고, 빙편과 홍화와 보리심은 공이나 보리 같은 금강물이니, 동요하지 않고 유가에 의지하면 늙음과 죽음을 굴복시킬 수 있다고, 이같이 말하였다)." 이렇게 이야기하면 약물이 심신에 영향을 미칠 수 있음을 승인한 것인데, 중국 전통 도가와 마찬가지로 외금단(外金丹)에 의지합니다. 약물에 의지해서 영원히 자신의 건강을 유지하며 불로장생하는데 심지어는 죽지 않습니다. 밀법의 수지는, 예를 들어 가섭존자는 여전히 계족산(雞足山)에서 정(定)에 들었고, 빈두로존자(賓頭盧尊者)는 여전히 세상에 존재한다고 하나 일반인들은 믿기가 쉽지 않습니다. 오늘 마침 어떤 동학이 선정의 비밀에 관해 언급했는데, 대장경 안에는 선(禪)의 각종 정(定)을 배우려면 어떤 방법을 사용하는지, 어떤 종류의 기공으로 어떤 종류의 병을 치료하는지가 나옵니다. 법본 가운데 어떤 것은 빈두로존자로부터 왔다고 합니다. 사실 이런 방법은 수지에서 성취가 있고 경험이 있다면 다 알 수 있습니다. 이론상으로 사람은 죽지 않을 수 있습니다. 하지만 달랑 두 개의 주문에 의지해서 장수법(長壽法) 좀 외운다고 수천 수만 년을 살 수 있다는 것은 불가능합니다. 그러려면 각종 학문이 더 필요합니다. 왜냐하면 이것은 지혜의 학문이기 때문입니다. 하루 온종일 머리가 흐리멍덩하며 아무것도 알지 못하고 또 배우고 싶어 하지도 않으면서, 오로지 종교적 열성과 미신에만 기댄다면 성공하지 못합니다.

"第三義, 爲增上樂明無念之智慧故, 有總與別二種. 初總者(세 번째 뜻이나, 낙 명 무념의 지혜를 더해 주기 때문에, 총론과 별론의 두 종류가 있다. 처음은 총론이다)." 그런데 이런 유위(有爲)의 방법들은 이미 세 번째 뜻으로 떨어졌으니 천박한 것들 가운데 천박한 것입니다. 하지만 도와주는 것이 있어서 낙·명·무념의 지혜의 도리를 더 많이 이해할 수 있게 해 줍니다. 총론과 별론 두 종류가 있는데, 아래에서는 먼저 총론을 가지고 말합니다.

# 유법의 마지막은 일념과 경계를 놓아 버리는 것

낙 명 무념은 잘못하고 잘하고 없이, 마음을 묶어 두는 것이 모두 정에 뛰어난 주문인데, 처음에는 버리지 않고 경계에 묶어 두고 수지하지만, 나중에는 경계에 묶어 두지 않고 별안간 성취하니, 이 요점이 더욱 깊고 뛰어난 것이다. 임기응변으로 하되 고요히 수지해야 하는데, 형상에 집착함을 버리라고 말하는 것은 어리석은 도이며, 각수가 없다는 나쁜 도리는 마땅히 버려야 한다.

樂明無念無過長, 所緣心皆定勝咒, 初不捨緣境而修, 其後無緣境頓成, 此要乃更深勝者. 諸應機等須靜持, 謂捨有相乃愚道, 應遣無覺受惡理.

어떤 종류의 근기가 됐든 수지를 해서 낙·명·무념의 경계에 도달하고

자 한다면, 다른 특별한 것 없이 그저 일연(一緣)에 마음을 오로지해야 합니다. 예를 들어 준제주(準提咒)나 약사주(藥師咒) 등을 외우는 것을 예로 들겠습니다. 준제주의 수행법과 관상을 명확히 알고서 마음을 오로지하여 하나로 일치시키고 일념이 흐트러지지 않게 합니다. 불호(佛號)를 외우는 것도 좋지만 중간에 끊어지지 않도록 외워야 하며, 산란해서는 안 되고 하나의 경계 위에 묶어 두어야[緣] 합니다. 마음을 하나의 대상에 붙잡아 매어 경계에 묶어 두고[緣境] 수지하는 것입니다. 백골관을 수지하는 것 역시 '유'법(有法)이기는 하지만 산란해서는 안 됩니다. 산란하면 효과가 떨어집니다. 오로지 심념을 경계에 묶어 두고 수지하기만 하면 됩니다. '유'법을 수지하기로 결정했다면 생각을 '비워서는[空]' 안 됩니다. 유법을 수지해서 성공하면, 밀종의 차제에서는 그것을 생기차제(生起次第)라고 부르는데, 정말로 생겨나기 시작합니다. 하지만 마지막은 '묶어 두지 않음[無緣]'입니다. 바로 묶어 두었던 경계와 일념을 놓아 버리는 것입니다. 그러면 즉시 공성(空性)의 경계로 들어가게 됩니다. 이것이야말로 참으로 공(空)이라고 부릅니다.

우리는 타좌를 하면 앉아서 아무것도 생각하지 않으며 또 망상을 두려워합니다. 어쩌다 우연히 청정하고 망상이 없는 순간을 만나서 약간의 청명한 경계를 지니게 되면, 이것이 공(空)이라고 생각하는데 사실은 그것이 바로 유(有)입니다. 그것은 의식의 경계이며 자신이 공(空)이라고 느끼는 것입니다. 하지만 그것은 유(有)입니다. 여러분이 그 경계에 정주(定住)할 수 있다면 좋겠지만, 여러분은 정주하지도 못합니다. 모두가 이런 모순 가운데서 수행한답시고 바쁘게 서두르며 뭐가 뭔지도 모른 채 한평생을 보냅니다. 그렇기 때문에 처음에는 먼저 경계에 묶어 두고[緣境] 수지해야 한다고 말했습니다. 대승(大乘) 중승(中乘) 소승(小乘)의 삼승의 수행법은 이 단계를 벗어나지 못합니다. 수지에 성공해서 '유(有)'의 경계에 도달해야 마지막에 비로소 '공(空)'에 이릅니다. "나중에는 경계에 묶어 두지 않고 별안간 성취하니, 이 요점이 더욱 깊고 뛰어난 것이다〔其後無緣境頓成, 此要乃更深勝者〕", 이것이 수행법 가운데 더 중요한 방법입니다.

"임기응변으로 하되 고요히 수지해야 하는데, 형상에 집착함을 버리라고 말하는 것은 어리석은 도이며, 각수가 없다는 나쁜 도리는 마땅히 버려야 한다〔諸應機等須靜持, 謂捨有相乃愚道, 應遣無覺受惡理〕." 경우에 맞추어 임기응변으로 가르침을 베풀어야 합니다. 예를 들어 자신은 염불이 비교적 상응(相應)한다면 염불을 하고, 관상이 상응한다면 관상을 합니다. 일체가 상응했다면 모름지기 천천히 그리고 고요히 수지해야 합니다. 일반적으로 수행을 시작하면 경계에 묶어 두는 수행법은 형상에 집착해서는 안 된다고 생각합니다. 하지만 이것은 어리석은 범부가 말하는 '공(空)'입니다. 이른바 공(空)이라고 하지만 여러분이 무엇을 비운다〔空〕는 말입니까? 불법의 교리는 전혀 알지 못하면서 시작하자마자 공(空)에 도달하려고 하고, 그런 후에는 몸까지도 비우려고〔空〕 하고 거기다 각수(覺受)도 없애려고 합니다. 이것은 '나쁜 도리〔惡理〕'이고 사문(邪門)의 이론이니, 절대로 사용해서는 안 되는 방법입니다. 시작하자마자 무념을 구하는데, 어떻게 무념할 수 있습니까? 설사 여러분이 무념을 해낼 수 있다 할지라도 그것은 의식의 경계이므로 참된 무념이 아닙니다. 이것은 대단히 심각한 도리입니다. 그렇습니다. 선종은 시작하자마자 여러분에게 내려놓으라고 합니다. 일체를 내려놓으면 당장에 청정해지는데, 그 청정은 바로 제육의식의 현량경(現量境)으로, 거기에 묶어 두고〔緣〕 머물러야 합니다. 여러분은 내려놓는다고 말은 하지만 처음에는 내려놓지 못합니다. 두 번째에 여러분은 내려놓습니다. 하지만 무념까지는 해내지 못합니다. 게다가 내려놓고 청정 무념해지면 거기에 머물러〔定〕 있으려고 하지만 전혀 머물러 있지〔定住〕 못합니다. 그것은 그저 공허한 이론에 불과하니 아주 낭패스럽습니다. 보십시오. 얼마나 많은 옛사람의 수지의 경험과 이론이 모순 가운데 있습니까. 그들은 뭐라 말할 수 없는 것들 속에서 일생을 마쳤습니다. 심지어 수행하다가 타락한 사람들도 아주 많습니다! 도리에 통하지 않으면 이처럼 심각한 문제가 생길 것입니다.


## 공락, 공명, 무념이 의지하는 조건

"大空樂之所依緣, 乃明點燃滴(대공락이 의지하는 연은, 명점과 연적이며)." 몸에 대공(大空) 대락(大樂)이 일어납니다. 일반인들은 수행해서 공(空)의 경계를 얻지 못합니다. 생각이 공령(空靈)에 도달하지 못하고 몸으로도 즐거움을 얻지 못해서 하루 온종일 병(病)입니다. 이것이 무슨 도리일까요? 바로 육근을 모두 흘려버리고 있기 때문입니다. 명점을 흘려버리고 있으며, 특히 정을 수련해서 기로 변화시키고[煉精化氣], 기를 수련해서 신으로 변화시키지[煉氣化神] 못합니다. 그렇기 때문에 우리는 대원만의 삼맥칠륜의 도리를 반드시 알아야 합니다. 어떤 '륜'이 대락륜(大樂輪)입니까? 바로 뇌부(腦部)의 정륜(頂輪)입니다. 뇌는 온몸의 모든 양(陽)의 으뜸인데 전신의 신경, 사상, 지혜, 기억 심지어 느슨함을 유지하는 것도 뇌에 달렸습니다. 바로 중국 도가에서 강조하는 것으로서 환정보뇌(還精補腦)하면 불로장생합니다. 환정보뇌하지 못하면 당연히 즐거움을 얻지 못하고, 즐거움을 얻지 못하면 대락륜이 열리지 못합니다. 그렇게 되면 심경(心境)의 공령(空靈)도 해내지 못합니다.

여러분은 타좌 자세가 모두 바르지 않습니다. 최근에 제가 많이 바로잡기도 했지만 자세가 바르지 않으면 맥륜이 열리지 못하고 모두 눌리게 됩니다. 이 또한 요결입니다. 대공(大空) 대락(大樂)이 의지하는 조건이 바로 명점인데, 정을 수련해서 기로 변화시킵니다[煉精化氣]. 명점 다음으로 '연적(燃滴)'이니 곧바로 따뜻해집니다. 바로 졸화(拙火)가 '연(燃)' 즉 태우기 시작하면, 기맥이 변화해서 대락륜에 이르고 두정(頭頂)의 감로(甘露)가 '적(滴)' 즉 물을 뿌리듯 내려옵니다. 그래서 제가 여러분에게 백골관을 수행하라고 한 것인데, 비교적 지름길로서 쉽게 '연적'할 수 있습니다. 이것은 기맥을 수지하는 방식이기 때문에 여러분에게는 전수(專修)의 수련이 없습니다.

"空明之所依緣, 爲氣之顔色(공명이 의지하는 연은, 기의 색깔이며)." 어떻게 하면 공명(空明)의 경계에 쉽게 도달해서 한 덩이 자성광명 속에 있을 수 있을까요? 그것은 기(氣)의 수지에 달렸습니다. 기를 수지해서 통하고 게다가 기에 색깔이 생기는데, 무지갯빛을 발해서 눈을 뜨든 감든 보입니다. 이것은 기의 수지에 성공한 것인데, 연정화기(煉精化氣) 후에 연기화신(煉氣化神)해야 비로소 도달할 수 있습니다. 그런데 이 기의 색깔이 유표색(有表色)[265]으로서 정말로 일곱 색깔의 광명입니다. 이것이 바로 '유'법(有法)입니다. 여러분은 이것이 형상에 집착하는 것이 아니냐고 말하겠지요? 당연히 형상에 집착해야 합니다. 여러분이 먼저 수지에 성공해서 이 수준에 도달할 수 있어야 비로소 이런 형상을 지니게 됩니다. 형상의 수지에 성공해서 형상이 생겨난 후에 다시 그것을 놓아 버려야 형상에 집착하지 않는다고 부릅니다. 여러분은 시작하자마자 곧바로 형상에 집착하지 않겠다고 하는데, 처음부터 아예 이런 형상이 없었는데 무엇에 집착하겠습니까? 마치 이런 것과 비슷합니다. 돈이 필요 없다고 말하면서, 호주머니 속이 텅 비었을 때 일 억 달러를 주는데도 눈길조차 주지 않는다면, 그래야

---

**265** 우리 육체를 포함해서 세상의 온갖 색깔과 장단, 대소 등 지수화풍의 물질세계에서 겉으로 드러날 수 있는 모든 형상과 빛깔을 말한다.

돈을 원치 않는 사람이라고 할 수 있습니다. 지금 여러분은 수지의 성적이 조금도 없고 약간의 형상도 수지하지 못했는데, 걸핏하면 형상에 집착하지 않노라고 말한다면 그것은 정말로 웃기는 이야기입니다!

"無念所依緣, 爲不散亂而心注視於淸淨天空(무념이 의지하는 연은, 산란하지 않으면서 마음이 청정한 하늘을 주시하는 것이다)." 무념이 의지하는 연(緣)은 처음부터 끝까지 산란하지 않는 마음으로 청정한 하늘을 '주시(注視)'하며 머무르는〔定〕 것입니다. 눈을 뜨고서 주시한다는 것은, 눈으로 보는 방법〔眼視法〕을 사용해서 '보는〔看〕' 것이 아니라 만 리에 구름 한 점 없는 청정한 하늘을 마주하고 '머무르는〔定〕' 것입니다. 물론 이런 수행법은 도시에서는 할 수 없고 작은 산 위에서도 할 수 없으니, 중국 북서쪽의 고원 혹은 남서쪽의 운남(雲南)이나 곤명(昆明) 일대로 가야 합니다. 낮이고 밤이고 늘 그런 날씨인 장소라야 수지할 수 있습니다. 이때 구름 없는 하늘을 주시하면 일체의 망념이 자연스럽게 사라집니다.

"其他諸妄念, 消失於此中, 彼等之法, 不作意頓然於樂明無念境中而住, 此乃由甚深義緊要中所示故也(다른 모든 망념이 이 가운데에서 사라지는데, 저 같은 법은 작의하지 않고 갑자기 낙·명 무념의 경계 가운데 머무르니, 이는 깊은 뜻의 요긴한 것으로부터 보여 주기 때문이다)." 수지해서 낙·명·무념에 도달하는 것은, 정말로 낙·명·무념을 성취한 경계에 도달하는 것은 "작의하지 않고 갑자기〔不作意頓然〕" 머무르는 것입니다. 의도하지 않고 자연스럽게 그렇게 되는 것으로, 성공하는 그 순간에 비로소 돈오(頓悟)합니다. 처음 시작할 때에는 점수(漸修)하는데, 초보 단계에서는 작의하지만 천천히 연습하다가 성취한 이후에는 더 이상 작의하지 않습니다. 갑자기 머무르게 되면 낙·명·무념의 경계 가운데 머물고〔定〕 계속해 나갑니다.

"莊嚴藏論云: 凡有所緣者, 心則等持住, 修一切皆無, 後亦極應捨, 如是之義也(『장엄장론』에 말하였다. 무릇 묶어 두는 바가 있어서, 마음을 등지하여 머무르며, 수지해서 일체가 모두 무이면, 나중에는 또한 마땅히 버리라 하였으니, 이 같은 뜻이다)." 예를 들어 우리가 불호(佛號)를 외운다고 합시다. 처음 시작할 때에는 묶어 두는 바(所緣)가 있는데, 호흡하는 것을 들으면 호흡에 묶어 두고 화두를 참구하면 화두를 참구하는 것에 묶어 둡니다. 이때 심경은 등지(等持)하여 머물러야(定) 합니다. 일체법을 수지해서 마지막에는 모두 공(空)인 경계에 도달합니다. 그러므로 마지막에는 낙·명·무념의 경계까지도 다 버려야 합니다.

## 몸을 닦아 얻는 대락의 경계

"或有謂何以用有相云者, 此乃未得緊要, 而於覺受雖芝麻莢許亦無有者所云也, 應知不可以此種爲定. 今分別而說者有三(혹은 무엇 때문에 유상[266]을 사용하느냐고 말하는 사람이 있는데, 이는 요긴한 것은 얻지 못했으면서, 각수에 있어서 참깨 꼬투리를 허용함도 없는 사람이 말하는 것이니, 이런 종류를 가지고 정이라고 해서는 안 됨을 마땅히 알아야 한다. 이제 분별해서 말하는 것에 세 가지가 있다)." 어떤 사람은 묻습니다. 불법은 최후에 우리에게 공성(空性)을 증득하라고 하는데, 왜 수지의 방법이 형상에 집착하는 것이어야 합니까? 이것은 불법의 수지를 알지 못하는 사람이 아무렇게나 하는 말이니, 그들은 수지 방면에 전혀 경험이 없습니다. 이런 수행법을 사용하면 각종 묘용(妙用)을 얻을 수 있다는 것은 더더욱 알지 못합니다. 위에서 말한 것은 총론이며 아래에서는 별론을 말합니다. 특히나 젊은 사람들은 누단(漏丹)하기 쉬우므로 이 부분에 유의해야 합니다.

---

266 모양을 지니고 있음 또는 집착하고 얽매인다는 뜻이다.

특별한 즐거움이 연을 도와서 위에 이른 사람은, 밀처에서 아래의 기를 끌어올리고, 명점을 위로 끌어올려 정수리로 녹아 들어가면, 일체가 모두 무연의 경계에 머무른다. 그 후에 위아래에서 기를 모아 지니고, 뜻을 마음에 쏟으니 일념도 생겨나지 않는 경계인지라, 이름하여 낙과 명으로 희론을 떠난 경계에 머무른다고 한다.

特樂助緣至上者, 提下氣於密處要, 明點上提溶入頂, 一切皆無緣境住. 其後上下合持氣, 意注於心無生境, 名住樂明離戲境.

해저의 기를 수시로 위로 끌어올리려 하면 명점을 끌어올려야 합니다. 명점이 위로 끌어올려져서 녹으면, 정을 되돌려 뇌를 보강하고〔還精補腦〕 정수리에서 녹습니다. 정수리에 도달한 후에 정문(頂門) 위에서 비워〔空〕 버리면, 일체가 모두 공연(空緣)의 경계에 머무릅니다. 명점을 끌어올렸으므로 당연히 정을 되돌려 뇌를 보강했음을 느낄 수 있습니다. 『장자』에서 "독맥을 따라서 기준으로 삼는다〔緣督以爲經〕"라고 말한 것 같으니, 정말로 등 쪽의 독맥(督脈)으로부터 올라와서 통하게 되면 그때 여러분 두뇌의 모양은 자연히 바르게 됩니다. 이 자리에 계신 분들은 하나같이 파루신(破漏身)이라서 두륜(頭輪)을 열려고 할 때 고통이 극심합니다. 머리의 육근을 흘려버림이 너무 심하기 때문이니, 모두가 사망에 가까이 다가간 범부입니다. 사망에 가까이 다가간 파루(破漏)한 머리를 수지해서 되돌리려고 하면, 그것은 아주 고통스러운 일입니다. 눈에 도달하고 귀에 도달하면 온갖 고통이 다 찾아옵니다. 하지만 그 고통이 지나가고 나면 마치 대롱〔管〕이 활짝 열리기라도 한 것처럼 명점이 위로 올라가서 녹는데, 머리 또한 열린 것 같습니다.

왜 지혜가 높은 사람은 앞이마가 높을까요? 제왕은 콧대가 우뚝 솟고 얼굴 생김새가 용 같으며〔隆準龍顏〕 눈썹 윗부분이 솟고〔日月角起〕 이마가 넓으며〔天庭飽滿〕 아래턱이 둥근데〔地閣方圓〕, 모두가 전생의 업보이니 지혜가 특별히 높고 기혈 또한 왕성합니다. 우리 같은 보통 사람은 후천적인 수지를 통해서 해낼 수도 있습니다. 이른바 "다만 수련이 깊어서 쇠 절굿공이를 갈아 바늘을 만들까 두려울 따름이다〔只怕工夫深, 鐵杵磨成針〕"고 했습니다.

"명점을 위로 끌어올려 정수리로 녹아 들어가면〔明點上提溶入頂〕", 그런 후에는 정수리 위의 공(空) 경계에 있습니다. 거기에서 한걸음 더 나아가면 위쪽은 보병기로 말미암아 호흡이 멈추고 아래쪽은 대소변 구멍으로 흘려버리지 않음으로써, 즉 위아래 모두 보병기를 사용해서 잘 지니고 있습니다. 잘 지켜서 정(精)이 기(氣)로 변하게 되면 의념이 심념(心念)의 중심에 머무르는데, 심념의 중심은 텅 비어〔空〕 있어서 일념도 일어나지 않는 경계가 나타납니다. 그러므로 천태종에서 사용하는 조식(調息) 법문은 여전히 가장 초보적인 것으로, 조식이 마지막 단계에 도달한 것이 보병기의 경계입니다. 상하의 호흡이 움직이지 않을 수 있는데 그래야 비로소 진정한 식(息)입니다. 당연한 일이지만 보병기의 경계가 이런 모습에 도달하면 물속에 빠져도 익사하지 않습니다. 물속에서 타좌를 할 수도 있고 내려가려고 하면 내려가고 올라오려고 하면 올라옵니다. 보병기를 정말로 해낼 수 있게 되면 호흡으로는 결코 흘려버리지 않습니다. 모공조차 흘려버리지 않기 때문에 큰 불 가운데를 걸어갑니다. 주위 한 자〔尺〕 안으로는 들어갈 수도 없는 큰 불인데, 그처럼 대단합니다. 물에 들어가도 빠지지 않고 불에 들어가도 타지 않는 것은 모두 연정화기(煉精化氣)를 성취한 덕분입니다. 만약 칼끝을 들이대더라도 여러분이 보병기로 손을 사용해서 돌려 버리면 칼끝이 금방 무뎌져서 고철로 변해 버립니다. 그것이 참된 수지의 성취입니다. 바꾸어 말하면 이 부분이 바로 우리 생명 작용의 신비함을 말해 줍니다.

우리는 평생을 살았지만 생명의 정기신의 대신통(大神通) 기능이 없음은 말할 것도 없고 스스로 졸화(拙火)조차 일으키지 못했습니다. 이것이 바로 범부입니다. 이와 같이 영문도 모르고 태어나서 왜 그렇게 되는지도 모르고 죽어갑니다. 만약 사대(四大)의 기능을 일으켰다면 이미 이렇게 큰 신통을 지니게 되었을 것을, 아직 보리(菩提)를 증득했다고 이야기할 수도 없고 아직 도를 깨닫지도 못했습니다. 그러나 생명은 이런 기능을 지니고 있으니, 이 법을 "낙과 명으로 희론을 떠난 경계에 머무른다[住樂明離戲境]"고 부릅니다. 환정보뇌하여 각종 기능이 모두 건강해지니, 젊은 시절을 회복하고 주야로 광명 청정 가운데 있으며 희론이 없습니다. 말하자면 망념이 없는 경계 가운데 있는 것입니다. 그래서 소승의 계율은 먼저 계행을 지키라[持戒]고 합니다. 먼저 음계(淫戒)를 범하지 않아야 사선팔정(四禪八定)을 해낼 수 있습니다.

한걸음 더 나아가서 여러분이 비록 음계를 범하지 않더라도, 정(精)이 가득한데 기(氣)로 변화시키지 못하고 기(氣)는 가득한데 신(神)으로 변화시키지 못한다면 여전히 일개 큰 범부에 지나지 않으니 무슨 소용이 있습니까? 반드시 자신의 생명 기능인 정기신을 일으켜야 합니다. 우리의 이 생명 기능은 아주 위대합니다. 하지만 안타깝게도 범부는 세간의 세속적 잡무에 바빠서 자신의 비할 데 없는 공력(功力)을 매장시켜 버리는데, 이것이 바로 범부입니다.

끌어올려 수련한다[提煉]는 것은 유형의 기공 수련법인데, 정기(精氣)를 끌어올려 수련하고 환정보뇌(還精補腦)합니다. 단순히 끌어올려 수련하고 방향을 바꾸는 것만으로는 아직 부족하고 무공(武功)을 이해해야 합니다. 가령 밀종권(密宗拳) 역시 기공을 수련하는 것입니다.

중간에 사자 같은 힘으로 움직인다. 내리고 끌어올리고 이끌어 내고 흩뿌리다가 흐름에 내맡긴다. 운동에 묶어 두는 것은 스승에 의지하여 실행한다.

中間動搖獅子力. 降·提·引散·及任運. 運動所緣依傅行.

기(氣)는 닫아 둔 채로 있습니다. 밀종의 금강해모(金剛亥母)는 서른 몇 개의 권로(拳路)가 있는데, 자리에 앉아서 권법을 수련할 수 있습니다. 온몸으로 운동하게 되면 모든 뼈마디가 다 부드러워지는데, 때로는 내리고 때로는 끌어올리고 때로는 이끌어 내고 흩뿌리다가 마지막에 전신의 기(氣)가 가득해지면 자연스러운 흐름에 내맡기고 머물러서 더 이상 움직이지[動] 않습니다. 그러면 절대적인 청정이 와서 심신이 모두 청정합니다. 물론 운동 방법은 스승이 직접 전해 주어야 하는데, 법기(法器)라 할 만해야 전해 줄 것입니다.

서로 합한 수인을 아래로 내리고, 아래로 누르듯이 몸을 위아래로 흔들고, 묶어 두는 바 항 자로부터 보리를 이끌어 내어, 밀처에까지 내려왔을 때 낙을 묶어서 머무른다.

下降相合之手印, 搖身上下如壓下, 所緣由杭(ᚼ)引菩提, 降密處時緣樂住.

오로지 두 손으로만 지탱해서 온몸이 서 있는데, 이것을 공작식(孔雀式)이라고 부릅니다. 몸을 평면으로 세워서 공중에 매다는 이런 동작을 할 줄 알고, 거기에 기(氣)의 훈련을 더하면 예전과 달라집니다. 이때 묶어 두는 바[所緣] 항(杭) 자에서 흰 보리가 내려와 밀처에 이르니, 즐거움의 경계를 이끌어 내는 방법입니다. 하지만 만약 욕념이 있다면 낭패이니, 그것은 범부의 경계입니다. 그러므로 약간의 욕념조차 있어서는 안 됩니다. 욕념이 있으면 기(氣)가 거친 기[粗氣]로 변해서 사용할 수가 없으며, 의념 또한 축생도로 가버립니다. 욕념은 없으면서 즐거움을 일으켜야 하니, 교묘함이 바로 여기에 있습니다.

---

끌어올린다는 것은 위로 끌어당기는 것이니, 두 손을 사타구니 위 엉덩이뼈에 붙이고, 아래의 기를 끌어올리고 혀는 턱을 막고, 눈 흰자위를 위로 뒤집고 머리는 옹송그리고 벌벌 떤다. 묶어 두는 바 명점은 거미줄 같은데, 거두어들여 녹아서 정수리에서 합한다.

提者則爲向上引, 兩手粿上海合巖, 提起下氣舌抵顎, 眼白上翻頭縮慄, 所緣明點如蛛絲, 收起相溶合於頂.

---

해합암(海合巖)은 엉덩이뼈입니다. 그렇기 때문에 타좌를 할 때 몸을 곧게 펴라고 하는 것입니다. 몸을 곧게 펴야 신체 내부가 활짝 펴지고 배꼽이 안으로 수축되어 자연스럽게 아래의 기를 끌어올립니다. 혀는 세우고 눈의 흰자위를 위로 뒤집는데, 눈을 감고 정수리 위의 한 덩이 광명을 바라봅니다. 목은 잡아당기는데, 이때 묶어 두는 바[所緣] 명점이 천천히 방향을 바꾸어 뇌를 보강해 주고[補腦], 정을 수련해서 기로 변화시킵니다 [煉精化氣]. 마치 거미줄 그물처럼 천천히 펼쳤다가 방향을 바꾸어 머리로 갑니다. 남극선옹(南極仙翁)의 머리가 그렇게 높은 것은 환정보뇌하기 때문에 머리가 갈수록 높아지는 것입니다. 이것은 겉으로 드러나는 법[表法]입니다.

범부는 정(精)이 충만해지면 곧바로 아래로 내려가서 잃어버리고 밖으로 방출합니다. 만약 거꾸로 되돌릴 수 있다면 그것이 바로 수도의 길입니다. 지구에 기(氣)가 충만해지면 그것의 기능으로 인해 지기(地氣)가 상승하는데, 상공의 희박한 냉기를 만나 곧바로 비로 변합니다. 정통 도가 학술

가운데 우리 몸의 기능에 관한 이론은 밀종보다 더 명확하게 설명해 줍니다. 우리 몸의 기능은 천지의 법칙과 완전히 똑같으니, 이렇게 해낼 수 있어야(환정보뇌할 수 있어야) 비로소 심신이 건강한 경계로 들어갈 수 있습니다.

---

또 흩어 퍼뜨리는 것은 손발을 움직이는데, 활을 당기는 방식처럼 혀로 치아를 막고, '쓰' 소리를 내며 기를 내뿜어 밖으로 내보낸다.

又散布者·動手足, 如張弓式舌抵齒, '嘶' 聲吹氣而外出.

---

정기(精氣)를 지니고 있을 때라야 비로소 이 법을 사용해서 '쓰[嘶]' 소리를 내며 기(氣)를 내뿜습니다. 이것을 통해 우리는 천태종의 육자지관(六字止觀) 법문이 평소에 이 여섯 글자를 사용해 수련하는 것이 결코 아니고, 특정한 때에 도달해야 비로소 사용하는 것임을 알 수 있습니다. 그러나 대지관(大止觀) 소지관(小止觀) 모두 여기에 관해 설명해 놓지 않았습니다. 후세 사람들이 지관 수행을 하고 기를 수련하는 데 있어서 영원히 제대로 배우지 못하는 까닭은 알지 못하기 때문입니다. 왜 지자(智者)와 대사(大師)는 설명하지 않았을까요? 일단 설명을 해놓으면 후세 사람들이 유위법으로 떨어져 버릴 것을 염려했던 것입니다. 자칫 기공(氣功)으로 변해 버린 것을 수련하게 될까 봐 고심했습니다. 하지만 설명하지 않은 결과 오히려 후세 사람들이 지(止)를 수지하는 방법을 전혀 알지 못하게 되었습니다.

---

흐름에 내맡기고 반듯이 누우면 기와 마음이 서서히, 일체 무념하고 집착하지 않으며, 희론을 떠난 자성의 경계 가운데 머물러서, 장애가 없는 대락의 보리를 성취한다.

任運仰臥氣心徐, 一切無念皆不執, 自性離戲境中住, 無障大樂菩提成.

---

마지막에는 드러눕는데 시체를 늘어놓는 방식〔攤屍法〕이라 베개도 필요 없으며 자연스러운 흐름에 내맡기고 반듯이 눕습니다. 죽은 사람과 똑같이 누워 있으면서 기(氣)도 상관하지 않고 생각도 상관하지 않으면 서서히…… 일체의 생각에 모두 집착하지 않으며, 자연스럽게 희론을 떠난 자성의 경계 가운데 머물러서, 장애가 없는 큰 즐거움의 보리를 성취합니다. 이것은 수신(修身)의 부분인 즐거움의 경계를 이야기합니다.

방금 말씀드린 것은 중국 전통의 연정화기(煉精化氣) 부분과 같은데, 조도(助道)의 중요한 방법이기도 합니다. 이제는 연기(煉氣)로부터 화신(化神) 경계에 도달합니다. "又第二(또 두 번째로)" 즉 아래는 두 번째 단계입니다.

## 수기법은 한곳에 집중하고 묶어 두기 위함이다

---

명은 기를 수련해서 위의 방법을 도와야 하니, 거친 것과 세미한 것은 서로 도우며, 특히 내공과 외공을 수지함에 서로 돕는데, 느리고 세미함 등이 서로 합해야 한다. 숫자 및 안색·촉각·형상, 모든 종류의 법을 배우라고 말하는 것은, 이것이 모든 것의 요문이 됨이니, 이처럼 학습하고 조요하는 것이 으뜸이다.

明者氣助其上法, 粗於細者相互助, 特於內外持相助, 緩細等要懃相合. 數·及顏色·觸·形相, 亦云學習諸種法, 此乃一成衆要門, 如是學習調要王.

---

광명을 수지해서 성취하려면 반드시 기를 수련해서 위의 방법(연정화기법)을 도와주어야 합니다. 이른바 거친 기〔粗氣〕는 구절불풍과 보병기를 기본으로 합니다. 세미한 기〔細氣〕는 바로 지관(止觀) 수행인데, 거친 기로부터 세미한 호흡에 도달하고 세미한 호흡으로부터 식(息)의 경계에 도달합니다. 바로 나가지도 않고 들어오지도 않는 그런 경계입니다. 거친 기와

세미한 기 둘은 서로 돕는데, 특별히 내공(內功) 외공(外功)의 수지에 있어서 서로 돕습니다. 더 나아가 각종 운동에 이르기까지 모두 연대 관계에 있습니다. 기를 수지하는[修氣] 원칙으로 말한다면, 기를 들이마시는 것은 많고 내쉬는 것은 적으니 장생(長生)의 도입니다. 기를 들이마시는 원칙은 세미하고[細] 길고[長] 느리게[緩] 하지만, 구절불풍을 수지하거나 기를 내쉴 때에는 그와 반대로 거칠고[粗] 짧고[短] 빠르게[急] 합니다. 물론 기를 닦는 수련 방면에도 문제는 아주 많고 심각합니다. 가령 밤부터 다음 날 오전까지는 양기(陽氣)에 속하므로 기를 들이마시는[入氣] 수지를 많이 하고 거기다가 왼쪽 코를 많이 사용합니다. 오후가 되면 음기(陰氣)에 속하므로 기를 들이마시는 수지를 많이 할 필요가 없고 마땅히 기를 내쉬는 수지를 해야 합니다. 바로 내부의 거친 기를 배출하는 것입니다. 원칙만 말하자면 이렇게 간단하지만 그 사이의 방법은 너무도 많습니다. 그래서 부처님께서는 수지의 방법이 팔만사천이라고 말씀하셨습니다. 틀리지 않습니다.

기를 수지하는 방법은 아주 많은데, 수식(數息) 역시 한 종류입니다. 갖가지 수식(數息)은 얼마만큼 숨[息]을 참아낼 수 있느냐, 몇 분을 견딜 수 있느냐입니다. 몇 분이나 됩니까? 혹은 삼십 분 혹은 한 시간입니다. 의념의 관상도 있는데, 각종 색상(色相) 및 다른 형상(形相)과도 결합시켜야 합니다. 예를 들어 약사여래의 관법(觀法), 아미타불의 관법 및 몸의 감수(感受)는 특정 단계에 도달하면 어떤 작용 어떤 형상을 지니는데, 마지막에 수지에 성공하면 형상이 변합니다. 의념이 기(氣)와 결합하게 되면, 만약 의념으로 호랑이가 앞에 있다고 생각하면 앞에 곧바로 호랑이 한 마리가 나타나는데 실제로는 환상입니다. 기(氣)를 수련하는 것이 정(定)의 수행을 도와주기 때문에 각종 법문을 배워야 한다고 하는 설법도 있습니다. 지금 말씀드리는 것은 수많은 법문을 성취하는 총 원칙입니다. 이렇게 배우고 나서 수시로 조정할 줄을 알아야 합니다. 그 때문에 백골관 수지에 대해 부처님이 분부하시기를, 첫째 제대로 먹고 마셔야 하며, 둘째 때를 알고 분량을 알아야 한다고 했습니다. 일정 시간 수련을 해서 어느 단계에 도달하면 즉시 역관(易觀)을 하고 서둘러 방법을 바꾸어야 합니다. "조요하는 것이 으뜸이다[調要王]", 이 방면을 자신이 스스로 조절할 줄 알아야 하는데, 그것이야말로 가장 중요합니다. 선지식에 전적으로 의지하면 소용이 없습니다.

"若修細氣之後, 則持粗氣能生新功德, 修粗氣而細氣亦與相同(만약 세미한 기를 수지한 후라면, 거친 기를 지니고 있기에 새로운 공덕이 생겨날 수 있는데, 거친 기를 수지하지만 세미한 기를 지니고 있어도 또한 같다)." 세미한 기[細氣]를 수지하는 연습을 한 후에는 자리에 앉기만 하면 곧바로 지관(止觀)의 노선입니다. 그러면 기(氣)는 상관하지 않게 되고 오로지 자신의 천연의 호흡 즉 세미한 기를 듣습니다. 하지만 여러분이 거친 기[粗氣] 즉 외기공(外氣功)을 수련한 적이 있기 때문에 지관 정혜(止觀定慧)의 경계로 하여금 또 다른 새로운 경계를 낳을 수 있게 합니다. 이것은 거친 기를 수지한 후에 다시 세미한 기를 수지한 공덕입니다. 마찬가지로 먼저 세미한 기를 연습하고 나서 거친 기를 연습하더라도 또 다른 공덕의 경계를 낳을 수 있습니다.

"若氣內住, 則外稍許定之, 外放時, 內亦稍許留住, 此要乃至上也(만약 기가 안에 머무르면, 바깥에서 조금 그것을 멈추게 하고, 바깥으로 내보낼 때에는, 안에서 역시 조금 머물러 있게 하니, 이러한 요점이 최고이다)." 기(氣)가 안에 머무를 때에는 완전히 천연의 보병기 경계에 도달해서 내쉬지도 않고 들이마시지도 않게 됩니다. 기가 머물러서 내쉬지도 않고 들이마시지도 않을 수 있다면, 당신의 생각이 마음을 한곳에 집중하고[制心一處] 마음을 일념에 묶어 둠으로써[心緣一念] 초보적이나마 더는 산란하지 않을 수 있습니다. 마음이 산란해지는 까닭은 당연히 기가 산란해지기 때문입니다. 그래서 맹자가 말하기를, 양신(養身)과 양기(養氣)는 이어져 있다고 했습니다. 기가 안에 머무를 때에는 조금 통제해서 잠시 기를 닫고 외기(外氣)를 안으로 들이마시지 않습니다. 기를 바깥으로 내보낼 때에는 반대로 역시 잠시 기를 닫고 머물러 있게 합니다.

"又因心不散亂而住於氣之一呼一吸數, 或心住於五大色之氣, 或心住於覺受寒熱, 或心住於氣不同之形相(또 마음이 산란해지지 않았기 때문에 기를 내쉬고 들이마심을 세는 것에 머물러 있거나, 혹은 마음이 오색의 기에 머물러 있거나, 혹은 마음이 차가움과 뜨거움을 각수하는 것에 머물러 있거나, 혹은 마음이 기와 서로 다른 형상에 머물러 있다)." 기(氣)의 수지를 종합해 보면 아주 많은 방법이 있습니다. 예를 들면 마음이 산란해지지 않았기에 수식관(數息觀)을 해서 내쉬고 들이마시는 경계 위에 머물러[定] 있는, 이것이 한 종류입니다. 혹은 호흡이 왕래하지 않는 채로 마음속으로 숫자를 세는데, 왕래하지 않을 수 있는 기가 얼마나 오랫동안 머물러[定] 있을 수 있는지를 스스로 관찰합니다. 혹은 기를 들이마실 때 마음이 관상에 머물러[住] 있게 하는데, 한편으로 주문을 외우고 다른 한편으로는 기를 들이마시면서 불신(佛身)의 일곱 색깔 광명을 들이마시는 것을 관상합니다. 내쉴 때에는 일체의 탁기(濁氣)를 내보내는데, 일체 생명의 탁기를 모두 내보내 버립니다. 물론 이것은 의경(意境)상으로 관상하는 것입니다.

이것이 바로 밀법의 수지인데 비교적 어렵습니다. 왜 어려울까요? 사람들의 마음이 산란해져서 전일(專一)할 수 없을 때에는 아무리 더 많은 관상을 하려고 해도 해낼 수가 없기 때문입니다. 만약 심념이 하나에 머무르면[定] 아주 짧은 순간[一念之間]이라도 동시에 많은 관상을 할 수 있습니다. 짧은 순간에 천수천안(千手千眼)[267]을 관상할 수 있습니다. 보통 사람은 눈 한쪽, 손가락 하나도 관(觀)하지 못합니다. 마음이 산란해지고 기가 산란해지기 때문입니다. 그 외에 한 가지 방법이 있는데 마음이 각수(覺受)

에 머물러 있게 하는 것으로 몸 어딘가가 뜨거워집니다. 백골관의 수지를 예로 들면 몇몇 사람들이 많은 경험을 했습니다. 몸이 차갑다, 뜨겁다, 부어올랐다, 마비되었다 등 별별 종류가 다 있다고 써 놓았습니다. 이것은 놀랄 필요도 없으니 당연한 각수(覺受)의 도리입니다. 여러분 몸 안에 병이 있으면 자연스럽게 느껴지는 것〔覺受〕이 있습니다. 어떤 암 환자가 저에게 자신이 방사선 치료를 해야 하는지를 묻기에, 그것은 당신 스스로 결정해야 한다고 말했습니다. 백골관을 수지해서 성공을 거둔 사람은 스스로 광명이 나오는데, 방사선보다 더 강력해서 암 세포를 쪼여 치료할 수 있습니다. 그 역시 심념(心念)의 작용입니다. 혹은 마음이 기(氣)에 머물러 있는데, 기를 불상(佛相) 보살상(菩薩相) 의경(意境)과 결합시켜서 관상합니다. 방법은 아주 많습니다. 출가자 여러분들은 그저 입으로 "법문무량서 원학(法門無量誓願學)"을 외우기만 하고 끝내 하나도 발원하지 않습니다. 이것은 구업(口業)을 짓고 거짓말을 하는 것이 아닙니까? 망어계(妄語戒)를 범하는 것입니다. 부처님을 배우는 사람은 매 구절의 계를 외울 때마다 마음까지 떨려야 합니다.

"如所說之諸助法, 皆唯令心住所緣故(위에서 말한 모든 조법은, 다 오로지 마음을 소연에 머물러 있게 하기 때문이다)." 요점이 나왔습니다. 우리는 이 일체가 모두 오로지 마음이 만든 것이며, 마음을 한곳에 집중하고〔制心一處〕마음을 하나의 법에 묶어 두어야〔心緣一法〕 함을 알아야 합니다. 팔만사천 법문도 먼저 마음을 한곳에 집중하고 마음을 하나의 법에 묶어 두는 것부터 해야 합니다. 지혜가 얕고 능력이 얕은 사람은 하나의 문(門)에 깊이 들어가고, 지혜가 크고 공덕이 큰 사람은 많은 문에 깊이 들어갑니다. 이런

---

**267** 천수천안은 천 개의 손과 천 개의 눈이라는 뜻인데, 천 개의 눈으로 모든 중생을 낱낱이 살피고 천 개의 손으로 모든 중생을 구제한다는 관세음보살을 상징한다.

것들은 모두 조법(助法)입니다.

"然不能相契於法爾之眞實也(그러나 법이의 진실과 서로 들어맞을 수는 없다)." 하지만 여러분은 알아야 합니다. 위의 이런 것들은 모두 조도품(助道品)이지, 보리를 증득한 것도 대철대오(大徹大悟)한 것도 결코 아닙니다. 단지 여러분을 도와주어 여러분으로 하여금 쉽게 증득하고 대철대오하게 해 줄 따름입니다. 이런 유위의 법문을 자기 본성의 그 도(道)라고 생각해서는 안 됩니다. 만약 그렇게 생각한다면 여러분이 틀렸습니다. 그러면 여러분은 외도(外道)라고 불릴 것입니다. 육조는 이렇게 말했습니다. "올바른 사람이 잘못된 법을 사용하면 잘못된 법 또한 올바르다." 여러분이 이런 이치를 이해하면 세간법이라 할지라도 불법으로 변할 것입니다.

"故此時所示者, 乃以一調要使氣束歸入中脈, 顯現法爾無盡之方便(그러므로 이때가 보여 주는 바는, 조요함으로써 기를 중맥으로 되돌아가게 함이니, 법이가 나타나는 다함없는 방편이다)." 앞에서 말한 낙(樂)의 수지는 곧 연정(煉精)이고, 명(明)의 수지와 기(氣)의 수지는 곧 연기(煉氣)입니다. 이것들은 모두 조화로우며 또한 조도품(助道品)이라서 우리를 도와 기를 중맥으로 되돌아가게 함을 알아야 합니다. 일단 중맥이 통하면 곧 천지와 하나로 합해지고 법계와 하나로 합해집니다. 그때가 되면 본성이 본래 부처님이라 법이가 눈앞에 나타나는데, 다함없고 가없는〔無盡無邊〕 방편입니다. 하지만 도달하기 전에는 먼저 유위법을 수지해야 합니다. 기의 방면에 대해 아직 다 말씀드리지 못했습니다.


# 마음이 무념 상태가 되는 수기의 방법

몸의 조화로움이 앞과 같으면 눈을 움직이지 않고, 기를 입과 코의 세 구멍으로 천천히 내보내며, 자연스럽게 해탈의 경계 가운데서 이완시키고, 마음이 집착하지 않으면 자성이 그 가운데서 행한다. 그다음에는 반드시 누워서 손발을 펼치는데, 세찬 소리로 '하'를 외우고 마음을 공에 쏟으면, 흩어짐이 없고 희론을 떠나며 법이에 합해져서 갑자기 머무르게 되니, 기와 마음이 저절로 벗어나서 낙의 경계에 머무르고, 장애 없이 무량한 공덕이 눈앞에 나타난다.

身調如前眼不動, 氣由口鼻三徐放, 自然解脫境中鬆, 心要不執自性行. 其後仰臥伸手足, 厲聲念哈心注空, 無散·離·合·頓然住, 氣心自解住樂境, 無障顯現無量德.

---

여러분 몸의 기맥이 조화롭게 되면 눈을 공(空)의 경계에 둡니다[注]. 마치 달마조사처럼 두 눈을 크게 뜨지만 힘은 주지 않아야 합니다. 그 자리에 머물러 있을 뿐 전혀 바라보지 않습니다. 눈을 움직이지 않고 생각도 움직이지 않습니다. 여전히 시력을 쏟아서 바라본다면 그것은 옳지 않습니다. 그때 입은 살짝 벌려야 하는데, 기(氣)를 미세하게 내보내고 완전히 이완시킵니다. 앞에서 말씀드린 것은 기를 받아들이는 것으로, 보병기와 비슷하여 신체 내부가 하나의 기(氣) 주머니로 변합니다. 지금 말씀드리는 것은 여러분 몸의 기(氣)를 내보내어 비우는(空) 것입니다. 하지만 서서히 해야 합니다. 이것은 또 다른 하나의 방법입니다. 이렇게 들이마시고 내보내는 사이에 기를 자연스럽게 다 내보내면 공(空)이 됩니다. 눈도 크게 뜨고 심념이 공(이 되면 자연스럽게 해탈하는데, 단번에 생각이 없어집니다.

해탈의 경계에서 몸과 마음 일체를 느슨하게 이완시키면 망념도 없고 집착도 없습니다. 일체가 느슨하게 이완되면 망념도 없고 집착도 없습니다. 그에게 있든 없든 기(氣)가 됐든 감각이 됐든 모두 느슨하게 이완시키고 집착하지 않아야 자성의 경계 가운데서 자연스럽게 행합니다. 그러나 항상 이 법을 사용해서 수지해서는 안 되니, 늘 닭털을 붙잡고 영전으로 여겨서는 안 됩니다. 조정할 줄 몰라서는 안 됩니다. 수행은 결국 지혜에 의지해야 합니다. 여러분이 무슨 자격이 있어서 전수(專修)합니까? 자신조차 제대로 못 하면서 어느 때에 공(空)을 수지해야 하고 어느 때에 유(有)를 수지해야 한다는 겁니까? 여러분은 법을 선택하는 눈〔擇法眼〕의 지혜와 능력을 지니고 있습니까? 어떻게 전수하며 폐관할 수 있습니까? 법문은 고지식하게 붙잡는 것이 아니라 스스로 조정할 줄 알아야 합니다. 제대로 조정하면 이 경계 위에 즉시 드러누워 잠잘 수 있습니다. 아래에서는 시신을 늘어놓는 법〔攤屍法〕에 대해 말씀드립니다.

"그다음에는 반듯이 누워서 손발을 펼치는데, 세찬 소리로 '하'를 외우고 마음을 공에 쏟으면, 흩어짐이 없고 희론을 떠나며 법이에 합해져서 갑자기 머무르게 되니, 기와 마음이 저절로 벗어나서 낙의 경계에 머무르고, 장애 없이 무량한 공덕이 눈앞에 나타난다〔其後仰臥伸手足, 厲聲念哈心注空, 無散·離·合·頓然住, 氣心自解住樂境, 無障顯現無量德〕." 반듯이 누워서 사지를 쫙 펴고 큰 소리로 '하'를 외우며, 큰 소리로 한숨 쉬고 그런 후에는 마음을 공(空)에 쏟습니다. 이때 산란해지지 않고 희론을 떠나며 공(空)도 아니고 유(有)도 아니어서 법이자연(法爾自然)의 경계에 합해집니다. 이때 점수지(漸修)가 아니라 갑자기 망념이 끊어지는데, 우리가 칠일 법회를 할 때 향판으로 내리치면 망념이 갑자기 끊어지는 것과 똑같습니다. 이때 기(氣)와 마음은 자연스럽게 해탈할 뿐 아니라 비할 데 없는 즐거움의 경계〔樂境〕가 생겨납니다. 아프지 않고 괴롭지 않고 답답하지 않고 근심하지 않으니 이것이 바로 즐거움〔樂〕입니다. 또 무슨 즐거움을 탐하겠습니까? 만약 또 다른 즐거움이 있다면 여러분은 즐거워 죽을 지경일 것입니다. 하지만 인생은 하루 온종일 불만족 속에 있습니다. 어쩌다 우연히 아주 즐거운 경계를 만나더라도 스스로는 오히려 번뇌하기 시작합니다. 왜 번뇌할까요? 이 경계가 좋기는 좋은데 즐겁지 않은 겁니다. 어리석고 못난〔愚癡〕

중생이 주객을 전도시키는 일이 이보다 심한 것이 없습니다. 이때 만약 몸과 마음이 구속에서 벗어나고 이완된다면 몸조차 필요 없어집니다. 극히 짧은 순간에 무량 공덕이, 아무런 장애 없이 무량 공덕이 눈앞에 나타나서 자연스럽게 해탈하게 됩니다. 기왕 장애가 없고 병이 없고 고통이 없고 번뇌가 없이 아주 평안하게 하루를 보낸다면 그것만으로 이미 해탈한 것이 아닙니까? 또 무슨 해탈을 찾고 무슨 쾌락을 찾으려고 합니까?

"身坐如毘盧遮那七法, 氣由口鼻三孔極徐而放出, 心無念刹那而鬆懈者(비로자나 칠지법처럼 앉아서, 기를 입과 코 세 구멍으로 지극히 천천히 내보내면, 마음이 무념하여 찰나에 느슨해진다)." 이때의 수련 방법은 어떠합니까? 천천히 기를 내뱉습니다. 자리에 앉아 모든 것을 제대로 하면, 앉자마자 그 찰나에 마음이 무념의 상태가 됩니다. 하지만 잠시 후면 또다시 청정하지 않게 됩니다. 왜냐하면 범부의 습기가 찾아와서 또다시 하나의 도(道)를 붙잡고 하나의 공(空)을 붙잡고 하나의 경계를 붙잡기 때문입니다. 그러면 또다시 끝입니다. 여러분은 방금 자리에 앉았던 그 찰나를 영원히 유지하면 됩니다. 맹자도 말했습니다. "학문의 도는 다른 것이 아니라, 그 잃어버린 마음을 찾는 것일 따름이다[學問之道無他, 求其放心而已矣]."

"氣有定數, 是時氣繫於中脈中(기는 정해진 수가 있는데, 이때 기는 중맥 가운데 매어 있다)." 물론 이때 기(氣)는 일정한 수가 있어서 균등해야 합니다. 어리석은 방법은 그 수를 세는 것이니, 내버려 두고 상관하지 않는 것이 가장 좋습니다. 기는 이때 자연스럽게 느슨해지는데, 그것을 내버려 두면 기가 자연스럽게 중맥 가운데서 왕래합니다. 비록 여전히 생멸법 속에 있고 불생불멸에는 도달하지 못했지만 그것을 자연스럽게 내버려 둘 수 있다면, 이렇게 천천히 연습하면 이 마음이 어떤 장소 어떤 경계에서도 수시로 무념에 도달할 수 있습니다. 무념은 혼침이 아닙니다.

"心於何處皆得無念時, 爲使氣心本淨任運故, 伸手足仰身而臥, 目視空

中, 厲聲唸 '哈'三聲, 氣外住(마음이 어느 곳에서든 모두 무념을 얻을 때는, 기와 마음이 본래 깨끗하여 흐름에 내맡기기 때문에, 손발을 펴고 몸을 반듯이 하고 누워서, 눈은 공중을 보고, 세찬 소리로 '하'를 세 번 외우면, 기가 바깥에 머무른다)." 무념을 얻었으면 반듯이 누워서 '하'를 세 번 외우고, 숨을 들이마시지 않고 호흡을 멈춥니다. 그러면 여러분의 내재된 '에너지〔能〕'가 안에서 움직이는데, 물론 숨을 들이마시지 않고 동시에 내쉬지도 않습니다. 그 이치는 바로 달마조사가 말한 바입니다. "밖으로 모든 반연을 끊고 안으로 마음이 헐떡거리지 않으면, 마음이 장벽과 같아서 도에 들어갈 수 있다〔外息諸緣, 內心無喘, 心如牆壁, 可以入道〕"고요.

"心住於本境, 刹那頃遂現出於何處皆無分別執着之智慧, 法爾盡者之密意, 是名爲頓成大圓滿金剛界之壇城, 得到法身普賢位也(마음이 본래의 경계에 머무르면, 찰나의 순간 어느 곳에 드러나든 모두 분별이 없고 집착함이 없는 지혜요, 법이가 다한 은밀한 뜻이니, 이름하여 갑자기 대원만 금강계의 단성을 성취하고, 법신 보현의 지위를 얻었다고 한다)." 이때 밖으로 모든 반연(攀緣)을 끊고 안으로 마음이 헐떡거리지 않는 이 방법을 사용해서 기를 잘 조절한 후, 드러누워서 마음을 공(空)에 머무르게 한 후에는 몸도 상관하지 않습니다. 본래부터 분별이 없고 집착함도 없는 여러분 자성지혜가 자연스럽게 드러나면, 이것이 원래 무량(無量) 무변(無邊) 무진(無盡)한 자성 작용의 은밀한 뜻임을 알게 됩니다. 이때 가장 쉽게 견성(見性)의 도리를 체득하게 되는데, 이것은 갑자기 깨달아서 도에 들어가는〔頓悟入道〕 법문으로서 법신 보현(普賢)의 지위를 얻을 수 있습니다. 이때에는 보신은 거론하지 않습니다. 보신은 기맥의 내재적인 문제이지만, 이때의 이것은 법신의 경계이며 여러분이 보게 되는 것은 보현의 경계입니다. 이것은 기를 수련하는 도리를 이야기하는데, 기를 수련함으로써 신(神)으로 변화시킬 수 있습니다. "又示如是常習, 卽得出現功德理趣者(또 이같이 항상 익히면 공덕과 이취가 나타날 수 있음을 보여 준다)."

# 기가 중맥으로 들어간 후 공덕의 드러남

몸이 가볍고 기가 움직이지 않고 망념이 그치니, 마음이 밝고 지극히 맑아 신통이 나타나고, 신족통이 생기고 피부가 촉촉하고 삼매가 생겨나며, 기가 중맥으로 들어가 상호가 모두 이르는데, 이는 깊은 조요이며 지극한 비밀이다.

身輕 · 不動(指氣) · 妄念 · 息, 心明極淸現神通, 神足 · 色潤 · 生三昧, 氣入中脈相皆至, 是深調要極秘密.

오래 연습하면 몸이 갈수록 가벼워져서 천천히 공중으로 높이 뛰어오를 수 있습니다. 그저께 신문에는 수십 년간 최면술을 전수(專修)한 호주의 어떤 청년에 관한 기사가 실렸는데, 낙하산을 사용하지 않고 높은 공중에서 뛰어내리는 시범을 보임으로써 심령의 능력을 증명해 보였습니다. 공중에서 천천히 내려오는 모습이 마치 물속에 둥둥 떠 있는 것 같았는데, 우리의 심령이 확실히 이런 능력을 지니고 있음을 증명했습니다. 그런데 그가 말하기를 가장 어려웠던 지점은 땅에서 석 자[尺] 떨어져 있을 때이며, 떠 있고 싶어도 아주 힘들었다고 했습니다. 지심(地心)이 빨아들이는 힘이 너무 강하기 때문입니다. 사람이 신통을 지니면 공중을 날 수 있는데 신선도 날 수 있습니다. 이런 것이 결코 불가능한 일이 아니니, 기공(氣功)을 해내면 가능합니다. 그렇다면 사람들은 왜 해내지 못할까요? 믿는 마음이 없고 또 오로지 수련하려는 마음이 없기 때문입니다. 화초를 하루 햇볕에 쬐고 열흘은 추운 곳에 그냥 두는 식으로, 오늘 두 번 수련하고 내일은 수련하지 않습니다.

이런 종류의 수지의 공덕은, 첫째로 몸이 가벼워질 수 있고 둘째로 기(氣)가 움직이지 않게 되어 공기에 의지하지 않고 호흡할 수 있습니다. 그런 까닭에 미국 우주인들의 훈련은 먼저 요가술(瑜珈術)을 배워서 호흡을 멈추는 연습을 하는데, 이것이 필수 과목입니다. 그들의 과학은 이미 우리 것을 이용하고 있습니다. 호흡을 멈추는 수련을 오래 하면 자연스럽게 망념이 없어집니다. 거기서 한걸음 더 나아가서 오래 수련하면 마음속이 영원히 청명합니다. 잠을 잘 필요가 없어지는 것은 물론이고 머리도 완전히 맑게 깨어납니다. 바꾸어 말하면 머리가 완전히 맑게 깨어나고 뇌파가 신통을 지니게 되는데, 무선통신 같아서 다른 세계의 전파를 받아들일 수 있습니다. 그리고 서서히 신족통(神足通)이 생겨서 공중으로 뛰어오를 수 있습니다. 피부가 빛나고 매끄러운 것이 마치 갓난아기처럼 부드러워서 각종 정(定)이 생겨날 수 있으니 늙은이가 어린아이로 돌아가게 됩니다. 이때 기가 중맥으로 들어간 현상으로, 부처님의 삼십이상(三十二相) 팔십종호(八十種好)[268] 가운데 적어도 절반의 공덕을 지니지만 겉모습에는 결코 변화가 없습니다.

왜 삼십이상을 말할까요? 그 사이의 공덕의 비밀은 아직 여러분에게 말씀드리지 않았는데, 현교의 경전은 오로지 겉모습만 이야기합니다. 여러분이 깨달은 후에는 이런 상호(相好)의 공덕들이 모두 생겨나는데, 기(氣)가 자연스럽게 중맥으로 들어가면 일체의 현상이 모두 생겨납니다. 그렇기 때문에 부처님을 배우고 도를 닦는 사람들 가운데 어떤 사람이 도를 깨달았는지, 어떤 사람이 신통을 지녔는지는 보기만 해도 알 수 있습니다.

---

268 부처님의 육신이나 전륜성왕의 몸에 갖추어져 있는 거룩한 용모와 형상 중에서 특히 현저하게 뛰어난 서른두 가지를 가려서 삼십이상(三十二相)이라 하고 여기에 팔십종호(八十種好) 즉 미세하고 은밀한 것 여든 가지를 합해 상호(相好)라고 한다.

얼굴에 어두운 기가 가득하면서 신통을 지녔다고 말한다면 그것은 사람을 속이는 겁니다. 한 단계 수련을 하면 그만큼의 공덕이 겉으로 나타나기 때문입니다. 오늘 여러분이 열심히 했는지 아닌지, 퇴보했는지 진보했는지는 당연히 보기만 해도 알 수 있게 됩니다. 기가 중맥으로 들어간 후에는 일체의 공덕이 모두 겉으로 나타납니다. 이것은 비밀 법문이니 함부로 퍼뜨려서는 안 됩니다. 특히 계(戒)를 지켜야 하며 이 기준으로 다른 사람을 헐뜯어서는 안 됩니다. 남이야 허풍을 떨든 밥을 먹든 상관하지 말고 내버려 두십시오! 들추어내서도 안 됩니다. 하지만 자신에 대한 요구는 엄격해야 합니다. 자신은 엄하게 책망하고 다른 사람은 관대하게 대하며, 절대로 입을 함부로 놀려서는 안 됩니다.

"身輕如棉, 氣不覺有動相, 妄念立止, 心淸而明(몸이 가볍기가 목화 같고, 기는 움직임이 있음을 느끼지 못하니, 망념이 즉시 그치고 마음은 맑고도 밝다)." 이때 몸은 유연해서 뼈조차 솜털처럼 부드럽습니다. 게다가 내재한 기는 움직임(動相)이 있음을 느끼지 못하는데 호흡은 여전히 왕래합니다. 호흡은 외면적인 것이지만 내재적으로 움직이지 않는 하나의 호흡이 더 있어서 천지의 기와 서로 통하는 것 같으니, 망념이 즉시 멈춥니다. 하지만 외면적인 호흡이 때로는 여전히 필요합니다. 이 육체와 외계의 관계를 여전히 조정해야 되기 때문입니다. 마음속이 광명하고 청정하며 머리도 맑고 밝아집니다. 이때가 되면 지혜를 구하지 않아도 저절로 찾아오니, 두뇌가 마치 사진기 같아서 비추기만 하면 곧바로 알게 됩니다. 책도 한 번에 열 줄을 읽으며, 눈으로 한 번 쓱 보기만 하면 한 편(篇)이 휙 지나갑니다.

"出現微小神通, 如馬快速, 色潤澤有光, 新生三昧, 出生如見淸淨烟等之十種驗相也(미미한 신통이 나타나는데, 말처럼 빠르며, 얼굴색이 윤택하고 빛이 있으며, 삼매가 새로 생겨나니, 청정한 연기 등을 보는 것 같은 열 가지 험상이 생겨난다)." 이때 알아야 할 것이 있습니다. 이때에 나타나는 신통은 큰 신통이 아니라 미미한 신통인데, 적게 얻은 것으로 만족해서는 안 됩니다. 이 것은 도를 깨달음과 관계가 없습니다. "말처럼 빠르다〔如馬快速〕"는 것은 비유입니다. 여러분이 그 신통 묘유의 경계를 증득하고자 하면 즉시 증득할 수 있으니 아주 빠릅니다. 이때 여러분이 신통에 집착해서 기뻐하기만 하면 바로 마(魔)에 붙들립니다. 『능엄경』의 오십 가지 음마(陰魔) 가운데로 들어가게 되는 것입니다.

무엇을 마(魔)라고 부릅니까? 집착하게 되면 곧 마라고 부릅니다. 이것이 바로 도(道)라고 생각하는 순간 여러분은 마로 들어가게 됩니다. 그렇기 때문에 적게 얻은 것으로 만족해서는 안 된다는 것입니다. 기백이 큰 사람은 성취도 큽니다. 이때 얼굴색에 윤기가 나고 빛이 있으며 각종 삼매가 새로이 생겨나는데, 눈을 뜨든 감든 열 가지 험상(驗相)이 나타납니다. 때로는 스스로 의심이 듭니다. 눈에 백내장이 생긴 건 아닐까? 어떻게 눈앞에 빛이 있지? 눈에 문제가 생겼을 때에도 이런 현상이 있으니 조심해야 합니다. 그런데 안통을 일으킬 때에도 이와 똑같습니다. 심지어 사람이 연기 같고 안개 같고 빛 같아 보이기까지 하는데…… 각종 상황이 필연적으로 나타납니다. 바꾸어 말하면 여러분의 기(氣)가 아직 뇌에 도달하지 않았고 신(神)으로 변하지 않았기 때문에, 이 경계에 도달했을 때 눈앞에 나타나는 것 역시 병상(病相)인 것입니다. 만약 정말로 병상이라면, 음(陰)의 경계가 매우 고통스럽고 생리상으로 장애가 있고 번뇌가 있을 것입니다. 그런데 이때 수련이 경지에 이르렀다면 장애가 없고 번뇌가 없습니다. 자신과 다른 사람의 빛이 얼마나 큰지 알 수 있으며, 요 며칠 재난과 질병이 있을지 없을지를 빛의 색깔이 바로 여러분에게 말해 줍니다. 여기에서 말한 열 가지 험상은 명확하게 이야기하지 않았는데, 『대승요도밀집(大乘要道密集)』에 설명이 있습니다. 다음번에는 "第三義(세 번째 뜻)"을 말씀드리겠습니다.

제17강

## 안팎의 기를 닦는 수행법과 주의점

무념이 공을 돕는 것 같은 것은, 몸과 마음을 이완시켜서 연에 쏠고, 한 방향으로 흩어지지 않고 주시하면, 모든 생각이 저 경계 가운데로 사라져 들어가니, 저 의지하고 묶여 있는 바 생각 또한 그치는데, 생겨나고 나타나더라도 공에 집착하지 않는다.

無念如空之助者, 身心鬆懈注於緣, 一方不散而注視, 諸念消入彼境中, 彼所依緣念亦息, 出生雖顯不執空.

"由毘盧遮那七法後, 特別專凝視於佛身像等時, 其他念慮皆消入於其中, 卽念身像之念, 亦自然止息而出生現空無念之智慧, 最重要歸束者(비로자나 칠지좌법을 사용한 후에, 특별히 불신상 등을 오로지 응시할 때, 다른 생각들이 모두 그 속으로 사라져 들어가니, 신상의 생각을 생각하게 되고, 또한 자연스럽게 그치면서 공·무념의 지혜가 생겨나고 나타나지만, 묶어 두는 것이 가장 중요하다)." 생각이 공(空)이 되고자 하면 불상을 보는 방법을 사용할 수도 있습니다. 물론 방법은 아주 많습니다.

---

이 법의 조요는 다른 사람과 함께 익히는 것인데, 이때 바깥의 연에 집착하여 기를 내보내고, 바깥에 머무르면 약간 무념이 생긴다. 때로는 안에 머물러 올라 가지도 내려가지도 않고, 오로지 하나에 의지하여 흩어지지도 머무르지도 않는데, 이때 의지하는 바가 없이 마음이 스스로 머무르면, 경계가 뚜렷하고 집착함 없이 그 상태에 머무르니, 이것이 무념법신의이며, 의지함이 자연스러워야 안으로부터 나타난다.

此法調要他同習, 時緣外執而吹氣, 外住若干生無念. 有時內住無上下, 唯一所依不散住, 時無所依心自住, 境顯無執狀中住, 此乃無念法身意, 依要自然由內現.

---

이 방법은 비교적 위험하기 때문에 불법을 지키는〔護法〕 사람이 곁에 있어야 합니다. 가장 좋은 것은 성취를 거둔 사람의 도움을 받는 것입니다. 왜냐하면 이 법을 수지하면 그 사람으로 하여금 억지로 무념의 경계를 분명하게 알게 만들기 때문입니다. 이것은 방편이며 당연히 무생법인(無生法忍)이 아닙니다. 일반적으로 밀종을 배우는 사람들이 이것을 무생법인으로 생각하는데, 그러면 외도법(外道法)으로 변해 버립니다. 가령 앞쪽에 불상을 놓고 그 불상을 바라보거나 혹은 위쪽의 밝은 빛에 주의하거나 혹은 허공에 머무르는데, 오래도록 머무른 후에 "바깥에 집착하여〔外執〕" 즉 이 외연(外緣)에 집착하여 자신은 잊어버립니다. 그뿐 아니라 기를 내쉬는 것에 주의합니다. 들이마실 때에는 주의하지 않고 이 기를 내쉰 후에는 곧바로 멈추고 들이마시지 않으니, 마찬가지로 보병기의 하나입니다. 하지만 이것은 안을 비우는 것〔內空〕으로, 바깥을 향해 비워〔空〕 버리고 바깥에 약간 머무를 때 무념의 경계로 들어갈 수 있습니다.

그러나 이 방법은 아주 위험해서 호법(護法)이 있어야 한다는 것이 요점입니다. 이런 식으로 오래 수지하다가 목숨을 잃어버리기 쉽기 때문입니다. 일찍 가버릴 수 있다는 것입니다. 사람의 생명은 바로 이 한 모금의 기(氣)에 달렸습니다. 보병기는 안에 머무르는〔內住〕 것으로, 안에 머무르면 장수할 수 있고 병을 없애 수명을 늘릴 수 있습니다. 바깥에 머무르는〔外住〕이 방법은 무념에 도달하기 위한 것인데, 오로지 바깥으로 내쉬는 것에만 주의하면 빨리 가버릴 수 있습니다. 그런데 안에 기를 머물러 있게 하더라도 기맥이 아직 통하지 않은 사람은 기를 닫은〔閉氣〕것 때문에 죽을 수 있습니다. 마찬가지로 빨리 가버릴 수 있습니다. 밀법의 수지에는 기를 안에 머무르게 하는 수행법이 많은데, 만약 몸이 정말로 안 되겠다 싶으면 마지막에는 얼른 다시 태어나려고 왕왕 자신을 스스로 해결합니다. 다시 태어날 때 헤매지 않기를 희망하면서 말입니다. 저는 그들의 이런 학습법을 일컫기를 자살법을 배우는 것이라고 하는데, 마찬가지로 숨이 막히는 것으로 기를 막아서 가버릴 수 있습니다. 나중에 꽁카(貢噶) 사부가 이렇게 가버린 것은 아닌지 알 수가 없습니다. 그렇기 때문에 이 법문은 "다른 사람과 함께 익혀야〔他同習〕" 합니다. 바로 호법이 있어야 한다는 이것이 첫 번째로 엄중한 말입니다.

다음으로, 우리의 이 망심과 망념을 비울〔空〕수 없는 것은 기(氣)의 문제이니 기질은 변화시킬 수 없습니다. 모든 사람은 성정이 비뚤어지고 탐진치만을 끊어 버리지 못하기 때문에 기질을 변화시킬 수 없습니다. 습기역시 이 기(氣)의 작용입니다. 그렇기 때문에 저는 줄곧 여러분에게 『맹자』가 양기(養氣)에 관해 큰 도리를 지니고 있으니, 「공손추」와 「진심」이 두 장은 자세히 읽어야 한다고 말했던 것입니다. 맹자가 성인이 될 수 있었던 것은 자신의 도리를 확실하게 지니고 있었기 때문입니다. 그 외에 장자의 연기(練氣)도 자신의 도리를 지니고 있습니다. 수련을 하려면 먼저 기를 길러야[養氣] 하는데, 기를 변화시키지 못하면 안 됩니다. 기질을 제대로 기르지 않는다면 수련은 헛것입니다. 이것을 통해 여러분은 기(氣)가 바깥을 향해 정지하면 무념의 상태가 될 수 있다는 도리를 알게 되었습니다. 동시에 우리가 잠을 잘 이루지 못하는 것 역시 기와 연관이 있습니다. 사람이 잠을 이루지 못하면 호흡이 갈수록 커지는데 모두가 이 한 모금 기의 변화 때문입니다.

"때로는 안에 머물러 올라가지도 내려가지도 않고, 오로지 하나에 의지하여 흩어지지도 머무르지도 않는데, 이때 의지하는 바가 없이 마음이 스스로 머무르면, 경계가 뚜렷하고 집착함 없이 그 상태에 머무르니, 이것이 무념법신의이며 의지함이 자연스러워야 안으로부터 나타난다[有時內住無上下, 唯一所依不散住, 時無所依心自住, 境顯無執狀中住, 此乃無念法身意, 依要自然由內現]." 때로는 한 모금의 기(氣) 즉 내재한 보병기가 그대로 보존된 채 위로 올라가지도 않고 아래로 내려가지도 않습니다. 이때 생각은 절대로 산란해지지 않는데 물론 혼침에 들지도 않습니다. 기가 들어와서 충만해지면 절대로 혼침에 들지 않습니다. 기가 바깥을 향해 머무르고 안으로 들어오지 않아도 마찬가지로 혼침에 들지 않습니다. 그러나 이 방법은 아주 위험하기 때문에 여기에 기댈 수는 없습니다. 몸소 겪은 사람, 경험이 있는 사람이 호법(護法)하지 않으면 수지해서는 안 됩니다. 언제 어디서든 심념이 의지하는 바 없음에 이르러야 합니다. 우리의 의식과 생각이 움직이기만 하면 기도 곧바로 따라서 움직이기 때문입니다.

보병기를 조절하는 수련은, 기(氣)가 머무르는(내쉬지도 않고 들이마시지도 않는) 상태에 도달한 것이 아니라면, 맥(脈)이 정지하는 상태에 도달한 것이 아니라면, 정(定)을 얻었다고 할 수가 없습니다. 그런데 평상시 여러분에게는 기가 머무르고 맥이 정지하는 정(定)의 경계가 없는데 정이라고 할 수 있을까요? 정(定)이라고 치더라도 그것은 인지(因地)[269]에서의 정

(定)이지 과위(果位)에서의 정(定)은 아닙니다. 과위의 정(定)은 기(氣)가 머무르고 맥(脈)이 정지하지 않으면 안 됩니다. 아직 약간의 호흡이 있어서 기(氣)가 여전히 움직이고 있다면 여러분의 미세한 생각은 끊어지지 않습니다. 그래서 '습기'라고 부르는 것입니다. '습(習)'은 마음의 작용이고 '기(氣)'는 말 그대로 기입니다. 이 마음과 생각[心念]의 '습'은 완전히 '기'에 의지해서 살아가기 때문에 도가에서 연기(煉氣)를 주장한 데에는 그 나름의 필연적 도리가 있습니다.

지금 여러분들이 타좌를 해서 호흡이 자연스럽고 마음과 생각이 공(空)일 수 있다면, 바로 약간의 경안(輕安)과 청정의 경계를 얻을 수 있습니다. 그러나 참된 무념에 도달해서 완전하게 정(定)을 계속하는 것은 해낼 수 없습니다. 기를 잘 기르지 않고 제대로 조절하지 않았기 때문입니다. 만약 기를 수지해서 자유롭게 통제할 수 있게 된다면, 여러분의 생명도 마찬가지로 자유롭게 통제할 수 있게 됩니다. 이때의 경계는 아주 뚜렷하며 약간의 집착도 없는데, 이 경계 속에 편안하게 머무르는 이것이 정(定)입니다. 이 방법은 "무념법신의(無念法身意)"이며 성공(性空)의 경계로 들어갑니다. 이것이 밀종 대원만의 견해이지만 결코 철저하지 않아서 실제로는 제육식의 청정면(淸淨面)의 현량경(現量境)이며, 법신에 근접했어도 아직 구경(究竟)의 법신은 아닙니다.

그래서 저는 밀법에 대해 말하는 것이 그리 내키지 않습니다. 말하다 보면 이러쿵저러쿵 비판하게 되기 때문입니다. 번역하는 사람이나 법을 전하는 사람들이 명확하게 전달하지 못했다고 말할 수도 있습니다. 그러나 이 법문의 요점에 의지해서 수지하면 이 마음이 아주 자연스럽게 무념에

---

**269** 인지(因地)와 인위(因位)는 같은 것을 의미한다. 과위(果位)와 달리 과지(果地)는 잘 쓰지 않는다. 인(因)과 과(果)의 구별은 과정과 결과의 구별과 상응한다. 683쪽을 참조하라.

도달할 수 있습니다. 가령 오늘 여(呂) 부인의 일기에는, 자신이 몽경(夢境) 가운데서 마음 안팎으로 한 덩이 광명이 오고 무념에 이르렀다고 했습니다. 그녀는 자연스럽게 수지했을 뿐이니, 이 법문보다 더 훌륭합니다. 다들 주의해야 합니다.

"有時氣外住, 凝視於地石山巖等而生無念(때로는 기가 바깥에 머무르는데, 땅의 돌이나 산의 바위 등을 응시하면 무념이 생겨난다)." 무념의 경계에 도달하려고 때로는 눈을 크게 뜹니다. 기(氣)가 바깥에 머무르면 당연히 눈을 떠서 허공을 바라보는데, 모든 것을 잊어버리고 마음을 허공에 흩어 버립니다. 흔히 기(氣)를 내쉬는 데에만 주의하고 들이마시는 것에는 주의하지 않는데, 장수(長壽)의 도는 기를 들여오는 것이 많고 내보내는 것은 적은 데에 있습니다. 그러므로 병이 자주 나는 사람은 기를 많이 들이마셔야 합니다.

단명하고 싶으면 기(氣)를 내보내는 것이 많고 들여오는 것이 적도록 해야 하는데, 죽음이 임박한 사람은 모두 기를 내보내는 것이 많고 들여오는 것이 적습니다. 그렇기 때문에 나이가 많은 사람은 매일 잠에서 깨면 수시로 자신의 호흡에 유의해야 합니다. 기를 내보내는 것이 길고 들이마시는 것이 짧다면 서둘러 기를 많이 들이마셔야 장수할 수 있습니다. 곧 병이 나려고 할 때에도 마찬가지로 기를 아주 짧게 들여올 뿐 아니라 기가 흉부까지만 도달하고 아래로는 그다지 통하지 않게 됩니다. 이것이 바로 곧 병이 나려고 하는 현상입니다. 기는 이처럼 중요합니다.

때로는 기가 바깥에 머무르는데 눈을 반쯤만 뜨면 당연히 땅바닥이 보입니다. 초지(草地), 진흙땅〔泥地〕 혹은 부드러운 수정지(水晶地)도 괜찮습니다. 일부러 눈으로 코를 관하고 코로 마음을 관할 필요는 없습니다. 혹은 산의 바위나 돌 등을 마주하고서 면벽하여 타좌하거나 혹은 지면을 응시합니다. 앞쪽에 장애가 없으면 눈으로 보는 작용을 서서히 잊어버리고 기의 들고남〔進出〕도 잊어버립니다. 심지어 바깥에 멈추어서 쉽사리 무념의 경계로 들어가기도 합니다. 여기에 무슨 어려움이 있겠습니까? 그저 생각을 조금만 전환한다면 이것은 아주 쉽습니다. 하지만 진정으로 무념에 도달한 것은 아닙니다.

"有時氣內住, 心定於四輪三脈種字或光, 或佛身皆可得而成就(때로는 기가 안에 머무르는데, 마음을 삼맥사륜과 각종 글자 혹은 빛, 혹은 부처님의 몸에 머무르면 얻어 성취할 수 있다)." 때로는 기(氣)가 안쪽에 머무르는데, 기가 안에 머무르면 불로장생할 수 있습니다. 마음을 안쪽의 삼맥사륜에 머무르게 하면 온몸을 변화시킬 수 있습니다. 마음을 하나의 자모(字母)에 고정할 수도 있는데, 사실 굳이 범문일 필요는 없고 중국어라도 똑같습니다. 혹은 부처님 혹은 빛 혹은 배꼽 가운데 하나의 연꽃, 연꽃 위의 부처님이라도 괜찮습니다. 아주 작은 부처님으로 손가락만 한 크기이지만 밝게 빛납니다. 혹은 가슴 한가운데 만(卍) 자를 관하거나 혹은 연꽃이나 부처님이라도 괜찮으니, 모두 성취가 있습니다.

"有時無依之心無執坦然而住, 生起不斷平等智慧(때로는 의지하는 마음도 없고 집착함도 없이 편안하게 머무르는데, 끊임없는 평등 지혜를 생기한다)." 때로는 일체 의지하는 바가 없으니, 호흡을 듣지도 않고 백골을 수지하지도 않고 화두를 참구하지도 않고 염불을 하지도 않습니다. 그렇게 의지하지 않고 머무르지 않고, 심지어 내려놓는 것조차 필요하지 않으면 지금 당장 찰나의 순간에 무념의 경계를 얻을 수 있습니다. 이때 만약 도를 깨달았다면 무생법인을 얻을 수 있습니다. 깨닫지 못했다면 수련의 경계는 여전히 의(意)가 만들어 낸 것입니다. 여러분이 이 법을 수지하면 제칠식을 전화시켜서 끊임없는 평등 지혜를 생겨나게 할 수 있습니다. 끊임없는, 끊을 수 없지만 항상 있는 것도 아닌〔非斷非常〕, 즉 유식에서 말하는 전팔식성사지(轉八識成四智)[270]입니다.

"後結者(뒤에서는 매듭 짓는다)." 아래에서는 우리에게 수도의 세 요점인 낙·명·무념을 말해 줍니다.

## 수도의 세 요점

낙·명·무념을 종합적으로 도와주는 것으로, 자량을 쌓고 장애를 없애고 생기차제를 수지하고 원만차제를 수지하는데, 깊은 도는 상사의 유가와 승주이니, 이것이 구경의 요결이며, 마땅히 초월하여 성실히 받아 지니려고 해야 한다.

樂明無念總助者: 積資·除障·修生·圓, 深道師瑜伽·勝咒, 此乃究竟要之訣, 應機欲超誠受持.

공락(空樂) 공명(空明) 무념(無念) 세 가지를 종합해서 자유롭게 드나들며 삼계에 머무르지 않고 자유자재로 정(定)에 듭니다. 이제 결론을 말씀 드립니다. 수지를 해서 이 세 경계에 도달하고자 하면 첫 번째 단계는 수행의 자본을 쌓아야 합니다. 좋은 일을 많이 하고 육도만행(六度萬行)과 계정혜(戒定慧)를 닦고 복덕자량을 쌓아야 합니다. 만약 복덕이 충분하지 않

---

270 번뇌에 오염된 팔식을 질적으로 바꾸어 네 가지 청정한 지혜를 얻는다는 뜻이다. 대원경지 (大圓鏡智)는 오염된 제팔아뢰야식(第八阿賴耶識)을 질적으로 바꾸어 얻은 청정한 지혜로, 마치 모든 것을 있는 그대로 비추어 내는 크고 맑은 거울 같다. 평등성지(平等性智)는 오염된 제칠말나식(第七末那識)을 질적으로 바꾸어 얻은 청정한 지혜로, 자아에 대한 집착을 떠나 자타 (自他)의 평등을 깨달아 대자비심을 일으킨다. 묘관찰지(妙觀察智)는 오염된 제육식을 질적으로 바꾸어 얻은 청정한 지혜로, 모든 현상을 잘 관찰하여 자유자재로 가르침을 설하고 중생의 의심을 끊어 준다. 성소작지(成所作智)는 오염된 전오식(前五識)을 질적으로 바꾸어 얻은 청정한 지혜로, 눈·귀·코·혀·피부 등의 오관으로 행하는 일을 올바로 이루도록 하고 중생을 구제하기 위해 해야 할 것을 모두 성취한다.

으면 더 말할 것이 없습니다. 그 외에 지혜자량도 있어서 지혜를 얻는 것이 필요합니다. 그 자리에 앉아서 기다리는 것도 아니고 그 자리에 앉아서 망상을 하는 것은 더더욱 아니니, 지혜를 수지해야 비로소 얻을 수 있습니다. 그러므로 복덕자량과 지혜자량을 모두 쌓아야 합니다. 두 번째 단계는 장애를 없애야 합니다. 몸이 건강하지 않으면 의약에 기대거나 수련을 해서 신체의 장애를 없애 버려야 합니다. 외연(外緣)의 장애도 없애야 합니다. 복덕자량과 지혜자량을 지녔고 장애가 없고 이른바 법(法) 재(財) 여(侶) 지(地)를 모두 구비했다면 생기차제를 수지하기 시작합니다. 주문 외우는 것을 예로 든다면 준제주(準提咒)를 십만 번, 오십만 번, 백만 번 외웁니다. 만약 온전히 다 외우지 않는다면 이것은 가장 초보적인 자량의 모음〔集資〕조차 하지 않는 것이니, 어떻게 생기차제의 성취를 얻을 수 있겠습니까! 그런데도 도를 깨닫고 성불하고자 한다면 그것은 정말로 허황된 일입니다! 불법은 여러 겁에 걸쳐 부지런히 수행하고 고생함으로써 공(功)이 높아야 되는 것임을 알아야 합니다.

어떠해야 생기차제가 눈앞에 나타난다고 할까요? 빛이 필요하면 빛이 있고, 기가 몸에 어떻게 머물러야 하면 그렇게 머무르고, 그것이 움직이지 않아야 하면 움직이지 않고, 그것이 무념해야 하면 무념하고, 그것이 유념(有念)해야 하면 유념하고, 심지어 구하는 바가 있으면 모두 나타날 수 있을 때 비로소 생기차제가 눈앞에 나타납니다. 여러분이 공락정(空樂定)에 들고 싶든 공명정(空明定)에 들고 싶든 무념정(無念定)에 들고 싶든 어떤 경우라도 자량을 쌓고 장애를 제거해야 합니다. 그러고 나서 생기차제를 수지하고 그런 후에 원만차제를 수지해야 합니다. 이런 순서는 틀에 박힌 것으로, 가장 깊은 도리는 상사에 의지해서 수지해야 한다는 것입니다. 상사상응법(上師相應法)을 수지하여 상사가 정수리 위에 있음을 늘 관상하고 마음속에 주문을 지녀야〔持咒〕 합니다. 이것이 구경(究竟)의 요결입니다.

초탈해서 성인(聖人)을 성취하고 부처님을 성취하여 삼계 바깥으로 벗어나고 싶다면 마땅히 아주 성실하고 간절하게 이 방법들을 학습하고 수지해야 합니다.

"是故已作福德之業, 而悟非福德者故, 積資淨障爲道之助至深奧也. 如來多行經云: 積有福德等, 所思獲成就(이런 까닭에 이미 복덕의 업을 지었지만, 복덕이 아닌 것을 깨달았기 때문에, 자량을 쌓고 장애를 깨끗하게 하는 것이 도를 돕는 지극한 심오함이다. 『여래다행경』에 말하였다. 복덕을 쌓으면 생각하는 바를 성취한다)." 그렇기 때문에 복덕자량 즉 악을 제거하고 선을 행하는 것〔去惡爲善〕이 가장 중요하다고 말했습니다. 여러분은 부처님을 배우는데 왜 지혜가 열리지 않을까요? 복보(福報)가 충분하지 않기 때문입니다. 복보는 무엇을 해서 얻습니까? 자기를 버리고 다른 사람을 위해야 하니, 이타(利他)에서 옵니다. "모든 악은 짓지 말고 선은 받들어 행한다〔諸惡莫作, 衆善奉行〕"고 했는데, 마음과 생각을 움직일 때마다 수시로 신구의(身口意) 삼업에 주의하고 악업을 짓지 않는다는 이것은 여전히 소극적입니다. 적극적인 것은 바로 다른 사람을 이롭게 하는 행〔利他之行〕입니다. 그러므로 성취가 없고 깨닫지 못하는 것은 바로 공덕이 충분하지 않기 때문입니다. 스스로 복덕을 수지하지 않고 그저 깨닫기만을 구한다면, 약간의 선행이 있고 좋은 일을 조금만 해도 곧바로 다른 사람과 나〔人我〕, 옳고 그름〔是非〕이 생기니 복덕을 어떻게 성취하겠습니까? 불가능합니다! 만약 복덕자량이 충분하면 여러분이 원하는 바를 이루지 못할 것이 없으며 지혜도 곧바로 성취하게 됩니다.

"第三義示亦無謬誤, 修成證悟本性之道者(세 번째 뜻이 보여 주는 것 역시 오류가 없으니, 수행하여 본성의 도를 체득하여 깨닫는 것이다)." 다음은 어떻게 본성을 체득하여 깨닫는가〔證悟〕를 이야기합니다.

이처럼 수행하면 체득하여 깨달음이 나타나니, 편만하여 하나가 되고 차별이 없음이, 세 방향에서 와서 한 곳에 모이는 것 같고, 모든 강이 한 바다로 모여드는 것 같다. 무릇 낙·명·무념법을 수지하면, 자성이 생겨나지 않는 공성을 얻으니, 생각과 마음이 지극한 고요함으로 녹아 들어가서, 유무희론을 떠난 보리심을 증득한다. 광명에 머무르면 해처럼 안에서 나타나는데, 갑자기 광명을 성취하여 옮기지 않고 증득하니, 공 그대로인 여래장의 본성이다.

如是所修現證悟, 遍滿爲一無差異, 如三方來聚一處, 如諸河異匯一海. 凡修樂明無念法, 自性不生空之性, 念心極寂而溶入, 有無戱論菩提心. 光明本住日內現, 頓成光明無遷證, 等空如來藏之性.

위에서 말한 낙·명·무념정의 세 방면에서 공락정(空樂定)은 몸을 수지하는 것으로서 색신(色身) 보신(報身)을 전화시킵니다. 공명정(空明定)은 기(氣)를 수지하고 맥(脈)을 수지하는 것이며, 무념정(無念定)은 신(神)을 수지하는 것입니다. 바꾸어 말하면 공락정은 정(精)으로부터 옵니다. 즐거움은 정으로부터 생기는데, 정력(精力)이 충만해지면 자연스럽게 쾌락이 옵니다. 만약 여기저기 아프고 기맥이 통하지 않는다면, 이것은 정이 충만하지 않고 정이 전화되지 못해서입니다. 정(精)은 정충의 정이 아니며, 정충은 정의 일부분에 불과합니다. 정이 충만해지면 자연스럽게 즐거움을 얻습니다. 정(精)이 기(氣)로 전화될 수 있으면 밝음을 얻습니다. 기가 신(神)으로 전화될 수 있으면 무념을 얻습니다. 만약 하루 온종일 멍청하고 지혜가 없다면 신기(腎氣)가 부족하고 충만하지 않은 것이니 정의 문제입니다.

그러므로 이렇게 낙·명·무념 이 세 단계를 수지해서 최후에는 모든 수지에 성공해야 비로소 도를 깨닫고 보리를 체득하여 깨달을 수 있습니다.

그렇지만 이 셋은 하나입니다. 공락정을 수지해서 경계에 도달하면 화신을 전화시키고, 공명정을 수지해서 경계에 도달하면 보신, 색신을 전화시키고, 무념정을 수지해서 경계에 도달하면 법신을 전화시킵니다. 실제로 법(法) 보(報) 화(化) 삼신은 삼위일체(三位一體)입니다. 그래서 어떤 대총림의 본당에는 삼존불을 하나의 모양으로 새겨 놓았는데 법신 보신 화신을 나타냅니다. 도가는 태상노군(太上老君) 셋이 하나의 모양인데 "일기화삼청(一炁化三淸)"이라고 부릅니다. 삼청이란 상청(上淸) 옥청(玉淸) 태청(太淸)을 말하는데 바로 삼신의 이치이기도 합니다. 이 삼위(三位)는 한 몸〔一體〕으로서 편만(遍滿)하여 하나가 되며 차별이 없습니다. 바꾸어 말하면 이것은 한 몸의 변화로, 모든 강이 큰 바다로 모여드는 것과도 같습니다.

"무릇 낙·명·무념법을 수지하면, 자성이 생겨나지 않는 공성을 얻으니, 생각과 마음이 지극한 고요함으로 녹아 들어가서, 유무 희론을 떠난 보리심을 증득한다〔凡修樂明無念法, 自性不生空之性, 念心極寂而溶入, 有無戲論菩提心〕." 무릇 이 순서에 따라서 낙·명·무념의 대원만을 수지하면 마지막에는 자성이 생겨남이 없는 경계로 들어가게 됩니다. 즐거움도 상관하지 않고 밝음도 상관하지 않고 무념도 상관하지 않고 일체를 상관하지 않습니다. 바로 『금강경』의 "머무르는 바가 없음〔無所住〕"이니 집착함도 없고 머무름도 없고 원함〔願〕도 없습니다. 만약 하루 온종일 낙·명·무념에 집착하면서 그것이 바로 도(道)라고 생각한다면 외도(外道)로 변할 것입니다. 잘못입니다. 유(有)에 집착했습니다. 유(有) 혹은 공(空)에 집착하면 모두 마음 바깥에서 법을 구하는 것이니, 외도이며 명심(明心)할 수 없습니다. 자성은 본래 생겨남이 없는데 어디에서 공(空)을 구합니까? 이것을 본성은 본래 공하고 자재하다〔性空自在〕고 합니다. 이때 공락·명·무념에 상관없이 어떠한 생각과 마음이든 결국에는 적멸 청정의 경계로 되돌아가니 즉공즉유(卽空卽有)라고도 할 수 없고 비공비유(非空非有)라고도 할 수 없습니다. 수련이 이 경계에 도달하면, 깨달음이 이 경계에 도달하면, 명심(明心)하게 되고 보리심을 증득합니다.

"광명에 머무르면 해처럼 안에서 나타나는데, 갑자기 광명을 성취하여 옮기지 않고 증득하니, 공 그대로인 여래장의 본성이다〔光明本住日內現, 頓成光明無遷證, 等空如來藏之性〕." 여러분이 수지를 해서 본래 청정한 자성 보리심에 도달하면 자성광명이 태양과 같이 자연스럽게 나타납니다. 하지만 광명에 대해 잘 알아야 합니다. 예를 들어 우리가 수련을 제대로 하면 안팎으로 한 덩이 광명이 나타나는데, 그것은 여전히 자광(子光)이고 형상이 있는 빛〔有相之光〕으로 아직은 진광(眞光)이 아닙니다. 마치 아들이 어머니에게로 되돌아가려고 하는 것처럼, 자광(子光)을 뚫고 지나가야 비로소 모광(母光)으로 되돌아갑니다. 바로 형상이 없는 빛〔無相之光〕, 상적광(常寂光)[271]이기도 합니다. 무엇이 상적광입니까? 광명자성 가운데 편안하게 머무르면 안팎에서 나타난다는 것을 알았습니다. 그런데 자성 본성의 광명인 모광을 본 후에도 여전히 자광이 있을까요? 있습니다. 이른바 자모(子母) 광명이 모이고 자성의 청명과 형상이 있는 광명이 모여서 안팎으로 한 덩이가 됩니다. 이때 "갑자기 광명을 성취하여〔頓成光明〕" 그래서 제불보살은 모두 광명 가운데 머무르며 "옮기지 않습니다〔無遷〕." 영원히 머무르면서 변하거나 옮기지 않으니 이미 공성(空性)을 증득했습니다. 증득했으니 성불했습니까? 부처님과 똑같습니다. 등각(等覺)[272] 묘각(妙覺)[273]은 보현, 문수의 경계입니다. "공 그대로인〔等空〕" 이때 비로소 견성(見性)하

---

271 항상 고요하며 광명이 가득 차 있다는 뜻으로 부처의 경계를 말한다.

272 부처가 되는 층을 열로 쳐서 아홉 번째 층으로, 수행이 꽉 차서 지혜와 공덕이 바야흐로 부처의 묘각(妙覺)과 같아지려고 하는 자리 곧 보살의 가장 높은 자리를 말한다.

273 부처가 되는 층을 열로 쳤을 때 열 번째 층으로, 온갖 번뇌를 끊고 지혜가 원만하게 갖추어진 부처의 자리 곧 보살 수행 최후의 자리를 말한다.

는데, 여래장(如來藏)[274]의 본성을 곧바로 알게 됩니다. 바로 육조가 깨달았던 "자성은 본디 스스로 청정함을 어찌 알았으며, 자성은 본디 생멸하지 않음을 어찌 알았으며, 자성은 본디 스스로 구족함을 어찌 알았으며, 자성은 본디 동요함이 없음을 어찌 알았으며, 자성은 만법을 생겨나게 할 수 있음을 어찌 알았으랴"라는 것이기도 합니다. 이것이 이른바 명심견성(明心見性)입니다.

"如由不同方向而來, 其義亦會於一處(서로 다른 방향에서 오더라도, 그 뜻은 역시 한 곳에서 모인다)." 하나의 목표에 도달하는 데는 많은 길이 있지만, 서로 다른 방향에서 오더라도 최후 종점은 바로 이 하나입니다. 말하자면 방편은 많지만 근원으로 돌아가는 데는 두 길이 없습니다.

"樂明無念之法, 各各觀修(낙·명·무념의 법을 각각 관상하고 수지한다)." 초보 수행 때에는 나누어서 수지하고 순서에 따라서 합니다. 여러분은 상근기(上根器)가 아니기 때문입니다. 당연히 언제 공락(空樂)을 수지할지, 언제 명(明)을 수지할지, 부처님께서 말씀하신 것처럼 때를 알고 분량을 알아야 합니다. 자신이 스스로 알아야지 굳이 스승에게 물어볼 필요 없습니다. 자신이 지혜를 지니고 있어야 한다는 말입니다.

"但證悟之體, 惟送於空明通達赤露之一處(그러나 본체를 깨달아, 공과 명과 통달함과 적나라함의 한 곳으로 보낸다)." 각각 관상하고 수지하다가 마지막에 근본으로 돌아감에는 둘이 없습니다[歸元無二]. 명심견성을 구하여 얻고 보리를 증득하는데, 명심견성하면 자연스럽게 한 덩이 광명 가운데 있으면서 알지 못하는 바가 없습니다. 하나를 깨달으면 백을 깨닫고 하나를 알면 백을 압니다. 이때가 되면 적나라하게 훤히 드러나고 자연스럽게 도달하여 경계도 없고 얻을 만한 심신(心身)도 없습니다.

---

274 여래를 내장한다는 비유적인 표현이지만, 여기서는 자성 본체 즉 자성을 말한다.

"然其體者, 非他所成, 自性周遍不斷, 光明淸淨, 自證無遮障, 自然明朗也(그러나 그 본체는 다른 누가 성취하는 것이 아니니, 자성은 두루 미치고 끊임없으며, 광명 청정하여 가로막는 장애가 없음을 스스로 깨달으면, 자연스레 밝고 환하다)." 이 경계에 도달하면 자성의 본체를 깨닫는데, 이는 일체 중생이 본래 지니고 있는 것으로 부처님께서 준 것이 아닙니다. 이때 자성은 두루 미치고〔周遍〕끊임없으며〔不斷〕변하고〔不常〕미치지 않는 곳 없이 원명 청정함을 알게 됩니다. 가로막는 것이 없고 장애가 없음을 자기 마음으로 증득하게 되어 자연스레 밝고 환합니다.

"此乃常時而有, 以上師加持, 有時自證行境, 而其體者, 自明而無境(이것은 언제나 있으며 상사의 가지를 입어, 때로는 스스로 수행의 경계를 증득하지만, 그 본체는 스스로 밝으면서 경계가 없다)." 게다가 결코 변하지 않습니다. 만약 오늘 수지하면 있다가 내일 수지하지 않으면 없어지는 것이라면, 그것은 생멸법이며 의식의 경계에서 수련하는 도리입니다. 참으로 자성을 깨달으면 그것을 변하게 하고 싶어도 불가능합니다. 어디로 변할까요? 도를 깨달은 후에는 더 이상 헤매지 않고 영원히 즐거움 밝음 무념 가운데 있으면서 요동하지 않습니다. 스물네 시간을 육도윤회 가운데서 구르는 것과 똑같습니다. 어떤 동학들은 자신은 이미 깨달았는데 스승이 인증(印證)을 해주지 않는다고 생각합니다. 그렇다면 여러분 스스로 시험해 보십시오! 깨닫지 못했는데 깨달았다고 말하고 증득하지 못했는데 증득했다고 말하면, 그것은 지옥 의근(意根)의 업을 짓는 것으로 아주 심각한 일입니다. 그것은 무간지옥의 업이니, 윤회도(輪廻道) 가운데서 충분히 구르면서 실컷 고생하고 나서 뉘우칠 것입니다. 이것은 농담이 아닙니다.

그런데 때로는 상사의 가지(加持)와 도움에 기대야 합니다. 예를 들어 요 몇 십 년 사이에 저에게 배운 사람들 가운데, 대륙에서부터 지금까지 어느 한 사람 제가 헤엄쳐 건너오면서 등에 업고 오지 않은 사람이 있습니까?

그런데 언덕에 올라간 후에는 곧바로 잊어버리고 자기 스스로 건너왔다고 생각합니다. 사실은 상사가 끌어당긴 것인데 말입니다. 이제 저는 더 이상 그런 일을 하지 않습니다. 끌어당기는 것은 어렵지 않지만, 이렇게 끌어당겨 놓으면 여러분은 도리어 마치 자신이 깨닫기라도 한 것처럼 여기니 오히려 사람을 그르칩니다. "有時自證行境, 而其體者, 自明而無境, 深明而不依於緣(때로는 스스로 수행의 경계를 증득하지만, 그 본체는 스스로 밝으면서 경계가 없으니, 깊고 밝아서 외연에 의지하지 않는다)." 때로는 이 경계를 증득한 것 같지만 사실은 여러분을 도와주어 밝아진 것이라, 여러분에게는 실재적인 경계가 없고 착실하게 나아가지도 않았습니다. 진정으로 깨달아서 광명을 분명히 알게 되면 일체의 외연에 의지하지 않습니다. 상사의 끌어당김에는 더더욱 기대지 않습니다.

"本明非忽然而生, 此義乃名爲光明智慧(본디 밝음은 갑자기 생겨나는 것이 아니니, 이러한 뜻을 광명지혜라 부른다)." 자신이 진정으로 깨달으면 자성광명이 눈앞에 나타나는데, 갑자기 찾아오는 것이 아니고 점진적 수행〔漸修〕후에 깨달음에 도달합니다. 점진적인 수행의 수련이 없다면 어떻게 갑자기 깨닫습니까〔頓悟〕. 무엇을 갑자기 깨닫습니까. 과연 많은 조사가 돈오했지만 이는 그들이 전생에 수행한 것이 헛수고가 아님을 설명해 줍니다. 만약 지금도 여전히 수련을 시작해야 함을 알지 못한다면 참으로 지옥 업을 스스로 짓고 있는 것입니다. 이것들이야말로 광명지혜의 진정한 도리입니다.

"般若八千頌云: 於心無有心, 性之性光明, 如是之謂也(『반야팔천송』에 말하였다. 마음에 마음이 없고 본성의 본성은 광명이라고, 이와 같이 말하였다)." 무엇을 명심(明心)이라고 부릅니까? 명심은 바로 마음에 도달했으나 마음이 없음〔無心〕입니다. 마음이 없는 마음〔無心之心〕, 이것이 바로 가장 높은 곳에 도달한 것이니 선종과 똑같아집니다. 영가선사가 말했던 "적절히 마음을 쓰려고 할 때는 적절히 마음이 없음을 쓰라, 마음이 없음을 적절히 쓰면 항상 써도 적절히 없으리라〔恰恰用心時, 恰恰無心用, 無心恰恰用, 常用恰恰無〕"라는 것이니, 자신의 본성은 본래 광명 청정합니다.

"然彼光明爲何者(그러면 저 광명은 어떤 것인가)." 이제 아래에서는 광명이 무엇인지를 말합니다.


## 광명은 무엇인가

---

이때는 한마음이 맑고 밝고 깨끗하니, 지관의 넓고 큰 정해인데, 방위를 떠나고 집착하지 않으며 인연은 본성이 없으니, 제법의 본체를 깨달아 지비를 쌍운하면, 나타나는 것이 환상 같아서 공이고 집착이 없으며, 쌍운하여 구별하지 않으면 뜻이 공이고 넓으니, 생겨나게 하려는 바를 따라서 빛이 안으로 나타난다.

是時一心淸明淨, 止觀廣大之定海, 離方無執緣無性, 悟諸法體而雙運, 顯現如幻空無執, 雙運不別意空廣, 由要所生光內顯.

---

오도(悟道)에 도달했을 때, 마음인데도 마음이 없는 것은 출세(出世) 입세(入世)가 모두 똑같습니다. 육도윤회 가운데 있어도 가는 곳마다 청량한 정토(淨土)입니다. 한마음〔一心〕이 맑고 밝고 깨끗하니 이것이 진정한 지관(止觀)의 정경(定境)입니다. 이때 비로소 무엇이 여래대정(如來大定)인지를 알게 됩니다. 최근에 어떤 사람이 여래능엄대정(如來楞嚴大定)을 전한다고 들었습니다. 밖에서 어떤 사람이 와서 묻기에 저는 그저 입 다물고 아무 말도 하지 않았지요. 저더러 어떻게 대답하라는 겁니까?

이때 비로소 일체의 방위를 떠나고 일체 집착하지 않으며 일체 수행도 없고 증득도 없게〔無修無證〕 됩니다. 지금 여러분의 타좌는 참으로 가련합니다. 아무리 생각해 봐도 어느 날에나 수행도 없고 증득도 없는 경계에 도달할 수 있을지 모릅니다. 날마다 정(定)에 들지만 가부좌하고 타좌하지 않으니 얼마나 편안하겠습니까! 수행도 없고 증득도 없는 경계는 타좌를 하지 않아도 타좌하는 것과 똑같고, 어디를 가든 정(定) 아닌 것이 없습니다. 여러분이 수행도 없고 증득도 없는 경계에 도달하는 것을 마치 노동하는 것처럼 생각해서, 가령 백 근의 물건을 짊어지고 목적지에 도착해서 이렇게 내려놓았으니 이 몸은 이제부터 아무것도 하지 않겠다는 식으로, 이러면 도를 깨닫고 성불한 것이라고 생각한다면 그것은 여러분이 완전히 틀린 것입니다. 자신의 법성의 본체를 깨달으면, 오로지 "지혜는 삼유에 머무르지 않고, 대비는 열반에 들지 않습니다〔智不住三有, 悲不入涅槃〕." "지혜는 삼유에 머무르지 않는다"는 것은 지혜를 성취함이니, 수시로 해탈하고 있어서 삼계 가운데 어느 하나의 세계에도 머무르지 않습니다. 물론 육도(六道)는 일찌감치 벗어났습니다. 그러나 "대비는 열반에 들지 않으니" 즉 대비(大悲)를 성취하여 열반에 들지 않으니 여전히 육도 가운데 있습니다. 그러므로 진정한 지비(智悲) 쌍운도(雙運道)는 쌍수법이라고도 부르는데 비심(悲心)은 복덕을 닦고 반야지심(般若智心)은 지혜를 닦습니다. 여러분은 소비(小悲)조차 없어서 작은 일에도 엄청나게 화를 내는데 어떻게 복을 닦고 비심을 닦습니까? 작은 자비〔小悲〕는커녕 자비하지도 않는데요!

비심(悲心)은 이용하는 수단이 아닙니다. 어떤 사람은 작은 충심〔小忠〕 작은 부지런함〔小勤〕을 이용하면서 비심(悲心)을 작은 수단쯤으로 여깁니다. 그것은 자신을 해치는 것이니 그래서는 안 됩니다. 한 사람이 참으로 대비심(大悲心)을 지니고 진정으로 언제 어디서나 세상의 어려움을 아파하고 사람의 고통을 가엾이 여기는 대비(大悲) 가운데 있으면, 성취하지 않는 복덕이 없습니다. 평범한 범부가 참으로 세상의 어려움을 아파하고 사람의 고통을 가엾이 여기는 마음을 품고 있다면, 그 사람의 몸도 좋아질 것이고 게다가 시방 성현과 일체 보살이 모두 그를 가피(加被)할 것입니다. 그렇지만 하루 온종일 눈물 흘리기를 좋아하는 것이 비심(悲心)이라는 말은 아닙니다. 그건 정말 끔찍한 일입니다. 그런 것은 어리석고 못난 마음〔愚癡心〕이라고 부릅니다. 어리석고 못나야 눈물을 흘리기 때문입니다. 도를 깨달은 후의 수행은 비지(悲智) 쌍운도입니다. 그러나 비지를 쌍운하는 중에 자연스럽게 일체가 꿈같고 환상 같음을 알게 됩니다. 그런 까닭에 영명수선사(永明壽禪師)는 매일 백팔 가지 착한 일을 하면서 허공의 꽃〔空花〕 같은 불사(佛事)를 많이 하노라고 말했습니다. 비지(悲智) 쌍운 이법(二法)은 차별이 없습니다. 지(智)가 바로 비(悲)이고 비(悲)가 바로 지(智)이니 이 둘은 동시에 해야 합니다. 이때 의경은 갈수록 커지고 공덕은 갈수록 원만해집니다. 그렇기 때문에 보살도 큰 보살과 작은 보살의 구분이 있습니다. 며칠 전에 어떤 동학이 저에게 묻기를 "부처님도 분별이 있습니까?" 하기에 제가 말했습니다. "맞네!" 그들은 모두 도를 깨닫고 성불했습니다. 부처님께서는 눈이 먼 비구를 위해 바늘에 실을 꿰어 주면서 이렇게 말했습니다. "나는 복덕을 키우고 있다!" 지혜는 무량무변하여 아무리 구해도 다함이 없습니다. 이것은 부처님의 현신(現身) 설법이며 몸소 보여준 교육입니다.

"海淸澄而現影像, 但僅水外無有別者. 然明現影像及水二者, 又非一非異故(바다가 맑으면 영상이 나타나지만, 물과 바깥은 구분이 없다. 명백하게 나타나는 영상과 물 그 둘은, 하나가 아니면서 다르지 않기 때문이다)." 이때에는 오로지 비유를 사용해서 말할 수밖에 없습니다. 예를 들어 큰 바다가 맑아지면 바깥으로 모습이 나타나서 모두 잘 보입니다. 또 예를 들어 크고 둥근 거울을 깨끗하게 잘 닦아 두면 삼라만상의 영상이 전부 나타납니다. 바닷물이 맑고 파도가 고요해도 전부 다 바다입니다. 파도가 없다고 해서 바다가 죽었다고 말합니까? 그렇지 않습니다. 만상(萬象)이 모두 큰 바다의 영상 가운데서 바깥으로 나오는 것은 거울을 깨끗하게 닦아 두면 일체의 만상을 비춰 주는 것과 똑같습니다. 게다가 물 자신이 일체의 영상을 비춰 줄 수 있으니, 일체의 영상은 물의 기능이 나타난 것이기도 합니다. 도를 깨달으면 스승의 가르침 없이 저절로 생겨나는 자연지(自然智) 무사지(無師智)가 개발되어 알지 못하던 것도 자연스럽게 알게 됩니다. 대원경(大圓鏡)처럼 한번 비추기만 하면 곧바로 알게 됩니다.

"雖顯現而無實執, 自心淸澄之體者, 雖現各種顯現, 然境顯不染於心, 心亦不執境顯(비록 명백하게 나타나지만 집착은 없으니, 자성의 맑은 본체는, 비록 각종 경계가 명백하게 나타나지만, 경계의 나타남이 마음을 더럽히지 않고, 마음 또한 경계의 나타남에 집착하지 않는다)." 자성의 맑은 이 체성(體性)은 비록 각종 경계가 명백하게 나타나지만 일체의 경계가 일어나도 이 마음을 더럽히지 못합니다. 이 마음 또한 자연스럽게 탐하고 집착하지 않습니다. 이 것은 깨달은 후 수행의 도리를 이야기합니다. 자신이 깨달았다고 생각하는 사람들은 더더욱 이런 도리들을 분명히 해야 합니다.

"又雖現於根識, 而未被執所壞, 如彼幻自住而明故, 一心自住之止, 及自明透顯之觀, 二者之體住於一時(또 비록 육근 팔식에 나타나지만, 무너지는 바에 집착하지 않는데, 저 환상이 스스로 머무르면서 분명한 것 같기 때문에, 한마음이 스스로 머무르는 지 및 스스로 명백하게 나타나는 관, 그 둘의 본체는 같은 때에 머무른다)." 이때 육근과 팔식이 똑같이 작용을 일으키는데 범부와 똑같습니다. 하지만 범부가 아닙니다. 왜냐하면 그는 영원히 집착하지 않고 거기에 머물러 있지 않기 때문입니다. 일체 환상(幻相)의 그 자체와 같아서 비록 환상을 지니고는 있지만 항상 분명하게 나타나는 것은 아닙니다. "한마음이 스스로 머무르는 지와 스스로 명백하게 나타나는 관, 그 둘의 본체는 같은 때에 머무른다"는 이 마음은 진정으로 일심불란(一心不亂)하여 자연스럽게 머무르는 바 없음에 머무르는데, 이것이 진정한 지(止) 및 스스로 명백하게 나타나는 관(觀)입니다. 성불한 사람은 지와 관을 마음대로 운행하여 동시에 존재하기 때문에 삼천대천세계를 두루 비추고 알지 못하는 바가 없습니다.

"雖現境顯, 而本體之心不執故, 故雖現可名爲無自性光明(비록 경계가 나타나지만, 본체의 마음이 집착하지 않기 때문에, 비록 나타나더라도 자성광명이 없다고 이름붙일 수 있다)." 작용을 일으킬 때 일체의 경계가 명백하게 나타나지만, 본체의 마음은 영원히 의연하게 움직이지 않습니다. 『역경』「계사전」에 "고요하여 움직이지 않지만 감응하면 마침내 통한다〔寂然不動, 感而遂通〕"라고 말한 것과 같습니다. 이때 비록 작용을 일으키기는 하지만, 작용하되 작용하지 않고〔用而不用〕 작용하지 않되 작용하므로〔不用而用〕 자성광명이 청정하다고 부릅니다.

"因明定量論云: 一切諸識由心引, 若內末那無動住, 如眼見色由根生, 如是云也(『인명정량론』에 말하였다. 일체의 팔식은 마음으로 말미암아 일어나니, 안으로 말나식의 움직임과 머무름이 없다면, 눈이 색을 보는 것은 안근으로 말미암아 생겨나는 것과 같다고, 이와 같이 말하였다)." 일체의 팔식(八識)은 모두 마음을 이용해서 일으키는데, 마음이 움직여야 비로소 팔식이 나타납니다. 여덟 개의 식(識)은 바로 마음의 작용으로, 그것을 여덟 부분으로 나누었습니다. 예를 들어 눈은 일체의 색진(色塵)을 봅니다. 여(呂) 부인(金滿慈)은 일기에서 이렇게 말했습니다. "나는 이 식신(識神)의 작용을 알고서 너무 두려웠다. 형상이 없어서 눈에 보이지 않지만 마음속으로 어떤 생각을 하기만 하면 식신이 기회를 틈타 나쁜 짓을 꾸민다. 눈에 보이지 않지만 자신이 만약 이 생각에 경각심을 가지지 않으면 식신에 끌려갈 것이다. 식신은 바로 업력이니, 그것이 힘을 형성해 버리면 그것을 멈추고 싶어도 이미 멈추게 할 수가 없다." 저는 이 글을 보고 대단히 탄복하고 또 대단히 기뻤습니다. 여 부인은 미국에서 자기 혼자 수행했는데, 오로지 『능가대의

(楞伽大義)』²⁷⁵ 『선비요법』에만 의지해서 날마다 모색하고 날마다 공부했습니다. 스스로 그렇게 체득하면서 그렇게 수행해 나갔습니다. 정말 대단한 일입니다. 참으로 열심히 수련하고 참으로 체득했습니다.

사람들은 마음을 일으키고 생각을 움직이면서도 스스로 알지 못합니다. 많은 사람이 망념과 번뇌의 습성 위에서 구르면서도 자신은 그런 습성이 없다고 생각합니다. 왜냐하면 스스로 식신(識神), 업력에 속아 넘어갔기 때문입니다. 여(呂) 부인이 말한 것과 꼭 같으니, 이 힘을 처음 발견했을 때는 태풍이 막 일어난 것 같지만 그때 만약 비우지 못하면, 일단 힘을 형성해 버리면 아무리 비워 버리고 싶어도 너무나 어렵습니다. 예를 들어 눈이 모든 색을 보는 것은 시신경이 일으키는 작용 때문인데, 그것에 의지하는 것이 익숙해지면 그것이 바로 식신이 하나의 업력을 형성한 것입니다. 그렇기 때문에 눈이 망가지면 여러분의 의식에서는 이렇게 생각합니다. 당시 눈이 멀쩡할 때 보았던 그것이야말로 정말 아름다웠어! 그리하여 영상이 곧바로 나타나는데, 그것은 의식 경계의 가상(假相)입니다. 그런데도 여러분은 정말로 보게 됩니다. 그것이 바로 업력입니다. 그래서 말합니다. 꿈은 어떻게 생겨납니까? 여러분의 마음이 움직였기 때문입니다. 여러분은 자신이 지금껏 한 번도 마음을 움직인 적이 없다고 말하지만(왜냐하면 마음이 움직인 것을 자신이 모르기 때문입니다), 여러분이 만약 자신의 마음이 움직인 것을 안다면 그것만으로 이미 마음을 밝혔습니다(明心). 그러므로 바로 여기에 어려움이 있습니다.

"然由誰之力而顯現者(그런데 누구의 힘으로 말미암아 나타나는가)." 이런 힘은 누구로 말미암아 나타날까요? 좋은 방면부터 이야기하는데 다음에 설명이 있습니다.

---

275 『능가경 강의』(부키, 2014)의 원서인 『능가대의금석(楞伽大義今釋)』을 가리킨다. (편집자 주)

상사의 가지로 자연지를 얻으니, 글과 말과 생각을 떠났을 때 볼 수 있으며, 이와 같은 때에 본 것은 과거 현재 미래, 구별과 비구별 및 전후가 없어서 바라밀이라고 부른다. 또한 중관이 괴로움을 그치게 할 수 있는데, 이희론 및 대수인이라고도 부르고, 진실법성·대원만이라고도 부르고, 본진·본주·실성이라고도 부르고, 광명심성자연지라고도 부르니, 많은 이름을 방편으로 세워도 뜻은 한 몸이며, 사의하기 어려운 법이요 보리심이라, 이는 더러움과 깨끗함이 둘이요 공이 됨이다.

上師加持自然智, 離文言思時可見, 如是之時所見者, 無三時·別·與非別, 及前後·名波羅密. 亦是中觀能息苦, 離戱論·及大手印, 眞實法性·大圓滿, 本盡·本住·之實性, 光明心性自然智, 安立多名義一體, 法爾離思菩提心, 是爲染淨不二空.

밀종과 선종은 반드시 먼저 상사(上師)를 의지해서 수지해야 합니다. 상사의 가지(加持)의 힘이 여러분으로 하여금 자연지(自然智)를 얻게 합니다. 물론 우리의 근본 상사는 부처님이고 또 일체 성현입니다. 『금강경』에 말하기를 "일체 성현은 모두 무위를 법으로 삼았지만 차별이 있다〔一切聖賢, 皆以無爲法而有差別〕"고 했습니다. '일체 성현'이라는 이 말은 정말 잘한 번역입니다. 종교나 종파를 불문하고 성취를 거둔 모두가 스승입니다. 상사를 의지함으로 말미암아 상사의 가지를 얻어서 여러분으로 하여금 도를 깨닫게 하는 그것이 자연지입니다. 그것은 사람마다 본래 지니고 있는 지혜가 폭발한 것이기 때문에 자연지라고 부릅니다. 자연지는 언어와 문자를 떠나며 불가사의하므로, 글〔文〕말〔言〕생각〔思〕으로 볼 수 없음에 이르렀을 때 바로 도를 보게〔見道〕됩니다. 도를 보았을 때에는 과거 현재 미래라고 말할 것이 없습니다. 오늘 여러분이 도를 깨달으면 여러분은 석가모니부처님과 똑같으니 먼저와 나중을 말할 것이 없습니다. 차별도 없어서 공력이 석가모니부처님과 똑같습니다. 차별이 없다고 했으니, 차별이 있고 구별과 구별 없음에 대해서는 말하지 않겠습니다. 본체의 기능은 오로지 하나밖에 없어서, 전(前)도 없고 후(後)도 없이 본래부터 그러하므로 법이자성(法爾自性)이라고 부릅니다. 이렇게 도를 깨달은 지혜를 "바라밀이라고 부른다〔名波羅密〕" 즉 피안(彼岸)에 이르렀다고 합니다.

"또한 중관이 괴로움을 그치게 할 수 있는데, 이희론 및 대수인이라고도 부르고, 진실법성·대원만이라고도 부르고, 본진·본주·실성이라고도 부르고, 광명심성자연지라고도 부르니, 많은 이름을 방편으로 세워도 뜻은 한 몸이며, 사의하기 어려운 법이요 보리심이라, 이는 더러움과 깨끗함이 불이요 공이 됨이다〔亦是中觀能息苦, 離戲論·及大手印, 眞實法性·大圓滿, 本盡·本住·之實性, 光明心性自然智, 安立多名義一體, 法爾離思菩提心, 是爲染淨不二空〕." 중관정념(中觀正念)이라고도 부르지만 얻을 수 있는 중(中) 자는 하나도 없습니다. 이희론(離戲論) 및 대수인(大手印)이라고도 부르고, 진실법성(眞實法性)이라고도 부르고, 대원만(大圓滿)이라고도 부르고, 본진(本盡) 본주(本住)라고도 부르고, 실성(實性)이라고도 부르고, 광명심성(光明心性) 자연지(自然智)라고도 부릅니다. 본래(本來) 신(神) 상제(上帝) 도(道) 원시천존(元始天尊) 불(佛) 여래(如來)라고 불러도 됩니다. 『화엄경』에서 말하는 부처님은 단지 열 개의 명호(名號)에 그치지 않습니다. 어떤 곳에서는 주재(主宰) 상제(上帝) 등등으로 부릅니다. 실제로 이러한 하나의 것이기 때문에 선종에서는 '이것'이라고 부르거나 혹은 마른개똥이라고 부릅니다. 어쨌든 많은 이름을 방편으로 세우더라도〔安立〕 여러분은 이름의 형상〔名相〕에, 범위를 제한하는 그 관념에 갇혀서는 안 됩니다. 그렇게 되면 지혜는 영원히 열리지 않습니다. 왜냐하면 이것은 자연스러운 경계로서 사의(思議)하기 어려운 법이(法爾), 바로 보리심이기 때문입니다. 도를 깨닫는 경계에 도달하면 출세와 입세를 말할 필요가 없으며 더러움도 괜찮고 깨끗함도 괜찮습니다. 육도를 윤회하면서 속세로 뛰어들어 도도히 흘러갑니다. 아무리 굴러도 더럽힐 수 없으니 이래야 비로소 정토(淨土)라 부릅니다. 만약 참으로 정토가 있어서 깨끗하여 더럽혀지지 않는다면 불이법문(不二法門)이라 부르고, "이는 더러움과 깨끗함이 불이요 공이 되는〔是爲染淨不二空〕"것입니다. 즉 공이라고도 부르는데, 수행이 마지막에 이르러야 비로소 성취합니다.

"由至上上師加持, 獲見自心光明本體. 如篤哈集云: 上師所云誰心記, 如見其掌中寶藏(최상의 상사의 가지로 말미암아, 자기 마음의 광명 본체를 얻는다. 『독합집』에 말한 것과 같다. 상사가 말한 바를 누가 마음에 기록하는가, 수중에 감춘 보배를 보는 것 같다)." 상사가 여러분에게 말해 주는 일체의 비결 그것은 상사의 경험입니다. 우리는 그것을 마치 손으로 보배를 받드는 것처럼 중시해야 합니다.

"又見自性不可思議如空之時, 了悟無前後判分, 離遮遣成立, 由諸纏縛中而解脫者也(또 자성은 불가사의하고 공과 같음을 보았을 때, 시간의 앞뒤가 없음을 깨달아, 차견을 떠나게 되니, 모든 얽매임으로부터 해탈한다)." 명심견성하고 공(空)을 보았을 때 시간의 차이가 없음을 깨닫습니다. 이때에는 차단하는 것〔遮〕도 쫓아 버리는 것〔遣〕도 없습니다. 우리가 지금 수지하는 것에는 차단하는 것도 있고 쫓아 버리는 것도 있습니다. "너희들은 나한테 와서 시끄럽게 굴지 마라!" 하고 말하기라도 하는 것처럼, 외연(外緣)이 오지 못하게 하고 그것을 없애 버립니다. 그러고 나면 망념이 감히 움직이지 않으니, 그것을 차단시켜 버리고 그 자리에서 수련을 합니다. 수도에 성공한 사람은 차단하고 쫓아 버리는 것 따위를 아랑곳하지 않기 때문에 무차(無遮) 법회라고 부르는데, 가로막는 것 없이 사면팔방이 활짝 열려 있으며 이렇게 저렇게 없애 버리지도 않습니다. 일체의 번뇌와 얽매임 가운데서 자연스럽게 해탈해야지, 여러분이 법을 구해서 해탈해서는 안 됩니다.

"現觀莊嚴論云: 於此無遺除, 亦無少成立, 極觀眞實性, 見眞實解脫, 見彼心性本住之義故, 謂爲智慧到彼岸(『현관장엄론』에 말하였다. 여기에서는 버리는 것도 없고 성립하는 것도 없으니, 진실한 자성을 관하면 진실한 해탈을 보게 되고, 저 심성이 본래 머무르는 뜻을 보게 되기 때문에, 지혜가 피안에 이르렀다고 말한다)." 미륵보살이 말하기를, 이 경계에 도달하면 아무것도 버릴 필요가 없다고 했습니다. 지금 우리는 수도를 한다고 하면, 오로지 세간법을 버려야만 비로소 이 도를 수행할 수 있다고 생각합니다. 반대로 세상에 들어오려고 하면 반드시 불법을 버려야 세상사를 잘 해나갈 수 있다고 생각합니다. 그렇기 때문에 항상 한쪽으로 떨어지게 되고 버리는 것이 있습니다. 정말로 도를 깨달음에 이르면 버리는 것 따위는 아랑곳하지 않은 채 세상에 들어오고 세상을 벗어날 수 있습니다. 일체 자유롭습니다. 이때에는 어떤 과(果)를 증득할까요? 아무것도 증득하지 않습니다. 이때 현관장엄(現觀莊嚴)이 나타나는데, 자성은 본래 이와 같음이 진실로 움직이지 않아야 비로소 진정으로 해탈하게 됩니다. 그렇기 때문에 도를 깨닫고 명심견성하는 외에는 진정한 해탈이라고 할 수 없다고 말합니다. 도를 깨달을 때 비로소 자신의 심성이 본래 이와 같음을 보게 되기 때문입니다. 본래 하나의 물건도 없으니 어디에서 티끌이 일어나겠습니까(本來無一物, 何處惹塵埃).

홍콩에서 어떤 학생이 편지를 보냈는데, 선종은 육조의 게송 때문에 힘들다면서 이제 자기들이 그것을 이렇게 고쳤다고 했습니다. "보리는 본래 나무가 없고, 명경 또한 대가 없네, 본래 하나의 물건이 있으나, 어찌 일찍이 티끌이 일어난 적이 있는가(菩提本無樹, 明鏡亦無臺, 本來有一物, 何曾惹塵埃)." 그 뜻은, 이 물건은 지금껏 한 번도 티끌에 더럽혀진 적이 없다는 것이었습니다. 저는 그 편지를 보고 너무나 기쁜 나머지 밤중에 답장을 썼습니다. 그의 말이 전적으로 옳습니다. 정말로 가르칠 만한 젊은이입니다.

그의 직업은 하루 온종일 지옥에서 구르는 것인지라 바깥에서 십몇 년을 정신없이 보냈습니다.

확실히 선(禪)을 배운 사람은 모두 육조의 이 게송에서 그르치고 있습니다. 사실 사람들은 모두 닭털을 영전(令箭)으로 여겨서 선(禪)을 말할 때면 이 게송을 들먹이는데, 육조가 나중에 깨닫고 나서 말했던 "자성이 본래 스스로 청정함을 어찌 알았으랴……〔何期自性本自清淨……〕"라는 대목은 잊어버렸습니다. 두 번째로 그 학생은 이렇게 말했습니다. 일반인들은 신수(神秀)가 육조에 미치지 못해서 날마다 부지런히 먼지를 닦아 냈으며〔時時勤拂拭〕살얼음을 밟듯〔如履薄氷〕했다고 생각하지만, 사실은 사형과 사제 간인 육조와 신수 이 두 사람은 똑같다고 했습니다.


## 어떠해야 무념이라고 부르는가


"中觀·能寂·大手印·大圓滿等, 無論所安何名, 然義乃一體, 即自性菩提心遍行如空者也(중관·능적·대수인·대원만 등, 어떤 이름을 지어 주든지 그 뜻은 한 몸이니, 자성 보리심이 두루 행함이 공과 같다는 것이다)." 보리를 증득하니, 보리는 본래 공(空)입니다.

"如是語, 遍行云: 遍行我性唯一者, 諸眷所欲而安名, 或有名爲菩提心, 或有名爲天空界, 或有名爲自然智, 或有名爲是法身, 或有名爲圓受用, 或有名爲變化身, 或有名爲一切智, 或有名爲一切法, 或名四智或三智, 或有名爲五智者, 或名法界或名慧, 皆名菩提自然智(이와 같은 말이니, 『변행』에 말하였다. 두루 행하는 나의 자성은 유일한 것이나, 모든 은혜를 얻고자 하여 이름을 지었으니, 혹은 보리심이라 이름하고, 혹은 천공계라 이름하고, 혹은 자연지라 이름하고, 혹은 법신이라 이름하고, 혹은 원수용이라 이름하고, 혹은 변화신이라 이름하고, 혹은 일체지라 이름하고, 혹은 일체법이라 이름하고, 혹은 사지 혹 삼지라 이름하고, 혹은 오지라 이름하고, 혹은 법계 혹은 혜라 이름하는데, 모두 보리 자연지라 이름한다)." 『변행(遍行)』에서 말하기를, 자성은 어느 한 곳이라도 충만하지 않은 곳이 없고 존재하지 않는 곳이 없으므로, 위에 나열한 이 명사들에 속아서는 안 됩니다. 부처님도 그것이고 반야도 그것입니다. 본래 하나의 물건이 있을 뿐입니다.

"於我自然所見云. 又於證悟大離念攝其義者(내가 자연스럽게 본 바를 말한다. 또 증오하고 생각을 크게 떠나서 그 뜻을 붙잡는 것이다)." 더 상세히 말하자면 어떠해야 명심견성이라고 부릅니까? 진정으로 생각을 떠나는〔離念〕 것입니다.

---

방분에 집착하지 않아 종과 망을 떠나고, 생각을 끊어 둘이 없고 크게 원만한데, 부처님의 뜻은 가장자리와 광대함과 공과 중을 떠나니, 모든 유가자는 마땅히 알아야 한다.

不執方分離宗網, 絶念無二大等圓, 佛意離邊廣空中, 諸瑜伽者當應知.

---

어떠해야 무념이라고 부릅니까? 여러분은 사상(思想)이 없는 것을 무념이라 부른다고 여기는데, 그것은 외도를 배운 것입니다. 일체 집착하지 않는 것이 바로 무념입니다. 사물이 다가오면 응하고 지나가면 만류하지 않습니다. 그런 까닭에 『금강경』에서는 과거심(過去心)도 얻을 수 없고 현재심(現在心)도 얻을 수 없고 미래심(未來心)도 얻을 수 없다고 했습니다. 어차피 삼심(三心)을 얻을 수 없는데, 마음을 일으키고 생각을 움직이는 것을 두려워할 게 뭐 있습니까? 하지만 여러분이 도를 깨닫지 못했다면 아무렇게나 해서는 안 됩니다. 이 경계에 집착하지 않아서 "방분(方分)" 즉 방위의 구분도 아랑곳하지 않고 사방(四方)도 아랑곳하지 않는다면, 혹은

증자증분(證自證分)[276]에 도달했다면 이때에는 경문의 교리가 필요 없어지고 일체의 종(宗) 일체의 망(網)을 떠납니다. 무엇을 낙·명·무념이라고 부릅니까? 내가 본래 낙·명·무념인데 군이 별도로 낙·명·무념을 구할 필요가 있습니까? 영가대사가 말했던 "배움을 끊고 할 일이 없는 한가한 도인〔絶學無爲閒道人〕"은 생각을 끊어 둘이 없으니〔絶念無二〕, 생각함〔念〕과 생각하지 않음〔不念〕을 아랑곳하지 않고 공(空)과 유(有) 모두에 머무르지 않습니다. 불이(不二)요 대원만, 이것이 시방 제불의 참뜻입니다. "가장자리를 떠나고〔離邊〕" 광대함도 떠나니, 공이나 공이 아니고〔空不空〕 중이나 중이 아닙니다〔中不中〕.

　"見實性之體者, 以宗乘之思惟, 不能證悟, 離語言文字之境故, 絶信解修持之槪義(실성의 본체를 보는 것은, 종승[277]의 사유로는 깨닫지 못하니, 언어 문자의 경계를 떠나기 때문에, 믿고 이해하고 수지하는 개의를 끊어 버린다)." 여러분이 명심견성하고자 하는데, 만약 불학을 배우고서 불학을 꽉 붙잡는다면, 밀종을 배운 사람이 밀종의 사상을 꽉 붙잡고 선종을 배운 사람이 선종의 사상을 꽉 붙잡는다면, 장담하건대 여러분은 한평생 도를 깨닫지 못할 겁니다. 일체의 명상(名相)과 문자를 떠나야 비로소 자성을 성취할 수 있습니다. 이때에는 신해행증(信解行證)[278]및 교리를 모조리 버립니다. 아주 깨끗이 버려야 합니다. 부처님도 버리고 여러분 자신도 버리면 도를 깨

---

**276** 법상종에서 인식의 성립 과정을 사분(四分) 즉 네 부분으로 나눈다. 첫 번째 상분(相分)은 인식 대상을 말하며, 두 번째 견분(見分)은 대상을 인식하는 주관, 세 번째 자증분(自證分)은 인식 주관과 인식 대상에 의한 자신의 인식 작용을 확인하는 부분을 말하며, 네 번째 증자증분(證自證分)은 자신의 인식 작용을 다시 확인하는 부분을 말한다.

**277** 각 종파에서 자기 종파의 교의(敎義)를 이르는 말이다.

**278** 불교 수행 과정을 말하는데, 불교는 부처의 가르침을 믿고〔信〕 이해하고〔解〕 실천하고〔行〕 증득하는〔證〕 것이라고 하였다.

닫게 됩니다. 아주 간단합니다.

"離念無二如空不可思議故也(생각을 떠남에 둘이 없음은 공과 같아서 불가사의하기 때문이다)." 일체의 생각을 떠나는데, 악념(惡念)을 떠나야 하고 선념(善念)도 떠나야 하고 불법(佛法)도 떠나야 합니다. 이러한 불이법문(不二法門)은 "공과 같아서 불가사의합니다."

"然如何而知? 如遍行云: 若欲悟其義, 譬如空而觀, 法爾義無生, 悟心性無滅, 於如空法爾, 如空喩表示(그러면 어떻게 아는가?『변행』에서 말한 것과 같다. 만약 그 뜻을 깨닫고자 한다면, 비유하자면 공을 관하는 것 같으니, 법이의 뜻은 생겨남이 없고, 심성을 깨달으면 없어짐이 없어서, 공이요 법이와 같기에, 공을 가지고 비유하여 나타낸다)." 어떠해야 생겨나지도 않고 없어지지도 않는다[不生不滅]고 할까요? 본래 생겨나지만 생겨나지 않습니다[生而不生]. 일체 만유는 그렇게나 많이 생겨나지만, 생겨나면 또다시 없어지기 때문에 생이불생(生而不生)입니다. 만약 없어지는[滅] 측면에서 본다면, 모든 것이 사망하고 없어져 버립니다. 하지만 또다시 생겨나기 때문에 없어지지만 없어지지 않습니다[滅而不滅]. 이것을 생겨나지도 않고 없어지지도 않는다[不生不滅]고 하는데, 생멸이 없고 일체가 본래 공(空)이니 법이가 이와 같습니다[法爾如此]. 그렇기 때문에 공으로 비유하여 나타낸 것입니다.

"如是等義, 若攝其要義而行持者, 自心無作無雜之境中, 去疑慮精懃, 自明直通赤露而定(이 같은 의는, 만약 그 요지를 붙잡고 행지하면, 자신의 마음이 조작함도 없고 섞임도 없는 경계 가운데서, 의심과 염려와 부지런히 힘씀을 떠나, 스스로 분명하며 곧바로 통하고 적나라하여 정에 든다)." 다시 행지(行持)의 요지를 가지고 말한다면, 도를 깨닫는 묘법(妙法)에 주의해야 합니다. 편한 대로 여러분은 앉아 있어도 좋고 누워 있어도 되는데 아무것도 상관하지 않습니다. 조작(造作)하지도 않고 기(氣)를 수련하지도 않고 공(空)을 관하지도 않고 아무것도 아닌 채로, 섞임이 없는[無雜] 경계 가운데서 내가 바로 부처입니다. 의심하지도 않고 근심하지도 않으며 열심히 한다고도 할 수 없고 열심히 하지 않는다고도 할 수 없는데, 즉각적이면서 시원시원하고 분명하여 한 줄기 큰 길이 보리까지 곧장 이어져서 직통(直通)이라 이름합니다. 본래 적나라하여 오고감에 거리끼는 것 없이 바로 그것입니다.

"遍行云: 吉‧摩訶薩欲成就自心, 無所欲者乃爲成就故, 不作住於無念平等性, 無有所捨境中自性住, 無有動搖境中自然住(『변행』에 말하였다. 길하다, 큰 보살이 자신의 마음을 성취하고자 하는데, 욕심내는 바가 없는 자가 성취하기 때문에, 조작하지 않고 무념과 평등한 본성에 머무르며, 버리는 바가 없는 경계 가운데 자성이 머무르고, 동요함이 없는 경계 가운데 자연스럽게 머무른다)." 모든 보살이 여러분을 축하해 주니 크게 길하고 크게 이롭습니다. 여러분은 명심견성하고 싶고 성취하고 싶습니까? 마음속에 욕심내는 것이 하나도 없이 편안하게 머무르면 이미 성취한 것이 아닙니까! 두 다리를 가부좌하고서 당신은 무엇을 하고 있습니까? 저는 타좌를 하고 있습니다. 당신의 두 뺨을 때리는 까닭은 당신이 구하는 바가 있고 욕심내는 바가 있기 때문입니다. 당신은 뭘 하려고 타좌를 합니까? 부처님을 배우려고요. 또다시 두 뺨을 때리는 까닭은 당신이 욕심내는 바가 있기 때문입니다. 일체 욕심내는 바 없이 편안하게 머무르니, 욕심내는 것도 없고 구하는 것도 없습니다. 구하는 것이 있으면 그 모두가 괴로움입니다. 내가 조작하지 않으면 자연스럽게 무념합니다. 생각은 여러분이 조작해 낸 것이니, 여러분이 만들지 않으면 자연스럽게 무념합니다. 나는 비워 버리지도 않았고 내려놓지도 않았는데 내려놓은 마음이 있고 버린 것이 있다면, 그것은 낭패입니다. 조작한 것입니다. 버리는 것이 없는 가운데 자연스럽게 머무르며, 그런 모습으로 두 눈을 크게 뜹니다. 이때 다가와서 여러분의 자세를 고쳐주는데, 구부린 채로 있어도 괜찮습니다. 동요함이 없는 경계에서 자세를 바르게 후에, 동요하지 않고 자연스럽게 머무르면 곧바로 도달합니다. 왜 도달하지 못할까요? 여러분 스스로가 막기 때문입니다. 바로 이렇게 간단합니다.

"心者, 乃爲如所有之體(마음이라는 것은, 있는 그대로의 본체이다)." 있는 그대로의 실상[如所有性]이기 때문에 어떤 사람이 선사에게 "도(道)가 어디에 있습니까?" 하고 묻자 "도는 당신의 입에 있습니다"라고 대답했습니다. 어디에 있습니까? 당신의 입이 도에 대해 물어서 도가 있게 되었습니다. 그러니 입에 있는 것이 아닙니까? 있는 그대로의 실상, 마음을 일으키고 생각을 움직이는 것이 모두 성(性)입니다. 백장(百仗)은 마조(馬祖)를 그토록 오랜 세월 따라다녔지만 도를 깨닫지 못했는데, 들오리가 날아오는 것을 보고 마조가 백장에게 물었습니다. 저것이 무엇이냐? 백장의 주의력을 그쪽으로 유인하자 그가 말했습니다. 저것은 들오리입니다. 마조는 백장이 말을 마치자 그의 코를 잡아 힘껏 비틀었습니다. 참을 수 없이 아파서 비명을 지르자 마조가 말했습니다. 너는 게다가 들오리가 날아갔다고 말했다! 아파서 죽을 지경이면서 들오리가 날아갔다고 말할 시간이 있느냐? 백장은 단번에 깨달았습니다. 그때 들오리를 쳐다보자 마음이 들오리에게 있었고 마음속에 들오리가 있었습니다. 지금은 아프지만 아픔은 지나가 버립니다. 어째서 더 이상 아프다고 하지 않습니까? 아픔이 지나갔기 때문입니다. 비명소리도 사라졌습니다. "마음이라는 것은, 있는 그대로의 본체입니다."

"一切諸法皆其性中成(일체 제법은 모두 그 본성 가운데서 성취한다)." 작용을 일으킬 수 있는 그것이 움직이지 않습니다. "如所有中而不作修治(있는 그대로의 가운데에서 작의적인 닦음을 하지 않는다)." 여러분이 타좌를 하면서 편안하게 머무르는데 제가 뭘 하느냐고 묻습니다. 도를 닦습니다[修道]! 그러면 더 이상 여러분을 때리지 않습니다. 정말로 깨달았음을 알았기 때문입니다. 도를 닦는다고 했으면 도를 닦는 것이지요, 있는 그대로의 실상

〔如所有性〕입니다. 여러분은, "저는 정(定)에 들지 못합니다"라고 말하는데, 이런! 하겠다고 하면 하는 것이지요. 자신이 스스로에게 아무런 방법도 없으면서 무슨 도를 닦는다는 겁니까? 자신에게 항복하지도 못합니다. 그러지 않고 자신의 두 뺨을 때리고서, 이봐! 너 지금 뭘 생각하는 거야? 한다면 그는 곧바로 고분고분해지고 더 이상 생각하지 않습니다.

## 외부의 힘에 기대지 않다

"唯此體性, 無有他成者(오로지 이 변하지 않는 본성만이, 다른 힘에 기대지 않고 성취한다)." 세상의 어떤 일이 됐건 성공하고자 한다면 남의 힘에 의지하고 인연이 모아져야 비로소 성공할 수 있습니다. 오로지 도를 깨닫는 일만이 외부의 힘에 기대지 않습니다. 오로지 홀로 존귀하여〔獨尊〕 스스로 성취합니다.

"雖佛若求法界中無得, 本自己作, 今者不須作, 本自己成, 今則不須成, 無念何所無意平等住(비록 부처님이 법계를 구하더라도 얻은 것이 없는데, 본래 자신이 짓는 것이나 지금은 지을 필요가 없고, 본래 자신이 성취하는 것이나 지금은 성취할 필요가 없으니, 무념하여 어느 곳이든 무의요 평등하게 머무른다)." 오랫동안 수행했지만 얻은 것이 하나도 없다고 여러분은 말하는데, 정말로 얻은 것이 하나도 없다면 제가 여러분을 공경할 것입니다. 하지만 진실이 아닐 겁니다. 석가모니부처님께 말씀해 보라고 하십시오. 무슨 도를 얻었습니까? 얻은 것이 하나도 없습니다. 본래 일체가 다 자신이 그 자리에서 일을 만드는 것인데, 지금은 더 이상 일을 만들지 않습니다. 본래 자신이 성취하거나 실패하는 것인데, 지금은 나도 성취할 필요가 없습니다. 여러분은 무엇을 성취합니까? 범부를 성취합니까? 나는 본래 범부가 아니며 일체가 자연스러우니, 바로 무의(無意)요 평등하게 머무릅니다〔平等住〕.

"吉·摩訶薩諦聽, 過去諸如來, 心外無他法, 如是未嘗作(길하도다, 큰 보살이 새겨듣노니, 과거 모든 여래는 마음 바깥에 다른 법이 없어서, 이와 같이 일찍이 짓지 않았다)." 과거불은 마음 바깥에 다른 법이 없어서 지금도 지으면서 짓지 않고 움직이면서 움직이지 않습니다. 여러분은 일찍이 어떤 생각이라도 움직여 본 적이 있습니까! 두 시간이나 제 말을 들었어도 듣지 않은 것과 똑같으니, 본래 공(空)이지 않습니까!

"三昧未念修, 自心無念成, 現在及未來, 無念平等成, 如是云也(삼매는 생각을 수지하지 않음이니, 자신의 마음이 무념을 성취하고, 현재와 미래에도 무념을 평등하게 성취한다고, 이와 같이 말하였다)." 무엇을 삼매(三昧)라고 부릅니까? 본래 한 생각도 없어서 생각해도 생각이 없는 이것이 바로 삼매입니다. 자신의 마음은 본래 무념하지 않습니까. 여러분은 이미 성공한 것입니다. 현재, 과거, 미래의 마음은 얻을 수 없고 본래 무념하지 않습니까. 무엇 하러 여러분에게 그것을 수지하라고 하겠습니까! 이것이 직지(直指)의 법문입니다. 만약 곧바로 가리키는데도〔直指〕, 가리키는 것이 안으로 들어가지 못한다면? 그것은 아마도 마음이 막혀서 장애가 있는 것일 터이니, 저로서도 방법이 없습니다.

"第四義示果者(네 번째 뜻은 과를 보여 주는 것이다)." 도를 깨닫는 것이 인상(因上) 성불임을 참으로 이해했다면, 어떻게 하는 것이 과상(果上)[279] 성불입니까?

---

**279** 수행한 공덕으로 깨달음을 얻은 지위를 말하며 과위(果位)라고도 한다.

만약 마침내 과 차제에 도달해서 낙·명·무념을 이제 쌍운하면, 안통 및 신통에 다 무량한 공덕을 갖추고, 결국에는 마니주와 삼신을 성취하여, 법이 자신과 남에게 미쳐 자신과 남을 이롭게 하고 원만하다.

如竟到達果次第, 樂明無念今雙運, 眼及神通無量德, 究竟摩尼三身成, 法及自他二利圓.

깨달은 이후에 수지는 어떻게 해야 과(果)에 도달할까요? 언제 어디서나 낙·명·무념 가운데 있는 것 말입니다. 아까 낙·명·무념을 비판하기를, 한 푼의 가치도 없다고 했는데 이제 또다시 가지고 왔습니다. 도를 깨닫고 법신을 보게 될 때에는 그것을 거론할 필요가 없고 본체를 보게 될 때에도 그러하지만, 작용을 일으킬 때에는 그것이 아니면 공덕이 없습니다. 낙·명·무념을 쌍운해서 지비 쌍운도(智悲雙運道)를 성취하면 눈을 비롯한 오신통이 모두 생겨나고 무량 공덕을 모두 구비하게 되는데, 결국에는 마니주, 여의보주를 다 통달하고 삼신을 성취하여 자신을 이롭게 하고 남을 이롭게 하며 공덕이 원만합니다. 이것이 과위(果位) 상의 부처님이고 성적을 거둠이니 증과(證果)[280]입니다.

여러분이 막 공부를 시작하고 도리를 이해하게 되면 그것은 인상(因上)입니다. 하지만 아직 과위(果位)는 얻지 못했습니다. 이때에 과위를 얻게 되면 과(果)는 인(因)을 떠나지 않으며, 인은 반드시 과를 증득해야 합니다. 그런 까닭에 앞의 단락을 들으면 여러분은 아주 기뻐하면서 그런 것이라면 자신도 깨달았다고 생각합니다. 하지만 그것은 '잘못[誤]'입니다. 그러므로 주의해야 합니다. 만약 약간의 인연을 정말로 깨달았다면 그만큼

---

280 수행으로 이룬 깨달음의 결과를 말하며, 최종 증과는 성불이다.

의 과위가 생겼습니다. 약간의 인(因)이 있으면 그만큼의 과(果)가 있습니다. 마치 동이 트는 것과 같고 한 장의 종이와 같아서, 여러분이 약간 희게 칠하면 어두움이 그만큼 줄어듭니다. 여러분이 전체를 희게 칠했다면 그것은 완전히 깨달은 것입니다. 왜냐하면 이 종이는 본래 희기 때문입니다. 그것이 검게 칠해졌음을 이제 알았다면, 영원히 검은 통 속에 있음을 비로소 압니다. 이것은 이치(理)상의 일입니다. 그런데 되돌아가서 말하자면, 앞의 인(因)이 아니면 나중의 과(果)를 증득할 수 없습니다. 만약 앞에서 말한, 생각하나 생각이 없음(念而無念) 같은 이런 인(因)들을 알지 못한다면, 설사 낙·명·무념을 지녔더라도, 설사 비지(悲智) 쌍운을 하더라도, 설사 신통을 지녔더라도, 설사 공덕을 지녔더라도, 그 모두 외도이고 마경입니다. 왜냐하면 법신 그 본체를 알지 못하면, 명심견성하지 못하면, 그것이 바로 외도이고 바로 마도이기 때문입니다. 신통을 지닌 것이 바로 마도이며, 신통이 클수록 마경도 큽니다. 그렇기 때문에 계율상으로 여러분이 신통을 수지하는 것을 허락하지 않는 겁니다. 도를 깨닫기 전에 신통을 수지하면, 신통을 일으키는 그만큼 본성의 광명을 방해합니다. 신통은 단지 용(用)에 지나지 않습니다. 성취했다면 상관이 없습니다. 도리어 신통을 지녀야 하지요. 바로 이런 도리입니다.

　"於道以次妙修, 今時成就樂明無念三昧, 卽得眼及神通等, 究竟成就圓滿正覺, 三身四智等, 盡輪廻中而作利他(도를 순서대로 수지하여, 이제 낙·명·무념 삼매를 성취하면, 안통 및 신통 등을 얻고 마침내 원만 정각, 삼신 사지 등을 성취하는데, 윤회 가운데서 남을 이롭게 하는 일을 짓는다)." 과위를 얻고 성불한 이후에 여러분은 어디에 있습니까? 여전히 육도 가운데 있습니다. 이것은 의도적으로 육도 가운데서 구르는 것인데, 윤회 가운데 들어가서 남을 이롭게 하는 일을 짓습니다. 그러니 여러분이 일찍이 전생에 득도하지 않은 적이 있었겠습니까만 지금 다시 미혹되어 일부러 현세에 왔으며, 온 지 오래 되어서 되돌아갈 길을 잊어 버렸습니다.

　"又法身如虛空境, 色身如日月顯現而作利他(또 법신은 허공의 경계와 같아서, 색신이 해와 달처럼 나타나서 남을 이롭게 한다)." 색신의 육체를 수지해서 성공하면 기맥이 밝아집니다. 일체 광명을 사람들이 보기만 하면 자연스럽게 기뻐하지만 숙연하게 공경심이 일어납니다. 만약 여러분이 말로는 자신이 도를 깨달았다고 하면서 얼굴이 온통 시커멓고 사흘이 멀다 하고 병이 난다면, 그것도 다른 사람보다 훨씬 심하게 아프다면 다른 사람들이 여러분을 믿어 주겠습니까? 물론 여러분은 도를 지니고 있고 잘못이 없으며 여러분의 법신은 움직이지 않지만, 그것이 행함을 일으키지는 않기 때문에 색신이 해와 달처럼 나타나고 또 남을 이롭게 하는 행위가 있어야 합니다.

　"莊嚴藏云: 諸佛三身義, 是能所相依. 無上本續云: 由法身不動, 變化性諸種, 生現前世者, 遷轉具喜處, 投胎或降生, 工巧處成慧(『장엄장』에 말하였다. 모든 부처님의 삼신의 뜻은, 서로 의지하는 바이다. 『무상본속』에 말하였다. 법신은 움직이지 않음으로 말미암아, 변화의 본성을 지닌 모든 종류, 전생에 태어나고 나타났던 것이, 기쁨을 갖춘 곳으로 옮겨가서, 다시 태어나거나 강생하는데, 공교한 곳에서 지혜를 성취한다)." 모든 부처님은 다시 오려 합니다. 윤회 가운데서 다시 오려 하지만 그는 두려워하지 않습니다. 법신은 미혹되지 않고 움직이지도 않으며 일체의 변화가 자유롭습니다. 때로는 다시 태어날 때 금수(禽獸)로 변하기도 하는데, 금수를 제도하려면 개로 태어나는 수밖에 없기 때문입니다. 물론 자신이 태어나고 싶은 곳에 다시 태어나며, 일체 학문과 지혜가 통달하여 본성이 미혹되지 않습니다. 그래서 지혜가 큽니다.

　"后妃眷喜受, 出家作苦行, 往菩提道場, 伏魔圓菩提, 轉法輪涅槃, 遍不淨剎土, 盡輪廻示現, 如是所云(비빈과 가족의 사랑을 받았으나, 출가하여 고행을 하고, 보리의 도량으로 가서, 마귀를 굴복시키고 보리를 원만하게 하였으며, 교법의 수레바퀴를 돌리고 열반하였고, 부정한 국토를 두루 다니며, 윤회를 다하도록 나타내 보였다고, 이와 같이 말하였다)." 석가모니부처님은 태자로 태어나서 비빈과 모든 가족의 사랑을 받았지만 가정을 버리고 출가해서 일체의 고행을 닦고 다른 사람의 모범이 되었습니다. 우리는 오로지 아미타불을 외워서 정토에 가고 싶어 할 뿐, 석가모니를 배울 줄 모릅니다. 부처님은 굳이 부정(不淨)한 국토에 오려고 했습니다. 그것이 부처님의 대비심입니다. 그저 정토에만 있는 것이 무슨 능력이라고 하겠습니까?

"現觀莊嚴論云: 若人盡輪廻, 以諸種利衆, 等同所作身, 能仁化不斷, 如是盡此世, 業亦無有盡, 如是之謂也(『현관장엄론』에 말하였다. 만약 어떤 사람이 윤회를 다하도록, 모든 종류로써 중생을 이롭게 하고, 몸으로 지은 바가 동등하며, 능하고 어진 교화가 끊이지 않는다면, 이와 같이 이 세상을 다한다면, 업 또한 다함이 없다고, 이와 같이 말하였다)." 만약 어떤 사람이 "윤회를 다하도록〔盡輪廻〕" 모든 종류로써 중생을 이롭게 한다면 이는 바로 윤회는 멈추지 않으며 제불보살의 원력도 윤회와 마찬가지로 멈추지 않는 것입니다. 모든 종류로써 중생을 이롭게 한다면 이는 능인(能仁)[281]이며 부처님의 교화이며 대자대비(大慈大悲)한 원력입니다. 그러므로 부처님의 공덕은 무량무변하고 이 세상과 같습니다. 이 세상 일체 중생의 악업 짓기는 끝이 없고, 제불보살의 선업 수행 또한 끝이 없으니 서로 같습니다. 그래서 일체 중생은 여러분의 업력 습기가 크다고 두려워하지 않습니다. 업력 습기 망상이 클수록 도를 깨닫는 지혜도 크기 때문입니다. 어떤 망상일 것 같습니까? 책한 권도 읽지 않고 망상만 하는 사람은 탐심이 크고, 일체의 학문을 두루 공부한 사람은 그것이 모두 수도에 장애가 됩니다. 하지만 여러분이 참으

---

281 부처님은 세상의 진리에 능하고 만물에 어질다는 의미로 석가모니부처님을 달리 일컫는 말이다.

로 두루 공부했다면 도를 깨달은 후에는 업력이 큰 만큼 지혜도 큽니다. 칼을 내려놓으면 그 자리에서 바로 성불합니다〔放下屠刀, 立地成佛〕. 여러분은 어떤 칼을 내려놓았습니까? 과도만 내밀어도 놀라서 벌벌 떠는데 하물며 칼은 본 적도 없을 테지요! 칼이라는 말만 들어도 벌써 놀라고 당황하는데, 성불하는 것이 어려운 거야 그리 놀랄 일도 아닙니다.

제18강

오늘은 대원만 마지막 차례입니다. 대원만을 현교와 밀종의 비교 연구로 삼은 셈인데, 뒤에 아직도 많은 수행법이 남아 있지만 다음 기회를 보도록 하겠습니다.

　"今本論悉皆圓滿, 又示末尾義, 初善回向者(이제 본론은 모두 원만하지만, 또 마지막 뜻을 보이니, 초선 회향이다)." 많은 사람이 '회향(回向)' 두 글자를 도대체 무엇으로 해석하느냐고 묻습니다. 회향은 바로 상호 순회하는[回互] 작용이니, 이 우주의 법칙은 모두 둥글어서 어떻게 가든 그렇게 다시 옵니다. 바로 보답이고 회전입니다. 회향은 원만하게 두루 미친다는 뜻도 포함합니다. 그러나 현교나 밀종에서 부처님을 배우는 사람의 첫걸음은, 예불을 하건 주문을 외우건 어떤 착한 일을 하든지 대부분 회향을 합니다. 이론상으로 말하자면, 선종의 이른바 내려놓음[放下]은 자신이 가지지 않고 일체 중생 혹은 특정한 한 사람에게 보시해 주는 것입니다. 이것이 회향입니다. 간단히 말하면 회향은 바로 감응률입니다. 이 스위치를 누르기만 하면 여러분 심념의 힘이 특정한 한 사람에게 주의하여 바로 그 사람에게 회향합니다. 그러면 그 사람은 곧바로 감응을 얻는데 마치 전기에 감전

된 것 같으며 이것을 회향이라고 부릅니다. 여러분 심전(心電)의 감응이 일체 중생을 향함으로써 모든 중생이 성취하거나 고난에서 벗어나게 한다면 이것이 바로 회향의 도리입니다. 대원만 강의는 이제 끝났지만 회향문(回向文)이 있습니다.

---

위와 같은 이취의 고요한 참뜻과, 깊고 넓은 연설의 복리로, 중생들이 두 가지 무상 보리를 얻고, 가없는 마니덕을 획득한다.

如上理趣靜眞義, 深廣演說之福利, 衆生得二上菩提, 獲得無邊摩尼德.

---

이 법본은 번역이 그다지 좋지 않아서 문자의 가치는 문제가 됩니다. 대략적인 뜻은 이러합니다. "위의 이 도리들은 여러분으로 하여금 바른 정(定)의 경계를 참으로 얻게 하는데, 이러한 복보 공덕의 이익을 일체 중생에게 회향함으로서 중생들로 하여금 복덕과 지혜, 각종 원만한 무상(無上) 보리를 얻게 한다." 나를 위함이 아니라 일체 중생으로 하여금 가없는 마니덕(摩尼德)을 얻게 함이니, 지혜의 광명이 마치 여의주와 같아서 알지 못하는 바가 없습니다.

"以妙著述希有理趣之福德, 願一切衆生, 獲得圓滿正覺無邊智慧與福德所莊嚴位(흔하지 않은 이취의 복덕을 저술함으로써, 일체 중생이 원만한 정각의 가없는 지혜와 복덕의 장엄을 얻기를 바란다)." 일반적으로 부처님을 배우는 데 있어서 첫걸음은 일체법의 원력(願力)을 수지하되 자신을 위해 수지하는 것이 아니라 일체 중생들로 하여금 원만한 정각을 얻게 하고자 함이니, 바로 성불하여 무량무변의 지혜와 복덕 장엄을 얻게 하는 것입니다. 저자가 이 책 마지막 부분에서 말하는 것도, 설사 자신에게 공덕이 있다 할지라도 일체 중생에게 회향하여 각기 성취하기를 바라고 자신은 원하지 않는다는 것입니다.

"又說由何人於何者建立如何法之理趣者(또 어떤 사람이 어디에서 어떻게 법의 이취를 세웠는가를 말하였다)." 아래에서는 어떤 사람이 이 법을 전했으며 법본은 또 어디로부터 왔는지를 설명했습니다.

## 법을 전한 사람과 일

이것은 불자 무구광이, 자신이 수행한 정수를 모아서, 후래의 모든 중생을 위해 분명하게 설명한 것으로, 티베트 설산[282] 옆에서 지었다.

此乃佛子無垢光, 集自行要攝精英, 爲諸後來明白演, 妙造頹格雪山旁.

불자 무구광존자(無垢光尊者)가 전법자(傳法者)이며, 이 법본은 그가 평생 수지했던 경험을 모았습니다. 그 외에도 현교와 밀교의 정화(精華) 역시 모두 이 법본 가운데 구족되어 있으니, 후래의 모든 중생을 위해 수지 성불의 길을 분명하게 설명해 놓았습니다. 이 법본은 티베트에서 나왔는데, 어떤 사람은 이 법본이 당시 북인도에서 나왔다고 말하기도 합니다. 바로 티베트 남부의 높은 산 위입니다.

"其德烏金大上師蓮花王之法子, 多聞智慧無垢光明尊者, 得自性大圓滿法要(구덕하신 오금대상사 연화왕의 법자요, 많은 지혜를 들은 무구광명존자는, 자성 대원만의 법요를 얻었다)." 연화생대사의 큰 도제(徒弟)인 무구광존자는 이미 성취했으며, 스스로 자성 대원만의 법요를 증득했습니다.

"於要門精英, 攝集自行所證, 爲諸後來者, 妙造於山王頹格雪山者也(요문의 정수에서 스스로 행하고 증득한 바를 모아서, 모든 후래의 중생을 위해 티베트

---

282 설산(雪山)은 눈 덮인 산이라는 뜻이지만 인도 히말라야 산의 옛 이름이기도 하다.

설산에서 지었다)." 그는 자신의 수지 경험을 모아서 이 묘법본(妙法本)을 지었습니다. 당시는 중국의 선종이 막 흥성하기 시작하던 때였습니다. 연화생대사가 티베트에 왔을 때가 당 고종(高宗) 시대였는데, 그때는 중국의 선종이 오조에서 육조에 이르는 전성기였습니다. 저는 늘 세계 문화사와 종교사로부터 아주 묘한 현상을 발견합니다. 동서양의 문화를 보면 2세기에 동양에서는 노자, 공자, 석가모니가 나왔습니다. 그런데 서양 역시 이 시기가 하나의 문명기였습니다. 소크라테스 등이 나와서 철학과 종교 방면에서 중국과 똑같은 문명을 지니고 있었습니다. 이것은 인문 문화 전반의 현상입니다. 동양의 인도에서도 영웅이 출현했는데, 뛰어난 군주 아소카왕은 서양의 그 유명한 왕(알렉산더)과 거의 동시대입니다.

그러나 동서양을 비교해 보면 중국의 문화는 우산과 같아서 위쪽이 큽니다. 상고 이래의 제자백가가 후대에는 우산 자루로 변해 버려서 날이 갈수록 작아졌습니다. 반면에 서양은 우산을 거꾸로 세운 것 같아서 위쪽이 작지만 16세기 이후로는 공업이 발달하고 각 방면이 모두 커졌습니다. 이 우산 두 자루를 잘 붙이면 수레바퀴가 되는데, 이 시대의 역사는 바로 이렇게 수레바퀴로부터 추동됩니다. 저는 본래 이 방면에 관해 책을 한 권 쓰고 싶었지만 도무지 손댈 시간이 없고 정신도 없었습니다. 도와줄 조수가 없는 것도 하나의 원인입니다.

이제 범위를 축소시켜서 밀종을 이야기하고 동양을 이야기해 보겠습니다. 중국 선종은 이 시기에 흥기했지만 티베트의 불법은 막 밀종이 건립되는 초기였습니다. 비록 수행법이 있기는 했지만 이론은 아직 초보 단계였습니다. 아티샤(阿底峽) 존자가 티베트에 『보리도거론(菩提道炬論)』[283]을 전

---

283 아티샤 존자가 쓴 책은 『보리도등론(菩提道燈論)』이다. 저자가 언급한 책은 이것을 가리키는 것으로 보인다.

했는데, 훗날 총카파(宗喀巴)의 『보리도차제광론(菩提道次第廣論)』이 바로 이 『보리도거론』을 근거로 하여 쓴 것입니다. 우리는 역사 배경을 이해한 후에 대원만 수지의 방법을 연구할 수 있습니다. 이야기하고 보니 대단히 묘하게 느껴지는데, 이 시기 밀교의 수행법은 중국의 정통 도가와 비슷한 곳이 많습니다. 주의하십시오! 제가 말하는 것은 정통 도가입니다. 도가에는 팔백 방문(旁門)과 삼천 좌도(左道)가 있기 때문입니다. 그 모두가 이른바 도가입니다.

제가 티베트에서 밀종을 연구할 당시에도 아주 이상하다고 생각했습니다. 꽁카(貢噶) 사부와 아주 많은 법문을 교환하였는데 그 역시 너무 이상하다고 했습니다. 제가 말했습니다. "사부님, 이렇게 말하기는 좀 그렇지만 문성공주(文成公主)가 티베트 송첸캄포(松贊甘布)에게 시집올 때는 연화생대사가 아직 티베트에 들어오지 않았을 때였습니다. 당시 문성공주가 티베트에 데리고 온 사람들 중에는 몇 분의 도사(道士)도 있었습니다. 그런 까닭에 티베트가 아무리 불교 지역이라고는 하지만 라마들 역시 팔괘(八卦)의 복괘(卜卦) 방법을 사용합니다. 저는 밀종의 수지가 아마도 이 도사들과 연관이 있지 않나 의심이 갑니다."

티베트에도 관우의 사당이 있으니 이상하지 않습니까? 문성공주가 당나라 초기에 시집갈 때 데리고 갔던 승려와 도사, 유생들은 종교를 널리 전할 뜻을 지니고 있었습니다. 송첸캄포의 두 번째 왕비는 네팔 사람이었는데 당의 공주와 네팔 왕비 모두 불교를 믿었습니다. 문성공주가 가져간 석가모니 불상은 티베트 문화의 국보가 되었습니다. 훗날 송첸캄포는 두 부인에게 감화를 받아 대사(大使)를 중국 땅으로 보내서 중국의 문자를 전해 주기를 요구했습니다. 당 태종은 승낙했지만 재상 방현령(房玄齡)이 동의하지 않았습니다. 그가 말하기를, 이 야만족은 본래 중국 변방의 근심거리였으나 이제 조금 안정되었는데 만약 그들이 문자를 알고 문화를 갖게 되면 장차 큰 근심거리가 될 것이라고 했습니다. 방현령은 역사상 이름난 신하로서 학문, 도덕, 정치 모든 것이 훌륭했습니다. 그런데 보십시오! 우리는 불법을 배우는 데 견지(見地)가 첫 번째라고 말합니다. 재상의 이 말은 정말로 개소리 같은 견지입니다. 만약 당시에 문자 통일의 중요성을 알았다면, 훗날 천여 년이라는 세월 동안 티베트는 문제가 되지 않았을 겁니다. 그의 이 결정 때문이었습니다. 당 태종도 그 말을 듣고 "맞소이다" 하고는 송첸캄포에게 많은 물건을 보내면서 문자는 주지 않았습니다. 송첸캄포는 어쩔 수 없이 네팔 왕비와 의논해서 사신을 인도로 보냈고, 범문을 근거로 티베트 문자를 만들었습니다. 아티샤 존자를 맞아들여 티베트로 와서 불법을 가르치게 했고, 나중에는 또다시 연화생대사를 맞아들여 티베트로 와서 교화하게 했습니다.

이러한 역사 속에서 각종 연구를 통해 보면, 수행법 부분이 중국 소승의 선정(禪定)을 좇아갑니다. 선종의 점수(漸修) 방법의 선정 및 정통 도가의 이른바 상품단법(上品丹法)과 아주 흡사합니다. 그러므로 우리는 결론을 얻을 수 있습니다. 인류 문화는 최고의 정화가 서로 같습니다. 다른 것은 아래쪽 사람들이 편차를 만들어 낸 것입니다. 이 수행법은 우리가 앞에서 다 이야기했으므로 우선 이런 관념을 소개합니다.

"又以別義教誡精懃者(또 다른 뜻으로써 부지런히 수행할 것을 훈계한다)."
부지런히 수행하는 것에 대해 또다시 훈계를 합니다.

---

해탈을 구하려고 부지런히 수행하고자, 이와 같은 문자로 수지하면, 잠시이든 구경이든 자신과 남을 이롭게 하고 원만하며, 대락주의 희락을 빠르게 성취한다.
欲求解脫等精懃, 如此文字作行持, 暫時究竟二利圓, 速成喜樂大樂洲.

---

우리 일개 범부가 해탈을 얻으려고 부지런히 수도하고자 한다면 이 법

본에 의지해서 수지해야만 합니다. 잠시가 됐든 구경(究竟)이 됐든 자신을 이롭게 하고 남을 이롭게 하여 완전히 원만할 수 있으며 아주 빠르게 성취할 수 있습니다.

"後來成就解脫者, 當精勤修習於此文字之義(후래에 해탈을 성취하려는 사람은, 마땅히 이 문자의 뜻을 부지런히 수습해야 하니)", 이 법문을 힘써 수지해야 합니다. "晝夜行持, 速成自他二利, 圓滿正覺, 得殊勝菩提, 而喜樂者也(밤낮으로 수지해서 자신과 남을 이롭게 함을 빠르게 성취하고, 정각이 원만하여, 수승한 보리를 얻으니, 기쁨과 즐거움이다)." 이 구절에 특별히 유의해야 하는데, 진정으로 성불하고자 하는데도 왜 자신의 수행이 효과를 보지 못할까요? "밤낮으로 수행해서〔晝夜行持〕"라는 바로 이 구절입니다. 자신이 얼마나 실행해 냈는지를 보십시오. 재가 거사가 불법을 배웠는데도 성취가 없다면, 그것은 세상의 욕망을 첫 번째 자리에 두고 불법 수행은 두 번째 자리에 두었기 때문입니다. 진정으로 불법에 성취를 거두고 싶다면 수지를 첫 번째 자리에 두고 나머지 것들은 모두 두 번째 세 번째 자리여야 합니다. 출가한 동학들은 어차피 출가했으니 도를 성취하고자 한다면 반드시 밤낮으로 수행해야 합니다. 자신을 이롭게 하고 남을 이롭게 하는 수행을 빠르게 해내고 수승한 보리의 과(果)를 얻기를 발원하면, 자연스럽게 큰 희락의 성취를 얻을 것입니다.

"寶積經云: 精者住菩提, 不精住非是, 如是云也. 示到究竟義已示竟(『보적경』에 말하였다. 정진하는 사람은 보리에 머무르고, 정진하지 않는 사람은 시비에 머무른다고, 이같이 말하였다. 구경의 뜻까지 이미 보였다)." 무엇을 정진(精進)이라고 부릅니까? 매순간 보리를 수증해야 비로소 정진이라고 합니다. 무엇이 정진하지 않는 사람입니까? 정진하지 않는 사람은 매순간 망상 가운데 있습니다. 바꾸어 말하면 정진하지 않는 사람은 매순간 시비(是非) 가운데 있습니다.

"尾偈云: 如是妙說大雲德, 無盡衆生滿虛空, 圓滿二義利樂雨, 無邊現前成菩提. 由惡道中決定出, 淨車金剛眞實義, 入此深廣至上法, 願衆到達解脫城(끝머리 게송에서 말하였다. 큰 덕을 이와 같이 묘하게 말하였으니, 허공에 가득한 무한한 중생에게, 원만한 두 가지 뜻 이로움과 즐거움의 비가, 가없이 나타나서 보리를 성취하네. 악도 가운데서 결정하였으니, 깨끗한 수레 금강승의 진실한 뜻, 이 깊고 넓은 최상의 법으로 들어가서, 중생이 해탈의 성에 도달하기를 바라노라)."

'정거(淨車)'라는 이 글자는 좋은 번역이 아닙니다. 수레〔車〕는 바로 대승 소승의 승(乘)입니다. 우리는 정토의 대승 수레를 움직여야 합니다. 영원히 뒤엎을 수 없는 진실한 뜻인 금강승(金剛乘)[284]을 움직여서, 일체 중생이 모두 해탈을 얻기를 기원해야 합니다.

"本法理趣千光日, 敕解要門妙輪圓, 解除無盡意空暗(이 법의 이취는 빛나는 해 같아서, 요문을 가르쳐 풀이함이 오묘하고 원만하니, 공허하고 어두운 뜻을 없애 버림이 무궁하다)." 이(理)는 이치이며 취(趣)는 취향이고 쏠림입니다. 연화생대사의 가르침을 받아서 수지의 법요를 이해함이 원만하고 두루 미치니, 우리의 일체 무명이 해탈을 얻을 수 있게 합니다.

"乃同菩提蓮花開, 於昔多生作如是, 極淨智眼於此理, 此生經續要門義, 得力無盡解深義(이에 보리와 함께 연꽃이 피니, 옛날 여러 생에서 이와 같이 함은, 이 이치에서 지극히 깨끗한 지안을 얻고자 함이라, 이번 생에 경전의 요문과 뜻, 도움을 얻음이 무궁하여 깊은 뜻을 풀어낸다)." 여러 생겁(生劫)의 수지는 지극히 깨끗한 지안(智眼)을 얻기 위함인데, 부처님을 배우는 사람은 먼저 자신의 법안(法眼)을 잘 수지해야 합니다. 법안은 지혜의 눈이기 때문에 법안이라야 정법(正法) 비정법(非正法)을 분명하게 볼 수 있습니다.

---

284 밀교에서 대일여래(大日如來)의 가르침은 금강과 같이 견고하다고 하여 이와 같이 말한다.

"戒律無垢淸淨空, 由現智慧之尊日, 諸種廣大蓮盛開, 自解廣境現十方(계율은 더러움이 없는 청정이요 공이니, 지혜의 높은 해가 나타남으로 말미암아, 여러 종류의 광대한 연꽃이 성대하게 피어나서, 넓은 경계를 스스로 풀이하여 온 세상에 나타낸다)." 이것이 밀종의 방법입니다. 밀종에서는 삼승도(三乘道)를 나누어서 보살도를 상사도(上士道)라 부르고 연각은 중사도(中士道)라 부르고 소승은 하사도(下士道)라 부릅니다. "誰於往昔上士理(누가 옛날 상사리에서)", 상사리(上士理)는 바로 대승 보살도의 오묘한 이치입니다. "隨學眞實獻王後, 自然蓮師所加持(진실을 따라 배워서 왕에게 바친 후에, 자연스럽게 연화생대사의 가지로)", '왕에게 바친다〔獻王〕'는 티베트 왕을 말합니다. "頹格雪山旁妙造, 淨車金剛尖之範(티베트 설산 옆에서 지으니, 깨끗한 수레 금강승의 뛰어난 모범이다)", 이것은 일체 법문의 최고 수준입니다.

"造句義燦極莊嚴, 乘此解脫道勝者, 應機衆聚生歡喜(글을 지은 뜻이 빛나고 극히 장엄하여, 이 뛰어난 해탈도를 탄다면, 때를 놓치지 않은 중생에 환희가 생겨난다)." 만약 이 법문을 수지한다면 아주 빠르게 성취할 수 있습니다. 이것은 상황에 맞춘 적절한〔應機〕설교라서 일체 중생이 이 법문을 듣고 수지한다면 마음에 환희가 생겨납니다.

"此名稱大圓滿禪定休息淸淨車解者, 乃多習於深廣義理大瑜伽士隴淸燃將巴所作圓滿. 吉羊·吉羊·吉羊(대원만선정휴식청정거해라는 이 명칭은, 깊고 넓은 의리를 많이 익힌 큰 유가사 롱첸파가 지어 원만하다. 길하고 상서롭다, 길하고 상서롭다, 길하고 상서롭다)." 거해(車解)가 곧 법요이니, 원만하고 길하고 상서롭습니다.

# 심념을 수습하는 다섯 단계

---

대원만선정휴식의 정화를 요약하여 모으다.

大圓滿禪定休息精華撮要引義.

---

지금부터는 이 수행법에 관해 토론합니다.

"敬禮光明智, 心之至上者, 說此無垢性(광명지에게 경례하니, 마음의 지극히 높은 것이, 이 무구한 본성을 말한다)." 무릇 일체 성현, 시방의 제불, 도를 깨닫고 명심견성한 시방의 성현은 모두 이러한 경례 가운데 있습니다. 화엄 경계 또한 이러하여 일심으로 정례(頂禮)하니 시방삼세의 일체 부처님, 시방삼세의 일체 대보살, 시방삼세의 성현승(聖賢僧)은 여전히 종교성을 지니고 있습니다. 무상(無上)의 밀종은 선종과 한 노선으로서 종교의 겉옷을 벗어 버리고 적나라하게 드러내는데, 부처님께도 정례하지 않고 보살에게도 정례하지 않으며 승려에게도 정례하지 않으면서 "광명지에게 경례합니다." 일체의 자성지혜를 성취한 사람, 명심견성하여 도를 성취한 사람은 모두 정례 가운데 있습니다.

"淸淨修習心(청정하게 마음을 수습하니)", 일체 중생은 자성이 본래 부처이고 본래 진구(塵垢)[285]가 없으며 일체 성취가 모두 안(內)에 있습니다. 이것이 바로 무상의 밀법이요 또한 바로 무상의 현교입니다. 자성의 광명지혜 참 보리에 정례하는데, 자성의 광명지혜는 오로지 마음이 만들어 낸 것으로 마음의 지극히 높은 것입니다. 이 심성의 본체는 본래 늘어나지도 않고 줄어들지도 않으며 더럽지도 않고 깨끗하지도 않습니다. 이처럼 청정하게 수행하는데, 자성을 수습(修習)해서 성취하는 길은 모두 말했습니다.

---

285 마음을 더럽히는 번뇌를 말한다.

만약 이 도리를 알지 못하고 깨닫지 못했다면 아래의 순서를 따라 수행합니다.

"初示加行者坐安樂座(수행자에게 처음 보여 주는 것은 편안한 자리에 앉으라는 것이며)", 수지하는 사람에게 첫 단계로 말해 주는 것은, 타좌를 하는 자리는 본인이 스스로 잘 정리해서 편안하게 앉아야 한다는 것입니다. 단순히 편안함만을 강조하는 것이 아닙니다. 타좌를 그토록 오랜 시간 해 온 여러분이 자세조차 제대로 못 합니다. 머리를 조금 숙였거나 조금 쳐들었거나 조금 기울었거나 조금 부족해도 모두 큰 지장이 있습니다. 이 자리에서 수지하는 몇 분에게는 제가 사흘이라는 시간을 들여서 고치려고 했지만 끝내 바로잡지 못했습니다. 성취가 없는 것도 당연합니다. 그렇기 때문에 현교든 밀종이든 "편안한 자리에 앉으라는(坐安樂座)" 것입니다. 앉아서 몸을 편안하게 하려는데 어딘가 똑바르지 않은 것처럼 느껴진다면 엉덩이를 약간 쳐들고 허리를 약간 늘어 줍니다. 방석에 문제가 있는 것은 아닌지 여러분 스스로 연구해서 방석을 조금 높이든지 조금 낮추든지 합니다. 각자의 체형이 모두 같지 않기 때문인데, 앉았을 때 편안해야 합니다.

"觀壽無常(一)〔수명의 무상함을 관하고(첫 번째)〕", 사람이 수십 년을 살았으면 잠시 후에 죽을지 내일 죽을지 모릅니다. 수명은 무상하고 황천길에는 노소가 따로 없습니다. 머뭇거릴 여유가 없으니 시간을 꽉 붙잡아서 얼른 수지해야 합니다.

"厭離輪廻苦(二)〔윤회의 괴로움을 싫어해서 떠나고(두 번째)〕", 보통 사람들은 아무리 수지를 이야기해도 무상(無常)을 관하는 마음이 없기 때문에 그에게 염리(厭離)하라고 해 봤자 소용이 없습니다! 부처님을 배우는 사람은 아주 많지만 참으로 내려놓고 수지하는 사람은 없으며 윤회의 괴로움을 아는 사람도 없습니다. 많은 사람이 이 세상에 대해 미련을 버리지 못합니다. 입으로는 정토가 좋다고 말하지만 저 역시 가 본 적은 없습니다. 게다가 칠일 밤낮을 다른 생각은 하지 않고 오직 한 가지 일에만 마음을 모아 생각해야 합니다. 그러지 않으면 비자를 받지 못합니다. 지금 우리 이 세상에는 에어컨도 있고 텔레비전도 있어서 얼마나 좋습니까! 윤회를 싫어해서 떠나려는〔厭離〕 마음이 결코 일어나지 않습니다.

"於諸衆生, 心生起無量悲心(三)〔모든 중생에게 마음으로 무량한 자비심을 생기한다(세 번째)〕." 부처님을 배우는 우리는 일체 중생에 대해 무량한 자비심, 남을 사랑하는 마음을 진정으로 일으켜야 합니다. 자(慈)가 바로 인(仁)이고, 비(悲)가 바로 의(義)입니다. 서양 문화에서 자(慈)는 사랑〔愛〕이고 비(悲)는 이치에 맞게 행함입니다. 이 세 가지는, 죄송한 말이지만 이 자리에 있는 우리는 아마도 해내지 못할 겁니다. 바꾸어 말하면 우리는 가련하게도 어떤 곳에 있습니까? 일체 중생에 대해 무량한 자비심을 일으키지 못했음은 말할 필요도 없고, 자신에 대해서도 무량한 자비심을 일으키지 못했습니다. 가련하게도 이런 단계입니다. 만약 자신이 참으로 무량한 자비심을 일으켰다면 열심히 수지하려고 했을 겁니다. 스스로를 제도하고 구제하려는 마음도 일으키지 못했는데 어떻게 부처님을 배우겠습니까? 하루에 두 번 주문을 외우고 눈썹을 모으고 눈을 감는 모양만 흉내 내는 것이 부처님을 배우는 것이라고 생각한다면 그것은 정말로 코미디입니다! 이취(理趣)를 분명히 하지도 못했습니다.

"現有生起爲無上明朗刹土, 自身生起爲金剛薩埵如虹色, 執金剛杵及鈴, 誦百字明(四)〔현유가 무상의 밝고 환한 불국토로 생기하고, 자신의 몸이 무지갯빛 금강살타로 생기해서, 금강저와 방울을 들고, 백자명을 외운다(네 번째)〕." 밀법의 수지로 말하자면 생기차제(生起次第)요 즉공즉유(卽空卽有)이니 자리에 앉으면 이 짧은 순간에 곧바로 변해 버립니다. 바로 이 생각을 전화시키는 힘이니, 생각하기만 하면 곧바로 현성(現成)해서 무상의 밝고 환한 불국토〔刹土〕가 생기합니다. 즉 이런 말입니다. 여러분이 자리에 제대로 앉아서 대비심을 일으켰는데, 오로지 자신을 위해 수지하는 것이 아니라 중생의 이익을 위해 수지합니다. 그런 다음 짧은 순간에 스스로 몸과 마음을 놓아 버리고 공(空)이 되면 곧바로 무념 청정, 그러니까 비할 데 없는 한 덩이 광명의 경계 속에 머무르게[定] 됩니다. 바로 그 자리에서 이와 같습니다. 그런 다음 비할 데 없는 광명의 경계 속에서 자신이 무지갯빛 몸으로 변하는 것을 관상하는데, 자신이 바로 부처님입니다. 일곱 빛깔 광명의 몸에 가운데는 비어 있고 가죽도 뼈도 없습니다. 오로지 비할 데 없는 광명을 일으켜서 자신이 금강살타(보현여래)와 똑같이 변하는데, 손에는 금강저(金剛杵)와 방울[鈴]을 들고 있습니다. 혹은 법기(法器)를 들지 않고 그냥 수인을 맺고 있어도 괜찮습니다. 여러분 좋을 대로 하면 됩니다. 이때는 내가 곧 부처인데 『백자명』을 외우거나 『심경』을 외웁니다. 혹은 대비주(大悲咒)도 괜찮지만 외우지 않으면 안 됩니다. 초학자는 심념이 하나의 주문 혹은 불호(佛號)에 머물러 있지 않으면 지(止)를 얻기가 어렵습니다. 이 한 덩이 광명 안에 머물러[止] 있으면 됩니까, 하고 여러분이 말한다면, 안 됩니다. 그렇게 했다가는 편공(偏空)에 빠지기 쉽습니다. 그러므로 즉공즉유요 즉유즉공입니다. 얼른 전화시켜야 합니다. 이것이 바로 식을 전화시켜 지를 성취함[轉識成智]이니 업력을 변화시키는 것입니다. 이것이 네 번째입니다.

"頭頂蓮花日月中有總攝上師普賢如來父母相, 藍色. 金剛跏趺坐, 結平等印. 放射無量光明, 盡天空界, 皆觀爲報身刹土. 想根本及傳承上師本尊空行等相互溶入. 啓請於心生起法性了悟(五)〔정수리가 연꽃처럼 열리고 해와 달 같은 광명 속에 모든 것을 포함하는 상사 보현여래 부모상이 있는 것을 관하니, 하늘색이다. 금강 가부좌를 하고 평등한 수인을 맺는다. 무량한 광명을 뽑아내며 천공계를 다하니, 보신의 불국토가 됨을 관한다. 근본 상사 및 전승 상사인 본존 공행 등을 관상하여 서로 녹아 들어온다. 마음에 아뢰어 청하면 법성을 깨달음이 생기한다(다섯 번째)]." 자기 머리의 정수리 중심이 연꽃처럼 열려서 법계(法界)와 화합하고, 해와 달 같은 광명 가운데 우리의 진정한 근본 상사인 보현여래가 있는 것을 관상합니다. 보현보살 자신을 모두 포함하는 것이 보현여래이니, 그와 관음보살 문수보살 이 몇 분의 큰 보살은 일찌감치 성불했으며 무수한 겁 이래로 석가모니부처님보다 일찍 성불했습니다. 무엇을 보현(普賢)이라고 부릅니까? 없는 곳이 없으며 도처에 나타나는 현량(現量)의 경계입니다. 무엇을 부모상(父母相)이라고 부릅니까? 남녀 음양 쌍신(雙身)의 형상[相]입니다. 바꾸어 말하면 여러분은 보현불이 정수리에 있는 것을 관상해도 되고, 비로자나부처님 혹은 석가모니부처님을 관상해도 됩니다. 여러분 모두 각자의 인연이 있습니다. 시방삼세 모든 부처님은 중생의 마음을 따라 지량에 응하니[隨衆生心, 應所知量], 여러분의 인연에 따라 관상합니다.

그러나 대원만 법문이 걸어가는 길은 보현여래의 법문입니다. 보현여래를 관상하면 남색(藍色) 즉 하늘색입니다. 중맥이 통하면 반드시 하늘색 가운데 있습니다. "보신의 불국토[報身刹土]"는 바로 현세의 물리 세계입니다. 밀종의 수행법은 모두 관상을 사용하는데, 깊이 생각하여 신의 경지로 들어가며[精思入神] 근본 상사를 관상합니다. 이 땅의 근본 상사 및 전법 상사는 석가모니부처님인데 또한 본존이기도 합니다. 그러므로 본존을 관상하는 것은 바로 석가모니부처님을 관상하는 것입니다. 예를 들어 해모법(亥母法) 희금강법(喜金剛法) 준제법(準提法)을 수지한다면 준제불모(準提佛母) 등이 바로 여러분의 본존입니다. 공행(空行), 일체의 부처님, 일체의 보살, 일체를 이미 성취한 이들, 백천만억(百千萬億)의 몸이 모두 내 정수리 위로부터 부어져[灌] 들어와서 나[我]라는 하나의 몸으로 변합니다. 이것이야말로 큰 탐심(貪心)입니다.

이치상으로 탐(貪)이라고 불러야 할까요? 자타불이(自他不二)라고 부릅니다. "가없는 세상에서, 자신과 남은 털끝만큼의 간격도 없습니다〔無邊利境, 自他不隔於毫端〕." 본래 나의 체성(體性)은 부처님의 체성과 둘이 아니고, 나는 시방삼세 일체 제불 일체 체성과 둘이 아니며 구별이 없습니다. 그로 인해 융회(融會)합니다. 이때에 여러분이 관상하기 시작했으니 무엇을 구할까요? 부처님을 구해서는 안 됩니다. 이미 시방삼세 일체불을 관상하여 자성광명과 한 몸으로 융회했기 때문입니다. 한 몸이 바로 내가 됩니다. 그렇기 때문에 "마음에 아뢰어 청하면 법성을 깨달음이 생기한다〔啓請於心生起法性了悟〕"고 했습니다. 남에게 구하는 것은 자기 자신에게 구하는 것만 못합니다. 자기 마음에 아뢰어 청하는 것이 일체 제불의 마음에 구하는 것이기도 하므로, 얼른 명심견성하고 도를 깨닫습니다. 이것이 다섯 번째입니다.

"是諸次第各三晝夜卽成半月於心修習也(순서대로 각기 사흘 밤낮을 수지하면 반 개월 내내 마음을 수습하게 된다)." 이렇게 관상의 수행법 하나하나를, 각각의 법문을 주야로 부지런히 사흘간 수지하면 생기차제의 이 경계가 나타날 것입니다. 사흘 후에는 서서히 마음의 염력(念力)을 구성하게 되는데, 언제 어디서든 반달 내내 행주좌와(行住坐臥)를 함에 있어 이 마음이 언제나 수지하고 있고 단장(壇場) 가운데 있으면서 흐트러짐이 없습니다. 이렇게 하다 보면 약간의 성취가 있지만 아직 큰 성취는 아닙니다.

모든 사람이 각기 자리에 앉아서 수지하는 첫 번째 단계가 이러합니다. 앞에서 말한 것은 수지 가행(加行)과 같으며, 시방제불 내지는 보현여래의 가지(加持)를 청하는 것이기도 합니다. 두 번째 단계인 정행(正行)을 수지하는 수행법은, 먼저 낙광명(樂光明)을 수지하고 자성광명의 경계로부터 즐거움을 얻는 방법입니다.

# 정행을 수습하는 세 가지 요점

"次正行有三: 初樂光明者, 身跏趺, 兩手掌壓於膝上, 氣外呼已後, 卽徐徐內吸(다음으로 정행에는 세 가지가 있다. 처음의 낙광명이라는 것은, 몸을 가부좌하고, 두 손바닥은 무릎 위를 누르고, 기를 바깥으로 내쉰 후에, 천천히 안으로 들이마신다)." 편안하게 앉고 아울러 수인을 맺을 필요도 없지만 밖으로 기(氣)를 내쉴 때는 주의해야 합니다. 여기에서는 분명하게 말하지 않았고 티베트 밀종〔藏密〕에도 전해지지 않지만 일본 밀종〔東密〕에는 전해집니다. 『소지관(小止觀)』이 여러분에게 말해 주는 "하허호희취희(呵噓呼嘻吹呬)"의 이 여섯 글자와 비슷합니다. 자리에 올라가서 정좌한 이후에 바르게 앉았다면 손은 편하게 놓습니다. 특히 주의할 점은 반드시 머리를 똑바르게 해야 한다는 것입니다. 약간 숙이거나 쳐들어서도 안 됩니다. 머리는 반드시 제대로 해야 합니다. 뇌하수체가 여기에 있는데, 다들 백골을 보면 이해가 될 겁니다. 그렇게 하지 않으면 대락륜(大樂輪) 뇌부(腦部)의 기(氣)를 누르게 되어 정(精)을 기로 변화시키지 못하므로 수지에 성공하기가 어렵습니다.

수행에 성취가 없는 것은 기맥이 통하지 않았기 때문입니다. 수지를 한 사람인지의 여부는 경부(頸部)의 이 부분을 보면 바로 알 수 있습니다. 수지를 하면 자연스럽게 둥근 테두리가 생기는데, 불경에는 둥근 빛이 세 층〔圓光三層〕이라고 했습니다. 사람이 늙으면 '계피학발(鷄皮鶴髮)'[286]이 됩니다. 그래서 진짜 늙지 않으면 목이 탄탄합니다. 실제로 머리를 이렇게 바르게 하면 기(氣)는 자연스럽게 가라앉습니다. 그러므로 여러분이 타좌를 할 때 머리를 쳐들거나 혹은 머리를 숙이면 낭패를 볼 겁니다. 보세요. 사람은 늙을수록 목을 이렇게 쭉 뻗는데 그러면 후뇌 경항(頸項)[287]이 오목하

---

286 살갗은 닭의 가죽처럼 얇고 머리칼은 학의 털처럼 희다는 뜻으로 늙은이를 이르는 말이다.

게 들어갑니다. 기맥이 통한 사람은 이렇지 않습니다. 그렇기 때문에 목〔喉〕의 영향이 대단히 중대합니다. 제가 여러분의 자세를 교정하지만 머리를 바르게 하는 사람이 하나도 없습니다. 그래서 그렇게 오래 앉아 있어도 효과를 얻지 못하는 겁니다.

머리를 바르게 세운 다음, 심장병이 있는 사람은 주의해야 합니다. 소리를 내지 않고 기를 내쉬는데〔呵氣〕 마지막에는 침까지도 함께 삼킵니다. 이것을 '허〔呵〕'라고 합니다. 입술은 허〔呵〕 자의 형태이고 단전은 가능한 대로 안으로 거두어들입니다. 기를 다 내쉬어서 더 계속할 수 없으면 입술을 닫고 또다시 코를 사용해서 기를 들이마시고 또다시 합니다. '쉬〔噓〕'는 간과 쓸개이고 '시〔嘻〕'는 삼초(三焦)이며 '쓰〔呬〕'는 폐이고 '후〔呼〕'는 비장과 위이며 '츄이〔吹〕'는 콩팥입니다. 이 몇 개의 글자는 이렇게 내쉽니다. 재작년에 '불광별원(佛光別院)'에서 특별히 언급하며 말씀드린 적이 있는데, 기를 다 내쉬고 깨끗해지면 천천히 안으로 들이마시는데 코를 사용해서 기를 들이마십니다. 다만 원칙이 하나 있으니, 구절불풍이나 보병기 수행법과 마찬가지로 기를 내쉴 때는 거칠고〔粗〕 짧고〔短〕 급하게〔急〕 그것을 다 내쉽니다. 반대로 들이마실 때는 느리고〔緩〕 길고〔長〕 가늘게〔細〕 해야 합니다. 그런 후에 기를 따라서 생각〔念〕이 청정해지면 또다시 몸은 잊어버리고 제육식을 사용해서 관상합니다.

"明觀三脈四輪, 由臍中紅阿(ཨ)字燃火輪[288], 觸頭頂白杭(ཧ)字, 繼續降甘露, 流入心中靑灰色謗(ཧུཾ)字, 樂明朗朗生起也(삼맥사륜을 밝히 관하면, 배꼽 가운데 붉은 아 자로부터 화륜이 불타서, 정수리의 흰 항 자에 닿으면, 계속해서 감로가 내려와서, 심장 속에 청회색 방 자로 흘러 들어가, 낙과 광명이 환하게 생

---

287 목 부위를 가리키는 말로, 경(頸)은 앞 목과 옆 목을 말하고 항(項)은 뒷목(목덜미)을 말한다.
288 원서에는 '熠'으로 되어 있으나 '輪'의 오기로 보여 수정하여 해석하였다.

기한다).” 이제 여러분에게 비결을 말해 주겠습니다. 본래는 삼맥칠륜이 있는데 왜 사륜만 관(觀)할까요? 나머지 삼륜은 사륜을 성취한 후에 관합니다. 무슨 이유입니까? ‘해저륜’은 평상시에 늘 관해서는 안 되기 때문입니다. 늘 관했다가는 남성은 유정(遺精)을 하기 쉽고 여성은 혈붕(血崩)[289]을 하기 쉬워서입니다. 또 두륜(頭輪)은 대락륜이라고 부르는데 머리 전체를 포함합니다. 두륜 정수리 부분의 바깥쪽이 ‘범혈륜(梵穴輪)’인데 늘 관해서는 안 됩니다. 기맥을 성취하지 못했는데 관했다가는 뚱뚱한 사람은 혈압이 높아지기 쉽고, 마르고 혈압이 낮은 사람은 어지럽기 쉽습니다. ‘미간륜(眉間輪)’은 머리의 중심으로, 바로 간뇌(間腦)가 미간륜 부위입니다. 성취하지 못했으면 함부로 관해서는 안 됩니다. 함부로 관했다가는 일반인은 정신병을 얻기 쉽기 때문입니다. 정(精)이 기(氣)로 변화하지 않았고 기(氣)가 신(神)으로 변화하지 않았기 때문에, 보통은 삼맥사륜만 관하고 칠륜을 관하지 않습니다. 이것은 무상(無上)의 비결이지만 오늘 여러분에게 말해 주었습니다.

삼맥사륜은 왜 눈으로 볼 수 없을까요? 해부학상으로 해부해 낼 수 있습니까? 삼맥사륜은 살아 있는 사람의 몸에서는 연구할 수 있지만 해부해 낼 수는 없습니다. 주의하십시오! 삼맥사륜은 의생신(意生身)의 경계인데, 사람들이 오로지 육체에서 찾으니 어떻게 관할 수 있겠습니까? 그러므로 여러분이 자리에 앉아서 관상할 때는 의경(意境)상으로 삼맥사륜이 있으므로 반드시 수음(受陰)을 잊어버려야 합니다. 즉 육체의 감각을 잊어버리라는 것입니다. 왜냐하면 그것은 상음(想陰)[290]의 경계이기 때문입니다. 여

---

**289** 월경 때가 아닌데도 많은 양의 출혈이 있는 것을 말한다.

**290** 오음 중 하나로 상온(想蘊)이라고도 하는데, 대체로 망상의 의식 경계를 말한다. 개념의 테두리가 명확하지는 않다. (『불교수행법 강의』 참조)

러분이 관상을 하려고 해도 제대로 안 되는 것은 다들 수음(受陰)에 붙잡혀서 육체상으로 삼맥사륜이 있다고 생각하기 때문입니다. 그래서 볼 수 없는 것입니다. 알겠습니까?

갑이 질문하다: 삼맥사륜이 움직이면 관상할 수 있습니까?

남사가 대답하다: 그렇습니다. 한바탕 움직이면 얼른 전체가 빛으로 변화(化光)하는 것을 관상해야 합니다. 유형의 빛(光)이지만 그런 후에는 공으로 변화(化空)합니다. 맥륜에 머물러 있어서는 안 됩니다. 그랬다가는 수음(受陰)에 의해 전화되어 영원히 정화(淨化)할 수 없게 됩니다.

을이 질문하다: 이미 빛으로 변화하고 공으로 변화하는 것을 관상했으니, 더 이상 삼맥사륜을 관상할 필요가 없습니까? 그렇지 않다면 어떻게 관해야 합니까?

남사가 대답하다: 방금 말한 것은 그의(갑) 질문에 대답한 것이고, 당신은 어떤 법을 수행해서 빛으로 변화했습니까?

을이 대답하다: 백골관입니다.

남사가 대답하다: 백골관 수행법을 통해 이미 빛으로 변화함에 도달하고 공(空)이 되었는데, 몸이라는 틀이 여전히 있습니까? (대답: 없습니다) 완전히 한 덩이 빛 가운데 있습니까? (대답: 그렇습니다) 삼맥사륜을 마치 하나의 도안(圖案)처럼 그렇게 관상해도 되고, 도안을 관상하지 않아도 됩니다. 지금 당장 한번 시험해 볼 수도 있는데, 이 광명정 가운데서 삼맥사륜을 관하고 육체는 상관하지 않습니다.

사람들은 수행법을 배우면서 왜 갇혀 버릴까요? 그것은 책 속의 표현이 세간의 묘사이기 때문입니다. 여러분에게 관(觀)하라는 곳은 배꼽의 이 부분의 중간에 해당하는데, 범문 혹은 티베트 문자의 글자가 있습니다. 물론 중국어나 영어라도 되는데, "배꼽 가운데 붉은 아 자로부터 화륜이 불탑니다〔由臍中紅阿(**ᩅ·**)字燃火輪〕." 범문이 옳은가 혹은 티베트 문자가 옳은가 하는 것은 문제가 아닙니다. 종자자(種子字)[291] 즉 자모(字母)에 갇혀서는 안 됩니다. 그 의미는 현재 육신의 제륜(臍輪) 부분을 서로 마주하여 아(阿, **ᩅ·**) 자가 있다는 뜻입니다. 어째서 화륜이 불탄다고 할까요? 불꽃같은 것이 폭발하는데, 폭죽을 터트리는 것 같고 팝콘이 튀어 오르는 것 같습니다. 혹은 네온사인의 불빛 같습니다. 하지만 배꼽 안에 집착해서는 안 됩니다. 집착에는 육체의 감수(感受)가 있어서 아주 위험합니다. 초학자가 한사코 육체에 집착해서 그 안에서만 하려고 든다면, 흔히 많은 문제가 생겨나는데 별 괴상한 일이 다 일어납니다. 그 때문에 관상이라는 것의 사정을 제대로 알아야 합니다. 중요한 것은 관상이 의경(意境)상의 일이라는 것입니다. 사람들은 관하지 못하고 한사코 육체 위의 글자에만 집중하기 때문에 수지에 성공하지 못합니다. 물론 이 속에는 문제가 더 있습니다. 기억하고 있다가 잠시 후에 저에게 질문하십시오.

"정수리의 흰 항 자에 닿으면〔觸頭頂白杭(**ᩀ·**)字〕" 흰색의 감로가 내려오는데, 백골관의 방법과 같습니다. 이 『선비요법』은 대단히 위대합니다. 현교, 밀종, 소승, 대승 모두 이 법을 수지합니다. 백골관의 마지막은 일륜관(日輪觀)이라고 부르는데, 배꼽에서부터 일으켜서 연화관(蓮花觀)을 관합니다. 그것을 선비(禪秘)라고 부르는 것은 선법(禪法) 안의 진정한 무상의 밀의(密意)이기 때문입니다. 이 모두가 의경상의 일이며, 배꼽의 따뜻한 형상을 위로 올라가게 하면 정수리 위의 감로가 아래로 내려옵니다. 바꾸어 말하면 따뜻함이 정수리 위까지는 도달하지 못합니다. 오늘 어떤 사람

---

291 종자(種子)라고도 하며, 불보살 등을 산스크리트 문자 중 한 글자로 상징적으로 표시한 것을 말한다.

이 저에게 물었습니다. "타좌를 한 후에 관상을 하는데, 발바닥 아래가 뜨거워지지 않고 거꾸로 정수리가 뜨거웠습니다." 저는 그에게 주의하라고 하고서 진료를 받고 약을 먹어야 한다고 했습니다. 그것은 바르지 않으며 거꾸로 되었습니다. 참으로 정(定)을 얻어서 관하기 시작하면 정수리는 영원히 시원합니다. 따뜻한 형상이 아래로부터 위로 올라오지만 명치 위로는 시원합니다. "가슴 가운데 청회색 방 자로 흘러 들어가[流入心中靑灰色謗(ས)字]", 감로가 아래로 내려오는데 달콤한 침이 내려와서 심장과 명치에 도달합니다. 바로 심륜(心輪)이라는 이 부분입니다. '청회색'은 바로 가을 하늘색으로, 색깔이 조금 옅습니다. 이는 중맥의 남색과 조화를 이뤄야 함을 설명합니다. '방 자'라는 이 종자자(種子字)는 특별한 의미가 없습니다. 연꽃이나 불상을 사용해도 되고 제각기 다른데, 도리를 알고 나면 상관하지 않아도 됩니다. 괜찮습니다. 심지어 정수리 위에는 아미타불, 심륜 위에는 관음보살이어도 괜찮습니다. 혹은 정수리 위에는 관음보살의 정병(淨甁), 가슴 가운데는 아미타불이어도 괜찮습니다. 상관없습니다. 다만 여러분이 먼저 하나를 정해야 하는데, 스스로 하나를 확정해서 바꾸지 않아야 합니다. 이것이 마음을 하나의 인연에 묶어 두는 계심일연(繫心一緣)의 도리입니다. 이렇게 관상해야 몸에 낙감(樂感)과 광명이 생기할 수 있으며, 자신도 자연스럽게 알게 됩니다. 이런 정신적인 감수(感受)들이 아주 분명하게 일어납니다.

여러분은 이미 백골을 관한 경험이 있는데, 발가락 끝을 관하기만 하면 따뜻함이 자연스럽게 생기합니다. 만약 발가락을 관하는 것에서부터 종아리, 넓적다리를 거쳐서 엉덩이뼈 위에 도달하면 허리뼈 부위에서 낙감(樂感)이 생기합니다. 그렇게 고생스럽게 대원만처럼 관할 필요가 없습니다. 밀종에서는 대원만이 무상의 대법이라고 말하지만, 교리의 분별 면에서는 낙·명·무념이 생기함에 도달했어도 사가행(四加行) 가운데 난위(煖位)를 얻은 것일 뿐입니다. 가행(加行)에 관해서는 소승에도 있고 사과나한에도 다 있지만 정도가 다릅니다. 대승에는 십지(十地)가 있는데 각각의 지(地)에 사가행의 정도가 모두 다릅니다. 사람들이 백골관을 수행하면 왜 그렇게 쉽게 따뜻함을 얻을까요? 하지만 무상의 난위라고 여겨서는 안 되며 처음으로 난위를 수지하는 것일 뿐입니다. 따뜻함이 일어나고 온몸에 쾌감이 생겨나면서 안팎으로 한 덩이 광명이 나타나는데 모두 형상을 지니고 있습니다. 이때에는 형상 없음[無相]을 요구해서는 안 되고 오직 형상 있음[有相]을 구하는데 의경상으로 생기합니다.

"此於樂未生之中而修習也(이것은 낙이 아직 생기지 않은 가운데서 수습하는 것이다)." 위의 상황은 아직 난위를 얻지 못하고 낙감(樂感) 또한 생기지 않은 가운데서 이 방법과 순서를 사용해서 수지하는 것이니, 난위를 얻었고 낙감 또한 생기했다고 가정한 것입니다.

"生起後·卽此謗字漸細, 最後無緣境中心鬆懈而住, 空樂離戲論智三晝夜卽成就也(생기한 후에는, 이 방 자가 점점 가늘어지며, 마지막으로 무연경 가운데서 마음을 느슨하게 하여 머무르면, 공락의 경계에서 희론을 떠난 지혜를 사흘 밤낮이면 성취한다)." 생기한 후에는 먼저 마음속으로부터 관상의 경계를 축소시키는데, 마지막에는 한 점 공(空)으로 줄어듭니다. 이 한 점 공(空)이, 마치 소털처럼 가느다란 이 한 점의 밝은 빛이 정수리 위까지 솟구쳐서 허공에 흩어집니다. 마지막에는 온몸을 완전히 내려놓고 정(定)에 듭니다. 이 수련이 어렵습니까? 아주 쉽습니다. 그렇다면 여러분이 이 수련 이 경계를 언급했으니 도를 깨달았습니까? 아닙니다! 도를 성취하고 도를 깨닫는 것은 반야지혜이고, 이것은 수련입니다. 수련은 경계이며 의경을 사용해서 만들어 낼 수 있고 수지해 낼 수 있습니다. 무릇 수지해서 성공할 수 있는 것은 곧바로 망가질 수도 있습니다. 수지하지 않으면 곧바로 없어지니 이는 모두 생멸법입니다. 마지막으로 무연경(無緣境) 가운데서 마음을 느슨하게 하여 머무른 후에는, 공락의 경계에서 "희론을 떠난 지혜〔離戲論智〕"가 생겨나는데 이것이 반야입니다. 이렇게 말할 수도 있습니다. 이른바 몸의 즐거움〔樂〕을 분명하게 인식하는 각수(覺受), 기맥이 통했을 때의 쾌감, 공의 경계, 이 모든 것은 일념(一念)과 유심(唯心)이 만들어 내는 것입니다. 비공비유요 즉공즉유이니, 생기해야 하면 있고 그것이 없어져야 하면 없습니다. 오로지 내 마음대로입니다. 알았다면 원래 이 또한 일념입니다.

이렇게 사흘 밤낮을 전수(專修)하면 공락정의 수지에 성공할 수 있습니다. 하지만 사흘 밤낮에 성공하기 전에 먼저 백일 동안 가행(加行)을 수지해야 합니다. 그뿐 아니라 남녀를 불문하고 그 백 일 동안에는 몸이 절대적으로 계율을 지켜서 흘려버리지〔漏〕 않아야 합니다. 한 번이라도 누단(漏丹)하면 문제가 됩니다. 그러니 그렇게 쉬운 일이 아닙니다. 어떤 사람들은 밀종 서적을 사보고 또 직접 수지를 하는데, 아무렇게나 하고 또 명사(明師)의 비결이 없기 때문에 대단히 많은 문제가 발생하고 아주 심각합니다. 백 일 중간에 흘려버리는 일이 생긴다면 처음부터 다시 시작해서 계산합니다. 이것은 공락정에 대한 설명입니다.

"第二明光明者, 身調要及脈調要與上相同(두 번째 명광명이라는 것은, 몸을 조요하는 것과 맥을 조요하는 것이 위와 서로 같다)." 대원만을 수지하는 세 가지 방법을 말하고 있는데, 세 가지 방법이 세 가지 순서는 아닙니다. 하지만 그것을 순서로 바꾼다고 하더라도 괜찮습니다. 먼저 공락정의 수지에 성공하고 거기에서 나아가 공명정(空明定)을 수지해도 괜찮습니다. 공명정에서 몸을 조절하는 방법, 삼맥사륜은 위와 똑같습니다. 공락정을 수지하든 공명정을 수지하든 초보적인 수련에서 몸을 조절하고 맥을 조절하는 것은 또 다른 수련입니다. 이번에는 언급하지 않았습니다.

"想若 · 蔣(即左右二脈名詳前)二脈氣內吸時, 現有輪廻涅槃一切皆化入

於心中之五光團, 生起空明智, 氣合口(閉氣)定於心中, 又作徐呼吸氣, 最後漸小漸細(指光團)無緣境中而鬆懈, 於三晝夜顯現空明無分別光明也〔약맥과 장맥(즉 좌우의 두 맥) 두 맥이 기를 안으로 들이마시는 것을 관상할 때, 현유의 윤회 열반 일체가 가슴 가운데의 다섯 빛 덩어리로 들어가서, 공명지가 생기하며, 기를 닫아 마음 가운데 머무르고, 또 천천히 기를 호흡하면, 마지막에 점점 작고 점점 가늘어져서(빛 덩어리를 가리킴) 무연경 가운데서 느슨해지고, 사흘 밤낮에 공명의 분별없는 광명이 나타난다〕."

'약맥과 장맥'은 왼쪽의 붉은색과 오른쪽의 흰색 두 맥입니다. 그 밖에 『육성취법(六成就法)』에서는 첫 번째로 먼저 영열졸화(靈熱拙火)를 수지하는데, 이렇게 기맥을 성취한 다음에 공명정을 얻을 수 있다고 했습니다. 기맥을 성취하는 방법은 전문적으로 기공(氣功)을 수련해야 합니다. 평소 저도 말씀드린 적이 있습니다만, 낮에는 왼쪽 코의 호흡에 주의하고 밤에는 오른쪽 코의 호흡에 주의해야 합니다. 이것은 초보적인 설명입니다. 엄격하게 법을 설명하자면, 자시(子時)부터 다음 날 오시(午時) 열한 시 이전까지는 왼쪽 코의 호흡에 주의하고, 오시(午時)부터 밤 해시(亥時) 이전까지는 오른쪽 코의 호흡에 주의합니다. 이것이 하나입니다. 호흡의 수행법은 당연히 구절불풍의 수지로 시작하는데, 여전히 유형(有形)적이며 초보적인 연습입니다. 진정한 구절불풍, 보병기의 수련에 도달하면 손끝으로 콧구멍을 누를 필요 없이 의지(意志)를 사용해서 통제할 수 있습니다. 왼쪽 코로 호흡하려고 하면 왼쪽 코로 호흡하고 오른쪽 코로 호흡하려고 하면 오른쪽 코로 호흡하며, 양쪽 다 호흡을 정지하려고 하면 곧바로 정지합니다. 그러나 전수(專修)할 때에는 좌우 할 것 없이 의경상으로 관상하니, 바로 의식의 관상이며 상음의 경계입니다. 그렇게 하면 호흡으로 들어오는 기(氣)와 결합해서 일곱 색깔의 광명이 들어옵니다. 육성취(六成就)의 수행법은 왼쪽 코 혹은 오른쪽 코의 기(氣)가 들어올 뿐 아니라 일곱 색깔의 빛이 들어옵니다. 심지어 온몸의 팔만사천 모공이 기를 들이마실 때에도 일곱 색깔의 광명이 들어옵니다. 밖으로 내보내는 것은 몸 안의 탁기(濁氣)입니다. 자리에 앉아계신 어떤 동학은 코가 좋지 않은데, 수련을 하되 찬물을 사용해서 코를 씻으라고 말해 주었습니다. 도시의 공기는 매우 더러운데 두 콧구멍이 마치 굴뚝처럼 더러운 공기를 폐까지 들이마시니 어떻게 병이 나지 않겠습니까! 그러므로 보병기를 수련하고 나면 길을 걸어 다닐 때 공기를 조금이라도 적게 들이마실 수 있으며, 스스로 콧구멍을 닫아서 바깥 공기를 들이마시지 않을 수 있습니다. 수행하는 사람은 매일 온몸의 아홉 구멍을 수시로 깨끗하게 씻어야 합니다. 이것은 계율입니다.

코를 씻는 방법은 이렇습니다. 깨끗하고 맑은 물을 두 코로 들이마시고 입으로 뱉어내는데, 이것은 뇌를 씻는 것이기도 합니다. 초보 단계에서는 조금만 들이마셔야 하고 천천히 들이마십니다. 들이마셨을 때 뇌가 찌르는 것처럼 아프지만 사실 뇌는 전혀 손상이 없습니다. 뇌의 통증이 지나간 다음에 차가운 물로 씻어내면 두부(頭部)의 비강(鼻腔) 내 신경을 자극하는데, 이렇게 하면 비염을 앓지 않게 됩니다. 그런 후에 기공(氣功)을 성취할 수 있게 되어 기를 멈추려고 하면 곧바로 멈춥니다. 이 두 동학이 두 달간 수련을 잘 하더니 감기에 걸리는 일도 줄었고 다른 사람들에게 가르쳐 주어 모두가 감사하고 있습니다. 하나가 더 있는데, 식도관(食道管)을 반드시 깨끗하게 해야 합니다. 물론 '허〔呵〕'를 외우는 것도 식도를 수련하는 방법입니다. 만약 마음먹고 제대로 하고 싶다면 깨끗한 가제를 사서 소독한 다음에 서너 자〔尺〕 길이로 잘라서 앉은 채로 천천히 삼키는데 목은 세워야 합니다. 병원에서 위내시경을 하는 것과 똑같습니다. 새벽에 공복인 상태로 삼키는데 배 가운데까지 삼킵니다. 마지막에 다 삼키고 나면 목은 여전히 세운 채로 가제를 천천히 잡아당겨서 꺼냅니다. 그렇게 하면 식도관과 위 모두 깨끗하게 씻깁니다. 그런데 꺼낸 가제가 아주 더러운 것이,

비로소 자신의 내부가 그처럼 무섭다는 것을 알 수 있습니다. 이 방법을 사용한다면 여러분은 한평생 식도암에 걸리지 않을 것임을 보증합니다. 인체 내부는 대단히 더럽습니다. 이 방법은 단지 위를 씻어 낼 수 있을 뿐이고 장을 씻어 낸다고는 말할 수 없습니다. 현대 과학이 발명한 위내시경은 위를 검사하는데, 삼키면 거울이 내부를 돌면서 위 안쪽을 모두 비춰 낼 수 있습니다.

기(氣)를 수련하는 원리로부터 알 수 있는데, 광명을 얻고자 한다면 광명은 기로부터 생겨납니다. 즐거움은 정(精)으로부터 생겨나고 무념은 신(神)으로부터 생겨납니다. 신이 가득 차면 자연스럽게 무념이 됩니다. 실제로 공락(空樂) 공명(空明)을 막론하고 무념을 최고로 여기지만, 무념에 치우쳐서는 안 됩니다. 그러므로 우리는 하나의 결론을 얻었습니다. 안팎으로 한 덩이 광명이 나타나는 것은 기를 성취함으로써 온 것입니다. 육성취 가운데 기(氣) 성취법이 바로 광명의 성취입니다. 만약 기를 참으로 수련해 내면, 처음으로 정(定) 가운데서 스스로 눈을 감고 안팎으로 한 덩이 광명을 보게 됩니다. 하지만 다른 사람은 여러분에게서 어떤 광명도 보지 못합니다.

한걸음 더 나아가서 기맥을 참으로 성취했다면 반드시 빛을 발하게 됩니다. 사람들이 성취하지 못하는 것은 수련하지 않았기 때문입니다. 수련해서 기맥을 성취한 사람은 자연스럽게 음식이 줄어듭니다. 그런데 기맥을 성취하고자 하면 많이 먹어서는 안 됩니다. 음식은 눈에 보이지 않게 사람을 죽이는 것 가운데 가장 무서운 겁니다. 공자는 이것을 모두 알았는데, 기를 먹는 사람이 장수〔壽〕한다고 했습니다.(『공자가어孔子家語』 제25第二十五 집비執轡: 풀을 먹는 것은 잘 달리지만 어리석고, 뽕나무를 먹는 것은 실을 뽑아내고 나비가 되며, 고기를 먹는 것은 용맹하지만 사납고, 기를 먹는 것은 신명스러우면서 장수하며, 곡식을 먹는 것은 지혜롭지만 교묘하고, 먹지 않는 것은 죽지 않고 신령스럽다食草者善走而愚, 食桑者有緒而蛾, 食肉者勇毅而悍, 食氣者神明而壽, 食穀者智慧而巧, 不食者不死而神.)

# 무념법의 수지를 또 말하다

"第三無念光明者: 身調要相同, 心調要中初射者, 想心中白色阿(ˢˢ)字放光, 唸哈二十一遍, 由頭頂向天空界中去, 卽於此想自然消滅之境, 遂生起無念明朗智(세 번째 무념광명이라는 것은, 몸을 조요함은 서로 같으며, 마음을 조요하는 가운데 처음의 사라는 것은, 가슴 가운데 흰색 아 자가 빛을 발하는 것을 관상하고, '하'를 스물한 번 외우고, 정수리로부터 천공계를 향하면, 이 생각이 자연스럽게 사라지는 경계에서, 마침내 무념의 밝고 환한 지혜가 생기한다)." 몸을 조절하는 요점은 모두 같으나, 주의하십시오! 각 단계의 수행법은 모두 몸을 잘 조절해야 합니다. 몸에 하루 종일 병이 있으면 머리가 멍해서 수행은 말도 꺼낼 수 없습니다. 밀종은 말할 것도 없고 현교도 제대로 수지할 수 없으니, 사대(四大)가 이처럼 중요합니다. 본래 사대는 모두 공(空)이지만 여러분은 비워 버리지 못합니다. 여러분의 온몸을 업력이 꽁꽁 묶고 있기 때문입니다. 그렇기 때문에 밀종의 방법은 사대를 조절하는 것이 가장 중요합니다. 왜 비구 계율의 제1조가 계음(戒淫)이며, 누정(漏精)해서는 안 될까요? 몸을 조절하는 것이 중요하기 때문입니다. 누단(漏丹)하면 사대가 곧바로 분리되어 버립니다. 요점은 여기에 있습니다.

이 법본에서 가르치는 무념 수지의 방법은, 가슴 가운데 광명을 관하고 정수리를 향해 솟구치다가 공중을 향하고 그런 후에는 공(空)이 되는 것입니다. 이것이 바로 사법(射法)이니, 머리 위를 향해 솟구쳐 나갑니다. 이 방법은, 가슴 가운데 흰색 '아(阿)' 자가 빛을 발하는 것 혹은 흰색 광명이 빛을 발하는 것을 관상하고 '하[哈]'를 스물한 번 외우는데 파와법(破瓦法)과 똑같습니다. 그런데 제가 말하고 싶은 것은 정기신(精氣神)을 원만하게 수지하기 전에는 절대로 무념을 수지해서 위를 향해 내뿜어서[射]는 안 된다는 것입니다. 위를 향해 가는 수행법은 수명을 단축시키기 쉽기 때문입니다. 아래를 향해 가라앉는 방법이 장수의 법문입니다. 원칙이 이와 같기 때문에 모든 밀종의 방법이 이렇게 변한 것입니다. 대단히 간단합니다. 원리를 알고 나면 현교와 밀교가 다 똑같습니다. 흔히 사람이 늙으면 아래쪽이 먼저 죽는데, 아무리 늙어도 뇌 부분은 남습니다. 마지막에 목구멍에서 최후의 숨[氣]이 나오고 상행기(上行氣)와 하행기(下行氣)가 분리되면 죽습니다. 그렇기 때문에 백골관을 수지해서 발바닥을 따뜻하게 하면 장수법이 그 속에 있다고 말하는 것입니다. 제가 줄곧 여러분에게 백골관을 수지하라고 장려했던 것은, 어떤 방법이든지 백골관 안에 다 포함되어 있기 때문입니다. 간단하면서 명료합니다. 왜 솟구쳐 올라가면 무념하기 쉬울까요? 강제성을 지닌 무념에 망념이 쉽게 쫓겨나기 때문입니다. 바꾸어 말하면 기(氣)는 쉽게 흩어져 버리기 때문에 기공에 성취가 있어야 비로소 수지할 수 있습니다. 그러지 않으면 위험합니다. 그렇게 정수리로부터 공중을 향해 흩어지면 일체 망념이 자연스럽게 공(空)이 되고 무념의 경계가 생기합니다.

"又持者, 天淸澄時, 背日而定, 卽觀於天空之境, 心不散亂而住, 遂生起無念智(또 지라는 것은, 하늘이 맑을 때, 해를 등지고 정에 들어서, 허공의 경계를 관하는데, 마음이 산란해지지 않고 머무르면, 마침내 무념지가 생기한다)." 무엇을 가리켜 정(定)의 경계를 유지한다고 할까요? 높은 산에서 수지하려고 해도 대만의 높은 산은 적합하지 않습니다. 너무 습하기 때문입니다. 북서쪽의 높은 산, 서강(西康), 티베트, 운남 서쪽의 높은 산은 괜찮습니다. 날씨가 가장 맑을 때 산꼭대기에서 햇빛을 등지고 타좌를 하면서 두 눈은 허공

〔空〕을 관합니다. 허공을 관하는 관공정(觀空定)에는 아래의 몇 가지 방법이 있습니다.

1. 상왕시(象王視): 코끼리의 눈〔象眼〕은 좌우를 보면서도 얼굴을 움직이지 않습니다. 코끼리는 코가 커서 오른쪽 눈은 오른쪽을 보고 왼쪽 눈은 왼쪽을 봅니다. 그래서 상왕시라고 합니다.

2. 응시(凝視): 두 눈을 한 점에 집중하여 가운데로 모으는데, 함부로 이 방법을 써서는 안 됩니다. 혈압이 낮은 사람은 머리가 어지러울 수 있고, 혈압이 높은 사람은 금방 또 높아질 수 있습니다.

3. 평시(平視): 아래쪽 눈꺼풀은 위를 향하고 위쪽 눈꺼풀은 아래로 드리워서 약간 덮습니다.

높은 산 정상에서는 어떻게 앉습니까? 밀종에서는 사자좌라고 하는데 개의 좌법(坐法)이기도 합니다. 눈으로 허공을 관하는〔觀空〕 것은 『추격삼요(椎擊三要)』와 똑같은데, 마음은 눈에 집중하고 눈은 허공〔空〕에 집중하지만 허공에 머무르지는 않습니다. 자연스럽게 공(空)이 되며 한 덩이 빛에 몸을 잊어버립니다. 공(空)이라 아무것도 상관하지 않습니다. 눈꺼풀이 피곤해져서 눈을 감더라도 똑같으며, 눈동자는 움직이지 않아야 합니다. 만약 여러분이 장래에 이런 이상적인 높은 산을 찾아낸다면, 그곳이 낭떠러지라면 더 좋은데, 그곳에서 공간을 잊어버리는 연습을 하면 앞으로 낙하산을 사용하지 않고도 만 장 높이의 낭떠러지에서 내려오려고 하면 곧바로 내려옵니다. 사자좌는 아주 편안합니다. 손을 발뒤꿈치 안쪽에 놓는데 이 자세는 아주 편안합니다. 여러분이 평소 정좌를 할 때 가끔 이 자세를 해도 좋은데 방석은 사용하지 않아도 됩니다. 낭떠러지 위에서 사자좌로 정(定)에 들면, 아래쪽에 만장 깊이의 텅 빈 골짜기가 보입니다. 물론 몸은 반듯해야 하고 특히 여성은 다리를 가지런히 합해야 하는데, 그렇더라도 몸은 곧게 펴서 몸의 자세를 잘 조절해야 합니다. 정좌에는 구십여 가지의 좌법(坐法)이 있는데 이것은 그 가운데 하나입니다. 사자좌는 산 위에 머무르며 전수(專修)할 때의 수지 방법으로 가장 쉽게 정(定)에 듭니다. 허공[空]을 관하며 파와법을 수지하는데, 공(空)의 경계를 관하는 이것이 가장 쉽게 무념지(無念智)를 일어나게 합니다. 그런데 보려고 하면서도 보지 않도록 주의해야 합니다. 만약 본다면 눈동자가 상하게 될 것입니다.

"又修者, 定於天空後, 又漸漸觀於地石山巖等諸境界, 無有實法, 成如天空, 卽自身亦變成如空, 內外中三者皆成空界, 於無有分別天空境中, 不動不散坦然而住, 卽生起一切法無念本自解脫昔來法性本淨心淨智慧(또 수라는 것은, 허공에 머무른 후에, 또 땅·돌·산·바위 등 여러 경계를 천천히 관하는데, 실법이 없고 성취가 허공 같아서, 자신이 또한 공과 같이 변하고, 안 바깥 가운데 셋이 모두 공의 경계를 성취하는데, 분별이 없는 허공의 경계 가운데서, 움직이지 않고 흩어지지 않고 편안하게 머무르면, 일체법의 무념이 해탈로부터 와서 법성의 본디 깨끗한 마음과 깨끗한 지혜가 생기한다)." 허공을 관한[觀空] 후에는 천천히 의식의 경계에서 땅 돌 산 바위 등을 관하는데, 모두 텅 비어[空] 있습니다. 마치 달마조사의 그 두 눈동자처럼 천천히 장벽을 잊어버리고 맞은편 산을 잊어버립니다. 맞은편 사물이 모두 없어져서 허공을 관하게[觀空] 됩니다. 자연스럽게 일체가 본래 공(空)이고 자연스럽게 일체가 무념이니, 곧바로 명심견성의 경계에 도달할 수 있습니다. 물론 사실은 더 있습니다. 여러분이 대장경(大藏經)을 찾아보면, 부처님의 신비는 일찍이 현교에서 여러분에게 말해 주었습니다. 밀법의 법요 중에서 신통의 수행법을 바로 이렇게 수지합니다. 허공[空]을 관하는 수행법을 통해 기맥을 성취하고 그런 후에 공(空)의 정(定)을 잘 수지하면 안신(眼神)이 통하는데, 최면술과 똑같아서 그런 후에는 산 바위 장벽이 모두 공(空)으로 보입니다. 그 경계에 도달한 후에는 무슨 강철이나 엘리베이터 따위가 도무지 장애가 되지 못합니다. 들어가려고 하면 곧바로 들어가고 나오려고 하면 곧바로 나오는, 바로 이 수행법입니다. 이 또한 의경이 만들어 내는 것으로, 신통의 경계이고 관상으로 성취합니다. 이것은 지법(持法)으로 정(定)의 경계를 유지하는 것이니, 이 기능을 영원히 유지하고 있습니다.

"此乃正行光明口訣也, 其後一切皆無執着, 當學習當下無生力淨法也(이것이 정행 광명의 비결이니, 그 후에는 일체 집착함이 없고, 마땅히 당하 무생[292]의 정법을 배워야 한다)." 오늘 결론이 말하는 바는 간단명료합니다. 무슨 예배니 절이니 하는 그런 겉치레는 모두 치워 버리고, 무상 밀종의 적나라한 모습이 바로 이런 것입니다. 그런 형식주의들을 모조리 버려 버리고 "그 후에는〔其後〕" 즉 무념의 경계에 도달한 후에는 일체 집착함이 없습니다. 그래서 밀종에서는 중국의 선종을 대밀종(大密宗)이라고 칭합니다. 여기에서도 말씀드리지만 낙·명·무념을 성취한 이후에는 일체 집착할 필요가 없습니다. 마땅히 선종의 당하즉시(當下卽是)를 배워야 하는데, 이것이 궁극적인 무상의 정토 법문입니다.

"如是樂明無念光, 著述行證所獲文, 以此善願諸衆生, 了悟心性而不住, 本來法身願獲得, 更深心光明智要, 如上師云諸行持, 頹格雪山旁我等, 願妙演說宏敕論(이와 같이 낙 명 무념의 빛을, 수증해서 얻은 바를 저술하였으니, 이 선을 가지고 모든 중생이 심성을 깨닫되 머무르지 않기를 원하며, 본래의 법신을 획득하기 원하고, 더 깊은 마음의 광명지혜 법요는, 상사가 말한 모든 행지와 같으니, 티베트 설산 옆에서 우리는, 오묘한 연설이 칙론을 넓히기를 원하노라)." 이 법문은 역대 조사들이 수증해서 성취한 경험이 누적되어 전해 내려온 것으로, 오로지 일체 중생이 명심견성하고 집착하지 않아서 어느 하나에도 머무르지 않기만을 원합니다. 바로 선종의 경계이기도 합니다. 자성의 법신은 본

---

292 모든 법의 실상(實相)은 나고 없어짐이 없다는 뜻이다.

래 있기 때문에 마땅히 당장에 얻지만, 거기에서 한걸음 더 나아가 마음의 광명지혜 법요가 바로 이 법본이므로 여러분들이 널리 알리기를 바랍니다.

오늘 본 법본을 원만히 끝냈습니다. 제가 여러분에게 일깨워 주고 싶은 것은, 정월 칠일 법회 이후로 줄곧 여러분에게 『선비요법』 백골관을 열심히 연구하고 열심히 수증하라고 권했습니다. 그런 다음에 앞으로 『육성취』 『대수인』과 『대원만』을 말씀드릴 것이니 그것과 대조해 보면 된다고 말했습니다. 사실 석가모니부처님은 일찌감치 비밀을 널리 말씀하셨습니다. 다만 일반 학불자들이 믿지 않으니 방법이 없습니다.

제가 아까 언급했던 문제를 하나 보충하겠습니다. 배꼽 가운데 '아(阿)' 자가 불꽃을 태우는 것은 배꼽 안에서가 아니고 대략 이 부위입니다. 여러분이 백골관을 수지해도 좋고 다른 것을 관상해도 좋지만, 원칙은 하나입니다. 오늘 비밀을 여러분에게 말씀드리는데, 예를 들어 엄마라고 하면 사람들은 어머니의 영상을 떠올립니다. 이런 것처럼 백골이라고 하면 곧바로 백골이 떠오르지 않습니까. 이것은 의경상의 것입니다. 바꾸어 말하면 여러분이 의경상으로 삼맥사륜을 관상하면 곧바로 생겨나지만, 이것은 환상입니다. 환상에 오랫동안 정주(定住)하고 있어도 수련이 경지에 이르면 몸으로 되돌아오려면 곧바로 옵니다. 의경상으로 있다고 하면 곧바로 있습니다. 어째서 관상을 할 수 없다고 말합니까? 여러분은 그것이 가짜라고 말합니다. 여러분이 가짜 의경에 정주하고 있다가, 사흘 밤낮까지는 필요도 없고 그저 한 시진만 정주하고 있다가, 그런 후에 안나반나 호흡으로 고르게 하고 되돌아오면 금방 몸으로 옵니다. 관상에 무슨 어려움이 있습니까? 멍청하기는! 그저 입을 놀려 말할 줄만 알지 연구하지는 않습니다. 그렇게 몸으로 와서 제륜에 이르렀을 때, 일념을 오로지하면 제륜에 반드시 졸화(拙火)가 일어납니다. 제륜에 이르러 열(熱)을 일으키기만 하면 곧바로 즐거움(樂)을 일으킵니다. 이때 견지가 분명해야 됩니다. 즐거움을 탐하고 열을 탐했다가는 곧바로 제륜에서 반드시 무너지고 크게 누단(漏丹)하게 되어 큰일입니다. 여기에 이르면 얼른 현교 『심경』으로 전환시켜야 합니다. "수는 공과 다르지 않고 공은 수와 다르지 않으니, 수가 곧 공이요 공이 곧 수이다〔受不異空, 空不異受; 受卽是空, 空卽是受〕." 서둘러 감각의 경계를 버리면 즉시 위쪽에서 감로가 아래로 내려와서 성취하게 됩니다. "사흘 밤낮이면 성취한다〔三晝夜卽成就〕"고 했는데, 너무 길게 말했습니다. 참된 이치에 통하면 지혜의 일은 찰나에 바로 성취합니다. 여러분을 속이는 것이 아니니 남을 속이는 말은 지옥에 떨어집니다. 진정한 불법은 바로 이와 같습니다. 하지만 그것이 큰 지혜의 밑천입니다.

# 찾아보기

· 찾아보기는 다음 기준을 따랐다.
　1 수도의 이론과 실제에서 핵심적으로 쓰이는 개념
　2 선정된 개념의 정의나 쓰임새가 해당 페이지에서 분명하게 드러날 경우

# 戒牒

引禮

附受戒者履歷

法　名　注拯（又名通禪）
籍貫　浙江省樂清縣
年齡　三十歲
披剃　四川省我屬大慈寺